Unergründliches Universum Buch Eins

Von
Dolores Cannon

Deutsche Übersetzung von Erich Christian

Bibliothek des Kongresses, Katalogisierung von Publikationsmedien
Cannon, Dolores, 1931–2014
Convoluted Universe, Book One, von Dolores Cannon
Die Fortsetzung von The Custodians liefert metaphysische Informationen durch zahlreiche Probanden mittels hypnotischer Regression in die Vergangenheit.

1. Hypnose 2. Reinkarnation 3. Reinkarnationstherapie
4. Metaphysik 5. Atlantis

I. Cannon, Dolores, 1931–2014 II. Reinkarnation III. Metaphysik IV. Titel

Katalognummer der Kongressbibliothek: 2021930442

ISBN: 978-1-950608-21-8

Deutsche Übersetzung von Erich Christian
Umschlaggestaltung: Victoria Cooper Art
Buchsatz in: Times New Roman
Design: Tab Pillar
Herausgeber:

PO Box 754
Huntsville, AR 72740
WWW.OZARKMT.COM
Gedruckt in den Vereinigten Staaten von Amerika

Inhaltsverzeichnis

99,9999 % von dem, was unsere Realität beeinflusst, ist mit unseren Sinnen nicht erkennbar. Der Mensch muss lernen, für sich selbst zu denken, anstatt blind zu übernehmen, was ihm beigebracht wurde.

Buckminster Fuller

Die Grenzen des Möglichen können nur definiert werden, indem man über sie hinaus ins Unmögliche schreitet.

Arthur C. Clarke

Einleitung

Bevor Sie sich mit den Informationen in diesem Buch auseinandersetzen, möchte ich wärmstens empfehlen, zunächst mein Buch The Custodians zu lesen. Dieses Buch ist seine Ergänzung bzw. Fortsetzung. The Custodians berichtet von Entführungsfällen durch UFOs seit 1986 und beschreibt dabei mein Fortschreiten von einfachen zu immer komplexeren Themen. Ich erkannte, dass diese Entführungen und UFO Sichtungen nur die Spitze des Eisbergs waren. Im Laufe meiner Arbeit erhielt ich immer kompliziertere Informationen. Das fertig zusammengestellte Buch war schließlich zu umfangreich geworden. Es schweifte vom Thema der UFOs ab und enthielt hochkomplexe metaphysische Informationen. Ich beschloss also, einige der Informationen in einem neuen Buch mit komplizierteren Theorien zu veröffentlichen. Das vorliegende Buch ist so entstanden.

Ich gehe (vielleicht irrtümlich) davon aus, dass der Leser, der meine Arbeit bis zu diesem Punkt verfolgt hat, bereits mit meinem Hintergrund als Erforscherin des Paranormalen mittels Hypnose vertraut ist. Ich begann schon in den 1960er Jahren mit älteren Hypnosemethoden zu arbeiten. Als meine Kinder dann groß genug geworden waren, kehrte ich 1979 zur Hypnose zurück. Ich wollte mich auf Rückführungen in vergangene Leben und Reinkarnationstherapie konzentrieren, also untersuchte ich die neuesten Einleitungsmethoden, die schneller waren und Bilder und Visualisierungen verwendeten. Während der jahrelangen Praxis mit Therapie und Forschung entwickelte ich meine eigene Technik, die ausschließlich den somnambulen* Zustand der Trance nutzt. Das ist die Methode, mit der ich in direkter Kommunikation mit dem Unbewussten** der Probanden eine Fülle von Informationen erschließen kann.

Im Verlauf meiner Arbeit nutzten unterschiedliche Entitäten häufig die Gelegenheit, mit mir zu kommunizieren, während meine Probanden in einem tiefen Trancezustand waren. Diese Kommunikation ist nach über 20 Jahren immer noch im Gange und laufend kommen weitere Informationen dazu. Diese werde ich in zukünftige Bücher aufnehmen. Mir wurde gesagt, dass ich die Tests bestanden hatte und Antworten auf alle Fragen bekommen würde, die ich stellen wollte. Der Grund dafür war, dass ich das Material nicht zensiert oder verändert hatte. Ich halte mich für eine Reporterin, eine psychische Ermittlerin und Erforscherin von „verloren gegangenem" Wissen. Somit ist die Suche niemals zu Ende.

Der Leser wird bei der Lektüre meiner Arbeit feststellen, dass diese Entitäten das Vokabular in den Köpfen der Versuchspersonen in dem Versuch verwenden, das Unerklärliche auf eine Weise zu erklären, die der Mensch begreifen kann. Daher verwenden sie oft Wörter, die nicht korrekt sind. Sie bilden Wörter aus den naheliegenden Substantiven und Verben, die sie in den Gedanken der Probanden finden können.*** Aber wie auch immer sie es fertigbringen, es funktioniert und wir können verstehen, was sie vermitteln wollen.

Dolores Cannon

* Anm. d. Übers.: Ein Zustand, der dem Schlafwandeln ähnelt, das Wesentliche beim Gebrauch dieses Wortes scheint für Dolores Cannon zu sein, dass die Probanden keine oder kaum Erinnerungen an die Vorfälle während der Sitzungen haben.

** Anm. d. Übers.: engl.: subconscious (mind); Dolores Cannons Definition des Unbewussten (oder Unterbewusstseins), nicht zu verwechseln mit konventioneller medizinischer und psychologischer Terminologie, dient der Schilderung ihrer Arbeit mit dem schwer zu beschreibenden Teil des menschlichen Bewusstseins, der über den bewussten Geist hinausgeht, ihn aber auch umfasst. Dolores entschied sich dafür, den Begriff Unbewusstes zu verwenden, um diesen verborgenen Aspekt der Existenz zu beschreiben, weil er auf einer viel tieferen, allwissenden Ebene liegt, als unser bewusster Verstand, den wir in unserem täglichen Leben verwenden, um unsere Arbeit zu tun und in Beziehungen mit anderen zu treten. Seit Jahrtausenden beziehen sich religiöse und spirituelle Lehrer auf das, was Dolores Cannon als Unbewusstes bezeichnet und nannten es Überseele, Christus-Bewusstsein, höheres Bewusstsein, universalen Verstand oder Einheit mit der Quelle. Das Unbewusste selbst offenbarte Dolores, dass irrelevant und immateriell ist, wie wir es nennen. Es ist einfach und es ist bereit, zu kommunizieren und jedem mit einem aufrichtigen Wunsch und einer ehrlichen Absicht zu helfen.

*** Anm. d. Übers.: Aus diesem Grund ist es unumgänglich, auch im deutschen Text bei verschiedenen Gelegenheiten Wörter oder Ausdrücke zu verwenden, die es eigentlich nicht gibt.

ABSCHNITT EINS

Die Suche nach dem Wunderkind

KAPITEL 1

LINDA UND BARTHOLOMÄUS TRETEN IN MEIN LEBEN

Ich hatte ursprünglich vor, Lindas Geschichte in dem Buch *The Custodians* zu veröffentlichen, aber dieses Buch wurde so umfangreich, dass ich diesen Abschnitt entfernen musste. Die Vorgeschichte unseres Treffens und der Arbeit mit Linda hatte viele seltsame und ungewöhnliche Obertöne. Wir begegneten uns bei meiner ersten Lesung im Sommer 1989 in Little Rock, Arkansas. Das Buch *Conversations with Nostradamus* war gedruckt und ich begann die Promotion mit Lesungen und dem Signieren der Bücher sozusagen in meinem eigenen Hinterhof. Nach meinem Vortrag war Linda eine von vielen, die ein Buch gekauft hatten und in der Schlange standen, um ein Autogramm zu bekommen. Als ich ihr Exemplar unterschrieb, gab sie mir ihre Visitenkarte und sagte, wenn ich irgendwann jemanden zum Arbeiten wollte, wäre sie verfügbar. Sie schien selbstbewusst zu sein und sagte damals sonst nichts mehr. Auch andere Leute gaben mir ihre Visitenkarten oder schrieben ihre Namen und Kontaktinformationen auf Papierschnipsel. Einige ihrer Kommentare deuteten darauf hin, dass sie vermuteten, sie hätten Begegnungen mit UFOs gehabt. Ich habe mir auf diesen Karten Notizen gemacht und versprochen mich zu melden, weil ich damals mit Lou Farish in Arkansas UFO Untersuchungen durchführte. Ich merkte aber bald, dass es unmöglich sein würde, mich mit allen zu treffen.

In der Vergangenheit habe ich immer versucht, mit allen Menschen zusammenzuarbeiten, die eine hypnotische

Rückführung in ein vergangenes Leben wollten, weil ich dachte, es könnte für sie von Bedeutung sein. Nachdem mein erstes Buch veröffentlicht war und das Bombardement begonnen hatte, wurde mir bald klar, dass es nicht mehr so einfach sein würde. Mein Lebensstil würde niemals in den langsameren Normalzustand zurückkehren. Es gab keine Möglichkeit, mich mit all diesen Leuten zu treffen, mit ihnen zu sprechen und sie alleine rückzuführen. Ich nahm an, dass die Mehrheit nur Neugierige waren, die eher die Erfahrung, als Antworten auf Probleme in ihren Leben suchten. Also steckte ich die Karten und Papierschnipsel in meine Handtasche und beabsichtigte ernsthaft, sie alle zu kontaktieren, wenn möglich. Auch Lindas Karte war darunter. Bald wurde ich aber von zu vielen Ereignissen eingeholt, um mit Linda und den anderen Kontakt aufnehmen zu können. Zu dieser Zeit war sie noch kein Individuum für mich, sondern eines von vielen verschwommenen Gesichtern in einer Menschenmenge.

Ein paar Monate später kehrte ich für einen weiteren Vortrag nach Little Rock zurück und hielt meine erste Sitzung mit Janice. Ich hatte mich besonders bemüht sie zu sehen, weil sie den Verdacht hatte, ein Erlebnis mit einem UFO gehabt zu haben und bald kam heraus, dass ihr Fall weitere Untersuchungen rechtfertigen würde. Ich vereinbarte, jedes Mal mit ihr zu arbeiten, wenn ich die vierstündige Fahrt nach Little Rock antrat. (Die Geschichte der erstaunlichen Dinge, die wir entdeckten, berichtete ich im Buch *The Custodians* und im zweiten Abschnitt dieses Buches.)

Zufällig stellte sich heraus, dass Linda eine Freundin von Janice war. Sie erzählte mir, Linda wäre enttäuscht, dass ich sie nie kontaktiert hatte. Ich erklärte Janice die Situation: Anfragen überfluteten mich, die jetzt per Telefon und per Post eintrafen. Bei der Auswahl der Menschen, für die ich mir Zeit zum Arbeiten nahm, wurde ich sehr wählerisch. Weil Janice sagte, Linda würde sich sehr gerne mit mir treffen, verabredete ich mich zögernd für meine nächste Reise im Winter 1989 nach Little Rock. Ich zögerte, weil ich schon wusste, dass ich sehr beschäftigt sein würde. Zusätzlich zu einem Vortrag waren mehrere Sitzungen geplant und frühere Erfahrungen zeigten, dass es auch Menschen gab, die die ganze Nacht aufbleiben würden, um mich zu besuchen. Vor allem aus Respekt gegenüber Janice stimmte ich zu, Linda zu sehen, obwohl ich Überlastung durch zu viele Neugierige befürchten musste. Ich habe mit Sicherheit von dieser Sitzung nichts erwartet, ganz bestimmt keine dauerhafte Beziehung.

Jedes Mal, wenn ich nach Little Rock reiste, wohnte ich bei meiner Freundin Patsy, die mir erlaubte, Rückführungen in ihrem Haus abzuhalten. Es gab dort immer Privatsphäre, während Patsy bei der Arbeit war. Als Linda ankam, setzten wir uns in Patsys Wohnzimmer und unterhielten uns. Sie war eine attraktive Frau, wahrscheinlich in ihren Vierzigern. Hübsch gekleidet, die Haare attraktiv arrangiert, schien sie nicht der Typ Mensch zu sein (falls so etwas wie ein bestimmter Typ existiert), der die Regression in ein vergangenes Leben erforschen möchte. Sie war eine Geschäftsfrau, die ihr eigenes Zoogeschäft betrieb. Die meisten ihrer Kinder waren erwachsen und hatten das Zuhause verlassen, um ihr eigenes Leben zu leben. Linda war nicht der Typ, der zum Träumen oder Fantasieren neigt, sondern führte ein arbeitsreiches, erfülltes Leben.

Einen überwältigenden Impuls folgend, nahm Linda an meinem ersten Vortrag teil, obwohl sie kein großes Interesse an Nostradamus hatte. Am Abend des Vortrags war sie sehr aufgeregt und spürte eine starke Erwartungshaltung, warum konnte sie aber nicht verstehen. Während des Vortrags erzählte sie im Publikum ihrem Ehemann von ihrem unkontrollierbaren Drang, mit mir sprechen zu wollen. Obwohl dieser Drang fast überwältigend war, zögerte sie, sich mir zu nähern. Nach dem Vortrag standen sie in der Warteschlange für Autogramme und debattierten darüber, ob sie etwas sagen sollte oder nicht. Sie hatte wohl Angst davor, wie es ankommen würde. Ihr Mann ermutigte sie und sagte, so einem starken Drang sollte sie nachgeben. Aber als sie an der Reihe war, konnte sie mir aber nur ihre Karte geben und anmerken, dass sie gerne mit mir arbeiten würde. Natürlich wusste sie zu diesem Zeitpunkt nichts davon, wie oft ich diesen Wunsch an dem Tag schon gehört hatte. Unsere Unterhaltung war sehr kurz und als sie das Auditorium verließ, legte ich ihre Karte zu den anderen in meine Handtasche. Ich hatte den Vorfall vergessen, bis uns das Schicksal in Patsys Wohnzimmer zusammenführte.

Als ich Linda nach ihren Gründen fragte, warum sie eine hypnotische Regression wollte, konnte sie es mir nicht sagen. Sie suchte weder eine Lösung für irgendein Problem, noch war sie neugierig auf vergangene Leben. Es war wie ein Zwang, der sie nicht in Ruhe lassen wollte und sie spürte, da war etwas, das sie mir geben musste, hatte aber absolut keine Ahnung, was das sein könnte. Weil meine Arbeit Nostradamus betraf, dachte sie vage, es könnte etwas mit ihm zu tun haben. Ich hatte schon mit mehreren Personen am Abschluss dieses Projekts gearbeitet und zwei weitere Bände der *Conversations with Nostradamus* verfasst. Ich brauchte eigentlich keinen Neuankömmling, vor allem keinen, der vier Stunden entfernt lebte. Sie wusste nichts von den anderen Projekten, an denen ich beteiligt war, hatte also keine Ahnung, warum sie da war.

Seufzend dachte ich, diese Regression würde sich wahrscheinlich als ein einfaches, weltliches, vergangenes Leben herausstellen, das für niemand anders als für sie selbst bedeutsam wäre. Ich hatte viele derartige Sitzungen in den letzten Tagen durchgeführt und war wirklich nicht in der Stimmung, eine weitere zu halten. Ich erholte mich gerade von Halsschmerzen und hatte während der gesamten Reise nur wenig Energie übrig. Obwohl ich müde war, würde ich die Sitzung ihr zuliebe durchführen. Als wir anfingen, hatte ich absolut nichts erwartet und wurde bald völlig unvorbereitet angenehm überrascht. Das war ein weiteres Beispiel dafür, dass die Bühne von Kräften jenseits meiner Kontrolle schon vorbereitet worden war, während ich mich ohne Erwartungen darauf einließ.

Ich setzte meine normale hypnotische Induktionsmethode ein, die Linda in ein vergangenes Leben versetzen würde. Als sie die Szene betrat, war ihre Stimme so entspannt und leise, dass es schwer war, sie zu hören. Ich wusste aus Erfahrung, dass ihre Stimme in Folge lauter werden würde. Sie sah Blätter auf dem Boden und erkannte, dass sie in einem Wald und im Körper eines Mannes war, was sie überraschte. Seine Stiefel reichten bis zu den Knien und er trug ein langärmeliges Hemd. Sie beschrieb einen jungen Mann in seinen Zwanzigern mit langem, braunem, welligem Haar, Bart und Schnurrbart. Seine bohrenden Augen waren blau. Er war im Wald mit Holzhacken beschäftigt, nicht weit von seinem Zuhause entfernt. Das schien Linda zu verwirren. „Ich habe das Gefühl, ich muss das wirklich nicht tun. Andere Leute würden es für mich tun. Aber ich mache das gerne, weil ich alleine bin und das Gefühl und die Erheiterung bei der Arbeit mag."

Ich schlug vor, den Ort zu betrachten, an dem er lebte. „Es ist eine Burg mit einer Zugbrücke und Fahnen oben auf den Mauern. Mein Vater ist der König."

D: *Dann musst du also wirklich nicht Holz hacken, oder?*

L: Nein, aber es ist lustig. Ich fühle mich gut dabei. (leise) Die Leute denken, ich wäre verrückt.

D: *Warum denken sie das?*

L: Weil ich gerne arbeite. Ich mag das Leben bei Hof nicht. Es ist so oberflächlich. Wenn du mit deinen Händen arbeitest, spürst du ein Gefühl der Vollendung, das dir nichts anderes geben kann.

Sein Name war Bartholomäus und er lebte mit seiner Familie und vielen anderen Leuten, einschließlich der Dienerschaft, zusammen. „Es ist eine ganz große Gemeinschaft. Sie leben alle innerhalb dieser Mauern."

D: *Wenigstens wirst du nicht einsam werden, oder?*
L: Oh doch. Sie kümmern sich nicht um mich und wissen nichts von meinem Interesse am Lernen. Wissen kümmert sie nicht. Ich bin auf meine Art glücklich.

Die Situation in seinem Land war nicht friedlich. Sie mussten in der Nähe der Burgmauern bleiben, denn es gab Gefahren.

L: Die Bauern wollen einen Aufstand machen. Sie werden nicht sehr gut behandelt. Und man kann ohne Eskorte nicht hinausgehen.
D: *Wie denkt dein Vater über das Benehmen der Leute?*
L: Es ist seine Schuld. Er ist nicht sehr nett und versucht auch nicht, ihnen zu helfen. Er benutzt sie nur zu seinem Vorteil.
D: *Du hast gesagt, du interessierst dich für Wissen. Gibt es eine bestimmte Art von Wissen, das du studieren willst?*
L: Ja. Ich möchte die Sterne studieren. Das Universum. Und darum denken die Leute, ich wäre verrückt.

Natürlich nahm ich an, dass er von Astronomie oder Astrologie sprach.

D: *Wie nehmen die anderen Leute deiner Zeitperiode die Sterne wahr?*
L: Nur als blinkende kleine Stücke des Mondes.
D: *Gibt es zu deiner Zeit keine anderen Leute, die die Sterne studieren?*
L: Nur einen. Er ist mein Freund.
D: *Ist er derjenige, der dir beim Lernen dieser Dinge hilft?*
L: Ja. Er kennt sich aus. Er ist nicht von hier. Aber er ist sehr alt und wird mich bald verlassen.
D: *Aber vielleicht kann er ja sein Wissen weitergeben.*
L: Ja, das tut er gerade. Und ich muss große Verantwortung übernehmen, die ich tragen muss, wenn er geht. Dann wird es meine sein. Ich muss lernen und das Wissen weitergeben,

damit es nicht stirbt und verloren geht. Es darf nicht verloren gehen.

D: *Welche Art Wissen über die Sterne ist das?*

L: Es ist das Wissen um das Universum. Um Gottes gesamte Schöpfung, nicht nur um diese Erde. Sondern um viele, viele Universen und Sterne, die so weit weg sind, dass wir Menschen nicht einmal begreifen können, wo sie sind. Der Mann, mit dem ich studiere, war an vielen Orten und er ist mit der Hoffnung hierhergekommen, dass ich es an die Leute weitergeben werde, die in Zukunft kommen werden, damit sie keine Angst haben.

D: *Du hast gesagt, der Mann kam von woanders?*

L: Ja, er kam von den Plejaden.

D: *Wirklich?*

Jetzt war ich mit ganzem Interesse dabei. Das war keine belanglose Rückführung.

D: *Wo ist das?*

Ich wusste, sie sind eine Sternenkonstellation, wollte aber sehen, was er sagen würde.

L: Es ist … in der Milchstraße, sehr weit weg von hier.

D: *Scheint das nicht unmöglich zu sein?*

L: Nein. Er kam auf einem Lichtstrahl hierher … (verwirrt) was ich nur sehr schwer verstehen kann.

D: *Das ist es wohl auch. Fandst du diese Ideen schwer zu glauben, als du diesen Mann kennengelernt hast?*

L: Nein. Ich wusste, sie waren so. Viele Dinge werden erschaffen, die wir Menschen nicht verstehen können. Wir können nur in unseren Herzen fühlen, dass sie so sind.

D: *Wie sieht dieser Mann aus?*

L: Er ist sehr alt. Er ist gebeugt, hat weißes Haar und trägt eine Robe. Ein sehr einfacher, sehr alter Mann.

D: *Wo lebt er?*

L: Ich weiß es nicht. Er kommt einfach zu mir. Wo immer ich gerade bin, er kommt einfach zu mir.

D: *Wie macht er das?*

L: Ich weiß es nicht. Erst dachte ich, es wäre Magie, aber das ist vielleicht nicht richtig. Ich glaube, er verfügt über Kräfte, die ich derzeit nicht begreifen kann, weil mein Intellekt noch nicht weit genug entwickelt ist, um sie zu verstehen.

D: *Wie sehen die Durchschnittsmenschen deiner Zeitperiode Magie?*

L: Sie ist eine Art zu leben hier. Es gibt Zauberer, aber sie sind nicht echt. Mein Vater hält viel von diesen Leuten. Sie sind aber nicht, was sie behaupten.

D: *Er könnte wohl Interesse an deinem Freund haben.*

L: Nein, weil ich ihm nichts über diesen Mann erzählen kann. Seine Existenz wäre bedroht.

D: *Lernst du schon lange mit diesem Mann?*

L: Fünf Jahre lerne ich schon. Ich war … zwanzig.

D: *Was dachtest du, als ihr euch das erste Mal begegnet seid?*

L: Ah! Ich dachte: „Warum ich? Ich brauche Frieden. Das brauche ich nicht." (erinnert sich) Ich saß im Wald unter einem Baum in Kontemplation meines Lebens. Als ich die Augen aufschlug, stand er genau vor mir. Ich fragte ihn, wer er sei. Und er sagte zu mir: „Ich bin von weither gekommen, um dich Dinge zu lehren, deren Existenz du nicht begreifen kannst." Also sagte ich zu ihm: „Wieso glaubst du, dass ich diese Dinge lernen will?" Und er entgegnete: „Weil es so vorherbestimmt ist. Und daher *wirst* du sie lernen."

D: *So, als ob du keine Wahl hättest.*

L: Das habe ich ihm gesagt: „Ich werde tun was mir gefällt, verdammt nochmal." Und er entgegnete: „Ja und das Lernen wird dir gefallen."

D: *Er klingt wie ein interessanter Mann. (Sie kicherte.) Hat es lange gedauert, dich zu überzeugen?*

L: Nein. In meinem Herzen wusste ich, dass es so war.

D: *Obwohl es so seltsam war. Und er kommt schon fünf Jahre lang zu dir, wo immer du bist?*

L: Ja. Meistens jeden Tag. Er lässt mich nicht oft rasten, weil ich so vieles wissen muss. Er sagte mir, wenn er mich verlässt, muss ich ein Wunderkind finden, das viel jünger ist als ich. Und auf diese Weise wird das Wissen lebendig bleiben. Ich kann das Material nicht aufschreiben.

D: *Warum nicht?*

L: Weil die Gefahr besteht, dass es zerstört wird. Es muss lebendiges Wissen sein, das von einer Generation an die nächste weitergegeben wird. Nur Auserwählten wird dieses Wissen zugestanden. Ich fühle mich sehr dankbar und glücklich, dass ich zu meiner Zeit erwählt wurde.

D: *Es ist eine große Verantwortung.*

L: Es ist eine große Ehre, aber ich spüre, wie das Gewicht dieser Ehre auf meine Seele drückt.

D: *Du musst dir also merken, was er gesagt hat, aber nichts aufschreiben?*

L: Nein, ich kann es nicht aufschreiben. Mein Intellekt wird es speichern und wenn ich mein Wunderkind gefunden habe, werde ich mich wie durch Zauberhand an alles erinnern. Das wird in geeigneter Abfolge geschehen, damit dieses Wunderkind genau das Wissen verstehen wird, das es haben soll. Und dann wird es ebenso gespeichert, wie bei mir. Es aufzuschreiben, ist nicht erlaubt.

D: *Glaubst du, besteht die Gefahr, dass du einiges davon vergessen könntest?*

L: Nein. Der Intellekt ist ungeheuer groß. Die Leute verstehen den Intellekt nicht.

D: *Besteht nicht die Gefahr, dass es beim Übertragen von einer Generation auf die andere zu Verzerrungen kommen könnte?*

L: Nein, weil es im Intellekt etwas gibt, das es intakt hält.

D: *Ich denke daran, wie Menschen sind. Sie verändern Informationen über längere Zeiträume.*

L: Aber das wird an einem speziellen Ort gespeichert und kann nur im richtigen Moment abgerufen werden. Ich kann es nicht aus eigenem Willen mit jemandem diskutieren. Es wird nur zur richtigen Zeit diskutiert und dann wird dieser bestimmte Bereich des Intellekts angezapft, um die Informationen zu erhalten.

D: *Aber mit mir über diese Dinge zu sprechen ist in Ordnung? (Ja.) Weil ich für dich keine Bedrohung darstelle?*

L: Das ist richtig.

D: *Ist er extra hergekommen, um dich zu sehen, oder hat er auf der Erde gelebt?*

L: Er ist nur meinetwegen gekommen. Ich glaube nicht, dass ihn die anderen sehen können. Sie haben mich mit ihm sprechen gehört und deshalb halten sie mich für verrückt. Sie sehen ihn nicht.

D: *Das ist doch verwirrend, oder?*

L: Ja, aber das ist in Ordnung. Ich weiß, dass ich nicht verrückt bin. Wir sind sehr isoliert hier, wo ich lebe. Es gibt nicht viele Leute in diesem Gebiet. Wir leben sehr weit entfernt von den anderen Königreichen.

D: *Bist du in irgendeinem religiösen Glauben erzogen worden?*

L: Wir glauben … nur Magie. Feuer. Der Gott des Feuers ist sehr mächtig.

D: *Ist das ein Teil der Lehre der Zauberer? (Ja.) Glaubt dein Vater deshalb an diese Dinge?*

L: Ja. Er ist sehr fehlgeleitet.

D: *Dann ist diese Information nichts für ihn, oder?*

L: Nein. Er könnte diese Dinge nicht begreifen. Er könnte sie nicht akzeptieren. Ich muss sehr weit reisen.

D: *Wurde dir das gesagt?*

L: Ja. Wenn meine Lehrzeit beendet ist, werde ich sehr, sehr weit reisen müssen, um mein Wunderkind zu finden, dem ich das Wissen übertragen kann. Ich werde niemals in meinen Wald zurückkehren. Darum muss ich ihn jetzt genießen.

D: *Hier könntest du niemand Geeigneten finden? (Nein.) Wie fühlst du dich, wenn du daran denkst, deine Heimat zu verlassen?*

L: Sehr traurig.

D: *Bist du der Thronfolger des Königreichs?*

L: Nein, ich bin der Jüngste. Ich wäre nicht erwählt worden, wenn ich der Thronfolger wäre.

D: *Du hättest andere Verantwortlichkeiten.*

L: Ja. Und da ich keine habe, kann ich gehen.

D: *Die Informationen, die du bekommst, interessieren mich sehr. Aber lass uns diese Szene verlassen. Ich möchte, dass du bis zu einem wichtigen Tag in der Zeit voranschreitest. Einen Tag, an dem etwas geschieht, das du für wichtig erachtest.*

Das Vorangegangene war seltsam genug und hatte mein Interesse geweckt, aber auf das was jetzt kam, war ich nicht vorbereitet.

D: *(Lange Pause) Was geschieht? Was siehst du?*

L: (Eindringlich) Ich bin im Universum. Ich bin auf einer Reise. Ich bin auf einer Besichtigungsmission.

D: *Wie geschieht das?*

L: Ich wurde zu dieser Mission eingeladen, damit ich meine Ansichten mit anderen in einem weit entfernten Land teilen kann. Ich reise sehr schnell, obwohl es nicht so aussieht. Scheinbar gibt es keine Bewegung.

D: *Wie reist du?*

L: Ich bin in einer … Kapsel.

D: *Was ist das?*

L: Es ist ein runder Raum.

D: *Ist sie sehr groß?*

L: Nein. Nur ein kleiner ovaler Raum. Nein, ein kleiner ovaler Bereich aus Licht. Niemand außer mir ist hier. Ich mache … ich lenke sie nicht. Sie reist selbst.

D: *Sitzt du darin?*

L: Ich stehe, aber ich könnte mich hinsetzen, wenn ich wollte.

D: *Also ist sie groß genug, dass du stehen kannst?*

L: Ja. Sie hat auch ein Fenster. Eine Öffnung, aber man kann die Hand nicht hinausstrecken.

D: *Warum nicht?*

L: Weil es eine Art Abdeckung gibt, die es dir nicht erlaubt, da hinauszugehen. Aber es ermöglicht dir, zu sehen, was um dich herum auf der anderen Seite ist.

Das war schon öfter geschehen, wenn ich jemanden in die Zeit des Mittelalters rückgeführt hatte. Sie kennen Glas nicht. Es muss damals sehr selten gewesen sein, denn dieses Muster wiederholt sich. Wenn sich solche Bemerkungen wiederholen, ist das eine Validierung, weil die Probanden ja nichts davon wissen, was andere Leute berichtet haben. Das sind Details, die ich als beachtenswert erkannt habe.

D: *Was siehst du durch die Öffnung?*

L: Ich sehe, dass es draußen sehr dunkel ist. Wirklich sehr dunkel, sehr schwarz, sehr friedlich. Gelegentlich sehe ich Dinge um mich herum schweben. Es gibt hier nicht so viele Farben wie auf der Erde. Sehr viel schwarz und grau. Gar nicht viel Farbe.

D: *Was siehst du vorbeischweben?*

L: Oh, ich sehe Formationen aus … schwarzem Fels manchmal.

D: *Wie bist du an diesen kleinen Ort gekommen?*

L: Ich wurde aus dem Schlaf geweckt und gefragt, ob ich kommen wolle. Und ich sagte: „Selbstverständlich." Und dann schlief ich wieder ein. Dann wurde ich dieses kleinen Raums gewahr. Ich weiß nicht, wie ich hier hierherkam. Alles was ich weiß, ist, dass ich zugestimmt habe, mitzukommen und dann war ich hier.

D: *Hat dich dein Freund gefragt?*

L: Nein. Er sagte, er kenne meinen Freund, aber er wäre von einem anderen Ort im Universum. Nicht von den Plejaden. Auf der anderen Seite der Plejaden. Er war von einem Planeten namens Micon (phonetisch: Mai kon). Micon? Ich habe von dem Ort nie gehört.

D: *Wie sah diese Person aus?*

L: Er war klein, sehr klein. Er hatte kein Haar. Sein Kopf war sehr groß und rund.

D: *Konntest du erkennen, wie sein Gesicht aussah?*

L: Ich erinnere mich nicht, ob er ein Gesicht hatte, nur daran, dass sein Kopf groß und rund war. Und sein Körper sehr klein. Und ich wunderte mich damals, wie er mit einem so großen Kopf wohl sein Gleichgewicht halten könne.

D: *Klar, es war nachts und seine Züge waren wohl schwer zu erkennen. Wäre das korrekt?*

L: Nein. Weil er war … silbrig. Strahlend! Silberfarben und er glänzte.

D: *(überrascht) Du meinst, er hat geleuchtet?*

L: Ja. Darum konnte ich sein Gesicht nicht sehen, denn es war zu hell. Und ich war schläfrig und konnte nicht gut sehen. (Linda sah an sich herab.) Ich trage einen *großen* Gürtel. (bewegt ihre Hände) Einen großen Gürtel um meine Hüften. Er ist sehr *dick*, sehr warm und auch silbrig. Auf meiner Vorderseite ist er unterteilt, als hätte er Fächer. Es wundert mich, wozu ich diesen Gürtel trage und welche Funktion er erfüllt. Er ist aber nicht aus Leder, sondern sehr weich und gar nicht hart. Er fühlt sich nicht an wie irgendetwas Bekanntes. (Sie scheint ihn zu untersuchen, bewegt ihre Hände.) Dieser Gürtel hat keinen Anfang, keine Schnalle. Und ich kann mich nicht daran erinnern, ihn angelegt zu haben. Das bedrückt mich ein wenig.

D: *Ist irgendetwas in den Fächern?*

L: Es fühlt sich an, als wäre etwas darin, aber es gibt keine Öffnung, durch die ich nachsehen könnte. (Der Gürtel schien ihn zu stören.) Ich glaube, ich werde bald erfahren, warum ich diesen Gürtel am Körper trage.

In diesem Teil der Rückführung klang die Stimme älter und die Aussprache war deutlich, unähnlich Lindas normaler Stimme.

D: *Er wird dir keine Probleme machen. Er ist nur ein Kuriosum.*

L: Ja, das ist er. Dieses Gefühl ist sehr seltsam. Es fühlt sich an, als würde sich mein Bauch unter dem Gürtel ausdehnen.

D: *Aber es ist kein unangenehmes Gefühl.*

L: Nein. Es ist sehr leicht, sehr zart.

D: *Trägst du gewöhnliche Kleidung unter dem Gürtel?*

L: Nein, nein, nein. Sie hießen mich, sie in meinem Zimmer zurückzulassen. Ich trage … (Er schien sich zu untersuchen.) Es glänzt auch. Ich weiß nicht, was das für ein Zeug ist. Das Kleidungsstück ist sehr leicht und umhüllt meinen ganzen Körper. Ich habe diese Schuhe an. Es sind keine Stiefel, sondern Schuhe. Und alles ist zusammen. Alles ist in einem

Stück. Ich bin darin eingeschlossen. Aber ich habe keinen Hut auf.

D: *Gibt es etwas an den Wänden oder ist der Raum leer?*

L: Mal sehen. (Lange Pause.) Es gibt ein riesiges Fenster.

D: *Ist das ein anderes, als die kleine Öffnung?*

L: Nein, das ist die Öffnung. Sie ist sehr lang. (Pause) Ich wundere mich, wo die Tür ist. Ich sehe keine.

D: *Es wird immer merkwürdiger, nicht wahr?*

L: Ja, so ist es. Ich frage mich, wohin ich unterwegs bin.

Sobald er sich das fragte, kamen die Antworten. Sie schienen von woanders zu kommen, denn es klang, als würde er wiederholen was er hörte. Das waren neue Informationen für ihn.

L: Sie sagen mir, es wird nicht lange dauern. Ich werde einen neuen Ort besuchen, wo Leute hingegangen sind, um ein neues Leben zu beginnen. Und der Grund, warum ich dorthin reise ist … (Überraschung) mein *Wunderkind* zu finden! (mit Entzücken) *Ich* werde mein Wunderkind finden. Ich habe schon so lange gesucht.

D: *Hast du es auf der Erde nicht gefunden?*

L: Neiiin! Ich habe überall gesucht und bin jetzt schon sehr alt. Und habe schon so befürchtet, ich würde ihn nicht rechtzeitig finden. (mit Entzücken und Freude) *Dorthin* gehe ich also. Ich reise an diesen neuen Ort, um mein Wunderkind zu finden.

Plötzlich kam mir eine Idee. Die Gelegenheit war zu gut, um sie nicht zu ergreifen.

D: *Würdest du das Wissen, das dir gelehrt wurde, auch mit mir teilen und nicht nur mit deinem Wunderkind?*

L: Ich werde erst fragen müssen. Ich kann das nicht tun, ohne vorher zu fragen.

Ich überprüfte den Kassettenrekorder und sah, dass unsere Zeit zur Neige ging.

D: *In Ordnung. Hättest du Zeit zu fragen und um Erlaubnis zu bitten, wenn ich ein andermal wiederkomme, um mit dir zu sprechen?*

L: Ja, ich werde fragen.

D: *Vielleicht kannst du so mit zwei Wunderkindern teilen, weil ich auch sehr neugierig bin.*

L: (Entzücken) Oh, wäre das nicht wunderbar? (fast ekstatisch) Oh, das wäre dann zweifach. Wäre das nicht herrlich?

D: *Also ich hätte gerne, dass du um Erlaubnis bitten würdest und ich könnte wiederkommen und es mit dir diskutieren.*

L: Das wäre fein. Ich war sehr besorgt, dass dieses Wissen verloren gehen könnte. Und ich war so glücklich, dass ich mein Wunderkind finden würde. Aber es hat mich sehr gestört, dass das Wissen für diese Erde verloren gehen könnte. Und das wäre eine Schande, denn obwohl die Leute hier so primitiv sind und sich um solche Dinge nicht kümmern, sollte das Wissen erhalten bleiben.

D: *Da stimme ich dir zu. Ich werde dich auffordern, deine Reise fortzusetzen. (Ja.) Ich werde mich in Bartholomäus Reise nicht einmischen. Aber ich möchte, dass der andere Teil von dir, mit dem ich spreche, diese Szene verlässt und weiter in der Zeit voranschreitet.*

Dann konditionierte ich Linda mit einem Schlüsselwort und brachte sie zurück zu vollem Bewusstsein. Zu Beginn der Sitzung hatte ich nur ein sechzig Minuten langes Band eingelegt und war jetzt sehr enttäuscht. Aber dass solche Informationen herauskommen würden, war unmöglich zu erraten gewesen. Ich hatte ein langweiliges, profanes Leben erwartet, so wie es begonnen hatte. Normalerweise dauert eine Sitzung mit einem solchen Leben nur eine Stunde, weil in einfachen Leben nichts Spektakuläres geschieht. Als Bartholomäus von seinem seltsamen Besucher und dessen Informationen zu erzählen begann, wusste ich schon, dass ich die Geschichte in einer Sitzung nicht zu Ende bringen würde und habe es daher gar nicht versucht. Wenn ich Zugang zu dem verborgenen Wissen bekäme, wäre das ein ganz neues Projekt, das mehrere Wochen in Anspruch nehmen würde. Anscheinend war ich zu einem neuen Abenteuer aufgebrochen, obwohl es in unserem vorangegangenen Gespräch keinerlei unbewusste Andeutungen Lindas gab, die diesen Vorzug angedeutet hatten.

Als sie erwachte, war sie immer noch ein wenig erschöpft und schien verwirrt zu sein. Sie merkte an: „Ich hatte eine Botschaft für dich. Daran erinnere ich mich. Und ich fühle eine große Verantwortung. Das ist wirklich wichtig. Ich weiß nicht, was die Botschaft ist. Ich weiß nur, dass es eine Menge Wissen gibt, das wir nicht haben. Aufgrund unserer Ängste und unserer primitiven Art wurde es uns genommen. Es ist Zeit, dass es zurückkommt. Und aus irgendeinem Grund wurden wir ausgewählt, um es auf diesen Planeten zurückzubringen. Das ist eine sehr große Verantwortung. Ich fühle das. Sie liegt sehr schwer auf meiner Seele. Das ist alles aus der Sitzung, woran ich mich erinnere."

Es war offensichtlich, dass sie so tief in somnambuler Trance gewesen war, dass sie sich an nichts anderes erinnern konnte, das während der Sitzung gesagt worden war.

Ich war nun definitiv interessiert daran, diese Geschichte fortzusetzen. Für mich war es, als würde man die Büchse der Pandora öffnen. Ich liebe Geheimnisse. Und wenn jemand sagt, dass er mir etwas über Dinge erzählen wird, die verloren gegangen sind und die ich wissen muss, dann ist das zu faszinierend, um es zu ignorieren.

Das einzige Problem wäre die Entfernung, die ich für die Arbeit mit ihr zurücklegen müsste. So beschloss ich, mindestens einmal im Monat nach Little Rock zu kommen und zu versuchen, mit Linda und Janice an demselben Wochenende zu arbeiten.

* * *

Mit Janice und mit Linda entwickelten sich nun zwei verschiedene Projekte. Um ordentlich mit ihnen arbeiten zu können, hatte ich im Januar 1990 das Gefühl, einen Abstecher nach Little Rock machen zu wollen, um ausschließlich Sitzungen durchzuführen. Ich hatte vor, die ganze Reise dem Material zu widmen, das von den beiden Frauen kam. Das sollte leicht klappen, denn Vortrag war keiner geplant. Meine Freunde versprachen, niemandem zu erzählen, dass ich kommen würde, um Besucher fernzuhalten. Natürlich kam es ganz anders, als geplant. Einer ihrer Bekannten fand heraus, dass ich kam und wollte ebenfalls eine Rückführung machen. Also sagte ich für den Abend meiner Ankunft zu, obwohl ich von der langen Fahrt müde war. Auf diese Weise konnte ich den Rest des Wochenendes den beiden Frauen widmen.

Ursprünglich hatte ich vor, die Sitzungen abwechselnd zu machen, entschied mich aber dann dafür, die Fäden der individuellen Geschichten zu verfolgen, weil es mir dann leichter fallen würde, mich darauf zu konzentrieren. Außerdem würde keine der beiden Frauen warten müssen, während ich Sitzungen mit der anderen machte. Wir entschlossen uns, an beiden Tagen jeweils mit nur einer Frau zu arbeiten. Samstags würde ich drei Sitzungen mit Linda machen und sonntags drei mit Janice. So etwas versuchte ich zum ersten Mal und wusste daher nicht, wie sehr es ihnen zusetzen würde. Sie würden zwar müde sein, aber nicht so müde wie ich, da sie das Gefühl haben würden, tagsüber kurz geschlafen zu haben. Es war ein Experiment mit ungewissem Ausgang. Aber wenn wir es schaffen sollten, dann könnte ich an einem Tag die Arbeit von einem Monat bewältigt haben.

* * *

Meine erste Sitzung mit Linda sollte am Samstagmorgen beginnen. Als sie zu dieser Sitzungsserie kam, steckte ihr rechter Unterarm in einem Gipsverband. Sie war vor Weihnachten auf dem Eis ausgerutscht und hatte sich beim Hinfallen den Arm gebrochen. Ich war ein wenig besorgt, das könnte unangenehm und unbequem sein und sie von unserer Arbeit ablenken. Möglicherweise könnte mangelnde Entspannung ihr Eintauchen in tiefe Trance verhindern. Aber sie legte sich ein Kissen auf den Bauch und lagerte den Gipsverband darauf.

Vor meinem Versuch, mehr über Bartholomäus Informationen zu erfahren, die er eventuell mit mir teilen würde, wollte ich Einzelheiten über seinen Hintergrund wissen. Sollte einmal ein Buch aus dem Material entstehen, war so etwas notwendig. Es wäre zu klären, was zwischen unserer ersten Begegnung und seiner Reise in dem Raumschiff, auf der Suche nach seinem Wunderkind, geschehen war. Das war der erste Auftrag. Ich benutzte Lindas Schlüsselwort und es funktionierte sofort. Der Gips an ihrem Arm schien keine Probleme zu bereiten. Sie konnte ihn ignorieren, als sie in eine tiefe somnambule Trance eintrat. Dann brachte ich sie zurück in die Zeit von Bartholomäus und fragte, was sie gerade tat.

L: (Sie begann wieder langsam und leise.) Ich bin am Gelände. Es ist innerhalb der Stadtmauern. Wie ein Marktplatz. Da gibt es so viel Aktivität. Viele Dinge geschehen heute. Leute verkaufen ihre Waren. Andere stellen Dinge her. Ein Schmied ist da. Kinder laufen herum. Hunde, Tiere. Heute ist es sehr geschäftig. Es ist das Erntefest der Tagundnachtgleiche im Herbst, deshalb bin ich hier. Deshalb ist hier so viel los. Das ist die Zeit, nach der die Ernte eingebracht wurde und die Leute feiern ihr Glück. Und sie bedanken sich bei den Göttern für deren Gefälligkeiten während der Wachstumszeit. Dieses Fest wird drei Tage und drei Nächte lang dauern, der Höhepunkt ist eine gewaltige Feier in der dritten Nacht.

D: *Welche Art Götter verehrt ihr?*

L: Es gibt viele. Es gibt Götter der Elemente. Die Götter der Erde. Die Götter der Sonne, des Mondes, des Windes und des Regens.

D: *Habt ihr in eurem Land etwas, das „Kirche" genannt wird? (Pause, als würde er nicht verstehen.) Wie die Katholische Kirche?*

L: Sie kamen oft hierher und wollten das Land bekehren, aber das wurde nicht akzeptiert. Sie wurden gesteinigt. Jetzt lassen sie uns in Ruhe.

D: *Die Leute mochten nicht, dass sie versuchten, ihren Glauben zu ändern?*

L: Nein, weil sie uns Heiden nannten und schlecht behandelten, so als wären wir nicht gut genug.

D: *Deine Leute verehren noch die alte Religion, ist das richtig?*

L: Das ist korrekt.

D: *Hast du mit deinem Lehrer schon Kontakt gehabt? (Pause) Weißt du, was ich meine?*

L: Ich habe vor kurzem mit jemandem gesprochen, doch er hat nicht gesagt, dass er mein Lehrer wäre.

Offenbar waren wir zu einem früheren Zeitpunkt in sein Leben getreten, als bei unserem Gespräch in der ersten Sitzung.

L: Er ist ein sehr alter Mann. Er kommt nicht von hier. Er besuchte mich vor einer Weile, als ich im Wald war. Während ich in Kontemplation unter einem Baum saß, kam er geradewegs auf mich zu gewandert. Er hatte einen Ranzen, einen Beutel auf dem Rücken, also nahm ich an, er würde irgendwohin reisen. Und wir haben uns unterhalten, das ist alles.

D: *Woher kam er?*

L: Sagte er nicht. Er sagte nur, von einem weit entfernten Ort. Einen, den ich nicht kennen würde. Er fragte, worüber ich so intensiv nachdächte. Und ich sagte, ich kontemplierte mein Leben. So sprachen wir über dies und das und über die Ignoranz der Leute.

D: *Fühlst du dich so? Als würden dich die Leute nicht verstehen?*

L: Ja. Es ist so, als hätten sie ein völlig anderes Konzept davon, was in ihren Leben geschieht. Sie leben ihr Leben nicht auf die Art und Weise, wie ich das meine gerne leben würde.

D: *Fühlte sich dieser alte Mann auch so wie du?*

L: Oh, ja. Er sagte, das sind die Zeiten. Und die Leute realisieren es nicht.

D: *Es war gut, jemanden zu finden mit dem du sprechen konntest.*

L: Ja. Es tat mir sehr leid, ihn gehen zu sehen. Aber er sagte, er würde vielleicht bald auf diesem Weg zurückkommen. Und wir könnten uns vielleicht wieder unterhalten.

D: *Das wäre prima. Hat er dir seinen Namen gesagt?*

L: Ja. Sein Name war sehr seltsam. Sein Name war … Christopher. Ich habe diesen Namen noch nie zuvor gehört. Ich fand ihn sehr seltsam auf irgendeine Weise.

D: *Meinst du, es ist ein seltsamer Name für dein Land?*

L: Ich habe ihn noch nie zuvor gehört. Er war ein alter Mann und mir schien fast, das sollte ein Name für einen sehr jungen Mann sein. Wenn ich ihn ausspreche, gibt mir das ein sehr friedliches Gefühl.

D: *Aber jetzt amüsierst du dich auf dem Fest, nicht wahr?*

L: Oh, ja. Viele frische Lebensmittel und alle möglichen Waren, die von den Bauern gemacht wurden. Viel Gesang und Tanz.

D: *Das ist ein guter Tag. Verlassen wir diese Szene. Entferne dich von dieser Szene. Und ich möchte, dass du in der Zeit voranschreitest, bis du in diesem Leben älter geworden bist. Was machst du jetzt? Was siehst du?*

L: Ich bin in einer Stadt, weit weg von zu Hause. Die Straßen hier sind aus Stein. Sie hat eine sehr schmutzige … viele Menschen, die Bettler sind. Es ist sehr trostlos. Mir gefällt es hier nicht.

D: *Hat die Stadt einen Namen?*

L: Ich musste ein Boot nehmen, um hierherzukommen. Sie liegt in dem Land England und heißt Liverpool. Es ist sehr schrecklich hier.

D: *Was tust du dort?*

L: Ich bin sehr weit gereist, um zu sehen, wie die Menschen auf diesem Planeten leben. Um zu sehen, wie unterschiedlich sie alle sind. Manchmal bleibe ich lange Zeit und manchmal gehe ich sehr schnell wieder weg. Ich werde wahrscheinlich morgen diesen Ort verlassen. Er ist sehr traurig. Es beunruhigt mich, wenn ich sehe, wie tief die Menschen gesunken sind. Sie sind sehr schlecht zueinander.

D: *Aber du hast gesagt, du hast andere Städte und andere Länder auch besucht?*

L: Oh, ja, viele. In den letzten zehn Jahren oder so bin ich von einem Ort zum anderen gereist.

D: *Welche Länder hast du besucht?*

L: Ich habe Gallien besucht und ich habe Rom besucht. Ich habe viele Orte besucht. Ich besuchte den Osten. Die meisten Menschen waren noch nie dort.

D: *Was ist im Osten?*

L: Oh, es ist ein sehr großes Land. Und ihre Lebensphilosophie unterscheidet sich sehr von der unseren. Sie haben eine unterschiedlich gefärbte Haut und sie tun etwas namens „Meditation". Dabei kommen sie in Berührung mit ihrem (tut sich schwer) … inneren Wissen. Sie sind sehr weise.

D: *Wie reist du in diese anderen Länder?*

L: Ich gehe.

D: *Das wäre ein langer Weg, nicht wahr?*

L: Oh, ja. Manchmal, wenn ich ans Wasser komme, muss ich ein Boot nehmen, aber im Allgemeinen gehe ich.

D: *Woher weißt du, wohin du gehen musst?*

L: Oh, ich gehe einfach dorthin, wohin mich mein Gefühl weist. In diese Richtung gehe ich einfach.

D: *Musst du dir Sorgen machen, ob du Geld oder Essen hast?*

L: Manchmal. Im Allgemeinen treffe ich auf dem Weg jemanden und sie sind sehr nett zu mir. Sie nehmen mich für eine Weile auf und so habe ich mir keine Sorgen machen müssen. Man hat sich um mich gekümmert.

D: *Weißt du jetzt den Namen des Landes, aus dem du gekommen bist? In welchem du gelebt hast, als du jünger warst?*

L: Manchmal nennen es die Leute unterschiedlich. Einige Leute nennen es … (schwierig) Sieton (phonetisch). (Lange Pause) Ich kann mich nicht erinnern. Es hat keinen Namen an sich. Es ist ein Königreich für sich allein und sie reisen überhaupt nicht von dort aus.

D: *Dann war es sehr ungewöhnlich, dass du fortgegangen bist?*

L: Ja. Niemand geht je fort von dort.

D: *Es war sehr mutig von dir, weggehen zu wollen.*

L: Ich wollte wirklich nicht gehen, aber mir wurde gesagt, dass ich gehen muss. Mir wurde gesagt, ich muss gehen, um selbst zu sehen, worum es im Leben an sehr vielen Orten geht. Aber ich könnte auch unbesorgt sein, dass man sich auf Reisen um mich kümmern würde. Und das war auch so. Und ich bin nicht einsam.

D: *Das ist wohl beängstigend, ein unbekanntes Land zu bereisen und niemanden zu kennen.*

L: Am Anfang war es das. Ich war wie erstarrt.

D: *Wer hat dir gesagt, dass du das tun sollst?*

L: Mein Freund, der regelmäßig zu mir kommt. Er sagte, es sei wichtig, mir anzusehen, worum es hier im Leben ging. Mein Königreich war so isoliert, dass ich in einer Million Jahren nicht ergründen hätte können, wie andere Menschen sind, wenn ich es nicht für mich selbst herausfinden würde.

D: *Was hast du über die Menschen gelernt?*

L: Ich habe sehr viel über die Kulturen der Menschen gelernt. Und wie sie sich aufgrund ihrer Lage und ihrer Lebensart unterscheiden. Was das für einen Einfluss auf die Art und Weise hat, wie sie das Leben betrachten. Wie einige sehr gut und andere sehr schlecht sind. Einige sind sehr ignorant und suchen nicht weiter, als bis zu ihrer Nasenspitze.

D: *Alle sprechen verschiedene Sprachen, nicht wahr?*

L: Ja, das tun sie.

D: *Hast du Schwierigkeiten, mit ihnen zu kommunizieren?*

L: Nein. Mein Freund hat mir viele Dinge beigebracht. Eines davon ist, sich auf die Mitte der Stirn zu konzentrieren und die Kommunikation kann stattfinden, ohne ein Wort zu sagen. Sie funktioniert von Geist[1] zu Geist. Es ist kein Gespräch, sondern ein Informationsaustausch.

D: *Müssen sich die anderen Leute, die du triffst, konzentrieren?*

L: Nein. Sie sind zunächst erstaunt. Sie fangen an, mit mir zu reden und wenn ich meinen Blick auf sie richte, beruhigen sie sich und wir kommunizieren. Und nach unserer Kommunikation machen sie auf die gleiche Art und Weise weiter, wie vorher. Es ist sehr seltsam.

D: *Erinnern sie sich danach daran?*

L: Nein. Es ist wie ein Zeitraum, der sich ereignet. Und sie sind sich dessen nicht einmal bewusst.

D: *Gibt es dafür einen Grund?*

L: Ja. Weil sie sich sehr fürchten würden, wenn sie es wüssten und sie würden mich wahrscheinlich vor lauter Angst umbringen. Sie würden denken, dass ich böse bin.

D: *Diese Art der Kommunikation macht es dir leichter, nicht wahr?*

L: Oh, ja, sehr sogar. Ich könnte sonst nicht mit ihnen sprechen. Es so zu machen ist sehr schön. Ich spreche mit dem Landvolk. Ich spreche mit Adligen. Ich spreche mit Königen. Ich spreche mit den Bauern. Ich spreche mit den Händlern. Es war sehr lehrreich.

D: *Du hast wichtige Menschen getroffen, wie Könige?*

---

1 Anm. d. Übers.: Das englische Wort *mind* ist nicht präzise mit einem deutschen Wort übersetzbar, da es die Summe aller geistigen und emotionalen kognitiven Fähigkeiten beschreibt.

L: Ja, auf meinen Reisen habe ich manchmal sogar Könige getroffen, manchmal nur die Adligen. Ich habe Priester getroffen, Hohepriester. Ihre Philosophien sind für mich immer interessant. Aber sie sind auch immer sehr selbstgerecht. Ich finde das manchmal lächerlich, aber das sage ich ihnen nicht.

D: *Glauben sie, dass ihre eigene Philosophie die einzige ist?*

L: Ja, ja, das ist es, was ich amüsant finde.

D: A*ls ich einmal mit dir gesprochen habe, hast du gesagt, auch du bist auf der Suche nach jemandem. Ist das wahr?*

L: Ja, ich suche einen jungen Mann, den ich das lehren kann, was ich gelehrt worden bin, bevor meine Zeit zu gehen kommt, sodass er meine Arbeit weiterführen könnte. Und bis jetzt habe ich ihn nicht gefunden.

D: *Wie willst du ihn erkennen, wenn du ihn findest?*

L: Ich werde es sofort wissen. Es wird mir ein Zeichen gegeben werden und ich werde es wissen.

D: *Weißt du, wie das Zeichen aussehen wird?*

L: Nein, aber mir wurde gesagt, dass es mir gezeigt werden wird, wenn wir mit unserer Kommunikation beginnen.

D: *Wäre das ein Grund, warum du reist? Denkst du, du würdest den jungen Mann in deinem eigenen Königreich nicht finden?*

L: Ja. Aber ich lerne auch viele Dinge während der Reise. Und ich kann diesem jungen Mann sagen, was ich gesehen habe.

D: *Du hast sehr viele wunderbare Dinge gesehen, nehme ich an.*

L: Ja. Und ich habe auch einige sehr schlimme Dinge gesehen. Aber das ist es, worum es im Leben geht. Du musst das Gute und das Schlechte annehmen.

D: *Du kannst keine Urteile fällen.*

L: Nein. Das würde keinen Sinn ergeben. Ich kann nichts tun, um den Status zu diesem Zeitpunkt zu verbessern. Zu diesem Zeitpunkt sammle ich Informationen.

D: *Ja, es wäre sinnlos, zu versuchen, den Menschen zu helfen. Es gibt einfach zu viele.*

L: Sie würden nicht zuhören. Sie sind zu diesem Zeitpunkt nicht bereit, ihre Ansichten und Vorstellungen zu verändern.

D: *Ich nehme an, du bist ein Beobachter? (Ja.) Was hat deine Familie von deiner Entscheidung zu gehen gehalten?*

L: Sie waren traurig. Aber sie hatten immer das Gefühl, ich wäre verrückt. Also war es wohl etwas anderes.

D: *Du warst nie so, wie sie waren.*

L: Das ist richtig. Also ließen sie es einfach gut sein. Ich vermisse sie manchmal.

D: *Ich stelle mir vor, dass du manchmal einsam bist.*

L: Ja. Auch wenn sie die Dinge nicht wissen, die ich weiß, ist es sehr angenehm, mit einer Familie zu sein.

D: *Ja, das kann ich verstehen. Aber jetzt bist du an einem Ort namens Liverpool?*

L: Ja. Ich werde morgen hier weggehen. Ich werde wahrscheinlich nach Spanien reisen.

D: *Musst du wieder ein Boot nehmen? (Ja, ja.) Hast du schon einmal daran gedacht, in die andere Richtung zu reisen, über den Ozean?*

L: Es wurde darüber gesprochen. Wie auch immer, ich denke nicht, dass es eine bewährte Route gibt. Es ist ein sehr großer Ozean da draußen und ich bin nicht bereit, so ein Projekt zu diesem Zeitpunkt durchzuführen.

D: *Du meinst, die Leute sind nicht in diese Richtung gefahren?*

L: Darüber wird viel diskutiert. Es gibt einen Mann namens Columbo, der sagt, dass die Erde oval ist. Und die Leute lachen über ihn.

D: *Hast du diesen Mann namens „Columbo" gesehen?*

L: Nein, ich habe ihn nicht gesehen. Ich habe von ihm nur von Stadtbewohnern gehört. Sie sprachen über ihn und lachten. Und ich dachte mir, wie traurig. Also stand ich einfach da und hörte eine Weile zu. Und für eine Weile dachte ich, vielleicht könnte ich ihm ein wenig helfen, aber mir wurde gesagt, ich solle es nicht tun. Aber er hat recht. Er weiß nicht, wie recht er hat.

D: *Woher weißt du das?*

L: Mein Freund hat mir von diesen Dingen erzählt. Ich könnte diesem Mann Columbo auf seiner Reise helfen. Aber mir wurde gesagt, ich solle schweigen.

D: *Was hat dein Freund gesagt? Was ist da draußen?*

L: Er zeigte mir Bilder. Es waren keine Zeichnungen. Er nannte sie „Fotografien". Ich verstehe nicht, was er meinte. Es ist ein Bild, aber es ist nicht so wie irgendetwas, das ich je zuvor gesehen hätte. Es ist nicht gezeichnet oder gemalt. Sie sind sehr schön. Und er zeigt mir unglaubliche Dinge über diese Erde, die ich mir nie hätte vorstellen können.

D: *Kannst du das mit mir teilen?*

L: Es war, als wäre ich sehr weit weg am Nachthimmel und blickte nach unten, unten, sehr weit weg. Und es war wunderschön. Ich konnte die Form der Erde und Orte im Ozean sehen, von denen ich nie hätte wissen können. Weißt du, Leute denken heute nur an die Existenz dessen, wo sie sind. Sie ziehen niemals in Betracht, dass es andere Orte geben könnte. Und es gibt sehr viele Orte, von denen niemand etwas weiß oder sich vorstellen könnte. Viel größere Orte als die, an denen wir jetzt leben. Viel größere Landmassen, mit Wäldern und Hügeln und Bergen. Unglaubliche Orte. Einige, wo es Leute gibt, einige, wo es keine Leute gibt, nur das Land, das wartet. (Das alles wurde in einem wehmütigen Tonfall gesagt. Fast melancholisch.)

D: *Wie sind die Menschen an diesen Orten?*

L: Ich habe nicht alle besucht. Ich habe nur einen sehr kleinen Teil der Welt in meiner Umgebung besucht, denn es ist unmöglich, zu diesen Orten zu gehen. Mir wurde jedoch gesagt, dass ich vielleicht eines Tages in der Lage sein würde, auch diese fernen Orte zu besuchen.

D: *Du hast gesagt, dass dir Bilder gezeigt wurden.*

L: Ja, aber es waren keine Bilder von Menschen, sondern nur von der Erde und dem Land aus großer Entfernung. Ich würde wirklich gerne die Leute dort sehen, frage mich aber, ob sie wie wir sind.

D: *Glaubst du, dass dieser Mann Columbo dort hinfährt?*

L: Er denkt, dass er nach Osten geht. Ich glaube nicht, dass er von diesen anderen Orten etwas weiß. Er weiß nicht, dass sie existieren.

D: *Und dein Freund will nicht, dass du es ihm sagst.*

L: Nein. Er sagte, das wäre sehr schlimm. Er sagte, er würde mir ohnehin nicht glauben.

D: *Das ist wahr. Er muss es selbst herausfinden, genau wie du es getan hast. Was glauben die Durchschnittsmenschen deiner Zeit, könnte da draußen sein?*

L: Sie glauben, wenn man auf einem Schiff weit hinausfährt, lauern sehr viele böse Dinge, die einen überwältigen werden. Und man wird für immer verloren sein.

D: *Glauben die Menschen deiner Zeit, dass es noch andere Menschen gibt da drüben?*

L: Nein, sie glauben nicht, dass es etwas gibt, das über das hinausgeht, was sie sehen.

D: *Als er dir die Bilder der Erde zeigte, welche Form hatte sie?*

L: Sie war irgendwie rund und es gab viel Wasser. (Aufgeregt) Und weißt du was? Ich glaube, dass sich die Erde herumdreht und herum und herum.

D: *Sah es so aus, als hätte sie das getan?*

L: Ja, aber sehr langsam. Und es gibt Wasser und Land, große Landflächen und viel Wasser.

D: *Glauben die Leute deiner Zeit, dass die Erde so aussieht?*

L: Sie wissen nicht, dass ich diese Dinge gesehen habe. Sie denken, dass die Erde nur dort ist, wo sie sind. Und darüber hinaus gibt es nichts. Die meisten Menschen sind sehr ängstlich und bleiben bei dem, was sie wissen. Sie wagen sich nicht sehr weit weg von dort, wo sie leben.

D: *Diese Dinge zu tun war also sehr mutig von dir.*

L: Ich musste sehr vertrauensvoll mit den Anweisungen umgehen, die mir gegeben wurden. Am Anfang war es sehr schwer. Aber nach ein paar Jahren war es überhaupt nicht mehr schwer.

D: *Du hattest wahrscheinlich auch Angst. Du wusstest nicht, was da draußen ist.*

L: Ich hatte große Angst und fürchtete mich sehr. Als ich herausfand, dass mir nichts passierte und für mich gesorgt wurde, war es viel einfacher.

D: *Siehst du immer noch deinen Freund?*

L: Ja, er kommt gelegentlich, um mit mir zu reden. Manchmal zeigt er mir sehr schöne Dinge. Er erzählt mir vieles, das ich wissen muss. Er zeigt mir die Erde und sagt mir, wie es in vielen Jahren laufen wird. Wie die Menschen in ihren Denkmustern und in ihren Lebensstilen vorankommen werden. Und wie sehr sich die Zivilisation verändern wird. Es ist sehr interessant. Es ist manchmal sehr schwer zu glauben, dass so etwas wirklich passieren wird.

D: *Was für unglaubliche Dinge würden geschehen, von denen er dir erzählt hat?*

L: (Aufgeregt) Er hat mir einmal gesagt, dass es Kutschen geben wird, die am Himmel fliegen, aber ich finde es sehr schwer zu glauben. Ist das nicht albern?

D: *Oh, das klingt seltsam, nicht wahr?*

L: Und dass die Menschen in ihnen über die ganze Erde reisen werden. Und dass sie von all diesen Orten wissen werden, von denen wir jetzt nichts wissen.

D: *Das klingt sehr wunderlich, wenn man denkt, jemand könnte fliegen.*

L: Das ist sehr aufregend. Ich kann nicht ... (Seufzer) mein Geist kann so etwas nicht ergründen. Ich fragte ihn, ob die Pferde Flügel hätten. Und er sagte, es gäbe keine Pferde. Kannst du dir das vorstellen?

D: *Nein, ich kann mir nicht vorstellen, wie das geschehen könnte.*

L: Ich kann es auch nicht. Es wird viele wunderbare Dinge geben. Er sagte, es wird Maschinen geben, die die Arbeit von zehn

Männern erledigen werden. Und sie müssen nur noch auf einen Knopf drücken und die Arbeit wird getan.

D: *Das würde eine Menge Arbeit sparen, nicht wahr?*

L: Ja, das würde es. Er sagte, dass die Menschen besser als jetzt miteinander kommunizieren würden. Sie würden Dinge haben, um von einem Ort zum anderen zu sprechen und man könnte einander meilenweit hören. Er sagte, das wird Kommunikation für die ganze Welt ermöglichen, sodass wir in der Lage sein werden, alle miteinander zu reden. Und nicht mehr so ignorant zu sein.

D: *Das sind lauter gute Dinge, nicht wahr?*

L: Ja. Es wäre so schön, wenn den Menschen einige Ängste genommen werden könnten. Sie wären dann freundlich zueinander.

D: *Glaubst du, das würde geschehen, wenn sie über solche Dinge miteinander sprechen könnten?*

L: Ja. Dann wären sie nicht so ängstlich. Weißt du, die Leute sind jetzt sehr isoliert. Sie leben in ihren eigenen Familien in ihren eigenen kleinen Städten. Und sie haben große Angst vor allem jenseits dieser Grenzen. Und wegen dieser Angst kommunizieren sie nicht sehr gut. Sie könnten viel voneinander lernen, wenn sie es nur zulassen würden. Viel Ignoranz könnte durch diese Methoden beseitigt werden.

D: *Du denkst also, die Antwort ist, kommunizieren zu lernen?*

L: Ganz definitiv. Mangelnde Kommunikation ist sehr schlecht, denn das erlaubt der Angst, das Wesen ganz einzuhüllen und sie können die Realität nicht mehr erkennen, die vor ihnen liegt. Das überzieht alles mit Dunkelheit.

D: *Also hat er dir von Dingen erzählt, in die sie sprechen oder durch die sie reden können?*

L: Ja. Und sie könnten auch hören. Das waren kleine Maschinen. Ich weiß nicht, wie sie aussehen. Er hat mir gerade gesagt, dass es kleine Maschinen sind.

D: *Das wäre gut, denn dann könnten sie es schaffen, miteinander zu kommunizieren.*

L: Ja. Siehst du, dann könnten sie ihre Ideen zu vielen Dingen äußern und die anderen Leute könnten ihre Ideen einbringen. Und die beste Idee könnte dann vielleicht genutzt werden.

D: *Das klingt sehr gut für mich. Hat er dir noch etwas erzählt, das schwer zu glauben war?*

L: Ja, sehr viel. Er sagte, es gibt noch andere Erden im Universum. Und das diese Menschen viel schneller vorangekommen sind als wir. Und sie haben mehr Wissen als wir. Aber wenn unsere

Welt wächst und wir diese Maschinen haben, die uns helfen, gebildeter zu werden, könnten diese Menschen von überall her zu Besuch kommen und auch ihre Ideen austauschen.

D: *Das klingt alles sehr gut.*

L: Es wäre wunderbar, glaube ich.

D: *Sich Menschen vorzustellen, die auf anderen Erden leben, ist schwierig, oder?*

L: Ja, das ist es. Es ist sehr schwer, obwohl ich das schon immer gewusst habe. Und aus irgendeinem Grund war das für mich leichter zu verstehen, als zu glauben, dass es andere Orte auf dieser Erde gibt, von denen ich nichts weiß. Ich weiß nicht, warum ich mir damit so schwertat.

D: *Es war einfacher für dich zu verstehen, dass es Leute gibt, die irgendwo auf anderen Welten leben?*

L: Ja, ich konnte das viel leichter verstehen, als dass es andere Landstriche auf der Erde gibt und dass die Erde nicht nur der eine Ort hier ist.

D: *Aber ist es für andere Leute deiner Zeit nicht schwierig, an andere Welten zu denken?*

L: Oh, ja, sie halten das für böse und schlecht und sie haben große Angst, an solche Dinge zu denken. Es ist ihre Angst, die sie zurückhält. Alles, was sie nicht verstehen, nennen sie böse und schlecht und sie versuchen, es loszuwerden, indem sie es töten oder verbrennen. Sie haben nur große Angst.

D: *Als du nach Rom gingst, war das nicht die Heimat der katholischen Kirche?*

L: Ja, sie haben dort sehr viele schöne Plätze. Sie haben viele Priester, die diese Religion in dem Land lehren. Auch sie sind von Angst durchdrungen.

D: *Glaubst du das?*

L: Oh, ja. Ich glaube schon. Sie versuchen, die Bauern unter Kontrolle zu halten. Kontrolle durch ihre religiöse Philosophie. Aber es ist alles eine Tarnung vor der Angst.

D: *Warum sollte eine Religion Angst haben müssen?*

L: Ich weiß nicht. Ihr Gott kann nicht sehr gut sein. Warum sollten sie solche Angst haben, wenn er gut wäre?

D: *Du meinst, die Priester selbst haben Angst?*

L: Ja, sie haben dieses System. Es ist wie ein Königreich. Es ist die gleiche alte Sache, nur ein anderer Name, um die Bauern auf Linie zu halten. Ein System der Höheren gegen die kleinen Leute. Sie glauben, dass es nur ihren Gott gibt und dass alle anderen, die es gibt, böse sind. Dass es nur einen Weg gibt, um gut zu sein und das ist die Art und Weise, die sie lehren.

Und wenn du ihre Anweisungen nicht befolgst, wirst du in Ewigkeit verdammt sein. Das ist falsch. Es gibt viele, viele Straßen. Dieses Wort habe ich gelernt, weißt du? Das Wort „Straße". Ist das nicht ein seltsames Wort?

D: *Das ist ein seltsames Wort. Was glaubst du, was das bedeutet?*

L: Straße bedeutet Pfad oder Weg. Ich finde das Wort sehr interessant. Straße.

D: *Ja. Aber du denkst, dass sie falsch liegen, wenn sie denken, dass ihre Religion der einzige Weg ist?*

L: Ganz definitiv. Sie sagen ihnen, dass sie sehr heilig und sehr weise sind und dass es so ist, wie sie sagen. Es erlaubt dem Einzelnen nicht, seine inneren Wahrheiten zu erforschen. Sie lehren, dass der Einzelne sehr begrenzt ist. Er muss ihre Anweisungen ausschließlich auf eine bestimmte Weise explizit befolgen. Und das ist sehr schlimm. Es erlaubt einer Person nicht, für sich selbst zu denken. (Seufzer) Aber das ist die Zeit. Weißt du, es ist überall so. Nicht nur in Rom. Es geht nicht nur um die Religion. Es geht um die Tagespolitik. Dir ist nicht erlaubt, selbstständig zu denken. Dir wird gesagt, was du denken und was du tun sollst. Ich war erstaunt, dass es solche Muster auf der ganzen Welt gibt. Sie haben vielleicht verschiedene Bräuche und machen ihre Dinge ein wenig anders, aber es ist im Grunde genommen alles gleich. Die Angst ist immer gleich. Sie kann sich auf etwas anderes beziehen, aber es ist im Grunde genommen der gleiche Umhang, den die Leute tragen. Und sie erlauben der Angst, ihre Interpretation des Lebens zu ändern und sie erlauben ihr, sie zurückzuhalten. Sie haben Angst, dass sie bestraft werden.

D: *Sie würden lieber bei dem bleiben, was sie wissen und sich damit sicher fühlen.*

L: Das ist richtig. Und dann besteht keine Gefahr, gesteinigt oder aufgehängt oder in eine Kiste gesteckt zu werden.

D: *Was meinst du damit? Sie werden in eine Kiste gesteckt?*

L: Sie haben diese schrecklichen Dinge. Es sind Holzkisten. Und die Leute werden in diese Kisten gesteckt und dort tagelang ohne Essen und Wasser festgehalten. Sie sterben manchmal. Das ist ganz schrecklich.

D: *Das wird Menschen angetan, die nicht an denselben Weg glauben?*

L: Ja, oder wenn sie ihn infrage stellen. Oh, es gibt ein paar böse Menschen da draußen, die es verdienen, in diese Kisten zu kommen. Sie stehlen oder töten oder so etwas in der Art. Aber dort hineingelegt zu werden, nur weil man etwas anderes glaubt, ist eine sehr schwerwiegende Ungerechtigkeit aus meiner Sicht. Wem könnte es schaden, wenn man in seinem Geist etwas anderes denkt? Es könnte etwas Besseres sein, weißt du?

D: *Was hast du auf Reisen über die Gesundheit der Menschen herausgefunden?*

L: An manchen Orten ist es sehr gut und sie leben lange, besonders wenn sie im Freien auf den Bauernhöfen leben. Wenn sie in der Stadt leben, ist es sehr, sehr schlimm. Wie gesagt, die Städte können sehr schmutzig sein und es gibt viel Krankheit. Die Menschen leben nicht sehr lange. Es gibt viel Tod in der Stadt.

D: *Gibt es Leute, die du „Ärzte" nennen würdest, die sich um die Kranken kümmern?*

L: Ja, aber sie bewirken nichts. Diese Leute sterben trotzdem. Ich glaube, sie helfen überhaupt nicht. Sie denken nur, sie tun es.

D: *Nun, du hattest Glück auf deinen Reisen. Bist du je krank geworden?*

L: Ein paar Mal. Nichts Schlimmes. Die meisten dieser Menschen in der Stadt sterben, wenn sie vierzig sind. Das ist alt in der Stadt. Ich bin fünfzig und es ist erstaunlich für die Leute, dass ich so gesund bin. Mein Haar wird jetzt weiß, aber ich bin bei guter Gesundheit.

D: *Das gilt dann als alt.*

L: Sehr alt, sehr alt.

D: *Aber du kannst immer noch gehen und reisen.*

L: Ja, ja, ja, ich bin in guter körperlicher Verfassung. Ich habe kein Pferd. Ich will keine Verantwortung und mich um niemanden außer mir kümmern. Obwohl für mich gesorgt wird.

D: *Ich dachte, wenn du ein Pferd hättest, könntest du schneller reisen.*

L: Auf diese Weise muss ich mir keine Sorgen um Futter oder Unterkunft für mein Pferd machen. Ich kann einfach in meinem eigenen Tempo gehen, so lange bleiben, wie ich will und dann wieder gehen. Manchmal nehme ich eine Gelegenheit zum Mitreisen wahr, aber nicht sehr oft.

D: *Aber du reist doch auf Booten.*

L: Das ist eine Notwendigkeit, denn ich könnte nicht so weit schwimmen. Das ist nur eine Notwendigkeit, um an einen anderen Ort zu gelangen.

D: *Sind die Boote, auf denen du reist, sehr groß?*

L: Manchmal. Ich bin mit einem großen Schiff mit vielen Segeln gereist. Und manchmal bin ich einfach in einem kleinen Boot mitgefahren. Es kommt darauf an, wer mir eine Fahrt ermöglichen kann.

D: *Du musst dir auf diese Weise keine Sorgen um Geld machen, oder?*

L: Nein, ist das nicht unglaublich? Ich hätte nie gedacht, dass es möglich ist, so lange ohne Geld zu reisen. Das ist erstaunlich.

D: *Hast du Kleidung oder irgendetwas anderes mit?*

L: Nein. Wenn meine Kleider zerfetzt sind, kommt immer jemand und gibt mir neue. Und jemand versorgt mich mit Nahrung. Ich habe einen großen Stock, den ich mit mir trage, wie einen Stab. Er hilft mir, Hügel hinauf und hinunterzugehen. Er ist mein alter Freund geworden.

D: *Glaubst du, du wirst jemals diesen jungen Mann finden, dem du das Wissen weitergeben willst?*

L: Ich mache mir jetzt ein wenig Sorgen, wegen meines Alters. Bisher war ich nicht besorgt. Ich hatte das Gefühl, dass er mir zur rechten Zeit gezeigt werden würde. Aber je älter ich werde, desto besorgter bin ich, dass ich ihn nicht rechtzeitig finden werde. Siehst du, ich habe ihm viel zu erzählen. Und es ist nicht etwas, was ich ihm an einem Tag oder in einer Woche sagen könnte. Ich habe sehr viele Dinge zu erzählen und das wird einige Zeit dauern. Ich muss bei ihm bleiben und in der Lage sein, ihn zu unterrichten, solange ich gesund bin. Das ist zu diesem Zeitpunkt ein sehr großes Anliegen von mir. Obwohl mir gesagt wurde, dass ich mir keine Sorgen machen muss. Es würde sich darum gekümmert. Und bisher wurden alle Dinge für mich erledigt, die mir gesagt wurden. Also sollte ich aufhören, mir Sorgen zu machen, schätze ich. Ich fühle mich nicht wie ein alter Mann. Nur, wenn meine Aufmerksamkeit darauf gelenkt wird.

D: *Dein Körper fühlt sich also nicht alt an.*

L: Nicht für mich innen drin. Aber für diejenigen draußen bin ich sehr alt.

D: *Als nächstes reist du nach Spanien?*

L: Ja, ich war noch nie dort. Soweit ich gehört habe, ist es wunderschön. Also dachte ich, ich würde selbst nachsehen. Ich war östlich, nördlich und westlich von dort. Aber ich war noch nicht südlich von dort. Vielleicht werde ich diesmal dorthin gehen. Wenn ich morgens aufstehe, werde ich normalerweise geleitet, welche Richtung ich einschlagen soll. Mir wird gesagt, ich solle nach Osten oder Nordosten gehen oder auf welcher Straße ich auch immer gehen soll. Wenn mir gesagt wird, dass ich diese Straße nehmen soll, dann nehme ich sie.

D: *Du stellst keine Fragen. (Nein.) In Ordnung. Verlassen wir diese Szene. Ich möchte, dass du in der Zeit weitergehst, bis du in Spanien angekommen bist und dann sagst du mir, was du davon hältst. Nimmst du ein Boot?*

L: Ja, ich habe diesmal ein großes Schiff genommen. Ich traf den Kapitän im Gasthaus. Er war sehr angetan von mir und ließ mich auf seinem Schiff mitreisen. Ich wohnte in seiner Kabine. Es war sehr schön. Es war ein sehr großes Schiff mit vielen Masten.

D: *Was hältst du von Spanien?*

L: Es sind noch nicht sehr viele Leute hier. Es ist sehr warm. So eine Veränderung. Das wärmt meine Knochen. Es war sehr kühl in Liverpool, sehr feucht. Und das Sonnenlicht fühlt sich für meinen Körper sehr gut an. Die Luft ist frisch und die Brise ist einfach perfekt. Alle Geschichten, die ich gehört habe, sind wahr.

D: *Wirst du dort eine Weile bleiben?*

L: Ich glaube, das könnte ich. Ich würde gerne eine Weile diese Leute besuchen, um zu sehen, was ihre Lebensphilosophie ist. Sie scheinen sehr freundlich und nicht so verängstigt zu sein. Diese Leute sind offen. Sie sind nicht so traditionsbewusst. Und sie scheinen in ihrem Denken unabhängiger zu sein als die, die ich bislang getroffen habe.

D: *Vielleicht findest du dort dein Wunderkind.*

L: Das glaube ich nicht. Mein Wunderkind ist wahrscheinlich sehr weit von hier entfernt. Ich weiß nicht, warum ich das jetzt denke. Ich glaube nicht, dass ich ihn finden werde. Ich glaube, er wird mich finden. Jetzt werde ich für eine Weile hier in Spanien bleiben. Vielleicht werden sie ihn zu mir schicken. Es ist so erfrischend und so eine Veränderung. Ich werde mich hier vielleicht eine Weile ausruhen.

D: *Aber glaubst du wirklich, dass du ihn eines Tages finden wirst?*

L: Das wurde mir gesagt und ich habe keinen Grund, etwas anderes zu glauben.

D: *Du hast dem dein ganzes Leben gewidmet. Solange du es glaubst, muss etwas Wahres dran sein.*

L: Ja. Es ist eine sehr große Lektion, die ich vor langer Zeit gelernt habe. Eine Lektion im Glauben.

D: *Wenn es also so sein soll, wirst du ihn auch finden. (Ja.) In Ordnung. Das klingt nach einem sehr schönen Ort, an dem man sich eine Weile ausruhen kann.*

Dann brachte ich Linda wieder zu vollen Bewusstsein und verließ Bartholomäus in seiner Welt, in dem Wissen, dass wir uns ihm bald wieder anschließen und unsere Geschichte fortsetzen würden.

KAPITEL 2
DER UNTERRICHT BEGINNT

Nach der ersten Sitzung legten wir einige Stunden Pause ein, gingen zum Mittagessen, erholten uns und machten Besuche. Gegen zwei Uhr nahmen wir die Arbeit wieder auf. Mit Lindas Stichwort brachte ich sie wieder in jenes Leben zurück. Die Recherche über Bartholomäus Hintergrund war abgeschlossen und ich wollte nun damit fortfahren, besagte Informationen einzuholen. Gewiss war meine Neugierde geweckt und ich wollte herausfinden, welche Art Wissen Bartholomäus an sein Wunderkind weiterzugeben hatte. Ich wollte ihn zurück zur Kapsel bringen und die Geschichte von da an wieder aufnehmen.

D: *Ich möchte, dass du Bartholomäus in diesem seltsamen Raum wiederfindest, als er irgendwohin wollte. Ich werde bis drei zählen und wir werden da sein. 1, 2, 3, wir sind wieder in dieser Szene. Du hattest gerade dein Schlafzimmer verlassen und befandst dich an diesem seltsamen Ort mit den Objekten, die draußen vorüberzogen. Was machst du und was siehst du? Sag mir etwas darüber.*

L: Ich bin der einzige hier. (Fast ehrfürchtig) Ich sitze auf einem Stuhl, blicke in das Universum hinaus und beobachte, wie die Sterne und die Planeten vorbeiziehen. Ich wurde geweckt und gebeten, auf eine Reise zu gehen. Und als ich zustimmte, wurde mir gesagt, dass ich diese Kleidung anziehen müsste. Dann umhüllte mich ein Lichtstrahl und als nächstes wusste ich, dass ich allein auf diesem Stuhl sitze.

D: *Hast du nicht gesagt, dass du jetzt älter bist?*

L: Ja. Ich bin sehr alt, inzwischen fast sechzig. Ich bin sehr, sehr alt.

D: *Warst du noch auf der Suche nach deinem Wunderkind?*

L: Ja, das war ich. Ich fühlte, dass ich meine Mission in diesem Leben nicht erfüllt hatte. Ich habe versucht zu vertrauen, da ich wusste, dass ich das fehlende Puzzle Stück zur richtigen Zeit finden würde. Aber als ich so alt wurde, fing ich an zu zweifeln und Angst zu haben.

D: *Konntest du auf all deinen Reisen auf der Erde niemanden finden, dem du die Informationen anvertraut hättest?*

L: Nein, keinen einzigen. Ich dachte, die östliche Kultur wäre vielleicht verständnisvoller, offener und empfänglicher. Aber auch sie sind in ihren eigenen Traditionen und Glaubenssystemen gefangen. Ich war sehr enttäuscht. Da fing ich an, den Glauben zu verlieren. In dieser Nacht wurde mir gesagt, dass dies meine letzte Reise sein würde. Und ich würde das letzte Puzzleteil am Ende meiner Suche bekommen.

D: *Was war es?*

L: Das fehlende Teil ist der Austausch dieses Wissens, es mit jemandem zu teilen, der mir ähnlich ist, der offen für Ideen ist, die er nicht begreifen kann. Jemand, der in der Lage ist, diese Dinge ohne Angst, ohne Vorurteile, ohne Verzerrungen zu untersuchen, der nur die Fakten akzeptiert und sie sorgfältig untersucht. Nur, um das Wissen zu teilen und das ist alles.

D: *Bringen sie dich zu deinem Wunderkind?*

L: Sie bringen mich an einen neuen Ort. Sie nennen ihn die „Kolonie". Es ist ein neuer experimenteller Ort, an dem sie hoffen, dass die reine Wahrheit bestehen kann, ohne in irgendeiner Weise verzerrt zu werden. Diese Menschen sind von reinem Herzen und Verstand. Ich werde ihr Lehrer sein. Ich werde ihnen das Wissen vermitteln, das ich während dieser langen Jahre gesammelt habe. Sie werden die Erhalter dieses Wissens sein. Aufgrund ihrer Reinheit werden sie es weder missbrauchen, horten, noch in irgendeiner Weise umfärben, oder in Gestalt oder Form verändern. Sie werden die Hüter der Erkenntnis der universellen Wahrheit sein.

D: *Ist das der Ort, an dem dein Wunderkind sein wird?*

L: Ja. Er kann dann wiederum zum richtigen Zeitpunkt gesandt werden, um den Planeten Erde zu erleuchten, wenn die Zeit reif ist. Bis dahin wird er an diesem Ort bei den anderen bleiben und warten. Die anderen wissen auch, wo sie diese Botschaft zur richtigen Zeit verbreiten werden.

D: *Warum konntest du es nicht an jemanden auf der Erde weitergeben? Das wolltest du ursprünglich tun.*

L: Weil es niemanden mit einem reinen Herzen gab, der es ohne Verzerrung oder Missbrauch bewahrt hätte. Zu diesem Zeitpunkt ist die Entwicklung des Planeten nicht in einem

Bereich der Zeit, in dem die Menschheit bereit ist. Sie haben noch so viele Lektionen zu lernen, bis sie all das zu einem angemessenen Vorteil der Menschheit verwenden werden. Es würde verzerrt, missbraucht und schließlich dazu verwendet werden, die gesamte Erde zu zerstören.

D: *So wird es also irgendwann wieder auf die Erde gebracht.*

L: Das ist richtig. Dieses Wunderkind wird hier in dieser „Kolonie" leben. Dieser Ort kennt weder Zeit noch Raum. Sie werden nicht altern oder sich in irgendeiner Weise verändern. Es ist ein Aufbewahrungsort. Und ich werde von hier zu meinem Ruheplatz gehen, wenn meine Arbeit getan ist. Ich werde weder hier bleiben, noch werde ich auf längere Zeit zur Erde zurückkehren.

D: *Macht das einen Unterschied, wohin du gehst, wenn du dich für alt hältst?*

L: Nein. Aber ich kann nicht in dieser Kolonie bleiben. Mein Seelenmuster ist anders als das von jenen an diesem Ort. Es ist mit einem unbestimmt langen Aufenthalt nicht kompatibel. Ich würde mich hier nicht wohlfühlen. Ich möchte zur Ruhe kommen, wenn meine Arbeit getan ist. Ich muss für einige Zeit ruhen und mit dem Alles sein.

D: *Sagst du, dass du in diesem Körper zur Erde zurückkehren wirst, nachdem du deine Botschaften und dein Wissen diesen anderen Leuten weitergegeben hast?*

L: Nein, ich werde für viele, viele Generationen nicht zur Erde zurückkehren. Ich werde ins „Alles" gehen, um mich auszuruhen und werde viel später mit einer anderen Kapazität zurückkehren.

Seinen Antworten hörten sich so an, als würde er sich auf das Jenseits beziehen und für eine Weile seine Ruhestätte aufsuchen, bevor er in einem anderen Körper wiedergeboren würde. Dieser Ort ist in meinem Buch *Between Death and Life* beschrieben. Mein einziges Verständnisproblem war, dass er das Sterben nicht erwähnt hatte. Er war anscheinend noch immer in seinem physischen Körper. Und jeder weiß, dass man seinen Körper nicht mitnehmen kann, wenn man stirbt.

D: *Ich versuche zu verstehen. Du hast immer noch deinen physischen Körper. Er ist in diesem Raum und sitzt auf dem Stuhl.*

L: Ja, es ist mein Körper. Ich habe nie gefragt, was mit ihm passieren würde. Ich schätze, das sollte ich tun. Aber es schien einfach nicht wichtig zu sein.

D: *In Ordnung. Lass uns voranschreiten, bis dieses Fahrzeug oder was auch immer es ist, diese Maschine, in der du dich befindest, ihr Ziel erreicht. Du sagtest, du reist dorthin, wo die Kolonie ist. Lass uns voranschreiten, bis du dein Ziel erreicht hast. Sag mir, was geschieht, wenn du dort ankommst.*

L: Es ist ein sehr heller Ort und ich sitze auf meinem Stuhl und schwebe in der Luft über diesem hellen Ort. Plötzlich umhüllt ein sehr helles Licht meinen Körper. Es beginnt oben in diesem Raum. Es hat eine zylindrische Form mit mir in der Mitte. In einem Augenblick bin ich bei diesen anderen Geistwesen[2] und nicht mehr in dem Raum. Ich werde gerade durch dieses Licht in die Gegenwart dieser Wesen gebracht. Sie sind alle sehr, sehr glücklich, mich zu sehen. Sie sehen aus wie Wesen aus Licht. Jedes ist anders, aber doch gleich. Sie sind sehr hell leuchtende Wesen.

D: *Haben sie keine physischen Eigenschaften?*

L: Doch, aber sie leuchten so hell. Wenn ich versuche, in ihre Gesichter zu schauen, werde ich geblendet. Es ist wie der Blick in die Sonne. Ich kann sehen, dass sie lächeln. Sie müssen einen Mund haben. Ich fühle, dass sie mich anlächeln. Aber sie sind in so helles Licht gehüllt, dass ich ihre Körperformen nicht unterscheiden kann.

D: *Bist du noch in deinem physischen Körper? (Pause. Vielleicht war er sich nicht sicher.) Wie fühlt es sich an?*

L: Es fühlt sich sehr leicht an, sehr leicht, als würde ich schweben. Als ob es kein Gewicht, keine Kraft jeglicher Art gäbe. Ich bin einfach frei. Ich glaube nicht, dass ich einen Körper habe. Ich glaube, ich bin einfach ich selbst.

D: *Glaubst du, dass diese anderen Wesen physisch sind?*

L: (Pause) Vielleicht. Aber ich glaube, sie sind wahrscheinlich reine Energie. Ich kann sie sehen, aber ich glaube nicht, dass es menschliche Körper sind.

---

2 Anm. d. Übers.: Engl. *spirit*, im Sinne von spirituell, die seelisch-geistige Existenz. Die deutsche Sprache differenziert hier nicht, daher müssen verschiedene Begriffe mit ‚Geist' bzw. ‚geistig' übersetzt werden. (siehe auch *mind* Fußnote 4, wird ebenfalls mit ‚Geist' übersetzt)

Dies wurde mit einem Gefühl der Neugierde, des Staunens gesagt, als ob er versuchte, etwas Seltsames und Unbekanntes zu verstehen, auf das er nicht vorbereitet war.

L: Ich glaube, ich bin auf eine andere Ebene der Existenz gekommen. Es begann als eine physische Reise, aber ich denke, ich bin durch die physische Ebene hindurch an einem Ort angekommen, von dem ich nichts weiß. Dennoch habe ich das Gefühl, dass ich jederzeit hier weggehen und in jenen Raum zurückkehren könnte, wenn ich mich dafür entscheiden würde.

D: *Glaubst du, du könntest deinen physischen Körper in diesem Raum finden? (Ja.) Du sagtest, du würdest dein Wissen mit diesen Wesen teilen. Ist das richtig? (Ja.) Ich fragte vorhin schon einmal, ob es auch möglich wäre, dein Wissen mit mir zu teilen. Und du sagtest, du müsstest die Erlaubnis einholen. Was denkst du?*

Ich hatte große Erwartungen und hoffte, dass mir erlaubt werden würde, dieses Wissen auch zu erhalten. Neugierig wartete ich gespannt, denn alles würde von Kräften außerhalb von mir abhängen. Kräfte, von denen ich keine Ahnung hatte.

L: Ich habe meinen Freund gefragt und er sagte, dass du bei meinen Lehraufträgen vielleicht zuhören könntest.

Freudig spürte ich einen Nervenkitzel.

D: *Das wäre wunderbar, wenn ich das tun dürfte.*

L: Er sagte, dass es Zeiten geben würde, in denen du nicht in der Lage sein würdest, bestimmte Dinge zu hören, aber das meiste davon wird dir zur Verfügung gestellt.

D: *Warum sollte ich bestimmte Dinge nicht hören können?*

L: Weil es noch ein paar Dinge zu erledigen gibt, bevor ein bestimmter Plan auf der Erde in Kraft tritt. Und diese wenigen Dinge müssen geheim gehalten werden, bis der Plan implementiert ist. Und nach der Implementierung erhältst du die verbleibenden Informationen.

D: *Wenn ich dann an den Lehraufträgen teilnehme, werde ich am Wissen teilhaben können?*

L: Das ist richtig. Du bekommst diese Chance, weil du auch eine der wenigen bist, die es nicht verfärben oder verzerren werden. Du bist reinen Herzens und wirst es nicht für dich selbst nutzen.

Lindas Atmung wurde zuletzt immer schneller. Sie zeigte Anzeichen von Unbehagen.

D: *Ich sehe, das sind wichtige Anforderungen.*
L: Ja. Nicht jeder könnte das tun. Nur sehr, sehr wenige.

Bei ihren letzten Äußerungen fiel mir auf, dass ihre Atmung unregelmäßig, schneller und ein wenig mühsam geworden war. Das machte es ihr schwer, klar zu sprechen.

L: Die Luft hier wird eine Anpassung erhalten. Sie lastet schwer auf meiner Brust. (Sie atmete noch immer schwer.) Es wird ein paar Tage dauern, bis ich angepasst sein werde.

Ich machte Vorschläge, um alle körperlichen Beschwerden zu beseitigen. Meine vorrangige Sorge gilt immer dem Wohlbefinden der Probanden.

D: *Der physische Körper, mit dem ich spreche, wird sich ohne jegliche Probleme anpassen können, auch wenn die Entität, die mit mir spricht, Probleme hat. Hast du verstanden?*
L: (Ihre Atmung wurde wieder normal.) Ich verstehe.
D: *In Ordnung. Wirst du mit dem Unterricht beginnen?*
L: Bald. Jetzt ist Begrüßungszeit. Eine Zeit der Freude. Eine Zeit des Zusammenseins.
D: *Haben sie dich erwartet?*
L: Ja, sie haben auf mich gewartet und sie sind sehr, sehr glücklich. Sie jubeln mir zu. Sie umarmen mich und freuen sich sehr für mich.
D: *Es klingt nach einem schönen Ort, einer schönen Umgebung.*
L: Oh, es ist sehr schön. Es ist sehr warm.
D: *Können wir dort weitermachen, wo du mit dem Unterricht beginnst und ich zuhören darf? Hast du einen Plan oder eine bestimmte Reihenfolge für deine Kurse, an die du dich halten willst?*
L: Ich hatte nicht darüber nachgedacht. Ich hatte einmal einen Plan, aber es ist schon so lange her, dass ich ihn vergessen habe. Ich habe mich nun entschieden, zuerst mit den Fragen meiner Freunde zu beginnen. Und dann werde ich dazu einen

Vortrag halten. Ich denke, das ist wahrscheinlich derzeit der beste Weg.

D: *Ich stimme dir zu. Wirst du die Fragen für mich wiederholen, weil ich nicht in der Lage sein werde, ihre Stimmen zu hören? (Ja.) Bist du soweit, willst du anfangen? (Ja.) In Ordnung. Dann mach in deinem eigenen Tempo weiter.*

L: Ich zeige auf ... Artness (phonetisch, vielleicht: Ardness) fragte mich (Langsam, als ob er zuhören und dann wiederholen würde.): „Was ist auf der Erde passiert, dass die Menschen in ihrem Glaubenssystem so eng wurden?" Vor vielen, vielen Äonen kamen Menschen mit sehr umfangreichem Wissen über das Universum auf die Erde. Es gab andere Menschen, die bereits auf der Erde lebten, aber nicht so gebildet waren wie diejenigen, die gerade erst kamen. Das führte dazu, dass die Neuankömmlinge begannen, mit der Macht zu experimentieren. So etwas hatten sie bis zu diesem Zeitpunkt nicht erlebt. Und sie mochten dieses Gefühl. Sie erlebten einen Rausch, den sie nicht gekannt hatten. Also haben sie beschlossen, ihr Wissen für sich zu behalten und es nicht zu teilen, so wie es ursprünglich gedacht war. Und sie versklavten diejenigen, die nicht so schlau waren. Sie erzählten ihnen Unwahrheiten, um sie einzuschüchtern und damit sie ihnen dienten. Man dachte, sie wären Götter. Sie wurden die Götter. Das allgemeine Volk, die gewöhnlichen Menschen, die zuerst hier waren, dachten, sie wären Götter, weil sie ungewöhnliche Dinge tun konnten. Das geschah völlig unerwartet und war nicht so geplant. Als sie in dieser ganzen Macht und Gier schwelgten, wollten sie nicht mehr weggehen. Sie wollten bleiben. Und das taten sie auch. Als ihre Lebenszeit verstrichen war, wurden die Geschichten über diese Götter und ihre großen Kräfte weiter überliefert. Und die Angst begann sich durchzusetzen. Die Menschen fürchteten, dass sie zerstört werden würden, wenn sie nicht befolgten, was die Götter gesagt hatten. Das war eine sehr dunkle Zeit für den Planeten Erde.

D: *Was haben ihnen diese Wesen so erschreckendes gesagt, dass sie sich versklaven ließen?*

L: Sie sagten ihnen, sie könnten den Wind und das Licht beherrschen, die Sonne, den Mond und den Regen. Sie hätten die Kontrolle darüber und wenn diese Leute ihren Regeln nicht folgten, würden sie zerstört. Die Menschen hätten dann kein Wasser, keine Sonne. Sie wussten, dass sie die Sonne, das Wasser, den Wind und den Regen brauchten. Sie mussten diese Dinge haben, um existieren zu können. Und die Götter hatten die Kontrolle über all das, also mussten sie gehorchen, sonst würden sie sofort zerstört werden. Sie wussten nicht, dass ihr Wesen, ihr Geist, ewig lebt. Sie konnten nur das Hier und Jetzt sehen. Die ursprüngliche Absicht dieser Lichtwesen, die auf die Erde kamen, war, diese Informationen weiterzugeben, damit die Angst beseitigt würde und die Leute es besser verstehen könnten.

D: *Haben diese Wesen Wunder vollbracht, um die Menschen glauben zu lassen, sie wären Götter?*

L: Ja, das haben sie. Es war alles ein Trick. Sie haben das mit Licht und Magie gemacht, aber die Leute glaubten, sie wären Götter. Ich möchte sagen, dass dies ein perfektes Beispiel für die menschliche Natur darstellt, für den fortwährenden inneren Kampf gegen die Angst und dem Dienst an sich selbst.

D: *Aber die Wesen, die ankamen, waren die Ursache für das Problem.*

L: Ja. Sie taten nicht das, was ihnen aufgetragen worden war. Sie fielen, weil sie gekommen waren und sich selbst dienten und nicht der Menschheit.

D: *Du sagtest, dies sei ein Beispiel für Menschen, aber das Problem wurde nicht von den Menschen verursacht.*

L: Sie wurden gesandt, um den Wesen auf der Erde zu einer Existenz auf höherer Ebene zu verhelfen. Sie wurden geschickt, um die zu lehren, die hier waren, nicht um sie zu Sklaven zu machen. Ihr Auftrag wurde nicht erfüllt. Sie sollten den Menschen verständlich machen, mit einer höheren Ordnung der Dinge zu leben, blieben aber stecken.

D: *Was meinst du damit, sie sind stecken geblieben?*

L: Sie haben sich Macht angeeignet und verloren das Licht, das dem menschlichen Element auf der Erde gegeben werden sollte. Die Erde war ein Ort, an dem man neue Dinge erleben konnte. Und diejenigen, die in der Hoffnung hierherkamen, jene, die schon hier waren, auf ihr Niveau zu erheben, blieben stecken und wurden auf eine niedrigere Stufe gebracht, statt umgekehrt.

D: *Mit anderen Worten, das war in die menschliche Spezies integriert? (Ja.) Ist das alles, was du zu dieser Frage sagen willst? (Ja.) Möchtest du eine weitere Frage aus der Gruppe nehmen?*

L: Wir gehen hier eher auf den historischen Hintergrund ein, sodass alle verstehen können, was sich über viele Äonen entwickelt hat. Das ist wahrscheinlich der beste Weg, um es zu erklären. Um zu zeigen, was in der Vergangenheit passiert ist und wie es dann von dort aus weiterging. Die Frage war: „Warum wurden nicht weitere geschickt, um denen zu helfen, die stecken geblieben waren? Warum wurden nicht einige andere geschickt, um die nach Hause zu bringen, die das in sie gesetzte Vertrauen missbraucht haben?“ Der Grund dafür ist: In diesem Zeitrahmen befürchteten wir, weitere würden bloß auch in dieses Muster fallen. In der Hoffnung, dem Projekt wieder die richtige Richtung zu geben, wurde entschieden, die nächste Generation abzuwarten, bevor ein neuer Einfluss zu senden wäre. Das ist also geschehen. Die ersten Menschen, die auf die Erde kamen, waren vom Planeten Tyrantus (phonetisch: Ty rant tus). Er ist in mancher Hinsicht dem Erdmagnetfeld sehr ähnlich. Also war es nicht schwierig für diese Menschen, in den Fluss des Lebens auf der Erde integriert zu werden. Sie wurden nicht als Kuriositäten betrachtet. Sie sahen den Erdlingen sehr ähnlich. Leider haben sie versagt.

D: *Diejenigen, die mit der Macht spielen wollten?*

L: Ja. Sie kamen zuerst. Einige von ihnen haben sich mit den Erdlingen gepaart. Die zweite Welle, die gesendet wurde, war von (Sie hatte Schwierigkeiten mit dem Namen.) Iranius. (phonetisch: Iran i us) Diese Leute waren anders. Sie sahen nicht menschlich aus und deshalb kamen sie in Verkleidung. Sie kamen als Tiere.

D: *Tiere?*

L: Ja. Und ihr Job war, ganz unauffällig mit ausgewählten Wesen zu arbeiten, um das Projekt herumzureißen. Es gab einige ausgewählte Menschen, die von diesen Tieren die Unterweisungen in der Form erhielten, wie sie gedacht waren. Es geschah auf einer anderen Ebene, die Unterweisungen dieser Wesen wurden ihnen in ihren Träumen vermittelt. Sie wurden über die Konzepte von Liebe, Unsterblichkeit und Zusammenarbeit zwischen den Arten unterrichtet. Das wurde sehr unauffällig und subtil durchgeführt. Leider ist auch dieses Projekt gescheitert, weil dort nur einige wenige waren, denen diese neuen Denksysteme vermittelt werden konnten. Und diese Leute wurden von der eigenen Bevölkerung verachtet. Sie hatten selbst Angst zu akzeptieren, was ihnen vermittelt worden war, weil sie die anderen fürchten mussten. Und natürlich konnten es die Machthaber nicht akzeptieren, sonst würden sie auf ihre Macht verzichten. Zu diesem Zeitpunkt war der Mensch also auf das niedrigste Niveau gesunken und es war eine sehr enttäuschende Situation.

D: *Diese Wesen kamen als Tiere, damit man sie nicht bemerkte?*

L: Ja, weil sie nicht menschenähnlich waren.

D: *Wie sahen sie wirklich aus?*

L: Sie waren sehr klein, hatten große, runde Köpfe und kleine Körper, die verkümmert waren. Sie hatten Arme und Beine, aber diese waren sehr biegsam. Sie waren nicht so, wie menschliche Arme und Beine. Die Leute würden Angst bekommen und sie töten, weil sie zu auffällig wären, befürchteten sie.

D: *Sie hatten also die Fähigkeit, sich als Tiere darzustellen?*

L: Richtig. Sie hatten die Fähigkeit, wie ein Tier auszusehen. Sie verkleideten sich. Sie nahmen diese Existenz an.

D: *Und auf diese Weise konnten sie die Menschen auf subtile Weise durch ihre Träume beeinflussen, sagtest du.*

L: Durch ihre Träume. Richtig. Man erhoffte sich, damit genügend Leute beeinflussen zu können, um das Projekt sehr schnell umzusetzen. Aber offensichtlich war es zu subtil und zu langsam, also ist es auch fehlgeschlagen.

Als ich Legenden der Indianer für mein Buch *The Legend of Starcrash* recherchierte, fand ich viele Geschichten von Tieren, die den Menschen in frühester Zeit erschienen waren, um Wissen zu vermitteln. In der amerikanischen indigenen Kultur spielt das eine große Rolle. Auch andere Kulturen auf der ganzen Welt haben ähnliche Legenden. Es ist interessant festzustellen, dass in der heutigen Zeit bei Sichtungen von UFOs oder Außerirdischen, diese Außerirdischen auch oft als Tiere erscheinen, wie eine Überlagerung oder ein gespeichertes Bild, damit der Mensch keine Angst hat.

D: *Gibt es weitere Fragen zu diesem Thema?*

L: Die Frage war: „Warum wurden nicht weitere Iranusier auf den Planeten Erde geschickt? Da sie eine intellektuell sehr starke Rasse sind, hätten sie all jene überwinden können, die zu dieser Zeit auf der Erde waren." Und die Antwort darauf lautet, mein Freund: Gewalt hat noch nie funktioniert. Das ist keine praktikable Lösung. Diejenigen auf der Erde müssen durch ihre eigene Entscheidung zur Verwirklichung kommen. Macht wurde zu oft als Lösung für viele Probleme eingesetzt. Das funktioniert niemals.

D: *Das ist eine gute Antwort. Was ist die nächste Frage?*

L: „Wie lange dauerte diese Zwischenzeit der Degradation, bevor weitere geschickt wurden?“ Es dauerte zehntausend Jahre. Es wurde beschlossen, die Erde eine Weile auf sich allein gestellt wachsen zu lassen, um dabei vielleicht selbst etwas herauszufinden. Die Dinge haben sich lange Zeit nicht verändert. Die Menschheit wuchs heran, aber sie wuchs in Dunkelheit. Es gab sehr wenig Licht in ihren Herzen.

D: *Was haben die Leute getan, die so wenig Licht hatten?*

L: Sie waren sehr primitiv. Und es gab nicht viel Liebe. Es gab viel Töten, viel Hass, viele Machtkämpfe, die über viele Jahrhunderte, viele Äonen andauerten. Die Dunkelheit hielt sehr lange an.

D: *Hast du noch eine andere Frage?*

L: Ja. Die Frage ist: „Was ist mit den Veränderungen der Erde während dieser Zeit?“ Es gab viele Veränderungen an der Oberfläche. Sehr viele wurden vom Planeten in der Hoffnung weggebracht, so die feineren Energien anzuziehen.

D: *Welche Art von Erdbewegungen fand in dieser Zeit statt?*

L: Es gab Überschwemmungen. Wasser, überall Wasser. Kontinente, die verbunden waren, sind auseinandergebrochen. Es gab Zeiten intensiver Hitze. Die Hitze war so extrem, dass die umgekommen sind, die hier lebten. Einige reisten in andere Teile der Welt, um zu entkommen. Die Entkommenen gründeten neue Kolonien und beteten um Führung und Wissen.

D: *Was hat dazu geführt, dass die Kontinente auseinandergebrochen sind? Und warum gab es so viel Wasser?*

L: Unter der Erdoberfläche gibt es sogenannte „Gitternetze“, welche die Erde zusammenhalten. Und als all dies geschah, änderten diese Gitternetze innerhalb der Erdoberfläche ihre Position und ließen die Kontinente bersten. Das Wasser entstand durch die Hitze, die das Eis schmolz. Als sich diese Kontinente teilten, gingen viele unter. Menschen, Pflanzen und Tiere waren verloren. Dann kam die Abkühlungszeit nach dieser intensiven Hitze. Durch die Abkühlung begann sich neue Vegetation zu entwickeln. Neues Leben begann sich zu entwickeln und es gab große Hoffnungen, dass die Erde nun ins Licht kommen würde. Sie glaubten, die Menschen hätten jetzt dazu gelernt und Liebe und Akzeptanz würden unter Nachbarn gedeihen können. Für eine Weile war es so, aber nicht sehr lange. Die Menschen werden einer friedlichen

Existenz müde und suchen etwas Spannendes und Andersartiges. Und das ist letztendlich auch geschehen.

D: *Du meinst, es lag in der Natur des Menschen, unzufrieden zu sein, wenn die Dinge gut liefen?*

L: Ja. Und das ist es, was man sich zu ändern erhofft hatte. Aber das gelang nicht.

D: *Was haben sie getan, als sie etwas Spannendes wollten?*

L: Sie haben zuerst Spiele gespielt und dann wurden die Spiele zu einem Kraft- und Willenstest. Eins führte zum anderen und sie waren wieder mit der Macht beschäftigt. Dieses „Ich bin wichtig. Ich bin stärker. Ich bin besser.“ Es war sehr schwer für Menschen, das zu verstehen und daraus zu lernen. Sie tappen immer wieder in dieselbe Falle, die ihnen gestellt wurde.

D: *Glaubst du, das liegt daran, dass das Blut der Ankömmlinge hier in die Menschen integriert ist? Ist es dort hergekommen oder liegt es in der menschlichen Natur?*

L: Es liegt in der menschlichen Natur und wird auf der Ebene der Existenz durch die Vermischung der Kulturen noch verstärkt. Die Leute aus anderen Gegenden, von anderen Orten. Sie kamen und versuchten, die Welt besser zu machen, aber sie wurden mit hineingezogen. Also das, was sie zerstören wollten, um es besser zu machen, wurde durch sie in der irdischen Existenz nur noch mehr verstärkt.

D: *Ihre Gene haben also dazu beigetragen, diese Eigenschaft zu verstärken? Würde das eine Möglichkeit sein, es auszudrücken?*

L: Ja. Und sie wurden geschickt, um etwas ganz anderes für den Planeten zu tun. Vor lauter Angst, sie könnte noch weiter verstärkt werden, dauerte es lange, bis wieder jemand gesendet wurde.

D: *In Ordnung. Ich glaube, wir haben jetzt keine Zeit mehr für weitere Fragen. Aber ich kann in einer kleinen Weile zurückkehren und weitermachen.*

L: Das wäre in Ordnung. Ich werde hier sein.

D: *Und wir können die Geschichte ab diesem Zeitpunkt fortsetzen.*

L: Wir haben den Anfang nur sehr oberflächlich behandelt.

D: *Wir müssen irgendwo anfangen. Ich habe sehr viele Fragen.*

Dann brachte ich Linda zu vollem Bewusstsein. Sie wollte mir von einem Bild zu erzählen, das ihr in Erinnerung geblieben war. Ich drehte den Rekorder für ihre Beschreibung wieder auf.

D: *Du sagtest, du konntest das Innere der Welt sehen?*

L: Es war, als wäre sie hohl und es gab Dinge, die sie zusammenhielten. Ich weiß nicht, was das war. Sie bewegten sich im Inneren. Und es war, als wäre eine Menge Zeug obendrauf. (Handbewegungen) So geht es auf und ab. Mitten in der Erde sah es aus wie eine hohle Kugel. Und diese Dinge auf den Seiten der Kugel bewegten sich auf und ab. Ich weiß nicht, was sie waren. Es waren Dinge, die sie zusammenhielten. Diese Leute, die beim zweiten Mal kamen, hatten große, runde Köpfe und sie waren silberfarben. Sie hatten Körper, aber auch diese Erweiterungen, die aus ihren Armen, ihren Beinen und aus ihrer Mitte wuchsen.

D: *Erweiterungen?*

L: Hast du jemals diese Statuen und Zeichnungen von einigen Göttern östlicher Kulturen gesehen? Sie haben menschliche Gesichter, Körper und Arme, die an verschiedenen Stellen herauskommen?

D: *Ich habe einige gesehen, die alle diese Arme haben.*

L: Ja, richtig. Außer, dass diese Leute sehr klein waren und riesige runde Köpfe hatten. Ich erinnere mich nicht an die Gesichter. Sie hatten keine Haare. Dann hatten sie all diese Arme und Beine, die an verschiedenen Orten wuchsen.

D: *Dann waren das echte Gliedmaßen, echte Arme und Beine.*

L: Richtig. Es waren kleine Leute. Ihr ganzes Wesen war glänzend. Ich weiß nicht, ob sie Anzüge trugen oder ob es die Leute selbst waren. Sie waren ganz silbern, überall eine einheitliche Farbe.

D: *Und sie wussten, dass sie sich so den Leuten nicht präsentieren konnten, weil sie so anders aussahen. Es wäre zu beängstigend gewesen. (Richtig.) Meintest du, sie konnten in ein Tier schlüpfen oder sich als Tier darstellen?*

L: Ich verstand es so, dass sie herunterkamen und irgendwie in das Tier eindrangen. In ihren Intellekt oder wie auch immer sie es getan haben, ich weiß es nicht. Sie taten es, damit sie in unmittelbarer Nähe der Menschen sein konnten.

D: *Ich dachte, wenn ein Tier anfinge mit Menschen zu reden, hätte es sie erschreckt, egal wie lange das her wäre. Aber so war es nicht.*

L: Nein. Es wurde irgendwie durch den Geist oder durch ihre Träume gemacht. Aber der Grund, warum sie sich als Tiere ausgaben, war der enge Körperkontakt mit den Menschen. Ich schätze, diese Leute müssen Haustiere gehabt haben, denn ich habe schlafende Menschen gesehen und diese Tiere lagen in unmittelbarer Nähe.

D: *Konntest du sehen, wie die ersten Menschen aussahen? Diejenigen, die zu Sklaven gemacht wurden?*

L: Ich habe sie in menschlicher Form gesehen. Sie waren dunkel. Ich weiß nicht, ob sie sich im Kontext auf der dunklen Seite befanden oder rückständig in Bezug auf Intelligenz oder Wachstum oder so etwas waren, aber mir schienen sie dunkel. Und diese ersten Wesen, die herunterkamen, sahen auch sehr menschlich aus, aber sie hatten eine helle Hautfarbe. Du weißt ja, mit unserem religiösen Hintergrund wird uns beigebracht, dass von Adam und Eva alle anderen Menschen auf der Erde abstammen. Von dem, was ich hier mitbekomme, ist es anders. Es gab viele dieser Menschen auf der Erde. Aber wenn ich dann diese dunklen Leute sehe, wie sie auf dem Boden kriechen, weiß ich nicht, ob das eine Art Synonym für Lichtwesen und dunkle Wesen sein soll. Aber es war sehr offensichtlich für mich, dass diese Hellhäutigen hier oben aufrecht stehen und da ist diese kriechende dunkle Masse hier unten.

D: *Natürlich müssen sie sehr beeindruckt oder verängstigt von diesen Leuten gewesen sein. Ich frage mich, ob sie ursprünglich primitiv waren und deshalb leicht versklavt werden konnten.*

L: Ich würde davon ausgehen, dass sie nach dem, was gesagt wurde, sehr wenig wussten. Und diese anderen Wesen waren hier, um sie zu erleuchten und auf eine höhere Existenzebene zu bringen. Daraus schloss ich, dass sie sehr primitiv waren.

D: *Da gab es wohl viel Angst und Ehrfurcht und sie zogen ihren Vorteil daraus. Ob diese Wesen nun Menschen waren, humanoide oder was auch immer, sie waren nicht weit genug entwickelt, um sich nicht auf ein Machtspiel einzulassen, als die Leute vor ihnen auf die Knie fielen. Es zeigt also, dass selbst fortgeschrittene Wesen Schaden leiden können.*

L: Sie waren keine perfekten Wesen, aber sie waren gebildet und ich schätze, sie sind deshalb gekommen, um ihr Wissen einzubringen. Sie sahen menschlich und sehr königlich aus. Sehr groß und ziemlich selbstbewusst. Und ich erinnere mich, dass sie gesagt haben, sie hätten sich zu Göttern gemacht.

D: *Du kannst ja erkennen, warum.*

L: Und diese Lichtwesen auf diesem Planeten, denen er die Geschichte erzählt. Sie waren sehr helles, weißes Licht. Sie waren wie Blasen. Wie Lichtkugeln. Sie erinnerten mich in ihrer Form an Casper, diesen gezeichneten Geist. Außer, dass sie sehr helles, intensives Licht und sehr friedlich, sehr glücklich, liebevoll waren. Sie teilen die Liebe gerne.

Linda drückte ihre Ungeduld darüber aus, dass wir so schnell nicht mehr Informationen erhielten. Sie hatte gedacht, es würde nur ein paar Sitzungen dauern. Ich erinnerte sie daran, dass es zu viele Informationen gab, um alles in anderthalb Stunden einfach abzuhandeln. Es dauerte auch deshalb länger, weil sie langsamer sprach. Ich war es gewohnt, lange zu arbeiten (mehrere Monate in manchen Fällen), um Informationen zu sammeln und zu ordnen, aber Linda natürlich nicht. Bei diesen Projekten war es meine Aufgabe, Geduld zu bewahren und die Reihenfolge der Ereignisse zu ordnen.

Wir hörten auf, um zu Abend zu essen, uns auszuruhen und Patsy zu besuchen. Unsere letzte Sitzung begannen wir eine Weile nach Einbruch der Dunkelheit. Wir wussten, wir würden erst spät fertig werden, aber mir war es egal, denn ich hatte keine Ahnung, wann es möglich sein würde, nach Little Rock zurückzukehren. Wir wollten versuchen, so viel wie möglich an einem Tag zu schaffen. Immerhin könnten wir beide am nächsten Tag ausschlafen.

Das Schlüsselwort brachte Linda wieder in den tiefen Trancezustand und wir kehrten zu der gleichen Szene zurück, die wir ein paar Stunden zuvor verlassen hatten. Bartholomäus fuhr fort, als ob es keine Unterbrechung gegeben hätte.

L: Ich stehe auf einer Plattform vor meinen Schülern. Ich beantworte zu diesem Zeitpunkt Fragen.

D: *Bevor wir weitere Fragen beantworten, möchte ich etwas klarstellen, was du vorhin gesagt hast. Die ersten Leute, die hier auf der Erde waren, als die anderen eintrafen. Weißt du, woher sie kamen?*

L: Sie waren hier. Sie waren Erdenwesen.

D: *Wurdest darüber informiert, wie diese ursprünglichen Wesen aussahen?*

L: Ich nahm an, es seien Menschen wie ich. Ich habe nie gefragt.

D: *In Ordnung. Dann hatten wir die Geschichte bis zu der Zeit fortgesetzt, als du über die Katastrophe mit den Kontinenten der Erde gesprochen hast und über die Leute, die dorthin zogen, wo sie sicher sein würden. Wir waren an diesem Punkt, als ich unterbrechen musste. Möchtest du jetzt noch ein paar Fragen von deinen Schülern beantworten?*

L: Ja. Meine Schüler wollen wissen, warum diese Leute unzufrieden mit ihrer Situation waren. Warum sie den Frieden gestört haben, den sie einige Jahre kennengelernt hatten? Die Antwort darauf ist sehr verwirrend für mich. Mir wurde gesagt, dass sie einen intensiveren emotionalen Zustand erfahren wollten. Sie waren die Ruhe leid. Sie wollten Aufregung in ihrem Leben. Und als die Spiele zu Kriegen wurden, erlebten sie solche Zustände. Ihre Herzen verdunkelten sich und es gab viel Töten, viel Trauma. Es war die Erfahrung, die sie sich wünschten.

D: *Sie waren des Friedens müde. Gelangweilt sozusagen?*

L: Gelangweilt nicht so sehr, er gewährte ihnen kein emotionales Ventil. Sie waren der Meinung, dass extreme Verhaltensweisen ihre emotionalen Bedürfnisse besser stillen könnten. Sie machten Erfahrungen, die sie für sich selbst erkunden wollten. Sie erkannten nicht, dass sie unter der Herrschaft dieser Emotionen das Licht in ihrem Inneren verloren. Es ist nicht verschwunden, aber es ist sehr, sehr schwach geworden. Und das alles nur wegen des Wunsches, erregte Gefühlszustände und Traumata kennenzulernen.

D: *Hast du nicht gesagt, dass die Raumwesen beschlossen haben, sie in Ruhe zu lassen und sie versuchen sollten, die Dinge selbst zu regeln?*

L: Ja. Zu dieser Zeit gab es nicht viele Menschen und sie waren für niemanden eine Gefahr. So wurde beschlossen, sie ihre eigenen Ressourcen verwenden zu lassen. Und sie würden entweder durch diese Erfahrung wachsen oder zerstört werden. Und dann könnte der Planet an andere weitergegeben werden, die ein gutes Leben führen wollten.

D: *Haben die Raumwesen die ganze Zeit die Menschen durch ihre Geschichte hindurch beobachtet?*

L: Ja. Sie schütteln nur den Kopf vor Staunen über die schwarzen Künste und fragen sich, warum.

D: *Von wo aus haben sie zugesehen? All diese Dinge müssen eine lange Zeit in Anspruch genommen haben.*

L: Ihre Zeit ist ganz anders als unser Zeitbegriff. Sie konnten sich durch mentale Projektionen darauf einstimmen oder manchmal haben sie den Planeten auch tatsächlich auf physische Weise besucht. Das wurde nicht sehr oft durchgeführt, weil es nicht sicher war. Die Leute hier waren zu dieser Zeit sehr schlecht und sie haben andere getötet, ohne nachzudenken. Es gab viele Morde.

D: *Warum waren diese Raumwesen so besorgt? Konnten sie nicht einfach weggehen und die Erde vergessen?*

L: Nein, denn es gab einen Masterplan für diese Erde. Es ist der schönste Planet in diesem Universum. Er wurde als ein Experiment in Schönheit entworfen. Leider hat er sich nie so entwickelt, wie er entworfen wurde. Es sollte ein Experiment in den Bereichen Emotionen und körperliche Freuden werden. Dinge, die viele andere Orte nicht haben. Der Planet wurde entwickelt, um ein Erlebnis für diejenigen zu werden, die hierherkommen und auch wieder gehen. Die Leute könnten hier Urlaub machen, um die Erde zu erleben, die Freuden, die das Leben bietet. Körperliche Freuden, die diese Wesen normalerweise nicht erleben würden.

D: *Du meinst, sie kamen hierher wie in den Ferien, bevor die Situation schlimmer wurde?*

L: Das war so, bevor Menschen diese Erde bewohnten. Dann wurden einige von ihnen so sehr in dieses körperliche Vergnügen verwickelt und in ihm verstrickt, dass sie nicht mehr weggingen. Sie blieben, um es weiterhin zu erleben. Je länger sie blieben, desto weniger waren sie in der Lage, wieder aufzubrechen. Sie verloren die Fähigkeit, wieder zu gehen. Also waren sie hier, als die erste Gruppe der Raumwesen kam. Diejenigen, die dazu bestimmt waren, denen zu helfen, ihren erleuchteten Geist zurückzugewinnen, die in der Körperlichkeit dieses Planeten gefangen waren. Sie wurden aber auch darin gefangen.

D: *Sie sollten ihnen helfen, das zurückzubekommen, was sie vergessen hatten, aber so hat es nicht funktioniert.*

L: Nein, denn auch sie gingen in die Falle. So blieben sie auch und vermischten sich mit denen, die zuerst hier waren.

D: *Du sagtest, es war am Anfang Teil des Masterplans. Kannst du mir etwas darüber erzählen?*

L: Am Anfang war der Plan ein schöner Plan. Der Plan würde es den Seelen erlauben, auf die Erde zu kommen, um die Schönheit zu besuchen, Freude an irdischen Dingen haben, als Belohnung für Dinge, die sie in anderen Welten getan hatten. Es sollte ein Kurzurlaub für sie sein, eine angenehme Erfahrung und dann sollten sie wieder gehen und ihre Existenz fortsetzen.

D: *Das war der Masterplan?*

L: Ja. Es war wie eine Belohnung für eine gute Arbeit.

D: *Es scheint, als wäre alles schiefgelaufen, nicht wahr?*

L: Ja. Es war traurig.

Das war nicht das erste Mal, dass ich das hörte. Auch in Regressionen zu anderen Themen wird die Erde wie ein Urlaubsort erwähnt, ein Ort, an den sich Wesen aus vielen verschiedenen Welten und Dimensionen, in den frühen Tagen vor der Verseuchung der Welt durch den Menschen, zur Erholung zurückziehen konnten. Das war angeblich so, bevor die Seelen in die Falle der Körperlichkeit der Erde getappt waren.

D: *Hat jemand eine andere Frage?*

L: Als die Flut kam und die Kontinente auseinanderbrachen. Er möchte wissen, ob es sich um eine abrupte Veränderung handelte oder ob es allmählich passierte. In einigen Fällen geschah es sehr abrupt. Die Erwärmung des Planeten fand allmählich statt. Die Überschwemmung begann abrupt. Sie zerstörte sehr viel und kam sehr schnell. Es gab praktisch keinen Ort auf dem Planeten, der nicht davon erfasst wurde. Die meisten Bewohner waren betroffen und kamen um. Nur sehr wenige überlebten. Es wurde die Hoffnung gehegt, dies würde sie den Fehler sehen lassen, den sie zuvor gemacht hatten und sie würden für den Frieden, der nun einkehrte, dankbar sein können. Aber bald waren sie es leid.

Ich wunderte mich über die Flutlegenden, die in jeder Kultur der Welt weit verbreitet sind. Aber das hier könnte eine sehr alte und primitive Zeit in der Erdgeschichte betreffen. Anscheinend hatte sich die Erdoberfläche mehrmals verschoben und Überschwemmungen von großer Tragweite waren in unserer Geschichte keine Seltenheit. Die biblische und andere Fluten könnten auch viel später stattgefunden haben. Es ist fast so, als gäbe es nichts wirklich Neues in der physikalischen Geschichte der Welt, sondern Wiederholungen einer Reihe von Ereignissen. Einige dieser Geschehnisse wurden in alten Aufzeichnungen festgehalten und einige andere sind wahrscheinlich schon vor Beginn unserer Aufzeichnungen eingetreten.

D: *Gibt es eine andere Frage? Wir verfolgen die Geschichte sehr genau.*

L: „Warum haben die Menschen, die übrig geblieben sind, den Planeten nicht verlassen, wenn sie erleuchtet genug waren, um gerettet zu werden?“ Die Antwort ist, dass sie keine erleuchteten Wesen waren. Sie waren immer noch Erdenwesen und hatten keinen Wunsch zu gehen. Sie wussten nichts von einer Existenz außerhalb ihres eigenen Alltagslebens. Also waren sie sich der Tatsache nicht bewusst, dass es eine Wahl gab. Deshalb haben sie nicht gewusst, dass sie gehen konnten. Und wahrscheinlich ist es gut, dass sie es nicht getan haben. Frage: „Glaubst du, wenn sie gegangen wären, hätten sie dann andere Orte verseucht, zu denen sie kamen?" Das ist eine Möglichkeit, weil ihre Motive gar nicht so rein waren. Wenn sie Orte besucht hätten, die für ihre Art und Weise zu denken, empfänglich waren, könnten sie die beeinflusst haben. Allerdings gab es dort so wenige von ihnen, dass ich diese Möglichkeit infrage stelle. Frage: „Wann wurde die Entscheidung getroffen, weitere Lichtwesen zu senden?" Erst viele Jahre später wurde die Erde wieder von einem Schiff besucht. Viele Leute kamen auf diesem Schiff, aber nicht um zu bleiben, sondern um möglichst viele hier zu unterweisen. Sie durften sich mit den Erdenmenschen nicht vermischen. Sie sollten sie nur gerade genug lehren, um ihren Denkprozess dahingehend anzuregen, sich ein wenig weiter ins Licht zu entwickeln. Frage: ...

D: *Aber zuerst, wie sahen diese Leute aus, die diesmal gekommen sind? Du hast gesagt, es waren viele.*

L: Es waren sehr viele. Sie waren in gewisser Weise wie Menschen. Ähnlich genug, um akzeptiert zu werden. Sie waren sehr groß und hatten komische Füße.

D: *Komische Füße? Was meinst du damit?*

L: Sie hatten andere Hände und Füße als wir. Diese wurden verdeckt, um nicht bemerkt zu werden. Sie trugen immer Schuhe und Handschuhe, um niemanden zu erschrecken. Ihre Augen waren sehr groß und dunkel. Und sie hatten nur Löcher im Gesicht statt einer Nase. Sie hatten einen Mund, obwohl sie ihn nicht auf die Art und Weise benutzten, wie wir es tun. Weder aßen sie die Nahrung der Erde, noch tranken sie Flüssigkeiten und sie sprachen auch keine Sprache.

D: *Was haben sie dann für ihren Lebensunterhalt verwendet?*

L: Sie nutzen ein völlig anderes System, als das menschliche Konzept. Es ist ein Energiesystem, das Licht nutzt, es vitalisiert und revitalisiert mit Licht.

D: *Du meinst, es war Licht, das sie am Leben hielt?*

L: Ja. Ohne Licht wären sie gestorben. Sie brachten ihre Leuchten auf dem Schiff mit und mussten von Zeit zu Zeit in einer kleinen Kammer ausruhen, um revitalisiert zu werden. Sie mussten nur gelegentlich kurze Zeit an diesen Orten verbringen, aber es war wichtig für ihre Gesundheit.

Ein ähnliches Konzept wurde in meinem Buch *Legacy from the Stars* geschildert, in dem sich die Wesen in eine Art Sarkophag legten, um ein Lichtbad zu nehmen. Dies war auch deren einzige Versorgung und sie sagten, das Licht stamme aus der Quelle.

D: *Sind diese Wesen alle zum selben Ort auf der Erde gekommen?*

L: Nein. Es gab Satelliten? (als wäre es ein unbekanntes Wort) Satellitenschiffe, die das Hauptschiff verlassen haben und in verschiedenen Gegenden landeten, in denen es Menschen gab. Sie blieben in Kontakt mit dem Hauptschiff, das regelmäßig die Notizen über ihren Fortschritt verglich.

Das alles wurde so gesagt, als würde man entweder auswendig gelernte oder irgendwo gehörte Informationen wiederholen, die seltsam und ungewöhnlich sind. Eine bloße Rezitation von Fakten.

L: Einige waren erfolgreicher als andere. Einige sind vollständig gescheitert. Die meisten waren jedoch erfolgreich. Sie lehrten die Erdlinge sehr viele Dinge, um ihre physische Existenz zu verbessern. Philosophien, um ihre spirituelle und philosophische Perspektive aufzubessern, in der Hoffnung, einen Lichtfunken einzupflanzen, der wachsen könnte.

D: *Was haben sie ihnen beigebracht, um ihr physisches Leben zu verbessern?*

L: Sie vermittelten ihnen Kenntnisse über die Landwirtschaft: Saat- und Erntezeiten und wie man anpflanzt, was sie nicht wussten. Sie waren früher Jäger und haben viel getötet. Die Mission war, ihre Aufmerksamkeit vom Töten auf eine weitere Nahrungs- und Energiequelle zu lenken und auf positivere Modi, wie Wachstum und Ernte. Dies würde sie auch stationär an einem Ort halten, anstatt ein nomadisches Leben zu führen. Sie hätten mehr Zeit zum Nachdenken und für eine vernunftbegabte Entwicklung, wenn sie sesshaft waren. Sie lehrten auch, wie man Tiere nutzt, statt sie zu töten, freundlicher zueinander zu sein und eine harmonischere Existenz zu leben. Unglücklicherweise sahen die Leute die Lehrer wieder als ihre Götter an. Aber diesmal blieben die Lehrer wahrhaftig und wurden nicht in die irdische Existenz verstrickt. Ihr Ziel war zu Lehren. Und als ihre Aufgabe erledigt war, sind sie alle zusammen wieder gegangen. Dieses Experiment wurde als großer Erfolg gewertet. Den Erdenbewohnern wurde eine bessere Existenz zum Geschenk gemacht und eine Basis, um auf das gelernte aufzubauen. Sie wurden unterwiesen und erhielten eine bessere Existenz, als sie seit langer Zeit erlebt hatten. Und eine Chance, ihren Geist auf eine Art und Weise zu nutzen, an die sie vorher nicht gedacht hatten.

D: *Das war alles sehr gut.*

L: Ja. Das war ein sehr gutes Projekt und viele waren glücklich und freuten sich einige Zeit über dessen Abschluss.

D: *Aber du hast gesagt, dass einige Orte für die Lehrer totale Misserfolge waren.*

L: Ja, weil die Menschen dort so tief in ihr irdisches Vergnügen eingetaucht waren. Sie konnten und wollten keine Hilfe annehmen, also wurden sie sich selbst überlassen, um sich so zu entwickeln, wie sie es wollten oder sich zu verlieren. Um zu sterben, was viele taten. Weil sie nicht zuhörten, waren sie verloren.

D: *Gab es bestimmte Arten, die vielleicht deshalb ausgestorben sind? Arten, die es auf der Erde nicht mehr gibt?*

L: In dieser Zeit waren die Erdenwesen alle gleich. Erst in einiger Zeit würde es Unterschiede in Farbe und Aussehen geben. Damals waren sie sich alle ähnlich und es gab überhaupt nicht sehr viele.

D: *Möchtest du mit den Fragen fortfahren?*

L: Frage: „Wann geschahen die Veränderungen in verschiedene Farben und verschiedene Sprachen und Dialekte, die auf der Erde gesprochen werden?" Dies geschah etwas später im Rahmen der Entwicklung der Erde. Das hatte mit anderen Aussaaten zu tun, die in verschiedenen Bereichen des Universums stattfanden. Die Leute kamen aus dem ganzen Universum. Einige blieben und vermischten sich mit den Erdenwesen. Das war ein langer Entwicklungsprozess bis das herauskam, was heute existiert. In meinem Leben verging sehr viel Zeit, bevor ich erkannte, dass es neben meiner Hautfarbe auch andere Hautfarben gab. Auf meinen Reisen sah ich nur zwei andere Farben, aber mir wurde gesagt, dass es mehr gibt, als ich gesehen habe. Ich sah die östliche, die gelbe Art und ich hatte die braune gesehen. Mir wurde gesagt, dass es eine rothäutige Art gibt, aber ich kann mir nicht vorstellen, wie das bei einer Person aussehen würde. Mir wurde gesagt, es gibt auch schwarze Haut, die ich mir eher vorstellen kann. Und mir wurde gesagt, dass es noch eine andere Farbe gibt, die ich nicht gesehen habe. Sie ist wie meine Haut, aber anders. Sie ist weißer. Ich habe auch die nicht gesehen.

D: *Gab es früher irgendwelche Farben auf der Erde, die es nicht mehr gibt? (Nein.) Und diese Hautfarben traten auf, weil andere Wesen aus anderen Welten gekommen sind?*

L: Ja. Es war eine langsame Entwicklung.

D: *Ich hatte immer gedacht, dass so etwas zum Teil durch heißes oder kaltes Klima verursacht wird. Das ist nicht der einzige Faktor?*

L: Nein. Das mag danach passiert sein, aber ursprünglich wurde das durch die Vermischung der Menschen verursacht. Einmal waren wir alle gleich. Es gab keinen Unterschied. Und dann haben wir begonnen, Wesen aus anderen Welten zu heiraten und das war der Zeitpunkt, an dem sich die Veränderungen zu entwickeln begannen.

D: *Wie sahen wir aus, als wir alle gleich waren?*

L: Als wir alle gleich waren, hatten wir eine braune Haut. Das war die Farbe. Es war ein sehr warmes Braun.

D: *Hatten wir Haare?*

L: Nein. Keine Haare.

D: *Sind die Haare durch die Vermischung gekommen?*

L: Ja. Wir vermischten uns mit Menschen von anderen Planeten und auch mit einigen Tieren. Wir wollten die Kraft dieser Tiere und dachten, wir bekämen sie, wenn wir uns mit ihnen paarten. Das war eine sehr schlechte Idee, denn aus diesen Paarungen entwickelten sich viele seltsam aussehende Wesen. Und es beeinflusste unsere Sprache und unsere Fähigkeit, rational zu denken. Daher wurde das gestoppt, weil es sehr, sehr schlimm war.

D: *Das war die Ursache dafür, dass die Menschen eher Rückschritte als Fortschritte machten.*

L: Ja. Die Menschen wurden animalischer. Und wir waren bereits mehr als genug rückschrittlich. Daher wurde eine weitere Vermischung mit Tieren verboten.

D: *Gab es bestimmte Tiere, die bevorzugt wurden?*

L: Ja. Diejenigen, die sehr stark und groß waren, wurden in der Regel gewählt, wegen ihrer körperlichen Stärke und Größe.

D: *Aber du hast gesagt, dass es einige sehr seltsam aussehende Wesen hervorgebracht hat.*

L: Ja, das hat es.

D: *Wurden diese Eigenschaften weitergegeben? Sie sind nicht alle gestorben, oder?*

L: Nein. Einige schon, aber einige Kräfte blieben erhalten.

D: *Aber das waren keine positiven Eigenschaften.*

L: Nein. Abgesehen davon, dass es den Erdlingen eine größere Statur gab, als sie vorher hatten. Sie waren von kleiner Statur und das bewirkte eine Größenänderung. Und es fügte auch physische Stärke hinzu, die sie vorher nicht hatten.

D: *Aber es gab so viele negative Nebenwirkungen, dass es dann verboten wurde.*

L: Ja, es war nicht gut, denn diese ersten Nachkommen haben sich nicht um ihre Familien oder ihr Leben gekümmert. Sie suchten nur die Einsamkeit und körperliche Existenzen, reines Überleben.

D: *Es war nicht das, was die Raumwesen wollten.*

L: Nein. Der Zweck, den sie im Sinn hatten, war, die Erdlinge zu lehren, miteinander in einer offeneren und liebevolleren Existenz zurechtzukommen. Und diese Kreaturen waren Einzelgänger. Sie interagierten nicht mit anderen Wesen, solange es für ihr Überleben nicht notwendig war. Die zweite Generation dieser Wesen war ein wenig besser. Sie hatten zumindest an einer Gemeinschaft teilgenommen.

D: *Sind diese Raumwesen, die von vielen Orten kamen, sich kreuzten und schließlich die verschiedenen Rassen erschufen, mit guten Absichten gekommen?*

L: Einige taten es. Sie brachten Technologie und eine Philosophie der guten Absichten. Andere kamen nur, um zu forschen. Sie sind nicht gekommen, um zu lehren oder zu helfen, sondern nur zum Zusehen. Diese Menschen konnten sich leider auch durch Zufall in die Materie verstricken und dann war es schwierig für sie, wieder zu gehen.

D: *Es gab also verschiedene Gründe für das Kommen. Gab es einen Grund, warum sie alle ungefähr zur gleichen Zeit kamen?*

L: Weil die ersten Experimente in der Landwirtschaft erfolgreich waren, verließen diese Wesen die Erde in Massen. Und es wurde angenommen, dass die Erde schneller vorankommen würde, wenn man sie mehr Erfahrungen machen lassen würde. Das Zuchtprogramm war gestoppt worden und man hatte das Gefühl, dass es jetzt an der Zeit war, herunterzukommen und beim Eintritt in eine höhere Form der Existenz zu helfen. Einige sind wirklich gekommen, um diese Arbeit zu leisten. Andere kamen aus Neugierde. Andere kamen aus egoistischen Gründen. Sie kamen, um zu erobern. Sie waren Krieger in ihrer ursprünglichen Existenz. Ihr Planet war sehr klein. Die meisten anderen Menschen haben sich nicht mit diesen Wesen zusammen getan, weil sie zu selbstsüchtig waren. Und so waren sie isoliert von den anderen. Sie sahen dies als eine Gelegenheit, sich im Universum weiterzuentwickeln. Siehst du, für lange Zeit durfte gar niemand auf die Erde kommen. Dann wurde wieder die Erlaubnis erteilt, zu jenem Zeitpunkt auf die Erde zu kommen. Die ersten Leute kamen vom Planeten Syrus (phonetisch: Sy rus). Sie waren diejenigen, die erfolgreich waren und auch wieder gingen. Und weil sie erfolgreich waren, entstand der Eindruck, dass andere vielleicht auch helfen könnten. Aber das war nicht der Fall. Einige konnten es, einige nicht.

D: *Warum wurde jenen Kriegern nicht verboten zu kommen?*

L: Ich glaube, sie kamen, ohne zu fragen. Es geschah unerwartet.

D: *Ich dachte, es könnte eine Gruppe oder jemanden gegeben haben, der dafür verantwortlich wäre, unerwünschte Leute vom Herkommen abzuhalten. Weißt du, irgendetwas über eine solche Gruppe?*

L: Ja. Sie existiert schon sehr lange Zeit. Wie auch immer, das Gefühl herrschte vor, dass die Erde so viele eigene Probleme lösen müsse, dass es nicht ins Gewicht fallen würde. Sie waren hier und sie hatten nicht um Erlaubnis gebeten. Sie kamen einfach. Und da sie nun einmal hier waren, würden sie sich auch integrieren. Es würde dadurch nicht schlimmer werden, als es schon war.

D: *Ich verstehe. Ich dachte, vielleicht hätte ihnen jemand befohlen wieder zu gehen.*

L: Sie hatten auch einige gute Eigenschaften, nicht nur negative. Sie waren intellektuell hochgradig entwickelt. Ihre Intelligenz motivierte sie bloß in die falsche Richtung, aber sie waren dynamische Anführer beim Entwickeln von Fähigkeiten.

D: *Hast du eine andere Frage aus der Gruppe?*

L: „Ich würde gerne wissen, warum diesen Menschen auf der Erde nicht eine bessere Existenz durch den Aspekt der Liebe und die Verfeinerung des Geistes gelehrt werden konnte?“ Die Antwort ist, dass diese Dinge zu lehren nur möglich gewesen wäre, wenn sie es gewollt hätten. Aber zu diesem Zeitpunkt wollten sie nicht mehr sein, als sie waren. Das ist ein universelles Gesetz. Man darf sich nicht ohne Erlaubnis bei anderen einmischen. Und diese Leute waren zufrieden mit der Art und Weise, wie die Dinge lagen und wollten zu diesem Zeitpunkt keine Veränderungen. Warum eine Person kein besseres Leben wollte, wenn es ihr angeboten würde, ist für mich sehr schwer zu verstehen. Aber so war es nun mal.

D: *Haben sie es nicht als Einmischung betrachtet, dass sie ihnen Landwirtschaft und Technologie mitgebracht haben?*

L: Sie haben diese Dinge als Geschenke angenommen, die sie für sich selbst wollten. Sie wollten keine neue Philosophie und waren zu diesem Zeitpunkt nur an den physischen Aspekten ihrer Existenzen interessiert.

D: *Die materiellen Verbesserungen ihres Lebens?*

L: Richtig. Nichts interessierte sie, was über das hinausging, das sie fühlen, sehen oder sein konnten. Man hoffte, dass dieser kleine Funke wachsen würde und sei es noch so langsam, aber zumindest wäre es ein Anfang. Es würde sehr viele Äonen dauern, bis er geweckt werden konnte.

Dieselben Informationen hatte ich auch schon von anderen erhalten. Sie werden im Buch *Keepers of the Garden* geschildert. Zu Beginn meiner Tätigkeit hielt ich das Konzept der Aussaat des Lebens auf dem Planeten Erde für ziemlich radikal. Aber es wurde mir durch viele Probanden präsentiert und ich glaube, dass Wiederholungen einen Beweis für größere Gültigkeit liefern, da die beteiligten Personen unmöglich wissen können, was ich bereits erfahren habe.

Es war nun wieder Zeit, die Sitzung abzuschließen. „Darf ich wiederkommen, weitere Fragen stellen und deinen Lektionen lauschen? Du hast mir und den anderen viel beizubringen."

L: Ja, das darfst du. Dieses Wissen ist manchmal verwirrend für mich. Ich hoffe nur, dass ich gut genug erklären kann und ihr die Wahrheit erkennt. Viel ist im Laufe der Jahre verzerrt worden und so haben wir viele falsche Informationen über diese Dinge. Es wird mir ein Vergnügen sein, euch den Fortschritt zu zeigen und zu erklären, in der Hoffnung, dass das Licht hell genug leuchtet und jeder für sich selbst sehen kann. Auf diese Weise kann sich unser Planet entwickeln und Teil dessen werden, wozu er von Anfang an bestimmt war. Wir könnten auch Lichtwesen werden, wenn wir uns nur erlaubten, alles abzulehnen, das nicht dieses Licht ist. All das ist kein Teil der perfekten Essenz, aus der wir uns alle einmal entwickelt haben. Es wäre für jeden Einzelnen sehr wundersam, wieder an diesen Schicksalsort zurückzukehren.

Dann brachte ich Linda wieder zu vollem Bewusstsein und Bartholomäus zog sich wieder einmal zurück. Es war sehr spät, fast zehn Uhr, als diese Sitzung zu Ende ging und Linda war offensichtlich müde. Gegen Ende der Sitzung gab es längere Pausen als sonst, während sie fast so sprach, als ob sie einschlafen würde. Ein paar Mal musste ich sie anstupsen, indem ich wiederholte, was sie gesagt hatte, um sie dazu zu bringen, fortzufahren. Aber als ich es aufschrieb, passte alles zusammen und ergab Sinn. Wir waren beide müde, saßen aber dann trotzdem bis nach elf Uhr mit meinen Freunden zusammen und unterhielten uns. Ich wusste, dass ich am nächsten Tag mit Janice den gleichen Zeitplan haben würde. Aber zumindest konnten wir an einem Tag viel Arbeit erledigen.

Ich wollte versuchen, mindestens einmal im Monat nach Little Rock zurückzukehren, um weiter an diesen Geschichten zu arbeiten. Aber das hat nicht geklappt. In den nächsten Monaten war ich mit Redaktion und Druckfahne der Fortsetzung von Nostradamus (Volume II) beschäftigt. Ich hatte auch mehrere Radiosendungen vor und daher keine Zeit, um irgendwo hinzugehen oder etwas anderes zu tun. Unsere nächste Gelegenheit zum Arbeiten bot sich erst einige Monate später.

KAPITEL 3
DIE ENERGIEGERÄTE

Ich sah Linda nicht wieder, bis sie und ihr Mann im April 1990 für die Ozark UFO-Konferenz in Eureka Springs, Arkansas, in meine Gegend kamen. Wir wollten mindestens eine Sitzung machen, während sie da war. Ich hatte viel vor und die einzige gemeinsame Zeit ergab sich zwischen dem Ende der Konferenz und dem Bankett. Wir gingen in ihr Motelzimmer, wussten aber, wir würden zu wenig Zeit für eine komplette Sitzung haben. Ich hatte eine einstündige Kassette in den Rekorder gelegt und dachte, wir würden eben versuchen, so viel wie möglich zu erledigen. Alles wäre besser als gar nichts. Während dieser ganzen Sitzung beobachtete ich die Uhr, da wir rechtzeitig aufhören müssten, um uns für das Bankett umzuziehen. Ich hätte mir gewünscht, die Geschichte fortzusetzen, aber ich glaube, das meiste, das sie sagen wollte verstand ich auch, ohne das Gefühl zu haben, sie zu drängen.

Ihr Mann John setzte sich auch zu uns und schien unterstützend und sehr interessiert zu sein. Er sagte später, er wüsste, dass diese Informationen nicht von ihr kamen, weil sie gar nicht so klug war. Es war eine scherzhafte, chauvinistische Bemerkung, war aber nicht ohne Sinn. Er war sicher, dass sie sich das nicht alles ausgedacht haben konnte. Seiner Meinung nach hatte sie gar nicht so viel Fantasie.

Ich benutzte das Schlüsselwort und führte sie in die gleiche Szene zurück, in der Bartholomäus die leuchtenden Lichtkugeln unterrichtete.

L: Ich bin auf einer Plattform und halte Vorträge vor all diesen Lichtwesen, die darauf gewartet haben, dass ich komme, um ihnen mein Wissen zu vermitteln.

Sie fuhr so fort, als ob es der nächste Moment wäre und nicht, wie in dem Fall, schon einige Monate später. Es war so, als wäre die Zeit bis zu unserer Rückkehr stehen geblieben.

L: Ich erzähle ihnen die Geschichte der Erde. Wie sie sich über die Äonen hinweg entwickelte und wie viele Menschen von verschiedenen Planeten und Universen kamen, um den Erdlingen bei ihrem Fortschritt zu helfen.

D: *Erzählst du ihnen von einer bestimmten Zeit in der Geschichte?*

L: Ich habe gerade aufgehört, ihnen von einer Zeit zu erzählen, in der viele Lehrer kamen, um ihr Wissen mit denen auf der Erde zu teilen. Sie blieben nur kurze Zeit, um Landwirtschaft und Bautechniken zu unterrichten.

D: *Sind das die wichtigsten Dinge, die sie gelehrt haben?*

L: Ja. Sie lehrten, wie man Getreide pflanzt, wie man bewässert und wie man erntet, wann man pflanzt, wann man erntet und wie man Lebensmittel lagern kann, damit sie zu einem späteren Zeitpunkt verwendet werden können. Sie lehrten sie einige Bautechniken, die ihnen unbekannt waren, sodass sie Raum zum Leben und Plätze zur Begegnung bauen könnten.

D: *Welche Art Gebäude gab es vorher?*

L: Sie waren aus Holz und Tierhäuten gefertigt. Und sie wurden angeleitet, wie man die Ressourcen der Erde nutzt, um Ziegel herzustellen, um Stein zu benutzen. Wie man sie zusammenfügt, um einen dauerhafteren Platz zu haben, der nicht den Elementen unterliegt und so leicht zu zerstören ist.

D: *Haben sie ihnen noch etwas anderes beigebracht?*

L: Nur wenigen wurde beigebracht, wie sie die Elemente für ihre Zwecke einsetzen konnten. Wie man die Sonne, den Mond und die Sterne nutzen kann, damit sie den Menschen auf diesem Planeten zugutekommen. Wie man die Sonnenenergie nutzt.

D: *Auf welche Weise konnten sie die Energie der Sonne nutzen?*

L: Sie haben sie den Umgang mit bestimmten Geräten gelehrt. Wie man die Energie während des Tages mit diesen Geräten einfängt, damit sie später als Energiequelle genutzt werden können. Diese Energie könnte viele Vorteile haben. Sie könnte Dinge bewegen. Sie könnte Dinge erhellen. Sie könnte Dinge konservieren, wie z. B. Lebensmittel. Sehr viele Einsatzmöglichkeiten, die den Erdlingen nicht bewusst waren, weil sie nicht über die richtige Ausrüstung verfügten, um diese Energie einzufangen und richtig zu nutzen. Es gab nur bestimmte Leute, denen dieses Wissen gestattet war und sie wurden zur Geheimhaltung vereidigt. Diese Menschen wurden als Priester oder Götter betrachtet und sie waren die Einzigen, die diese Dinge wissen durften. Sie durften jedoch Schüler wählen, um die geleistete Arbeit fortzusetzen.

D: *Kannst du dieses Gerät beschreiben, das all diese wundersamen Dinge tun konnte?*

L: Es wurde aus einer Substanz von einem anderen Ort gemacht, nicht von dieser Erde und es sah aus wie ein Stück Bronze, aber das war es nicht. Es war lang und hatte eine dreieckige Form. Man legte es auf die Erdoberfläche und musste es in einen bestimmten Winkel zwischen der Erde und der Sonne manipulieren, die zu einer bestimmten Zeit an einem bestimmten Ort am Himmel war. Die genaue Tageszeit war wichtig und es war entscheidend, dass dieses Gerät auf einem bestimmten Radius und in einem bestimmten Winkel zwischen der Sonne und dem Horizont der Erde platziert wurde.

D: *Das ist alles, es war nur ein Stück Metall?*

L: Es sah aus wie Metall und hatte die Form eines Dreiecks. Es war wahrscheinlich anderthalb Meter lang und einen Meter hoch und es war in der Mitte wie ein V geformt.

D: *Du hast gesagt, dass sie ihnen auch beigebracht haben, wie man die Kraft des Mondes und der Sterne nutzt. Wie war das möglich?*

L: Der Mond hat auch viel Energie. Menschen haben das noch nie verstanden. Es ist eine sehr passive Form der Energie, vollständig gegensätzlich zur Sonne, die sehr aktiv und stark ist. Allerdings ist die passive Energie des Mondes genauso stark, wie die der Sonne.

D: *Wir betrachten sie als kalt.*

L: Ja. Es ist ein ganz anderer Typ. Und deshalb betrachten sie die Menschen als kalt, aber das ist sie nicht.

D: *Welche Art Gerät haben sie verwendet, um die Mondenergie einzufangen?*

L: Es war glänzend und hell wie ein Stück Glas.

D: *Könntest du hindurchschauen wie durch Glas?*

L: Nein. Es war silberfarben, glänzend und saß auf einem bogenförmigen Sockel. In der Mitte war es konkav und drehte sich in viele Richtungen. Es war aufgrund der Natur der Energie viel größer, als das Instrument für die Sonne. Etwa siebzehn Meter im Durchmesser und sieben Meter in der Höhe. Es war sehr, sehr groß.

D: *Wahrscheinlich musste es deshalb einen Sockel haben, um es zu drehen.*

L: Ja. Nur viele Männer konnten es zu bewegen.

D: *Wofür wurde die Energie des Mondes verwendet?*

L: Die Energie des Mondes konnte genutzt werden, um die Auswirkungen der Zeit auf die menschliche Form zu ändern. Sie konnte zur Heilung menschlicher Körper verwendet werden. Sie konnte für vieles verwendet werden.

D: *Wie würde sie die Wirkung der Zeit auf den menschlichen Körper verändern?*

L: Wenn eine Person altert, kommt es zu einem Zusammenbruch der Zellkommunikation im gesamten System. Und dieser Zusammenbruch verursacht das Altern der Organe, die nicht mehr effizient funktionieren und daher hungern die Vitalfunktionen des Körpers aus. Diese Vorrichtung verjüngte die Zellstruktur so, dass sie wieder normal funktionieren konnte, wie in einem jüngeren Alter. Nur Auserwählten wurde dieses Wissen gestattet und es wurde ihnen nur gegeben, damit sie längere Zeit auf der Erde bleiben konnten, um die Erdlinge anzuleiten.

D: *Die Energie müsste gespeichert werden, nicht wahr, nicht nur gesteuert?*

L: Ja. Sie wurde an geheimen Orten gelagert. Den Leuten wurde gesagt, das wären Tempel der Götter und ihnen wurde Furcht eingejagt, damit sie diese in Ruhe lassen und das Innere nicht erforschen würden. Sie durften diese Orte nicht betreten.

D: *Wurden die Sonnenenergie und die des Mondes an solchen Orten gespeichert?*

L: Ja. In getrennten Kammern, da die Energie der Sonne zerstörerisch für die des Mondes wäre.

D: *Du hast auch gesagt, dass sie die Energie der Sterne genutzt haben. Wie wurde das gemacht?*

L: Sie haben ein wenig Licht von bestimmten Sternenkonstellationen eingefangen.

D: *Die Sterne sind so weit weg. Wie konnten sie das tun? Da wäre nicht viel Kraft übrig.*

L: Nein, es war nicht so sehr die Energie, sondern die Platzierung der Sterne am Himmel. Sie wurden kartiert und verfolgt, um mehr Informationen für Prophezeiungen zu bekommen. Mehr Informationen über die spirituelle Natur der Dinge.

D: *Dann war es weniger die Energie der Sterne, sondern ein Studium der Sterne?*

L: Ein Studium der Sterne für Projektionen (sucht nach Worten) anderer Zeiten und ... Ich verstehe nicht. Andere … Projektionen der Prophezeiung. Prophezeiung. Ich bin verwirrt.

D: *Ist es etwas, das du nicht kennst? Ist es das, was du meinst? Verstehst du es nicht?*

L: Ja. Die Platzierung der Sterne am Himmel gab ihnen Informationen über Prophezeiungen, über Dinge, die geschehen würden.

Es war offensichtlich, dass sie versuchte, Astrologie zu beschreiben, aber anscheinend hatte das Wesen Bartholomäus kein Wort dafür oder verstand das Konzept nicht. Ein weiteres Beispiel dafür, dass wir seinen Geist benutzt haben und nicht Lindas.

D: *Das scheint ein ganz wunderbarer Ort zu einer sehr schönen Zeit gewesen zu sein, als sie mit all diesen Geschenken ihr Leben besser gestalten konnten. Was ist passiert?*

L: Es war für einige Zeit wunderbar. Diese Priester benutzten ihr Wissen weise. Sie halfen ihrem Volk, sich weiterzuentwickeln. Sie waren freundlich und heilten ihre kranken Körper, beschützten sie und lehrten sie viele Dinge. Und dann, wie so oft, entstand Negativität und breitete sich aus wie Unkraut auf einem Feld. Es erstickt schließlich den Weizen oder das Getreide. Und diese Dinge gingen verloren.

D: *Geschah das allmählich oder gab es eine plötzliche Ursache für die Negativität?*

L: Es war eine allmähliche Verschlechterung.

D: *Und die hat den Verlust des Wissens verursacht?*

L: Ja. Diese wunderbaren Dinge, die Geschenke an die Erdlinge wurden zerstört, weil es einen Aufstand unter den gewöhnlichen Menschen gab, die die Sonnenenergie haben wollten. Sie fanden heraus, dass sie von Leuten, die sie für Götter hielten, in einem bestimmten Tempel gelagert wurde. Und sie wollten sie für die Massen. Sie dachten, das würde sie mächtig machen. Sie stellten eine Armee auf, um den Tempel zu erobern und die Priester wurden abgeschlachtet. Und im Tempel waren sie natürlich nicht in der Lage, die Energie richtig zu nutzen, weil sie das nötige Wissen gar nicht hatten. Und alles wurde zerstört. Es gab eine gewaltige Verwüstung, Explosionen, Feuer und Massenvernichtung. Und die Energie war verloren.

D: *Das hat auch die Energie des Mondes zerstört, nicht wahr?*

L: Ja. Es bestand keine Explosionsgefahr durch die Mondenergie. Sie wurde ebenfalls zerstört, da sie in unmittelbarer Nähe gelagert wurde.

D: *Wurden die Originalgeräte auch zerstört?*

L: Ja, weil sie auch an diesem Ort aufbewahrt wurden.

D: *Konnten die Leute, die ihnen ursprünglich das Wissen vermittelt hatten, nicht wiederkommen und es ihnen noch einmal erklären?*

L: Nein, denn sie waren schon vor langer Zeit, vor mehreren hundert Jahren, von der Erde verschwunden. Sie waren nach Hause zurückgekehrt und wussten nicht, was geschehen war.

D: *Diese Wesen schienen eine positive Gruppe zu sein. Sie versuchten, den Menschen Wissen zu vermitteln, das sie gebrauchen konnten.*

L: Ja. Sie waren sehr traurig, als sie es herausfanden, aber das war erst lange Zeit nach dem Ereignis. Es wurde entschieden, das Wissen zu diesem Zeitpunkt nicht zu erneuern.

D: *Aber es muss Überlebende dieser Menschen auf der Erde gegeben haben.*

L: Ja, es gab Leute in abgelegenen Gebieten, die sich nicht an der Belagerung des Tempels beteiligt hatten. Sie waren weit weg vom Zentrum des Aufruhrs. Entweder waren sie sehr alt oder sehr jung und sie glaubten, der Zorn der Götter des Tempels hätte die Zerstörung verursacht. Also waren sich nicht darüber im Klaren, was wirklich passiert war.

D: *Ich nehme an, ihr Leben war danach ganz anders.*

L: Ja, so war es, denn sie mussten sich auf das wenige Wissen verlassen, das sie noch hatten. Sie konnten nur dann richtig anpflanzen, wenn sie sich erinnerten. Sie hatten keine Anleitung von den Priestern mehr. Doch sie schafften es und haben sich mit den wenigen Ressourcen, die sie noch hatten, sehr gut geschlagen.

D: *Sie waren wahrscheinlich nie in der Lage, in den früheren Zustand zurückzukehren, in dem sie die ganze Kraft und Energie hatten, die ihnen half.*

L: Nein, das konnten sie nicht. Es war ein sehr schwerwiegender Rückschlag. Viele Dinge waren verloren. Viel Technologie und viele Geheimnisse.

D: *Sind die Überlebenden zu einer primitiven Lebensweise zurückgekehrt?*

L: Ja. Sie bauten jedoch weiterhin Häuser, bebauten Felder und handelten mit anderen Leuten, da sie das zuvor schon getan hatten.

D: *Dann erinnerten sie sich noch daran, wie man mit Fels und Stein baut.*

L: Ja. Allerdings hatten sie keine Geräte mehr, um die Steine zu bewegen. Es musste alles von Hand gemacht werden. Sie hatten ja keine Energie mehr, um sie zu bewegen.

D: *Wurde die Sonnenenergie verwendet, um die Steine an Ort und Stelle zu bewegen? (Ja.) Wurde das teilweise mit Levitation gemacht? Weißt du, was ich meine?*

L: Ja, ich schätze, so könnte man es nennen. Diese Energie gelangte in die Steine oder was auch immer bewegt werden sollte und zog sie wie ein Magnet an die berechnete Position. Und als diese erreicht war, wurden sie freigegeben und blieben einfach dort.

D: *Also musste nach der Zerstörung dieser Energiequellen alles mit Handarbeit gemacht werden.*

L: Richtig. Weil sie nicht wussten, wie es vorher gemacht worden war.

D: *Sie behielten teilweise ihr Wissen, aber es reichte nicht aus. Viele Lektionen kann man daraus lernen.*

L: Ja, es gibt sehr viel zu wissen. Einiges ist sehr, sehr traurig.

Ich brachte Linda dann zurück. Diese Sitzung war kürzer als gewöhnlich, weil wir uns für das Bankett vorbereiten mussten und die Zeit wirklich knapp war.

Als Linda erwachte, zeichnete sie auf, wie sie die Geräte wahrgenommen hatte. Dann nahm sie ein Stück Papier und faltete es in zwei Hälften, um den Winkel des Dreiecks am Gerät für die Sonne anschaulich zu machen.

Aufgrund der abschließenden Bearbeitung und des Korrekturlesens der Nostradamus Fortsetzung konnte ich nicht mehr mit Linda zusammenarbeiten, bis ich im Juni 1990 zu einer Autorentagung nach Little Rock fuhr.

* * *

Im Juni 1990 fuhr ich nach Little Rock, um an der Autorentagung teilzunehmen. Außerdem wollte ich sowohl mit Linda als auch mit Janice zusammenarbeiten, obwohl mein Zeitplan voll war. Ich konnte daher nur eine Sitzung mit Linda halten.

Mit dem Schlüsselwort führte ich sie zurück in die Zeit der leuchtenden Wesen, die weiterhin Bartholomäus Geschichte hörten.

L: Ich bin von diesen Lichtwesen umgeben. Sie bombardieren mich mit Fragen. Es gibt so viel zu wissen und wir sind sehr aufgeregt darüber, all dieses Wissen aufzunehmen und sicher zu bewahren, um es zu gegebener Zeit an andere weiterzugeben. Wir fühlen uns sehr gesegnet, für diese Arbeit ausgewählt worden zu sein. Es gibt viel Geschwätz. Ich muss alle beruhigen, damit wir die Arbeit fortsetzen können. (Pause) Ich habe das jetzt geschafft und wir sind jetzt bereit, diese Mission fortzusetzen.

D: *Kannst du mir die Fragen wiederholen, die sie stellen?*

L: Es gab viele Fragen und alle sprachen auf einmal. Wir werden dort weitermachen, als die Aufregung begann, solche Unruhe zu verursachen. Es hatte mit den Energien zu tun, die von der Sonne und dem Mond empfangen wurden. (Zwei Monate waren vergangen, aber sie setzten dort fort, wo wir aufgehört hatten.) Das ist es, was die ganze Aufregung verursacht hat. Weil es viele Sonnen und Monde im Universum gibt, die alle diese Kraft und Energie enthalten. Viele Planeten sind in derselben Situation, in der diese Energie so gewonnen werden kann, wie auf der Erde zum Nutzen der Menschheit und sie kann für alle interplanetaren Reisen verwendet werden.

D: *Meinst du, sie kann als Kraftquelle genutzt werden?*

L: Ja. Sie kann für viele Dinge verwendet werden. Nicht nur als Antrieb oder als Kraft- und Energiequelle, sondern sie ermöglicht noch viele andere Anwendungen. Sie fördert das spirituelle Wachstum der Wesen, die in einem bestimmten Gebiet des Planeten leben. Sie hat das Potenzial zur Heilung und mit dieser Heilung kommt spirituelles Wachstum und Wissen. Das hat die Unruhe verursacht, weil es so aufregend war.

D: *Hatten sie das noch nie zuvor gehört?*

L: Einige schon, aber die meisten noch nicht. Sie hatten über diese Dinge nachgedacht, wussten aber nichts Genaues. Für einige war dies eine Verifizierung.

D: *Natürlich ist das Problem immer, wie man die Energie richtig nutzen kann, damit alles funktioniert.*

L: Das ist richtig, aber das ist kein sehr schwieriger Prozess. Es ist eine sehr einfache Anforderung. Aber nicht sehr viele wissen davon, weil es so einfach ist. Es ist ein

Vergrößerungsprozess, Absorption der Energie durch Verstärkung aus dem Bereich der Quelle. Die Energie wird gesammelt, verzehnfacht und dann im richtigen Moment von einer Speichervorrichtung absorbiert. Der Verstärkungsprozess ist der wichtigste Teil. Und wenn der nicht verstanden und richtig durchgeführt wird, funktioniert der ganze Prozess nicht. Die Kollektion und die Verteilung können nicht durchgeführt werden, es sei denn, die Verstärkung hat ordnungsgemäß stattgefunden. Hier sind viele gescheitert. Sie haben sich sehr viel Mühe gegeben, aber den einfachsten Aspekt des Prozesses übersehen.

D: *Was ist dieser einfache Aspekt?*

L: Der einfache Aspekt ist nicht die Größe, sondern die Qualität des Materials, das zur Verstärkung der Energie verwendet wird. Dieses Material ist nur selten im Universum zu finden. Es ist nur auf bestimmten Planeten verfügbar. Die Erde ist einer der Orte, wo dieser Stoff leicht verfügbar ist. Und deshalb war ein universeller Pakt mit dem Erdenvolk so wichtig für alle Beteiligten, auch wenn die Erdlinge sehr primitiv sind. Und es wurde sehr oft versucht, ihnen zu helfen, ein höheres Verständnis zu entwickeln, was ebenso oft gescheitert ist.

D: *Welche Art von Pakt wurde geschlossen?*

L: Es wurde mehrmals ein Pakt mit den Erdlingen geschlossen, um intergalaktischen Flügen zu ermöglichen, hierherzukommen und dieses Material zu handeln. Von Zeit zu Zeit wurde der Handel in diesem Bereich durch die kriegerische Natur der Erdbewohner gestört. Dinge wurden zerstört, Menschen gingen weg und die Verträge mussten erneut verhandelt werden. Meistens wurden diese mit den Anführern in bestimmten Gebieten der Erde gemacht. Manchmal wurde mit Privatpersonen verhandelt, welche die Verantwortung für ein bestimmtes Gebiet hatten.

D: *Für einen Vertrag wird ja auch eine Gegenleistung ausgehandelt. (Ja.) Was haben die Erdbewohner dafür erhalten?*

L: Die Erdlinge erhielten Technologien, die sie nicht gekannt hatten oder Hilfestellung bei einer Technologie, die sie in einem sehr primitiven Stadium entwickelten. In diesen Verträgen wurden ihnen weiterführende Informationen verbrieft, die ihnen bei der Weiterentwicklung jener Projekte halfen, an denen zu diesem Zeitpunkt zufällig gearbeitet wurde. Das hat den Prozess nennenswert beschleunigt. Und mehr Wissen konnte in die Praxis umgesetzt werden.

D: *Was für ein Material wollten sie denn so dringend?*

L: Dieses Material ist ein Mineral, das direkt unter der Erdoberfläche gefunden wird. Es ist eine feine, pulverförmige Substanz, die unter Druck gesetzt und zu dünnen Platten gepresst wird. Diese Platten werden im Verstärkungsverfahren verwendet und müssen häufig kurz nach dem Gebrauch ausgewechselt werden, da sie die Energie filtern. Sie müssen daher ständig ausgetauscht werden. Es gibt große Mengen dieser Substanz an vielen Orten der Erde. Und sie ist mit den richtigen Werkzeugen sehr einfach abbaubar.

D: *Also ist sie sehr verbreitet. Welche Farbe hat die pulverförmige Substanz?*

L: Sie ist grau, in unterschiedlichen Grautönen. Man könnte sie manchmal mit Erde verwechseln, aber sie hat sehr feine Konsistenz, fast schon pulvrig.

D: *Die Herstellung dieser Platten findet unter Druck statt, hast du gesagt. Muss man das Pulver erhitzen oder gibt es noch andere Schritte beim Umwandlungsprozess in die Platten?*

L: Nein, es ist nur ein enormer Druck notwendig. Unter diesem Druck wird es sehr heiß in der Pressvorrichtung. Es muss keine Wärme hinzugefügt werden. Der ausgeübte Druck erhitzt es.

D: *Und dann wird es zu Platten geformt?*

L: Ja. Sehr dünne, sehr biegsame Platten.

D: *Die werden dann beim Verstärkungsprozess verwendet. (Ja.) Und dann hast du gesagt, dass die Energie in eine Speichervorrichtung absorbiert wird? (Ja.) Du sagtest, ein Antrieb sei eine mögliche Anwendung. Wenn dieser auf einer Art Raumschiff verwendet werden soll, müsste er an Bord sein.*

L: Ja. Es gibt einen Speicherbereich im Bauch des Schiffes. Hier wird viel Energie für lange Reisen gespeichert. Es ist kein sehr großer Raum, der für diesen Behälter benötigt wird, weil die Energie sehr stark ist und lange Zeiträume überdauern kann.

D: *Dann kann man sie über weite Strecken und lange Zeiträume nutzen, ohne wieder auffüllen zu müssen?*

L: Ja. Viele, viele Jahre lang.

D: *Dann muss das Schiff schließlich zur Energiequelle zurückkehren, damit es wieder aufgeladen werden kann?*

L: Ja. Allerdings arbeiten sie jetzt an einem tragbaren Gerät, das diese Energie von verschiedenen Monden und Sonnen sammeln könnte, sofern ich diese Platten an Bord habe. Das ist jedoch nicht sehr erfolgreich, denn die Platten sind sehr ... (Lange Pause) Ich denke, das Wort ist „zerbrechlich". Und sie müssen auf bestimmte Weise bei geregelten Temperaturen in einem Lagerraum aufbewahrt werden. Wenn es auf die eine oder andere Weise größere Unregelmäßigkeiten gibt, zerstört das die Fähigkeit der Platten, die Energie zu verstärken, ohne sie zu filtern. Sie werden nicht auf Vorrat gemacht, weil sie sonst ihre Eigenschaften verlieren. Der Stoff, aus dem die Platten hergestellt werden, kann über einen längeren Zeitraum gelagert werden, ohne seine Eigenschaften zu verlieren. Aber die Platten müssen nach der Herstellung innerhalb kurzer Zeit verwendet werden.

D: *Sind die Platten unter natürlichen Bedingungen, wie z. B. auf der Erde, stabiler?*

L: Nein. Es ist das gleiche Problem. Das Pulver kann lange Zeit gelagert werden. Sobald es zu Platten gepresst wurde, muss es bald verwendet werden.

D: *Ist es gefährlich für Menschen oder andere Wesen, mit dieser Substanz umzugehen? (Nein.) Es handelt sich also um ein absolut sicheres Mineral oder Element?*

L: Ja. Du würdest es „inert" nennen. Es hat keine bestimmten Eigenschaften, bis sie der Druckprozess aktiviert.

D: *Das ist es also, was die Wesen wollten, als sie diese Verträge mit der Erde schlossen.*

L: Ja. Andernfalls würde die Erde sich selbst überlassen werden, weil jene, die sie bevölkern, sehr unberechenbar sind und die Geduld vieler aus anderen Gegenden strapaziert haben.

D: *Gibt es nur eine einzelne Gruppe von Wesen, die gelernt haben, dieses Element als Energiequelle zu verwenden?*

L: Nein, es gibt viele, die davon wissen und sie besuchen uns von Zeit zu Zeit. Sie werden jedoch von einem Rat kontrolliert. Es gibt Vertreter von jedem Ort in diesem Rat. Und sie treffen die Entscheidungen: Wer besuchen darf und was sie von der Erde nehmen oder den Menschen geben dürfen und was nicht. Es wird alles vorab entschieden, bevor ein Kontakt hergestellt wird. Niemand darf ohne Erlaubnis dieses Rates kommen.

D: *Ich habe schon von diesem Rat gehört und war immer schon neugierig, wo er sich befindet. Hast du diese Information?*

L: Dieser Rat befindet sich an einem Ort, der für alle, außer den Ratsmitgliedern unzugänglich ist. Und die müssen bei ihren Landsleuten hoch angesehen sein. Niemand weiß genau, wo das ist.

D: *Aber es ist ein physischer Ort?*

L: Nein, es ist kein physischer Ort. Er befindet sich auf einer anderen Ebene und ist nur für diejenigen zugänglich, die so weit entwickelt sind, dass sie dorthin gelangen können.

D: *Dann geben sie die Erlaubnis, herzukommen und dieses Material mit den Erdlingen für Wissen zu handeln.*

L: Das ist richtig.

D: *Gehe ich recht in der Annahme, dass verschiedene Gruppen auch aus anderen Gründen als der Beschaffung des Materials gekommen sind?*

L: Ja. Einige Gruppen kommen, um zu erfahren, warum wir die Dinge tun, die wir tun. Sie kommen, um uns dabei zu beobachten, wie wir etwas tun. Einige kommen und versuchen zu lehren, wie man ein friedlicheres Volk wird. Es gibt viele Gründe, warum sie kommen, nicht nur für den Handel. Einige kommen nur aus reiner Neugierde, aber nicht sehr oft, denn die Erlaubnis ist eine sehr wichtige Voraussetzung, um in die Atmosphäre zu gelangen und sie wird nicht nur aufgrund von Neugierde gewährt.

D: *Sie müssen schon eine Absicht haben.*

L: Das ist richtig.

D: *Kommen jemals auch Gruppen mit negativen Absichten?*

L: Nicht sehr oft, denn der Rat ist sehr weise und das erlauben sie nicht. Die Erdlinge haben genug Negativität für viele Leben. Aber manchmal verwickeln sich Menschen, die uns besuchen in die Negativität, die hier ist und reagieren in einem solchen Fall auch negativ. Nachdem sie diese Atmosphäre wieder verlassen haben, sind sie es nicht mehr.

D: *Eine Möglichkeit ist also, die Energie zum Antrieb der Raumschiffe zu verwenden. Gibt es auch noch andere Möglichkeiten?*

L: Es gibt viele Möglichkeiten, Energieantrieb für Gefährte herzustellen. Das ist nur ein Weg. Obwohl dieser Weg der Gewinnung so kritisch ist, schädigt er die Umwelt der meisten Planeten nur wenig. Das ist eine so mächtige Methode und das Material kann sehr leicht auf engstem Raum gelagert werden, sodass sie sehr wünschenswert erscheint.

D: *Dann gibt es noch andere Methoden, die gefährlich oder schädlich für die Umwelt sind?*

L: Sehr wohl, du weißt ja, was jetzt in dieser Zeit in der du lebst, auf der Erde passiert. Daran wird in deiner Zeit gearbeitet und wenn den Menschen bewusst wird, was möglich ist, werden viele Dinge, die du jetzt zur Energiegewinnung verwendest, auf der Erde nicht mehr zum Einsatz kommen. Aber ein

Erwachen wird nötig sein. Es gibt viele Leute, die diese Veränderungen nicht wollen.

D: *Benutzten diese Wesen irgendwann diese gefährlicheren Arten der Energie?*

L: Nein, nicht die Energie, von der du sprichst. Kernenergie wurde untersucht, aber nie verwendet. Sie wurde als zu umweltschädlich für die Galaxien verworfen. Das war keine gute Quelle, da sie sehr unkalkulierbar war.

D: *Also haben sie sicherere Methoden gefunden. Ich dachte, wenn dieses Element so selten und so schwer auf anderen Planeten zu finden wäre, hätten sie vielleicht andere Methoden entwickelt, die für sie bequemer wären.*

L: Das ist wahr. Sie haben andere Planeten gefunden, auf denen dieses Material leicht verfügbar ist. Allerdings ist die Erde eine näherliegendere Quelle, als einige der anderen. Und deshalb wurde die Sache hier weiter verfolgt. Sonst wäre die Erde in Ruhe gelassen worden. Es war nur bequemer so.

D: *Und die Erdlinge könnten das selbst entwickeln, wenn sie den Prozess verstünden?*

L: Ja. Dieser Prozess wurde an einige weitergegeben, ist aber auf wenig Akzeptanz gestoßen, denn es gibt viele, die wirtschaftlich von den anderen Möglichkeiten profitieren. Und die anderen Möglichkeiten scheinen für die Erdlinge eine bessere Quelle zu sein. Es ist etwas, das es hier schon länger gibt, denken sie. Aber in Wirklichkeit ist das nicht so. Die anderen Energiequellen wurden hier schon oft verwendet. Sie gingen jedoch auch genauso oft verloren.

D: *Ich dachte, es läge vielleicht daran, dass es so einfach sei und deshalb glaubten sie nicht, dass es funktionieren würde.*

L: Das ist ein Teil davon, aber es geht noch viel tiefer. Es hat mit Macht und Gier zu tun. Meine Studenten haben eine Frage. Sie wollen wissen, wie das Material von den Besuchern entdeckt worden war. Ich sage ihnen, dass Raumschiff kam wieder einmal auf die Erde zu Besuch. Rein zufällig haben sie dieses Material für die Nutzung der Energie entdeckt. Es war eine ziemliche Offenbarung für sie und sie reagierten sehr ekstatisch auf diesen Fund, weil sie weit in andere Galaxien gereist waren, um dieses Mineral zu sammeln. Der Zweck dieser Expedition war eigentlich, medizinisches Wissen an Ärzte weiterzugeben, die noch sehr archaisch praktizierten und viele Menschen töteten. Sie kamen, um ihnen Grundkenntnisse über die physikalisch-biologische Zusammensetzung des Menschen beizubringen. Dieser

Einsatz war dringend notwendig, damit das Leben auf diesen Planeten weitergehen konnte. Während hier eine große Epidemie herrschte, starben täglich viele Menschen. Sie waren noch unschlüssig, was sie mit den Leichen machen sollten. In diesem Zeitrahmen wurde das Mineral in der Region entdeckt, während sie Massengräber aushoben.

D: *Die Weltraumleute oder die Erdenmenschen?*

L: Erdenmenschen. Die Raumleute beobachteten, was zu dieser Zeit vor sich ging. Sie stören nie das alltägliche Leben der Menschen. Sie beobachten nur und bieten den Menschen Möglichkeiten an, ihre Techniken zu erlernen.

D: *Aber wie haben sie dann die Ärzte informiert, wenn sie sich nicht eingemischt haben?*

L: Durch mentale Telepathie. Die Ärzte dachten, es wäre etwas, das sie selbst entdeckt hatten. Sie mussten wissen, wie Krankheiten übertragen werden konnten und wie sie im Blut lebten. Blut ist sehr wichtig für die Lebenskraft eines menschlichen Körpers.

D: *Und die Menschen, die Ärzte, wussten nicht, wie die Krankheit übertragen wurde?*

L: Nein, die Notwendigkeit und der Wert des Blutes, das durch den menschlichen Körper fließt, waren ihnen nicht bewusst. Für die Lebenskraft der Menschen war es essenziell, dass dieses Blut im Körper blieb. Und sie praktizierten keine angemessene Hygiene.

D: *Zu diesem Zeitpunkt wussten sie auch nichts über Keime, oder?*

L: Nein. Das war es, was sie ihnen vermitteln wollten, etwas über Bakterien und das Blut aus dem Körper auslaufen zu lassen.

D: *Auslaufen zu lassen?*

L: Sie haben das Blut nicht davon abgehalten, den Körper zu verlassen. Sie wussten nicht, dass es notwendig war. Wenn man also eine Wunde hatte und stark blutete, haben sie nichts unternommen, um die Blutung zu stoppen. Sie wussten nicht, dass eine gewisse Menge Blut im Körper lebensnotwendig war. Das war einer der Fehler, die sie gemacht haben. Und der Mangel an Sauberkeit verursachte bakterielle Infektionen. Er ermöglichte den Bakterien, in den Körper und Blutkreislauf einzudringen. Desinfizieren, Waschen und Reinigen waren damals unbekannt. Sie wussten nichts über Chemikalien. Der erste Schritt war, ihnen beizubringen, sich mit Wasser gründlich zu waschen und das Umfeld sauber zu halten.

D: *Waren sie in der Lage, dieses Wissen durch einen einzigen Arzt zu vermitteln, oder ...?*

L: Durch viele. Die Samen dieses Wissens wurden in den Geist gesät und sie verbreiteten sich von einem zum anderen. Die meisten Ärzte dachten, es wäre ihre eigene Idee. Es wurde ihnen nicht so vermittelt, dass sie das Gefühl hatten, dieses Wissen käme von jemand anderem. Es schien einfach etwas zu sein, das ihnen in den Sinn kam.

D: *Ich habe mir gedacht, wenn sie das Wissen nur einem Menschen geben würden, könnte er gefürchtet oder als sehr ungewöhnlich angesehen werden.*

L: Nein. Viele haben es an viele andere weitergegeben. Und als sie ihre Notizen verglichen, waren sie sich einig, dass diese Idee gut wäre.

D: *Aber dachten die Wesen nicht, das wäre Einmischung?*

L: Nein. Sie gaben das Wissen als Geschenk weiter und es lag an den Einzelnen, ob sie es annehmen wollten oder nicht. Es wurde nicht als Einmischung betrachtet, weil sie die Möglichkeit hatten, abzulehnen. Etwas musste getan werden. Viele starben.

D: *Ist diese Seuche zur gleichen Zeit passiert, als sie sich entschieden, ihnen diese Informationen zu geben?*

L: Es geschah, als sie kamen. Deshalb sind sie gekommen. Viele starben. Und es wurde befürchtet, das Gleichgewicht des Lebens könne betroffen sein und schließlich würde die menschliche Rasse auf diesem Planeten sterben. Und das war nicht das, was gewünscht wurde. Diese Gruppe wurde für diese Mission hierher geschickt. Und weil sie ihre Mission so gut erfüllt hatte, betrachtete sie es als Geschenk, eine bessere Quelle für das Material gefunden zu haben, als sie zuvor angenommen hatte.

D: *Dann haben sie dieses Material zu der Zeit nicht verwendet?*

L: Sie hatten damit experimentiert. Wo sie sich befanden, war es jedoch nicht verfügbar und eine lange Reise war nötig, um dorthin zu gelangen. Deshalb wurde die Idee verworfen.

D: *Welche Art Energie verwendeten sie bis zu diesem Zeitpunkt?*

L: Sie benutzten Licht. Und das war in Ordnung. Wie auch immer, es gibt Zeiten, in denen es nicht verfügbar ist oder zur Neige geht.

D: *Woher kam das Licht?*

L: Es wird auf Platten gesammelt. (Langsam, als ob sie nicht verstünde, was sie sah.) Auf Paneelen. Platten. Einige Orte, die bereist wurden, hatten jedoch kein Licht, um ihre Paneele zu revitalisieren. Und deshalb ging ihnen die Energie aus und sie mussten von einem anderen Gefährt gerettet werden.

D: *Was war die ursprüngliche Lichtquelle?*

L: Sonnen in verschiedenen Galaxien.

D: *Aber diese wären für die Weltraumreisenden sehr weit weg gewesen.*

L: Ja. Das war der Nachteil. (Langsam, als ob sie etwas studierte.) Einige dieser Paneele hatten Vergrößerungslinsen, die das Licht dieser Sonnen bei sehr hohen Temperaturen über weite Entfernungen übertragen konnten. Aber man brauchte sehr große Maschinen dazu und das war auf den Schiffen nicht möglich. Also hatten sie nur ihre Paneele als Energiespeicher und konnten damit nicht sehr weit reisen, ohne dass ihnen der Treibstoff ausging.

D: *Was ist mit der Kristallenergie? Haben sie damit experimentiert?*

L: Nein. Zu diesem Zeitpunkt war es ihnen noch nicht in den Sinn gekommen, diese Möglichkeit zu erforschen. Sie waren auf der Suche nach einem anderen System, denn beim Zurücklegen großer Entfernungen war es nicht ratsam, außerhalb der Reichweite einer Lichtquelle zu geraten.

D: *Also hatte dieses neue Material enorme Verstärkungseigenschaften. Ist das richtig?*

L: Nein, das Material selbst hatte diese Eigenschaften nicht. Sie konnten es jedoch so umwandeln, dass sie seine verstärkenden Eigenschaften nutzen konnten. Diese Granulate mit ihrem System zu transformieren war ein sehr einfacher Prozess. Sie hatten die Möglichkeit zur Lagerung in kleinen Behältern, sodass Reisen über große Entfernungen mit sehr wenig Ballast möglich waren.

D: *War die Quelle der Energie noch Licht?*

L: Ja, Licht ist notwendig und wird genutzt. Allerdings wurden diese Granulate zum Speichern verwendet. Das war die fehlende Ressource in ihrem gesamten Energiesystem. Es ermöglichte ihnen, ihre Energie in sehr kleinen Behältern zu speichern, wohingegen sie bisher ihre Fahrzeuge nur mithilfe sehr großer Paneele antreiben konnten. Das revolutionierte ihr gesamtes Energiesystem und sie fanden verschiedene Möglichkeiten zur Nutzung heraus. Nicht nur für Fahrzeuge, sondern für viele verschiedene Operationen. Zuerst haben sie es einfach genommen. Aber im Laufe der Zeit mussten sie darum handeln. Ihr Tun wurde entdeckt und sie mussten darum handeln. Aber eine sehr lange Zeit hindurch war das nicht nötig. Anfänglich zogen sie einfach nur in einen unbewohnten Bereich. Aber als die Bevölkerung auf der Erde wuchs, gab es nur mehr sehr wenige unbesiedelte Gebiete, in denen sie an diese Mineralien herankommen konnten. Es gab also Verhandlungen mit mehreren Regierungen auf der ganzen Erde, nicht nur an einem Ort. Sie befürchteten gestoppt zu werden, also trafen sie Vereinbarungen an verschiedenen Orten.

D: *Könnten wir zu der Geschichte zurückkehren, von der du gesprochen hast? Du sagtest, dass sie Pakte mit den Menschen geschlossen hätten, um ihnen bei der Gewinnung dieses Materials zu helfen. Und sie belohnten sie mit irgendeiner Art von Technologie, Wissen, das sie zu der Zeit in ihrem Leben nutzen konnten.*

L: Das ist richtig.

D: *Was wäre bei einem Vertragsbruch geschehen?*

L: Der Pakt wurde mehrmals gebrochen, als die physisch orientierte Natur des Menschen zuließ, Gier und Macht die Kontrolle übernehmen zu lassen. Diese Technologie für Kriege und Zerstörung nutzen zu wollen, statt der Menschheit zu helfen. Die Menschen versuchten, die Wesen, die gekommen waren, zu besiegen. Und als dies geschah, verließen die Wesen für eine gewisse Zeit die Erde, bis sich eine neue Generation entwickeln würde und ein neuer Pakt geschlossen werden könnte.

D: *Also nahmen die Erdlinge die Technologie, die ihnen aus welchen Gründen auch immer überlassen worden war und verwendeten sie als Kriegsmittel. Meinst du das?*

L: Ja. Das ist sehr oft passiert, viele Male.

D: *Es erscheint seltsam, dass sie sich gegen ihre Wohltäter gewandt haben sollen.*

L: Sie dachten, wenn sie diese Macht hätten, könnten sie die Kontrolle über die Wohltäter bekommen und sie veranlassen das zu tun, was sie wollten. Sie dachten, sie hätten die einzige Quelle, die den planetarischen Wesen zur Verfügung steht, aber sie haben sich geirrt, weil es da noch eine Reihe anderer Orte auf der Erde gab.

D: *Dann zogen sich die Wesen also zurück?*

L: Ja. Sie gingen schon oft. Je nachdem was vorgefallen war, entfernten oder zerstörten sie ihre gesamte Technologie, damit sie nicht in einem negativen Sinne verwendet werden konnte. So verrohten die Leute wieder. Dies ist im Laufe des Lebens auf dieser Erde schon sehr oft geschehen. Es scheint, als ob sich die Menschheit zu einem höheren Seinszustand entwickelt und dann erlauben sie Macht und Gier, sich selbst und alles was sie gelernt haben, vollständig zu absorbieren. Dann werden sie zerstört und fallen wieder sehr weit zurück.

Als Bartholomäus in die Welt der kleinen leuchtenden Wesen eintrat, transzendierte er anscheinend unser Konzept von Zeit, oder besser gesagt, Zeit existierte dort nicht. Am Anfang stellte er seine Informationen zur Verfügung, die er von seinem fremden Freund erhalten hatte. Je länger er berichtete, desto besser wurde sein Zugang zu Informationen aus zukünftigen Zeiten, die Bartholomäus nicht verfügbar gewesen wären. Er war wirklich außerhalb der Zeit und an einem Ort, an dem Vergangenheit, Gegenwart und Zukunft eins waren. Das ist meine einzige Möglichkeit, seinen Zugang zu Informationen, die für unseren derzeitigen Zeitrahmen relevant sind, zu erklären. Sein Geist (in Verbindung mit Lindas Geist) hatte seine Fähigkeiten so erweitert, dass er komplizierte und relevante Fakten immer besser erfassen und assimilieren konnte.

Aber welchen Sinn hatte die Unterweisung dieser kleinen Wesen? Welche Rolle würden sie zu unserer Zeit spielen?

L: Die Menschen waren nicht in der Lage, aus den Fehlern der Vergangenheit genug zu lernen, um sich über einen bestimmten Punkt hinaus zu entwickeln. Das war über viele Lebenszeiten hinweg ein sehr ernstes Problem. Die Wesen hofften, dass sie irgendwann diesen Erdlingen in ihrer Entwicklung helfen könnten, diesen Bereich hinter sich zu lassen. Sobald sie sich über diesen Bereich hinaus entwickelt hätten, würden sie sich die weitere Entwicklung selbst gestatten. Dieses eine Hindernis führt weiterhin zu großen Rückschritten in vergangene Fehler. Aus diesem Grund treffen wir uns jetzt, um einen Weg zu finden diese Kluft zu schließen, damit die Menschheit diesen Sprung in ihrer Evolution machen kann. Und wir helfen dabei. All diese Wesen, die heute hier sind, wollen helfen, diese Kluft ein für alle Mal zu schließen. Damit sich die Menschheit dorthin entwickeln kann, was schon immer für sie da war. Durch ihre Unwissenheit war sie nicht in der Lage, diese Kluft selbst zu schließen.

D: *Wie können sie uns dabei helfen?*

L: Sehr viele werden bald zur Arbeit an alltäglichen Dingen geschickt werden. Um auf subtile Weise zu erleuchten, um eine Botschaft der Liebe zu senden, damit diese Kluft ein für alle Mal geschlossen werden kann. Viele werden wählen, nicht auf der Erde zu bleiben. Aber diejenigen, die es tun, werden sehr hart arbeiten und viele wunderbare Dinge für ihre Arbeit erhalten.

D: *Du meinst, diese kleinen Energiewesen würden als Hilfe auf die Erde kommen? (Ja.) Wie werden sie das machen? Werden sie in ihrer Energieform Licht bleiben?*

L: Einige werden so bleiben, wie sie sind. Andere werden die Möglichkeit haben, in viele menschliche Körper eindringen. Ein Lichtwesen wird die Fähigkeit haben, zehn menschliche Körper auf einmal zu betreten. Um den menschlichen Körper selbst zu erhellen, um eine Weiterentwicklung des Denkens und des spirituellen Wachstums zu ermöglichen, die bis zu diesem Punkt eine Unmöglichkeit war.

D: *Werden sie in Körper eindringen, die auf der Erde leben und von einem anderen Geist bewohnt sind?*

L: Ja. Sie werden kein Naturgesetz verletzen oder die Körper übernehmen. Sie werden nur ein Lichtfleck sein, der den physischen Körper selbst erleuchtet und ihm ermöglichen wird, zu wachsen.

D: *Ich dachte, du meinst, sie würden als Seelen eintreten und ein Leben von klein auf führen.*

L: Nein, nein. Das ist nicht möglich. Diese Lichtwesen sind so fein und so weit entwickelt, dass sie kein Bedürfnis nach einer körperlichen Existenz haben. Das ist nicht das, wofür sie geschaffen wurden. Sie sind jenseits deiner Vorstellung. Sie sind keine Seelen, wie du es betrachten würdest, sondern Lichtwesen, die aus einem Gott der gesamten Schöpfung evolviert sind. Der Quelle.

D: *Aber auch unsere Seelen haben sich aus der Quelle entwickelt.*

L: Ja, das ist wahr. Es gibt jedoch sehr viele unterschiedliche Arten von Quellen aus dem Einen und sie wurden alle für verschiedene Zwecke unterschiedlich gestaltet. Dennoch sind sie alle Teile desselben.

D: *Erlauben ihnen die Regeln des Universums, für eine Weile in den menschlichen Körper einzudringen um zu helfen, ohne ihn besitzen oder übernehmen zu wollen, das hast du vor einer Weile gesagt? Ich denke an die Seele als Beschützerin des Körpers. Etwas anderes darf auch eintreten?*

L: Ja. Es kann eintreten, wenn dies vorher vereinbart wurde. Diese Lichtwesen sind so rein, dass sie anderen ihren Willen nicht aufzwingen würden. Es wird viele Seelen geben, die dringend auf ihre Unterstützung warten.

D: *Ist diese Erlaubnis bewusst zwischen den beiden erteilt worden?*

L: Nein. Sie wird auf einer anderen Ebene gegeben.

D: *Also weiß das Individuum nicht bewusst, was geschieht?*

L: Das ist richtig. Ihnen ist bewusst, dass sich etwas ändert. Sie wissen jedoch nicht genau, was. Da sie dies in ihrem Bewusstseinszustand akzeptieren und die Evolution stattfinden kann, werden sie die Antwort finden und dann auch wissen, was ich dir sage. Zuerst werden sie nur ein Gefühl der Veränderung von Denkmustern haben. Und sie werden sich darüber wundern. Aber das Gefühl, dass sie sich ändern müssen, wird stark sein, auch wenn nicht verstanden wird, warum oder wie.

D: *Aber das wird nicht bei jedem Einzelnen der Fall sein.*

L: Nein. Nur bei einigen und die werden andere zu ihrer Denkweise bewegen. Einige werden sich anders entscheiden. Einige sind nicht bereit, sich zu ändern. Sie werden das vehement bekämpfen und viel Schmerz und Ärger verursachen. Aber diese negativen Leute werden schließlich von der Mehrheit, die den Übergang schaffen will, in den Schatten gestellt werden. Und sie werden gezwungen sein zu gehen, weil sie mit dem Umfeld, das geschaffen wird, sehr unzufrieden sein werden.

D: *Das sind wahrscheinlich Leute, die mit diesen Wesen ohnehin keine Vereinbarung treffen würden.*

L: Nein. Ich möchte deutlich machen, dass diese Lichtwesen in keiner Weise den menschlichen Körper oder die menschliche Seele oder den Sinn dieses Lebens stören. Sie sind nur dazu da, ein gewisses Wachstum zu ermöglichen. Sie sind nicht dazu da, alles das zu ändern, was vereinbart oder bis jetzt festgelegt wurde.

D: *Das wäre eine Invasion des freien Willens des Einzelnen.*

L: Das ist richtig. Sie sind nur ein Funke, um dem Menschen zu erlauben, diese Kluft zu überqueren und ein für alle Mal zu verschließen, damit dieses Abgleiten in primitive Bahnen gestoppt werden kann.

D: *Ist das der Grund, warum sie sozusagen in geistiger Form kommen? Weil die physischen Wesen nicht in der Lage waren, das alleine zu schaffen?*

L: Das ist richtig.

D: *Andere Wesen haben das auf unterschiedliche Weise versucht und wie du gesagt hast, wurden sie manchmal auch in die*

Körperlichkeit des Planeten verstrickt. Und sie sind auch auf andere Weise gescheitert.

L: Ja. Und deshalb wurden diese Lichtwesen erschaffen.

D: *Um diese Aufgabe auf eine ganz andere Weise zu erfüllen.*

L: Ja. Aus keinem anderen Grund sind diese Wesen hier.

D: Ist das der Grund, warum sie Bartholomäus die Geschichte unserer Erde lehren muss?

L: Ja, sie müssen wissen, wie oft das schon passiert ist. Sie müssen die menschliche Natur gründlich verstehen und dürfen keine Übergriffe riskieren. Das menschliche Element muss das für sich selbst erreichen.

D: *Müssen die Menschen zu diesem Zeitpunkt offener sein, wenn sie eintreten? (Ja.) Wird das auf eine bestimmte Weise gemacht? Ich denke, Menschen haben unbewusste natürliche Verteidigungssysteme.*

L: Ja. Das wird ein sehr einfacher Übergang sein. Alles, was man braucht, ist der Wunsch zu wachsen. Kein Eintreten, kein Übernehmen, sondern ein Zusammenfügen, ein Verschmelzen, ein Hinzufügen von etwas, ein Kombinieren. Ein Element, das hinzugefügt wird, das verbessern, aber nicht verschlechtern kann.

D: *Das ergibt Sinn, wenn es nicht anders funktioniert. Gibt es noch andere Geistwesen oder sonstige Wesen, die planen, zur Erde zu kommen, um bei all dem zu helfen?*

L: Zu diesem Zeitpunkt wird abgewartet und beobachtet. Der Rat hofft, dass sich die Erdenwesen einmal so weit entwickelt haben, dass ein Kommen und Gehen von vielen anderen Orten ermöglicht werden könnte. Und ein Handelsnetzwerk, das auf einer offenen Politik, statt auf einer geheimen Politik basiert. Die Erde kann ein offenerer Ort sein, den man besuchen kann.

Als ich zu Beginn meiner Arbeit diese Informationen bekam, hielt ich sie für kompliziert, sie wurden mir jedoch im Laufe der Jahre durch viele weitere Sitzungen auf der ganzen Welt bestätigt.

ABSCHNITT ZWEI

Fortsetzung von „The Custodians“

KAPITEL 4

AUSGELASSENE TRANSKRIPTE VON JANICE

Als ich mein Buch *The Custodians* schrieb, konzentrierte ich mich auf Recherchen über UFOs und vermeintliche Entführungsfälle. Im Buch wurde erläutert, wie ich (wie die meisten anderen Ermittler) mit den einfachen Fällen von Sichtungen, Landungen und Entführungen begann. Es dokumentierte, wie ich bei meiner Arbeit von einfachen zu immer komplexeren Themen vorangeschritten bin. Der letzte Abschnitt des Buches bezieht sich auf meine Arbeit mit einer jungen Frau in den späten 1980er und frühen 1990er Jahren, die in Little Rock, Arkansas, lebte. Sie lieferte wertvolle Informationen, die es mir ermöglichten herauszufinden, dass Außerirdische nicht nur von anderen Planeten und Galaxien kamen, sondern auch aus anderen Dimensionen. Einige der Konzepte, die sie mir präsentierten, erweiterten meinen Horizont, weil sie von anderen noch nie berichtet worden waren.

Ein seltsames Phänomen trat auf, als ich mit Janice arbeitete. Nachdem wir die Sitzung begonnen hatten und sie in der tiefstmöglichen Trance (auf der somnambulen Ebene) war, schien ihre Persönlichkeit zu verschwinden und andere Wesen schienen durch sie zu sprechen. Das waren oft Wesen an Bord des Raumschiffs, zu dem sie gebracht wurde. Dieses seltsame Phänomen trat auch bei anderen Probanden auf, mit denen ich gearbeitet habe, als ob ich eine Art direkte Leitung zu diesen Wesen eingerichtet hätte. Die Informationen, die von Janice kamen, waren so umfangreich, dass sie den größten Teil des Buches *The Custodians* ausmachten. Diese Wesen beantworteten alle meine Fragen und lieferten Informationen zu den unterschiedlichsten Themen.

Meine Sorge war, dass *The Custodians* zu einem riesigen Buch anwachsen würde und einige Informationen daher entfernt werden müssten. Ich fand, dass Janice bei den Sitzungen teilweise vom Thema der UFOs und Raumschiffe abschweifte und Neuland komplizierterer metaphysischer Konzepte betrat. Wir hatten nicht mehr nur mit den Wesen kommuniziert, die Raumschiffe betrieben und die vielen Experimente im Projekt Erde durchgeführt haben. Wir schienen uns mit fortgeschritteneren Wesen in Verbindung gesetzt zu haben. Wesen, die den Raummenschen vertraut, uns aber unbekannt sind. Dann entschied ich mich dafür, diese Teile aus dem Buch zu entfernen, damit sein ursprüngliches Konzept und der Fokus auf meiner Arbeit mit Außerirdischen erhalten blieben.

Während meiner normalen Regressionen hatte ich viele Jahre lang Informationen gesammelt, die einen Bereich des Paranormalen beschrieben, mit dem ich nicht vertraut war. Um die Konzepte der Bücher beizubehalten, die ich zu dieser Zeit schrieb, hatte ich jene Informationen nicht aufgenommen. Mir war auch klar, dass ich diese Informationen nicht wegwerfen konnte, nur weil ich sie nicht verstand. Ich hatte sie beiseitegelegt und wusste, wenn mein Verständnis an einem bestimmten Punkt in der Zukunft besser geworden wäre, bekämen sie ihren Wert. Ich wusste nicht, ob und wann die Öffentlichkeit in der Lage wäre, etwas davon zu verstehen, also entschied ich mich dafür ein Buch zu schreiben, das sich ausschließlich mit diesen Informationen beschäftigte und hoffte, dass es Leute geben würde, die es schätzen könnten, wenn ihr Horizont erweitert würde. Mein Weltbild haben sie sicherlich erweitert und auch meine Denkmuster neu geordnet. Jedes Mal, wenn ich selbstgefällig dachte, ich hätte alle Informationen und eine Art Verständnis, um formulieren zu können, wie das Universum funktioniert, würden „sie“ heimlich Informationen liefern, die Konzepte erweitern und meinen Geist dazu bringen, in einer anderen Richtung weiter zu forschen. „Sie“ haben mich immer sanft und häppchenweise mit wenigen Informationen auf einmal gefüttert, damit ich nicht verängstigt und in der Lage wäre, die nächsten verlockenden Leckerbissen zu verdauen. Ich hätte ablehnen können, indem ich sagte, ich wolle nicht, dass meine Überzeugungen herausgefordert würden, ich fühlte mich mit meinen eigenen Theorien wohl und wollte meine Denkweise nicht durcheinander bringen, aber dafür bin ich zu neugierig. Ich möchte wissen, was in der nächsten Kurve dieser aufregenden Reise vor sich geht. Selbst wenn ich nichts verstünde, gäbe es ja vielleicht da draußen jemanden, der dies tun würde. Meine Forschung zielte also auf diejenigen ab, welche Erfahrungen schätzen, die den Verstand wie eine Brezel verbiegen. Meine Bücher sind so konzipiert, dass sie die Menschen zum Nachdenken anregen sollen.

* * *

Die Sitzungen mit Janice fanden in den späten 1980er Jahren und Anfang der 90er Jahre statt, während ich mich intensiv mit dem Schreiben des Nostradamus Materials beschäftigte. 1986 wurde ich gebeten, UFO-Ermittlerin im Bereich Arkansas zu werden und das war meine erste Begegnung mit diesem faszinierenden Thema. Davon habe ich in *The Custodians* erzählt. Ich reiste von zu Hause aus in die Berge im Nordwesten von Arkansas nach Little Rock, um mit zwei Frauen zu arbeiten, die sich als ausgezeichnete Probanden erwiesen hatten und wunderbare Informationen lieferten. Da es eine vierstündige Fahrt war, versuchte ich dort, so viele Sitzungen wie möglich unterzubringen.

Ich konnte im Haus meiner Freundin Patsy wohnen, in dem ich die Privatsphäre eines Schlafzimmers im Obergeschoss für die Sitzungen zur Verfügung hatte. Janice kam dorthin und ich versuchte, an einem Tag mehrere Sitzungen mit ihr zu halten. Auf einer dieser Reisen schienen uns drei Sitzungen an einem Tag zu viel für uns beide zu werden, da sie bis spät in die Nacht dauerten. Danach haben wir versucht herauszufinden, wie viele wir machen könnten, ohne eine von uns zu überlasten.

Auf dieser Reise im Jahr 1990 wollten wir ein neuerliches Ereignis fehlender Zeit erkunden, das Janice im Monat zuvor erlebt hatte. Sie wurde an einem Samstagnachmittag mit vielen Freunden in ein Haus außerhalb von Little Rock zum Essen eingeladen. Bevor sie das Haus verließ, rief sie ihre Freundin an, um sicherzustellen, dass sie nicht in letzter Minute noch etwas brauchte und fuhr dann auf die Autobahn. Als sie ankam, war ihre Freundin ziemlich verärgert über sie. Die Party war vorbei und die Gäste wollten gehen. Ihre Freundin sagte: „Wenigstens hättest du anrufen und mir sagen können, dass du zu spät kommst!“ Janice wusste nicht, wovon sie sprach, bis sie bemerkte, dass vier Stunden vergangen waren, seit sie ihr Haus verlassen hatte.

Das war eine sehr ähnliche Situation wie der Vorfall mit dem Mittagessen im Büro, der in *The Custodians* beschrieben wird, bei dem ihr auch mehrere Stunden fehlten. Es schuf definitiv Probleme in ihrem Sozialleben. Janice hatte den Punkt erreicht, von dem an sie keine sozialen Verpflichtungen mehr eingehen wollte, um die peinliche Situation zu vermeiden, Freunden diese Kuriositäten erklären zu müssen. Noch schwieriger wurde es dadurch, dass sie selbst keine Erklärungen hatte, bis wir 1989 zu arbeiten anfingen und entdeckten, dass sie (mitsamt dem Auto) von der Autobahn geholt worden war. Nach dem Vorfall wurde sie wieder auf die Autobahn zurückgebracht. Sie war verwirrt, aber die lange Zeitspanne, die in ihrer bewussten Erinnerung fehlte, war ihr nicht klar.

Während unserer Arbeit stellten wir fest, dass Janice ihr ganzes Leben lang mit Außerirdischen zusammengearbeitet hatte, ihrem Wachbewusstsein war das aber unbekannt. Ihre Erfahrungen waren von frühen Reproduktionsexperimenten bis hin zur Teilnahme an komplizierten Kursen an Bord des wunderbaren und einzigartigen riesigen „Mutter"-Schiffs fortgeschritten, wo sie jedes Fach im Universum studieren konnte. Natürlich waren all diese Lehren nie für ihren bewussten Geist verfügbar gewesen. Sie waren unbewusst, bis die Zeit für die Freigabe reif war. Ein Teil von ihr wusste, dass es wichtige Dinge gab, die ihr auf einer anderen Ebene passierten, aber das trug nichts dazu bei, die Verwirrung zu lindern, die das in ihrem normalen Wachzustand erzeugte.

Ich begann die Sitzung mit ihrem Schlüsselwort, das sie sofort in tiefe Trance versetzte. Dann führte ich sie zu dem Tag zurück, an dem der Zeitverlust aufgetreten war.

Sie durchlebte die einzelnen Details der Vorbereitungen, das Haus zu verlassen, hatte aber einige Bedenken, weil sie fühlte, dass etwas passieren würde. „Ich spüre die Anwesenheit meiner Freunde. Sie sind schon tagelang hier. Ich hatte eine Vorahnung ... Ich wusste, dass ich etwas zu tun haben würde und ich wollte eigentlich nicht bei dem Essen sein, weil andere Leute auch dort wären. Und ich will nicht bloßgestellt werden. Das ist eine private Sache, die nicht von einem Haufen Leute zu einer Sensation gemacht werden soll, die das nicht verstehen. Also will ich nicht hingehen, weil ich weiß, dass ich eine Erfahrung machen werde. Sie kommt, aber ich weiß noch nicht, wann. Daher beschloss ich, zu Hause zu bleiben und es dort geschehen zu lassen, wo ich allein war."

Diese Gefühle müssen unbewusst gewesen sein, denn bewusst spürte Janice vor einem Ereignis normalerweise nur unbehagliche Empfindungen, ohne zu wissen, woher sie kamen oder was sie bedeuteten. Der Zusammenhang war immer unklar, vor allem, weil alles auf einer anderen Ebene geschah, unzugänglich für ihren wachen bewussten Geist. Erst später würden sie mit den fehlenden Zeitepisoden in Verbindung gebracht werden.

Sie verließ das Haus, aber die Befürchtungen hörten nicht auf. „Ich begann, die seltsamen Empfindungen zu spüren. Und ich habe gelernt, dass Autofahren in Ordnung ist, wenn es passiert. Ich muss mir keine Sorgen machen, dass ich einen Unfall habe oder so. Am Anfang hatte ich manchmal Angst, dass ich nicht in der Lage sei, zu fahren. Es ist scheinbar beängstigend, nicht sicher sein zu können." Sie war noch nicht sehr weit auf der Autobahn gefahren, als sie flüsterte: „Ohhhh! Da ist es! Das sind sie!" Ihr Gesichtsausdruck deutete darauf hin, dass etwas geschehen war.

J: (ehrfürchtig) Riesig! Riesiges Schiff! Es ist vor mir, aber auch über mir. Ich sehe es an und denke: „Welche Ausfahrt?" Ich war nur für ein oder zwei Minuten auf der Autobahn und da ist es.

D: *Siehst du andere Autos um dich herum?*

J: Ich weiß, dass es noch andere Autos gibt, aber es ist so, als wäre ich die Einzige hier. Als wäre ich in einem Korridor, mangels eines besseren Begriffs. So, als wäre ich in meinem eigenen „Raum", aber er ist von dem Raum der anderen Autos getrennt.

Dieses Phänomen der Trennung von der Außenwelt während diese Ereignisse stattfinden, wurde in *The Custodians* untersucht. Niemand sonst scheint etwas zu sehen. Ich habe herausgefunden, dass es eine individuelle Erfahrung ist und für jeden unsichtbar, der nicht involviert ist.

J: Ich habe große Schiffe gesehen, aber dieses ist geradezu astronomisch. Puh! (Sie war definitiv ehrfürchtig.) Es ist grau, wie der Himmel an einem bewölkten Tag. Es gibt verschiedene Gruppen oder Reihen kleiner Fenster, weil es mehrere Stockwerke hoch ist. Es ist einfach riesig!

D: *Was passiert dann?*

J: Ich bin nur überfordert. (Ich habe es nicht verstanden.) Swuuusch! Schnippe einfach mit deinen Fingern und es dauert nur ein Augenblick. Puff! Es ist eine blitzartige Sache. Fast so schnell, wie ein Gedanke sein kann. In einem Moment war ich auf der Autobahn und dann nicht mehr. Ich bin da oben.

D: *Ist dein Auto auch da oben?*

J: Oh, ja.
D: *Sag mir, was du siehst.*
J: Es sieht aus, als wäre dort eine Stadt. Es ist einfach so groß. Und wir lassen das Auto dort stehen und ich gehe mit ihnen. Du weißt schon, sie warten auf dich und bringen dich dann dorthin, wo du hingehen musst. Dieser Ort ist so groß, dass du dich verlaufen würdest. Du könntest dich nicht zurechtfinden. Er ist so groß.

Ihre Eskorte wies sie an, sich auf ein seltsames Gerät zu setzen. „Du bist geneigt. Es sieht aus wie ein einzelner Sitz. Es gibt keine Kabel. Ich habe nach einem Kabel gesucht."

Dann kam ein scharfer Atemzug und sie schien sich unbehaglich zu fühlen. Ich konnte sehen, dass sie ein unbekanntes körperliches Gefühl erlebte. Es schien ihr den Atem zu rauben. „Wie läuft dieses Ding so? Es bewegt sich sehr schnell."

Sie berichtete, dass ihr schwindlig würde, also habe ich Anweisungen gegeben, alle körperlichen Empfindungen zu lindern. Für einige Sekunden beschrieb sie das Gefühl, sich sehr schnell zu bewegen und sie musste buchstäblich versuchen, ihren Atem anzuhalten. Dies wurde durch stimmliche Ausrufe unterstrichen. Sie konnte die Gegend nicht beschreiben, durch die sie raste, denn die Farben verschwammen und die Empfindungen hatten Vorrang.

J: Oh, du meine Güte! Ooohhh! Das war wirklich schnell. Wirklich, wirklich, wirklich schnell. Mein Körper fühlt sich seltsam an. (Ein fast hysterisches Lachen.) Oh, es kribbelt überall.

Ich habe weiterhin Vorschläge gemacht, wie sie ihr Wohlbefinden steigern könne, während sie tief atmete. Ich versuchte, sie in der Zeit voranzubringen, damit sie irgendwo ankommen und die Empfindungen nachlassen könnten. Nach ein paar Sekunden wurde ihre Atmung wieder normal. Dann überraschte mich ihre nächste Bemerkung.

J: (Flüstert) Du bist so laut. Du bist so laut!

Das war verwirrend. Ich hatte die Lautstärke meiner Stimme nicht erhöht. Man tut das nicht, weil eine Änderung der Lautstärke den Trancezustand unterbrechen könnte.

J: Es ist wie ein Megafon.

Sie seufzte und stöhnte, offensichtlich erholte sie sich immer noch von der Krise durch die hektische Fahrt. Ich gab Anweisungen, dass sie meine Stimme auf normale Weise wahrnehmen könnte.

J: Danke. Für eine Minute klang es wie ein Megafon.

D: *Was siehst du, während es langsamer wird?*

J: Es hat sich in meinem Kopf noch nicht verlangsamt. Körperlich schon, aber es ist immer noch schnell. Es ist immer noch schnell.

D: *Die Dinge normalisieren sich wieder, weil wir nicht wollen, dass du irgendeine Art von Unbehagen spürst.*

J: Es ist kein Unbehagen. Versteh das nicht falsch. Es kann notwendig sein, das zu fühlen. Ich nehme teil, weil ich will. Es sind keine Unannehmlichkeiten. Es ist eine Erfahrung. Das kannst du hier nicht machen. Oh, meine Güte, das war schnell! Siehst du, man muss schnell sein, um die Lichtgeschwindigkeit zu überschreiten.

D: *Das wird aber diesen physischen Körper nicht stören.*

J: Nun, der physische Körper wurde angepasst. Seine Toleranzgrenze war ... Es gibt noch ein anderes Wort außer Anpassung, aber ich weiß nicht, welches.

Sie atmete wieder schwer. Dann wurde ihr heiß und sie bewegte sich, um unter der Decke hervorkommen zu können. Ich half ihr dabei. Das passiert manchmal und weist auf eine Energieschwankung hin. Manchmal wird den Probanden zuerst heiß, dann kalt und danach wieder heiß. Sie machte mehrere Sekunden lang eine Art Unbehagen durch, als ob sie noch immer die Beschleunigung spürte. Ich habe weiter versucht, sie ans Ende ihrer Reise zu bringen, damit wir mit der Geschichte weitermachen könnten. Nach ein paar Sekunden mit Vorschlägen atmete sie tief durch, entspannte sich und fing an, sehr viele anmutige Handbewegungen zu machen.

D: *Warum machst du diese Bewegungen?*

J: (Leise) Es ist ein Gruß.

D: *Wen begrüßt du?*

J: Ein Wesen.

Sie fuhr fast respektvoll mit den Handbewegungen fort und deutete an, dass das Wesen vor ihr die gleichen Bewegungen machte. Fast ohne mich zu bemerken, konzentrierte sie sich auf ihre Bewegungen. Ich musste sie wieder zum Reden bringen, also bat ich um eine Beschreibung des Wesens.

J: Das Wesen ist ein Bereich, der Licht ist, aber das ist sein Körper. Als wäre es noch nicht so körperlich. Das Licht ist sehr hell. Farbe fehlt. Man würde sagen, es ist das hellste Licht, das man je gesehen hat.

D: *Unterhält es sich mit dir?*

J: Ja. Es ist wie eine Art Anleitung. Erklärungen und Anweisungen.

D: *Kannst du wiederholen, was es sagt?*

J: Nun, ich höre sie nicht. (frustrierter Seufzer) Es kommen keine Worte. Es ist, als ob du Staub kommen siehst, oder du fühlst, wie er in dich eindringt. Ich meine, es ist mehr als nur dein Gehirn. Es ist mehr als das.

Ich habe Briefe von vielen Lesern erhalten, die seltsame Erfahrungen mit dem Empfang von Informationen durch Symbole gemacht haben, die scheinbar direkt in ihr Gehirn gelangten. Das tritt manchmal während oder nach einer UFO-Sichtung auf. Bei anderen Gelegenheiten ist es geschehen, während die Person auf einem Bett oder Sofa lag und geometrische Symbole schienen durch einen Lichtstrahl, der durch ein Fenster kam, in ihr Gehirn einzudringen. Ich habe zu viele dieser Berichte erhalten, um sie als Fantasie abzutun. Wie in *The Custodians* berichtet, sagten die Außerirdischen, dass Informationen auf zellulärer Ebene sehr schnell vermittelt werden könnten. Sie sagten, dass die Informationen zu einem zukünftigen Zeitpunkt in den bewussten Geist gelangen würden, sobald sie nötig seien und nicht einmal der Empfänger wisse, woher sie kämen.

D: *Weißt du, worauf sich die Anweisungen beziehen?*

J: (Seufzer) Es ist zu schnell, um etwas wissen zu können.

D: *Vielleicht ist das der einzige Weg, um eine große Menge an Informationen zu übertragen. Sie einfach direkt in deinen Körper und deinen Geist zu leiten.*

J: Es ist überall. Ich fühle mich wie ein Schwamm.

D: *Fühlst du dich in dieser Präsenz wohl?*

J: Ich fühle mich sehr bescheiden. Ich wollte es sehen und es wurde zu einer Person. Das Licht kann ein Mensch sein, wenn es will. Es kann alles Mögliche sein. Wow! Oh! Es steht als Person vor mir. (ehrfürchtig) Es sieht wie ein Mensch aus, aber es ist anders. Es kann wie ein weiches Licht sein. Man spürt, dass die Haut weich ist. Wie ein Licht … wie eine matte Glühbirne.

D: *Du meinst, sein Gesicht und sein Körper sehen aus, als bestünde er aus Licht? (Ja.) Aus dem Inneren leuchtend?*

J: Ja. Ich fragte: „Bist du nur ein Licht? Ist das alles, was du bist? Nur ein Licht?" Und es bildete sich direkt vor meinen Augen. Das zu sehen war wirklich überwältigend. Die Erkenntnis, dass sich ein Licht in eine Person verwandeln kann.

D: *Kannst du es fragen, wer oder was es ist?*

J: Ich bin so begeistert, dass ich nicht frage. Es ist, als wüsstest du, dass du ruhig sein musst. (Sie schien zuzuhören.) Es geschehen Dinge mit dir. Etwas passiert mit dir und wenn du etwas sagen würdest, dann wäre es Geplapper. Also redest du einfach nicht. Du redest schon, aber auf keine bekannte Weise. Ich erlaube nur, was auch immer notwendigerweise geschehen soll, denn es hat mit etwas ganz anderem zu tun.

D: *Nun, machen wir weiter. Du kannst diese Sequenz beschleunigen. Ist das alles, was geschehen ist? Bist du in seiner Gegenwart geblieben, um weitere Informationen aufzunehmen?*

J: Nein. Wir sind an einen anderen Ort gegangen.

D: *Bist du aus dem Stuhl gestiegen?*

J: Da saß ich nicht mehr auf dem Stuhl. Ich weiß nicht, wo es war. Wir sind auf den Planeten hinausgegangen oder was auch immer das ist. Wir sind nicht mehr auf einem Schiff.

Anscheinend hatte sie der Stuhl aus dem Schiff an einen anderen Ort gebracht. (Eine andere Dimension?)

J: (Tiefer Seufzer) Überall ist es sehr hell. Es tut fast weh in den Augen, so hell ist es. Es ist sehr ruhig. Wir setzen fort, was wir als Tour durch ihre Stadt betrachten. Die Art und Weise, wie wir uns bewegt haben, war ... interessant, weil wir nicht gegangen sind. Ich bewegte mich nur. Keine Drähte. Ich habe nach Kabeln gesucht. Einfach sehr glatt. Kein Holpern. Ich bewege mich einfach durch die Luft.

D: *Sag mir, was du bei der Führung siehst, die es mit dir macht.*

J: Ich weiß nicht. (Sie war manchmal frustriert, wenn sie zu erklären versuchte was sie sah. Sie hatte keine Konzepte dafür.) Es ist Licht. Und du bewegst dich durch das Licht.

Dann ändert es sich, weil es Bereiche dieses Lichts gibt. Und dann betrittst du einen Bereich und er wird zwar nicht solide, aber er verändert sich von einem Bereich in etwas anderes. Und dann bewegst du dich in einen anderen Bereich und es ist wieder anders.

D: *In was verwandelt es sich?*

J: (Sie hatte Schwierigkeiten.) Weißt du so, als würdest du dich in einem Vorort bewegen und dann wechselst du in einen anderen, der wieder anders ist.

D: *Du meinst, wie Gebäude oder Objekte?*

J: Es sind keine Gebäude, aber sie leben darin.

D: *Es zeigt dir Orte, an denen sie leben in diesem Licht?*

J: Das Licht ist die Summe der ... Meine Güte! Ich kann das nicht erklären.

D: *Kannst du mir eines von ihnen beschreiben?*

J: Das kann ich nicht, weil ich nichts kenne, das so aussieht. So etwas habe ich noch nie gesehen.

D: *Nun, ich betrachte ein Haus oder ein Gebäude als ein Behältnis mit Wänden oder so. (Ihre Mimik zeigte kein Einverständnis.) Ist das nicht so?*

J: Nein. Weißt du, das ist das Zuhause, so wie das Licht zu einer Person werden kann. Und dann kennst du das Licht ... Ich kann es nicht beschreiben.

D: *Kannst du es bitten, dir bei den Antworten zu helfen? Ich bin mir sicher, dass es die Antworten weiß und vielleicht hast du das Vokabular, das es braucht, um es zu erklären.* (lange Pause)

So ist es bei vielen anderen Gelegenheiten geschehen. Als ich eine Erklärung brauchte, die der Betreffende nicht liefern konnte, trat eine andere Instanz hervor, wenn ich um Hilfe gebeten hatte.

J: Jetzt ist nicht die Zeit, das zu verstehen.

D: *Wird er dir sagen, warum er dir diese Dinge zeigt?*

J: Das ist der erste Schritt.

D: *Erster Schritt wofür?*

J: Ich weiß nicht.

D: *Kann er es dir sagen?*

J: Nicht zu dieser Zeit.

D: *Dieser Ort ist nicht auf der Erde, oder? (Nein.) Ein anderer Planet?*

J: Sie nennen sie nicht Planeten.

D: *Wie nennt man es denn?*

J: Das kann ich im Moment nicht sagen.
D: *Ist es physisch?*
J: Was meinst du damit?
D: *Ich betrachte unsere Erde als physisch, solide. Du kannst sie berühren. (tiefer Seufzer) Oder ist es anders?*

Ihre Stimme veränderte sich. Sie wurde spontaner, während Janices verwirrt und zögerlich war. Es klang autoritär. Vielleicht konnte ich jetzt Antworten bekommen. Das war diese Art Stimme, die schon zuvor Antworten geliefert hatte. Ihr Unbewusstes? Oder vielleicht der Geist dieses anderen Wesens?

J: Das ist eine andere Realität und eine andere Dimension. Und sie wird nicht als ... (verwirrt) solide betrachtet.
D: *Es ist also anders, aber trotzdem ist es real. (Ja.) Aber brauchen die Menschen, die Wesen, die dort leben, Körper? (Nein.) War das ein Körper, der Janice gezeigt wurde?*
J: Ja. Das war ein Körper, der ihr gezeigt wurde, so wie wir unsere Körper zeigen können. Es ist keine Form, die wir ständig beibehalten.
D: *Es ist kein fester Körper wie ihrer, ein physischer Körper? (Nein.) Weil du gar keinen Körper brauchst?*
J: Das ist richtig.
D: *Ich versuche zu verstehen. Dieser Ort, an dem du bist, ist das ein höherer Entwicklungsstand?*
J: Es ist ein viel höherer Entwicklungsstand.
D: *Mir wurde von einigen der Dimensionen erzählt. Der Geist gibt vor, wohin die Menschen gehen, wenn sie den physischen Körper auf der Erde verlassen. Ist das so oder ist es anders?*
J: So ist es.
D: *Aber weiter entwickelt als das, worüber mir schon erzählt wurde?*
J: Ich verstehe deine Frage nicht unbedingt.
D: *Bei meiner Arbeit haben Leute berichtet, wenn sie die physische Dimension verlassen, wenn sie sterben sozusagen, bewegt sich ihr Geist oder ihre Essenz auf verschiedenen Ebenen. Und manchmal sind diese Ebenen der Erde sehr ähnlich, nur in einem anderen Spektrum. Wenn sie sich dann weiter bewegen, verändern sich manchmal diese Objekte, wie auch immer du sie nennen willst. (Sie schüttelte den Kopf.) Ist das nicht so?*
J: Einige der Funktionen könnten als gleich bezeichnet werden, da es sich bei den betreffenden Eigenschaften um solche handelt,

die man auch auf andere Ebenen übertragen könnte, die dir bereits bewusst gemacht wurden. Jedoch an diesem unendlichen Punkt des Seins braucht man kein Haus. Man braucht keinen Körper. Weil die Existenz ganz anders ist ... (leise) die Terminologie ist nur ...

D: *Ich weiß, dass es schwierig ist, Worte zu finden. Mal sehen. Schwingung? Frequenz?*

J: (Mit Sicherheit) Schwingung! ... Das ist zwar nicht korrekt, aber als Begriff, auf den du dich beziehen kannst, werden wir Schwingungen verwenden. Im Vergleich zu dem, was ich dir an dieser Stelle zu sagen versuche, bleibt das unverständlich, was du davon verstehst. Es bedarf einfach einer evolutionären Entwicklung bis zu dem Punkt, an dem man in der Lage ist, zu verstehen, was ich sage. Und ich müsste in der Lage sein, das in deiner Sprache kommunizieren zu können. Und das ist durch Worte nicht möglich.

D: *Die Sprache ist unzureichend. Das hat man mir schon mal gesagt.*

J: Ich könnte das auf eine andere Weise tun, aber es wird für dich an diesem Punkt nicht stattfinden.

Sie hatten bereits früher angedeutet, dass sie direkt durch mich (als Kanal) kommunizieren könnten, aber ich zog meine alte Methode vor, damit ich ein objektiver Reporter bleiben konnte. Oder er bezog sich vielleicht auf die Methode, Symbole direkt in meinen Geist zu senden. In dem Fall wären meine Fähigkeiten, sie zu extrahieren und die Bedeutung für andere zu erschließen, sehr eingeschränkt. Ich verstünde das dann vielleicht selbst, wäre aber nicht in der Lage, dieses Wissen anderen zu vermitteln.

J: Sprachen sind sehr begrenzt. Aber die Art der Kommunikation, die von unseren Leuten benutzt wird, ist ganz anders als Sprache.

D: *Sie sagte, dass sie eine Menge Informationen bekäme, die einfach in sie einfließen würden wie in einen Schwamm. Ist das die Art und Weise, wie du kommunizierst?*

J: Das ist eine Methode. Eine sehr intensive und sehr gründliche Methode zur Assimilation von Informationen.

D: *Welche anderen Methoden verwendest du?*

J: Ich glaube, sie hat mit dir über die ... Symbole gesprochen. Aber das ist nicht das richtige Wort.

Er bezog sich auf die Symbole, die Janice in einer entspannten meditativen Stimmung erhalten hatte.

D: *Aber es ist ein Wort, das wir auf unsere begrenzte Art und Weise verstehen. Könnten wir versuchen, diese Symbole zu interpretieren?*
J: Das wird von jemand anderem als mir selbst entschieden.
D: *Kannst du sagen, warum du ihr diese Informationen gibst?*
J: Das ist an dieser Stelle nicht erlaubt. Ich müsste dich besser kennen.
D: *Das ist für mich völlig in Ordnung.*
J: Und sie muss bereit sein, das zu hören.
D: *Ja, denn es kann oft ziemlich überwältigend sein, wenn man Dinge hört, für die man nicht bereit ist.*
J: Richtig.

Die Stimme klang auch weiterhin tiefer und männlicher als Janices normale Stimme.

D: *Gibst du ihr diese Informationen mehr oder weniger auf unbewusster Ebene?*
J: Das hat nichts und gleichzeitig alles mit dem Unbewussten zu tun. Wenn ich mit dir über das Selbst spreche, dann sprechen wir vom Unbewussten, dem Bewusstsein, dem Physischen und dem Nicht-Physischen, also dem gesamten Seinszustand des Wesens.
D: *Es ist also viel komplizierter, viel umfangreicher, viel mehr, als wir verstehen können.*
J: Vielleicht.
D: *Nun, sind das Informationen, die sie später kennen muss?*
J: Ganz definitiv.
D: *Werden sie ihr in ihrem irdischen Leben helfen?*
J: Ganz definitiv.
D: *Werden sie auch anderen helfen?*
J: Ganz definitiv.
D: *Wird uns erlaubt, die Informationen später weiterzugeben?*
J: Das wird sich entwickeln und sie werden auch weitergegeben werden. Aber es wird auf zeitgerechte Weise geschehen. Ein Teil davon wird sich auf natürliche Weise erschließen. Ein Teil davon wird für dich zugänglich sein. Also wäre die Antwort auf deine Frage vielleicht „ja“, aber nicht zu diesem Zeitpunkt.

D: *In Ordnung. Ich habe viel Geduld. Ich beabsichtige, die Informationen in schriftlicher Form festzuhalten, damit andere Personen sie teilen und darin Hilfestellungen finden können.*

J: Das wird von vielen anderen Faktoren beeinflusst werden. Ich kann deine Frage nicht mit „ja“ beantworten, denn das wird durch die Ergebnisse der verschiedenen planetarischen und interdimensionalen Interaktionen bestimmt werden.

D: *Ich habe mich gefragt, ob es erlaubt wäre, sie zu erforschen, um den Menschen auf der Erde zu helfen.*

Die Stimme klang nicht nur maskulin, sondern auch alt und sehr weise. Die Aussprache der Worte war sehr sorgfältig und genau. Es gab gelegentlich eine Pause und ein Murmeln, als suche es nach dem richtigen Wort. Das waren die einzigen Gelegenheiten, wo es ins Stocken geriet. Ich fühlte mich, als ob ich in der Gegenwart eines Wesens wäre, das über große Weisheit verfügte.

J: Es gibt und wird immer Völker auf der Erde geben, denen es nicht helfen würde. Es würde ihnen wehtun. Nennen wir es mal wehtun, weil sie nie bereit sein werden, irgendwelche dieser Informationen anzunehmen oder zu assimilieren. Und deshalb kann es nur durch bestimmte seltene Individuen hervorgebracht werden, die in der Lage sind, zu assimilieren und zu integrieren. Und diese ... wir finden nicht viele auf eurem Planeten. Daher ist es unerlässlich, dass du den Schutz verstehst, den alle Informationen benötigen, wenn du in der Zukunft an diesen Punkt der Unendlichkeit kommst.

D: *Glaubst du, dass ich zu einem anderen Zeitpunkt diesen Punkt erreichen werde?*

J: Das wird in weiterer Folge entschieden werden. Es steht mir nicht zu, an diesem Punkt in unserer Interaktion viele Dinge mit dir zu diskutieren. Es ist jedoch so, dass ich Schwierigkeiten mit der Kommunikation habe. Das ist mein Problem. Sie könnte auch auf andere Weise stattfinden, aber du musst so bleiben, wie du bist. Daher bin ich bei der Kommunikation mit dir ... Ich hoffe, du verstehst, dass ich zögerlich und holprig erscheine, weil es sehr schwierig ist, sich auf die Schwingungen zu verlangsamen, welche die gesprochene Sprache bilden. Und deshalb ist es schwierig für mich, mit dir zu interagieren. Wir werden vielleicht eine angenehmere Art der Kommunikation entwickeln, wenn du und ich uns wieder begegnen sollten.

D: *Dann denkst du, dass es ratsamer wäre, mit dir ausschließlich durch eine andere Person zu kommunizieren.*

J: Zurzeit. Ich könnte jetzt mit dir auch anders kommunizieren. Das könnte ich tun. Aber das werde ich nicht tun, denn es wäre ohne Wert für dich, wenn du die Worte nicht gehört hast.

D: *Das ist also die Art und Weise, wie ich kommunizieren muss?*

J: Du musst es nicht auf diese Art und Weise tun, aber es ist die einzige Methode, die zu deinen Absichten passen würde und für dich produktiv wäre.

D: *Ich denke, das ist richtig. Es wäre besser, wenn ich die Worte für meine Arbeit durch eine andere Person, einen anderen Kanal, bekäme. Ich fühle mich mit dieser Methode wohler. Ich verstehe, was du meinst, dass einige Leute diese Informationen nie verstehen werden und sie ihnen schaden würden. Mir wurde vor vielen Jahren mitgeteilt, dass einige Informationen Medizin sind und andere Gift. Sie könnten missverstanden und falsch aufgefasst werden.*

J: Ganz definitiv.

D: *Mir wurde gesagt, dass die Welt für einige dieser Informationen nicht bereit ist. Sie sagten auch, dass aus diesem Grund nicht alle meine Fragen beantwortet würden. Ich glaube, du siehst, dass ich das verstehe und nicht vorhabe, Druck zu machen.*

J: Ja. Es tut mir leid, dass derzeit nicht mehr mitgeteilt werden kann.

D: *Wichtig ist, dass Janice alles absorbiert, was sie wissen muss. Sie wird es zu einem anderen Zeitpunkt benutzen und sie muss es nicht bewusst wissen.*

J: Und das weiß sie. Sie ist das seltene Individuum auf eurem Planeten, das sicher genug sein kann, an diesen Punkt der Unendlichkeit zu kommen. Eine Person muss sehr sicher sein, um diesen Punkt zu erreichen und zurückkehren zu können. Und sicher ist das Wort. Es wäre wichtig für den Intelligenzgrad des Wesens, dass es von uns verstanden wird, weil diese Art Individuum auf vielen Ebenen kommunizieren kann. Das ist nur einer der Gründe, warum diese Interaktion zum jetzigen Zeitpunkt stattfindet. Außerdem gibt es noch einen weiteren Faktor, die Person muss sehr vertrauenswürdig sein und darauf achten, die Arbeit zu schützen. Es würde der Welt nicht helfen, wenn man ihr von diesem Punkt der Unendlichkeit erzählte, denn sie würden es erstens nie glauben. Zweitens könnten sie es nie verstehen. Und drittens würden sie Janice in ein psychiatrisches Institut einweisen.

D: *Das würde ich keinesfalls wollen.*

J: Es würde auch nie passieren.

D: *Meinem begrenzten Verständnis entsprechend, bist du an einem Ort, den wir für die göttliche Ebene halten? Die Schöpferebene?*

J: Es ist dieser Punkt der Unendlichkeit, ja.

D: *Ich habe viele Menschen auf verschiedene Ebenen geführt und sie sprechen davon, dass einige höher sind, obwohl es vielleicht keine Richtung gibt.*

J: Richtung nur im Sinne der Bewegung des Wesens. Denn „höher" ist wirklich nur ein Bezugspunkt von dort, woher man gekommen ist.

D: *Ja, in unserer linearen Art des Verstehens.*

J: Richtig.

D: *Das wäre also das Niveau, von dem wir alle hoffen, es eines Tages zu erreichen?*

J: Es gibt weitere Ebenen von hier aus.

D: *Die gibt es? Dann ist das nicht das Ultimative.*

J: Das kann im Moment nicht diskutiert werden. Ich kann dir nur sagen, dass Interaktion ab dieser Ebene Reinheit von Körper, Verstand und Geist erfordert. Reinheit. Diese Wechselwirkungen sind auf eurem Planeten nicht so verbreitet. Obwohl sie vorkommen, sind sie nicht bekannt. Denn die meisten Menschen sind nicht in der Lage, Wissen zu bewahren.

D: *Sie sagte, sie höre sich die Tonbänder nicht an, die ich bei diesen Sitzungen aufnehme. Vielleicht ist es besser, dass sie nicht weiß was geschieht?*

J: Sie weiß, was geschieht. So war meine Aussage an dich gemeint, dass sie bewahren kann, was sie weiß. Das ist der Schlüssel zum Erreichen der verschiedenen anderen Zustände des Seins. Und es ist sehr wichtig, dass sie sich schrittweise entwickelt. Du musst eine Sache verstehen. Diese Person hat sehr, sehr hart mit vielen Wesen gearbeitet. Ihre Arbeit mit der UFO Energie ist nur eine Facette dessen, was sie tut. Sie ist nicht von deiner normal bevölkerten Welt, obwohl sie sehr wohl ein Teil eurer Bevölkerung ist. Funktionell gesehen sind ihre Eigenschaften völlig außerhalb des Verständnisbereichs der vergleichenden Wissenschaften. Du musst verstehen, dass diese Person auf der physischen Ebene agiert und ein sehr physischer Mensch ist. Aber gleichzeitig arbeitet sie auf vielen anderen, voneinander abhängigen Dimensionen und Ebenen.

D: *Du hast gesagt, es gäbe noch andere Ebenen darüber, aber trotzdem nennst du sie unendlich.*

J: Es ist eine Ebene der Unendlichkeit.

D: *Für mich bedeutet Unendlichkeit für immer, so, als gäbe es sonst nichts.*

J: Es gibt den Punkt der Unendlichkeit und dann gibt es noch mehr über den Punkt der Unendlichkeit hinaus.

D: *Muss sie sehr oft an diesen Ort kommen?*

J: Es geht nicht darum, dass man kommen muss. Dies ist eine Interaktion, die notwendig für ... (zögert, sucht nach Worten)

D: *Ihre Arbeit oder was?*

J: Hmmm. Viele Gründe. Einer davon ist das Wohlbefinden des Individuums.

D: *Also erlebt sie Wohlbefinden, wenn sie dorthin kommt? (Ja.) Obwohl sie mit Informationen und diesem Gefühl der Geschwindigkeit bombardiert wird? (Ja.) Das ist immer noch Wohlbefinden.*

J: Siehst du, um den Punkt der Unendlichkeit zu erreichen, musst du schneller, als Lichtgeschwindigkeit sein. Licht über das Licht hinaus. Dieses Licht ist also schneller als das dir bekannte Licht. Dann trittst du in einen anderen Seinszustand ein.

D: *Nun, ich denke, wir haben das lange genug gemacht. Ich bin sehr darauf bedacht, dass wir das nicht zu lange tun. Also möchte ich mich vielmals bei dir bedanken, dass du mir erlaubt hast, mit dir zu sprechen.*

J: Du würdest nicht mit mir sprechen, wenn es nicht von anderen als mir selbst im Voraus genehmigt worden wäre. Ich danke dir, dass du diese holprige Kommunikation zugelassen hast, denn sie ist schwierig. Und ich möchte dir für deine Geduld mit meinem stolpernden Ausdruck danken.

D: *Das ist schon in Ordnung. Ich weiß es zu schätzen, dass du mit mir gesprochen hast. Vielleicht können wir ja zu einem anderen Zeitpunkt in der Zukunft wieder miteinander sprechen, wenn du willst.*

J: Vielleicht werden sich die Dinge bis zu dem Punkt entwickelt haben, an dem wir eine vertiefte Diskussion führen könnten. Das ist zu diesem Zeitpunkt nicht gerechtfertigt.

D: *Das ist schon in Ordnung. Ich habe Geduld und werde warten, bis die Zeit gekommen ist. In der Zwischenzeit nehme ich eben das, was ich bekommen kann.*

Ich orientierte Janice in der Gegenwart und brachte sie zu vollem Bewusstsein zurück. Wie immer brauchte sie lange, um sich aufrichten zu können. Sie war in diesem Zustand immer in der Lage mit mir zu reden, schien aber so entspannt, dass es ihr noch einige Minuten lang unmöglich sein würde, aufzustehen und zu gehen. Selbst dann war sie noch wackelig, bis sie ganz wach war. Das schien ihr normales Verhaltensmuster zu sein und nichts, worüber man sich Sorgen machen musste. Während sie sich sammelte, diskutierten wir einen Teil der Sitzung. Sie hatte immer eine totale Amnesie.

* * *

Nach dem Essen und einer kurzen Entspannung mit Patsy gingen wir zurück ins Schlafzimmer für eine weitere Sitzung. Wir hatten vereinbart, dass zwei davon bei diesem Besuch ausreichen würden. Wir hatten in der Vergangenheit drei Sitzungen gemacht, aber diese stellten sich oft als langweilig und ermüdend heraus, für mich noch mehr als für sie.

Bevor wir anfingen, diskutierten wir, was wir herausfinden wollten. Janice wunderte sich immer noch über die Symbole, die sie in der letzten Woche in ihren Geist einfließen sah. Ich erklärte, dass das Wesen sagte, es sei für sie noch nicht die rechte Zeit für dieses Wissen und deshalb konnten wir die Informationen noch nicht bekommen. Sie war zwar enttäuscht, aber aus früheren Erfahrungen wusste ich, dass man so etwas nicht erzwingen konnte. Sie würden die Informationen durchkommen lassen, wenn die Zeit reif wäre. Würde man es trotzdem versuchen, wäre es nutzlos. Ich musste immer darauf achten, mir ihr Vertrauen zu bewahren, sonst würden alle Informationen eingestellt werden und meine Forschung würde enden.

Wir beschlossen schließlich, einen seltsamen Vorfall zu untersuchen, der sich letzte Nacht zugetragen hatte. Sie war auf einen dunklen Parkplatz gegangen, um in ihr Auto einzusteigen. Als sie den Motor startete, sah sie plötzlich Rauch oder Nebel, der sich scheinbar um das Auto herum bildete. Sie dachte, dass etwas mit dem Auto nicht stimmte, stieg aus, ging um es herum und versuchte zu erkennen, woher der Rauch kam. Der Rauch sammelte sich dann in einem Bereich vor dem Auto. In der Mitte konnte sie eine Katze erkennen. Das letzte woran sie sich erinnerte war, dass sie in den Nebel hinein auf das Tier zuging. Als ihr bewusst wurde, dass sie wieder in ihrem Auto saß, um sich darauf vorzubereiten nach Hause zu fahren, waren einige Stunden vergangen. Also entschieden wir, uns bei dieser Sitzung darauf zu konzentrieren.

Nach der Verwendung ihres Schlüsselwortes ging sie sofort in eine tiefe Trance und ich brachte sie zurück zur vorherigen Nacht, als sie ein Treffen verließ und zu ihrem Auto auf dem Parkplatz ging. Sie begann, die Szene wieder zu erleben.

J: Ich versuche zu sehen, ob da Rauch unter der Haube hervorkommt. Er ist nicht gerade rauchfarben, aber ich konnte sehen, wie er nach oben stieg. Und er war vor der Windschutzscheibe, auf der Motorhaube und überall vor dem Auto. Es ist nicht so dicht wie Rauch, es sind Dämpfe. Eher wie Nebel. Zuerst dachte ich, das Auto wäre überhitzt, aber dann hatte ich das Gefühl, dass es etwas anderes war. Ich stand da und wartete. Nun, ich dachte, einfach mal sehen, was passiert. Und dann sah ich, dass da eine Katze war. Ich sagte: „Ich wusste es. Ich wusste es. Ich wusste es." Und dann bewegte ich mich auf die Katze zu, aber die Katze war keine Katze. Der Rauch und die Katze waren nur da, um mich aus dem Auto zu holen. Und dann bewegte ich mich auf die Katze zu. Ich wusste, dass sich die Katze bewegen würde und sobald sie sich bewegte, wäre ich weg. So funktioniert es. Solche Dinge passieren und du weißt, dass es nicht das ist, wonach es aussieht.

D: *Was geschah, als du auf die Katze zugegangen bist?*

J: Ich war wie eingerastet. Es ist so, als ob man in eine bestimmte Frequenz kommt. Du siehst in die Augen der Katze und dann bist du drin. Als würdest du dich vom Sein im Jetzt in eine andere Frequenz bewegen. Es ist so, als würde man Kanäle eines Fernsehers umschalten, es wird nur anders gemacht. Und dann ist es so, als ob du auf einem Strahl oder in einem Korridor wärst. Aber du weißt, dass du dich bewegst. Ich weiß nicht, ob ich mich körperlich oder nur mental bewege.

D: *Hast du außer der Katze noch etwas gesehen, als du in diese Frequenz eingetreten bist?*

J: Ja. Sie verwandelte sich direkt vor meinen Augen in eine Gruppe von Wesen. Ich wusste, dass ich mich auf sie zubewege, aber manchmal bewege ich mich darauf zu und dann befinde ich mich auf dem Schiff. Sie standen da, obwohl sie nicht dort gestanden haben konnten. Wie auch immer, ich bewegte mich weiter auf sie zu, als ob ich gezeichnet worden wäre, als wäre die Automatik an. Dann hörte ich ein Geräusch und wusste, was passiert. Und ich fing an, mich selbst auf andere Weise beim Gehen zu spüren. Du fühlst dich sehr flüssig und gehst dann auch so. Und sie warteten darauf, dass ich komme.

D: *Wer hat gewartet?*

J: Es gab eine ganze Gruppe von Wesen dort. Ich war mir nicht sicher, ob ich sie wirklich erkannt habe. Der Typ in dem grünen Gewand, den kenne ich aber. Ich habe versucht, alle anzusehen, aber ich bewegte mich zu schnell, also konnte ich nicht alle von ihnen sehen.

D: *Du sagtest, du hast jemanden erkannt?*

J: Ich erkannte die Kleidung aus einer anderen Zeit. Als ich bei einer großen Versammlung in einem Auditorium war. Derselbe Typ stand auf einer Bühne und hielt einen Vortrag. Und ich saß da, war aber in einem nebelartigen Zustand. Wenn du etwas direkt ansahst, hast du das Physische gesehen, aber dann war es gleich wieder Nebel. Es ist eine andere Art zu sehen. Wir waren alle dort drinnen in diesem großen Raum und er war da unten, vor einer großen Gruppe von uns. Und er tat seinen Teil und ging und dann kam jemand anders.

D: *Und du dachtest, es wäre sicher, mit ihnen zu gehen, weil du ihn kanntest?*

J: Weil ich ihn gesehen habe und wusste, dass es in Ordnung ist.

D: *Wo bist du hingegangen?*

J: Ich weiß nicht, wo ich hingegangen bin. Ich liege in der Luft. Ich liege einfach. Nicht auf einem Tisch. Ich verstehe es nicht, aber ich weiß, dass ich nicht auf der Erde bin.

D: *Kannst du etwas um dich herum sehen?*

J: Nein, im Moment nicht. Weißt du, wie der Nachthimmel aussieht? Du weißt, dass er da ist, aber die Sterne kann ich sehen. Und ich glaube, gestern Abend sah man keine Sterne.

D: *Kannst du etwas um dich herum spüren, wenn du nichts sehen kannst?*

J: Ich weiß, dass sie da sind. Ich weiß, dass sie die Vorstufe des Ortes sind, wo ich hingegangen bin. Also ging ich durch sie hindurch, um dorthin zu gelangen, wo ich bin. Sie standen zwischen mir und dem, was ich bin. Ich bin in Sicherheit und in Ordnung. Und sie sagen mir, dass ich weiß, dass ich in Sicherheit bin. Es ist so, als müsste ich mich hinlegen, nachdem ich dort angekommen bin.

D: *Ist jemand bei dir?*

J: Ich spüre, dass es sie gibt, aber ich sehe sie nicht. Ein großes lilafarbenes Licht scheint auf mein Gesicht. Es pulsiert. Es bewegt sich. So wie ein Herzschlag, außer, dass es kein Herzschlag ist. Es ist riesig. Und manchmal ist alles außerhalb davon grün. Wie ein leuchtendes Ding, mit einem fast indigofarbenem irisierenden Zentrum. Ich habe es schon oft gesehen, weiß aber nicht, was das ist. Dann kehrten im Licht verschiedene andere Formen wieder, aber ich habe sie noch nie zuvor in diesem Licht gesehen. Ich habe dieses Licht schon hundert Millionen Mal gesehen, aber das noch nie. Das ist noch nie passiert. Formen. Muster. Formen. Muster. (Sie wiederholte diese Worte immer und immer wieder mit zunehmender Geschwindigkeit, was darauf hindeutet, dass sie sehr schnell auftraten.) Als ob ich zusehen würde, was in meinem Inneren passiert ... es integriert sich in mir. Formen, Muster, Formen, Muster. Muster, Formen. Schneeflockenmusterformen, sechsseitige Musterformen.

D: *Hast du ein gutes Gefühl dabei?*

J: Oh, es fühlt sich an, als ob du für einen Test oder so was pauken würdest. Du weißt, wie es sich anfühlt, wenn man wirklich intensiv lernt. Abgesehen davon, dass ich es nicht wirklich studieren muss. Ich absorbiere es nur. Es geschieht mir. (ehrfürchtig) Oh, meine Güte, schau mal da!

D: *Während du das tust, gibt es dort jemanden, der unsere Fragen beantworten kann? Und wir könnten den Zweck für das hier herausfinden?*

J: Es ist so, als wäre die Gruppe zwischen uns.

D: *Möchtest du jemanden fragen, ob er unsere Fragen beantworten könnte? Während du dir die Formen ansiehst, könnten sie mit uns sprechen.*

J: Das Licht ging weg. Die Formen verschwanden. Ich habe sie ein bisschen reden gehört. Ich weiß aber nicht, was sie sagten, weil ich dieses Reden nicht verstehe.

D: *Kannst du jemanden bitten, uns mit Informationen zu helfen?*

J: (Pause) Sie hören nicht zu.

D: *Vielleicht kannst du es mental machen.*

J: Ich versuche es. (leise) Ich weiß einfach nicht, was los ist. (Sie murmelte und schien still mit jemandem zu kommunizieren.) Sie klingen, als wären sie alle beschäftigt und sie reden. (Pause, murmelt wieder.) Jetzt sind sie nur noch um mich herum.

D: *Was machen sie da?*

J: Informationen austauschen.

D: *Mit dir oder miteinander?*

J: Beides.

D: *In Ordnung. Kannst du einen von ihnen mental fragen, ob sie unsere Fragen beantworten können, während das alles mit dir geschieht?*

J: Es ist schwer zu fragen, während das passiert. Es gibt so vieles, das gerade jetzt vor sich geht. Es ist nur ein großer ... Es ist eine Menge ... (verwirrt und ein wenig überwältigt) So viel kommt rein, dass es ein bisschen schwer für mich ist, überhaupt zu fragen. (Sie machte Handbewegungen, die auf verschiedene um sie herum zeigten.) Dieser Typ macht einen Austausch, dann macht dieser Typ einen Austausch und dieser Typ macht einen Austausch und dieser Typ macht einen Austausch. (sie wiederholt wieder und wieder).

D: *Und sie alle machen das mental mit dir?*

J: Ich glaube nicht, dass es mental ist. Ich weiß nicht, wie es gemacht wird, oder was es ist. Es fühlt sich nicht mental an.

D: *Nun, können wir weitergehen, dann wird nicht mehr so viel in deinem Kopf vor sich gehen? Kommen wir zu dem Zeitpunkt, an dem das erledigt ist.*

J: Mein Kopf tut weh!

Ich vermutete, dass das Unbehagen vielleicht auf zu viel Information auf einmal für sie zurückzuführen war. Ich schlug vor, ihren Kopf zu berühren, damit dieses Unbehagen verschwände. (Sie stöhnte einige Male entspannt und erleichtert. Ich konnte erkennen, dass es sich besser anfühlte.) Lass uns dorthin gehen, wo du nicht so viel Information bekommst und die Dinge mit mir besprechen kannst. (eine langer erleichterter Seufzer) Kannst du jetzt mental jemanden bitten, zu kommen und Fragen zu beantworten?

J: Okay. Jetzt diskutieren sie darüber, wer mit dir reden wird. Ich versuche zu sehen, aber ich kann nichts sehen. (Ein plötzliches Keuchen.) Oh, eine Pyramide kam auf mich zu. Mit der Spitze nach unten. Und sie hat Linien. Sie ist einfach heruntergekommen.

D: *Was ist es, ein Licht oder was?*

J: Ich weiß nicht, woraus sie besteht. Sie bewegt sich jetzt. Es ist mehr wie eines der Videospiele, die du siehst. Sie kommt bis zu meinem Kopf. Ich sehe, dass sie in meinen Körper kommt. Sie hat verschiedene Ebenen. Sie ist geteilt und hat Ringe um sich herum, wie ein Baum Ringe hätte, außer dass es eine Pyramide ist. Und die Spitze kommt herunter und dringt bis zu einem bestimmten Punkt ein. Und hört auf. Dann geht es weiter und stoppt. Bewegt sich wieder und stoppt, bewegt sich wieder und stoppt. Es ist so, als wäre mein ganzer Körper darin. Sie breitet sich im ganzen Körper aus. Meine Arme fühlen sich seltsam an. Es fühlt sich an, als würde mein Körper verschwinden. (Ich war kurz besorgt.) Es ist in Ordnung. Es ist okay. Es tut nicht weh. Mein Körper verschwindet einfach. Er löst sich einfach auf. Ohh, er löst sich einfach auf.

D: *Du kannst meine Stimme immer hören, egal wo du bist. Gibt es jemanden in dieser Gruppe, der unsere Fragen beantworten und das für dich erklären kann?*

J: Bitte. (tiefe Atemzüge) Im Moment ist es nicht möglich, deine Fragen zu beantworten. Sie werden deine Fragen beantworten, aber nicht jetzt. Das kann jetzt nicht geschehen.

D: *Okay. Aber ist es ein gutes Gefühl?*

J: Es ist ein gutes Gefühl, ja. Es ist nur so, dass sich mein Körper aufgelöst hat. Er ist komplett …

Sie wollten, dass ich warte, also habe ich die Zeit genutzt, um weitere Vorschläge zur Steigerung ihres Wohlbefindens zu machen.

J: (Lange Pause) Wir können verstehen, dass du dir etwas mehr Kommunikation wünschst. Wir leisten jedoch einiges an Arbeit und nehmen uns vielleicht die Freiheit, diese Gelegenheit deiner Sitzung zu nutzen. Eine Fortsetzung der Arbeit von gestern Abend ist im Gange. Und du möchtest die Informationen vom letzten Abend erhalten, obwohl das, was jetzt passiert, eine völlig neue Entwicklung bezüglich der Informationen für diese Person ist. Um mehr über das Ergebnis ihrer Beteiligung zu erfahren, für das sie unterwiesen wird.

Die Stimme hatte sich definitiv verändert. Es war immer leicht zu sagen, wann eines der Wesen sprach, denn die Veränderung erfolgte sofort.

J: Ich werde es dir jetzt erklären. Was möchtest du wissen?

D: *Sie ist neugierig, welchen Zweck die Formen und Bilder haben, die sie gesehen hat.*

J: Das ist eine ganze Sprache, aber woher sie stammt, kann ich nicht mit dir diskutieren. Ich kann dir jedoch sagen, dass es eine Methode der Kommunikation gibt, die für die Menschen wichtig ist und verfügbar sein sollte. Und doch ist es gerade zu diesem Zeitpunkt unmöglich, dir das in einer Sprache mitzuteilen, die du verstehen würdest. Es wird einen Weg geben, wenn Janice mehr Erfahrung in dieser Funktionsweise gesammelt hat. Im Moment könnte man sagen, dass sie Anleitungen und andere Kommunikationsmethoden für die Zukunft erhält. Vielleicht wäre die beste Erklärung zu sagen, du gehst zur Schule und lernst Französisch, damit du nach Frankreich fahren und Französisch sprechen kann. Sie lernt es für zukünftige Entwicklungen. Und sie lernt es zu ihrem eigenen Schutz.

D: *Diese Symbole werden ihr eine Möglichkeit bieten, sich selbst zu schützen?*

J: Die Symbole sind eine Möglichkeit für sie, sich davor zu hüten, Dinge zu kommunizieren, die zu diesem Zeitpunkt auf menschlicher Ebene nicht kommuniziert werden sollten. Es ist jedoch wichtig, dass sie zur zukünftigen Verwendung eingeprägt werden. Wenn sie in den Vordergrund des Bewusstseins gerückt werden, dann wird die Prägung da sein, um aktiviert zu werden. Zu dem Zeitpunkt, an dem sie davon wissen soll und sie brauchen wird, um Dinge zu erklären und zu lehren.

D: *Zu einem späteren Zeitpunkt wäre sie in der Lage, diese Symbole für mich zu zeichnen und zu erklären?*

J: Vielleicht. Das ist eine Freiheit, für die ich die Erlaubnis nicht gewähren kann. Das muss auf einem Entwicklungsstand geschehen, der zu diesem Zeitpunkt nicht erreicht ist. Du hättest es in deiner früheren Sitzung fragen und die Antwort bekommen können.

D: *Das habe ich und sie sagten, ich könne es zu diesem Zeitpunkt nicht erfahren.*

J: Dann würde ich dir die gleiche Antwort geben.

D: *Sie wollte auch die Bestimmung der Gruppen verschiedener Wesen wissen, die hier versammelt sind.*

Die Stimme veränderte sich wieder. Diese hier klang eher autoritär und professionell. „*Ich* werde dir antworten. Der Zweck der Gruppe von Wesen ist, dass jedes Mitglied der Gruppe eine bestimmte Ebene von Expertise mitbringt. So! Es ist also eine Gruppe, von der man vielleicht sagen würde, sie sei die „Crème de la Crème“ unter verschiedenen Aspekten der Entwicklung. So wie Hochschulprofessoren, die den Masterstudiengang leiten. Sie sind nicht die gleichen Professoren, die im Erstsemester deiner College-Klasse lehren würden.“

D: *Sie sagte, sie könne nicht alle sehen, aber sie schienen anders zu sein.*

J: Sehr.

D: *Einige von ihnen hat sie erkannt. Nun, gibt es jemanden in dieser Gruppe von Leuten, der ein paar Fragen beantworten könnte?*

J: Wenn ich nicht derjenige bin, der deine Fragen beantworten kann, dann wird derjenige schon hervortreten. Denn es ist mit der Gruppe vereinbart, mit dir zu interagieren. Wenn es in der Gruppe jemand nicht für richtig hält, zu diesem Zeitpunkt zu interagieren, wird es nicht geschehen. Sollte dies der Fall sein, bitten wir um Verständnis, dass nicht geantwortet wird, obwohl jeder in der Gruppe das könnte. Wenn die Autorität der Ansicht ist, dass die Antwort nicht gegeben werden sollte, wird sonst auch niemand antworten.

Dies geschah auch bei der Zusammenarbeit mit Phil im Buch *Keepers of the Garden*. Zu diesem Zeitpunkt kommunizierte eine Gruppe von zwölf Entitäten mit mir und erzählte mir die Geschichte von der Aussaat des Planeten Erde. Sie sagten auch, dass sie nur jene Informationen mitteilen dürften, über die sie sich einig seien.

D: *Ich nehme immer alles, was ich bekommen kann. Wenn du nicht antworten willst, lass es mich einfach wissen. Es gibt zurzeit ein Rätsel auf Erde, zu dem viele Menschen Fragen stellen. Das betrifft die Kreise auf den Feldern in England. Sie nennen sie Kornkreise, obwohl Weizenfelder und andere Getreide betroffen sind*[3]*. Sie sind über die letzten Jahre hinweg aufgetreten. Kannst du mir irgendwelche Informationen darüber geben? Woher kommen sie, wie werden sie gemacht und warum?*

J: Ich kann dir sagen, dass es mehrere Gründe für die Kreise gibt. Und es gibt verschiedene Gründe dafür. Und bei verschiedenen Gelegenheiten kommen unterschiedliche Gründe zum Tragen. Verstehst du Spiralen? (Ja.) Und du verstehst Fenster? (Ja.) Zu einer bestimmten Zeit werden diese

---

3 Anm. d. Übers.: Das britische Wort *corn* für Getreide wird im Amerikanischen hauptsächlich für Mais verwendet. Die Kornkreise werden dort als Erntekreise (*crop circles*) bezeichnet.

von bestimmten Energien genutzt, um mit den Strömungen und Schwingungen eurer Erde zu interagieren. Ich versuche, dir zu antworten, ohne technisch zu sein. Ich kann nicht alle Informationen darüber mitteilen. Aber ich kann dir sagen, dass einige von landenden Schiffen verursacht werden. Und sie werden abhängig von der Antriebsweise oder vom Kraftstoff des Schiffes erzeugt. Das hat mit der Schwerkraft deines Planeten zu tun. Neben der Anti-Gravitationskraft gibt es noch weitere Gründe.

D: *Sie werden nicht alle von Schiffen erzeugt, oder? (Nein.) Einige von ihnen scheinen Muster zu sein. Sie zeigen Kreise innerhalb von Kreisen und verschiedene Designs.*

J: Das ist richtig. Du sprichst von ihrer gegenseitigen Beziehung zueinander. (lange Pause) Es tut mir leid. Ich habe Antworten, aber ich werde sie dir erst beim nächsten Treffen geben. Ich kann es jetzt nicht tun, weil es ein Zeitproblem gibt. Das bedeutet, es ist wichtig, dass es zu diesem Zeitpunkt nicht verstanden wird. Ich kann dir nur sagen, dass es ein Projekt gibt, an dem bestimmte Leute arbeiten. Und das ist ein Teil dieses Projekts. Glaub einfach nur, dass nichts Schädliches aus diesen Kreisen kommt. Sie stehen in Verbindung mit anderen Aspekten des Energieflusses. Es ist sehr wichtig für diese Leute, dass sie da sind. Und gerade während Janice die Symbole der Sprache lernt, wird jede Anstrengung in Bezug auf die Stabilisierung des zerbrechlichen Erdmantels des Planeten unternommen. Wenn man etwas umkehren muss, sind Kreise in Kreisen sehr kraftvoll, weißt du. Und sie werden auch als Brennpunkte für Übertragungen verwendet. Das ist es also, was ich dir sagen kann.

D: *Haben die Muster eine Bedeutung?*

J: Sie haben eine Bedeutung.

D: *Ist es von Bedeutung, dass viele von ihnen in der Nähe von alten Monumenten wie Stonehenge auftreten?*

J: Natürlich. Wenn du an Stonehenge, an alte Monumente oder sogenannte „heilige Orte“ auf deinem Planeten denkst, dann ist es wichtig zu wissen, dass nichts sofort heilig wird. Die Zeit ist ein Träger der Energie. Und wir arbeiten seit Jahrhunderten mit diesen besonderen Orten zusammen.

D: *Aber die Kreise scheinen ein neues Phänomen zu sein.*

J: Es ist nur sichtbar geworden. Man konnte sie vorher nicht sehen, aber sie waren schon immer da. Jetzt kannst du sie aufgrund einer Dimensionsverschiebung sehen, die stattgefunden hat.

D: *Waren sie auf dem Boden?*

J: Sie waren unter der Oberfläche. Sie sind nur aufgetaucht. Die Erde verändert sich so sehr, dass ... (tiefer Seufzer) Diese Verschiebung auf eurem Planeten geschah auf eine Art und Weise, die sie veranlasste, an die Oberfläche zu kommen.

D: *In der Vergangenheit schufen sie die Energie oder dienten ihrer Funktion unterhalb der Oberfläche. (Ja.) Und jetzt werden sie auf der Oberfläche erzeugt?*

J: Ja, weil sich die Dinge geändert haben.

D: *Viele Leute denken, dass es vielleicht eine Form der Kommunikation ist.*

J: Das ist es. Ich habe dir vorhin erklärt, dass sie als Brennpunkt für Schwingungen verwendet werden ... vielleicht habe ich es nicht gesagt. Siehst du, das passiert, wenn man auf eine andere Art und Weise kommuniziert. Man neigt dazu zu glauben, dass jeder weiß, was man denkt. Ich versuche dir zu sagen, dass sie ein Fokuspunkt für den Eintritt der Energie sind. Nun, Energie tritt in einem Muster ein, in einer Spirale, kommt herein und wird hochgeschleudert ... (Verwirrung darüber wie man es ausdrückt.)

D: *Vom gleichen Ort? (Ja.) Eher wie ein hüpfender Effekt? (Ja.) In Ordnung. Man hatte ihr gesagt, sie sei Teil eines Projekts in dem sie Energie verwendeten.*

In *The Custodians* wurde erklärt, dass Janice Teil eines Projekts ist, in dem ihre Energie genutzt wird, um das Gleichgewicht der Energien der Erde zu unterstützen. An diesem Projekt sind viele Menschen beteiligt, obwohl das ihrem Wachbewusstsein völlig unbekannt ist. Ich wurde informiert, dass ich auch ein Teil davon bin und meine Reisen würden mich in viele Teile der Welt führen, weil meine Energie dort gebraucht würde. Dieses Projekt verursacht keinen Energieverlust bei den betroffenen Teilnehmern.

J: Es ist eine andere Phase des gleichen Projekts.

D: *Aber das klingt, als ob die Energie abprallt oder zurückspringt. Wäre das richtig?*

J: Es gibt verschiedene ... Darf ich das beantworten? (Ihre Frage war sanft und offensichtlich nicht an mich gerichtet.) Ja. Ich beantworte das? (Das war ganz sanft und ich verstand nicht, dass sie gar nicht mit mir redete.)

Es gab eine lange Pause, dann meldete sich eine andere Stimme, eine weichere, fast süße Stimme. Offensichtlich feminin.

J: Vielleicht kann ich dir antworten. Es ist nicht an der Zeit, dass du jetzt alles in Bezug auf dieses Projekt verstehst. Einige Details sind wichtig für dich und die bekommst du von Mitgliedern der Gruppe. Du musst wissen, es gibt auch in Peru Kreise. Es gibt Kreise an anderen Stellen deines Planeten, die die Menschen nicht kennen. Wir bemühen uns, der Menschheit zu ermöglichen, andere Wege der Kommunikation zu erlernen. Es gibt jedoch auch diejenigen, mit denen über diese Kreise kommuniziert werden kann. Die Energiekreise gehen auch durch die Erde hindurch, also ist sie auch ein Teil desselben Projekts. Es ist nur eine andere Phase. Nun, eine weitere Sache, die man wissen sollte, ist, dass sich deine Erde im Raum dreht, nicht wahr? (Ja.) Und wie dreht sie sich? In welche Richtung?

D: *Da muss ich nachdenken. Gegen den Uhrzeigersinn? (Sie macht Handbewegungen.) Im Uhrzeigersinn, in Ordnung. Ich erinnere mich nicht daran.*

J: Nun, eigentlich wäre es egal, wenn sie sich um die Pole drehen würde. Der Sinn der Kreise ist einfach ein gegensätzlicher Effekt. Und das ist ein weiterer Bereich des Gleichgewichts. Das ist nur ein einziger Zweck. Aber sie werden genutzt und Energie zirkuliert durch sie hindurch. Wenn du in eine andere Dimension blicken könntest, würdest du die Spirale sehen. Du würdest die Wirkung dieses Wirbels erkennen, denn er ist in Bewegung. Du kannst es nicht sehen, aber er bewegt sich. Ständig in Bewegung. So wie sich ein Kreisel bewegt. Im Uhrzeigersinn.

In welche Richtung sind Kornkreise gedreht? Die ich gesehen habe und in denen ich gewesen bin, verliefen in beide Richtungen.

D: *Ich denke an einen Kreisel. Er dreht sich und bewegt sich. Und das wären Orte, an denen er auf die Erde trifft?*

J: Vielleicht fällt dir ein Vortex ein.

D: *In Ordnung. Ich denke daran, dass er im Weltraum ist, auf die Erde zukommt und dann auftrifft.*

J: Das ist richtig. Tatsächlich wird der Strahl auf den Mittelpunkt des Kreises gerichtet und er dreht sich nach außen. Erinnerst du dich an den Fokuspunkt, über den ich mit dir gesprochen habe? Der Strahl wird auf den Mittelpunkt des Kreises gerichtet und verwirbelt.

Das ist mir aufgefallen, als ich in England mehrmals innerhalb der Kornkreise war. Meiner Meinung nach gab es da einen zentralen Brennpunkt und der Kreis wirbelte daraus hervor. Fast wie das Bild von jemandem, der mit einem dünnen Strahl aus einem Hochdruckschlauch auf die Mitte zielt, dann die Düse weiter öffnet und den Strahl von diesem zentralen Punkt nach Außen dreht. Ich weiß, sie wurden nicht mit einem Schlauch erzeugt, sondern wahrscheinlich mit der fokussierten Energie, aber das war eine Analogie, mit der ich mich identifizieren konnte.

D: *Und das ist Teil des Projekts, das die Stabilität der Erdbewegungen unterstützt. In den tektonischen Platten?*

J: Ja, das ist es.

D: *Das scheint nur auf bestimmte Platten gerichtet zu sein oder sie sind dort nur auffälliger.*

J: Sie sind dort aufgetaucht. Es ist ein Versuch, die Menschheit zum Fragen zu veranlassen. Es ist ein Versuch, auch den Wesen, die in der Lage sind, sie zu begreifen, einen Anfang zum besseren Erkennen und mehr Verständnis zu ermöglichen.

D: *In manchen Fällen gibt es einen Kreis, in dem das gesamte Korn in einer Richtung liegt. Dann gibt es einen zweiten Kreis außen herum, in dem Korn in der entgegengesetzten Richtung liegt.*

J: Das ist mein Punkt.

D: *Warum liegt es im äußeren Kreis in die entgegengesetzte Richtung?*

J: Weil es notwendig ist, die innere Intensität auszugleichen.

D: *Das muss sehr schnell geschehen. Ist das richtig?*

J: Sehr schnell. Du kannst es nicht sehen.

D: *Man sagt, es erscheint über Nacht. Wo kommt der Strahl her?*

J: Ich kann es ... (Schnelle Atmung und die Stimme wurde unterbrochen und verzerrt. Es klang seltsam auf dem Band, an diesen Punkt fast unkenntlich gemacht. Ein Energiefluss?) ... dir nicht sagen.

D: *Du darfst es mir nicht sagen?*

J: (Das Wesen schien verärgert.) „Nein."

D: *In Ordnung. Ich habe mich gefragt, ob es aus dem Weltraum kommt, von einem Schiff, oder ...?*

Janice reagierte, als ob sie sich unwohl fühlte. Ich dachte, ihr könnte wieder heiß werden, wie in der vorherigen Sitzung. Ich versuchte, es ihr bequem zu machen, indem ich die Decke zurecht zog und Vorschläge zur Abkühlung machte. Aber es schien noch etwas anderes passiert zu sein. Sie atmete unbehaglich schnell. Einige Sekunden nach den Vorschlägen verlangsamte sie ihre Atmung. Sie entspannte sich wieder, also fuhr ich mit der Befragung fort. Das Wesen unterbrach mich.

J: (Leise) Bitte ...

D: *Was ist?*

J: Erlaube etwas Zeit zur Anpassung.

D: *Okay. Weil ihr gerade sehr heiß wurde. (Ja.) War das wegen der Energie so?*

J: Ja, das war es. Der Körper kam mit der vollen Kraft dieser Phase des Projekts in Kontakt. Du musst verstehen, dass der Körper ein Vehikel zur Kommunikation mit dir ist. Aufgrund der starken Beteiligung dieses Körpers an diesem Projekt ist es manchmal nicht zu vermeiden, dass die Auswirkungen der vollen Kraft erfahren werden. Das Wesen wird die Arbeit, die mental erledigt wird, körperlich erfahren. Im Geiste. Vielleicht kannst du „mental" so verstehen, dass es nicht wirklich ein rein mentaler Prozess ist, da das Physische mitbetroffen sein kann. Und es passiert sehr schnell. Die Worte, die du benutzt hast, um das zu bewirken, waren: „Das muss sehr schnell gehen." Also das Wort „schnell" war ein Auslöser. Kommunikation wird auf dieser Ebene sehr empfindlich.

Nachdem ich mir das Tonband angehört hatte, hatte ich „sehr schnell geschehen" gesagt, aber anscheinend wurde es durch ihre Verwendung von Janices Vokabular im gleichen Sinne interpretiert.

D: *Es tut mir leid. Ich konnte das nicht wissen.*

J: Das zu wissen ist unmöglich für dich. Und wir möchten mit dir interagieren. Wir möchten dich bei deiner Arbeit unterstützen. Wir wünschen uns, dass du weiterhin mit dem Wesen arbeitest. Und es ist wichtig für dich zu erkennen, dass es Zeiten gibt, in denen eine Nivellierung von uns und von dir beeinflusst werden muss, damit das Wesen weiterhin an deinen Sitzungen teilnehmen kann. Du musst verstehen, dass das Niveau der Betriebsenergie sehr hoch ist ... (verwirrt, sucht nach dem Wort) ... heikel.

D: *Ich weiß, dass sie reagiert hat. Es schien ein Hitzeausbruch zu sein.*

J: Wenn sich diese Person im Zentrum eines der Kreise befindet, kann die jeweilige Drehkraft dazu führen, dass im Physischen eine große Menge Wärme in einem einzigen Augenblick generiert wird. Wir versuchen, mit dir zu teilen und kommen hierher, um mit dir zu sprechen, weil es wichtig ist, dass diese Dinge besprochen werden. Allerdings müssen wir dir ein paar Methoden beibringen, um dem Individuum manchmal beim Weitermachen helfen zu können.

D: *Ja, weil ich nicht wissen konnte, was ein einziges meiner Worte alles auslösen würde. Und ich wollte ganz sicher nicht, dass so etwas passiert.*

J: Der physische Körper des Individuums wird nicht leiden. Du wirst vielleicht aufgrund deiner Beobachtungen mit physischen Augen glauben, dass der Körper leidet. Diese Person war ... (wieder unsicher bei der Wortwahl)

D: *Was ist das richtige Wort? Konditioniert?*

J: Das ist dicht dran. Aber es ist mehr als nur Konditionierung. (zögert) Vorbereitet. Ja. Es gibt eine Möglichkeit, es dir zu erklären. Aufgrund ihres langfristigen Engagements in diesem Projekt, das ihr ganzes Leben lang hier stattgefunden hat, hat sie sich über Jahre so weit entwickelt, dass sie in der Lage ist, physischen Belastungen durch das Energieniveau standzuhalten, die für normale Individuen unbegreiflich sind. Auch für deren physischen Körper wäre die Erfahrung ohne irgendeine desintegrative Wirkung unmöglich.

D: *Solange sie damit umgehen kann, weil ich sicherlich nichts tun wollte, das ihr schadet. Hältst du es für klüger, nicht mehr über die Kreise zu sprechen?*

J: Es geht um mehr, als nur über die Kreise zu reden. Die Kreise sind ein integraler Bestandteil, denn über die Pyramiden hast du noch nichts erfahren. Du hast deine physischen Pyramiden in Ägypten. Es gibt jedoch Pyramiden, die auch operativ sind, die du auf der Oberfläche aber noch nicht gesehen hast, ähnlich wie deine Kreise. Dies ist nur eine weitere Methode der Energiearbeit. Energiearbeit ist für die Erhaltung deines Planeten von entscheidender Bedeutung. Und was du auch wissen musst ist, dass es Raumschiffe gibt, die bei der Landung auf der Oberfläche auch so einen physikalischen Abdruck verursachen können. Es gibt also Kreise und es gibt Kreise.

D: *Aber diese Landeplätze haben nicht den gleichen Energieeffekt. Sie werden nur durch den Antrieb des Schiffes verursacht.*

J: Aber sobald sie einmal hergestellt sind, werden sie benutzt.

D: *Vorhin fragte ich, ob die Strahlen aus dem Weltraum kamen oder von einem Schiff aus? Von wo aus werden sie gelenkt?*

J: Das darf ich dir nicht sagen. Wir werden das bei einem weiteren Treffen besprechen. Es sind Wesen anwesend, die ihr Wissen noch nicht mit dir geteilt haben, falls du weitere Fragen stellen möchtest.

D: *In Ordnung. Aber ich weiß nie, ob ich Themen berühre, über die ich nichts wissen darf.*

J: Das wirst du.

Ich war im Begriff, mit den Fragen fortzufahren, als ich plötzlich unterbrochen wurde. Es war etwas passiert, das die Gruppe als einen Notfall betrachtete. Er hatte Vorrang vor dem, was ich tat.

J: (Eine strenge Stimme) Mach deinen Vorschlag!

D: *Was?*

J: (Sie klang ungeduldig) Mach deinen Vorschlag!

D: *Was meinst du damit?*

J: Das Wesen hat Schmerzen. Mach deinen Vorschlag!

Janice hielt sich den Kopf, also fing ich an, meine üblichen Vorschläge zur Linderung zu machen und berührte dabei sanft die Mitte ihrer Stirn. Aber die Entität unterbrach den Prozess und befahl, mit einem Finger Druck auszuüben. Ich versuchte zu tun, was es vorschlug, wurde aber wieder unterbrochen: „Du bist an der falschen Stelle!“

D: *Zeig mir, wo.*

J: (Sie zeigte auf die Stelle.) Sanft! Ich werde dich führen. (Sie nahm meinen Finger und führte ihn zu der richtigen Stelle in der Mitte ihrer Stirn.) Ich werde dich führen. Sprich weiter und mach Vorschläge.

Ich machte weitere Vorschläge, aber die Entität war immer noch nicht zufrieden.

J: Gib mir deine Hand! Bewege deine Hand nicht! Das ist wichtig! (streng) Bewege deine Hand nicht! Erlaube mir, dass ich deine Hand führe. Das ist wichtig für das Wesen. Entspanne deine Hand! Gib mir deinen Finger. (leise) Gib mir deinen Finger.

D: *Du hast ihn.*

Eine lange Pause entstand, als sie meinen Finger auf den richtigen Punkt auf ihrer Stirn legte. Ich entspannte meine Hand und gab Anregungen, um alle Unannehmlichkeiten zu lindern, als sie meine Hand führte.

J: Ich werde dir mitteilen, wann ich fertig bin. Es tut mir leid, dass ich hier so energisch mit dir umgehe, aber es gab einen Notfall.

D: *Kannst du mir sagen, was ihn verursacht hat?*

J: (Pause) Nicht sprechen! (Lange Pause)

D: *Benutzt du die Energie meines Körpers? (Nein.)*

Es gab eine lange Pause, dann schien sich Janice zu entspannen und wieder langsamer zu atmen.

J: (Mechanisch) Danke. Es tut mir leid, dass ich so energisch war, aber wegen des Notfalls war es notwendig, diese physische Berührung mit dem Wesen zu haben. Und von dort aus, wo wir tätig sind, ist das unmöglich.

D: *Ich bin froh, dass ich von Nutzen sein konnte, denn ich sorge mich auch sehr um ihre Sicherheit. Kannst du mir sagen, was den Notfall verursacht hat?*

J: In einem Moment. Wir müssen stabilisieren.

D: *Dann ist es nicht meine Energie, es ist nur die körperliche Berührung.*

J: Ja. Es hat nichts mit dir oder deiner Energie zu tun. Und wenn du etwas fühlst, werden wir es entfernen.

D: *Nein, ich spüre nichts.*

J: Das habe ich auch nicht erwartet.

D: *Ich versuche nur, mich zu entspannen, damit du meine Hand einsetzen kannst.*

J: Das ist sehr schwierig und ich schätze dich. Es ist sehr wichtig.

Es gab eine weitere lange Pause, als sie meinen Finger zu anderen Stellen ihres Kopfes bewegte. Sie seufzte mehrere Male tief.

D: *Kannst du mir sagen, warum du Druck auf diese verschiedenen Bereiche ausübst?*

J: Das sind Punkte auf Meridianen. Diese sind so ähnlich wie deine Akupressurpunkte. Dadurch ist das Individuum in der Lage, sich durch deine Berührung mit mir zu verbinden, obwohl dein Körper nicht beteiligt ist.

D: *Ich möchte das aufnehmen. Du hast die Stirn und noch andere Stellen berührt: die Augen, den Bereich direkt vor den Ohren ...*

J: (Unterbricht) Gib mir deine Hand! Halte den Arm stabil.

D: *Es ist die Art und Weise, wie ich sitze. Okay. Du hast dich vor den Ohren, unter dem Kinn und oben am Scheitel berührt. Dann knapp über dem Nasenrücken in der Nähe der Stirnmitte.*

Diese Aktionen wurden mehrmals wiederholt. Dann entspannte sie sich und senkte meine Hand. Anscheinend war der Notfall vorüber.

J: Danke.

D: *Ist es jetzt besser?*

J: (Ihre normale Stimme.) Ja, es ist besser.

D: *Ich bin froh, dass ich helfen konnte. Ich wusste nicht, was ich tat. Ich bin in so einer angespannten Position gesessen, das Entspannen für mich schwierig war.*

J: (Die strenge Stimme war wieder da.) Danke, dass ich deine Hand benutzen durfte.

D: *Woraus bestand der Notfall? Kannst du es mir sagen?*

J: Es ist eine Nachwirkung der Kreise. Du musst erkennen, dass du zum jetzigen Zeitpunkt interdimensional bist. Das Wesen ist interdimensional. Wenn du dich dann sehr schnell dimensional bewegst und die Ausrichtung nicht so beeinflusst wird, dass ein gewisser Punkt vor dieser Dimensionsverschiebung erreicht wird, kann es zu Schmerzen oder Kurzschlüssen im physischen Körper kommen. Und wir (hatte Schwierigkeiten, das Wort zu finden) ... waren vorauseilend, sozusagen.

D: *Bist du ein wenig zu schnell vorgegangen?*

J: Es ist eine Frage der Zeitabstimmung. Kosmische Zeit, Erdzeit, biologische Zeit. Wenn du mit jenen Zeiten inkongruent umgehst, dann können solche Dinge mit dem Körper des Wesens passieren. Nun, du musst verstehen, dass das Wesen alles miterlebt, während wir die Kreise diskutieren.

D: *Das wusste ich nicht.*

J: Das wissen wir. Wir dachten, es wäre vielleicht für dich nicht notwendig, das zu wissen.

D: *Aber um ihre Sicherheit und Schmerzfreiheit zu gewährleisten, würde ich diese Dinge gerne wissen.*

J: Es wurde so gehandhabt, dass du erst in Zukunft Anweisungen bekommst. Es wird in Zukunft auch keine prophylaktischen Anweisungen geben, es sei denn, sie wären notwendig. Diese besondere Art der Übertragung von Informationen an dich ist für diese Gruppe von Wesen sehr ungewöhnlich. Du musst wissen, dass ... (tiefe Atemzüge und sie schien sich wieder unwohl zu fühlen)

D: *Erleidet sie wieder diese Hitze?*

J: Wir versuchen herauszufinden, ob es möglich ist, den Prozess der Kommunikation mit dir zu beschleunigen. Es werden einige Anpassungen notwendig sein, wie wir gerade feststellen.

D: *Okay. Aber wenn es ihr irgendwelche Unannehmlichkeiten bereitet, glaube ich nicht, dass es das um meinetwillen wert ist.*

J: Es liegt nicht bei dir zu entscheiden, ob es sich lohnt. Entweder entscheidest du dich für die Arbeit oder du tust es nicht. Ich will dir nichts vorschreiben. Ich will dir nur sagen, dass es sehr wichtige Informationen sind. Und es geht darum, das richtige Medium zu finden, das sie liefert. Und da die Gruppe mit dir zusammenarbeitet, muss eine Art Gleichgewicht hergestellt werden, das zu diesem Zeitpunkt nicht vorhanden ist. Also machen wir einige kleine Anpassungen des Gleichgewichts zwischen dem Wesen und der Gruppe, der Gruppe und dir, sowie dir und dem Wesen. Wenn wir sehr schnell auf so ein sehr ernstes Thema wie die Kreise zu sprechen kommen, dann können solche Dinge sehr schnell passieren. Und da ist wieder dieses Wort. Aber wir haben uns darum bei dem Individuum gekümmert. Siehst du, es war uns auch nicht bewusst, dass das Wort „schnell" eine ebensolche Reaktion bewirken würde. Wir lernen also gleichzeitig, wie dieses Individuum reagiert.

D: *Das ist es, was ich meine. Wenn ich etwas sage, kann ich nicht wissen, wie es sich auf sie auswirken wird.*

J: Wir können deine missliche Lage vollständig verstehen und fühlen mit dir. Und wir wissen zu schätzen, dass du verstehst, dass wir uns über dich nicht aufregen, wenn wir energisch sind. Es liegt an der Dringlichkeit. (Lange Pause)

D: *Hörst du jemandem zu?*

J: (Ihre Stimme klang normaler.) Ja. Da ist jemand, der mit dir sprechen will, aber sie können kein Englisch und ich kann das nicht besprechen. Und wir versuchen herauszufinden, wie man das lösen kann.

D: *Können sie es von jemand anderem kommunizieren lassen?*

J: Sie schauen. Sie reden. Sie haben eine kleine Diskussion. Sie sind in der Ecke und versuchen, eine Entscheidung zu treffen.

D: *Sag ihnen, dass uns hier die Zeit davonläuft. Ich möchte wirklich gerne diese Botschaft, weil sie mir Anweisungen gaben. (Verwirrung) Vielleicht können sie es an jemand anderen delegieren, der mir die Nachricht übermitteln könnte.*

J: Das ist es, was sie tun. (Leise, als ob sie mit jemand anderen spräche.) Okay. (tiefer Seufzer)

D: *Sind sie jetzt bereit?*

J: (Eine andere lautere Stimme) Vielleicht.

D: *Weil ich nicht wissen kann, ob ich Vorschriften verletze, wenn sie mich nicht anleiten.*

J: (Sie fing an zu reden, dann räusperte sie sich, als ob sie ihre Stimmbänder anpassen müsste. Die nächste Stimme war definitiv feminin und weicher.) Es gab keine Verstöße gegen Vorschriften. Aber wir möchten dich warnen, dass du extrem vorsichtig in deinen lockeren Diskussionen über diese Phänomene sein musst. Du musst vorsichtig sein, mit wem du beiläufig Informationen teilst. Es gibt sensible Bereiche. Es ist wichtig, ich wiederhole, nur beiläufiges Teilen und Weitergeben der Informationen ist nicht erlaubt. Du hast gute Arbeit geleistet und wir sind dankbar. Die Art der Informationen und der Zeitpunkt könnten problematisch sein. Es geht nicht darum, dass jeder alles weiß. Du kannst sehr gut auswählen, wer was wissen soll. Dieses Niveau deiner Expertise ermöglicht uns, mit dir zusammenzuarbeiten. Es geht nicht darum, dir zu vertrauen oder nicht, vielmehr ist es eine Frage des richtigen Zeitpunkts. Zeit zum Wissen, Zeit zum Nichtwissen. Also, wann immer du in Zukunft Informationen erhältst, wird es manchmal Anweisungen geben, sie nicht zu verbreiten, bis du weitere Anweisungen bekommst. Vielleicht findest du einen Weg, andere zu beraten, sollte es unbedingt entscheidend für etwas sein, an dem sie gerade arbeiten. Aber verrate deine Quelle nicht. Wir werden ihr Wissen orchestrieren, sodass alles, das mit anderen geteilt wird, im Voraus genehmigt sein wird.

D: *Dann werde ich mich an deine Anweisungen halten.*

Ich hatte in der Vergangenheit begriffen, dass ich auf sie hören musste, andernfalls würden sie Wege finden, um die Veröffentlichung der Informationen zu verhindern. In *The Custodians* berichtete ich, wie vier Bänder acht Jahre lang verschwunden waren, weil es nicht an der Zeit war, dass sie veröffentlicht wurden. Diese Sitzung war schon über zehn Jahre her, also glaubte ich, dass es jetzt an der Zeit sei, die Informationen weiterzugeben. Sie hatten auch in einem anderen Punkt recht. In den Jahren meiner Arbeit wurde mir mehrmals sensibles Material mit der Auflage übermittelt, es nicht zu veröffentlichen, entweder zu meinem eigenen Schutz oder weil die Zeit noch nicht reif war. Also habe ich gelernt, mich an ihre Anweisungen zu halten.

D: *Ich glaube, uns läuft die Zeit davon. Und das Medium hat heute diese Tortur durchgemacht. Aber ich möchte allen Mitgliedern der Gruppe danken, die heute mit mir gesprochen haben.*
J: Es gibt noch andere, die beim nächsten Mal mit dir sprechen werden.
D: *Und ich werde mich sehr bemühen, das zu tun, was du willst. Wenn ich Fehler mache, dann deshalb, weil ich etwas nicht richtig verstanden habe.*
J: Oh, wir sind uns deiner Fähigkeiten bewusst und schätzen sie und wir danken dir. Es ist nur so, dass in einer bestimmten Situation manchmal etwas dringend notwendig ist. Und wenn wir uns in einer solchen Situation befinden, können wir sehr hart klingen, aber es ist nicht so gemeint.
D: *Bitte verstehe, dass ich mich sehr bemühe. Und ich werde dein Vertrauen nicht missbrauchen, denn ich will diese Verbindung nicht wegen eines Fehlers von mir aufs Spiel setzen.*

Ich begann Vorschläge zur Orientierung in der Gegenwart zu machen, um sie in diese Welt zurückzubringen, aber sie machte Handbewegungen, anstatt meinen Anweisungen zu folgen.

D: *Was bedeutet das?*
J: (Sehr leise) Wir sagen dir: „Auf Wiedersehen“.
D: *Ich glaube nicht, dass ich diese Handbewegungen nachmachen könnte, aber ich weiß das zu schätzen.*

Dann brachte ich Janice wieder zu vollem Bewusstsein. Sie konnte sich an die Ereignisse nicht erinnern und schien weder körperlich noch geistig von der Tortur mitgenommen zu sein, die wir beide durchgemacht hatten. Ich hatte viel von den Entitäten in dieser Sitzung gelernt. Bei der Arbeit in so einem ungewöhnlichen Bereich hatte ich oft die Befürchtung, dass für die Probanden vielleicht Gefahr drohe, vor allem, weil wir neue Wege gegangen waren und nicht wussten, was wir erwarten sollten. Ich überwache auch sorgfältig die physischen Parameter der Person, die mich auf mögliche Probleme hinweisen, die sich unerwartet entwickeln könnten. Die Entitäten sagten mir früher schon, ich solle unbesorgt sein, sie würden mir immer sagen, ob sich ein Problem entwickelte. Während dieser Sitzung hielten sie ihr Wort. Sie alarmierten mich in einer Situation, mit deren Auftreten unmöglich zu rechnen gewesen war. Ich hatte eine wertvolle Lektion gelernt, aber ich wusste auch, dass ich mich nie nur auf meine eigene Expertise verlassen musste. Ich war in meiner Arbeit definitiv von Kräften aus anderen Bereichen, einer höheren Dimension, geführt.

* * *

Wenn ich glaubte, dass die Geschehnisse der letzten Sitzung verwirrend waren, dann war ich sicherlich nicht auf die Informationen vorbereitet, die in *dieser* Sitzung vermittelt wurden. Ich hoffe sehr, dass der Leser den noch komplizierteren Konzepten folgen kann.

Seit unserer letzten Sitzung war über ein Jahr vergangen. Als ich einmal in Little Rock war, konnte Janice nicht mit mir arbeiten. Sie wusste, dass sie die Nacht zuvor irgendwo gewesen war und es beeinflusste sie so sehr, dass sie ihr Haus nicht verlassen und definitiv ihr Auto nicht fahren konnte. In der Vergangenheit erzählte sie, dass sie manchmal in ihr Auto steigen wollte und nicht einmal wusste, wo sie den Schlüssel hineinstecken oder wie sie es starten sollte. Die einfachsten Dinge würden plötzlich sehr kompliziert aussehen, so, als sei ihr Verstand völlig leer und verwirrt.

Auf dieser Reise im September 1991 war ich in Little Rock, um für Lou Farish einige UFO-Fälle zu interviewen, deshalb wollte ich versuchen, alles am selben Wochenende zu erledigen. Vor der Arbeit ging ich mit Patsy, Janice und einigen anderen Freunden essen. Wir hatten vor allem über unser Privatleben gesprochen und erwähnten weder UFOs noch sprachen wir über den Fortschritt meiner Arbeit. Janices Gesprächsthema drehte sich um einen alten Freund, der vor kurzem in ihr Leben zurückgekehrt war und es sah nach etwas Ernstem aus. Sie schien, trotz der anhaltenden UFO Aktivitäten, die im Hintergrund ihres Alltagslebens weiter gingen, sehr glücklich zu sein. Nach dem Abendessen gingen wir zu Patsy nach Hause und hielten diese Sitzung ab. Es hatte viele paranormale Erfahrungen in Janices Leben gegeben, seit wir uns das letzte Mal getroffen hatten, aber wir entschieden uns dafür, keine bestimmte auszusuchen und zu erforschen. Wir dachten, es sei besser zu beobachten, wohin uns die Sitzung führen würde. Alle meine Sitzungen mit Janice waren sowieso immer voller Überraschungen und Wendungen.

Nachdem sie sich auf das Bett gelegt hatte, benutzte ich ihr Schlüsselwort und begann mit der Einleitung, aber sie unterbrach mich und sagte, wir müssten einen bestimmten Zeitpunkt abwarten, um beginnen zu können.

J: Um 11:16 Uhr können wir weitermachen. Genau.

D: *Okay. Laut meiner Uhr ist das etwa in einer Minute. Ich hoffe nur, dass meine Uhr richtig geht.*

J: 11:16 Uhr bitte. Wir werden es wissen. Die Informationen werden nicht kulminieren können, wenn es nicht stimmt.

Das war das erste Mal, dass eine Entität bereits vor der Eröffnung der Sitzung anwesend war. Normalerweise mussten wir nach ihnen suchen. Ich fuhr mit meinen Einleitungsvorschlägen fort, während ich auf meine Uhr sah.

J: Du musst ihr das Wort noch einmal sagen.

Ich hatte den Rekorder ausgeschaltet, als ich ihr das Schlüsselwort sagte, damit es nicht auf dem Band war. Ich schaltete ihn wieder ein, als sie in Trance zu sein schien.

D: *Weißt du, wohin du gehen willst, oder soll ich dich führen?*

J: Wir werden zu einem Verbindungspunkt in der Zeit gehen. Die Zeit hat Verbindungspunkte, weißt du.

D: *Ja, das hast du mir gesagt. Warum willst du zu diesem Verbindungspunkt?*

J: Weil das der Beginn einer Erfahrung sein wird. Sie wird mit vielen Dingen zu tun haben, denn es ist eine facettenreiche Situation.

D: *Nun ist die Uhrzeit, von der du vorhin gesprochen hast. 11:16.*

J: Ich bin in einem Moment, du bist in einer Minute.

D: *Was meinst du damit?*

J: Wir sprechen von der Koordination verschiedener Arten der Zeit. Siehst du, wenn du von der Zeit der Menschheit sprichst, geht es um Minuten und Stunden. Aber wenn man von Zeit in anderen Bereichen spricht, wird sie nicht in Minuten und Stunden gemessen. Aber um Informationen durch die dimensionale Zeit zu bringen, muss es zu einem bestimmten Zeitpunkt in der Zeit der Menschheit geschehen. Andernfalls werden die Informationen die kommen, weder vollständig sein noch elementar koordiniert werden.

D: *Aber das ist oft schwer im Vorhinein zu wissen. Wir machen immer dann Sitzungen, wenn wir dazu kommen.*

J: Ja, aber wenn du auf Individuen triffst, die in der interdimensionalen Zeit arbeiten, dann werden sie wissen, dass das wichtig ist und dass nichts eine Minute oder eine Sekunde früher oder später getan werden darf. Denn es kann verpasst werden.

D: *Wie eine Tür oder ein Portal? (Ja.) Möchtest du steuern, wo es hingehen muss?*

J: Wir werden es finden, wenn wir reisen.

D: *Wie reist du?*

J: Ich reise als Strahl. Als Partikel. Ich bin ein Teilchen. Nur ein Lichtpartikel. Sehr klein, winzig.

D: *Wohin reist du?*

J: (Ein tiefer Atemzug) Zwischen den Sternen.

D: *Was siehst du da draußen?*

J: Oh, es ist wunderbar! Es ist einfach totaler, suspendierter Frieden, still. Berühre den Samt.

D: *Kannst du sehen, wohin du unterwegs bist?*

J: Nein, aber ich weiß, wo ich hin will. Ich muss es nicht sehen. Ich weiß, dass ich es fühlen werde, wenn ich da bin.

D: *Ich habe mich gefragt, ob es wie etwas Vergleichbares aussieht.*

J: Nein, denn ich schaue nicht auf das Physische. Ich suche in einem „Sicht“ Feld. Du siehst ein Muster und weißt, dass es ein Ort ist. Und wenn du zu dem Muster gehst, bist du an dem Ort. Und der Ort wird zu dir und du wirst zu dem Ort. So sehr, dass du ihn nicht sehen musst, weil du der Ort bist. Deshalb bittest du darum, wenn du etwas im Physischen sehen möchtest und dann kannst du das Physische anschauen. Andernfalls erlebst du es auf ganz andere Art und Weise. Es gibt eine Farbe, eine Rosenquarz Farbe und dann weißt du, dass du ihm näher kommst. Und näher und näher und näher heran. Und es bewegt sich sehr schnell. Du reist sehr, sehr schnell. Sehr schnell. Aber dennoch hast du mental das Gefühl einer anderen Geschwindigkeit als die Körperlichkeit, in der das Partikel reist, weil das Partikel so schnell reist, dass du es nicht sehen kannst.

D: *Du meinst, es wurde unsichtbar?*

J: Ja. Es ist genau da und dann swusch! (Sie schien abgelenkt von etwas, das sie sah.) (leise) Okay.

D: *Was?*

J: Es war ein Kreuz. (abgelenkt) Es war ein ... okay. Eine Verbindung.

D: *Wie eine Kreuzung?*

J: Ja. Wie auf einer Karte, wenn man zu diesem Punkt kommt.

D: *Was passiert, wenn du zu diesem Punkt kommst?*

J: Du hältst an. Du hältst an.

D: *Warum hältst du an?*

J: Aus verschiedenen Gründen. Es kommt darauf an, wo man leben will.

D: *Was meinst du damit?*

J: An diesem Punkt kannst du Informationen sammeln oder du kannst in eine andere Dimension wechseln und dich in einem ganz anderen Leben befinden.

D: *Möchtest du Informationen sammeln?*

J: Wir haben eben erst angefangen, aber ich möchte an diesem Punkt Informationen sammeln, weil es hier ein Tor dorthin gibt, wo wir unsere Informationen finden werden. Siehst du, wir haben gestoppt, damit die Zeit der Menschheit in Einklang mit dieser Zeit gebracht werden kann. Ich weiß, dass das vielleicht nicht viel Sinn ergibt, aber es kann nicht anders geschehen. Siehst du, wenn deine Zeit asynchron zu dieser Zeit ist, dann kann die Verbindung nicht hergestellt werden. Deshalb musst du also diesen Stopp zulassen, diesen Stopp und wirst in dem Moment vorwärts schießen, in dem es zeitlich zusammenfällt. Wenn du dir zwei Kreise nebeneinander vorstellst die zusammenkommen, kannst du nicht hindurchgehen, bis sie einrasten.

D: *Aber wenn du durch sie hindurch gehst, wirst du an einen Ort gelangen, an dem die Informationen sind?*

J: Ich kann in die Antike gehen. Ich kann hingehen, wohin du willst. Oder ich kann dorthin gehen, wo wir hin müssen. Und ich kann zur Schöpfung gehen. Oder zur göttlichen Quelle.

Sie atmete tief durch und zeigte körperliche Reaktionen. Es geschah etwas.

J: Eine Infusion von Informationen findet statt. Und da ist auch ein Lehrer, der mit dir und Janice sprechen möchte. Und um dir zu sagen, du hast Zeit und Raum hinter dir gelassen. (Die Stimme änderte sich.) Zuerst musst du einige Grundprinzipien und Grundlagen in Bezug auf die Energie der Quelle verstehen.

D: *Ich bin immer bereit, zu lernen.*

J: Das Partikel, das du entdeckt hast, war eigentlich ein Partikel der Quelle. Alles beginnt mit einem Lichtpartikel. Alles, was existiert, beginnt als winzigste Pore deiner Haut. Wenn du dir ein Molekül vorstellen könntest, würdest du einen Lichtpunkt sehen. Du würdest wissen, dass das in der ultimativen Quelle alles ist, was du bist. Was ich dir also sage, ist, dass innerhalb dieser Quelle von „Allem, Das Ist" die Verbindungen zwischen den Teilchen eine Energiequelle bilden. Wenn du innerhalb eines Partikels ein bestimmtes Muster siehst und du platzierst dieses Partikel über ein anderes Partikel, werden sie in jeder Minute vollständig übereinstimmen. Nun, Energie aus dieser Quelle, aus der Energie zu Materie wird, reist den Strahl hinunter oder aus dem Strahl hinaus, je nach deinem Konzept oder Bezug. Und es implodiert, explodiert, es teilt sich, wie sich eine Zelle teilt, um verschiedene Individuen zu bilden. Es kann sich viele Male teilen. Es kann sich einmal teilen. Es kann sich millionenfach teilen. Wenn es sich teilt, wird es entweder männlich, weiblich oder männlich-männlich, weiblich-weiblich, männlich-weiblich. Während es sich weiter teilt und durch dimensionale Verschiebungen reist, wird es in jeder Dimension zu dem, was es ultimativ in der Quelle ist. Und es beginnt zu wachsen. Und so reist es durch Universen und Galaxien und überall, wo es hingeht, ist es das immer noch. Wenn du das Teilchen in die praktische Realität irdischer Begriffe herunterbrichst, hast du Menschen, die sind: in Paaren. Du hast Menschen, die wie unterteilte Partikel sind d. h.: Du findest Ähnlichkeiten unter den Menschen. Du hast Fremde, die sofort totale Freunde werden, weil sie auf Quellenebene unterteilt sind. Selten verschmelzen die Menschen. Nur wenn es einem höheren Zweck dient, würde diese Vereinigung stattfinden. Denn die Menschheit hat die Möglichkeit, die Realität so zu verändern, dass die ultimative höchstmögliche Realität, die auf der Erdebene zu erreichen ist, nur sehr selten realisiert wird. Also, was du vorfindest, hängt von den planetarischen Zwecken ab. Ein gemeinsamer Zweck zum ultimativen Nutzen der Menschheit muss realisiert werden und hängt von den Entscheidungen ab. Der bestmögliche Ausgang. Du bist in ein Energiemuster eingerastet und wirst in dem gleichen Energiemuster, aus dem du gekommen bist, schließlich zur Quelle zurückkehren. Ich spreche von jenseits von Zeit und Raum und Schöpfung. Ich sage dir, dass ich mit dir von jenseits der Schöpfung spreche. Die Schöpfung ist der Kreis, von dem ich gesprochen habe, durch den die Menschheit kommen kann. Und die Menschheit kann zu ihrer Quelle zurückkehren, wenn sie weiß, wie. Doch bevor das passiert, hast du auf diesem Planeten noch etwas zu tun, denn es ist die Zeit dafür. Wie ich dir in Bezug auf die Zeit sagte, als ich mit dir sprach, in Bezug auf die Zeit der Menschheit und in Bezug auf die interdimensionale Zeit. Ich versuche dir die Zeit zu erklären. Du musst die Zeit verstehen. Und das ist dein Job. Weil es in deinen Büchern darum geht. Um den Umgang mit interdimensionaler Zeit.

D: *Und auch um sehr komplizierte Konzepte.*

J: Deine Aufgabe ist, komplizierte Konzepte so zu vereinfachen, dass der Mensch auf der Straße sie lesen und „Oh!" sagen kann. Damit die Leute anfangen zu lernen, gleichzeitige Lebenszeiten zu leben. Zu verstehen, dass alles, was sie hier in der physischen Welt auf diesem Planeten tun, alle Lebenszeiten beeinflusst. Ihre Linie geht über den ganzen Weg. Diese Energiebahn von dort, wo wir jetzt sind, was wir jetzt sagen, was du sagst, von dort, wo du bist, dorthin wo ich bin, wird immer erhalten bleiben. Der Unterschied ist das Wechseln von Dimension zu Dimension.

D: *Ich denke immer wieder, dass ich zu verlorenem Wissen, zu verlorenen Informationen geführt werde.*

J: Es ist verloren.

D: *Ich glaube, ich muss es zurückbekommen.*

J: Das ist mein Punkt. Das ist es, was ich meine. Als du zu den Nostradamus Prophezeiungen geführt wurdest, war das nur die Spitze des Eisbergs. Du hast nur die Oberfläche berührt. Als du mit ihm gesprochen hast, war es für ihn Realität, weil seine Realität dort ist, wo er ist. Und seine Realität existiert, so wie deine Realität existiert. Sie wird nie aufhören zu existieren. Es ist nur eine Verschiebung. Eine einfache Verschiebung. Erinnerst du dich, dass wir anfangs um 11:16 Uhr zu sprechen begannen. Wir haben um 11:16 Uhr gesprochen, weil 11:16 Uhr verbunden mit ... (Pause) Ich denke, ich muss es dir vielleicht auf Papier beschreiben.

Das ist während der Sitzungen schon öfter passiert, aber diesmal war ich nicht darauf vorbereitet. Ich sprach mit ihr, während ich meinen Koffer öffnete und nach einem Block und einem Stift suchte, die ich mir angewöhnt habe, für genau solche Anlässe bei mir zu tragen. Ich brachte die Materialien zum Bett. Sie setzte sich auf und ich gab ihr den Marker und legte den Block in ihre andere Hand. Sie öffnete mit Mühe die Augen und starrte auf das Papier.

Ich habe dieses Phänomen in den Anfangszeiten meiner Arbeit erlebt. Es ist immer wieder faszinierend zu beobachten, denn die Probanden haben immer die glasigen Augen von jemandem, der nicht wach ist. Sie sind ihrer Umgebung gegenüber immer weltvergessen und konzentrieren sich voll und ganz auf das Papier und darauf, was sie zeichnen oder schreiben.

J: (Sie begann zu zeichnen.) Das bist du, wo wir sind, wo du bist, wo ich mit dir bin. Das ist fließend. Es ist in ständiger Bewegung. Es hört nie auf.

D: *Was ist das?*

J: Ebenen. (Pause, als sie zeichnete.) Ich werde dimensionale Zeit erklären. (Lange Pause, als sie Linien zog.) Es gibt noch viel mehr.

D: *Was bedeuten diese Linien?*

J: Zeit. Perioden.

D: *Zeiträume? (Ja.) Verschiedene Jahre, meinst du?*

J: Ja, außer, dass es komplizierter ist als Jahre, denn sie können Universen und Galaxien beinhalten. Abhängig davon, wie weit man hinausgeht. Du kannst in jedem dieser Zeiträume an einen Punkt der Unendlichkeit gelangen. (Sie zog Linien, während sie sprach.) Unendlichkeit, Unendlichkeit, Unendlichkeit. Du, ich, jeder auf dem Planeten in der physischen ...

D: *An diesem Punkt. Okay.*

J: Dann ... die göttliche Quelle.

D: *Da drüben in der Fluidität. Okay.*

J: Es ist alles fluide. (Sie notierte Jahreszahlen.) Oh, nun spielt es wirklich keine Rolle, welche Jahre ich niedergeschrieben habe. Du fängst an, dich zu bewegen. Zu jeder Zeit geht die Energie in diese Richtung.

D: *Vorwärts?*

J: Und hier entlang.

D: *Vorwärts und rückwärts.*

J: Und die Zeit auch. Und die Zeit auch.

D: *Rückwärts und vorwärts gleichzeitig?*

J: Zur gleichen Zeit. Sobald du die Entmaterialisierung meisterst, kannst du, während du im Physischen bist, zu dem Partikel werden, als das du begonnen hast. Du darfst hier hingehen, weil du schon hier warst. Als du von hier nach dort kamst, bist du durch alles Existierende hindurchgegangen. Und du bewegst dich immer durch alles, was existiert. Es ist kompliziert. Wie auch immer, was du wissen musst, während du dich in Partikelform bewegst, du gehst bis hierhin ...

D: *Zu dem Jahr oder der Zeitperiode.*

J: Und du kannst in jede Lebenszeit innerhalb dieser Zeitperiode gehen, da es in jeder Periode mehr als eine Lebenszeit gibt. Also, was ich dir damit sagen will, ist, dass es als ein Partikel durchaus möglich ist, dorthin zu gelangen, wo Nostradamus ist. Weil er in vergangener Zeit existiert. Denn hier ist die Schöpfungszeit gestoppt! Die Menschheit hat die Zeitperioden angehalten.

D: *Bei der Schöpfung?*

J: Bei der Schöpfung. Die Geschichte eurer Menschheit sagt, dass Gott Himmel und Erde schuf.

D: *Es scheint, dass die Zeit dort begann und nicht aufhörte.*

J: Sie beginnt für die Menschheit, aber sie hört für diese Dimensionen hier auf. Weil beide Rahmen die gleichen Dimensionen haben. Du hast die gleichen Dimensionen. Du hast die Zeit der Menschheit, die hier beginnt. Alle Zeit. Die ganze Zeit. Unsere Art spiritueller Zeit ist total anders, aber dennoch kongruent mit ihr. Die Mechanik ist komplett anders. Du sagst: „Ein Uhr." Und wir sagen, nichts! Weil wir keine Zeit brauchen. Weil wir alles sind. Wir waren es immer. Nostradamus ist hier und er ist alles, was er je war und setzt seine Unendlichkeit fort. Auch wenn der Tod die Ursache dafür war, dass er aufhörte, hier zu sein, hat er ihn nie dazu gebracht, nicht mehr hier zu sein. Also eigentlich, in Wirklichkeit ist das, was du tust, dass du an den Punkt seines Todes kommst. Du transzendierst seinen Tod. Du verbindest dich mit ihm, indem du seine Unendlichkeit lebst. Und das sind die Informationen und das Konzept der Wirklichkeit, dass du von ihm zurückbringst, zurück durch die Schöpfung, zurück nach hier unten.

D: *Wenn ich Menschen in vergangene Leben zurückbringe, ist es dieses Teilchen, das in diese Leben geht und sie wieder erlebt? (Ja.) Weil es so ist, als ob diese Persönlichkeit im anderen Leben nie stirbt.*

J: Sie stirbt nie.

D: *Ich kann diese anderen Persönlichkeiten jederzeit kontaktieren.*

J: Richtig. Was du tust ist, dass du schwingungsbedingt dieses Teilchen, das hier existiert, mit diesem Teilchen verbindest, das dort existiert. So wie du sagst: „Oh, ich erinnere mich, was zu Weihnachten 1964 geschah. Oh! Wir saßen um den

Weihnachtsbaum. Oh! Ich habe eine Puppe bekommen." Das ist in diesem Leben. Aber du sprichst von dieser Schwingungsrate. Genau hier. (zeichnet) Diese Schwingungsrate. Nur hast du dich auf die Erde 1945 in diesem Leben eingestellt. Dieses Leben begann 1945. Das ist eine Zeitspanne in dieser Dimension. Aber beim Tod wird das Partikel den ganzen Weg bis hierher reisen.

D: *Zurück zur Quelle, von der aus es gestartet ist.*

J: Aber komplizierter, je nachdem, was hier passiert ist, kann es vielleicht bis hierher zurückkehren. (zeigt auf Daten)

D: *Wenn es in die 1800er Jahre zurückkehren will, kann es das tun.*

J: Und von dort zurückkommen. Also gehen wir ein bisschen in die Physik. Da ist noch ein bisschen mehr. Aber was du in Bezug auf die Einsteins und die Nostradamusse wissen musst … Es gibt einen Bereich. (sie zeichnet)

D: *Was ist das?*

J: Das ist das gesamte Wissen. Altertümlich, alles Wissen. Leute wie Nostradamus und Einstein begannen hier.

D: *In diesem Bereich des gesamten Wissens?*

J: Ja. Aber sie haben ein Spezialgebiet auf den Planeten mitgenommen. Jetzt sind sie nicht unbedingt hierher zurückgekehrt (in den Bereich des gesamten Wissens), aber das ist irrelevant, sobald du den Punkt der Schöpfung, wo du bist, hinter dir gelassen hast.

D: *Aber sie haben mehr von diesem Wissen in ihrem Unbewussten behalten? Wäre das richtig?*

J: Genau. Aber ihr Ziel war, es mitzubringen, wenn sie kommen.

D: *In unsere Zeit. Okay. Wäre es richtig, diesen kleinen Funken „deine Seele" zu nennen?*

J: Du könntest es Seele nennen, aber in der wahren Realität, solltest du es eigentlich deine „Quellenenergie" nennen. Seele ist der Name der Menschheit für diese Quellenenergie, denn alles ist Energie. Alles, alles, alles ist Energie. Nun, das ... (Sie zeichnete wieder.)

D: *Der fluide Teil.*

J: Gott Quelle oder der fluide Teil. Der Funke ist alles, was der fluide Teil ist.

D: *Wäre das so wie unser Bild von Gott?*

J: Es könnte sein. Ja, wenn du willst, könnte es Gott sein. Es könnte das Ultimative sein. Es kann mit einem beliebigen Namen gerufen werden, weil es nicht wirklich einen Namen hat. Wir geben keine Namen. Eigentlich sind wir alle fluide, sobald du diesen Punkt passiert hast. Eigentlich existierst du auf diese Weise. Du kannst auch hier und hier und hier fusionieren. Und du kannst auch alles wissen und herauskommen. (zeichnet) Siehst du, ich meine, dass sie sich überschneiden ... (zeichnet)

D: *All diese kleinen Punkte. Sie überschneiden sich alle.*

J: Und wenn sich dann jedes Molekül überlappt hat, teilen sie sich neu auf in ihre drei. (zeichnet) Und sie sind dann auch alles, was die andere Energie war. Alles.

D: *Aber die Hauptsache ist, dass wir uns auf diesen Teil unseres Lebens gerade jetzt konzentrieren. Ist das die Idee?*

J: Wenn wir hier am Leben der anderen teilhaben, nehmen wir einen Teil von dem mit, was sie waren und einen Teil von dem, was sie sind. Wir machen alles hier im Physischen, was wir hier machen.

D: *Im Geist.*

J: Es ist nichts anderes.

D: *Aber wir wissen nichts über diese anderen, weil wir auf dieses Leben fokussiert sind und auf das, was wir jetzt tun.*

J: Wegen unserer Schwingungsrate sind wir hier. Wenn du dich bewegst, beschleunigt sich die Energie. Sie beschleunigt sich, wenn sie diesen Weg geht (vorwärts). Sie verlangsamt sich, wenn sie so weitergeht (rückwärts).

Sie schien mit der Zeichnung fertig zu sein, also half ich ihr beim Hinlegen und ließ sie ihre Augen wieder schließen. Ich sah mir die Zeichnung an, während sie sich umher drehte, um es sich wieder bequem zu machen. Ich dachte, es wäre nutzlos, sie zu behalten und später in ein Buch aufzunehmen. Als sie damit fertig war, blieb ein bedeutungsloses Durcheinander von Linien und Punkten, das nicht mehr Sinn ergab, als das Kritzeln eines Kindes. Ich wusste, die wichtige Beschreibung war mit dem Tonbandgerät aufgenommen worden.

J: Wir haben Janice verschiedenen Arten von Kommunikationsmustern ausgesetzt. Es ist der Beginn eines völlig anderen Konzepts von Kommunikation, das Einstein sehr wohl kannte.

D: *Sie sprach über die Zeit, als sie auf der Couch in ihrem Haus lag und all diese Informationen schienen durch das Fenster auf einem Lichtstrahl zu kommen und sie zu bombardieren. Bilder? Symbole? Worum ging es da eigentlich?*

J: Energiemuster.

D: *Was haben sie für einen Zweck?*

J: Energiemuster sind mit Informationen kodiert. Jedes Muster enthält ein anderes Wissen. Ein anderes Konzept. Und vielleicht auch die ganze Geschichte eines Planeten.

D: *In diesen Designs und Bildern?*

J: Ja. Weil ihre geistige Leistungsfähigkeit so beschaffen ist, dass sie das Wissen tragen kann und es ist ähnlich einer Vitaminkapsel mit geplanter Freisetzung. Wann immer der Verbindungspunkt der Zeit der Menschheit mit der interdimensionalen Zeit zusammenfällt, wird eine interplanetare ... (sucht nach dem Wort) Überlappung, wenn du so willst, dazu führen, dass sich eine Reihe von Umständen entwickelt. Damit es aufgezeichnet werden kann und vielleicht von dir. Deine Verbindungen, die du hast, beruhen darauf, dass man dir vertraut, sie korrekt zu dokumentieren. Und du hast reine Absichten.

D: *Ja, mir wurde gesagt, ich solle nichts zensieren. Nur so berichten, wie es gekommen ist.*

J: Und du hast nicht zensiert. (leise) Außer in einigen Fällen.

D: *Manchmal war es angebracht, aber die größte Menge davon ist unverändert geblieben. Das war der Zweck des ganzen Bombardements.*

J: Nein, das war nicht der eigentliche Zweck. Wie auch immer, es war einer davon. Es gibt noch einen weiteren Zweck. Und dieser ist, dass sie eine bestimmte Schwingungsrate in Bezug auf das Projekt, von dem ich vorhin mit dir gesprochen habe, mit sich führen kann. Es ist auch eine Aktivierung für andere Informationen, die sie bereits besitzt. Und es ist auch eine Integration der Zeiten in ihr, weil sie die Bedeutung von Verbindungspunkten versteht. Sie soll aktiv werden beim Erlangen ... (sucht nach dem Wort) der Aktivierung einiger Konzepte, die bereits in ihr existieren, sie wurden in ihrer Speicherbank abgelegt, weil wir das Wort „implantiert" nicht verwenden. Wenn es ihr im Physischen präsent wird, kann das Wissen in den bewussten Geist gelangen und eine Integration der Zeitrahmen erfolgen. Und auf der Quellenebene, auf einer Energiemusterebene, sind die Schwingungsraten der Planeten bis hin zur Quelle interdimensional verbunden. Deshalb ist es wichtig, dass die Menschheit ihren Planeten nicht zerstört, weißt du. Weil es, interdimensional betrachtet, Auswirkungen bis hin zur Quelle hat. Nun, was ich nicht erklärt habe, ist, als ich sagte, dass sie eine Wahl hatte, bedeutete das, wir haben ihr Informationen mit auf den Weg gegeben. Und sie schob sie weg. Das war ihre Entscheidung. Wir führten sie zu Büchern, die darauf ausgelegt waren bestimmte Erinnerungen zu aktivieren. Aber sie las sie nicht, also wurden die Erinnerungen nicht aktiv. Wir geben ihr physische Stimuli für Konzepte, die in diesem Gedächtnisspeicher platziert wurden. Aber wenn sie sich dafür entscheidet, ihre Chance zu ignorieren, dann müssen wir auf einen anderen Verbindungspunkt der Zeit warten, bis sie wiederhergestellt werden können.

D: *Du denkst also, sie sollte deshalb mit mir arbeiten, damit ich ihr dabei helfe, das hervorkommen zu lassen?*

J: Ja. Was ich dir erklären möchte, ist, dass Janice ein Individuum mit vielen Facetten und in der Lage ist, sich auf verschiedene Dimensionen einzustellen. Sie hat ein umfassendes Verständnis für die Zeit in der Beziehung zu interdimensionalen Verbindungen. Mit gleichmäßiger Feinabstimmung dieses Wissens, um Dinge besser zu verstehen, wie z. B. die Sonnenfinsternis, kann sie die Geschichte deines Planeten verändern. Wenn jede Person, die am Triangel-Projekt beteiligt ist, sich an dem Punkt auf dem Planeten befindet, an dem sie sich zu einem bestimmten Zeitpunkt befinden muss, dann wird sich die Geschichte ändern. Falls sich nur eine Person nicht am richtigen Ort befinden wird, dann wird dieser Moment, dieser Verbindungspunkt in der Minuten-Stunden-Zeit der Menschheit in Bezug auf die multidimensionale Zeit, nie wiederkommen. Die Gelegenheit für den Wandel muss in die Zukunft der Menschheits-Zeit und der interdimensionalen Zeit projiziert werden. Andernfalls wird es nicht passieren.

D: *Aber wir sind normale Menschen. Wir wissen nicht wirklich, dass wir an einem bestimmten Ort sein und bestimmte Dinge tun sollten.*

J: Doch, das tust du. Das tust du. Das tust du. Das tut sie. Du wirst vorbereitet. Janice hat eine Verbindung zu dir und du zu ihr. Alle anderen, mit denen du arbeitest, haben eine Verbindung. Und du wirst immer wissen, wann es Zeit ist. Du wirst denken: „Ich muss dies tun, ich muss jenes tun." Und du wirst es versuchen. Erinnere dich an meine Erklärung in Bezug auf die Verbindungspunkte. Du kannst es nicht einstellen. Dein Proband kann es nicht einstellen. Es ist bereits voreingestellt. Und du musst wissen, dass es nicht in Bezug auf deine Zeit oder die Zeit deines Probanden geschehen wird. Es wird in

Bezug auf die planetarische universelle Wichtigkeit geschehen, so wie deine Nostradamus Informationen kamen.

D: *Aber es war beim ersten Mal eine absolute Überraschung.*

J: Aber es war voreingestellt. Du hast an einem Verbindungspunkt angefangen. Du konntest es in keinem anderen Moment tun. Es wäre nicht passiert. Aber was du verstehen musst ist, dass deine UFO Arbeit im Moment wichtiger ist, als deine Nostradamus Arbeit. Ich sage dir das, weil ich möchte, dass du vorbereitet bist. Und ich möchte, dass du dich organisierst. Du bist noch nicht fertig mit deiner Arbeit über UFOs. Und viel von der Arbeit, die du mit Janice in Bezug auf die UFOs machst, ist wichtig für dein eigenes Verständnis. Denn während du dich durch deine UFO Kontakte bewegst, wird es einen Punkt in deinem Leben geben, an dem du die Möglichkeit haben wirst, deine Verbindung im großen Zusammenhang zu sehen. Einige der Informationen sind daher nicht zur Veröffentlichung bestimmt. Du darfst einige Informationen verwenden. Aber es gibt einen großen Teil, dessen Veröffentlichung zu diesem Zeitpunkt nicht vorteilhaft wäre, da dies dazu führen würde, dass zukünftige Entwicklungen aufgrund dieses Wissens geändert werden müssten und etwas würde im Schwingungsbereich passieren, wenn es verbreitet würde. Was du nicht verstehst ist, was dadurch geschieht, dass deine Informationen so weit verbreitet sind, dass deine Bücher hier, dort, hier, dort, hier, dort verkauft werden. Was geschieht hier? Hast du daran gedacht, was hier energetisch passiert?

D: *Nun, ich weiß, dass ich mich mit vielen Menschen verbinde.*

J: Was passiert auf der Energieebene? Wir sprechen von Energie. Was passiert hier? Nostradamus Energie geht durch jede Person, die dieses Buch liest.

D: *Viele Leute schreiben und berichten, dass sie etwas fühlen.*

J: Das liegt daran, dass ich mit dir darüber spreche, was sie sagten. Sie sagen dir, was ich dir erkläre.

Ich kam wieder zum Ende der Sitzung. Ich hatte noch nie einen Probanden über anderthalb Stunden in Trance. Diese Zeit zu überschreiten hat unerwünschte Auswirkungen, einschließlich Lethargie und Verwirrung.

D: *Ich glaube, es ist an der Zeit, dass wir diese Sitzung jetzt verlassen. Also werde ich meine Arbeit weiter fortsetzen und wenn die Zeit reif ist, werden die anderen Informationen hervorkommen. Ich möchte dir danken, wer auch immer du bist, der mir die Informationen gegeben hat.*

J: Ich spreche zu dir aus der Zeit jenseits der Zeit. Jenseits der Schöpfung.

D: *Jenseits der Schöpfung. Über den Beginn der Schöpfung hinaus?*

J: Ja. Du bist ein wunderbares Wesen. Und wir sind oft um dich herum. Und wir führen dich in die richtigen Richtungen, um Informationen zu sammeln. Denn in Wirklichkeit bist du unsere Übersetzerin, ebenso Nostradamus Übersetzerin, weil sein Wissen auch von dieser Ebene stammt.

D: *Ich versuche, es so gut wie möglich zusammenzusetzen.*

J: Und du machst einen wunderbaren Job.

Dann bat ich die Entität, sich zurückzuziehen, um das Bewusstsein und die Persönlichkeit von Janice wieder vollständig in ihren Körper integrieren zu können. Es war offensichtlich, wann die Entität sie verließ, weil Janice anfing zu husten und sich umherbewegte, obwohl sie zuvor solche Symptome nicht gezeigt hatte. Dann orientierte ich sie und brachte sie zu vollem Bewusstsein.

* * *

Das war meine letzte Sitzung mit Janice. Sie führte ihr Leben fort, während ich meins fortführte. Es war ihr sehr wichtig, ihre Identität geschützt zu wissen und dies habe ich getan, indem ich ihren Namen und Beruf in beiden Bücher geändert habe. Ich werde immer dankbar sein für die wunderbaren Informationen, die sie uns übermittelt hat und für die Konzepte, die sie mir präsentierte, welche meine Denkprozesse und die Art und Weise, wie ich die Welt sehe, für immer verändert haben. Die Art und Weise, wie ich meine Arbeit verrichte und Informationen sammle, hat sie auch stark beeinflusst. Janices Informationen haben mir eine andere Sichtweise der Welt in der wir leben geschenkt und mir gezeigt, dass wir in einem wirklich unergründlichen Universum leben, in dem alles möglich ist.

KAPITEL 5

DER SPEICHERPLANET DES WISSENS

Ein Teil dieser Sitzung wurde in *The Custodians* aufgenommen. Wenn Probanden am Anfang meiner Arbeit über Entführungsfälle eine Zeitspanne fehlte, befanden sie sich an Bord eines Schiffes und interagierten mit Außerirdischen. Als meine Arbeit voranschritt und sich weiterentwickelte, begann sich das zu verändern. Ich fand Fälle, die sich in außerweltlichen Situationen befanden, anstatt an Bord eines physischen Schiffes zu sein. Ein Beispiel wurde in Kapitel 4 berichtet. Ich bin zu dem Schluss gekommen, dass wir bei dieser Art von Arbeit im Voraus keine Annahmen zu einem Thema machen können. Sobald ich annehme, dass sich ein Muster etabliert hat, stoße ich auf Fälle, die von diesem Muster abweichen und in eine andere Richtung führen. Das erweitert mein Verständnis für die unbekannte Welt, die ich untersucht habe. Ich habe den ersten Teil dieses Falles in *The Custodians* aufgenommen, um eine dramatische Situation fehlender Zeit zu veranschaulichen, aber da der Rest nicht der Norm folgte, beschloss ich, ihn für dieses Buch aufzubewahren und die Geschichte in ihrer Gesamtheit zu erzählen.

Im Laufe des Jahres 1997 hatte Clara mehrmals wegen einer Sitzung geschrieben und angerufen. Solche Anfragen häuften sich so sehr, dass ich nicht mehr mit neuen Probanden arbeiten kann, außer ich halte einen Vortrag in der Stadt, in der sie leben und auch nur dann, wenn ich Zeit habe. Ich kann nicht mit allen arbeiten und trotzdem meine eigene Energie bewahren. Am Beginn meiner Arbeit fuhr ich für Sitzungen oft große Entfernungen und versuchte, jedem zu helfen, der darum bat, aber Zeiten und Umstände haben sich geändert. Es gibt so viele Leute, die jetzt Sitzungen wollen, dass ich aufgehört habe, sie bei mir zu Hause oder an Tagen zu machen, an denen ich einen Vortrag halte. Ich habe herausgefunden, dass sich meine Energie zerstreut, wenn ich mir auf den Vortragsreisen zu viel vornehme. Ich führe jetzt Sitzungen nur mehr an Tagen durch, an denen wenig anderes geplant ist. Normalerweise sage ich den Leuten, dass sie auf meine Warteliste gesetzt würden und wir das nächste Mal, wenn ich in ihrer Stadt bin, einen Termin vereinbaren könnten.

Clara fand heraus, dass ich im Mai 1997 für eine Konferenz in Hollywood sein würde, also rief sie an und bat um einen Termin. Sie lebt in der Nähe von San Francisco, war aber bereit, nach Hollywood zu fahren. Unter diesen Umständen hatte ich das Gefühl, dass ich sie nicht ablehnen konnte, weil sie bereit war, sich diese Mühe zu machen.

Die Konferenz erwies sich als Katastrophe. Mangelnde Publizität und Planung waren die Hauptgründe dafür. Obwohl die Sprecher alle da waren, gab es keine Teilnehmer. Aufgrund des fehlenden Publikums wurden mehrere Vorträge abgesagt. Es war die schlimmste Konferenz, die ich je besucht habe, aber ich hatte dadurch mehr Zeit zur Verfügung, als ich erwartet hatte. Phil (mein Freund und Proband im Buch *Keepers of the Garden*) lebte nun dort. Er machte die Reise zu einer Besichtigungstour und zeigte mir Hollywood, das ich immer schon sehen wollte, seit ich ein Teenager war, der in einem dunklen Kino tagträumte. Ich hatte noch nie die Zeit gefunden, mir die Stadt wirklich anzusehen, da ich immer nur in meinem Hotel oder im Kongresszentrum gewesen war. Nach einer Konferenz musste ich immer direkt zum Flughafen fahren. Wir hatten beschlossen, das Beste aus der Situation zu machen und ich habe es wirklich genossen, die glamourösen Seiten der Stadt kennenzulernen.

Als Clara ankam, war ich also entspannt und konnte viel Zeit mit ihr verbringen. Sie kam ins Hotelzimmer. Phil würde später kommen und in der Lobby warten, bis wir fertig wären, um Abendessen zu gehen.

Clara ist eine attraktive blonde Frau im Alter von vierzig Jahren, aktiv, intelligent und gesund. Während des Vorgesprächs, bei dem ich versuche, das Problem oder den Grund für die Sitzung zu herauszufinden, sagte sie, ein Zeitverlust, der ein paar Jahre zuvor aufgetreten war, würde sie am meisten beunruhigen. Gelegentlich fliegt sie nach Hawaii zu Konferenzen, die mit ihrer Arbeit zu tun haben. Bei einer dieser Gelegenheiten fuhr sie auf der Insel Maui mit dem Auto. Es war fast Abenddämmerung, aber immer noch hell und sie suchte ein Hotel, in dem sie schon einmal gewesen war. Es war am Strand gelegen und sie wollte dort zu

Abend essen und den Meerblick genießen. Dann fiel ihr auf, dass sie die Einfahrt verpasst hatte und deshalb beschloss sie, ein Stück weiter die Straße hinunter einen Platz zum Wenden zu finden und umzukehren. Dieser Teil der Insel war aufs Üppigste tropisch bewachsen und Palmen warfen Schatten auf die zweispurige Straße. Es gab nur wenige Häuser abseits der Straße, die nicht zu sehen waren. Sie fand endlich eine Abzweigung, an der sie wenden konnte, die ihr früher, als sie die gleiche Route fuhr, nie aufgefallen war. Als sie abgebogen war, fand sie sich in einer kleinen Wohnsiedlung aus Häusern in Modulbauweise wieder. Sie standen zwischen Palmen in einer sehr angenehmen Umgebung. Das einzig Seltsame war, dass Clara sich nicht erinnern konnte, die Siedlung auf dieser Straße jemals zuvor gesehen zu haben. Sie bog ab, wendete ihr Auto und dies war das Letzte, woran sie sich erinnerte.

Im nächsten Moment befand sie sich auf der anderen Seite der Insel und fuhr eine belebte vierspurige Autobahn entlang. Es war jetzt stockdunkel und sie hatte keine Ahnung, wie sie dorthin gekommen war.

Ein Jahr später, als sie für eine weitere Konferenz nach Maui zurückkehrte, fuhr sie aus Neugierde auf der Suche nach der Abzweigung, in der sie umgedreht hatte, die gleiche Straße hinunter, weil ihr der seltsame Vorfall im Gedächtnis geblieben war. Sie fuhr durch das gesamte Gebiet und obwohl sie das Hotel wiederfand, gelang es ihr nie die Wohnanlage der Häuser in Modulbauweise zu finden. Das hatte sie seitdem verwirrt und war auch der Grund, der sie dazu veranlasste, um eine Sitzung zu bitten. Sie wollte herausfinden, was in dieser Nacht geschehen war und wie sie so geheimnisvoll und ohne Erinnerung daran, dorthin gefahren zu sein, auf die andere Seite der Insel gekommen war.

Sie erwies sich als ausgezeichnete Probandin. Ich hatte keine Probleme, sie sofort in eine tiefe Trance zu versetzen. Das Datum der Veranstaltung war ihr in Erinnerung, also führte ich sie in den März 1994 auf die Insel Maui in Hawaii zurück. Sie stand vor ihrem Hotel, dem ehemaligen Maui Sun und war im Begriff, durch die Glastüren hineinzugehen. Sie war gerade für einen jährlichen Workshop angekommen, bei dem sie Entspannung mit Arbeit verbinden wollte. In der Umgebung des Hotels bewunderte sie die leuchtenden Farben der Blumen. Nachdem sie eingecheckt war, führte ich sie in der Zeit voran, bis sie zu jenem anderen Hotel fuhr, um zu Abend zu essen.

C: Ich war noch nie zum Essen dort. Ich bin gerade daran vorbeigekommen. Es liegt direkt am Wasser, dort wo mein Hotel ein wenig weiter oben am Hügel liegt. Und ich wollte unbedingt erleben, wie ich bei geöffneten Fenstern im Hotel sitze und die Brandung vom Strand höre. Ich wollte schon lange dorthin, aber es ist nie dazu gekommen.

D: *Welche Tageszeit ist es?*

C: Es ist fast schon Dämmerung. Ich weiß nicht, wie spät es ist, aber es wird dunkler. Es fällt schwer, etwas zu erkennen, denn es gibt keine Straßenlaternen. Und ich fahre am Astland vorbei. Das ist ein echt großes Haus und ich verpasse die Einfahrt. Es gibt viele Bäume. Und die Einfahrt scheint ... na ja, nicht getarnt, aber ich verpasse sie einfach. (verärgert) Ich kann sie einfach nicht erkennen. Also fahre ich weiter, um einen Ort zu finden, an dem man umdrehen und zurückkehren kann, denn ich will wirklich in diesem Hotel zu Abend essen.

Während dieses Teils schien sie manchmal beim Fahren mit sich selbst zu sprechen, sie beantwortete aber auch meine Fragen.

C: Ich fahre. Und ich finde diesen Ort ... Okay. Also sehe ich diesen Ort. Es ist eine Sackgasse. Ja, das sieht nach einer guten Stelle aus, an der man wenden kann. Hmmm. Ich habe diesen Ort noch nie zuvor gesehen. (verwirrt) Hmmm. Es gibt schöne Palmen und Blumen und einen Zaun, aber es ist einer, durch den ich durchschauen kann. Und es gibt alle Arten von ... (hatte Schwierigkeiten bei der Beschreibung) Modulhäusern oder sehr ausgefallenen Mobilheimen. Ja, okay, das ist ein wunderschöner Ort.

D: *Und findest du eine Stelle, an der du umdrehen kannst?*

C: Ja. Es ist eine Sackgasse und ich drehe um. (leise) Und ich sehe diese hellen Lichter. (Pause, dann Verwirrung.) Sieht aus wie … blendende Lichter.

D: *Wo sind sie?*

C: (Ihre Atmung wurde schneller.) Sie kommen vom Himmel herunter. Und es ist wie ein Trichter aus Licht. Ein Trichter, mit dem breiten Ende zu mir hin. Es ist fast so, als ob ... von der Sonne, wie du durch die Bäume dieses helle, helle Licht siehst. Und ich fühle eine Menge sehr mächtiger Energie aus diesem Licht. (tiefe Atemzüge)

D: *Ist es massives Licht?*

C: Es ist wie ein strahlendes Licht. Lichtströme.

An ihrer Stimme und ihrem Atem war zu erkennen, dass sie etwas Ungewöhnliches und leicht Beunruhigendes erlebte.

D: *Fährst du immer noch mit deinem Auto?*
C: Nein! Ich bin es einfach. Ich bin es einfach.
D: *Was meinst du damit?*
C: (Ungläubig) Es fühlt sich an, als wäre ich Teil dieses Lichts.
D: *Bist du noch in deinem Auto?*
C: Nein. Ich fühle mich, als würde ich schweben. Als ob ich ein Teil des Lichts wäre. (tiefes Durchatmen) Ich bin einfach Licht. Es scheint eine Transzendenz von Zeit und Licht zu sein. Als würde ich mich bewegen. Ich gehe irgendwo hin, aber ich weiß nicht, wohin ich gehe. Und es ist okay. (Sie war definitiv von der Erfahrung überwältigt.) Das Gefühl zu schweben. Sich zu bewegen. Durch Farben, durch die Zeit, durch den Raum, durch ... (atmet tief durch) Es ist sehr angenehm.
D: *Ist das alles, was du sehen kannst, diese Farben?*
C: (Langsam) Farben und goldenes Licht. Und es ist sehr friedlich. (Sie atmete ganz entspannt aus.) Das Gefühl ist, dass ich alles bin und alles ist ich. Alles, was ist, ist dort. Alles, was ist, ist hier. Alles, was ist, ist.
D: *Hast du das Gefühl, dass du dich bewegst oder irgendwohin gehst?*
C: Ja, nach oben. Aufsteigend. An einen anderen Ort und in eine andere Zeit.
D: *Mal sehen, wohin du gehst.*
C: (Zögert) Scheinbar bin ich einfach irgendwie gelandet. Es sieht aus wie ein Ort, an dem ... (tiefer Seufzer) Es ist sehr schwer zu beschreiben.

Sie hatte Schwierigkeiten, die passenden Worte zu finden, um ihre Umgebung zu beschreiben, aber sie schien auf sehr flachem Gelände gelandet zu sein, wo es mehrere Türme gab. „Sie sind wie Gebäude. Grau wie Granit. Funkelnde Farben, aber grauer. Funkelnd wie Granit."

D: *Willst du da hinübergehen?*
C: Ja, aber ich fühle Zurückhaltung. Das ist so fantastisch. (Sie wurde emotional und fing an zu weinen.) Hier zu sein! Es ist wie bei ... (Sie weinte nun offen.)

Es war schwer zu verstehen, warum sie bei dieser Szene emotional werden sollte.

C: Ich hätte nie gedacht, dass ich das noch einmal sehen würde. (Sie weinte und schluchzte.)
D: *Erkläre, was du meinst.*
C: Es ist, als würde ich nach Hause kommen. (Sie weinte laut.)
D: *Und das ist ein Ort, den du kennst?*
C: (Schluchzend) Ja. Ich kenne ihn. Aber aus einer weit entfernten Zeit. Und ich war mir nicht sicher, ob ich jemals wieder hier sein würde. (schluchzend) Es ist ein sehr gutes Gefühl.

Als ich versuchte, sie zu beruhigen, lief ein Kälteschauer durch mich hindurch, als ob ich ein Déjà-vu erlebte. Das klang nach der gleichen Szene und der gleichen emotionalen Erfahrung, die Phil gemacht hatte, als er unerwartet auf den Planeten der drei Türme kam. Das war der Ort, den er „Zuhause“ nannte und er wusste, dass er lange Zeit weg gewesen war und dachte, er würde ihn nie wieder sehen. Dies wurde im Buch *Keepers of the Garden* berichtet. Könnte Clara an den gleichen Ort gelangt sein?

D: *Siehst du irgendwelche Leute?*
C: (Schnieft) Nein, ich sehe im Moment niemanden. Ich bin gerade gekommen … (Sie versuchte, sich zusammenzureißen.)
D: *Das war eine Überraschung, meinst du. Unerwartet.*
C: Ich bin sehr überrascht. Ich ... Ich hätte nicht gedacht, dass ich jemals wieder hier sein würde. Und hier zu sein scheint so plötzlich. Als ob ich einen langen Weg durch eine lange Zeit zurückgelegt hätte. (Sie war immer noch emotional.) Um hier zu sein. (Weint)
D: *Es klingt nach einem besonderen Ort. (Ich wusste, dass ich sie über die Emotion hinaus bringen musste, bevor wir die Geschichte fortsetzen konnten.) Sag mir, was passiert!*
C: Ich schaue und es scheint, als wäre ich auf dem Licht an diesen Ort geraten. Und ... (Pause) ich sehe Menschen.
D: *Wo sind die Leute?*
C: (Beruhigt sich) Eine Gruppe von Leuten kommt aus der Umgebung der Gebäude.
D: *Sehen sie dich?*
C: Ja. Und ich sehe für sie sehr seltsam aus. (schluchzt wieder)
D: *Warum siehst du für sie seltsam aus?*

C: Weil ich nicht so grau bin wie sie. Ich bin Licht. Ich bin dieses Wesen des Lichts. Und sie sind neugierig. Aber ich bin auch neugierig, wie es hier ist.
D: *Wie sehen sie aus?*
C: Sie haben braune Köpfe und ... (Handbewegungen) ihre Köpfe sehen so aus.
D: *(Ich versuchte, ihre Bewegungen zu entschlüsseln) Du meinst, irgendwie länglich?*
C: Etwas länglich. Und ihr Kinn ist fast spitz. Und es ist fast so, als wäre alles an ihnen Kopf, ohne viel Körper. Du siehst nur den Kopf.
D: *Kannst du irgendwelche Gesichtszüge erkennen?*
C: Ich sehe meistens nur die Intelligenz. Und sie ist sehr …

Sie hatte Schwierigkeiten beim Erklären, aber zumindest hatte sie aufgehört, zu schluchzen und zu weinen.

D: *Haben sie etwas an, kannst du das sehen?*
C: Es ist wie ein Ganzkörperanzug. Alles einfarbig, grau, glänzend.
D: *Und du sagtest, diese Gruppe von Menschen sieht dich leuchten?*
C: Ich bin nur Licht. Und sie scheinen neugierig auf mein Lichtwesen zu sein. Sie sind sehr nah dran. Sie versuchen, mich zu berühren. Und ich bin ein wenig ängstlich. Ich weiß nicht, was passieren wird. Sie versuchen, mich zu berühren.
D: *Kannst du ihre Hände sehen?*
C: Ja. Sie sind spindeldürr, nur ... oh, die Finger. Ich sehe drei und dann ist da noch ein winziger kleiner Finger. Es ist fast nichts, wie ein Stumpf. Und sie wollen mich einfach nur anfassen.
D: *Können sie das Licht berühren?*
C: Ja. Es fühlt sich einfach liebevoll an.
D: *Du warst ängstlich.*
C: Ja. Und wenn sie näher kommen, ist es ... (Ihre Gesichtsausdrücke und Geräusche sprachen von einem angenehmen Erlebnis.) Sie sind sehr neugierig.
D: *Aber jetzt stört es dich nicht mehr.*
C: Nein. Es ist alles in Ordnung.
D: *Verstehen sie, was du bist?*
C: Sie scheinen zu wissen, was ich bin und wer ich bin. Und so gehen wir gemeinsam zurück zu den Gebäuden. Sie sagen mir, dass ich einer von ihnen bin. Aber ich bin von hier weggegangen als ein Ermittler, um Informationen zu

sammeln. Und dass ich im Laufe der Zeit als Wesen des Lichts gegangen bin. Und jetzt habe ich die Informationen gesammelt und bin zurückgekommen, um diese Informationen in dieses Land zu bringen.

D: *Warst du schon lange weg?*

C: Sehr lange Zeit. Eine sehr, sehr lange Zeit.

D: *Aber sie erkennen dich immer noch?*

C: Es hat eine Weile gedauert. Sie sagten, sie seien neugierig. Sie waren nicht sicher, dass ich diejenige war, die geschickt wurde, um Informationen zu sammeln. Jetzt erkennen sie es. Sie wissen, dass ich diejenige bin, die gesendet worden war.

D: *Werden viele Leute geschickt, um diese Dinge zu tun?*

C: Einer in jedem oder jedem zweiten Jahrtausend.

D: *Warum wollten sie, dass du die Informationen sammelst?*

C: Das Wissen, das jenseits dieses Ortes liegt, zurückzuholen, damit es erhalten bleibt. Damit es nicht verloren geht.

D: *Du meinst, es ist Wissen, das nicht Teil ihrer Geschichte ist?*

C: Ja. Die Geschichte und das Wissen einer anderen Zeit und eines anderen Raumes.

D: *Warum sind sie daran interessiert, es zurückzuholen, wenn es nicht ihre Geschichte ist?*

C: Weil sie von diesem anderen Ort gehört hatten und dass sie von diesem Wissen lernen könnten. Es sollte nicht verloren gehen.

D: *Dann wollten sie, dass du neue Informationen sammelst, die sie nicht haben?*

C: Neue Informationen von dem anderen Ort, den sie nicht kannten. Die sie sammeln konnten.

D: *Hatten sie keine andere Möglichkeit, an diese Informationen zu kommen?*

C: Von Zeit zu Zeit bestimmten diese Wesen ihre Auserwählten. Und sie entschieden sich dafür, in andere Galaxien, in andere Zeiten und zu anderen Orten im Raum zu reisen, um Informationen über Zeit und Raum und Ort zu bekommen. Und um sie zurück in diesen Raum des Seins zu bringen. Um zu lernen. Um zu wachsen. Den Horizont zu erweitern. Denn wenn diese Zeit und dieser Raum zu wachsen und sich zu erweitern lernen, trennen sie sich und werden zu einer anderen Zeit und einem anderen Raum.

D: *Du meinst, es kann sich nur durch Wissen erweitern?*

C: Durch Wissen.

D: *Haben sie Möglichkeiten, an andere Orte zu reisen, um Wissen zu erlangen?*

C: Sie reisen auf Lichtstrahlen. Die Lichtstrahlen sind manchmal längliche Kugeln. Aus einer Dimension sehen sie silbrig und länglich aus, oval. Und aus einer anderen Dimension sehen sie rund aus. Sie sind wie eine Silberscheibe. Und du gleitest einfach durch die Luft.

D: *Sind sie solide, physisch?*

C: Ja, ja.

D: *Weil du auch gesagt hast, dass sie wie Lichtstrahlen sind.*

C: Das sind sie. Sie können fest sein oder sie können reine Energie sein. Was auch immer für den Ort geeignet ist. Wir können reine Energie sein oder wir können eine solide Scheibe sein, um dorthin zu gelangen, wo wir sein müssen.

D: *Waren sie nicht in der Lage, diese Art von „Ausrüstung" zu benutzen, um das Wissen selbst zu sammeln?*

C: Das könnten sie. Aber ein Wesen entschied sich dafür, zu gehen und ein Wesen wurde ausgewählt, um die Erfahrung zu machen.

D: *Du meinst, wenn sie mit ihren Maschinen reisen würden, könnten sie es nicht erfahren?*

C: Nein. Das Wesen reist und es kann die Scheibe sein, oder das Fahrzeug, oder es kann nur das Wesen sein. Das Wesen kann das Fahrzeug sein oder das Fahrzeug kann das Wesen sein.

D: *Dann muss es keine physische Form haben? (Nein.) Aber dennoch siehst du sie in physischer Form.*

C: Sie werden zur physischen Form, damit ich erkennen kann, wie sie zu der Zeit waren, als ich wegging.

D: *Seit du weg bist, brauchen sie diese physische Form nicht mehr? Ist das richtig?*

C: Sie brauchen die physische Form nicht, aber sie wurden zu dieser physischen Form, damit ich erkennen würde, dass sie, seit ich weg bin, zu einem Ort aufgestiegen sind, an dem sie reine Energie sein können. Damit ich sie so erkennen kann, wie damals, als ich sie verließ. Da war ich so ein Wesen wie sie.

D: *Und seit du weg bist, haben sie sich verändert und sind dorthin gegangen, wo sie den Körper nicht mehr brauchen.*

C: Wenn sie es wollen. Wenn sie sich dafür entscheiden, reine Energie zu sein, können sie reine Energie sein. Oder sie können der Körper sein oder die Scheibe, das Fahrzeug.

D: *Aber sie brauchen immer noch etwas, um darin zu reisen.*

C: Nicht unbedingt. Ich kam als reine Energie aus der Nähe der anderen Zeit und des anderen Raums. Das Objekt zeigen sie mir, damit ich mich daran erinnern kann, in diese Stratosphäre zurückzukehren, die ... es gibt keine Atmosphäre. Es ist nur ...

D: *Diese Dimension oder die Welt, in der sie leben?*

C: Ja. Diese Welt, in der sie leben, also werde ich erkennen, dass wir die Scheibe benutzt haben. Wir können die Scheibe immer noch benutzen, wenn wir zu einer anderen Welt reisen. Wir können entweder die Scheibe oder einfach reine Energie benutzen. Das ist zur Erinnerung an die Zeit, bevor ich weggegangen bin.

D: *Aber immer noch der beste Weg, um das Wissen zu erlangen, ist, dass jemand wie du aufbricht und es absorbiert? Ist das ein gutes Wort?*

C: Das ist ein gutes Wort. Absorbieren, ja.

D: *Und jetzt bist du zurückgekommen, um es mit ihnen zu teilen. Aber du bist nicht gekommen, um dazubleiben?*

C: Das wird zu einem anderen Zeitpunkt festgelegt, ob ich bleibe oder nicht oder ob ich zu einer anderen Welt reise, um mehr Informationen oder Wissen zu erhalten.

D: *In Ordnung. Aber du hast gesagt, sie bringen dich irgendwohin.*

C: Wir gehen in diesen runden Raum. Wir sitzen an einem runden Tisch. Es sieht aus wie ein Rat dieser Wesen. Und dort gebe ich die Informationen weiter, die in diesen anderen Welten gesammelt wurden, in denen ich war.

D: *Wie teilst du die Informationen mit ihnen?*

C: Wir setzen uns ... wie eine physische Form. (Sie hatte Schwierigkeiten beim Erklären, aber sie lächelte trotzdem.) Wir können die Informationen auf telepathischer Ebene teilen oder wir können verbal kommunizieren. Die Denkmuster ... unsere Gedankenkommunikation wird manchmal durch jemanden unterbrochen, der sich aus der Gruppe zu Wort meldet und etwas sagt, das ... (lächelnd) humorvoll ist. Ein wenig interplanetarer Humor.

D: *Hast du etwas gesagt, dass sie lustig finden?*

C: Ja. Und sie sagen etwas, das ich lustig finde. Das geschieht also auf auditive Weise. Und es scheint, als würde mein Wesen Informationen in eine Computerbank einspeisen. Es ist eine telepathische Übertragung der gesammelten und gelernten Informationen in ihre Computerbanken, in ihre Systeme.

Dies geschah auch bei Bonnie, als Wesen ihr Auto von der Autobahn auf ein riesiges Schiff brachten. Mithilfe eines Gerätes, das auf ihren Kopf gelegt wurde, duplizierten und transferierten sie ihre Erinnerungen in eine Art Computer. Dies wurde in *The Custodians* berichtet.

D: *Kannst du diese Systeme sehen? Sind sie im Raum?*

C: Nein. Sie sind in ihrem Gehirn, in ihrem Geist und ihrem Wesen.

D: *Also werden die Informationen von deinem Geist in ihren Geist übertragen. (Ja.) Die Informationen aller Welten, die du seit deiner Abreise besucht hast. (Ja.) Alle Lebenszeiten, die du gelebt hast oder nur aus den Welten?*

C: Nur aus den Welten.

D: *Dann hast du nicht wirklich auf all diesen Welten gelebt, die du mit ihnen diskutierst?*

C: Es gibt andere Zeiten, in denen ich auf anderen Welten war. Aber diesmal bin ich in nur auf eine Welt gereist, um Informationen und Wissen über diese Kultur, über diese Welt und über dieses System zu sammeln. Und um es zurückzubringen. Das scheint ein Ort zu sein, zu dem Informationen gebracht werden, die aus allen anderen Welten gesammelt wurden. Es ist ein riesiger Ort, an dem alles Wissen aus allen Universen, aus allen Galaxien, aus allen Orten, die es gibt, gespeichert wird. Wie ein Sammlungsort. Wie eine riesige Bibliothek mit Informationen aus allen Zeiten und allen Räumen.

D: *Wer hat Zugang zu diesen Informationen, wenn sie dort gespeichert sind?*

C: Alle. Alle aus allen Galaxien können darauf zugreifen, wenn sie wissen, wie man es macht. Es ist ein Ressourcenzentrum. Jeder kann hinein. Man muss nur den Schlüssel dazu haben.

D: *Und du bist jetzt ein Teil davon, indem du die Informationen, die du gesammelt hast, überträgst. Aber du hast gesagt, du warst nur auf einer Welt, um Informationen zu sammeln, welche Welt war das?*

C: Diese Welt war die Erde.

D: *Musstest du ein Leben auf der Erde führen, um die Informationen zu sammeln? (Ja.) Dann bist du schon sehr lange weg. (Ja.) Du musst viele Informationen haben, die du teilen kannst.*

C: (Tiefer Seufzer) Mehr, als ich für möglich hielt.

D: *Aber es klingt so, als würde es sehr schnell übertragen.*

C: Ja. Es geht schneller als Lichtgeschwindigkeit. Denn obwohl viel, viel Zeit und viele Lebenszeiten nötig waren, um die Informationen zu sammeln, können sie in diesem

Ressourcenzentrum oder an diesem Ort, an dem ich jetzt bin, sehr schnell verarbeitet werden. Sie können übertragen werden. Sie können durch mein System innerhalb eines sehr kurzen Zeitraums an den Ort fließen, wo sie hingehören, denn hier ist alles jetzt. Alles hier passiert jetzt.

D: *Und die Informationen sind dort sicher, weil sie in diesen Wesen gespeichert sind?*

C: In diesen Wesen und in allem, was hier existiert. In den Felsen, in den Gebäuden, alles absorbiert die Informationen. So, als ob alles eine Datenbank wäre. Alles absorbiert dieses Wissen. Alles wird zu diesem Wissen. Alles was ich zurückbringe, wird zu alledem.

Als Phil auf den Planeten der drei Türme reiste, sagte er auch, dass alles Wissen dort verfügbar sei und im Planeten selbst gespeichert würde. Darüber informierte ich in *Keepers of the Garden*.

D: *Wenn jemand wie ich die Informationen finden wollte, wie könnten sie abgerufen werden?*

C: Es ist ein spezieller Schlüssel. Ein Schlüssel, um einfach in sich selbst hineinzugehen, denn in dich hineinzugehen ist der Schlüssel zu diesem Wissen und der Ort, an dem sich das vollständige Wissen befindet. Und alle Wesen können jederzeit und überall selbst darauf zugreifen, wenn sie das wünschen.

D: *Du meinst, sie müssen sich zuerst das Wissen wünschen?*

C: Ja, das Wissen kommt durch die Liebe. Du brauchst nicht zu diesem Ort zu kommen, an dem ich bin und wo diese Wesen sind. Nur um die Informationen bitten und sie werden gegeben werden.

D: *Das klingt, als würdest du eine sehr wichtige Aufgabe erfüllen.*

C: Das ist meine Absicht. Das zu sein und tun ist, wofür ich ins Leben gerufen wurde.

D: *Bleibst du dann sehr lange bei diesen Energiewesen?*

C: Immer.

Das war ein Schock. Wenn sie dort blieb, was würde aus diesem Körper von Clara, mit der ich sprach, während sie in Hollywood auf dem Bett lag? Könnte ein Teil von ihr dort bleiben und auch zur gleichen Zeit hier sein. Ich bin immer darauf bedacht, keinen Schaden bei den Probanden zu verursachen und dies war eine seltsame Antwort.

D: *Ich meine, bleibst du einfach da, bis sie das Wissen gespeichert haben?*

C: Nein. Ich werde hier sein, bis ich einen Auftrag für einen anderen Ort oder eine andere Zeit habe. Es könnte sich um das Sammeln von Informationen aus einer anderen Welt wie der Erde oder einem anderen Ort handeln.

D: *Aber ich denke an den Körper, mit dem ich zu diesem Zeitpunkt auf der Erde spreche. Der Körper von Clara. Wird diese Energie, mit der ich spreche, in diesen Körper zurückkehren? Oder ist sie davon getrennt? Ich versuche zu verstehen, was passiert.*

C: Es ist ein und dasselbe.

D: *Aber du hast doch gesagt, dass die Energie dort bleiben wird, bis ein anderer Auftrag kommt?*

C: Das ist richtig.

D: *Aber sie ist doch auch Teil dieses Körpers auf der Erde?*

C: Das ist richtig.

D: *Wie kann sie an zwei Orten gleichzeitig sein? Kann ich das verstehen?*

C: (Tiefer Seufzer) Sie versteht es nicht.

D: *Gibt es eine Möglichkeit, wie du uns helfen kannst, das zu verstehen?*

C: (Sachlich) Sie wurde geschickt, um in einem Körper zu sein und Informationen zu sammeln. Ich bin ein Teil von ihr, der Informationen gesammelt hat und bringe sie nun an diesen Ort des Wissens zurück. Das Ressourcenzentrum. Diese Bibliothek. Sie hat große Schwierigkeiten zu verstehen und zu lernen, dass sie Informationen sammeln kann und dass ich hier sein kann, um Informationen zu verbreiten, oder Informationen zurückzubringen. Und so gibt es eine Zeit, in der für sie eine Aufteilung der Energie möglich ist, ohne zu wissen, ob sie an dem einen oder dem anderen Ort ist.

D: *Passiert das auch bei anderen Menschen?*

C: Ja. Es gibt andere, die ähnliche Lebenszeiten erleben.

D: *Das Gefühl, an zwei Orten gleichzeitig zu sein.*

C: Ja, ja. Weil es zahlreiche Wesen gibt, die gesandt werden. Es wäre eine enorme Verantwortung und Aufgabe für eine Person, alle diese Informationen zu sammeln.

D: *Es wäre fast unmöglich, denke ich.*

C: Ja, ja. Es gibt also viele Wesen. Und es gibt noch andere Wesen, die zur gleichen Zeit auf andere Welten gehen. Ich bin hier und Clara in dieser Form ist dort. Ich hoffe, sie sammelt mehr

Informationen in dieser physischen Form, um sie zu dem Teil von ihr, der ich bin, zu übertragen, der die Informationen dann hierher bringt.

Das ging über mein Verständnis hinaus und würde weiterführende Studien in Anspruch nehmen. Ich dachte, ich sollte zu der Erfahrung zurückkehren, die wir von vornherein untersucht haben.

D: *Bist du in der Lage zu erklären, was passiert ist, als sie auf Hawaii die Straße hinunterfuhr, als diese Übertragung stattgefunden hat? War ihr physischer Körper zu diesem Zeitpunkt noch in dem Auto? (keine Antwort) Wir untersuchen diese Zeit, als sie die Straße hinunterfuhr und zu dem Park kam.*

C: Sie wurde zu dieser Zeit und an diesem Ort dorthin geschickt. Weil das der Ort war, der sich zu ihrem Wohle materialisierte, damit sie die Möglichkeit hatte, diesen Raum zu betreten, damit der Teil, der ich bin, die Informationen hier zum Ressourcenzentrum bringen konnte. Zum Zeitpunkt der Verbreitung der Informationen war es nicht angemessen, dass sie an diesen besonderen Ort zurückkehrt. Also wurde sie an einen Ort gebracht, den sie in ihrem physischen Körper auf dieser Autobahn kannte, Pelanoni (phonetisch). Also wäre das Auto an einem Ort, den sie kannte und sie wüsste, wie sie ihr Ziel erreichen könnte, als der Teil, der ich bin, ihren physischen Körper verlassen hatte.

D: *Dann musste die Übertragung zu jener Zeit an einem bestimmten Ort auf Hawaii stattfinden?*

C: Nicht unbedingt. Das war nur ein Ort, an dem sie sich im physischen Körper wohlfühlte. Und der Ort, der für sie geschaffen wurde, war in ihren Augen ein Ort von großer Schönheit. Also war es ein Ort, an dem sie völlig entspannt und losgelöst sein konnte, damit der Teil, der ich von ihr bin, sie verlassen und hochkommen könnte, um die Informationen zu übertragen.

D: *Dann wurde das Auto mit ihrem physischen Körper physisch auf die andere Autobahn auf der anderen Seite der Insel gebracht?*

C: Das ist richtig. Es wurde einfach nur dematerialisiert und dann an einem anderen Ort wieder materialisiert.

D: *Ist es üblich, Autos und Menschen von einem Ort zum anderen zu bringen?*

C: Oh, ja. Oh, ja.

D: *Es geschieht oft?*

C: Sehr, sehr oft.

D: *Wird der physische Körper auch dematerialisiert und rematerialisiert, wenn es passiert? (Ja.) Und dem Körper entsteht kein Schaden.*

C: Kein Schaden. Er wird zu reiner Energie.

D: *Und sie und das Fahrzeug wurden einfach von einem Ort zum anderen gebracht.*

C: Das ist richtig.

D: *Als sie also wieder bei Bewusstsein war, befand sie sich an einem anderen Ort auf der Insel. Und fuhr zu dieser Zeit Auto. (Ja.) Und sie hatte keine Erinnerung daran, was passiert war.*

C: Das ist richtig.

D: *Ist das nur ein einziges Mal in ihrem Leben als Clara passiert?*

C: Es ist schon oft passiert. Aber diesmal war sie an einem Punkt und in einer Zeit ihres Lebens, an denen sie offen genug war, sich anzusehen und zu erforschen, was geschehen war und wie es geschehen sein könnte. Zu anderen Zeiten war sie nicht bereit für ein solches Verständnis gewesen oder sie befand sich in solch einer Wachstumsphase ihres physischen irdischen Lebens, dass sie kein Verständnis dafür hätte haben können, was geschehen war.

D: *Außerdem war es wahrscheinlich nicht so auffällig, dass es sie dazu hätte bringen können, sich daran zu erinnern.*

C: Das ist richtig.

D: *Das war also eine Zeit, in der etwas Ungewöhnliches geschah und sie sich daran erinnern konnte.*

C: Das ist richtig.

D: *Ist es in Ordnung, dass sie diese Informationen jetzt hat?*

C: Ja. Sie sollte die Informationen kennen. Sie sehnt sich danach, diese Informationen zu erfahren. Sie wird sie jetzt verstehen. Sie werden ein freudvoller Gewinn für sie sein.

D: *Das ist sehr wichtig. Wäre es in Ordnung, wenn ich ein anderes Mal mit diesem Teil von ihr kommunizierte?*

C: Oh, ja. Wir kommunizieren gerne. Das ist unsere Arbeit, Kommunikation.

D: *Weil mir von anderen gesagt wurde, dass, wenn ich Informationen haben wolle, könne ich Zugang zu allem bekommen, was ich wissen wolle.*

C: Das ist richtig. Du hast ein besonderes Talent und eine besondere Gabe, die dir mitgegeben wurde. Um Informationen zu sammeln, die unbekannt, unterdrückt, verborgen oder seit Äonen vertuscht worden sind. Und jetzt ist es an der Zeit, diese Kommunikation mit dir über dieses Medium zu führen, damit du sie kennst und dir bewusst bist, dass du großartige Arbeit leistest. Und es ist die passende Zeit auf dem Planeten Erde, die Informationen auf diese Art zu verbreiten für die du ausgewählt wurdest. Und um dem Wissen aus diesen Ressourcen zu ermöglichen andere zu erreichen, die dann wissen, dass jeder in der Lage ist, tiefer in das einzutauchen, das heißt, mehr über sich selbst zu erfahren. Und über die Vergangenheit und die Zukunft und alles, was in allen Universen geschieht. Also, ja, du hast Zugriff auf alle Informationen im Ressourcenzentrum. Und wir erkennen dich an.

Ich bat dann die Entität oder den Teil oder was auch immer es war zurückzutreten und ließ Claras Persönlichkeit wieder vollständig in ihren Körper zurückkehren. Die Freigabe oder der Wechsel sind immer spürbar, da die Probanden an dieser Stelle tief durchatmen. Ich orientierte sie in der Gegenwart und brachte sie wieder zu vollem Bewusstsein.

Nachdem Clara ganz wach geworden war, rief ich bei der Rezeption an und ließ Phil nach oben kommen. Ich dachte, es wäre wichtig für die beiden, einander zu treffen, weil ihre Erfahrungen so ähnlich waren. Phil war verwirrt, als ich ihn und Clara einander vorstellte, weil er wusste, dass ich sehr vorsichtig bin, wenn es darum geht, die Identität meiner Probanden preiszugeben, um ihre Privatsphäre zu schützen. Aber als ich erklärte, was gerade passiert war, wurden beide sehr emotional. Es war, als hätten sich zwei Seelen getroffen und sofort ihre Verbindung erkannt. Sie sprachen miteinander und beschrieben ähnliche Erinnerungen an diesen seltsamen Planeten der Türme. Es war eine sehr emotionale und logischerweise unnatürliche Szene, weil wir alle wussten, dass sie für eine kurze Zeit „nach Hause“ zurückgekehrt waren und ihre Gefühle überwältigend waren. Es wird in diesem Buch noch weitere Sitzungen geben, in denen die Probanden ihr „Zuhause“ an einem unnatürlichen Ort fernab der Erde gefunden haben (Kapitel 10).

In den letzten Jahren, 2000 und 2001, hatte ich weitere Fälle, in denen die Person an zwei Orten gleichzeitig zu sein schien, oder aus einer anderen Perspektive berichtete. In einem von ihnen ging eine Frau in das geistige Reich statt in ein vergangenes Leben, wo sie an einem Treffen von Lehrern, Führern und Meistern teilnahm. Sie sagte, dass dieser Teil von ihr immer dortblieb und ein Teil seiner Aufgabe sei, ihre Fortschritte auf der Erde zu überwachen und zu versuchen, Ratschläge auf einer unbewussten Ebene zu geben.

Als dieses Buch im Jahr 2001 in Druck ging, begegnete mir ein ähnlicher Fall. Wer auch immer diese Show von der anderen Seite leitet, hatte anscheinend entschieden, dass es an der Zeit sei, diese Informationen zu veröffentlichen. Eine Frau kehrte in ein vergangenes Leben als Mann in einem abgelegenen Teil Griechenlands zurück. Er gehörte nicht dorthin, sondern war Beobachter und Zuhörer. Ich führte sie weiter zurück, um zu sehen, woher sie kam und sie befand sich auf einem dunklen Planeten. Er war ganz grau mit ein paar Gebäuden und ohne Bäume. Das meiste schien unter der Erde zu sein. Sie befand sich in einem seltsamen Körper. Sie beschrieb ihn als einen Fischkörper, aber er schien mehr wie eine Eidechse mit einem großen Mund, riesigen Augen, einem ungewöhnlich geformten Kopf mit einer Beule hinten und einem Schwanz zu sein. Sie sagte, sie sei eine Beobachterin und würde zu verschiedenen Zeitpunkten in der Geschichte zur Erde geschickt. Zu diesen Zeiten nahm sie die Gestalt der hier existierenden Wesen an und war Beobachter und Sammler von Informationen. Als ich versuchte, sie zum letzten Tag ihres Lebens zu bringen, sagte sie, es gäbe keinen letzten Tag. Ihre gegenwärtige Persönlichkeit war noch immer der Beobachter. Das war ihr Job.

Es wurde schon viel über Gestaltwandler berichtet. Wenn sie echt sind, sind diese Wesen in der Lage, in mehreren geeigneten Formen zu existieren, glaube ich. (Auch Energiewesen können jede beliebige Form annehmen oder jeden beliebigen Körper erschaffen.)

Meine Schlussfolgerungen sind, dass diese Wandler eher nicht in Machtpositionen oder als Entscheidungsträger (wie oft angenommen) zu finden sind, weil es sich um Beobachter, Akkumulatoren und Reporter handelt. Das ist so ähnlich wie bei Bartholomäus, also scheint es, als wäre es seit Anbeginn der Zeit geschehen. So scheint dieser Teil von uns, der ein Leben auf der Erde führt, nur ein kleines Stück oder ein Splitter von einem viel größeren Selbst zu sein. Wir sind viele und nicht nur eine/r oder vielmehr Teile eines komplexeren Ganzen. Wir sind nur fähig, uns auf den Splitter zu konzentrieren, den wir als unsere Gesamtheit wahrnehmen. Das ist eine gute Sache, denn wenn wir uns der Komplexität bewusst wären, würden wir in dieser Welt oder Realität nicht funktionieren können. Wir dürfen nur die Fassade sehen, die ein viel größeres Bild verdeckt. Erst jetzt wird uns gestattet, einen Blick hinter den Schleier zu werfen.

* * *

Clara wollte noch eine Sitzung, als sie hörte, dass ich nach Kalifornien zurückzukehren würde. Ich musste in der nächsten Woche wiederkommen, um auf der Whole Life Expo in Pasadena zu sprechen. Diesmal flog Clara von San Francisco, statt zu fahren und wir konnten eine Sitzung machen. Ich wollte mich besonders auf Fragen konzentrieren, die sich mit den Geheimnissen der Erde befassen, da uns gesagt wurde, dass wir Zugang zu allen Informationen haben könnten, die wir haben wollten. Ich habe Clara nicht gesagt, wofür ich mich interessierte. Natürlich habe ich in der Vergangenheit festgestellt, dass die Wächter des Wissens oft nicht alles mitteilen, was man wissen will. Ich habe gelernt, keinen Druck zu machen und zu nehmen, was ich bekommen kann. Ich habe immer viele Fragen und kann deshalb jederzeit zu einem anderen Thema übergehen.

Während dieser Sitzung habe ich nach vielen verschiedenen, bisher ungeklärten Themen gefragt und die Antworten wurden in den Abschnitt über die Mysterien der Erde aufgenommen. Mir wurden Informationen über die Pyramiden verweigert, weil die Zeit noch nicht reif war, aber ich habe andere Informationen bekommen, die für dieses Thema relevant sind.

D: *Der Grund, warum ich nach den Pyramiden gefragt habe, war, dass du gesagt hast, der ganze Planet der Türme, die Felsen und jeder Teil des Planeten wurde als Datenspeicher verwendet. (Ja.) Und auf der Erde ist das nicht der Fall?*

C: Alles auf der Erde hat das Wissen. Es ist alles im Geist der Menschen, wenn der Mensch sich der Weite öffnet, die der Geist für den Menschen bereithält. Der Mensch oder die Menschen auf der Erde, müssen entsprechend ihrer derzeitigen geistigen Entwicklung einen greifbaren Ort haben, den sie berühren und spüren können, wie eine Bibliothek zum Beispiel. Das ist ein Ort, an dem Wissen ist. Es ist gespeichert. Du kannst dorthin gehen. Daher ist ein Speicher auf der Erde wünschenswert, der das ganze Wissen über den Menschen und die ganze Schöpfung, über die Erde und das Universum beinhaltet. Und das ist in der Pyramide. Sollte der Mensch in der Lage sein, seinen Geist zu öffnen, um dessen volle

Kapazität zu erschließen, dann wird er wissen, dass alles Wissen in ihm selbst ist.

D: *Ja, das ist wahr. Ich habe in meiner Arbeit festgestellt, dass es mit dieser Methode angezapft werden kann. (Ja) Aber bewusst realisieren die Menschen das nie. Nur, wenn sie in Trance sind und unbewusst arbeiten.*

C: Das ist wahr. Und deshalb wurdest du ausgewählt, um den Menschen auf der Erde zu zeigen, dass dies ein Weg zur Erweiterung des Geistes ist, um den Menschen zu vermitteln, dass alles Wissen innen ist. Sie sind in der Lage, diesen Weg zu finden, um das Wissen nutzen zu können. Und mit deinen Methoden zeigst du, dass dies möglich ist. Es gibt Menschen, die das nicht glauben werden, aber nachdem du begonnen hast, die Informationen auf deine Art und Weise durch dich hindurchfließen zu lassen, wird Akzeptanz in größerem Umfang erfolgen. Und schließlich wird dies immer mehr als eine Möglichkeit akzeptiert werden, Zugang zu dem, was in allen ist, zu erlangen. Und vielleicht werden Menschen in einer zukünftigen Zeit, hoffentlich in naher Zukunft, in der Lage sein, auf diese Art Wissen von einer bewussteren Ebene aus zuzugreifen.

D: *Das habe ich immer geglaubt. Dass das Wissen nicht zerstört wurde, weil die Menschen im Laufe der Jahrhunderte gestorben sind. Es ist immer noch im Unbewussten gespeichert.*

C: Es wird in die zelluläre Ebene der DNS gespeichert. Also, auch wenn eine Person einen Übergang von einem physischen Körper zu einem reinen Energiekörper durchführt, so wie ich einer bin, vergisst sie es nie.

D: *Es ist also immer verfügbar, sobald die Methode gefunden wird, mit der es kontaktiert werden kann.*

C: Ja. Es ist in allem. Die Informationen sind da.

D: *Ich habe oft vermutet, dass die Pyramiden und die Monumente in Peru, die ich gerade besucht habe, viel älter wären.*

C: Machu Picchu?

D: *Ja, ich war dort. Ich konnte da eine Kombination von Strukturen sehen, von denen ich dachte, dass sie aus verschiedenen Zeitperioden stammen.*

C: Es gibt verschiedene Zeitperioden in Machu Picchu. Einige sind viel neuer als andere. So, als ob zwei Zivilisationen da gewesen wären. Und in der Tat war es so.

D: *Das hat uns der Schamane gesagt. Dass die Inkas die Hauptstrukturen mit den riesigen Blöcken nicht gebaut haben.*

C: Das ist richtig. Die Inkas kamen viele Generationen, viele, viele Jahre später nachdem das Original – die Ruinen, wie du sie jetzt kennst – die Zivilisation, die Städte, erbaut wurden. Sie wurden lange vor den Inkas gebaut. Die Inkas bewohnten sie, nachdem die andere Zivilisation den Planeten bereits verlassen hatte.

D: *Das ist es, was ich dachte. Das ist es, was der Schamane auch glaubte. Dass die Inkas kamen und nur benutzten, was sie vorfanden.*

C: Ja. Sie fanden einen sehr schönen Lebensraum. Und so sagten sie: „Warum sollten wir etwas erschaffen, wenn es für uns schon erschaffen wurde."

D: *Und einige der Gebäude, die sie selbst gebaut haben, hatten deutlich geringere Qualität.*

C: Das ist richtig. Weil sie das Wissen verloren hatten, das die frühere Zivilisation besessen hatte.

D: *Was ist mit den Ureinwohnern passiert? Sie verließen ihre Städte und schienen zu verschwinden. Niemand wusste, was mit ihnen geschehen war.*

C: Sie hatten sich zu einer Schwingungsebene entwickelt, in der sie keine physische Form mehr brauchten. Sie hatten so ein Niveau von Reinheit erreicht, dass sie zu reiner Energie wurden. Und wie du es ausdrücken würdest, „verschwanden" sie aus der Masse oder Dichte der menschlichen Körper. Oder aus der physischen Form, wie du sie kennst. Diese Städte wurden von Menschen gebaut, die Atlantis überlebt hatten und nach Peru auswanderten. So waren sie bereits auf einem höher entwickelten Niveau. Als sie auf diesen Planeten kamen, waren sie bereits auf einer höheren Schwingungsebene. Und diejenigen, die dann hinausgingen und andere Gemeinschaften und Zivilisationen schufen, verloren einen Teil dieser höheren Schwingungsebene, weil sie sich vom Ganzen getrennt haben. Das Ganze war die Zivilisation, wie sie ursprünglich war. Wie sie geschaffen wurde, als sie von den Sternen zurückkam. Und dann, als sie hinausgingen und andere Gemeinschaften und andere kleine Zivilisationen schufen, wie du es nennen würdest, begannen sie, ihre höheren Schwingungen zu verlieren. Ihre Schwingungen wurden tiefer und damit dichter und immer dichter und dichter. Bis wir die dichte physische Hülle haben, wie du sie heute kennst.

D: *Diese hoch entwickelten Wesen haben ihre Schwingungen mehr oder weniger erhöht, bis sie sich einfach gewandelt haben?*

C: Sie haben ihre Form völlig transformiert. Es gab keine Dichte mehr. Sie wurden Licht.

D: *Existierten sie noch auf der Erde, als sie zu Licht wurden?*

C: Sie existieren noch heute.

D: *Warum können wir sie nicht sehen?*

C: Weil sie mit einer so hohen Energiefrequenz schwingen, dass sie keine physische Form mehr brauchen, wie du sie kennst. Und es ist keine sichtbare Form.

D: *Aber was machen sie? Leben sie noch ein Leben?*

C: Sie leben immer noch ein Leben. Sie können oft geistige Führer sein, da du weißt, was ein Geistführer ist. Wenn dir ein Wesen oder eine Energie erscheint, ist es sehr wahrscheinlich, dass es einer von denen sein könnte, die ein solches Maß an Schwingung erreicht haben, dass sie zu dem werden, was man „einen aufgestiegenen Meister" nennen würde. Diese ganze Zivilisation, als Gruppe, war eine Einheit. Und als Einheit haben sie sich so weit entwickelt, dass sie keine physische Form mehr benötigten.

D: *Was ist mit den Körpern passiert, als sie sich entwickelten?*

C: Die Körper haben sich einfach aufgelöst.

D: *Und dieser Ort, an den sie gingen, war er wie ein Land, eine Stadt?*

C: Ja. Sie können in jeder Stadt sein. Jede Stadt, jeder Ort kann ihr zu Hause sein. Außerdem gibt es das, was man „ätherische Städte" nennen würde. Städte genau wie deine Städte, nur sind sie auf einer höheren Schwingungsebene, auf einer Ebene, die die Menschen, wie du weißt, nicht sehen können. Aber sie existieren.

D: *Und sie existieren in dieser Lichtform.*

C: In Lichtform, ja. Wärst du in der Lage, dein Bewusstsein auf eine solche Ebene zu bringen, dass du keinen dichten physischen Körper mehr brauchen würdest, dann könntest du die Städte sehen. Du würdest in der Lage sein, dich hinein und hinaus zu bewegen und umherzugehen oder was auch immer du in einer dichten Form tun würdest. Aber deine Schwingungsebene hätte ganz reine Gedanken, würde ich sagen. Deine Gedanken wären so rein. Dein Leben wäre so rein, dass alles positiv ist. Und du erreichtest eine Ebene, auf der deine Empfindsamkeit und deine Schwingung, dein Energieniveau, eine so hohe Note wäre, dass du das nicht mehr brauchst. Also gehst du an den Ort, wo es noch immer existiert.

D: *Aber an diesem Ort klingt es so, als würden sie nicht sterben, wenn sie reines Licht sind.*

C: Nein, du stirbst nicht. Du stirbst nie. Auch in der dichten Form stirbst du nicht.

D: *Ich weiß, dass man nur die Form ändert.*

C: Ja. Du wechselst einfach auf eine andere Schwingung. Und es ist eine Möglichkeit, dass du irgendwann zu dieser Schwingung übergehen könntest. Du könntest transzendieren. Denn obwohl du eine dichte physische Form, wie du sie kennst hinter dir lässt, gibt es weitere Phasen, in denen du wachsen und dich zu anderen Schwingungsebenen entwickeln kannst. Es gibt viele verschiedene Schwingungsniveaus.

D: *Haben sie sogar auf dieser Ebene noch Karma auszugleichen, wenn sie transzendiert und en masse dorthin gewechselt sind?*

C: Wenn du dieses Niveau der Schwingung erreichst, wäre das weit jenseits der fünften Dimension, wie man es von Dimensionen her kennt. Du hast alles Karma abgearbeitet, das bearbeitet werden musste. Wenn man also zu dieser Schwingungsebene gelangt, gibt es kein Karma mehr.

D: *Dann könnten sie dort für die Ewigkeit bleiben?*

C: Solange sie wollen.

D: *Selbst wenn sie nicht sterben, könnten sie sich entscheiden, weiterzumachen und etwas anderes zu tun?*

C: Sie könnten sich entscheiden, in physischer Form zurückzukehren. Sie entscheiden: „Meine Güte, das hat so viel Spaß gemacht, warum versuchen wir es nicht noch einmal."

D: *Aber dann können sie wieder in Karma verstrickt werden.*

C: Das ist eine Möglichkeit, ja.

D: *Ich versuche, das mit einigen der anderen Dinge zusammenzufügen, die ich gehört habe. Dort ist es anders als auf der geistigen Ebene, zu der die Menschen gelangen, wenn sie auf der Erde sterben und den physischen Körper verlassen. Ist das ein anderer Ort, an dem sich diese Wesen befinden?*

C: Es kann das Gleiche sein. Es hängt vom Wachstum des Geistes ab. Wenn es jemand ist, der gerade einen Übergang vollzogen hat, könnte er auf einer Schwingungsebene sein, wo sich diese Gemeinschaft befindet. Oder es kann mehr Wachstum nötig sein, um an diesen Ort zu gelangen. Es hängt vom Grad der Erleuchtung ab, in der sich diese Person zum Zeitpunkt ihres Übergangs befindet.

D: *Die Mehrheit der Menschen auf der Erde arbeitet heute an Problemen mit Karma, wenn sie sterben und den Körper verlassen, also müssen sie immer wieder hin und her wechseln. Also kamen anscheinend diese Leute in Peru von einem anderen Ort, bevor sie auf diese Ebene gewechselt sind.*

C: Ja. Diese Gruppe war eine Zivilisation, die den Dimensionswechsel in Gruppen vollzog, statt in individueller Form.

D: *Das ist also wahrscheinlich das, was wir erreichen wollen, um nicht immer wieder zurückkommen zu müssen.*

C: Das ist das ultimative Ziel.

D: *Ich habe gehört, dass das ultimative Ziel darin besteht, zum Schöpfer zurückzukehren, zu Gott.*

C: Das ist es, worum es geht, zum Licht zu gehen, das die Quelle ist, das ist es, was du Gott nennen würdest.

D: *Ja, es gibt verschiedene Namen für Ihn.*

C: Viele verschiedene Namen. Es ist das, was du für dich wählst.

D: *Dann nehme ich an, du würdest sagen, diese Leute sind so nahe am Schöpfer dran, wie es überhaupt möglich ist.*

C: Sehr nah dran. Sehr nah dran. Weil eine Zivilisation in der Gruppe ging und sie gingen als Einheit, ohne Trennung, wie du sagen würdest, in den Schoß Gottes. Was bedeutet, eins mit Gott, oder eins mit allen zu sein, eins mit allem zu sein. Alles zu sein, was ist. Weil das ultimative Ziel ist, mit Gott eins zu sein. Und du bist nicht eins mit Gott, wenn du erkennst, dass es eine Trennung gibt, weil der Mensch so sehr versucht hat von Gott getrennt zu sein. Das ultimative Ziel der Seele ist, wieder bei Gott zu sein, von wo aus wir anfangs kamen.

D: *Ja, das ergibt Sinn für mich. Gibt es noch andere Zivilisationen, die diesen Übergang in Massen vollzogen haben?*

C: Viele haben das getan.

D: *Gibt es etwas, das wir aus der Geschichte kennen würden?*

C: Nicht in deiner bekannten Geschichte, nein.

D: *War das davor?*

C: Davor, ja.

D: *Es scheint, als wären die Menschen von Atlantis gewaltsam gestorben. Also wären das andere Umstände, wenn wir Massenkatastrophen haben.*

C: (Unterbricht) Ich möchte etwas zu den Massenkatastrophen sagen. Wenn es eine Zivilisation oder eine Gruppe von Menschen war, wählten diese Seelen, diese Wesen, das zu dieser Zeit als eine Möglichkeit, eine andere Ebene zu erreichen. Oder an einen anderen Ort zu gelangen, wo sie auf eine andere Weise wachsen konnten. Es ist eine Wahl.

D: *Wie du sehen kannst, habe ich viele Fragen.*

C: Ja, die hast du. Du stellst sehr gute Fragen. Und deshalb wurdest du ausgewählt. Und deshalb möchten wir das Wissen mit dir teilen, damit die Menschheit von heute die Informationen und Geheimnisse kennen wird, die vor ihr weggesperrt wurden. Wir möchten noch ein wenig mit dir reden. Clara macht vieles, was du tust, aber in einem anderen Sinn. Du berichtest es der Menschheit. Sie kommt in Kontakt mit Menschen, nimmt Informationen auf und berichtet uns darüber. Und deshalb wurden dir Menschen vieler verschiedener Völker gesandt, um ihre Informationen zu sammeln.

D: *Aber die Informationen werden immer komplizierter, während ich arbeite.*

C: Das liegt daran, dass du weitere Türen öffnest. Und da du dir erlaubst, weitere Türen zu öffnen, öffnen sich wieder andere Türen, wenn du hindurchgehst, sodass dir andere Realitäten und viel komplizierteres Material zur Verfügung gestellt werden. Es wäre mir eine Ehre, es mit dir zu erkunden.

D: *Ich werde versuchen, dein Vertrauen nie zu missbrauchen.*

C: Das wissen wir, sonst würden wir nicht zu dir kommen.

Ich orientierte Clara zurück in die Gegenwart und brachte sie zu vollem Bewusstsein. Nach dem Erwachen beschrieb sie ihre Gefühle.

C: Ich hatte das Gefühl, dass ich jetzt drin bin. Ich fühlte mich, als wäre ich in der Zukunft, Vergangenheit und im Jetzt. Es schien, als wäre alles, was zu irgendeiner Zeit war, jetzt.

D: *Es war alles auf einmal. Als ob du aufgeteilt wärst?*

C: Nein, es fühlte sich nicht gespalten an. Es fühlte sich sehr einheitlich an, in dem es sich in zukünftiger Zeit und doch in der Antike, weit in der Vergangenheit befand. Viele, viele, viele Zivilisationen her. Es fühlte sich an, als ob dieses Wesen keine Grenzen der Zeit kennt. Es war, als ob alle Zeit jetzt wäre.

D: *Nun, du kannst sehen, wie wir auf diese Weise Informationen erhalten können, weil sie keine Grenzen hat.*

Nach dieser Sitzung ereignete sich etwas Ungewöhnliches. Clara war zurück in ihr Hotelzimmer gegangen. Nach ein paar Minuten rief sie mich an und fragte, ob ich in ihr Zimmer kommen könnte. Als ich dort ankam, zeigte sie mir ihren Nacken. Beim Haare bürsten hatte sie einen roten Fleck auf ihrem Nacken entdeckt. (Im Badezimmer dieses Hotels befanden sich Spiegel an beiden Seiten der Wand. So konnte Clara den Hinterkopf sehen, als sie sich die Haare hochkämmte. Sie trug einen straffen Pferdeschwanz.) Der rote Fleck erstreckte sich mindestens fünf Zentimeter weit nach oben bis unter den Haaransatz und ragte auch nach unten aus dem Haaransatz noch etwa anderthalb Zentimeter hervor, wo sie ihn bemerkt hatte. Er war intensiv gerötet und sah aus wie ein Streifen. Im Bereich unterhalb des Haaransatzes war er etwa anderthalb bis zwei Zentimeter breit, sich abwärts verjüngend und etwa vier Zentimeter an der breitesten Stelle innerhalb des Haaransatzes. Ich nahm meine Kamera und machte ein paar Fotos davon. Aber als ich versuchte, Bilder zu machen, begann er bereits zu verblassen. Es war auch nicht möglich, dass irgendetwas eine Irritation auf diesem Teil des Körpers verursacht haben könnte, weil sie vollkommen still auf einem Kissen gelegen hatte. Sie sagte, es täte nicht weh oder juckte, es war nur gerötet und sie war verwundert darüber. Das deckte sich mit Erlebnissen anderer Leute, mit denen gearbeitet wurde, die nach der Arbeit mit Energiearten wie dieser, Spuren und Flecken auf ihrem Körper bemerkt hatten. Über diese Fälle wurde im Buch *The Custodians* berichtet.

* * *

Dieser Kontakt mit einem Planeten, der alles Wissen besitzt und immer noch mehr davon sammelt, ähnelt sehr den Aussagen meiner anderen Probanden, denen gesagt wurde, dass sie Berichterstatter sind. Viele Menschen haben Implantate in ihren Körpern, die als Sender fungieren. Alles, was sie sehen, hören und fühlen wird an Computerbanken geschickt, die die Geschichte unseres Planeten Erde aufzeichnen. Sind das unterschiedliche Projekte oder sind sie auf irgendeine Weise mit dem Ganzen verbunden? Ich habe festgestellt, dass eine der Hauptfunktionen des Unbewussten oder vielleicht unserer Seele darin besteht, Informationen aus all den Leben, die wir jemals führen werden, zu sammeln. Unser oberstes Ziel ist es, zur Quelle zurückzukehren, unserem Konzept von Gott, dem Schöpfer. Wenn wir all unsere Reisen und Abenteuer in all unseren verschiedenen Lebensbereichen durchlebt haben, sollen wir mit unserer Ansammlung von Wissen zum Schöpfer zurückkehren. Unser Wissen wird dann aufgenommen. Auf diese Weise werden wir als Zellen im Körper Gottes betrachtet.

Wissen und Informationen scheinen der Hauptzweck der menschlichen Spezies zu sein und so kann nichts richtig oder falsch sein. Es ist nur positiv und negativ. Wir lernen daraus unsere Lektionen und es ermöglicht uns, alles Karma abzuarbeiten, damit wir unsere Aufgaben erfüllen und zurückkehren können, woher wir kamen. In dieser Hinsicht kommen wir letztendlich zu dem Schluss, dass alles, was wir haben und sind, die Summe unserer Erfahrungen und unseres Wissens ist.

* * *

Ein verstörender Gedanke ging mir durch den Kopf, als ich den Bericht über die gesamte Zivilisation in Peru vernommen hatte, die sich en masse in eine höhere Schwingung versetzte, sodass sie unsichtbar wurde. Es wurde gesagt, dass dies in der Vergangenheit auch schon mit anderen Zivilisationen geschehen war. Es wird jetzt viel über unsere heutige Erde geredet, die ihre Schwingung hin zu höheren Schwingungen verändert und in andere Dimensionen wechselt. Dass einige gehen und andere zurückgelassen werden würden, die niemals wissen würden, was passiert sei. Ist das gleiche mit den Zivilisationen der Vergangenheit geschehen?

ABSCHNITT DREI

Mysterien der Erde

KAPITEL 6

ATLANTIS

Ein wichtiges Geheimnis, das den Geist der Menschen durch die Zeitalter gereizt hat, ist die Existenz der Zivilisation von Atlantis. Viele haben behauptet, es wäre nur ein Mythos, eine Legende und doch hat sie Bestand. Ich habe immer gedacht, dass selbst ein Mythos oder eine Legende ein Körnchen Wahrheit als Grundlage haben und konnte das immer wieder bei meiner Arbeit mit der Hypnose verifizieren.

Wenn sich meine Probanden auf der tiefsten Ebene der Trance befinden, können wir auf das Unbewusste auf vielfältige Weise direkt zugreifen. Ich habe entdeckt, dass alles Wissen verfügbar wird, sobald man die Weisheit des Unbewussten kontaktiert. Häufig wird der Person die Information in vergangenen Leben direkt mitgeteilt und bei anderen Gelegenheiten wird sie an Orte gebracht, an denen sie auf die Informationen zugreifen und sie selbst interpretieren kann. Dies geschieht oft bei einem Besuch der Bibliothek im spirituellen Bereich. In diesem wunderbaren Bauwerk ist all das Wissen, das jemals existiert hat und alles, was je existieren wird, zu jedem erdenklichen Thema enthalten. Das ist mein Lieblingsplatz in der geistigen Welt, weil ich immer auf der Suche nach „verlorenem“ Wissen bin. Dieser Ort wird in der Regel von einem Aufseher geleitet, dessen Aufgabe es ist, die Absichten jener zu überprüfen, die Zugang zum Wissen haben wollen. Mir wurde gesagt, dass ich Zugang zu allem haben kann, was ich mir wünsche, weil ich bewiesen habe, dass ich die Informationen so sachlich wie möglich ohne Verzerrung oder Zensur berichte. Natürlich gibt es immer Informationen, die nicht vermittelt werden können, weil der Geist der Menschen der Gegenwart nicht damit umgehen kann. In über zwanzig Jahren Regressionsarbeit habe ich aber bemerkt, dass nun Informationen durchsickern, die in der Vergangenheit, zu Beginn meiner Arbeit, verboten waren. Das gibt mir die Hoffnung, dass der Geist des Menschen endlich so weit fortgeschritten ist, dass er komplizierte Konzepte verstehen kann.

Bei der jahrelangen Arbeit mit Probanden auf dieser tiefen Ebene der Trance verlangte meine Neugierde, dass ich so viele Fragen wie möglich zu einer Vielzahl von Themen stellte. Wenn ich Zugang zum Wissen bekomme, nutze ich jede Gelegenheit. Die Informationen in diesem Abschnitt erhielt ich im Laufe von fünfzehn Jahren. Ich legte sie beiseite und sammelte immer mehr davon, bis es nun an der Zeit war, sie in dieses Buch aufzunehmen.

Einige der Informationen zum Thema Atlantis mögen auf den ersten Blick widersprüchlich erscheinen. Aber ich stimme dem nicht zu, denn ich denke, die verschiedenen Probanden sahen Atlantis zu unterschiedlichen Zeiten seiner Existenz. Ich habe herausgefunden, dass Atlantis kein Kontinent, keine Stadt und kein Ort war. Zu dieser Zeit war Atlantis ein Name für die ganze Welt. Der Name wurde mit dem am weitesten entwickelten Teil der Zivilisation in Verbindung gebracht. Aber nicht alle Teile der Welt befanden sich auf der gleichen Ebene, so ähnlich wie bei uns in der Gegenwart. Diese bemerkenswerte Zivilisation existierte tausende Jahre und erfuhr viele Veränderungen, als sie zum höchstmöglichen Fortschritt aufstieg, den die Menschheit zu erreichen in der Lage war und dann allmählichem Verfall anheimfiel. Man braucht bloß die Geschichte unserer eigenen Welt der letzten tausend bis zweitausend Jahre betrachten, um eine Parallele zu sehen. Unsere Welt hat auch eine Vielzahl fortschrittlicher Veränderungen durchlaufen, einige gute und andere nicht so erstrebenswerte.

Mir wurde gesagt, dass sehr viele Menschen, die heute leben, auch zur Zeit von Atlantis am Leben waren. Wir sind zum jetzigen Zeitpunkt zurückgekehrt, weil die Menschheit sich wieder einmal der Kante des gleichen Abgrunds nähert, der Atlantis verschlang. Zeit operiert als Spirale, hat ähnliche Umstände in unsere Gegenwart gebracht und wir gehen den gleichen Weg. Wir sind zurückgekehrt, um sicherzustellen, dass die Menschheit nicht wieder die gleichen Fehler macht. Durch unser Leben in dieser turbulenten Zeit können wir Karma ausgleichen, das normalerweise zehn Lebenszeiten erfordern würde. Also haben wir uns alle freiwillig gemeldet, um während dieser Zeit hier zu sein.

Von Brenda erhielten wir Informationen über Atlantis während seiner glorreichen Tage, bevor der Verfall begonnen hatte.

B: Die Geschichte von Atlantis erstreckt sich über viele tausend Jahre. Wir könnten damit beginnen, ganz allgemein zu beschreiben, wie sich die Dinge entwickelten. Und wenn du später weitere Details wünscht, könnten wir sie organisieren und dir in den verschiedenen Bereichen der atlantischen Geschichte zur Verfügung stellen.

D: *War dies die erste Hochkultur auf diesem Planeten oder gab es vorher noch andere?*

B: Es ist schwer zu sagen, sie reichen so weit zurück. Bevor Atlantis entstand, sieht es so aus, als stammte die Hauptzivilisation auf dieser Erde von der galaktischen Gemeinschaft, die der Menschheit half. Sie halfen Atlantis bei der Entwicklung, damit die Menschheit mit ihrer eigenen Zivilisation fortschreiten konnte. Das musste die Menschheit tun, um schließlich der galaktischen Gemeinschaft beitreten zu können. Viele waren verärgert, denn als Atlantis zerstört wurde, stand die Menschheit kurz vor dem Beitritt zur galaktischen Gemeinschaft. Und als es dann zerstört worden war, erschütterte das die Menschheit so stark und verschlug sie so weit zurück, dass sie sich der galaktischen Gemeinschaft nicht anschließen konnte.

D: *Wo willst du anfangen? Ich schätze eine gewisse Reihenfolge. Das macht es mir leichter.*

B: Ja. Wie ich gerade erwähnt habe, haben verschiedene Völker der gesamten galaktischen Gemeinschaft mitgeholfen, Atlantis zu starten. Sie hatten die Menschheit beobachtet und versucht, ihr beim Vorankommen zu helfen, aber sie blieben im Grunde verborgen. Die Menschheit beschäftigte sich mit grundlegenden Dingen wie Landwirtschaft, hatte Feuer und baute einfache Städte. Und sie fühlten, wann die Menschheit weit genug fortgeschritten war, um mit dem Wissen umzugehen, dass es andere Wesen gab, die nicht zur Menschheit gehörten. Sie sahen, dass es eine Gruppe in Atlantis gab, die am weitesten fortgeschritten war. Sie hatte die am höchsten entwickelte Zivilisation in der Produktion von Waren, Kunst und Literatur und dergleichen. Ein sehr urbaner Typ Menschen. Sie begannen, diesen Menschen zu helfen, die Zivilisation weiter voranzubringen. Sie hatten eine Möglichkeit, diese Menschen zu stimulieren, damit sie sich in der Lage sahen, Erfindungen schneller zu entwickeln. Sie kannten den Typ Energie, die dem kreativen Denken förderlich war. Und sie stimulierten den Geist der Menschen mit dieser Energie. Als sie sahen, dass es funktionierte, fingen sie an, dies in anderen Zentren der Welt auch zu tun und das führte zu den anderen Zivilisationen. Du hast speziell nach Atlantis gefragt, also werde ich versuchen, bei dieser Geschichte zu bleiben.

D: *War Atlantis nur ein Ort?*

B: Es begann als ein Ort, wuchs aber dann zu einer Zivilisation heran, sein Einfluss breitete sich aus. Und so begann das, was als Atlantis angesehen wurde, mehr als nur das ursprüngliche Land namens Atlantis zu umfassen. Seine Zivilisation verbreitete sich, sodass alles, was unter den Einfluss dieser Sphäre geriet, als Teil von Atlantis betrachtet wurde.

D: *Ist es korrekt, wenn wir es so nennen?*

B: Das ist ein guter Name. Er ist eine Korrektur des ursprünglichen Namens. Wie du weißt, entwickeln sich verschiedene Dialekte aus der Hauptsprache, wenn sich eine Zivilisation über ein großes Gebiet verbreitet. Und im Dialekt, der sich im Süden entwickelte, war der Name näher an Atlanta, das in der Aussprache deiner Sprache noch weiter verändert wurde. Aber es ist genau genug, also ... Es war eine direkte Entwicklung und es stellt kein Problem in Bezug auf die Zivilisation, von der ich spreche, dar.

D: *Es gab andere Zivilisationen, aber du willst dich auf diese bestimmte zu diesem Zeitpunkt konzentrieren.*

B: Du scheinst Informationen über diesen Gegenstand zu wünschen. Also werde ich auch auf die anderen Zivilisationen Bezug nehmen. Die Entwicklung war in all diesen Zivilisationen stabil. Atlantis war etwas voraus, weil sie sich zuerst zu entwickeln begannen. Aber die anderen Zivilisationen entwickelten sich ebenfalls, sodass sie alle zusammenarbeiten konnten. Zum Wohle der Menschheit war es notwendig. Also entwickelte sich die Zivilisation weiter. Die Leute waren fair. Sie waren im Allgemeinen glücklich, gut ausgestattet. Sie waren sowohl emotional als auch körperlich gesund, was dazu beitrug, dass sie ein heiteres Volk wurden. Nicht notwendigerweise unbeschwert, aber anständig im Sinne von fair. Deine Sprache ist sehr ungenau in ihren beschreibenden Worten.

D: *Ich weiß. Das habe ich schon mal gehört. Hatten sie irgendeine generelle Färbung oder Merkmale, die vorherrschend waren?*

B: Nicht wirklich. Zuerst schon, aber als sie sich ausbreiteten, kamen sie in Kontakt mit anderen Völkern. Sie vermischten sich, so wie es auch in deinem Land ist. Sie konnten manchmal die allgemeine Abstammung, aus der jemandes Vorfahren kamen, durch die Färbung erkennen. Aber es spielte keine Rolle für sie und daher machten sie sich keine Gedanken. Sie begannen im Grunde mit rötlichblondem und auch braunem Haar. Mit einem hellen Oliven-Teint, zwischen hell Oliv und cremefarben. Und mit normalerweise grünen oder haselnussbraunen Augen. Und später dann kamen Menschen, die blond oder schwarzhaarig waren, mit braunen Augen, heller Haut, dunkler Haut, eine allgemeine Mischung. Und sie waren meist groß und gut gebaut.

D: *Ich wollte mir ein mentales Bild machen.*

B: Sie haben ihre Kultur nicht auf Metall gegründet, so wie deine. Sie bevorzugten die Verwendung von Materialien, die dem Originalzustand bei ihrer Beschaffung sehr nahe waren. Also haben sie meistens Stein und Ton für ihre Gebäude verwendet. Und ihre Wissenschaften erforschten die direkte Manipulation der Energien, sodass sie alle Arten von Energie, einschließlich der Schwerkraft, manipulieren konnten. So konnten sie Gebäude aus riesigen Steinblöcken errichten, was dir auf der Grundlage und dem Denkansatz deiner Zivilisation unmöglich erscheint.

D: *Dann haben sie keine Maschinen oder Ausrüstung benutzt?*

B: Richtig. Weil es nicht nötig war. Sie wussten, wie man diese Energien mit ganz einfachen Instrumenten manipuliert, die unmöglich in der Lage zu sein schienen, solche Dinge zu bewerkstelligen. Aber sie wussten, wie man sich auf verschiedene Arten von Energiefluss einstellt und bewirkten durch diese Interaktion, dass Dinge so geschahen, wie sie es wollten. Das klingt in deiner Sprache vage, aber es scheint das Beste zu sein, was ich dazu sagen kann.

D: *Brauchten sie viele Leute dafür?*

B: Es hing davon ab, was getan wurde. In der Regel konnte es eine Person mit den vorhandenen Werkzeugen machen, aber damit die Energie in eine positive Richtung fließen konnte, aber musste es mit der Zustimmung aller geschehen.

D: *Musste sich nicht jeder konzentrieren oder Energie senden?*

B: Nein. Aber sie mussten ihre allgemeine Zustimmung geben, damit sie die Energie nicht blockieren würden, weil sie nicht damit einverstanden wären, was geschah. Es ist wie dein Konzept des positiven Denkens. Du musst dich nicht zu sehr konzentrieren, um positiv zu denken. Es ist nur eine allgemeine Denkweise, die man zu erreichen versucht. Während des Lernprozesses und indem sie diese Energien manipulierten, entwickelten sie ihre psychischen Fähigkeiten zur Perfektion. So viele Dinge, von denen unsere Zivilisation abhängt, waren in ihrer Zivilisation einfach nicht notwendig. Dinge wie Telefone, Regierungsbürokratie. Die Verwaltung war sehr direkt, weil die Leute durch Telepathie kommunizieren konnten. Und wann immer etwas getan werden musste, wozu die Zustimmung von allen benötigt wurde, wurden sie einfach telepathisch gefragt und gaben ebenso ihre Zustimmung. Und das geschah fast augenblicklich. Es könnte viele Probleme eliminieren, die in der modernen Welt auftreten.

D: *War dies die einzige Möglichkeit zu kommunizieren, nur durch den Geist?*

B: Nein. Sie haben auch verbal kommuniziert, aber es war eine Mischung aus beidem. Und das war einfach selbstverständlich für sie. Sie haben nie wirklich differenziert, ob sie verbal oder mental kommunizierten, weil sie beides gleichzeitig taten.

D: *War das etwas, was sie lernen mussten, oder ist es auf natürliche Weise so gekommen?*

B: Alle Menschen haben eine natürliche Vorliebe dafür. Es wurde in die Rasse gezüchtet, musste aber entwickelt werden. Zum Beispiel haben alle Menschen in der Regel Hände mit fünf Fingern. Diese Hände sind äußerst geschickte Werkzeuge und sie können sehr filigrane manipulative Arbeit machen, aber nur, wenn du die Muskeln entwickelst und die Hände benutzt. Es ist mit psychischen Fähigkeiten genauso. Alle Menschen haben psychische Fähigkeiten, aber ihr Einsatz ist der einzige Weg, wie sie entwickelt werden können.

D: *Aber das war etwas, das für diese Leute natürlich war?*

B: Nein, sie mussten es entwickeln. Es wurde nur als Teil des normalen Reifeprozesses betrachtet, aber sie waren bewusster, als es die Menschen im Allgemeinen heute sind. Sie hielten es für normal, wenn Kinder muskuläre sowie psychische Fähigkeiten entwickelten. Sie haben die Zeichen nicht ignoriert, wie sie heute ignoriert werden. Es war da und wartete darauf, entwickelt zu werden, aber sie mussten daran arbeiten, so wie sie daran arbeiten mussten, das Gehen zu lernen. Die Fähigkeit war immer da gewesen, aber es dauerte eine Weile, bis sie merkten, dass es sie konsistent gab. Die frühen Menschen verließen sich darauf, um zu überleben, aber sie wussten nicht, was sie taten. Später dann, als die Menschen zivilisiert wurden, vergaßen sie es oft, aber es war immer noch da. Und dann, als ihre Zivilisation mithilfe der galaktischen Gemeinschaft weiter entwickelt wurde, konnten sie erkennen, dass es etwas war, das entwickelt werden konnte. Ihre Wissenschaft wies darauf hin, dass sie selbst ein harmonisches Ganzes sein müssten, um allgemein in Harmonie mit dem Universum zu sein. Und das war ein Teil von dir selbst. Und wenn er nicht so gut entwickelt wird, wärst du nicht ausgeglichen und kein harmonisches Ganzes. Bei seltenen Gelegenheiten, als jemand krank wurde, halfen ihnen ihre psychischen Fähigkeiten herauszufinden, in welchen grundlegenden Energieniveaus des Universums sie aus dem Gleichgewicht geraten waren. Und so nutzten sie ihre psychischen Fähigkeiten auf unzählige Arten in den kleinsten Details des täglichen Lebens. Es wäre unmöglich, alle Anwendungen aufzulisten. Wir würden hier lange Zeit nur verschiedene Möglichkeiten aufzählen, wie sie ihre psychischen Fähigkeiten einsetzten. Die Psyche ist viel geschickter als der Verstand, obwohl sie durch den Verstand funktioniert. Sie ist ein anderer Aspekt des Gehirns. Verstand und Psyche sind zwei verschiedene Aspekte, die durch das Organ wirken, das Gehirn genannt wird. Einer ist grundlegend und kümmert sich um die Notwendigkeiten des Lebens und der andere fügt die Details und den letzten Schliff hinzu. Die Psyche kann sehr präzise sein und Dinge tun, zu denen der Verstand nicht in der Lage wäre, weil er nicht fein genug geschliffen ist.

D: *War zu dieser Zeit die Mehrheit der Menschen auf der Welt auf diese Weise entwickelt?*

B: Diejenigen in der Zivilisation, ja. Diejenigen im Hinterland hatten ihre Psyche nicht so gut entwickelt. Sie haben sich darauf fast nur instinktiv verlassen.

D: *Hatten sie eine Regierung irgendeiner Art?*

B: Zuerst ja, aber dann änderte es sich mit der Entwicklung der Zivilisation, weil aufgrund der psychischen Fähigkeiten die ursprünglichen Ziele der Regierung obsolet wurden. Und so veränderte sich die Regierung allmählich und erfüllte einen anderen Zweck. Sie nutzten die Organisationsstrukturen besser für andere Bereiche, wie z. B. die Organisation der Forschung.

D: *Die wissenschaftliche Gemeinschaft? Oder wurde sie überhaupt als solche betrachtet?*

B: Sie wurde wirklich nicht so gesehen, weil die Forschung hauptsächlich auf mystischen und psychischen Dingen basierte. Also wurde sie als individuelle Herausforderung betrachtet. Immer wenn Menschen Erkenntnisse erlangten, meldeten sie diese an die Organisationsstruktur, damit sie im Auge behalten konnten, wie diese Tatsachen in das Gesamtbild passten, weil dort alle Fakten als relevant betrachtet wurden. Und sie würden all diese Fakten zusammenfassen, organisieren und in das Gesamtbild einfügen, um zu versuchen, die Natur des Universums besser zu verstehen. Dazu gehörte jede einzelne Person. Es war sehr komplex und die Organisationsstruktur wurde gebraucht. Das war also aus der ursprünglichen Regierungsstruktur geworden.

D: *Führten sie Aufzeichnungen irgendwelcher Art?*

B: Ja, sie mussten sehr umfangreiche Aufzeichnungen führen. Aufgrund der Art dieser Zivilisation hatten sie keine Computer per se, aber sie hatten eine Möglichkeit, Informationen mithilfe der grundlegenden Energie des Universums zu speichern, die mit psychischer Energie erschlossen werden konnte. (Vielleicht auf ähnliche Art und Weise, wie wir Informationen gesammelt haben.) Das war ihr wichtigster Speicher und das ist zugleich auch die Ursache dafür, warum deine Archäologen nichts gefunden haben. Ihre Informationen sind dort noch gespeichert und können angezapft werden. Du musst nur die richtigen psychischen Fähigkeiten entwickeln, um in der Lage zu sein, sie zu nutzen. Sie hatten papierähnliche Produkte für die Kinder zum Lesen lernen und um zu veranschaulichen, wie sie ihre psychischen Fähigkeiten weiter entwickeln könnten. Und das ist längst verrottet.

D: *Ich denke, die Wissenschaftler erwarten, dass sie schriftliche, geschnitzte oder ähnliche Aufzeichnungen finden.*

B: Ja. Die Aufzeichnungen sind da, aber sie sind auf den psychischen Ebenen. Sie sind sehr gut organisiert und gebrauchsfertig gespeichert. Und sie werden von großem Nutzen für eure Welt sein. Fast wie die Akasha Chronik, aber nicht ganz, denn die Akasha Chronik ist Teil des Universums. Sie nahmen dieses Konzept und fanden heraus, dass es verwendet werden kann, um eine andere Art Datenbank einzurichten. Sie existiert auf einer Energieebene.

D: *Ich dachte an die Pyramiden oder etwas Ähnliches. Könnten sie Zugang zu dem Wissen an einem physischen Ort bekommen?*

B: Nein. Allerdings sind die Pyramiden und andere Megalith Strukturen, die auf die Himmelskörper ausgerichtet sind, wie die mysteriösen Steinkreise in Europa, Vorrichtungen, die helfen, diese Energie zu bündeln, sodass man sie nutzen kann. Weil die Energie organisiert und konzentriert werden musste, um für diesen Zweck verwendet zu werden.

D: *Würde es dabei helfen, einen besseren Zugang zu bekommen, wenn man eine dieser alten Stätten aufsuchte?*

B: Ja, das würde es. Einige der Steinkreise wären einfach wegen der Präzession[4] der Tagundnachtgleichen nicht mehr so fein gestimmt, wie sie waren.

D: *Du meinst, der Himmel und die Erde verändern sich?*

B: Richtig und daher sind sie jetzt etwas ungenau ausgerichtet. Aber andere, die eine starke solare Ausrichtung haben, wären immer noch funktional. Zum Beispiel, seit Atlantis zerstört wurde, sind nun die Pyramiden Ägyptens das wichtigste Fokussierungszentrum. Und sie sind immer noch perfekt ausgerichtet, so wie damals, als sie gebaut wurden, daher hat ihre Macht nicht nachgelassen. Das ist der Grund, warum Menschen, die lange Zeit in bestimmten Innenbereichen der Pyramiden verbracht haben, halluzinatorische Erfahrungen gemacht haben, weil dort das Zentrum der Fokussierung der Macht ist. Und du müsstest taub, dumm, blind und zurückgeblieben sein, um diese Emanationen nicht aufgreifen zu können. Es gab ähnliche megalithische Strukturen in Atlantis. Wenn deine Archäologen etwas finden, werden es diese megalithischen Strukturen sein und sie sind nicht mehr ausgerichtet. Sie wurden schwer beschädigt, als Atlantis zerstört wurde und ihre Ausrichtung war natürlich dahin. Die Archäologen werden mithilfe der Existenz dieser anderen unbeschädigten Megalith Strukturen herausfinden, dass sie einmal auf die Sonne ausgerichtet waren. Das war wie ein

---

4 Anm. d. Übers.: Als Zyklus der Präzession wird die Präzessionsperiode der Erdachse bezeichnet. Die zur Ekliptik schräg stehende Erdachse vollführt im Zeitraum von etwa 25.750 Jahren einmal eine Kreiselbewegung um die senkrecht auf der Ebene der Ekliptik stehende Achse durch den Erdmittelpunkt, wodurch Frühlingspunkt und Tagundnachtgleichen aus unserer Sicht durch alle Sternbilder im Tierkreis wandern.

gigantischer Steincomputer, der die natürlichen Energieflüsse der Erde und den umgebenden Raum nutzte und sie auf bestimmte Weise fokussierte, um die verschiedenen Energieniveaus des Universums nutzen zu können.

D: *Du sagtest, die Leute von Atlantis hätten kein Metall benutzt?*

B: Sehr wenig Metall, weil sie bei der Herstellung herausfanden, dass je mehr etwas von seiner ursprünglichen Form abgewandelt wird, desto mehr gerät es aus der Harmonie mit dem Universum und verliert Schwingung. Und wenn du etwas von der Erde nimmst und es verwendest, ohne seine Molekularstruktur drastisch zu verändern, wird es immer noch im Einklang mit dem Energieniveau sein und kann zu diesem Zweck verwendet werden. Daher neigten sie dazu, viel Stein für ihre Strukturen zu verwenden, da es sich hierbei nur um feste Stücke der Erde handelte, die an einen anderen Ort transportiert werden konnten, ohne dabei dem Schmelzprozess unterworfen zu werden, der bei der Veredelung bestimmter Metalle notwendig ist.

D: *Dann wurden alle ihre Gebäude und auch die Privatwohnungen aus Stein hergestellt.*

B: Entweder aus Stein oder Ton oder Holz und so weiter. Einige der Möbel in ihren Häusern wurden aus Stein geschnitten. Ich benutzte „geschnitten“, weil es das Wort in der Sprache ist, aber es beschreibt den Prozess nicht wirklich gut. Als sie den Stein aus der Erde nahmen, gab es eine Möglichkeit, seine Energiefelder vorübergehend zu verändern, bis sie flexibel wie Ton wurden. Und als Ergebnis konnten sie ihn wie Ton zu allem Möglichen formen, das sie brauchten. Und dann nahmen sie die Änderungen im Energiefeld wieder zurück und er würde wieder hart wie Stein werden. Sie hatten alle üblichen Annehmlichkeiten des Lebens, die du dir in einer zivilisierten Gemeinschaft erwarten würdest.

D: *Was ist mit dem Essen?*

B: Einfach ein normales Gleichgewicht der Nahrungsmittel. Im Lernprozess über die Energie lernten sie auch, wie man beim Essen im Gleichgewicht bleibt. Das hat viele medizinische Probleme beseitigt, mit denen deine Zivilisation Probleme hat, weil verschiedene Krankheiten durch unausgewogenes Essen verursacht werden. Infolgedessen aßen die meisten Leute hauptsächlich Gemüse, ballaststoffreiche Diäten und sehr wenig Fleisch. Sie gingen nicht bis zum Äußersten, wie einige Vegetarier, denn der Körper brauchte Protein und sie wollten nicht die ganze Zeit Eier essen. Und so töteten sie Tiere nach

Bedarf. Einige der fortgeschritteneren Mystiker spürten kein Bedürfnis zu essen, weil sie die Energie nutzen konnten und das, was ihr Körper benötigte, direkt aus dem Universum und nicht indirekt über die Nahrung absorbieren konnten. (So existieren auch bestimmte Außerirdische.) Es ist eine sehr fortgeschrittene Technik. Obwohl Atlantis psychisch im Allgemeinen so fortschrittlich war, haben das nur die Fortgeschrittensten unter ihnen regelmäßig getan.

D: *Waren ihre Tiere ähnlich wie die, die wir heute auf der Erde haben?*

B: Sie waren im Grunde genommen ähnlich. Was deine Archäologen als frühe Zivilisationen betrachten, das heißt, die Zivilisationen, die als erste Landwirtschaft und domestizierte Tiere nutzten, waren tatsächlich Reste dieser untergegangenen Zivilisation. Sie versuchten, diese Zivilisation aus ihren zerstörten Überresten wieder aufzubauen. Von dort kamen die domestizierten Tiere, Rinder, Ziegen, Schafe, Kamele und bestimmte Pferderassen. Die Rassen waren anders und sie sahen anders aus, weil die Menschheit immer selektiv züchtet, um das Aussehen ihrer domestizierten Tiere zu verändern. Aber im Grunde genommen waren das die gleichen Tiere mit den Unterschieden zwischen einer Milchkuh und einem Brahman zum Beispiel.

D: *Hatten sie irgendeine Art von Transport?*

B: Oh ja. Die Art des Transports, die sie hatten, ist in euren Legenden von fliegenden Teppichen erhalten geblieben. (Ich habe überrascht gelacht.) Im Grunde genommen konnten sie problemlos schweben, weil sie wussten, wie man die Energie und Schwerkraft manipuliert. Und so haben sie die meisten ihrer Reisen per Levitation unternommen. Nun, manchmal, wenn sie etwas mitnehmen, aber nicht tragen wollten, saßen sie auf einem Teppich oder etwas Ähnlichem und ließen einfach sich selbst und die anderen Objekte auf dem Teppich schweben, anstatt zusätzliche Energie zu verbrauchen, um sie separat schweben zu lassen.

D: *Aha, genau wie in Tausend und einer Nacht.*

B: Richtig. Sie lernten, diese Energie zu manipulieren und erreichten so viele Dinge, dazu gehörte auch das Reisen über die Oberfläche der Erde. Wenn sie nur eine kurze Strecke zurücklegen und die Energie nicht nutzen wollten, verwendeten sie ein Tier. Aber durch die Möglichkeit, diese Energie zu nutzen, war es nicht notwendig, Autos oder Flugzeuge zu entwickeln. Und die galaktische Gemeinschaft war sehr begeistert davon. So wie ich das sehe, scheint diese Fähigkeit einzigartig für unsere Rasse zu sein und das wäre der Beitrag, den wir der galaktischen Gemeinschaft leisten würden. Weil die anderen Planeten durch den Einsatz von Maschinen und Fahrzeugen entwickelt wurden.

D: *So wie wir es diesmal gemacht haben.*

B: Ja. Und die galaktische Gemeinschaft ist ein wenig besorgt darüber, dass wir diesmal unsere psychischen Fähigkeiten nicht entwickelt haben, aber sie wissen, dass diese Fähigkeiten darauf warten, noch entwickelt zu werden. Und sie erinnern sich, wie es mit der anderen Zivilisation war. Wenn es uns nicht gelingen sollte, diese psychischen Informationen selbst zu nutzen, werden sie uns zweifellos anspornen und uns helfen, sie zu „entdecken", so wie sie es mit anderen Entdeckungen der Vergangenheit getan haben. Diese Art von Energie wurde hauptsächlich für den Transport über weite Strecken und für den Transport der Steinblöcke und so weiter verwendet. Es gibt bestimmte Mystiker in deiner heutigen Zivilisation, die das noch können, aber sie leben in abgelegenen Gebieten der Welt. Manche leben tief im Dschungel Indiens. Aber die Fähigkeit ist unter den Lamas in den hohen Bergen Tibets am ausgeprägtesten. Sie waren in der Lage, sie zu erhalten, weil sie so isoliert leben. Sie waren am wenigsten von der Verwüstung durch die Zerstörung von Atlantis betroffen.

D: *Haben sie etwas zur Unterhaltung getan?*

B: Oh ja, das ist ein Grundbedürfnis der menschlichen Natur. Es kam auf die Zivilisation und ihre individuellen Kulturen an. Zum Beispiel war in Atlantis sehr beliebt: Eine Gruppe Leute würde sich farbige Luftschlangen an ihren Armen oder Kleidungsstücken befestigen. Und dann würden sie alle umeinander herum schweben, um hübsche farbenfrohe Muster zu bilden. Und die Kinder würden sich das gerne ansehen. Sie würden alles tun, was sich ihre Fantasie einfallen ließ. Sie hatten Drama, Theater und Musik. Sie zogen zwar Live-Auftritte vor, aber wenn sie etwas sehen wollten, das zu diesem Zeitpunkt nicht bei ihnen aufgeführt wurde, konnten sie sich psychisch auf den Ort einstellen, wo es stattfand und es mit ihren psychischen Fähigkeiten beobachten. Es war also ähnlich wie Fernsehen.

D: *Es scheint, dass sie psychisch sehr hochgradig entwickelt waren.*

B: Ja, aber die Zerstörung von Atlantis hat sie sehr verschreckt. Sie verursachte das Äquivalent eines Traumas. Wenn zum Beispiel jüngere Personen ein schweres Trauma erleiden, betrifft es den Rest ihres Lebens, es sei denn, sie werden sich dessen bewusst, arbeiten es durch und lösen es. Die gesamte menschliche Rasse ist davon betroffen. Und auch die Art und Weise, wie Atlantis und die Fokussierungszentren zerstört wurden, verursachte bei allen eine Art temporären psychischen Burn-out. So wie versehentlich in eine nahe Explosion zu schauen und deine Augen wären vorübergehend geblendet.

D: *Und sie waren mehrere Generationen lang davon betroffen?*

B: Ja. Die Fähigkeit war noch da, sie war nur für eine Weile betäubt. Dann bekamen sie allmählich ihr Gefühl zurück. Und es hat nicht so lange gedauert, wie du vielleicht denkst. Aber die Menschheit erinnerte sich unbewusst daran und so vermied sie mehrere tausend Jahre lang die Entwicklung ihrer psychischen Fähigkeiten, aus Angst vor diesem Burn-out sozusagen.

D: *Das würde Sinn ergeben. Nun, entwickelten sie sich lange Zeit auf diese Art?*

B: Ja, das war der wichtigste Impuls für ihre Zivilisation. Sie verwendeten Kristalle zur Fokussierung bestimmter Arten von Energien für die Kontaktaufnahme mit der galaktischen Gemeinschaft. Sie konnten es mental tun, aber um die mentalen Energien zu verstärken, nutzten sie bestimmte Arten von Kristallen. Ihre Wissenschaft der Kristallografie war extrem fortschrittlich.

D: *Du sagtest, sie haben das benutzt, um die galaktische Gemeinschaft zu kontaktieren?*

B: Ja, für die Kommunikation über große Entfernungen. Anstatt die Energie von allen zu schwächen, indem man ihre telepathischen Fähigkeiten einsetzte, nutzten sie diese Kristalle. Weil aber nicht jeder in der galaktischen Gemeinschaft darauf eingestellt war, kam es eher einem Versuch gleich, mit einer gehörlosen Person zu sprechen. Man musste andere Kommunikationsmittel nutzen.

D: *Und sie verstanden etwas von Kristallkommunikation?*

B: Richtig. Und so nutzten sie die Energien, die durch die Kristallografie erzeugt wurden, zur Interaktion mit der galaktischen Gemeinschaft. Es war höflich und sowohl mit ihrer, als auch mit verschiedenen anderen Zivilisationen der galaktischen Gemeinschaft, kompatibel.

D: *Konnte eine einzelne Person diese Kristalle fokussieren oder waren viele Leute notwendig?*

B: Eine Person konnte das tun, weil diese Kristalle die verschiedenen Energien und Energiefelder der Erde anziehen konnten. Wie die elektromagnetischen Felder, Gravitation, Sonnenlicht. Was zu tun war, hing davon ab, auf welche Art von Energie die Kristalle zurückgreifen würden. Und es gab verschiedene Arten von Kristallen für verschiedene Zwecke. Und einige dieser verschiedenen Typen waren spezialisiert auf die Nutzung bestimmter Arten von Energie.

D: *Mussten sie auf eine bestimmte Weise geschnitten oder geformt werden?*

B: Ihre Molekularstrukturen, die Matrizen, das Gitterwerk ihrer molekularen Struktur musste auf eine bestimmte Weise gestaltet werden. Und ja, in vielen Fällen hatte die Form der Oberfläche auch einen Einfluss. Aber sie haben bei der molekularen Analyse begonnen und sind mit den Kristallen ähnlich verfahren wie mit den Felsen. Sie veränderten das Energiefeld, um die Molekülgitter so umzugestalten, dass sie eine bestimmte Energie auf eine bestimmte Weise fokussieren konnten. Und dann setzten sie die Energiefelder zurück, damit es so bleiben konnte.

D: *Dann haben sie auf diese Weise bestimmte Formen für verschiedene Zwecke gebildet.*

B: Nicht die Formen! Die interne Struktur. Die Molekularstruktur des Kristalls. Und dann, ja, würden sie die Oberfläche von diesem Kristall so formen, wie er sein sollte. Aber zuerst war wichtig, die innere Struktur, die molekulare Struktur korrekt zu gestalten, sonst könntest du alle Formen der Welt nehmen und nichts Gutes würde dabei herauskommen.

D: *Ich dachte, es hätte etwas mit den Facetten oder verschiedenen Formen zu tun, wie sie fokussiert haben.*

B: Zuerst muss man die Molekularstruktur richtig einstellen. Es ist wie bei der Struktur einer Schneeflocke, aber auf Ebene unendlich kleiner Energiemengen. Und du musst all diese richtig geformt haben, sonst würde es dir nichts nützen.

D: *Spielte es eine Rolle, wie groß der Kristall war?*

B: Seine Größe oder Form hing letztendlich davon ab, wofür er verwendet wurde. Aber am wichtigsten war die Molekularstruktur. Die Kontrolle über die molekulare Struktur dieser Kristalle ist einer der Gründe, warum ihre Wissenschaft der Kristallografie so weit fortgeschritten war. Und darum konnten sie Kristalle für so viele verschiedene

Zwecke verwenden. Weil sie spezifisch kontrollierte molekulare Strukturen, sowie kontrollierte Formen oder Größen nutzten.

D: *Ich habe immer gedacht, je größer sie sind, desto mächtiger sind sie.*

B: Nicht unbedingt. Es gab einen Kristall zum Fokussieren einer bestimmten Art von Energie, der etwa acht Zentimeter lang und sehr schlank war. Er war linsenförmig, an beiden Enden spitz zulaufend. Und wenn man ihn von vorne betrachtete, hatte er die Form eines fünfzackigen Sterns oder so ähnlich. Und er war an der breitesten Stelle nur etwa drei Millimeter breit. Er war sehr schlank, aber ein starker Kristall, aufgrund der Art der Energie, die er konzentrierte. Ich kann die Informationen nicht finden, wofür man ihn benutzte, aber ich kann diese Form des Kristalls sehen.

D: *Ich verstehe. Dann mussten sie sich der Energien bewusst sein, die sie nutzen wollten und wissen, was die verschiedenen Energien bewirken würden.*

B: Genau. Ich glaube, du fängst jetzt an zu verstehen. Sie hatten verschiedene Kristalle zum Fokussieren verschiedener Arten von Energie für verschiedene Zwecke. Zum Beispiel hatten sie bestimmte Typen von Kristallen, die kosmische Strahlung fokussieren konnten und ultraviolettes Licht und Sternenlicht, um sichtbares Licht bei Nacht zu erzeugen. Und diese Kristalle konnten auch infrarote Wärmestrahlung wie Körperwärme nutzen, um in der Nacht Licht zu erzeugen. Deine Archäologen haben einige dieser Kristalle im Dschungel Mittelamerikas gefunden. Sie wurden seit vielen Jahrhunderten nicht mehr gepflegt, aber sie leuchten nachts immer noch und erzeugen Licht, aber nicht so ausgeprägt wie früher. Und die Archäologen halten sie für einfache Steinkugeln. Sie können nicht verstehen, wofür sie gut waren oder wie sie funktioniert haben, denn dies ist eine spezielle Art Kristall. Sie haben Kugeln verschiedener Größe gefunden. Und es gab eine Reihe von Gerüchten darüber, wie sie nachts leuchten. Deshalb sind sie auch so weit verbreitet und überall zu finden. An den Orten, an denen sie gefunden wurden, hat man sie für die Beleuchtung bei Nacht verwendet. Wie in den meisten Zivilisationen gingen auch nachts Dinge vor sich und man brauchte eine ziemlich weit verbreitete Quelle für künstliches Licht.

D: *Sie waren wie riesige Straßenlaternen, die die Städte erhellten?*

B: Ja. Straßenleuchten, Innenleuchten, Scheinwerfer, je nachdem, welche Art von Beleuchtung benötigt wurde. Und es gab noch andere Typen von Kristallen, die Wärme abgestrahlt haben, um die Häuser damit zu versorgen. Also mussten sie ihre Wälder nicht abholzen, um Feuer zu machen. Sie konnten stattdessen diese Kristalle verwenden und die Wälder für die Herstellung von Möbelstücken nutzen oder einfach nur zur Sauerstoffversorgung der Luft wachsen lassen.

D: *Welche Typen haben sie in den Häusern zur Beleuchtung verwendet?*

B: Steinkugeln. Es gab sie in allen Größen. Und sie haben in Mittelamerika alle möglichen Größen gefunden. Du hast persönlich nur von den großen gehört, aber sie haben auch kleinere gefunden, die etwa so groß wie eine Bowlingkugel oder etwas kleiner sind, die in zwei Händen getragen werden konnten.

D: *Das sind Steine, aber du nennst sie Kristalle.*

B: Wie ich bereits gesagt habe, nennen deine Archäologen sie Steinkugeln, weil sie aus Stein zu sein scheinen, aber sie sind eine spezielle Art Kristall.

D: *Ich betrachte Kristall als etwas, durch das man hindurchsehen kann.*

B: Einige sind durchsichtig und andere nicht. Sie werden nicht wegen ihrer äußeren Erscheinung, sondern einfach nur wegen ihrer Molekularstruktur als Kristalle bezeichnet.

D: *Ich verstehe. Dann wurden diese kleineren Steinkugeln zur Beleuchtung in den Häusern verwendet?*

B: Richtig. Ein Sockel ragte aus der Wand heraus, auf den sie gelegt werden konnten. Oder eine Art Halterung an der Decke, wie eine Fassung für einen Stein auf deinem Schmuck. Es gab also Fassungen, sozusagen, die aus der Decke ragten, in die sie eine oder mehrere dieser Kugeln platzieren konnten, je nachdem, welche Art von Arrangement sie wollten.

D: *Waren sie so ähnlich wie jene, die zum Heizen verwendet wurden?*

B: Sie hatten eine andere Struktur und daher erschienen sie anders. Sie würden deiner Wahrnehmung von Kristallen näher kommen. Und sie kamen in verschiedenen Farben vor, damit sie zu der Inneneinrichtung passten. Und sie konnten mit den Lichtkugeln noch mehr tun, an das du nicht gedacht hast. Da die Kugeln in verschiedenen Größen vorkamen, gab es auch recht kleine, sagen wir, drei bis fünf Zentimeter im

Durchmesser. Und sie konnten in einer hübschen Anordnung sowohl als Dekoration als auch als Lichtquelle dienen.

D: *Das führt zwar von Atlantis weg, aber es erinnert mich an etwas aus dem Buch, das ich über Jesus geschrieben habe, als er noch in Qumran lebte (*Jesus and the Essenes*). Sie hatten eine mysteriöse Lichtquelle. Es klingt sehr ähnlich. Weißt du etwas über das Thema?*

B: Es scheint, dass die Lichtquelle von alten Kristallen stammte, die aus früheren Tagen übrig geblieben waren und von Generation zu Generation weitergegeben wurden. Da sie das Wissen nicht mehr hatten, mehr davon herzustellen, schätzten sie diese.

D: *Sie sagten, sie kämen von den Alten, den Leuten, die viele Jahre zuvor gelebt hatten. Sie hatten viele Dinge, die von ihnen kamen.*

B: Ja. Sie wurden über die Generationen weitergegeben und gepflegt und verwendet. Und sie gaben das Wissen weiter, wie man diese Eigenschaft aufrechterhält, denn so lange sie diese Kristalle pflegten, konnten sie praktisch für immer Licht produzieren. Es war nur eine einfache Pflege notwendig.

* * *

Ich habe viele Jahre mit Phil zusammengearbeitet und die Informationen, die von ihm kamen, in zahlreiche meiner Bücher eingefügt. Anstatt die Bibliothek im spirituellen Bereich zu besuchen, erhielt er seine Informationen vom Planeten der drei Türme, der ein Lagerhaus oder Depot allen Wissens zu sein schien. Häufig lieferte eine Gruppe von zwölf Entitäten auch fehlende Teile oder zeigte ihm Szenen und er versuchte, sie mithilfe dieser Entitäten zu interpretieren.

Wir bekamen mithilfe der Einleitung, die einen Aufzug nutzt, Zugang zu diesen Informationen, anstatt die Methode mit der Wolke zu verwenden, die bei den meisten meiner Probanden sehr effektiv ist. Phil stellte sich einen Aufzug in einem Bürogebäude vor und hielt in der entsprechenden Etage an, die den Zugang zu jener Information beinhaltete, nach der wir gesucht hatten. In diesem Fall hatten wir eine Möglichkeit diskutiert, etwas über Atlantis herauszufinden. Die Methode spielt keine große Rolle, der Zugriff ist der wichtige Teil der Arbeit.

Der Aufzug hatte angehalten und ich fragte ihn, was er sah, als sich die Tür öffnete.

P: Es gibt hell schimmernde Lichter. Sie sind die Energien der Ebene, von der aus wir arbeiten. Und ich reise durch diese Lichter. Ich sehe ein fliegendes Gerät oder Schiff über einem Feld mit grünem Gras. Es ist vorne eher spitz und leicht oval nach hinten. Und es gibt Platz zum Sitzen für zwei Personen. Es gibt noch andere Schiffe am Himmel, die viele Leute aufnehmen könnten. Aus meiner Sicht gibt es in der Ferne eine Stadt, die in der Sonne funkelt. Dies ist eine von vielen Städten zu dieser Zeit.

D: *Weißt du, wo wir sind?*

P: Das war schon früher besprochen worden. Die Fragen bezogen sich auf jene Zeit auf der Erde. Das ist nur eine Stadt auf dem Kontinent, der Atlantis genannt wurde.

Es mag als Widerspruch erscheinen, dass er fliegende Schiffe sah, Brenda aber nicht. Wie bereits erwähnt wurde, existierte die Zivilisation tausende Jahre lang und durchlief Fortschritt und viele Veränderungen. Zu diesem Zeitpunkt hatten sie offenbar mechanische Geräte und Technologien entwickelt. Wir entdeckten auch noch andere Veränderungen.

D: *Kannst du erkennen, woraus dieses Schiff besteht?*

P: Es handelt sich um eine Aluminiumlegierung, die derjenigen, die in der Gegenwart verwendet wird, sehr ähnlich ist.

D: *Siehst du, wie es angetrieben wird?*

P: Durch die sogenannte Kristallkraft. Es gibt überall im Land Leitstrahlen der Kristallenergie, die auf verschiedene Bereiche des Kontinents gerichtet sind. Und diese Schiffe richten sich einfach an diesen Strahlen aus und werden entlang projiziert. Ähnlich dem Konzept der Autobahnen, die heute in deinem Land verwendet werden.

D: *Haben sie auch Schiffe, die den Planeten verlassen oder durch den Raum reisen?*

P: Ja, aber sie waren nicht die gleiche Art Konstruktion. Es gab Leute, denen diese Möglichkeit gewährt wurde. Sie waren jedoch die Hohepriester oder die höchsten Funktionäre, die eng mit jenen der Sternenvölker verbunden waren. Dies waren keine gemeinsamen Erfahrungen unter der allgemeinen Bevölkerung. Denjenigen, die höchste Moral und Verständnis erlangt hatten, wurde diese Erfahrung als Teil ihres Lernens und ihrer spirituellen Entwicklung erlaubt. Es war keine vergnügliche Art der Erfahrung. Sie wurde ihnen im Rahmen des Lernens ermöglicht.

D: *Gibt es Teile des ursprünglichen Kontinents heute über Wasser?*

P: Teile des Atlantis-Kontinents erheben sich tatsächlich wieder und werden wieder an und über die Oberfläche steigen. Allerdings gibt es zu diesem Zeitpunkt keine Teile des ursprünglichen trockenen Landes. Das heißt, nichts Bemerkenswertes.

D: *Ich habe gehört, dass ein Teil der Vereinigten Staaten Teil davon war.*

P: Das ist nicht korrekt, so wie wir es wahrnehmen. Du hast um Land gebeten, das als fester Bestandteil von Atlantis galt und der ganze Kontinent der Vereinigten Staaten war in der Tat einmal Teil des Meeresgrundes.

D: *Weißt du, wo Atlantis nach unserer heutigen geografischen Karte ursprünglich lag?*

P: Es war im Atlantik. Es gibt jene Bereiche, die zu diesem Zeitpunkt oben wie unten waren. Es gibt Bereiche, die zu dieser Zeit noch an der Oberfläche lagen, anschließend für einen bestimmten Zeitraum gesunken sind und seitdem wieder aufgetaucht sind. Es gibt jene Bereiche, die damals noch untergetaucht waren, sich nun aber an der Oberfläche befinden. Es gab viele Erdveränderungen seit dieser Zeit. Viele Male waren sie das eine oder das andere, d. h. Land oder Meeresboden.

D: *Dann liegt der größte Teil des Kontinents jetzt unter Wasser.*

P: Das ist richtig.

D: *Was ist mit dem Rest der Welt? Es kann nicht der einzige besiedelte Kontinent gewesen sein.*

P: In diesem Bereich gab es viele verschiedene Zivilisationen der Völker. Eine Sozialstruktur, gar nicht so weit entfernt von der, die ihr auf eurem Planeten heute habt. Das heißt, es gab viele verschiedene Arten und Klassen von Menschen. Es gab die Unterschicht oder arme Arbeiterklasse. Und dann, wirtschaftlich gesehen, die Mittel- und Oberschicht.

D: *Aber es gab noch andere Kontinente außer Atlantis?*

P: Das ist richtig. Es gab Bereiche, nicht Kontinente, denen bestimmte Namen oder Bezeichnungen gegeben oder zugeschrieben wurden. Denn zu diesem Zeitpunkt wurde der bedeutendste Teil der Bevölkerung „Atlantis“ genannt. Wie auch immer, es wäre inkorrekt zu sagen, dass dies das einzige besiedelte Gebiet zu der Zeit war. Es war damals das Schaufenster oder das Zentrum der Zivilisation.

D: *Die anderen Bereiche hatten keine Namen.*

P: Das ist richtig. Es bestand keine Notwendigkeit, sie in das mit einzubeziehen, was damals „Weltregierung“ genannt wurde.

D: *Hatten sie den gleichen kulturellen Fortschritt wie dieser Kontinent Atlantis?*

P: Es gab solche Bereiche, die technologisch gesehen etwas überlegen waren. Moralisch wurde jedoch keiner von Atlantis übertroffen. Es war die Krone der Zivilisation zu diesem Zeitpunkt. Auf eurem Planeten war es zu dieser Zeit der Inbegriff der Suche nach der Wahrheit.

D: *Gab es die Menschheit schon lange, als sich Atlantis bis zu diesem Punkt entwickelt hatte?*

P: Es gab sehr viele Generationen vor dieser Zeit. Die Evolution der spirituellen Manifestationen war weitaus höher entwickelt als heute.

D: *Ich habe mich gefragt, ob das die höchste Entwicklung war, welche die Menschheit zu dieser Zeit erreicht hatte.*

P: Das ist richtig und auch seitdem. Weil die heutige Entwicklung des moralischen Charakters auf deinem Planeten noch einen weiten Weg bis zu jenem Höhepunkt des Erfolgs vor sich hat.

D: *Ich dachte, es könnte schon früher andere Zivilisationen gegeben haben, von denen wir nichts wussten.*

P: Es gab in der Tat andere Zivilisationen und Kontinente in der Vergangenheit der atlantischen Kultur. Allerdings hat keine von ihnen das übertroffen, was zu dieser Zeit in Atlantis anzutreffen war, und zwar streng genommen aus moralischer und charakterlicher Sicht.

D: *Gab es irgendwann vor der Bildung des atlantischen Kontinents Zeiten, in denen sich der Mensch so weit entwickelt hatte, aber die Zivilisationen wurden zerstört?*

P: Wie der Sand in der Wüste wandert, gab es Verlagerungen des menschlichen Schicksals. Denn es gab immer jene Annäherungsversuche, die eine besondere Kultur im Vergleich mit anderen überragend erscheinen ließ. Durch verschiedene Arten davon, was als „Unglück“ bezeichnet wird, schienen diese Kulturen nie einen festen Halt in den damals existierenden Zivilisationen zu finden. Und so gab es kontinuierlich Verlust und Wiederaufbau und dann wieder Verlust. Bis plötzlich die großen Fortschritte auf diesem Kontinent Atlantis zutage traten. Es gab vorher so viele Kulturen, die den spirituellen Charakter von Atlantis übertrafen. Allerdings konnte man keine im Rahmen der Bevölkerung als Ganzes betrachten. Es gab Individuen in anderen Kulturen, die durch Fleiß, Selbstverleugnung und

Training Bewusstseinsebenen erreicht hatten, die über dem allgemeinen Niveau der Bevölkerung von Atlantis lagen. Wir sprechen hier jedoch von einer allgemeinen Sensibilisierung der Gesamtbevölkerung. Das heißt, dass die Kultur oder die Bevölkerung im Allgemeinen einen so hohen Grad der Bewusstheit erreicht hatte. Und es gab Kulturen vor Atlantis, die zwar einen höheren moralischen Charakter, aber dennoch nicht die gleiche Art von Kultur oder innere Verbundenheit erreicht hatten. Es geschah eher auf individueller Basis.

D: *Aber musste die Menschheit jedes Mal von einer niedrigen Entwicklungsstufe wieder von vorne anfangen?*

P: Es gab immer die Hüter des Wissens, denn das war ein eifersüchtig gehütetes Geheimnis. Das Wissen wurde mit viel Ehrfurcht und Würde geschützt. Es war jedoch für die Bevölkerung im Allgemeinen nicht zugänglich. Und so gab es immer die höheren moralischen Standards derer, welche die Hüter des Wissens waren.

D: *Dann hatte sich die Erde verändert und schon vor dieser Zeit von Atlantis waren die Kontinente aufgestiegen und wieder untergegangen.*

P: Das ist richtig. Dies wurde durch verschiedene Kataklysmen verursacht, die ganz natürlich für diesen Planeten sind. Denn in diesem Zeitraum nahm die Erde immer noch Anpassungen vor und richtete sich für eine lange florierende Zeit ein. Die Erde war zu diesem Zeitpunkt etwas jünger als jetzt und viel unruhiger.

D: *Unsere Wissenschaftler denken eher, dass es in diesen frühen Tagen gar keine Menschen auf ihr gab.*

P: Keineswegs, denn es gab Menschen schon zu Zeiten, von denen Wissenschaftler glauben, dass es überhaupt kein Leben gab. Sie haben jedoch einfach keine Perspektive der Rückschau, die notwendig wäre, um die Existenz dieser Menschen zu bestätigen. Denn bei jeder Veränderung wurden jene ausgelöscht, die vor der Zeit der Veränderung existierten, sodass ihre Kulturen spurlos verloren gingen. Die Völker selbst wurden nicht so dezimiert, dass es keine Menschen mehr gab, aber es gab keine Spur ihrer Leistungen mehr. Einfach wegen der katastrophalen Zerstörung, die jeder natürlichen Erdveränderung folgte.

D: *Also gab es immer einige, die überlebt haben.*

P: Das ist richtig. Denn es war immer bekannt, dass der Wandel unmittelbar bevorstand. Und diejenigen, die eingestimmt und bewusst waren, trafen Vorbereitungen und konnten daher intakt überleben und weitermachen. Es gab immer diesen Bewusstseinszustand der besagt, dass die größtmöglichen Errungenschaften in der menschlichen Geschichte jene sind, die es in der Gegenwart gibt. Das ist in der Geschichte der Menschheit weit verbreitet. Es gab viele frühere Zivilisationen, die leider derselben Ansicht waren. Das liegt in der menschlichen Natur.

Ich habe Regressionen erlebt, bei denen ganze Zivilisationen durch dramatische Erdbewegungen zerstört wurden. Manchmal durch Tsunamis, manchmal durch Vulkanausbrüche, die Lawinen aus Schlamm und Geröll verursachten. Mir wurde gesagt, dass diese Zivilisationen vor Atlantis existierten und die Menschheit keine Kenntnis von ihren hoch entwickelten Leistungen hat. Die Wissenschaftler finden keine Spuren von ihnen, weil alle Überreste entweder unter Wasser oder unter den Bergen der Erde vergraben sind. Unsere Welt ist wie eine rastlose alte Frau, die sich ständig aufregt und Drehungen und Wendungen macht.

Ich kehrte zu dem zurück, was Phil beobachtete.

D: *Du sagtest, du könntest eine Stadt in der Ferne sehen?*

P: Das ist richtig. Die Bewahrer des Wissens sind dort oder stammen aus dieser Stadt. Die Elohim der Ältesten, die Hüter der moralischen physikalischen Gesetze der Wahrheit. Das ist die höchste Form des Bewusstseins der natürlichen und physikalischen Gesetze der Menschheit, in Verbindung mit dem spirituellen Bewusstsein.

D: *Dann gab es nur wenige im Vergleich zur Gesamtbevölkerung, die diese sogenannten mentalen Kräfte hatten?*

P: Nein, denn die Stadt als Ganzes war sehr bewusst. So, als ob diese Stadt selbst irgendeine Art von Energie enthielt, die diese Menschen zu weitaus größeren Potenzialen zu erheben schien, als normalerweise im ganzen Rest des Landes zu sehen waren.

D: *Was lässt die Stadt erstrahlen?*

P: Es ist die kristalline Natur der Baumaterialien, die ihre Konstruktionen bildeten. So, als wäre der Beton, den ihr heute verwendet, kristalliner Natur.

D: *Bist du in der Stadt, wo du dich umsehen und beobachten kannst?*

P: Da ist eine etwas zögerliche Haltung, näher an die Stadt heranzugehen. Weil diejenigen nicht hinein durften, die nicht die höchstmögliche Energie hatten, da dies zu erheblichen

Schäden an der physischen und geistigen Entität als Ganzes geführt hätte. Das Energieniveau dieser Stadt war so beschaffen, dass sie diejenigen überfordert hätte, die nicht damit vertraut waren, wie man diese Energie kanalisiert. Und daher ist es eine vorsorgliche Maßnahme, dass wir sie aus einiger Entfernung beobachten. Denn die Energie ist viel zu mächtig, um zu versuchen, sie zu diesem Zeitpunkt zu kanalisieren.

D: *Ich weiß es zu schätzen, dass du mir das sagst. Wir werden nichts tun, was dir auf irgendeine Weise schaden könnte. Kannst du durch Beobachtung aus der Ferne auch Informationen erhalten?*

P: Das ist richtig. Es gibt diejenigen, die von unserer Anwesenheit auf dem Perimeter wissen und diese Informationen für uns kanalisieren können, ohne dass es zu einer körperlichen Beeinträchtigung des Mediums kommt. Es gibt diejenigen, die vor ihrem geistigen Auge sehen können, dass es aus diesem Kontakt etwas zu lernen gibt. Und sie würden sich auf den Weg zu dieser Stadt machen, wie von einer unsichtbaren Kraft angezogen, die sie in diesen Bereich führte. Dort spürten sie intuitiv die Verbindung zu denen, welche die Wächter der Wahrheit waren. Und kontaktierten dann diese Individuen. Und dann würden jene die Verbindung herstellen und den suchenden Personen das zuteilwerden lassen, was für sie die Wahrheit ist.

D: *Aber wir sind in Wirklichkeit aus ihrer Zukunft. Haben sie normalerweise mit Menschen aus verschiedenen Zeiten gesprochen?*

P: Es gibt immer die Möglichkeit, das zu überbrücken, was Zeitschranke genannt wird, denn im wahrsten Sinne des Wortes gibt es keine solche Barriere. Es ist immer möglich, sich nur durch Gedanken auf diejenigen zu beziehen, die zu einer höheren Ordnung gehören. Es gibt keine Barriere für die Gedanken. Sie sind sehr erfreut, dass du versuchst, dies zu tun, denn es zeugt von höherer Ordnung des Denkens, die dir das erlaubt. Wäre es nicht so, dann wäre es nicht erlaubt.

D: *Ja, ich bin immer auf der Suche nach Wissen. Wenn wir so weit entfernt bleiben, dass du dich sicher und geschützt fühlst, möchte ich gerne ein paar Fragen über die Stadt stellen.*

P: Es wird das Wissen weitergegeben, das für das Medium und für die allgemeine Mission sicher ist, wie du es nennen würdest. Das geschieht, um diese Informationen in deine Zeitperiode zu bringen.

D: *Wenn die Energie dieser Stadt so mächtig war, was ist dann mit den Menschen, die nicht dort gelebt haben. Durften sie die Stadt betreten?*

P: Wie wir bereits gesagt haben, gab es einige, die versuchten, der Stadt näherzukommen. Das Energieniveau war jedoch sehr hoch, sodass sie intuitiv erfassen konnten, dass sie nicht viel weiter kommen würden, da es sich hier um ein Gebiet handelte, das außerhalb ihrer Grenzen lag. Das Bewusstsein für das, was auf einer höheren Ebene ist, hätte ihnen gesagt, dass sie keine weitere Annäherung benötigten, damit sie sich nicht selbst Schaden zufügten. Es war ein angeborenes und intuitives Bewusstsein. Es gab keinen Bedarf für Wachen oder Zenturien, denn das Bewusstsein war so ausgeprägt, dass diejenigen, die zur Annäherung an diese Stadt geeignet waren, nicht das Bedürfnis verspürten, sich abzuwenden. Es war eine automatische Sicherheitsfunktion, die alle abweisen würde, die nicht höherer Natur waren.

D: *Ist dies die einzige Stadt dieser Art, die es damals gab?*

P: Es ist eine von mehreren. Jede war einzigartig in dem jeweiligen Aspekt ihrer Energie. Das Wissen und das Niveau der Menschen dort waren etwas Einzigartiges. Die Städte als Ganzes waren jedoch sehr ähnlich in der Art der Manifestation dieses Energieniveaus, das überall innerhalb und um die Städte vorherrschte.

D: *Dann wurde jede dieser Städte für andere Zwecke genutzt?*

P: Das ist richtig, zum Beispiel für das Erlernen körperlicher Fähigkeiten oder das Entwickeln von bestimmten Elementen der Persönlichkeit. Und es gab das Bewusstsein der spirituellen Natur, die Elemente der Spiritualität. Es gab spezielle Städte, welche diese Bereiche integrieren würden.

D: *Für welchen Typ wurde diese Stadt verwendet?*

P: Diese Stadt war vom Typ Gesundheit und Natur oder dem Bewusstsein, das die physischen und spirituellen Aspekte kombiniert, um die Qualität der Gesundheit und das Gleichgewicht des körperlichen und geistigen Bewusstseins zu erhalten.

D: *Können sie dir Informationen über die Arten von Gebäuden geben? Du sagtest, sie seien aus Kristall.*

P: In der Konstruktion befindet sich ein Pulver kristalliner Natur, das wie getrennte Einzelkristalle erscheint. So, als ob das Gebäude selbst aus kristallinem Material wäre und das Gebäude als Ganzes damit zu einem Kristallrezeptor wurde.

D: *Zuerst dachte ich, es sei komplett aus riesigen Kristallen gefertigt.*

P: So nicht, sie waren pulverförmig, die einzelnen Körner selbst waren kristalliner Natur.

D: *Ich hätte sowieso nicht gedacht, dass man so große Kristalle finden könnte. Wurde dieses Pulver mit etwas vermischt, um die Wände zu errichten?*

P: Das ist richtig. Sie wurden mit einer Basis oder einem Mörtel vermischt, der sie fest verband. Die Mischung wurde dann in eine Form gegossen und durfte eine Weile aushärten. Sie waren auch selbsterwärmend und strahlten Energie mit der Temperatur der Mittagssonne ab.

D: *Waren es große Gebäude?*

P: Es gab Strukturen, die mehrere Dutzend Stockwerke hatten, vielleicht dreißig Stock hoch, wenn nötig. Für den Bau solcher Gebäude standen die Kenntnisse zur Verfügung. Es gab Handel, Industrie und auch Büros, sozusagen. Die Bereiche, in denen Wissen und Information assimiliert und verteilt wurde, so wie es in deiner Gesellschaft heute ist.

D: *Dann sind alle Gebäude dieser Stadt aus dem gleichen Material erbaut?*

P: Die Stadt als Ganzes, sodass alle Bewohner der Stadt von dieser Energie bestrahlt wurden.

D: *Aber die normalen Städte auf dem Planeten wurden nicht aus diesem Material gebaut?*

P: Die kleineren Städte wurden aus häufiger vorkommenden Materialien gebaut, wie z. B. Ton, Stein und Holz, die weit verbreitet waren.

Das klang mehr nach der Stadt, die Brenda gesehen hatte.

D: *Das würde erklären, warum diese hier auf einer anderen Energieebene strahlte.*

P: Das ist richtig. Es war so, als ob die Stadt selbst das höhere Niveau des mentalen Charakters ihrer Bewohner widerspiegelte.

Er beschrieb die Einrichtung, aber sie war aus ähnlichen Materialien gefertigt, die wir heute verwenden. Es gab auch nichts Ungewöhnliches an den Menschen und ihrer Kleidung, außer dass sie meistens Tuniken oder Roben trugen.

P: Die Beleuchtung selbst wurde mit Kristallenergie durchgeführt, indem die Kristalle für die Beleuchtung Lichtenergie abgaben, ein helles, leicht blau getöntes Licht. Es gab zu dieser Zeit Kristalle, die bei Anregung durch kosmische Energie diese Lichtstrahlung abgaben oder in physisches Licht übersetzten. Sie waren einfach Energiewandler.

D: *Waren die Böden und Wände auch aus diesem kristallinen Material?*

P: Das ist richtig. Die ganze Stadt war aus diesem Material gebaut worden.

D: *Gibt es noch einen anderen Fahrzeugtyp als den, den du am Himmel gesehen hast?*

P: Es gab viele, die Transport ermöglichten. Es gab auch viele Gebrauchsfahrzeuge, im Gegensatz zum Transport. Für den Auf- und Umbau war es notwendig, große Lasten von Materialien über weite Strecken zu transportieren.

D: *Wie sahen die Transportfahrzeuge aus?*

P: Es könnte als eine Art Shuttlebus beschrieben werden. Wir beziehen uns hier auf das Zwei-Mann-Fahrzeug, das bereits vorgestellt wurde. Etwa eiförmig, wenn man es von unten betrachtet und hinten etwas größer als vorne. Es gab einen Bereich an der Vorderseite, in dem die Individuen saßen. Es gab einen Sichtbereich, der es erlaubte, die Bereiche um, unter und über dem Fahrzeug zu beobachten. Zu diesem Zeitpunkt gab es keine Notwendigkeit für eine reibungsbasierte, mechanische Fortbewegungsweise, wie du sie zum jetzigen Zeitpunkt kennst. Sie hatte eher schwebenden Charakter. Die Gefährte wurden von Kristallen angetrieben. Um den Energiebedarf für die zusätzliche Nutzlast zu kompensieren, war es notwendig, die abgegebene Energiemenge zu erhöhen. Die Anordnung der Antriebskristalle konnte verändert werden, indem man sie vervielfachte, was eine kombinierte Nutzung ermöglichen konnte, die ausreichte, um diese Nutzlast mit anzutreiben.

D: *Du meinst, es hatte mehrere kleinere Kristalle, die je nach Größe der Nutzlast zum Einsatz kamen, die es ziehen oder antreiben musste?*

P: Das ist richtig. Es gab mehrere Kristalle derselben Art, die in solch einem Muster angeordnet waren, dass ihre Gesamtenergie ein Vielfaches jedes einzelnen Teils ergäbe. Diese Kristalle selbst kamen natürlich vor. Sie wurden jedoch nach einer bestimmten Spezifikation bearbeitet, sodass ihre Energieabgabe geregelt werden konnte.

D: *Du hast gesagt, dass sie von Energiestrahlen angetrieben werden, die von irgendwo her projiziert wurden, wie Autobahnen?*

P: Das ist richtig. Für den Fernverkehr gab es Sender der Kristallenergie. Ein Strahler mit Kristallenergie, der so ausgerichtet war, dass der Weg zu einem anderen Sender führte, der an einem entfernten Punkt stationiert war. Es wäre dann nur noch eine Frage der Ausrichtung des eigenen Schiffes oder Transportfahrzeugs entlang dieses Energiestrahls. Und dann glitt man diesen Strahl entlang oder wurde angetrieben. Es war notwendig, die Energie umzuleiten, damit man sich vorwärts oder rückwärts von einem Punkt zum anderen bewegen konnte. Die Kristalle selbst waren die Antriebseinheiten, sodass der Antrieb in die eine oder andere Richtung erfolgen konnte. Die Strahlen der Sender waren breit genug, dass sie mehrere Fahrzeuge gleichzeitig und sogar in entgegengesetzten Richtungen nutzen konnten. Es war kein enger und schmaler Strahl, wie auch schon interpretiert wurde, sondern er war breit und allgemein nutzbar.

D: *Dann wurden diese Sender an verschiedenen Stellen auf dem Planeten platziert?*

P: Nicht auf dem ganzen Planeten, denn das notwendige Wissen und das erforderliche Bewusstsein, um dieses Transportmittel nutzen zu können, waren nicht überall verbreitet. Sie waren überall auf dem Kontinent an verschiedenen strategischen oder wichtigen Orten platziert, aber nicht wahllos. Denn es gab jene Bereiche, die Bedarf an solchen Sendern hatten und andere hatten keinen.

D: *Dann funktionierten die Fahrzeuge innerhalb dieser Stadt anders?*

P: Es gab Energie in der ganzen Stadt, also waren keine Strahlen oder Sender erforderlich. Die verfügbare Energie in der umliegenden Atmosphäre oder Umgebungsenergie reichte aus, diese Schiffe in die Lage zu versetzen, in alle Richtungen zu fliegen, welche die Insassen wünschten.

D: *Sie waren in der Lage, die Energie zu nutzen, die durch die kristallinen Gebäude und die Stadt selbst erzeugt wurde?*

P: Das ist richtig.

D: *Wenn du aber die Stadt verlassen wolltest, musstest du eine andere Art Fahrzeug benutzen.*

P: Das ist richtig.

D: *Wie sieht es mit der Kommunikation innerhalb der Stadt aus?*

P: Sie war telepathischer Natur. Es gab keinen Bedarf an Telefonen, in dem Sinne, wie man es heute interpretieren würde. Die Bewohner waren sehr telepathisch und in der Lage, sich allen bewusst zu sein und jederzeit mit denen zu kommunizieren, mit denen sie Kommunikation wünschten. Es gab jedoch auch das, was man „Maschinen" nennen könnte, ähnlich deinen Computern. Das waren Distributoren und Akkumulatoren von Wissen und Information. Sie wurden hauptsächlich in der Stadt selbst verwendet, um die Genauigkeit der kommunizierten Informationen zu verbessern.

D: *Waren die Menschen in der Lage, telepathisch über weite Entfernungen zu kommunizieren?*

P: Ganz genau. Es gab diejenigen, die zwischen verschiedenen Gebieten auf dem Planeten kommunizieren konnten. Künstliche Kommunikationsmittel waren nicht notwendig. Es war auch nicht nötig, sich nur auf den Planeten zu beschränken, denn sie hatten auch die Fähigkeit, telepathisch mit jenen zu kommunizieren, die auf weit entfernten Planeten lebten. Diese Möglichkeit der Kommunikation gäbe es auch heute noch, wenn sie als solche erkannt werden würde.

D: *Reaktiviert, bis zu einem gewissen Grad.*

P: Das ist richtig.

D: *Hatte jeder auf dem Planeten diese Fähigkeit zu kommunizieren?*

P: Nein, denn es gab auch diejenigen, denen das völlig egal war. Vielleicht waren für sie solche Formen der Kommunikation nicht notwendig oder sie waren nicht daran interessiert, all das zu erlernen, was für diese Art der Kommunikation nötig ist.

D: *Dann war nicht der gesamte Planet so hoch entwickelt.*

P: Das ist richtig. Es gab diejenigen mit Engagement, die sich das Wissen wünschten, das diese Kommunikation ermöglichen würde. Die Kommunikation war nicht an und für sich der Schwerpunkt auf der Suche nach Wissen. Sie war nicht die einzige Möglichkeit.

D: *Warum kommunizierten sie mit anderen Planeten?*

P: Es wurden Informationen vermittelt, die ein höheres Verständnis des eigenen Selbst und auch der anderen ermöglichen konnten. Sie waren aufgrund der Fortschritte im sozialen Bewusstsein der Bewohner zur Verfügung gestellt worden. Ein vollständigeres Verständnis sozialer Funktionen auf planetarer Ebene.

D: *Menschen von den anderen Planeten haben sie kontaktiert, sobald sie sich in den richtigen Zustand entwickelt hatten?*

P: So nicht. Es ging einfach um die Entwicklung des Bewusstseins, sodass das Bewusstsein derer auf dem Planeten bald eine hohe Ebene erreichte, auf der sie sich weit mehr als nur ihrer selbst auf ihrem eigenen Planeten bewusst waren. Ihr Bewusstsein wurde erweitert und erhöhte sich, sodass ihnen dann die Kommunikation zwischen anderen Planeten bewusst wurde.

D: *Hatten sie auch körperlichen Kontakt mit Menschen von anderen Planeten?*

P: Ja, wie wir bereits gesagt haben. Sie erhielten diese Fähigkeit, um direkt mit denjenigen zu kommunizieren oder die persönlich zu treffen, die anderer Natur waren.

D: *Ja, du hast gesagt, dass bestimmte Personen die Möglichkeit hatten, den Planeten zu verlassen.*

P: Das ist richtig.

D: *Sind die Menschen von anderen Planeten auch hierhergekommen?*

P: Das ist richtig. Denn es wurde erkannt, dass es einen Wissensaustausch geben konnte, der für beide beteiligte Seiten von Vorteil wäre. Damit ihr Lernen vollständiger und geerdet würde.

D: *Weißt du, ob diese Kommunikation schon lange Zeit andauerte, bevor sie etwas davon merkten?*

P: Es gab auch in anderen Bereichen des Universums Kommunikation, die lange vor dem Erscheinen des Planeten als Ganzes stattfand. Allerdings gestattete das Bewusstsein, das dieser spezifische Teil der Bevölkerung erreicht hatte, die Kommunikation zwischen jenen auf anderen Planeten und ihnen selbst.

D: *Ich war neugierig, ob die Menschen von den anderen Planeten auf die Erde kamen, bevor sie bemerkt wurden, sozusagen.*

P: Es gab eine ganze Weile vor der Atlantis-Inkarnation jene Besuche, die ein Bewusstsein der Planeten in anderen Bereichen des Universums ermöglichten. Es war nicht unbekannt, dass sich der Planet so entwickelte. Und es zeigte sich, dass die Entwicklung so verlief, dass schließlich telepathische Kommunikationsformen von solchen Wesen, die nicht reisten, auf Planeten etabliert wurden und sie bald in die Lage versetzten, direkt mit den Bewohnern dieses sich neu entwickelnden Planeten zu kommunizieren.

D: *Gab es noch andere Arten von Maschinen in der Stadt?*

P: Es gab die Kommunikationsmaschinen, sowie solche zur Informationsbeschaffung und Speicherung. Es gab eine Ebene der Maschinen, die für den Erhalt der Gebäude sorgten. Da waren die Konservierungsmaschinen, damit die Lebensmittel frisch und die Kleidung in einem sauberen und guten Zustand blieb und so weiter.

D: *Das ist ein interessanter Begriff „Konservierungsmaschine". Ich denke an unsere Kühlschränke. Aber es kann nicht so etwas gewesen sein, da du auch die Kleidung erwähnt hast.*

P: Wir sprechen hier von einer breiten Kategorie und nicht so sehr von einem einzigen Konzept. Sie waren in der Tat im Konzept dem Kühlschrank und der Waschmaschine sehr ähnlich, die in deiner heutigen Gesellschaft weit verbreitet sind.

D: *Dann hatten sie schon immer Bedarf an solchen Dingen, nehme ich an.*

P: Das ist richtig. Das Bedürfnis nach Sauberkeit und Konservierung ist beim Menschen seit vielen Jahrhunderten weit verbreitet.

D: *Gab es Tiere in der Stadt?*

P: Tiere durch die Straßen wandern zu lassen, wie es zu dieser Zeit in einigen anderen Gebieten des Kontinents üblich war, wurde in dieser Kristallstadt nicht als angemessen erachtet. Die Tiere wären nicht in der Lage gewesen, sich an die gewaltige Energiemacht der Stadt anzupassen.

D: *War das Leben der Menschen etwa so lang wie unseres?*

P: Es war etwas kürzer als in diesem Zeitrahmen heute üblich. Allerdings nicht aufgrund mangelnder Gesundheit. In dieser Energie zu sein, verkürzt die Lebenserwartung etwas. Allerdings konnte man in viel kürzerer Lebenszeit so viel Wissen erlangen, wie innerhalb sehr vieler Jahre in folgenden gewöhnlichen Leben. So, als ob der Lernprozess beschleunigt worden wäre. Und beim Leben mit diesen Energien wurde der physische Körper viel schneller und stärker abgenutzt als bei denjenigen, die außerhalb der Energien lebten. Die weitverbreiteten Krankheiten in anderen Gebieten des Planeten waren zum Großteil in dieser besonderen Art Stadt nicht existent.

D: *Dann hatten andere Menschen auf dem Planeten eine andere Lebenserwartung als jene, die in der Stadt lebten.*

P: Das ist richtig. Diejenigen, die in den Energiestädten lebten, hatten eine etwas kürzere Lebenserwartung, als der Durchschnitt in der Altersgruppe der Vierzig- und Fünfzigjährigen. Diejenigen, die außerhalb in höherer

Ordnung lebten und sich der Hygiene und Ernährung bewusst waren, konnten ein Leben in die Sechziger und Siebziger erwarten. Es gab jedoch auch etwas primitivere Leute, deren Lebenserwartung viel geringer war.

D: *Ich vermute, dass viel davon auch mit dem medizinischen Fortschritt zu tun hatte.*

P: Das ist richtig. Es war einfach der Grad der Bewusstheit, der die Lebenserwartung diktierte.

Ich beschloss, die Sitzung zu beenden, da ich das Gefühl hatte, dass wir genug über die Kristallstadt gelernt hatten. Ich fragte, ob ich für weitere Informationen über die dort vorhandenen Kenntnisse und Fähigkeiten zu einem späteren Zeitpunkt zurückkehren könnte.

P: Wir werden versuchen, dir das zu vermitteln, was zu diesem Zeitpunkt am besten geeignet ist. Wir möchten, dass du verstehst, dass Angemessenheit die konstituierende Leitlinie in der Praxis jeder dieser Sitzungen ist. Das, was bei einer Sitzung angemessen ist, wird es vielleicht beim nächsten Mal nicht sein.

D: *Kommt es darauf an, welche Energie die Fragen beantwortet?*

P: Auf die Energie der Gesamtsituation, denn es gibt viele Teilnehmer an diesem Unterfangen, die sich auf den gesamten Vorgang auswirken, nicht nur dich. Es ist diese Gesamtsumme der Energiebedingungen, die den Angemessenheitsfaktor bildet. Wir werden ihn in seinen Bemühungen beschützen, sich selbst und sein Leben zu verstehen, die sich wie immer sehr deutlich unterscheiden können. Denn oft haben die Menschen das Gefühl, dass sie ihr Leben sind. Und doch ist das eigene Leben in der Tat wirklich eine Erweiterung des eigenen Selbst. Das eigene Selbst kann ganz von seinem Leben getrennt werden. Leben wird hier in sozialen, gesellschaftlichen und kulturellen Aspekten definiert und nicht in einem physischen Sinne. Die Erfahrung des Lebens ist dann jemandes Leben. Und so filtert man durch dieses Lebenskonzept jene Erfahrungen, die die Erfahrung des Lebens selbst sind.

Das war eine schwierige Sitzung für mich. Es schien eine Energie von Phil auszugehen, obwohl er nicht in der Nähe der Stadt war. Sie machte mir leichte Kopfschmerzen und störte meine Denkweise und Befragung. Es fiel mir schwer, Fragen zu stellen und mich zu konzentrieren. Sonderbar war auch, dass ich noch eine andere seltsame Erfahrung machte, als ich diese Sitzung verließ und in Johns Wohnung für eine weitere Sitzung über das Nostradamus-Material ging. Das war der Tag, an dem mich der böse Imam mit seiner Energie elektrisiert hatte. Dies wurde in *Conversations with Nostradamus (Volume II)* berichtet. Bei zwei Gelegenheiten am selben Tag einer fremdartigen Energie ausgesetzt zu sein, Zufall?

* * *

Weiterführende Informationen erhielt ich von Phil während einer anderen Sitzung, als ich Fragen zu den Geheimnissen der Erde stellte.

D: *Ich bin dabei, offene Fragen zur Geschichte von Atlantis zu klären. Sie sagten, die Leute von Atlantis hätten bedeutende mentale Fähigkeiten entwickelt und konnten viele Dinge mit ihrem Geist tun, die für die Menschen unserer Zeit unmöglich wären. Kannst du mir die Fähigkeiten nennen, die die Menschen von Atlantis auf mentaler Ebene hatten?*

P: Es existieren gewisse Dinge, die für diejenigen offensichtlicher waren, die du Atlanter nennen würdest. Die Menschen waren mehr auf den Atem der Existenz eingestellt und waren in der Lage, mehr wahrzunehmen. Die Talente dieser Personen wurden viel eher durch den Wunsch zu lernen motiviert, als durch den Wunsch, etwas zu verdienen. Das findest du in deiner Gesellschaft zu diesem Zeitpunkt vor, wie du es definieren würdest.

D: *Was konnten sie tun, was wir heute nicht können?*

P: Nichts, was damals getan wurde, könnte heute nicht getan werden. Vielleicht fehlt jedoch der Mehrheit der Menschen, die wir zu diesem Zeitpunkt auf eurem Planeten sehen, die Motivation. Es gibt jedoch viele, die versuchen, dieses verlorene Wissen zurückzugewinnen.

D: *Aber welche Kräfte hatten sie, die wir verloren haben?*

P: Die Fähigkeit zur Metamorphose wird nicht genutzt und wurde vergessen. Das heißt, die eigene Existenz von einem bestimmten Wesen in ein anderes zu verwandeln. Es geht einfach nur darum, die eigene atomare Struktur neu zusammenzusetzen um sie genau mit einem anderen, bereits etablierten und erkannten Satz atomarer Harmonien zu identifizieren. Die Fähigkeit, dies zu tun, hat viel mehr mit

Akzeptanz von Lebensmodellen zu tun, als heute allgemein bekannt ist. Das Konzept beinhaltet, dass es bei der Bildung eines physikalischen Planeten Übereinkünfte unter den Energien gibt, die diesen Planeten ausmachen und dass diese Energien so und so sein werden. Und andere Energien werden anders so und so sein. Es gibt Vereinbarungen darüber, dass Felsen Felsen und Bäume Bäume sein werden. Dies steht im Einklang mit den Bedürfnissen und Wünschen der individuellen Energien. Es gibt jedoch diejenigen, welche die Fähigkeit haben, ihre akzeptierten Realitäten so zu verändern, dass sie sich dann als ein anderes Geschöpf der Realität modellieren können. Dies ist keine Übertretung der universellen Gesetze, sondern nur deren Anwendung. Viele Menschen auf eurem Planeten hätten heute die Möglichkeit, dies zu tun, aber sie haben Angst vor diesem Talent. Sie sind sich dieser Fähigkeit bewusst und zum Teil auch der Angst. Aber sie sind durch so viele verschiedene Arten von Ängsten und Loyalitäten gebunden, dass sie sich weigern, die Existenz eines solchen Talents anzuerkennen. Das war in den Tagen von Atlantis jedoch üblich.

Dies war das erste Mal, dass ich von einem solchen Konzept hörte, die Hollywood-Version ausgenommen. Ich wollte das klarstellen.

D: *Meinst du damit, sie konnten tatsächlich den bestehenden Körper des Menschen in die Form eines Tieres und wieder zurück verändern, anstatt den Geist in den Körper eines Tieres zu versetzen?*

P: Das ist richtig. Es wäre einfach eine Umgestaltung der ganz allgemeinen Harmonie einer bestimmten Existenz. So wurde sie dann zu einer ganz anderen Art von Existenz. Es sind verschiedene Schwingungen. Es wäre einfach eine Frage der Einstellung, seine Schwingung von der eines Baumes in die eines Steins zu ändern. Es gibt solche Wesen, die dies gewollt für einen bestimmten Zweck tun können. Es wurde jedoch in den Tagen vor dem Bersten von Atlantis festgestellt, dass viele mit diesem Talent und dieser Fähigkeit viel Schaden und Zerstörung verursacht hatten. Nicht nur für die um sie herum, sondern auch für sich selbst. Die höhere Ordnung und Harmonie dieser Fähigkeit wurde zugunsten persönlicher Anmaßung oder wegen eines Profits verworfen. Und deshalb ging das Talent verloren.

D: *Warum sollte jemand so etwas tun wollen? Es klingt mehr oder weniger wie ein Spiel.*

P: Es gibt keine Spiele im Leben, die nicht lehrreich sind. Allerdings gibt es jene „Spiele“, die auf eine Art und Weise verwendet werden können, die weder gesund noch ganzheitlich ist. Es zeigte sich dann, dass solche Spiele, die beim Spielen Tod und Zerstörung verursachten, keine Spiele mehr waren, sondern zu Verbindlichkeiten und Konsequenzen für die beteiligten Personen führten.

D: *Aber wie könnte man beim Verwandeln in verschiedene Formen, Tod und Zerstörung verursachen?*

P: Akte der Täuschung und des Verrats waren damals nicht unbekannt. Deshalb kannst du sehen, dass in einer Zivilisation sehr viel Unfug durch solche Individuen geschehen kann, die sich in eine andere Person verwandeln und diese Person nachahmen konnten, das war offensichtlich. Selbst zu deiner Lebenszeit könntest du eine Menge Unfug treiben, wenn du dich selbst als jemand anderer präsentieren und in der Gestalt von diesem Individuum auftreten könntest. Wenn man das auf eine Ebene der Kreuzung zwischen einer Spezies und der anderen bringt, dann wären viele verwirrt, was ihre wahre Identität ist. Und deshalb würden sie sich verlieren in Bezug auf das, was und wer sie wirklich sind.

D: *Du meinst also, dass sie das für die falschen Zwecke benutzt haben.*

P: Das ist richtig. Die Ziele, für die diese Talente bestimmt waren, wurden mit alarmierender Geschwindigkeit verworfen. Und so wurde festgestellt, dass diese Fähigkeit unbedingt entfernt werden musste, um die vollständige Vernichtung der gesamten Zivilisation zu verhindern.

D: *Passt das zu den Legenden von Wesen, die halb Mensch und halb Tier waren?*

P: Das ist richtig. Minotaurus zum Beispiel. Da gab es jene, welche sich in das eine verwandelten und dennoch Aspekte von dem anderen beibehielten. Und dann waren sie verwirrt, wer von den beiden sie eigentlich waren und so behielten sie einen Teil von beiden. Diese Fähigkeit degenerierte dann zu einer Verwechslung der Identitäten von Realitäten oder Existenzen, sodass die Gefahr bestand, dass es zu einem allgemeinen Verlust der Identität aller Arten kam. Deshalb wurde sichergestellt, dass dieser Identitätsübergang nicht mehr erlaubt wurde.

D: *Ich habe auch gehört, dass sie das vielleicht mit anderen Menschen ohne ihre Erlaubnis gemacht haben.*

P: Damit dies erreicht werden konnte, war es notwendig, das Bewusstsein des Einzelnen zu kennen, nicht nur das der Identität, die er ursprünglich hatte, sondern auch das von jener, zu der er wurde. Deshalb musste zwangsläufig das bewusste Gewahrsein von diesem Prozess vorhanden sein, damit er aktiviert werden konnte. Wir sehen, dass es dort Instanzen gab, von denen Anweisungen gegeben wurden, wie man dieses Individuum in jenes zu verwandeln hätte. Und dann gab es weitere Anweisungen, wie man diese Person in eine andere verwandeln konnte, sodass die ursprüngliche Identität dann verloren ging. Es wurde als ein Weg betrachtet, um eine Person sozusagen aus dem Bild zu entfernen, sie in etwas anderes zu verwandeln, das weniger bedrohlich oder neutral war.

D: *Aber das würde eigentlich gegen die Moral und auch gegen die Gesetze des Universums verstoßen.*

P: Die Technik entsprach natürlich den Gesetzen. Es wäre gar nicht möglich, dies zu tun, wenn es nicht bereits ein etabliertes Recht wäre. Die Tatsache, dass dies möglich war, deutet darauf hin, dass es sich bereits als Gesetz etabliert hatte. Die moralischen Implikationen solcher Maßnahmen standen jedoch im direkten Widerspruch zur Charta, die diesem Planeten zum Zeitpunkt der Lebensverleihung gegeben wurde, damit die Weiterentwicklung der Rasse gefördert werden würde und nicht behindert. Es zeigte sich, dass diese Kreuzmutation den Fortschritt behinderte und deshalb wurde sie entfernt.

D: *Gab es sonst noch etwas, das sie mit ihrem Geist tun konnten, dass wir zu diesem Zeitpunkt verloren oder nicht entwickelt haben?*

P: Es gab sehr viele verschiedene Talente, wie du sie nennen würdest. Sie sind jedoch nur Anerkennungen universeller Wahrheiten. Mit der Zeit wird es wieder das Bewusstsein und die Fähigkeit geben, diese Realitäten, mangels eines besseren Begriffs, zu erkennen und zu verwenden.

D: *Das war eines der Dinge, die ich gehört habe, dass sie anfingen, ihre Fähigkeiten und die Gesetze des Universums zu missbrauchen. Das war einer der Gründe, warum sie aufhören mussten.*

P: Das ist richtig.

* * *

Dieser Teil stammt aus einer anderen Sitzung und ich bin mir nicht sicher, ob er von der gleichen Sache handelt oder nicht.

D: *Als wir uns einmal unterhielten, sagten sie, dass ganz am Anfang Geistwesen in die Körper von Tieren eingedrungen sind, als sie zum ersten Mal auf die Erde kamen, um in einem Körper zu leben. Und ich glaube, du hast mir gesagt, dass es nicht mehr erlaubt ist. Ist etwas passiert? Warum wurde es nicht mehr erlaubt?*

P: Es wurde ermöglicht, mit etwas zu experimentieren, das man als eine transmigrationale Erfahrung bezeichnen könnte. Oder vielleicht einfacher, die Einpflanzung von Bewusstsein und Gewahrsein in Tierkörper, sodass ein Tier dann in der Lage wäre damit wahrzunehmen und das Bewusstsein davon zu haben, was ihr das menschliche Gewahrsein nennt.

D: *Meinst du, die Tiere waren bewusster, als sie es in der Gegenwart sind?*

P: Wir meinen damit nur, dass die Tierkörper zu diesem Zeitpunkt das Gewahrsein und Bewusstsein hatten, das du „menschlich" nennst. Es ist nicht so, dass die Tiere selbst verändert wurden, würde man von einem rein physikalischen Bezugspunkt aus sprechen. Wie auch immer, das Gewahrsein, das Bewusstsein, das zwischen Tier und Mensch unterscheidet, wurde zu dieser Zeit den Tieren gegeben. Es war einfach eine Bewusstwerdung, um sich in einen Tierkörper zu integrieren.

D: *Hat das dazu geführt, dass sich das Tier anders verhielt?*

P: Aus rein spiritueller Sicht war das Bewusstsein nicht so stark verändert, aber man konnte das Bewohnen eines Tierkörpers oder einer anderen Lebensform erleben. Es wäre so, als würde deinem Bewusstsein erlaubt, in das eines Tieres einzutreten. Du selbst, dein Bewusstsein, würde sich nicht so sehr ändern. Du würdest immer noch deine Identität behalten. Der Ausdruck deiner körperlichen Verfassung wäre anders. Du würdest dir dann in einem Tierkörper bewusst sein.

D: *Du wärst eingeschränkt durch das, was das Tier tun könnte.*

P: Durch die physischen Grenzen des tierischen Körpers, das ist korrekt.

D: *Ich habe Fragen über die Lebenskraft gestellt, die Tiere heute haben und mir wurde gesagt, dass sie anders ist.*

P: Das ist richtig. Sie ist nicht so bewusst oder wahrnehmend oder auf der gleichen Ebene wie die Intelligenz, die du selbst innehast. Es ist an sich eine Tier- oder Lebenskraft, aber nicht von der gleichen Art Energie, wie das Bewusstsein, das du trägst.

D: *Dann war es in diesen frühen Tagen anders?*

P: Es war gar nicht so anders als die Intelligenz, die deinem Tierkörper innewohnt. Es war einfach so, dass die Intelligenz zu dieser Zeit nicht nur einem physischen Körpertyp gegeben wurde.

D: *Dann war das nur eine Form des Experimentierens?*

P: Das ist richtig. Es gibt im Bereich der Erfahrung immer die Notwendigkeit zu dem, was neu ist und zu dem, was noch nie zuvor durchgeführt wurde. Deshalb war es erlaubt. Diejenigen, die damals Dienst am Planeten verrichteten, erlaubten ihnen diese Transmigrationen, um diesen Intelligenzen die Möglichkeit zu geben, Leben in einer physischen Umgebung durch viele verschiedene Arten körperlichen Ausdrucks zu erfahren. Es wurde festgestellt, dass dies die Fähigkeit verbessern könnte, sich im Körper oder auf körperlicher Ebene auszudrücken. Die hinzugefügten Ausdrucksmöglichkeiten würden die Qualität der Fähigkeiten der Intelligenzen verbessern, wir finden das schwierig zu übersetzen, denn auf eurer Ebene gibt es dafür kein Konzept. Wie auch immer, die Absicht war, Ausdrucksmöglichkeiten zu lernen.

D: *Dann geschah das, als die Geistwesen zum ersten Mal auf die Erde kamen?*

P: Das ist nicht korrekt, denn es war eine Weile nach der ursprünglichen Aussaat des Planeten. Es geschah jedoch in einem fortgeschrittenen Zustand der Besiedlung des Planeten, in der atlantischen Erfahrung, in der es einen hohen Grad von Bewusstsein für die Lebenskräfte gab.

D: *Ich dachte, dass es zu dem Zeitpunkt, als das getan wurde, vielleicht keine Menschen gab, sondern nur Tiere.*

P: Das ist nicht korrekt. Denn es wäre die Fähigkeit auf diese Weise zu migrieren nicht gegeben worden, wenn die menschliche Entwicklung im Vorfeld nicht stattgefunden hätte. Das heißt, die Erfahrung der menschlichen Inkarnation.

D: *Dann sagtest du damals, die Atlanter hätten über ein gesteigertes Gewahrsein verfügt?*

P: Das ist richtig. Sie waren sich der Lebenskraft und ihren Auswirkungen auf tierische oder physische Körper wohl bewusst. Wie eine Wissenschaft, die zu einem hohen Grad entwickelt wurde. Und so durften sie mit weiteren Körpern experimentieren, um dieses Phänomen der Intelligenz oder des Bewusstseins besser verstehen zu können, das einen tierischen Körper bewohnt. Es wurde gestattet, dass dies geschah. Es wurde jedoch soweit missbraucht und ausgenutzt, dass die animalischen Ausdrucksformen das Wasser der genetischen Pools verschlammt haben. Störungen in der Harmonie des körperlichen Ausdrucks wurden dadurch geschaffen. Wäre das Experiment auf dem höchsten moralischen Niveau gehalten worden, hätte es viele der höchsten Ausdrucksformen von Intelligenz in vielen verschiedenen Formen der Tierwelt ermöglicht. Allerdings wurde dieses Experiment durch das Entstehen von Disharmonie zum Scheitern verurteilt.

D: *Ein Punkt, den ich zu verstehen versuche: Sind sie zuerst gestorben und dann in den Tierkörper eingedrungen, oder taten sie das, während sie auch im menschlichen Körper waren?*

P: Es konnte gleichzeitig durchgeführt werden. Denn es zeigte sich, dass das Bewusstsein von einem Vehikel auf ein anderes übertragen werden konnte. Es wäre so, als ob man meditieren und sich von seinem Körper entfernen würde. Und dann platziert man sich in den physischen Körper eines anderen Tieres.

D: *Ich dachte, als sie das als Experiment machten, sind sie gestorben und kamen dann als Tier zurück, was eine wahre Transmigration darstellen würde.*

P: Es gab diese Erfahrungen, bei denen jene von der anderen Seite diejenigen unterstützten, die noch auf der körperlichen Ebene waren. Und so könnte man sagen, dass es diese Fälle gab, in denen eine Inkarnation stattfinden durfte. Allerdings nicht im klassischen Sinn der Wiedergeburt, wie sie hier auf deinem Planeten jetzt stattfindet.

D: *Dann waren die Atlanter mental und intellektuell so weit entwickelt, dass sie diese Dinge als Experiment durchführten.*

P: Es wäre genauer zu sagen, dass sie viel mehr Gewahrsein besaßen, nicht so sehr intellektuell, sondern sie waren einfach aufgeschlossen. Denn dort scheint es einen ziemlichen Unterschied zu geben. Es gibt diejenigen, die vielleicht nicht hochgradig intellektuell sein können und doch sehr bewusst sind. Und es könnte diejenigen geben, die genial sein können und doch für alles verschlossen sind, was über die fünf Sinne hinausgeht. Es gibt hier keine Wertung, was besser oder die größere Leistung ist.

D: *Ich dachte, sie wären vielleicht hoch entwickelt.*

P: Das eine muss nicht mit dem anderen zusammenhängen.

D: *Ich versuche, das richtig zu verstehen, also sage ich vielleicht einige Dinge, die naiv klingen. Sie scheinen jedoch ein Spiel gespielt zu haben?*

P: Das ist nicht korrekt. Denn es gab keine Frivolität in der Durchführung. Es war in der Tat eine ernsthafte Anstrengung, etwas zu entdecken. Oder, um es genauer zu beschreiben, ernsthafte Erforschung der Konsequenzen für Intelligenzen, die in tierischer oder physischer Form leben.

D: *Aber sie waren in der Lage, ihr Bewusstsein mehr oder weniger in das Tier zu projizieren. Dann konnten sie in ihre eigenen Körper zurückkehren, wenn sie das wollten.*

P: In diesen Fällen stimmt das genau. Im überwiegenden Fall war es eher eine Migration der Intelligenz von einer Form zu einer anderen.

D: *Das war eine vollständige Migration?*

P: Das ist in mancher Hinsicht richtig. Es gibt jedoch subtile Unterschiede, die zum jetzigen Zeitpunkt nicht vollständig erläutert werden können. Wir erkennen, dass es auf diesem Level zu diesem Zeitpunkt an einem vollständigen Verständnis physischer Folgen für simultanes Bewusstsein mangelt. Es gab jedoch auch Gelegenheiten, in welchen man beschließen würde, seinen bisherigen Körper zu verlassen, um das zu bewohnen, was geringerer oder anderer Natur wäre.

D: *Aber in diesen Fällen würden sie nicht zum ursprünglichen Körper zurückkehren.*

P: Das ist richtig.

D: *Würde der ursprüngliche Körper nicht sterben?*

P: Er könnte vielleicht von einer anderen, verschiedenartigen Intelligenz bewohnt werden. Es wäre, als würden sie die Plätze tauschen.

D: *Aber es wäre nicht die tierische Intelligenz, die in die menschliche Form wechseln würde.*

P: Nein, denn in erster Linie gab es diese Intelligenz im Tier nicht. Es gibt so etwas nicht, dass man tierische Intelligenz nennen könnte. Die Intelligenz war geistiger Natur und probierte einfach neue Formen des körperlichen Ausdrucks aus.

Anscheinend musste dies von der Intelligenz gewollt oder gewünscht werden und das Tier wäre nicht weit genug fortgeschritten, um den Willen oder Wunsch zu haben, die Plätze zu tauschen. Wie ich im Buch *Between Death and Life* entdeckt habe, unterscheidet sich der tierische Geist vom menschlichen Geist dadurch, dass er eher ein Gruppengeist ist, der den Kolonien von Ameisen oder Bienenstöcken ähnelt.

D: *Du sagtest, das schaffte Disharmonie?*

P: Das ist richtig, denn es gab die Integration dieser verschiedenen Lebensformen innerhalb gemeinsamer Gruppierungen. Und so kam es zu Mutationen. Es war so, dass die wahren Formen oder … wir finden dieses Konzept hier schwer zu übersetzen, denn zu dieser Zeit herrscht kein genaues Verständnis der Realitäten von Lebensformen, die physische Körper bewohnen. Deshalb müssen wir das verwenden, was zu diesem Zeitpunkt bekannt ist: die Bausteine, die uns zur Verfügung stehen, um so genau wie möglich darzustellen, was wir als die ultimative Realität wahrnehmen. Mit anderen Worten nutzen wir das Wissen, das dir zu diesem Zeitpunkt zur Verfügung steht. Wir glauben jedoch, dass du erkennen kannst, dass das dargestellte Bild nicht so genau ist, wie wir es uns wünschen. Und so müssen wir in der Übersetzung etwas opfern, um das zu vermitteln, was dem am nächsten kommt, das wir als Wahrheit wahrnehmen. Wir bitten um Verständnis, dass wir nicht zulassen können, dass etwas dargestellt wird, was wir als falsche oder irreführende Übersetzung bezeichnen würden. Daher gibt es einige Bereiche, von denen wir nicht sprechen können, weil es keine Konzepte dafür gibt, die vermittelt werden könnten. Jeder Versuch, diese konzeptionelle Grundlage zu vermitteln, würde aufgrund der Natur dessen, was uns zur Übersetzung zur Verfügung steht, ein recht ungenaues und irreführendes Bild ergeben.

D: *Mach einfach das Beste daraus. Ich weiß alles zu schätzen, was du mir in dieser Richtung erklären kannst.*

P: Wir bitten dich dann, einfach zu sagen, was du wissen möchtest.

D: *Nun, du hast gesagt, dass sie in der Lage waren, die Körper zu mutieren...?*

P: Die Körper mutierten, nicht sie mutierten. Die Unterscheidung zwischen den physischen und spirituellen Aspekten ist hier wesentlich. Mit anderen Worten, die Körper würden dann die geistige Natur ausdrücken oder reflektieren. Denn es ist bekannt, dass das Physische nur ein Spiegelbild des Geistigen ist. Und deshalb kam es bei der Kreuzung, die diese spirituellen Energien vermischt, zur Mutation oder Kreuzreflexion des Physischen aus dem Spirituellen.

D: *Ich dachte, dass sie sich als Tiere vielleicht mit anderen Tieren gekreuzt hätten und das meintest du mit Mutation.*

P: Das ist richtig. Es ist jedoch wichtig zu verstehen, dass die gemeinsame Existenz für sich allein genommen, nicht der einzige bestimmende Faktor für diese Mutationen war. Erlebte und assimilierte man die Lebensform einer Art von Tier und wechselte dann in eine andere tierische Form, überschritt man die Grenzen der physischen Aspekte und es kam zu einer Übertragung der Eigenschaften oder Assimilation von einer Form in die nächste. Und dabei entstanden diese Mutationen.

D: *Ich habe gehört, dass Tiere sich normalerweise nicht mit einer anderen Spezies vermischen können. Und ich dachte, das meintest du mit Mutationen.*

P: Wir versuchen hier die Idee zu vermitteln, dass der körperliche Ausdruck nur ein Spiegel dessen ist, was im spirituellen Sinn existiert. Würde daher die Hälfte einer Reflexion mit der Hälfte einer anderen Reflexion vermischt, wäre das Ergebnis eine Mutation.

D: *Haben sie dann dadurch die Möglichkeit gehabt, den Verlauf des Prozesses irgendwie genetisch zu beeinflussen...?*

P: (Unterbricht) Das ist richtig, denn die Genetik wird vollständig durch das Spirituelle beeinflusst. Es könnte so erklärt werden, dass der menschliche Ausdruck ein spiritueller Ausdruck in der Natur ist. Und die physische Form, die sich um diesen Ausdruck herum bildet, ist einfach ein Spiegelbild dessen, was spirituell menschlich ist. Und deshalb folgt daraus, dass diese menschliche Form in vielen verschiedenen Teilen des Universums zu finden ist, einfach aufgrund der Tatsache, dass dies ein ähnlicher Ausdruck ist. Die menschliche Form wird in menschlicher Form ausgedrückt, sei es hier auf diesem Planeten oder auf irgendeinem anderen Planeten. Es gibt noch andere Ausdrucksformen. Diese Ausdrucksformen, die nicht menschlich aber bewusst sind, drücken sich auf eine unbekannte und möglicherweise ziemlich erschreckende Weise aus. Es ist einfach so, dass die menschliche Form eine Form des körperlichen Ausdrucks ist, ein möglicher Ausdruck des Spirituellen durch das Physische.

D: *Dies hat zwei Arten von Fragen aufgeworfen. Wir könnten in der Lage sein, beide abzudecken. Würde das einige der Legenden von seltsamen Wesen, halb Mensch, halb Tier erklären?*

P: Das ist richtig. Es gab tatsächlich diesen Ausdruck der Kreuzung. Die Trübung des Wassers.

D: *Das meintest du mit der Disharmonie?*

P: Das ist richtig.

D: *Dann waren das wirklich physische Kreaturen.*

P: Das ist richtig. Sie waren Verstoßene in ihrer eigenen Gesellschaft. Es gab diejenigen, die sich für rein hielten und auf diese Kreaturen herabsahen, die sie als „weniger reinen Ausdruck“ bezeichneten. Es wurde dann eine Art Kastengesellschaft, wie heute in Indien. Es gibt diejenigen, die als höherwertig erachtet werden und jene geringerer Natur.

D: *Waren diese Formen, wie halb Mensch, halb Pferd und verschiedene andere in der Lage, sich innerhalb ihrer eigenen Art zu reproduzieren?*

P: Nein, denn sie hatten keine genetische Blaupause. Sie waren nur Ausdruck dessen, was geistiger Natur war und nicht an und für sich eine Rasse von Wesen wie jetzt. Es gibt diese Rassen von Wesen, ob sie nun menschlich oder tierisch sind.

D: *Dann waren sie einzigartig.*

P: Das ist richtig.

D: *Es scheint so viele Geschichten über verschiedene dieser Wesenstypen zu geben.*

P: Das ist richtig. Denn es gab mehr als nur einzelne Ereignisse dieser Migration der Kreuzungen. Es gab mehrere Ereignisse. Aber sie waren nicht an und für sich das, was du als „eine Rasse“ von Kreaturen bezeichnen würdest. Um dies weiter zu erläutern, sehen wir die Notwendigkeit, dir eventuell einen kurzen Diskurs zum Gewahrsein der spirituellen Integration zu geben. Im physischen oder menschlichen Ausdruck gibt es jene Energien, die an und für sich menschlicher Natur sind. Wir sprechen hier streng in einem spirituellen Sinne, ohne Rücksicht auf irgendeine Art von physischer Komponente. Dies sind menschliche Energien. Im körperlichen Ausdruck werden diese menschlichen Energien in physischer Form, wie du sie kennst, erscheinen. Die Realität hier ist, dass das Physische einfach ein Ausdruck dessen ist, was geistig existiert. Die menschliche Form, physisch betrachtet, ist nur ein Ausdruck dieser Energie, die menschlicher Natur ist. Die Lebenskraft, die eigentlich oder speziell menschlicher Natur ist, übersetzt sich auf physischer Ebene in menschlicher Form. Es gibt solche Energien, die du „Gras-Energie“ nennen würdest. Ein Grashalm ist einfach eine physische Manifestation jener Energie der Natur des Grashalms. Du siehst also, dass es viele Formen von Energie gibt. Und diese verschiedenen Formen von Energie übersetzen sich unterschiedlich auf die physische Ebene. Das Universum besteht aus Energie. Das physikalische Universum ist einfach nur ein Ausdruck oder eine Art Übersetzung dieser höheren Energien. Siehst du, die Realität des Universums basiert auf geistiger Energie. Das physische Universum ist nichts anderes als ein Ausdruck oder eine Übersetzung dessen, was spiritueller Natur ist. Nimmt man eine spirituelle Energie und übersetzt sie in einen körperlichen Ausdruck, ist das, was als körperliche Form wahrgenommen wird, einfach nur die Reflexion oder Übersetzung dieser spirituellen Energie, von der sie ein Kontingent ist. Wenn du dich also umsiehst und diese physischen Formen betrachtest, siehst du in Wirklichkeit nichts außer Reflexionen oder Übersetzungen. Das sind Reflexionen oder Übersetzungen, die auf jenen Energien basieren oder von ihnen abgeleitet sind, von denen sie ein Bestandteil sind. Damit findet man in der Transmigration eine Mischung dieser Energien. Die Energie, die eigentlich oder speziell Pferdeenergie ist, vermischt oder vermengt sich mit der Energie, die im Ausdruck menschlich ist. Und so wird der Ausdruck dieser Vermengung oder Mischung von Energien dann natürlich zum Teil Pferd und teilweise menschlich.

D: *Dann benutzt du den Zentauren als Beispiel, wie sie normalerweise aussehen würden. Deshalb haben wir Legenden von Wesen, halb Mann und halb Pferd?*

P: Das ist richtig. Die Mischungsverhältnisse waren jedoch nicht konsistent. Es bestand die allgemeine Übereinstimmung, dass dies halb Pferd oder vielleicht halb Mensch war. Es gab jedoch kein Gesetz oder Diktat, das verlangt hätte, dass der menschliche Teil dort entspringt, wo vielleicht der Hals des Pferdes sein könnte. Die Ausdrucksformen waren nicht in allen Fällen identisch, aber sie waren ähnlich.

D: *Dann gaben die Legenden nur eine Verallgemeinerung wieder.*

P: Das ist richtig.

D: *Dann kamen alle Geschichten von Meerjungfrauen und den Harpyien, halb Vogel und halb Frau, von diesen tatsächlichen Ereignissen.*

P: Das ist richtig.

D: *Damals streiften diese Kreaturen dann auf der Erde herum, aber du sagtest, man sah auf sie herab.*

P: Wir würden nicht sagen, dass sie die Erde durchstreiften. Denn sie waren nicht über die gesamte Bevölkerung des Planeten verteilt. Sie wurden in der Tat lokalisiert oder auf die Bereiche beschränkt, in denen die Experimente stattfanden. In den Bereichen, in denen die Kultur diesen hohen Grad an Gewahrsein erreicht hatte, sodass sich diese Experimente manifestieren konnten.

D: *Deshalb sind diese Legenden mehr oder weniger in bestimmten Kulturen von heute zu finden.*

P: Das ist richtig. Die Erfahrung war während der gesamten Evolution des Planeten vielen bekannt. Allerdings waren die tatsächlichen physischen Manifestationen hauptsächlich auf die atlantische Inkarnation beschränkt.

D: *Was ist mit den Geschichten der Magie, in denen ein Individuum, ein Zauberer vorkommt, der Menschen in Tiere verwandeln kann?*

P: Vielleicht wäre dies besser auf die Bereiche der Fantasie und des Wunschdenkens zu beschränken. Der Wunsch nach mehr Kontrolle über das eigene Leben. Denn in jener Zeit, in der die Magie im menschlichen Bewusstsein noch weit verbreitet war, gab es den Wunsch, mehr Kontrolle über die physische Umgebung haben. Und so ließen diese Geschichten an die Möglichkeit glauben, dass Menschen in der Tat mehr Kontrolle über ihre Umgebung hatten. Es war einfach eine Manifestation eines psychologischen Bedürfnisses, die eigene Majestät über die Elemente auszudrücken. Und so wurde das von diesen Personen bei der Erzählung und im Glauben an diese Geschichten, stellvertretend gelebt. Sie konnten sich dann vorstellen, dass sie etwas von dieser magischen Kraft hatten und dadurch mehr Kontrolle über ihre physische Umgebung haben könnten. Es ist dieser Tage in diesem Zeitalter nicht so unterschiedlich, wenn man sich den Gebrauch der Wissenschaft ansieht, um die physische Umgebung zu zähmen. Es ist wieder diese Art von Bedürfnis, die gleiche Art Kontrolle über diese Elemente haben zu wollen.

D: *Dann waren das in diesen Fällen in Atlantis jene Leute, die diese andere Art von Realität erleben wollten.*

P: Das ist richtig.

D: *Dann hast du gesagt, dass es danach verboten wurde?*

P: Es wurde erkannt, dass es mehr Disharmonie hervorrief, als Nutzen zu realisieren. Deshalb wurde von denjenigen, deren Energien und Energieniveaus weit über denen auf experimentellen Ebenen lagen, zum Wohle der Rasse und zum Wohle dieser Individuen verordnet, dass dies nicht erlaubt sei.

D: *Dann verursachte dies eine Disharmonie für den Geist, die Energie, die jene Wesen bewohnte? Es verzerrte irgendwie ihre Persönlichkeit oder ihren eigenen Geist.*

P: Das ist richtig. Und als die Mutationen in die Spiritualität zurückkehrten, wurde verfügt, wir suchen hier die genaue Übersetzung, dass keine weiteren Manifestationen wie diese erlaubt wären. Das war zu diesem Zeitpunkt einfach keine angemessene Erlaubnis und so steht diese Untersagung bis heute. Dieses Verbot kann jedoch zu einem bestimmten Zeitpunkt aufgehoben werden. In Anbetracht des Sachverhalts auf dem Planeten zu diesem Zeitpunkt scheint es jedoch unwahrscheinlich, dass dies zu irgendeiner Zeit in naher Zukunft geschehen könnte.

D: *Aber die Erinnerung überlebte nach der Zerstörung von Atlantis und deshalb haben wir diese Legenden?*

P: Das ist richtig. Es war in schriftlichen Berichten festgehalten, die an die nachfolgenden Generationen weitergegeben wurden. Und über die Jahrhunderte so verändert, dass sie bald zu Legenden wurden.

D: *Hat diese Disharmonie mehr Karma für den Geist geschaffen?*

P: Vielleicht in dem Sinne, dass Karma als Disharmonie interpretiert werden könnte, oder vielleicht Disharmonie als Karma interpretiert werden könnte. Es war notwendig, diese Disharmonie abzubauen und die Energien auszurichten. In diesem Sinne könnte es dann als Karma gesehen werden. Denn wir fühlen, dass in deinem Kontext Karma eine Disharmonie oder eine Fehlausrichtung von Energien darstellt, die durch Erfahrung neu ausgerichtet werden muss. Wir spüren, dass das Karma-Konzept in dieser Darstellung nicht korrekt verstanden wird, denn es ist kein Faktor, der etwas mit Vergeltung zu tun hat. Wir glauben, dass das Verständnis von Karma zu diesem Zeitpunkt von einer Art strafender Wirkung oder Strafe dominiert wird und wir glauben, dass dies in der Tat eine völlig falsche Wahrnehmung ist. Es ist einfach so, dass das, was man „schlechtes" Karma nennen würde, einfach ein Umgang mit Energien ist, die verstimmt oder falsch ausgerichtet sind. Und so denken wir, dass es korrekter wäre zu sagen, wenn man sein Karma ausgleicht, richtet man in Wirklichkeit die eigenen Energien neu aus.

D: *War der Missbrauch dieser Fähigkeit zum Teil für den Untergang von Atlantis verantwortlich?*

P: Es wäre genauer zu sagen, dass dies ein Spiegelbild der Bedingungen war, die zum Untergang führten. Nicht, dass dies an sich schon die direkte Ursache für den Fall war. Die Bedingungen, die es gab und die den Untergang dieser Kultur verursachten, hatten als Element oder als Manifestation diese Art Zustand oder diese Erfahrung.

D: *Es gab noch eine weitere Frage, die ich stellen wollte, bevor ich sie vergesse. Diese Lebenskraft war anscheinend in der Lage, genetisch das Aussehen des Tieres zu verändern, durch die Manipulation der Gene oder wie auch immer es durchgeführt wurde. Bedeutet das auch, dass wir die Kontrolle über unsere eigene körperliche Zellstruktur haben?*

P: Das ist richtig. Du solltest verstehen, dass diese Kontrolle zu keinem großen Teil auf bewusster Ebene stattfindet. Der physische Ausdruck ist eine genaue Darstellung der Energie, aus der du bist. Und deshalb kannst du nicht mit und durch deinen freien Willen dein Spiegelbild verändern. Du kannst deine Energie verändern, die dann eine entsprechende Veränderung in deiner Reflexion verursachen würde. Du kannst jedoch deine Reflexion im Spiegel nicht ändern. Du kannst dein Aussehen ändern, d. h. deinen Körper und deine Reflexion wird sich dann in ähnlicher Weise ändern. Du kannst jedoch nicht ausschließlich die Reflexion ändern, aber das, was die Reflexion verursacht nicht. Es ist wichtig zu verstehen, dass das Physische nur eine Reflexion ist. Um die Reflexion zu ändern, musst du das ändern, was die Reflexion verursacht.

D: *Du meinst, wir können unser Aussehen nicht physisch verändern.*

P: Wenn es erlaubt wäre, diese Energien zu vermischen, könntest du es wieder so wie früher tun, dann würde es möglich sein. Wenn zum Beispiel erlaubt wäre, die Energie eines Grashalms mit menschlicher Energie zu vermengen, könnte der Effekt möglicherweise ein Mensch sein, der Grashalme anstatt der Haare hat.

D: *(Lacht) Ich kann sehen, woher all diese Geschichten kommen. Wie sie sich vorstellen, dass solche Dinge möglich sind.*

P: Sie sind durchaus möglich. Allerdings erlaubt zu sein, ist durchaus etwas anderes.

D: *Wenn wir genetische Kontrolle hätten, könnten wir unser Aussehen ändern, um wie ein anderer Typ Mensch auszusehen.*

P: Es ist hier wichtig zu verstehen, dass es von geringem Wert wäre, die Reflexion nur um der Veränderung willen zu ändern. Der Wert eines solchen Experiments liegt in der Verbindung der Energien, die die Reflexion verursacht haben. Du musst erkennen, dass der wahre Wert auf einem höheren Niveau liegen würde, als einfach interessante Reflexionen zu erzeugen.

* * *

Ich fand heraus, dass während der langen Existenz von Atlantis die Menschen ihren Geist in einem viel höheren Maße entwickelten. Das war gepaart mit wissenschaftlicher Neugierde, alles zu entdecken, was möglich war und trieb die Vermischung der Arten noch weiter voran. Diese wissenschaftlich fortgeschrittenen Menschen schienen versucht zu haben, die Geheimnisse der Schöpfung selbst zu entschlüsseln, was ominöse Ähnlichkeit mit unserer heutigen Zeit aufweist. Vielleicht wurden diese verdrehten Experimente durch Langeweile verursacht, nachdem sie bei ihren Entdeckungen, was der Geist vermag, einen Höhepunkt erreicht hatten. Dann hatten sie diese Macht auf nachteilige Weise missbraucht, anstatt sie für kreative und nützliche Zwecke zu gebrauchen.

Wenn ich John in tiefe Trance versetzte, war er immer in der Lage, Zugang zu der prächtigen Bibliothek auf der spirituellen Ebene zu erhalten, die sich im Tempelkomplex der Weisheit befindet. In meinen vielen Büchern kamen die meisten Informationen von ihm aus diesen Archiven. Wie immer wurden wir von dem Wächter der Bibliothek begrüßt, als wir das Gebäude betraten, der über unsere Absichten Bescheid wissen wollte und uns über Einschränkungen informierte.

D: *Kann er in den Bänden oder was sie auch immer verwenden, irgendwelche Informationen über den Kontinent Atlantis finden?*

J: Ja. Er sagt, wir haben viel Forschung über Atlantis. Er sagte, du könntest in den Betrachter gehen.

D: *Was ist das?*

J: Er bringt mich in diesen anderen Raum, der wie ein Vorführungsraum aussieht. Man muss nur seine Aufmerksamkeit auf Atlantis lenken und alle Arten von Bildern kommen herein. Sie sind an den Wänden.

D: *Wie ein Bildschirm an einer Wand?*

J: Nicht wirklich wie ein Bildschirm. Sie umgeben einen und ich bin in der Mitte und sehe sie mir an. Oh, es ist diese schöne, wunderschöne Stadt. Sie ist golden. Sie sieht aus, als würde sie leuchten, als ob Licht aus den Mauern der Stadt käme. Es ist dunkel und Sterne sind zu sehen. Da ist dieser wunderschöne Vollmond. Und es sieht so aus, als wüssten sie, wie man die Energie des Mondes nutzt. Es ist wunderschön. Ich bin von dieser Szenerie umgeben. Und ich fange an, die Leute zu sehen. Ich komme näher. Die Leute sind einfach wunderschön.

Er sagte beim Erwachen, dass die Stadt aus der Ferne wie eine Pyramide angeordnet schien. Ein zentraler Turm oder höchster Punkt und der Rest der umliegenden Gebäude nahm bis zu diesem Punkt allmählich an Höhe zu. Es gab Rampen, die diese verschiedenen Ebenen verbanden.

D: *Wie sehen die Leute aus?*
J: Oh, sie sind wie wir, aber sie sehen aus wie Filmstars. Sie alle haben perfekte Zähne und schönes Haar. Sie haben mit verschiedenen Frisuren und Haarfarben und Designs experimentiert.

Er sagte später, dass das Haar verschiedene Farben hatte, hell und glänzend wie die Farben der Vögel: rot, gelb, grün und blau. Und die Haare waren geflochten und eingedreht, um verschiedene Frisuren zu bilden. Ich merkte an, dass das so ähnlich wie der Punk-Stil heute sei, aber er widersprach und sagte, dass es nicht so wild war. Das war anders, extravagant und doch auf eigene Weise schön.

J: Sie scheinen Kleider zu tragen ... Kleider, wenn das das richtige Wort ist. Nein, keine Kleider, sie tragen Tuniken und Roben. Und sie leuchten. Ich meine, ihre Kleidung kann die Farbe ändern. So, als wären schöne Farbspektren in das Tuch eingewebt worden, damit es bei unterschiedlichen Lichtverhältnissen verschiedene Farben widerspiegelt. Du schaust dir ein Kleidungsstück an und es mag rosa erscheinen, aber wenn man es auf eine andere Art und Weise betrachtet, erscheint es pastellblau. Und du schaust es dir noch mal an und siehst es in Violett. Es verändert sich und schimmert. Die Kleidung ist einfach wunderschön. Und ich sehe, dass sie verschiedene Arten Schmuck tragen und es befinden sich Kristalle in diesem Schmuck.

D: *Was ist mit der Stadt? Warum glaubst du, dass die Wände Licht ausstrahlen?*

J: Ich weiß es nicht. Es gibt dort einige wirklich große Gebäude. Einige von ihnen sehen aus wie unsere Version der griechischen Tempel. Es gibt andere, die wie sehr zeitgenössische moderne Bauten aus dem zwanzigsten Jahrhundert aussehen. Einige der Gebäude haben zwanzig bis dreißig Stockwerke.

D: *Wie kommen sie in die verschiedenen Stockwerke?*

J: Es gibt bewegliche Rampen. Du steigst auf eine Rampe und kommst genau dahin, wo du hinwillst. Es sind Rampen, aber sie sind schwer zu beschreiben. Siehst du, diese Gebäude sind nicht so gebaut wie unsere Gebäude, die Aufzüge benötigen. Sie werden in Etappen gebaut. (Er hatte Schwierigkeiten beim Beschreiben.) Die unteren Ebenen sind versetzt, das ist das Wort. Diese Gebäude sind nicht nur ein einziges Gebäude. Es handelt sich um verschiedene Gebäude, mit Rampen zwischen den Gebäuden. Und diese Rampen sind elektrisch. Wie Rolltreppen aber flach. Sie bewegen dich sehr schnell in die verschiedenen Bereiche, die du erreichen willst.

D: *Gibt es irgendeine Art von Transport innerhalb der Stadt?*

J: Ja. Es gibt viele Transportmöglichkeiten. Es gibt zigarrenförmige Flugzeuge. Und es gibt Autos, die zigarrenförmig sind. Aber im Allgemeinen benutzen sie eine Menge dieser Rampen, um in der Stadt herumzukommen.

D: *Sind die Autos wie unsere, mit Rädern?*

J: Nein, sie haben keine Räder. Sie sind eine Art Schwebefahrzeuge.

D: *Wie werden sie angetrieben?*

J: Sie werden durch Solarenergie und Kristalle angetrieben. Solarenergie durch den Kristall geschickt.

D: *Was ist mit dem Flugzeug? Hat es Flügel?*

J: Nein, es hat keine Flügel. Es sieht überhaupt nicht so aus, wie unser Flugzeug. Tatsächlich sieht es aus wie eine große Zigarre. (lacht) Und es hat überall Fenster um die Mitte herum. Und es scheint, dass es seine Energie von einem riesengroßen Kristall an seiner Spitze bezieht. Es zieht Energie von etwas an, das wie ein Turm aussieht. Es ist wie ein Anlegeplatz, der dem Schiff hilft, auf und ab zu gleiten. Es ist ein Teil dieses Anlegeplatzes und wird so auch energetisiert.

D: *Es konnte nicht sehr weit fliegen oder, wenn es seine Energie daraus bezieht?*

J: Oh, es kann tausende Kilometer fliegen. Es speichert Sonnenenergie in dieser Batterie und die treibt das Schiff an.

D: *Haben sie irgendwelche Kommunikationsgeräte?*

J: Die Leute brauchen dort keine Telefone. Sie können telepathisch miteinander sprechen.

D: *Was ist mit langen Strecken außerhalb der Stadt? Können sie das genauso machen?*

J: Ja. Ich sehe kein Radio, kein Fernsehen oder so etwas. Es ist nicht nötig. Sie haben Unterhaltung, ja. Sie mögen Musik. Und es gibt Arenen. (Er hielt inne und keuchte dann plötzlich.) Oh, mein Gott! Das ist schrecklich! Sie sind wirklich grausame Menschen.

Dies war der erste Hinweis darauf, dass etwas anders war. Bis zu diesem Zeitpunkt klang seine Beschreibung sehr ähnlich wie die der anderen Probanden. Anscheinend war nicht nur alles ein Paradies. Wie ich bereits sagte, Atlantis existierte tausende Jahre und vielleicht sah es John zu der Zeit, als es sich zu verschlechtern begann. Die Menschen und die Stadt waren schön und prächtig, aber hinter diesen Äußerlichkeiten versteckte sich ein dunkles und hässliches Geheimnis.

J: Es passieren einige wirklich grausame Dinge. Es sieht aus wie Menschen, die an tierische Körper gebunden sind. Sie schicken sie in diese Arena und zwingen sie, sich gegenseitig zu bekämpfen. Wie bei einem römischen Gladiatorenkampf.

D: *Wie sehen die Kreaturen aus?*

J: Ich kann eine Kreatur sehen. Er ist ein Mann, aber es sieht so aus, als wäre er ein Mann in der Mitte eines Pferderückens. Er hat vier Beine und den Oberkörper eines Mannes. Und er ist mitten auf dem Rücken. Es sieht so aus, als ob er aufgepfropft wäre. Und wo der Kopf des Pferdes sein sollte, ist nur leerer Raum.

D: *Ich glaube, ich weiß, was du meinst. (Es klang so, als würde er einen Zentauren beschreiben.) Wie sehen die anderen Kreaturen aus?*

J: Oh, da ist ... es sieht aus wie ein Jaguar ... das Gesicht eines Jaguars aber die Hinterbeine eines Menschen. Der hintere Teil ist wie ein menschlicher Körper. Oh, es ist einfach schrecklich! So, als wären sie genetische Außenseiter. Sie sind sehr grausam zu ihnen.

D: *Gibt es nur diese beiden Kreaturen?*

J: Oh, nein, da sind Dutzende von ihnen. Ich würde sagen, es gibt mindestens hundert bis zweihundert. Sie sind alle in dieser Arena. Sie alle kämpfen gegeneinander und führen einen Kampf auf Leben und Tod. Die Leute sitzen irgendwie herum und sie klatschen weder, noch rufen sie oder so etwas in der Art. Es ist nur amüsant für sie.

D: *Kannst du eine andere kombinierte Kreatur sehen?*

J: Ja. Es gibt noch eine andere Kreatur, die wie ein Bulle aussieht. Sie hat die Hörner und das Gesicht eines Bullen und den Körper eines Bullen, aber menschliche Beine. Diese Dinge sehen wirklich grotesk aus. Es gibt noch andere. Es gibt ein Ding, das aussieht wie eine Schlange mit einem menschlichen Gesicht. Und da ist ... oh! Ein Tier, das aussieht wie eine Giraffe mit einem menschlichen Gesicht.

Diese seltsamen Kreaturen zu beobachten schien ihn aufzuregen.

D: *Ich möchte dir mit meiner Neugierde kein Unbehagen bereiten.*

J: Nein, es ist nicht unangenehm, es ist nur so, dass diese Fehler genetisch bedingt sind. Sie können sich nicht reproduzieren, also warum kann man sie nicht einfach sterben lassen. Es ist wie ein Sport, den diese Leute genießen. Diese Leute sind sehr grausam.

D: *Ich hätte gedacht, wenn sie telepathisch wären, hätten sie mehr Verständnis und Sanftmut. Ist es nicht so?*

J: Nein. Eigentlich habe ich das Gefühl, dass sie sehr, sehr stolz sind und sie schauen auf andere Kreaturen herab. Sie sehen all die anderen Spezies der Erde nur als schreckliche Tiere.

D: *Glaubst du, sie haben diese Kreaturen gesammelt und hierher gebracht, damit sie kämpfen können?*

J: Sie machen das regelmäßig, weil sie immer wieder Experimente mit einer neuen Charge machen können.

D: *Haben diese Kreaturen irgendwelche Waffen oder greifen sie sich nur gegenseitig an? Ich denke an Gladiatoren.*

J: Nein, sie benutzen ihre natürlichen Instinkte. Und die Menschen genießen den Anblick, aber sie klatschen nicht und zeigen keinerlei Ausdruck. Sie schreien oder rufen nicht und zeigen keine Gefühle. Sie mögen das Zusehen. Es ist unterhaltsam für sie.

D: *Es scheint schwer zu verstehen, dass sich jemand gut unterhält, aber keine Emotionen zeigt.*

J: Ja, sie zeigen keine Gefühle. Es ist so anders. Diese Leute sind wirklich keine netten Menschen. Ich meine, sie sind kalt. Sie sind überheblich. Sie haben eine echte Abneigung gegen andere Lebensformen. Jetzt gehen sie in die Arena. Und sie haben so etwas wie Waffen, aber sie sind aus Kristall gefertigt. Und sie richten sie auf die Herzzentren all dieser Tiere, die übrig sind.

D: *Diejenigen, die sich nicht gegenseitig getötet haben?*

J: Ja und sie töten sie. Es gibt einen Lichtstrahl, der herauskommt und sich direkt um ihr Herz zentriert. Es sieht aus wie ein Laser, außer dass es ein Lichtstrahl ist, kein Laserstrahl. (Er gibt angeekelte Laute von sich.) Und jetzt werde ich an einen anderen Ort gebracht, an dem sie diese Tiere herstellen. Diese Leute sind vor einer Zeichnung versammelt. Es gibt ein Tier, das von ihnen getrennt in einer Kammer ist und sie visualisieren das Gesicht eines Mannes auf dieses Tier. Sie betrachten eine Zeichnung eines Tieres mit einem menschlichen Gesicht und das manifestieren sie auf diesem Tier mit ihren Gedanken. Sie konzentrieren sich darauf. Und das geschieht, um ihnen beizubringen, wie man manifestiert. Da ist ein lebendiges Tier drinnen. Es sieht aus wie ein Hund. Das hier ist sehr schmerzhaft für das Tier. Deshalb halte ich sie für grausam. Es gibt vier Leute, die das tun, eine Frau und drei Männer. Es bedarf ihrer gemeinsamen Konzentration. Sie konzentrieren sich darauf, ein menschliches Gesicht auf diesem Tier in der Kammer zu erzeugen.

D: *Und sie sind in der Lage, dies nur mit ihrer Gedankenkraft zu tun?*

J: Ja. Sie sind in der Lage, sich so stark zu konzentrieren, dass es passieren wird. Aber ihre Konzentration liegt auf der Umstrukturierung des Gesichts des Tieres. Sie konzentrieren sich auf die Arbeit an der Zellstruktur im Gesicht des Tieres und das durchzumachen ist für das Tier sehr schmerzhaft.

D: *Tun sie das als eine Übung zur Kontrolle ihres Geistes?*

J: Nun, wahrscheinlich das. Aber sie versuchen auch, eine Art von Haustier zu erfinden, wie unsere Hunde und Katzen. Ein Haustier, das menschliche Merkmale hat.

D: *Gibt es irgendeine Art von Maschinen oder etwas Ähnliches im Raum, das ihnen dabei hilft?*

J: Ja, da ist ... es sieht aus wie Kristallglas. Und da ist Stein, aber der Stein ist formbar. Ich meine, er ist wie Gummi. Du kannst ihn verbiegen und manipulieren. Der Stein wird im Innenbereich der Räume verwendet.

D: *Ist dieser Stein Teil einer Maschine?*

J: Nein. Er wird nur zur Auskleidung des Raumes verwendet. Anstatt die Wände zu bemalen, werden sie mit geschmeidigem Stein überzogen.

D: *Dann sind die Kristalle Teile dessen, das sie benutzen.*

J: Ja, sie haben überall Kristalle. Große massive Kristalle und verschiedene Farben. Und ich sehe ein Steuerpult mit Kristallen. Und dann kommt das Licht aus diesen Kristallgruppen an der Decke.

D: *Bedient jemand diese Maschine?*

J: Sie tun es mit ihrem Geist, aber sie stimmen sich auf die Kristalle ein.

D: *Ich weiß nicht, ob du Zugang zu diesem Wissen hast oder nicht, aber verändert dies das Tier in irgendeiner Weise, wenn sie es in ein halb menschliches und halb tierisches Wesen verwandeln? Die Art und Weise, wie es denkt und seine Handlungen?*

J: Nun, das Tier hasst es, weil es verletzt wird. Es ist schmerzhaft.

D: *Ich meine, bekommt das Tier dadurch menschlichere Eigenschaften?*

J: Ja, es nimmt menschlichere Eigenschaften an, obwohl es sich dabei nicht wirklich um gute menschliche Eigenschaften handelt.

D: *Ich habe mich gefragt, wie sich das auf die Lebenskraft und den Geist, sozusagen, des Tieres auswirkt.*

J: Sie halten diese Tiere für eine minderwertigere Lebensform und sich selbst für eine höhere, das ist der Grund, warum sie glauben, dass sie mit diesen Tieren experimentieren können. Ihre Haltung gegenüber der Tierwelt ist: „Wir sind eine überlegene Art, daher können wir tun, was immer wir wollen."

D: *Aber macht das nicht das Tier weniger minderwertig, wenn sie das tun?*

J: Sie versuchen nicht, das Tier zu entwickeln, nein. Sie sehen nicht, dass das Tier eine Seele hat. Sie haben die Seelen und sie können tun, was immer sie wollen, weil sie Götter sind. Und das sind sie auch, sie sind Götter. Sie können so viel tun. Sie können kreieren und das Gesicht dieses Hundes so umgestalten, dass er wie ein Mensch aussieht.

D: *Aber es hat keinen Zweck, oder? Wenn sie die Wesen einfach in die Arena schicken, um sich gegenseitig zu töten.*

J: Nein, sie benutzen einige dieser Kreaturen in Knechtschaft. Sie glauben, dass sie eine minderwertige Lebensform sind, also ist es okay.

D: *Sie wollten nur, dass sie menschlicher wirken. Es klingt so, als ob sie Spielchen spielen.*

J: (Er runzelte die Stirn.) Ich glaube nicht, dass sie Spiele spielen. Sie sind keine netten Leute. Ich mag sie nicht.

D: *Nun, ich wollte dir dadurch keine Unannehmlichkeiten bereiten, dass du dir etwas Derartiges ansehen musst.*

J: Oh, es war schmerzhaft zu sehen, wie diese armen Tiere sich gegenseitig umbringen. Aber sie erleiden die ganze Zeit Qualen, weil ihre Molekularstruktur gestört wurde.

D: *Es sieht so aus, als würde so etwas gegen die Lebenskraft des Universums, ihres Lebensraums, verstoßen.*

J: Deshalb wurde Atlantis zerstört.

Die Atlanter wurden als perfekte Menschen beschrieben. Vielleicht hatten sie bereits die Kunst der genetischen Veränderung des menschlichen Körpers beherrscht oder perfektioniert. Es gab keine Herausforderungen mehr. Also wagten sie es, ihre Gene mit Tieren zu kombinieren und zu verändern. Eine neue Herausforderung, die vom Abenteuer des Unbekannten geprägt war.

D: *Kannst du etwas anderes sehen, was sie mit ihrem Geist machen konnten? Vielleicht nicht so destruktiv, aber andere Kräfte, die sie haben?*

J: Ja. (Keuchen) Sie können eine Person sehr leicht zum Orgasmus bringen, indem sie es einfach nur denken. (Er fand das ziemlich amüsant.) Einander begrüßen und reden und andere Menschen lieben tun sie gerne. (Lacht) Das ist ein Spiel, das sie spielen. Sie können andere Wesen auf dem Planeten beeinflussen. Sie haben eine sehr überhebliche Sichtweise und denken, dass sie die Besten sind und alles für sie funktioniert. Infolgedessen hegen sie Verachtung für niedere Lebensformen. Deshalb experimentieren sie so mit den Tieren.

D: *Haben sie eine konstruktive Möglichkeit, ihren Geist zu benutzen?*

J: Oh, ja. Sie können diese Städte mit ihrer Gedankenkraft erschaffen. Sie können schwere Gegenstände heben und teleportieren.

D: *Levitation? Nun, das wäre ein positives Attribut.*

J: Sie sind so selbstzentriert. Das ist es, was ich zu sagen versuche. Alles muss auf sie reagieren.

D: *Ich interessiere mich auch für diesen formbaren Stein.*

J: Es ist eine bestimmte Art von Stein, den sie zum Bau ihrer Städte und dieser elektrischen Rampen verwenden.

D: *Kommt er im natürlichen Zustand so vor?*

J: Ich weiß es wirklich nicht. Ich frage gerade danach. Mir wird gezeigt, dass es ein Stein ist, der mit geistigen Experimenten behandelt wurde, damit er formbar wird. Sie sind sehr, sehr intelligente Leute. Doch sie hegen wirklich Verachtung für anderes Leben. (Pause) Uuh, das ist ekelhaft! (Er unterbrach nachdrücklich.) Ich will nicht hierbleiben! (Ein Ausdruck von Ekel.)

D: *Das ist schon in Ordnung. Ich will nicht, dass du das tust. Du kannst aus dieser Stadt abreisen. Lebt der Rest der Menschen auf dem Kontinent in Städten wie dieser oder ist das nur eine kleine Gruppe?*

Ich habe versucht, ihn von dort wegzubringen, weil es offensichtlich unangenehm zu beobachten war.

J: Nein, einige Leute leben auf dem Land. Sie leben in schönen Häusern und haben schöne Gärten. (Überrascht) Es gibt keine Insekten, wie wir sie haben. Ich habe bemerkt, dass es keine Insekten gibt. Sie können im Freien bleiben und es gibt wirklich keine lästigen Insekten.

D: *Weißt du, warum?*

J: (Überraschung) Sie schufen viele schädliche Insekten in ihren Experimenten. Ich mag sie einfach nicht. Sie sind auch Kannibalen. Ich sah diese Gruppe von ihnen eine andere Person essen.

D: *Glaubst du, es war eines dieser Tiere?*

J: Nein, es war nicht eines dieser Tiere. Sie haben diesen Mann gefangen genommen und aßen ihn. Das war außerhalb der Stadt. Es gab eine Gruppe von ihnen. Sie sind in das Flugzeug gestiegen. Dann haben sie einen von diesen Leuten gefangen genommen und haben ihn gekocht und gegessen.

D: *Oh, du meine Güte! (Ich wollte das Thema wechseln.) Nun, was ist mit diesen schädlichen Insekten? Du sagtest, sie schufen sie bei ihren Experimenten?*

J: Ja. Deshalb musste Atlantis fallen, denn sie haben die Lebenskraft missbraucht. Sie haben das nur getan, um erfinderisch zu sein. Ich bekomme das Gefühl, dass sie keine sehr netten Menschen waren. Ich mag es hier nicht. Ich würde gerne hier raus.

D: *Okay. Wenn es dich stört, musst du nicht bleiben.*

J: Ich würde gerne gehen. Weißt du, sie haben diese wirklich arrogante Lebenseinstellung. Dass sie die Größten sind und dass alles andere zu ihrem Nutzen bestimmt ist. Sie respektieren die Lebenskraft nicht. Aus diesem Grund wurden sie zerstört.

D: *Ich weiß es zu schätzen, dass du es dir angesehen und mir die Informationen mitgeteilt hast. Ich wollte dich in keiner Weise stören.*

J: Was mich störte, war der Kannibalismus. Es war einfach so sinnlos. Und deshalb haben wir Kannibalismus immer noch in der Welt, schätze ich. Aber sie tun einfach sehr sinnlose Dinge für den Reiz des Augenblicks.

D: *Wenn du dich dort unwohl fühlst, kannst du den Betrachtungsraum verlassen?*

J: Er ist jetzt leer. Ich dachte immer, dass die Atlanter nett sind. Leute, mit hoher Energie und so was. Und sie waren es nicht. Sie waren sehr fortschrittlich, ja, aber sie waren sehr, sehr arrogant und äußerst respektlos gegenüber niederen Lebensformen. Es waren Dinge, die wir nicht verstehen würden. Sie waren sinnlos. Sie verursachten bei diesen Tieren Mutationen und bereiteten den armen Tieren solche Schmerzen, nur weil sie es tun wollten.

D: *Vielleicht haben sie sich gelangweilt.*

J: So sah es aus, als sie diesen Mann gefangen nahmen. Diese Gruppe von Leuten ist in das Flugzeug gestiegen und hat diesen Eingeborenen gefangen genommen. Als ob wir jetzt nach Neuguinea fliegen würden.

D: *Dann gab es in dieser Zeit auch Eingeborene?*

J: Richtig. Sie flogen an einen Ort, an dem es Eingeborene gab. Sie haben ihn gefangen genommen, ihn gekocht und gegessen. Und ich dachte, das wäre wirklich sinnlos.

D: *Vielleicht war alles so weit fortgeschritten, dass sie sich langweilten. Und das waren Sportarten, um sie interessiert und bei Laune zu halten.*

J: Wahrscheinlich. Ich habe dieses Gefühl.

D: *Ihr Geist hatte sich so weit entwickelt, dass nichts mehr eine Herausforderung darstellte, also wollten sie verschiedene Dinge ausprobieren.*

J: Der Bibliothekar sagt mir, die meisten Leute auf der Erde denken, die Atlanter wären ein hochenergetisches Volk. Aber warum wurde ihr Kontinent zerstört? Es geschah, weil sie die Lebenskraft missbraucht haben und sie mussten zerstört werden.

D: *Das ergibt viel mehr Sinn, als einige der anderen Dinge, die wir gehört haben.*

* * *

Weitere Informationen wurden bei einem neuerlichen Besuch im Betrachtungsraum der Bibliothek gewonnen.

J: Ich gehe jetzt in die Bibliothek. Ich bin an dem Ort, an dem der Wächter der Bibliothek ist. Er sagt: „Ich bin hier, um Ihnen Service und Hilfe anzubieten." Und ich werde gefragt: „Was ist Ihre Frage?"

D: *Vorhin fragten wir nach Informationen über Atlantis, die uns im Betrachtungsraum gezeigt wurden. Und es war beunruhigend. Wir möchten einige Informationen über ihre positiven Kräfte erhalten, wenn möglich.*

J: Ja. Er sagt, bitte betreten Sie den Betrachtungsraum. Er war verwirrt, weil er dachte, wir wollten den Untergang von Atlantis beobachten und warum es versunken ist.

D: *Dazu kommen wir ein anderes Mal.*

J: Er sagt, die Informationen waren für das Medium deshalb so verstörend, weil es einer der Gründe für den Sturz war. Er sagt, dass es einen Gerechtigkeitssinn gibt. Und, dass man Negativität anzieht, wenn man Negativität so intensiv benutzt. Und deshalb brach die atlantische Zivilisation schließlich zusammen.

D: *Obwohl es beunruhigend war, danken wir ihm für die Informationen. Diesmal wollen wir etwas über ihre Heilkräfte jener Zeit erfahren, um zu sehen, welche Höhen sie mit dieser Art von Kräften erreicht hatten.*

J: Er zeigt mir diesen wunderschönen Kristallraum. Es gibt tausende Kristalle in diesem Raum. Sie sehen fast wie mattierte Glasscheiben aus, aber sie sind alle aus Kristallen gefertigt, die sie herstellen. Sie nehmen ein Gel, das sie entdeckt haben, mischen es mit Sand und das bildet die perfektesten Kristalle. Aber es gibt ein spezielles Gerät, in dem das stattfindet. Es sieht fast biologisch aus. Er zeigt mir diesen wunderbaren Bereich, in dem es verschiedenfarbige Lichter gibt. Es gibt grün, blau, rot, violett, gelb, orange und weiß. Und er sagt, jedes Einzelne von ihnen heilt einen anderen Teil des Körpers. Weiß soll den ätherischen Körper und den Astralkörper heilen. Grün soll den physischen Körper heilen. Blau soll den Emotionalkörper heilen. Rot soll den

Kausalkörper heilen. Das sind alles unterschiedliche Körper einer Person. Beim Sitzen unter diesen farbigen Strahlen in dieser Harmonie und durch ihre Abfolge würde man von jeder Art von Schwierigkeiten geheilt werden, die in einem selbst liegen. Außerdem gibt es Terminatoren aus Kristallen, die in verschiedenen Mustern um eine Platte herum angeordnet sind, auf der die Person liegt. Es sieht aus wie ein Bett aus Stein, aber gleichzeitig ist es sehr bequem. Es hat einen Stoffbezug, der sehr dünn aussieht, aber sehr widerstandsfähig ist. Er erinnert an eine dieser Weltraumdecken und hat diese silbermetallische Farbe. Aber er ist anders und fühlt sich wie Schaum an, wenn man darauf liegt. Das Bett bewegt sich unter diesen verschiedenen Farben. Und die Farben müssen in der richtigen Reihenfolge benutzt werden. Wenn es in der falschen Reihenfolge gemacht wird, könnte es zu einer Verschlechterung der Gesundheit führen, also gibt es eine bestimmte Sequenz. Aber er hat mir diese Sequenz noch nicht verraten. Er sagt, dass das im Moment nicht wichtig ist. Er sagt, das war die höchste Heilkammer in Atlantis und wurde zur Behandlung von Leuten der Aristokratie oder der herrschenden Elitegruppe verwendet.

D: *Sie war nicht für die gewöhnlichen Menschen gedacht?*

J: Nein. Er sagt, für sie gab es andere Orte, die sehr ähnlich waren. Aber das hier wäre in deinem eigenen Land zu deiner Zeit wie ein Krankenhaus für die Elite.

D: *Dann mussten einzelne Beschwerden nicht behandelt werden?*

J: Zur Heilung mussten die ganzen Körper behandelt werden. Nicht nur der physische Körper, sondern auch der emotionale und der geistige, alle diese Körper mussten geheilt werden.

D: *Wenn du eine Verletzung oder eine Krankheit hattest, wurde sie nicht wie eine separate Sache betrachtet.*

J: Nein. So etwas geschah hauptsächlich für die spirituelle Entwicklung und Heilung von Fehlern aus der Vergangenheit und dergleichen. Es war so etwas wie ein psychiatrischer Ansatz. Er zeigt mir die Bereiche, in denen die Menschen Knochenbrüche und Dinge dieser Art repariert hatten. Und in gewisser Weise sieht es dort aus, wie in unseren normalen Operationssälen, mit der Ausnahme, dass sie kristallartige Instrumente benutzten, die zu rasiermesserscharfer Perfektion verfeinert und geschliffen worden waren.

D: *Du sagtest, die Maschine, die du im anderen Raum gesehen hast, die die verschiedenen Körper geheilt hat, war fast biologisch. Was hast du damit gemeint?*

J: Sie sieht lebendig aus! Sie sieht so aus, als wäre sie lebendig. Es ist ein Computerterminal, das wie etwas aus der Pflanzenfamilie aussieht. Weil es so aussieht, als könnte es wachsen und sich ausdehnen, genau wie eine Pflanze wachsen und expandieren kann. Und es hat eine hellgrüne Farbe. Aber es hat auch eine Flüssigkristallanzeige, die wie etwas aus einem Science-Fiction Magazin aussieht. Aber es sieht so aus, als ob es wachsen und sich vervielfältigen könnte.

D: *Wer entschied, ob jemand eine Krankheit hatte, die eine Behandlung in diesem Raum erforderte?*

J: Die Menschen der damaligen Zeit waren sehr bewusst. Das war ein Zentrum, wohin man nach dem Übergang naher Verwandter kommen würde, um ihnen Lebewohl zu sagen, ihnen Liebe zu schicken. Das ist ein Heilungsprozess für viele Dinge. Trauer. Sie waren sehr fortschrittliche Menschen zu dieser Zeit, die im Grunde ihre Manipulationen und Motivationen kannten. Die Menschen zu diesem Zeitpunkt verurteilten sich nicht gegenseitig.

* * *

Als ich dieses Buch 2001 zusammenstellte, bekam ich bei einer Sitzung in Memphis noch weitere Informationen. Eine Frau beschrieb eine in Atlantis verwendete Frequenzmaschine, die mithilfe von Licht die Frequenzen regulieren konnte, um den Körper in Harmonie für die Heilung zu bringen. Sie wurde vom Geist der Person bedient und bestand aus reiner Energie. Sie war real und effektiv. Aber nach einer Weile blieb sie ungenutzt, denn die Wissenschaftler hatten eine weitere Maschine entwickelt, die ihrer Meinung nach noch effektiver war. Sie bevorzugten die Verwendung von Kristallmaschinen, die leistungsstark waren, jedoch verzerrten diese die Energie. Die Kristalle steckten in Behältern mit einer Art Flüssigkeit. Das Licht, das durch die Behälter schien, erzeugte die geistige Energie von vielen Menschen im Raum. Die Nutzung degenerierte zum falschen Zweck (insbesondere sexueller Natur) und erzeugte verzerrte Effekte.

Als die Atlanter mehr über die Nutzung von Energien erfuhren und ihr Wissen erweiterten, waren sie fasziniert von der Manipulation der Energie. Sie entdeckten neue Wege, um damit zu experimentieren und sie zu steuern. Sie verloren den Überblick, sie für positive Zwecke in ihrem Leben zu nutzen, wie z. B. Heilung und Ausgleich. Wurde die Energie (noch gesteigert durch die Konzentration vieler Menschen) für etwas Negatives verwendet, fehlgeleitet und verzerrt, so wurde sie destruktiv. Sie wurde so mächtig, dass sie sich gegen sich selbst wandte. Dies war einer der Gründe für die Zerstörung von Atlantis.

Wir haben weitere Informationen erhalten, als wir zur Bibliothek zurückkehrten.

J: Der Bibliothekar fragt, welches Thema du besprechen möchtest?

D: *Wir sind immer noch an Atlantis interessiert. Ich möchte ein paar Fragen über die Zeit von Atlantis stellen, als es noch glücklich war, bevor es dem Untergang zustrebte. Als es auf seiner Höhe war. Wir möchten etwas über das Familienleben der Menschen in den guten Zeiten von Atlantis wissen. Kannst du das sehen?*

J: Ja, er zeigt mir Bilder von Atlantis.

D: *Hatten sie individuelle Familien und eine Familienstruktur?*

J: Ja, sie hatten individuelle Familien. Die Familien waren wirklich verbunden. Die Menschen lebten sehr lange, also gab es sehr viele Leute. Eine Familie würde eine ganze Stadt füllen. Oder nicht eine ganze Stadt, aber so wäre es in unserer Zeit. Aber sie waren miteinander verbunden und jedes Mitglied der Familie war sehr wichtig. Sie alle hatten unterschiedliche Fähigkeiten und Techniken, um einander zu helfen. Grundsätzlich aber lebten sie nicht so kommunal wie wir. Jeder hatte seinen eigenen individuellen Raum, aber sie trafen sich alle zu unterschiedlichen Zeiten für Mahlzeiten und Gespräche und dergleichen. Sogar Ehemänner und Ehefrauen bewohnten getrennte Räume oder getrennte Bereiche. Ihre Häuser waren geräumig und hatten viele Räume für jedes Familienmitglied und sie waren alle durch eine Art Höfe miteinander verbunden. Ich sehe Höfe mit verschiedenen Menschen. Sie sind alle verwandt, aber sie sind trotzdem sehr individualisiert. Und ich sehe ältere Menschen, die mit den Kindern arbeiten und diese älteren Menschen sind Hunderte von Jahren alt. Sie sind nicht nur hundert, sie sind Hunderte von Jahren alt. Und ihnen scheint die Arbeit mit kleinen Kindern besonders zu gefallen. Und ich sehe, dass die Leute ihren verschiedenen Dingen nachgehen. Es gibt Menschen, die meditieren. Es gibt Leute, die an verschiedenen Themen arbeiten, an wissenschaftlichen Experimenten und Dingen dieser Art. Und sie alle hatten einen Sinn für ihren eigenen Bereich, wie ihr eigenes Zimmer, in dem sie ihr eigenes Ding machen konnten. Ein Gefühl der Individualität war sehr wichtig für sie.

D: *Und du hast gesagt, dass sie sich zum Essen treffen würden?*

J: Ja, sie kamen zu verschiedenen Zeiten zusammen, zur Unterhaltung, zum Essen, zum Tanzen und zum Singen. Sie unternahmen Gruppenaktivitäten mit der Familie. Es gab Feiertage und so etwas, aber im Grunde genommen lebte jeder ziemlich individuell.

D: *Was ist mit Kunst und Musik und solchen Dingen?*

J: Oh, ja, sie hatten schöne Künste. Sie mischten gemahlene Kristalle in ihre Farben, also hatte alles eine leuchtende Qualität. Und der Stil der Gemälde beinhaltete so etwas wie Spiralen. Kleine spiralförmige Dinge, die aus den Bildern herauszukommen schienen. Und sie hatten all diese Prozesse, bei denen sie Kristalle für Musik verwendeten. Es sieht aus wie eine Art Maschine, die aus Kristall eine Spirale dreht. Es geht so. (spiralförmige Handbewegungen) Das waren Streichinstrumente, die sie selbst spielten. Sie nahmen den Kristall und drehten ihn ... es sind nicht solche Kristalle, die wir jetzt haben, Steinkristalle. Sie waren ursprünglich so, aber sie wurden in Labors verändert, die es auf dem ganzen Kontinent gab. Und sie haben sie so eingedreht, dass sie wie Spiraldraht aussahen. Und dieser Spiraldraht wurde als Instrument auf Gitarren verwendet, aber nicht wie unsere Gitarren oder so etwas in der Art. Die Instrumente sehen sehr unterschiedlich aus. Es gibt Streichinstrumente. Es gibt Flöten. Und dann gibt es diese Dinger, die aus riesigen, langen kristallähnlichen Materialien waren. Sie waren alle aus einer Art Kristallglas gefertigt. Und sie spielten in speziellen Bereichen, die Resonanz fördern. Es öffnete wirklich ihr Herz und lockerte ihre Muskeln, weil die Musik so schön war. Sehr entspannend und spirituell. Man fühlte sich in Frieden. Und die Leute tanzten und sangen. Und ich sehe viele Blumengirlanden um die Menschen herum. Und so tanzten sie mit Blumengirlanden, mit denen sie sich umschlangen. Es sieht nicht altrömisch oder griechisch aus. In der Tat, jeder hat diese wunderschönen farbigen Kleidungsstücke an, in Rot und blau und grün und gelb. Und sie tanzen mit den Blumen und Girlanden. Es ist eine Art Kombination aus synthetisierter und klassischer Musik. Die Klänge sind einander sehr ähnlich, aber auch sehr rein im Ton. Die Musik ist nicht synthetisiert, weil es keine Rückkopplung gibt. Und sie benutzen sie in ihren Ritualen. Und sie wird in Kirchen verwendet, nicht in

Kirchen, in den Tempeln, die sie hatten. Als Kunst. Kunst ist überall. Alles ist wunderschön bemalt. Es sieht aus wie zerriebene Farben. Eher wie feste Körper statt Flüssigkeiten, die sie verwenden. Einige kommen auf eine Art Leinwand und andere sind an Wänden. Und andere Dinge sind so ähnlich wie Wandreliefs und dann farbig bemalt worden.

D: *Siehst du irgendeine Art von Lichtquelle, die sie in ihren Häusern verwenden?*

J: Sie verwenden diese Energie mit dem formbaren Bergkristall. Sie strahlt überall, also ist es immer hell. Aber indem sie die Hand nach oben oder unten bewegen, können sie die Ausstrahlung noch verstärken oder abdunkeln. Wenn sie schlafen oder Frieden im Zimmer wollen, bewegen sie ihre Hand so nach unten, falls sie es dunkel haben wollen. (Bewegt eine Hand langsam nach unten.) Zur Wand hin. Und die Wand registriert ihre Schwingung und verdunkelt den Raum. Alles wird durch ihre eigenen Energien kontrolliert.

D: *Was ist mit ihren Koch- oder Essgewohnheiten?*

J: Es gibt diese Gebiete, die wie große Weinberge und Gärten aussehen. Und sie haben diese seltsam aussehenden Wesen, die sich um all das kümmern. Sie bearbeiten die Felder und Gärten. Sie sehen wie Zentauren, Meerjungfrauen und Ziegen aus. Und das ganze Essen, das in den Küchenbereich kommt, wird dann von diesen Kreaturen verarbeitet. Sie übernehmen die gesamte Pflanzung, die Ernte und das Pflücken der Früchte. Und sie bekommen dafür Essen. Die meisten Atlanter lieben sie sehr, wie ein guter Landwirt seine Pferde liebt und sich gut um sie kümmert. Diese seltsamen Kreaturen werden wie nützliche Tiere behandelt.

Also wurden in einigen Teilen des Kontinents diese Kreaturen erschaffen und auch geschätzt.

D: *Ich bin neugierig auf diese Tiere. Wo kommen sie her?*

J: Sie wurden zu diesem Zweck geschaffen. Sie wurden genetisch entwickelt.

D: *Du sagtest, es gibt Meerjungfrauen?*

J: Ja, die Meerjungfrauen tauchen ins Wasser und bringen Körbe voller Fische zurück. Die Leute kommen und lachen und singen und sie streicheln diese Tiere und küssen sie und halten sie, lassen sie wissen, dass sie geliebt werden und dass sie dankbar sind für das, was sie tun. Und die Kreaturen bereiten auch das Essen zu. Nicht die Meerjungfrau. Die Meerjungfrau bleibt in diesem Ding, ähnlich einem Teich, weil sie zur Hälfte ein Fisch ist. Während die kleinen Zentauren diese Wagenladungen mit Körben voller Lebensmittel und Früchten und Dingen dieser Art in eine zentrale Küche bringen. Und es gibt ein Wesen, das einen menschlichen Oberkörper hat, aber Ziegenbeine. Es herrscht eine Art Küchenatmosphäre, aber die Küche sieht überhaupt nicht wie unsere Küchen aus. Es gibt Schränke, um die Dinge aufzubewahren. Aber im Grunde genommen wird das Essen eher lebendig verarbeitet, als gekocht, Früchte werden aufgeschnitten oder geschält. Die Fische und Dinge dieser Art kommen in ein Gerät mit verschiedenen Bereichen, das sie sehr schnell kocht. Es ist eine Art Mikrowellenherd, aber ohne Mikrowellen. Es sieht aus wie eine Kristallkammer, in der Lebensmittel wie Fisch gekocht werden müssen. Ich sehe kein Fleisch. Ich sehe nur die Fische und Krustentiere, wie Jakobsmuscheln und dergleichen. Und sie werden einfach so lange erhitzt, bis sie nicht mehr am Leben sind. Und dann werden sie gegessen.

D: *Wurden diese Kreaturen genetisch geschaffen, um Diener zu sein?*

J: Ja, sie wurden geschaffen, um die Diener dieser Menschen zu sein. Sie werden aber geliebt. Wenn einer verletzt wird oder so etwas, versammelt sich die ganze Familie, um auf den verletzten Körperteil des Tieres einzuwirken. Sie werden wie Diener behandelt, aber geliebte Diener. Wie wir eine Katze oder einen Hund behandeln würden, zeigen sie Liebe und Fürsorge. Sie sind sehr dankbar für das, was diese Tiere tun, weil sie eher als Tiere denn als Menschen betrachtet werden. Ihre Körperteile sehen eher wie ein Tier aus, aber im Grunde genommen sind ihre Gesichter menschenähnlich.

D: *Was ist mit ihrem Verhalten oder ihrem Intellekt?*

J: Oh, sie können sprechen und Anweisungen entgegennehmen. Sie kennen einfache Dinge, ja, aber nichts Vergleichbares mit dem Rest der Leute.

D: *Sie sind nicht so intelligent wie die anderen Menschen, obwohl sie teilweise menschlich aussehen.*

J: Sie sahen nicht ekelhaft aus oder so. Sie sahen sehr natürlich aus und sie wurden gut versorgt. Sie wurden sehr geschätzt und man sagte ihnen, sie würden geliebt. Ich sehe hier eine Dienerin, die eine Obstplatte vorbereitet hatte. Und diese Frau nimmt und küsst sie und streichelt ihren Kopf, denn im Kopfbereich gibt es kleine Hörner. Sie reibt diese Hörner auf so eine Art (Handbewegungen) und sagt: „Oh, du bist so toll.

Schau, das ist wunderbar. Es sieht so schön aus. Allen wird es gefallen. Und warum kommst du nicht danach hinaus zu uns?" Und sie alle kommen danach hoch und werden vom Rest der Familie geliebt. Sie werden so liebevoll wie Haustiere behandelt.

D: *Können sich diese Kreaturen genetisch vermehren oder sind sie einzigartig?*

J: Nein, sie können sich nicht vermehren. Die Leute kaufen sie. Sie sind alle individuell, aber sie werden massenhaft vermarktet. Es gibt Orte, an denen du diese Kreaturen kaufen kannst, damit sie dir behilflich sein werden.

Nach dem Erwachen beschrieb John die Kreatur in der Küche, die das Letzte war, woran er sich erinnerte. Sie hatte ein Gesicht, das zum Teil kuhartig war und teilweise menschlich. Als ob ein Mensch die Nase einer Kuh und kleine Hörner auf dem Kopf hätte. Sie trug ein Kleidungsstück wie ein Lätzchen über dem oberen Teil ihres Körpers, weil sie anscheinend weiblich war.

* * *

Phil: Es gibt viel mehr Einsatzmöglichkeiten für Kristalle, als sich jetzt eurem menschlichen Verständnis erschließen. Das, was unbekannt ist, geht weit über das hinaus, was bekannt ist. Wenn euer Gewahrsein jedoch wächst, um diese Realitäten zu akzeptieren und zu berücksichtigen, dann wird sich der Nutzen manifestieren. Es zeigt sich, dass Quarz die menschliche Energie in irgendeiner Form vergrößert und intensiviert. Wir finden die Übersetzung hier schwierig, denn das wahre Energiekonzept wird nicht verstanden. Allerdings ist eine Mischung von Energien, sowohl menschlicher als auch nicht-menschlicher, mit diesen Kristallen durchaus möglich und leicht zu realisieren. Sie können als Mischer und als Trenner verwendet werden, als Separatoren, abhängig von der Richtung der Energie, welche die Person oder die Personen vorgeben, die diesen Kristall benutzen. Sie sind Filter, die auf viele verschiedene Arten nützlich sein können und nur durch die Vorstellungen derer eingeschränkt werden, die sie benutzen.

D: *Wenn du von einem Stein sprichst, der kosmische Strahlen filtert, was wäre der Sinn oder wozu wäre es notwendig, kosmische Strahlung zu filtern?*

P: Es gibt Filterung und Fokussierung, die getrennt oder gleichzeitig stattfinden können. Es gibt vier spezifische Gründe oder Zwecke. Spezifische Energien, die am besten geeignet sind. Dies wäre für den Filter- oder Fokussierungsaspekt. Die Fokussierung erfolgt lediglich durch Kondensierung oder bündelt die Energien auf einen einzigen Bereich. Verschiedene Steine können das eine oder andere, spezielle Steine können beides tun, abhängig von ihrem Zweck. Die kosmischen Energien sind eine sehr mächtige, noch nicht erschlossene Energiequelle, die dieser Planet noch nicht entdeckt hat, eine reiche Quelle roher Energie, viele Millionen Mal mächtiger, als alle anderen Rohstoffe hier auf diesem Planeten.

D: *Das Problem ist, wie man das entdecken kann.*

P: Das Problem ist, das Bewusstsein so weit zu erhöhen, um das Konzept akzeptieren zu können und gleichzeitig die Verantwortungsbereitschaft zu steigern, um es benutzen zu können. Diese Energie war auf diesem Planeten in vergangenen Zeiten weit verbreitet, aber aus Mangel an Verantwortung ging das Wissen über seine Nutzung verloren.

D: *War das zur Zeit von Atlantis?*

P: Ja, das ist richtig. Damals ging viel verloren. Es gab viel Missbrauch in der atlantischen Zeit mit vielen verschiedenen Typen und Formen von Energien. Denn zunächst gab es ein hohes Niveau im Verständnis dieser Energien, welche die physikalische Realität konstituieren. Dann kam es zum Missbrauch des Verständnisses dieser Energien.

* * *

Clara erhielt Informationen von einem Ort, der sehr ähnlich klang, wie Phils Planet der drei Türme. Sie beschrieb auch einen Planeten mit seltsamen turmartigen Strukturen und die Informationen waren im gesamten Planeten enthalten, als ob seine Zusammensetzung ein Wissensspeicher wäre. Dies war die gleiche Beschreibung, die von Phil verwendet wurde. Clara sagte auch emotional, hier sei sie „zu Hause“, genau wie Phil. Die komplette Geschichte, wie sie diesen Ort lokalisierte, wurde bereits früher in diesem Buch erwähnt.

D: *Kannst du mir etwas über Atlantis erzählen? Ist das ein Teil der Aufzeichnungen?*

C: Atlantis ist im Meer versunken.

D: *Ich möchte wissen, welche Art von Zivilisation es war, bevor es im Meer versank?*

C: Sie war sehr anspruchsvoll. Sehr grün. Und technologisch sehr fortschrittlich, jenseits dessen, wie die Erde heute ist.

D: *Gab es diese Zivilisation lange?*

C: Sehr lange Zeit.

D: *Kannst du mir einige ihrer technologischen Fortschritte nennen?*

C: Sie hatten die Fähigkeit, Energie auf eine viel raffiniertere Weise durch die Zeit und durch den Raum zu verschieben und zu bewegen, als die technologischen, wie sagt man? Fortschritte, die heute gemacht werden. (hatte Schwierigkeiten) Hmmm, wie heißt dieses Wort, das du für fortschrittliche Maschinen benutzt? Wie Computer und Geräte für die Kommunikation. Diese Ausrüstung war sehr umfangreich. Sie wurde sehr minutiös gemacht. Sogar bis zu dem Punkt, an dem Informationsaustausch auf telepathischer Ebene durchgeführt wurde.

D: *Wie wurden die Maschinen oder die Computer mit Energie versorgt?*

C: Es wurde alles solar versorgt. Alles wurde von der Sonne gemacht. Die große zentrale Sonne.

D: *Dann hatten sie keinen elektrischen Strom wie heute?*

C: Früher schon. Aber später und in den letzten Jahren der Zeit, in der es existierte, wurde alles von der großen zentralen Sonne generiert.

D: *Ist das die Sonne am Himmel, von der wir wissen, oder ist es etwas anderes?*

C: Die Sonne, die du kennst.

D: *War die Ausrüstung so ähnlich wie heute bei uns?*

C: Viel anspruchsvoller. Du hast gigantische und riesenhafte Solarmodule und Solaranlagen, die weitaus größer sind, als jene, die in Atlantis verwendet wurden. Diese waren so weit entwickelt, dass sie effizienter genutzt wurden und nicht so viel Platz in Anspruch genommen haben. Ihre Technologie war besser auf die Zentralsonne abgestimmt, die die Energie abgab. Es schien, als wären sie mit einer größeren Macht verbunden. Sie waren mit anderen Sternen und deren Kräften verbunden.

John hatte erwähnt, dass sie auch wussten, wie man die Kraft des Mondes nutzt. Bartholomäus erwähnte auch, dass Menschen im Altertum dieses Wissen noch hatten.

C: Sie kommunizierten mit Wesen von anderen Planeten, von anderen Sternen. Und durch ihre Kommunikation tauschten sie Informationen aus, die sie in der Technologie ihrer Maschinen, ihrer Computer und anderer technologischer Errungenschaften, was auch immer das gewesen sein mag, verwendet haben.

D: *Also haben ihnen die Wesen von den anderen Sternen geholfen?*

C: Ja. Es war eine gemeinsame Anstrengung.

D: *Mir wurde gesagt, dass die Wissenschaftler die Kraft ihres Geistes entwickelt hatten, um einige dieser Ergebnisse zu erzielen.*

C: Das ist richtig. Bei der Entwicklung ihres Geistes begannen sie sich für alle Möglichkeiten zu öffnen, z. B. dass es tatsächlich Wesen auf anderen Planeten gab und dann waren sie auf uneingeschränkte Art und Weise in Kontakt. Nachdem sie die zu engen Begrenzungen ihrer Denkweise, ihres Gefühls und ihres Glaubens verworfen hatten, entwickelten sie die Fähigkeit, vieles zu empfangen, das aus anderen Universen und von anderen Planeten kam. Und diese Planeten wiederum lieferten ihnen Informationen, sodass es sehr telepathisch wurde. Sie kommunizierten auf einer Ebene von Geist-zu-Geist, ohne dass lange Kommunikationswege, wie deine Telefonleitungen notwendig gewesen wären. Und deshalb hatten sie diese telepathische Fähigkeit weiterentwickelt, die dadurch die Kommunikation mit vielen Planeten ermöglichte. Sie wurden zu einer globalen Gemeinschaft, im Gegensatz zu einem Sektor der menschlichen Rasse.

D: *Sie waren in der Lage, viel mehr zu erreichen. Ist es das, was du meinst? (Ja.) Ich habe gehört, dass Atlantis nicht nur eines von vielen Ländern war, sondern die ganze Welt zu dieser Zeit.*

C: Es war die bekannte Welt zu der Zeit, als Atlantis existierte.

D: *Waren alle Teile dieser bekannten Welt fortschrittlich?*

C: Nein. Nicht alle Teile. Es gab Bereiche, die primitiv waren, in denen sich die Menschen der Kommunikation nicht geöffnet hatten. Der ganze Planet war nicht vollständig auf einem höheren Schwingungsniveau. Es gab einige Orte und einige besiedelte Gebiete, die sich dagegen entschieden hatten, ihre Herzen zu öffnen und eine neue Lebensweise, eine neue Seinsweise zu unterstützen. So wurden sie, wie man es nennen könnte, zu Ausgestoßenen. Sie waren diejenigen, die nicht glaubten, dass sie über ihre Grenzen hinausgehen könnten. Diejenigen, die sich dafür entschieden, ein begrenztes Leben zu führen, lebten dann in einem anderen Gebiet dieses Planeten. Während diejenigen, die ihre Herzen und ihren Geist für eine unbegrenzte Lebensweise geöffnet hatten, aufstiegen und fortschritten und mit allen Planeten kommunizierten.

D: *Es war so, als hätten sie nichts gemeinsam.*

C: Genau.

D: *Kannst du sehen, wie die fortgeschrittene, die wissenschaftliche Gemeinschaft gelebt hat, in Bezug auf die Art und Weise, wie die Welt heute ist? Ich weiß, dass sich die Welt sehr verändert hat.*

C: Sie hat sich sehr stark verändert. Die bekannte Welt in dieser Zeit war auf einen Bereich beschränkt, den du nun Atlantischer Ozean nennst.

D: *Gibt es irgendwelche Überreste dieser Zivilisation, die die Menschheit beizeiten noch finden könnte?*

C: Nur auf einer ätherischen Ebene.

D: *Es kann also nichts auf einer physischen Ebene gefunden werden?*

C: Zu diesem Zeitpunkt gibt es die Möglichkeit, wenn sich der Mensch weit genug öffnet, um wirklich bewusst daran glauben zu können, dass etwas gefunden werden kann. Dann wird es gefunden werden.

D: *Einige Leute denken, dass sie Dinge unter dem Wasser gesehen haben, die Überreste der Städte, Straßen und Gebäude sein könnten.*

C: Das ist nicht wahr. Was sie sehen, sind Überreste anderer, neuerer Zivilisationen, nach Atlantis.

D: *Mir wurde auch gesagt, dass die atlantischen Wissenschaftler den Punkt erreicht hatten, an dem sie physikalische Experimente durchführten. Siehst du so etwas in der Art?*

C: Welche Art physikalischer Experimente?

D: *Genetisch oder so etwas in der Art?*

C: Alles, was jetzt auf diesem Planeten erfahren wird, war auch während der Zeit von Atlantis gemacht worden. Es wurde jedoch viele Jahrhunderte vor dem Untergang von Atlantis getan. Genetisch gesehen klonten sie Tiere. Sie haben auch Menschen geklont. Aber sie fanden heraus, dass das nicht das Richtige war. Denn es hat in die DNS der menschlichen Rasse eingegriffen und die Menschen würden sehr gelitten haben, wenn sie weitergemacht hätten. So wurde ihnen gezeigt, dass sie aufhören sollten.

Neben der Verwendung des Geistes, um das Physische zu beeinflussen, wurden auch genetische Experimente durchgeführt. Ich habe nie herausgefunden, was zuerst passiert ist, oder ob beides zur gleichen Zeit stattfand. Es scheint, dass ihrer Neugierde keine Grenzen gesetzt waren. Ein Echo aus der Vergangenheit, das sich in unserer Gegenwart wiederholt.

D: *War es nur ein Experiment oder verfolgten sie einen Zweck?*

C: Es war experimentell. Der Zweck war, herauszufinden, ob es möglich wäre. Und als sie entdeckten, dass es möglich war, gerieten sie in große Schwierigkeiten und viele Probleme resultierten aus den Ergebnissen. Es war nicht wünschenswert und so wurde von denjenigen, die die Regeln aufgestellt haben, eine Beendigung als beste Lösung empfunden.

D: *Auf welche Art von Problemen sind sie gestoßen?*

C: Formen erschienen, die den Menschen nicht ähnlich waren. Und es gab viele Experimente, die, wie sagt man, Kreuzungen betrafen? (Sie hinterfragte dieses Wort.) Klonen unterschiedlicher Lebensformen? Ich verwechsle das. Und das Ergebnis war eher wie ein Tier. Sie hatten den Prozess der Evolution umgekehrt. Und Krankheit trat auf. Es entsprach nicht dem Zweck des Planeten, dass so etwas weiterginge. So wurde beschlossen, dass es für den Planeten das Beste wäre, dies zu beenden. Es zu stoppen oder es würde die Menschheit zerstören.

D: *Das klingt sehr drastisch.*

C: Es war drastisch. Es ist drastisch.

D: *Dann haben sie angefangen, die DNS, die Gene zu mischen, anstatt exakte Klone zu erzeugen, nur um zu sehen, was passieren würde? Ist es das, was du meinst?*

C: Ja. Die Neugierde. Experimentieren. Lasst uns das tun und sehen, was herauskommt. Lasst uns dies tun und jenes ausprobieren und sehen, was passiert. Im Pflanzenreich hatten sie Hybride aus verschiedenen Sorten Pflanzen und verschiedenen Gemüsesorten und Bäumen hergestellt. Und so haben sie gedacht: „Oh, das ist uns gelungen. Warum nicht mit Menschen?" Also fingen sie an. Und es wurde zu: „Oh, nun, lass uns jetzt sehen, was wir damit und diesem und jenem machen können." Und es wurde zu einer riesigen Katastrophe.

D: *Also, als sie anfingen, die verschiedenen Gene zu mischen und zu klonen, sagtest du, wurden sie eher animalisch als menschlich?*

C: Es war, als ob sie die Evolution umkehren würden. Aber es wurde sehr grotesk und sehr bösartig.

D: *Also begannen sie, Kombinationen zu erschaffen, die nicht wünschenswert waren.*

C: Und noch nie zuvor da gewesen waren.

D: *Aber anscheinend waren sie machbar. Sie haben überlebt.*

C: Sie lebten eine Weile. Und wechselten dann in einen Zustand, den du „verrückt" nennen würdest. Und es kam zu Zerstörung, weil sie zu Monstern wurden.

D: *Warum sind sie verrückt geworden? Du meinst, weil das kein normaler Prozess war, hat er den Geist der Kreatur beeinflusst?*

C: Das ist ein Teil davon. Aber ein Teil davon war die Mischung der Genetik des Tierreichs mit dem Menschen. Und so wurde es zu einem Spielzeug für die Wissenschaftler. Um zu sehen, wie weit wir gehen können, was wir erschaffen können. Wir können jetzt zu Göttern werden und das erschaffen, was wir erschaffen wollen. Das, was zuvor nie existiert hatte. Und so herrschte Desaster.

D: *Aber du hast auch gesagt, dass Krankheit eingeführt wurde.*

C: Es wurden Krankheiten eingeführt, die vorher unbekannt waren.

D: *Wie kam das zustande?*

C: Durch die Vermischung der Gene. Indem man das, was krank war, mit dem vermischt hat, was gesund war. Und das war das ... (Hatte Schwierigkeiten, das Wort zu finden.) was man „Fremdkörper" für die menschliche Rasse nennen würde. Was von einem Tier sein könnte oder aus welchem Reich auch immer, das sie beimischen wollten. Das haben sie getan. Und wenn also ein Partikel der DNS von einem Strang oder von einer Rasse eine Art Krankheit hatte, beeinflusste diese das Ganze, was zu einer ganz neuen Reihe von Krankheiten führte.

Dies könnte eine latente Art von Krankheit sein, die der Körper des Wirts trug und wogegen er wahrscheinlich immun war. Aber wenn der Prozess des Klonens sie erweckte, veränderte sie sich auch.

C: Die Krankheit würde mutieren und dann zu etwas anderem werden. Und wenn eine Krankheit durch so einen DNS-Strang und noch eine weitere Krankheit in die gleiche Erbmasse eingeschleppt würden, wäre die Kombination etwas sehr Destruktives.

D: *Also nicht nur die Körper, die physische Erscheinung und die Gedanken dieser Kreaturen änderten sich, auch die, sagen wir, Bakterien, Moleküle, mutierten ebenfalls und bildeten verschiedene Krankheiten. (Ja.) Es ging auf eine Art und Weise los, die es noch nie gegeben hatte.*

C: Das ist richtig. Und es wurde so massiv, dass sie alle Experimente einstellen mussten, weil sie erkannt hatten, wie sehr es ausuferte. Und, dass es die ganze Menschheit zerstören könnte.

1997 wurde in England das erste offizielle Klonen eines Schafes angekündigt. Nach dieser Sitzung im August 1997 diskutierten die Behörden offen über die Gefahren des Klonens und der Ethik. Bei meiner Arbeit habe ich herausgefunden, dass das Klonen von Menschen bereits perfektioniert wurde. Es gibt viele Dinge, die der Öffentlichkeit im Allgemeinen nicht bewusst sind. Es ist so, als ob die ersten Häppchen der Informationen jetzt verfügbar werden (insbesondere mit der jüngsten Ankündigung des ersten erfolgreichen Klonens eines Affen, unserem nächsten Verwandten), damit wir daran gewöhnt werden, bis die offizielle Ankündigung gemacht werden wird, dass Menschen geklont werden.

Wissenschaftler sagten, sie könnten Tiere klonen und menschliche Gene beimengen, um besseres Fleisch zu produzieren und ein besseres Tier zu erzeugen.

Sie begannen kürzlich auch, menschliche Gene in spezielle Schweine einzubringen, damit ihre Organe bei menschlichen Transplantationen verwendet werden könnten. Wenn das Spender-Schwein einige menschliche Gene hätte, dann würde der menschliche Körper des Empfängers das Organ nicht mehr abstoßen, weil er normalerweise alles abstößt, das nicht menschlich oder kompatibel ist. Ein Wissenschaftler erhob den Einwand, dass das Mischen menschlicher und tierischer Gene unbekannte Krankheiten hervorrufen könnte, die beim Tier beginnen und sich möglicherweise auf den Menschen ausbreiten würden. Das Schwein hätte zum Beispiel Krankheiten, die einzigartig für es wären und die nicht durch Körperkontakt oder den Verzehr von Fleisch übertragen werden könnten. Aber die Wissenschaftler machten sich Sorgen, was passieren könnte, wenn das gespendete Organ ein fester Bestandteil des menschlichen Körpers wäre und ständig durchblutet würde. Es könnte die Keime dieser Krankheiten durch das ganze System befördern und sie könnten zu unbekannten Krankheiten mutieren, die sich auch in der gesamten Bevölkerung ausbreiten könnten. Es gab genug Bedenken, um das Spenderprogramm vorübergehend zu stoppen, bis weitere Forschungen durchgeführt werden konnten.

Es klang, als würde sich die Geschichte wiederholen. Die Menschheit macht die gleichen Fehler, die wir in den vergangenen Tagen von Atlantis gemacht hatten. Vielleicht war das der Zweck dieser Informationen, die zu diesem Zeitpunkt in unserer Geschichte erscheinen. Eine warnende Glocke aus der Vergangenheit.

D: *Dann waren die Krankheiten nicht nur auf die genetischen Experimente beschränkt. Sie begannen, sich auf den Rest der menschlichen Rasse auszudehnen?*

C: Es war auf die Genetik beschränkt. Aber Wissenschaftler haben erkannt, dass, wenn sie weitermachten, es so kommen würde. Weil sich diese Wesen dann in die anderen Gemeinschaften integrieren würden. Und dann könnte die Krankheit auf die ganze Zivilisation übertragen werden. Und die Mächte, die es gab, konnten nicht zulassen, dass so etwas geschieht. So wurde das zerstört, was es gab.

D: *Waren diese Kreaturen, die sie erschaffen haben, steril oder waren sie in der Lage sich zu reproduzieren?*

C: Sie konnten sich nicht selbst reproduzieren. Sie waren einfach „Klone" ohne Geschlechtsorgane.

D: *Wofür haben sie diese Wesen benutzt, bevor es außer Kontrolle geriet? Hatten sie eine Bestimmung?*

C: Der ursprüngliche Zweck war einfach nur zu sehen, ob es möglich wäre und es geriet außer Kontrolle.

D: *Dann haben sie diese Wesen für nichts genutzt?*

C: Sie brachten ihnen wie Robotern bei, was diese Wesen zu tun imstande waren. So fungierten sie als Roboter auf Befehl der Wissenschaftler. Sie könnten ihre Assistenten oder Spielkameraden für andere gewesen sein. Sie wurden als Haushälter entworfen, um Hirten oder was auch immer zu sein. Als sie das erkannten, sagten sie: „Nun, wenn wir solche Wesen erzeugen, sollten wir einen Zweck für sie haben."

Waren das die sanften Bediensteten, die John gesehen hatte?

C: Und dann dachten sie: „Nun, das ist schön. Also vermischen wir diese Gene mit all diesen anderen Tieren, um zu sehen, was wir uns alles ausdenken können." Und was dann passierte, war das Chaos.

D: *Dann war der Hauptgrund für die Aufgabe der Experimente ihre Angst, dass sie außer Kontrolle geraten könnten und sich Krankheit ausbreiten würde?*

C: Das war der einzige Grund. Weil sie erkennen konnten, dass es die ganze Zivilisation völlig zerstören würde. Also zerstörten sie stattdessen die Wesen, die sie erschaffen hatten.

D: *Und du hast gesagt, dass die „Mächte, die es gab", diejenigen waren, die das tun mussten. Wen meinst du damit?*

C: Die Regierungen.

D: *Also wussten sie, was die Wissenschaftler taten.*

C: Ja. Sie billigten es, bis sie sahen, dass es nicht so weitergehen konnte, weil es schon zu weit gegangen war. Andernfalls würde die Zivilisation zerstört werden.

D: *Es hätte sich sogar mehr oder weniger auf die Gemeinschaften ausgeweitet, die du „Ausgestoßene" nanntest?*

C: Oh, ja. Oh, ja.

D: *Also trieben sie dann die Wesen zusammen, die sie erschaffen hatten und mussten sie zerstören?*

C: Ja, das haben sie. Nicht massiv, sondern auf sehr leise und subtile Art und Weise, die natürlich erschien. Damit die große Gemeinschaft nicht alarmiert werden oder in eine Paniksituation geraten würde. Also wurde es straff unter Kontrolle gehalten. Die breite Öffentlichkeit war sich einiger der grotesken Wesen, die aus den Experimenten stammten, gar nicht bewusst. Es war so etwa in der Art und Weise, wie deine Regierung eine Menge vor der Öffentlichkeit versteckt. Das ist genau so, wie es zur Zeit von Atlantis war.

D: *Ich habe oft vermutet, dass viele der Legenden von halb menschlichen, halb tierischen Wesen aus diesem Zeitraum stammen könnten. Ist das möglich?*

C: Ja. Es ist möglich. Das ist so.

D: *Dann gab es diese Kreaturen, halb Mensch, halb Tier, nach der Zeit von Atlantis nicht mehr? (Nein.) Die Legenden müssen also sehr alt sein?*

C: Ja. Sie stammten aus Atlantis.

D: *Aus der Zeit der Römer, Griechen und Ägypter, hört man von diesen Geschichten. Also hatten sie in der Tat eine Grundlage, aber sie lag sehr lange Zeit zurück. Ist das richtig?*

C: Lange bevor Ägypten und Rom je erdacht wurden.

D: *Aber es war Teil ihrer Erinnerungen und sie verwandelten sie in Legenden.*

C: Ja, das ist richtig. Es wurde überliefert, also ist es eine Erinnerung des kollektiven Bewusstseins.

D: *Ich habe immer geglaubt, dass Legenden in der Tat eine gewisse Grundlage haben, wenn man weit genug zurückblickt.*

C: Das tun sie alle. Wie sollte andernfalls jemals eine Legende entstehen? Sobald es eine Legende gibt, möchte dann jede Person einen kleinen Hauch ihrer eigenen Leuchtkraft und Extravaganz hinzufügen, um sie zu einer noch größeren, bunteren Legende zu machen.

D: *Aber es muss alles irgendwo beginnen.*

C: Es gibt immer einen Anfang.

D: *Haben die Wissenschaftler sonst noch etwas getan, das sie später wieder einstellen mussten?*

C: Das war das Wichtigste. Das war die Sache von Bedeutung, nach der du gefragt hast und es schien zu diesem Zeitpunkt angemessen, sie zu erwähnen.

D: *Weil wir anfangen, in die gleiche Situation zu stolpern. (Ja.) Mir wurde gesagt, dass heute in unserer Zeit, im zwanzigsten Jahrhundert, Wissenschaftler mit dem gleichen Thema experimentieren. Weißt du etwas darüber?*

C: Das ist wahr. Das ist wahr. Sie stehen ganz am Anfang des Spiels mit der Genetik. Und wenn die Öffentlichkeit immer mehr Gewahrsein darüber bekommt, wird es einen Aufstand geben. Und sie werden sagen: „Das ist unnatürlich. Lasst das bleiben."

D: *Ich habe oft vermutet, dass sie weiter gegangen sind, als sie bereit sind, die Leute wissen zu lassen.*

C: Ja, das sind sie. Sie werden hie und da eine kleine Information fallen lassen. Und wie in den Tagen von Atlantis wird es geheim gehalten. Wie du weißt, lassen sie in der heutigen Zeit kleine Häppchen Informationen heraus. Nur so viel, dass die Öffentlichkeit nicht alarmiert wird. Und wenn absichtlich genügend Informationen durch einige Informanten bekannt gemacht werden, dann wird sich die Öffentlichkeit erheben, zu den Waffen greifen und sagen: „Wir können nicht zulassen, dass dies geschieht. Das darf nicht passieren. Weil es die menschliche Rasse zerstören wird, wie wir sie kennen."

D: *Die Geschichte wird sich wiederholen.*

C: Ja. Aber aufgrund der Kommunikation der Zeit, in der du lebst, wird es mehr Menschen schneller bewusst werden, weil sie diese Informationen en masse zur gleichen Zeit bekommen. Wenn bekannt wird, dass es die Welt zerstören könnte, wird es bewaffnete Aufstände der Bevölkerung geben.

D: *Haben die Wissenschaftler im zwanzigsten Jahrhundert schon begonnen, die DNS verschiedener Spezies zu kombinieren?*

C: Ja. Ganz geheim.

D: *Kannst du mir etwas darüber sagen? Ich würde gerne wissen, wie weit wir gegangen sind. Ich weiß, dass es ein beunruhigendes Thema ist.*

C: (Tiefer Seufzer) Es ist derzeit nicht angebracht, dass wir über dieses Thema sprechen.

Dasselbe geschah, als ich dieses Thema im Buch *The Custodians* untersuchen wollte. Die Außerirdischen gaben mir viele Informationen, aber es gab einige, die sie nicht enthüllten, vor allem wegen der Wirkung, die sie auf das Medium haben würden, durch das sie sprechen mussten. Wenn dies geschieht, kann ich diese Richtlinien nicht außer Kraft setzen und würde es auch nicht wollen.

D: *Okay. Aber mir wurde gesagt, dass Außerirdische unseren Regierungen bei solchen Experimenten helfen. Ist das wahr? (Ja.) Billigen sie, was vor sich geht?*

C: Die Außerirdischen kontrollieren einfach und halten sie auf einem Niveau, auf dem es die menschliche Rasse nicht schafft, sich selbst zu zerstören.

D: *Weil sie mehr oder weniger wissen, wie das funktioniert, nicht wahr?*

C: Ja, das tun wir.

D: *Ich frage mich, ob menschliche Wissenschaftler auf sie hören werden, oder ob sie auf eigene Faust weitermachen?*

C: Wir haben Möglichkeiten, die Wissenschaftler wissen zu lassen, dass es Grenzen gibt.

D: *Und ich nehme an, dass diese Experimente im Geheimen durchgeführt werden.*

C: Ja. Auf dem ganzen Planeten. Aber wir helfen mehr oder weniger dabei, sie so weit einzuschränken, dass sie die Erde nicht zerstören.

D: *Glaubst du, die Wissenschaftler könnten es außer Kontrolle geraten lassen?*

C: Es könnte passieren. Es ist ein Planet der freien Entscheidung. (Sie schien unbehaglich.)

D: *Das ist in Ordnung. Du sagst mir immer, wenn du mir keine weiteren Informationen geben kannst und ich respektiere das. Um nach Atlantis zurückzukehren. Kannst du mir sagen, was bei der Zerstörung passiert ist? Gab es ein bestimmtes*

Ereignis, das schließlich seinen Höhepunkt erreichte und es zum Versinken brachte?

C: Ich kann das heute nicht diskutieren.

D: *Warum nicht?*

C: Es ist einfach nicht der richtige Zeitpunkt, um darüber zu diskutieren, wie es passiert ist. Zu einem späteren Zeitpunkt könnten diese Informationen freigegeben werden.

D: *In Ordnung. Aber gab es Überlebende nach der Zerstörung?*

C: Damals gab es viele Verluste an Menschenleben. Die Erde benötigte eine Nachsaat.

D: *Ich glaube an die Aussaat, also überrascht mich das nicht. Lass mich dir eine Theorie erzählen, die ich hege und du kannst mir sagen, ob sie richtig ist oder nicht. Ich habe oft gedacht, dass es Überlebende gegeben haben könnte, die nach Ägypten und Peru und in verschiedene Teile der Welt gelangten, in denen es diese großen Monumente gibt. Und dass sie vielleicht das Wissen darüber mitbrachten, wie man diese Dinge macht, wie z. B. die Bearbeitung der Steine. Ist das richtig?*

C: Während der Zeit von Atlantis waren wir in Kontakt mit Menschen auf Atlantis. Und so besuchten Wesen aus Atlantis im Zuge der Zusammenarbeit andere Sterne. Und einige der Wesen aus Atlantis, die auf anderen Sternen waren, halfen dann, die Bereiche zu säen, in denen Ägypten und andere Gebiete liegen. Deshalb haben sich die Informationen und die Erinnerungen an Atlantis fortgesetzt. Die Legende begann und hat sich durchgesetzt, weil Wesen aus Atlantis, die auf anderen Sternen lebten, als Sämlinge in physischer Form zurückkamen.

D: *Aber als Sämlinge meinst du ... ausgewachsen. (Ja.) Weil ich weiß, dass das Leben ursprünglich auf zellulärer Ebene begann und sich weiter entwickelte.*

C: Ja. Zum jetzigen Zeitpunkt nicht. Diese Wesen, so könnte man sagen, nahmen eine Auszeit, nahmen Urlaub von Atlantis und reisten zu einem weiteren Stern. Und dann, als Atlantis von der Erde verschwand und andere Bereiche zum Vorschein kamen, kehrten diese Wesen auf den Planeten Erde zurück, um das Leben wieder neu zu beginnen. Viele, die die Erde wieder bevölkerten, mussten aus anderen Sternensystemen kommen, weil es große Verluste an Menschenleben gegeben hatte. Einfach aufgrund der explosiven Weise, in der die Welt verschwand. Und das ist alles, was ich darüber sagen kann. Vielleicht zu einem anderen Zeitpunkt, wenn es angebracht ist und der Rat diese Informationen freigeben wird, können wir das dann erlauben.

Was Clara darüber sagte, dass Menschen zu anderen Sternen transportiert und nach der Katastrophe zurückgebracht wurden, klang sehr ähnlich wie Informationen, die ich später in diesem Buch berichten werde. Das wäre ein tragfähiger Plan zur Evakuierung eines Teils der Menschheit in der Zukunft, wenn es nötig sein sollte. Anscheinend ist es in der Vergangenheit geschehen und könnte auch unsere Geschichte sein, die sich wiederholt. Die Außerirdischen haben immer wieder gesagt, dass sie die Zerstörung der menschlichen Rasse nicht zulassen würden. Zu viel Zeit und Energie wurden in ihre Entwicklung investiert. Sie werden uns trotzdem helfen, auch wenn wir sie nicht beachten.

Es machte mir nichts aus, dass Clara keine weiteren Informationen über die Zerstörung von Atlantis preisgeben konnte, denn ich hatte sie bereits von anderen Probanden bekommen. Ich hatte all dies jahrelang in meinen Akten aufbewahrt, bis ich damit begann, dieses Buch zusammenzustellen. Dabei fand ich heraus, dass ich tatsächlich alles hatte, was ich brauchte. Es war in kleinen Häppchen über mehrere Jahre hinweg mitgeteilt worden.

Wir hatten Hinweise erhalten, dass die große Zivilisation aufgrund ihres Missbrauchs der Geisteskräfte und ihrer Versuche, die Genetik gegen die moralische Struktur des Universums umzuschreiben, fallen musste. Doch ich hatte den Verdacht, dass noch etwas Mächtigeres an der Katastrophe beteiligt war, die Atlantis versinken ließ.

* * *

Diese Information kam vom Bibliothekar der großen Bibliothek auf der geistigen Ebene.

D: *Können wir wieder Zugang zu den Akten von Atlantis haben? Ich würde gerne etwas von der tatsächlichen Zerstörung von Atlantis erfahren. Letztes Mal hat er uns einige der Gründe genannt, warum es zerstört wurde, wegen Missbrauchs der geistigen Kräfte. Aber was hat es mit der tatsächlichen Zerstörung auf sich? Kann er dir etwas zu dem Thema zeigen?*

John: Ja, er zeigt mir tiefe Risse, die in der Erde entstanden sind. Tiefe Risse, wegen dieser Kristalle. Sie haben diese Kristallenergie benutzt, um Sonnenlicht in den Boden zu leiten und das erzeugte Spannungen. Außerdem versuchten sie, den geschmolzenen Kern der Erde zu erreichen und das verursachte eine Menge Druck, der auch dazu beitrug, die Insel zu zerstören. Sie bohrten in den geschmolzenen Kern. Und der geschmolzene Kern explodierte und deshalb platzte die Kruste.

D: *Warum haben sie das getan?*

J: Sie suchten nach einer anderen Energiequelle als Alternative zur Sonne.

D: *Dann benutzten sie die Sonne mit den Kristallen. Wie haben sie in die Erde gebohrt?*

J: Durch starke Konzentration und Geisteskraft.

D: *Sie hatten ihren Geist hochgradig entwickelt. (Ja.) Und was ist dann passiert? Du sagtest, für diese Risse in der Erde gäbe es zwei Ursachen, diese Kristalle und ihre Geisteskraft?*

J: Kometen hatten auch etwas damit zu tun.

D: *Weiß er, warum?*

J: Nein. Er zeigt nur, dass Kometen am Himmel vorhersagten, dass dieses Ereignis eintreten würde. Die Wissenschaftler hatten in das feste Gestein bis zum geschmolzenen Kern gebohrt. Dies erzeugte einen enormen Druckabfall im geschmolzenen Kern der Erde. Aber das wirkte sich auch auf alle anderen Planeten aus und nicht nur auf die Kontinente der Erde.

D: *Du meinst die Planeten in unserem Sonnensystem?*

J: Richtig. Denn das hat eine Menge starker Energie weggeschleudert und das war der Grund, warum Atlantis sank.

D: *Sie haben sich mit etwas angelegt, das sie nicht verstanden haben?*

J: Sie haben die Kraft in dem geschmolzenen Kern nicht verstanden.

D: *Dann hatten die Kometen nichts damit zu tun.*

J: Nein, aber es gab am Himmel Teilnehmer bei dieser Veranstaltung.

D: *Was ist dann passiert?*

J: Diese mentale Bohrung erzeugte Risse. Und der innere geschmolzene Kern ließ Druck ab, der die Welt einseitig beeinflusste. Deshalb ist Atlantis gesunken.

D: *Wie ein Vulkanausbruch?*

J: Richtig. Es gab eine Kontinentalverschiebung.

Nach dem Erwachen erzählte John, was er sich gemerkt hatte, das nicht auf dem Band aufgenommen worden war. Wie üblich war die klarste Erinnerung das Letzte, das wir besprochen hatten.

J: Sie wussten von Astrologie. Sie beherrschten diese Kunst. Die Kometen, die auftauchten, warnten sie, dass sie die Suche nach dieser Energiequelle aus dem Bereich des Zentrums der Erde aufgeben sollten. Dennoch setzten sie ihre Bohrungen in die Erde fort und nutzten ihre mentale Kraft dafür. Stell dir eine Bohrung in die Erde vor. Und als sie auf diesen geschmolzenen Kern traf, setzte dies eine riesige Menge Energie frei. Das verursachte Vulkanausbrüche. Und es war so, als wäre etwas an der Oberfläche geplatzt. Du weißt, wie etwas blubbern kann und Blasen platzen an der Oberfläche und dann...?

D: *Ich dachte, es muss wie ein Vulkan gewesen sein, aber anscheinend war es mächtiger als das.*

J: Oh, ja, es war viel mächtiger. Sie wussten nicht, dass sie diese Energie nicht kanalisieren konnten.

D: *Um sie zu stoppen, meinst du?*

J: Richtig, es war zu mächtig. Es war wie ein Vulkan, aber so stark, wie eine Million Vulkane. Es hat einfach die ganze Insel zerrissen. Er hat mir das nur sehr widerstrebend gesagt. Ich glaube, er wollte Leute nicht auf die Idee bringen, so etwas wieder zu tun.

D: *Es wurde darüber gesprochen, dass man mit Maschinen in die Erde bohrt.*

J: Ja. Er zögerte wirklich, wenn ich darüber reden wollte. Ich hätte weiter darauf eingehen können, aber es war wie „Thema beendet. Akte geschlossen." Das war genug.

* * *

Weitere Informationen traten in Phils Sitzungen zutage, als er noch auf dem Planeten der drei Türme mit historischem Wissen ausgestattet wurde.

D: *Kannst du sehen, was die Zerstörung von Atlantis verursacht hat?*

P: Es gibt hier viele Faktoren, die sowohl offensichtlich als auch nicht offensichtlich sind. Wir sind jedoch der Meinung, dass das Physische vielleicht eher das ist, nach dem du fragst. Die Zerstörung war vielfältig. Am traumatischsten war jedoch die

Zerstörung des Landes selbst in einer Katastrophe vulkanischer Aktivität, die durch Erdbeben verursacht wurde. Der Großteil dieser Zerstörung wurde von denen verstärkt, die damals die herrschende Klasse bildeten. Den Menschen war die Fähigkeit gegeben, sich selbst durch den Einsatz von vielen verschiedenen Formen von Energien zu zerstören. Es gab viele verschiedene Arten verfügbarer Energien. Und sie haben diese einfach missbraucht, sodass es in diesem speziellen Teil des Planeten viele disharmonische Kräfte gab.

D: *Ich habe mich gefragt, ob die Ursache ein Naturereignis war oder ob die Menschen eine Rolle bei der eigentlichen Zerstörung spielten.*

P: Der Großteil der Zerstörung war ein Akt der Unwissenheit und Mangel an Intelligenz. Auf irgendeiner Ebene gab es jedoch das Bewusstsein, dass solche Handlungen Konsequenzen haben würden. Aber diese Konsequenzen wurden zugunsten sofortiger sogenannter Gewinne aus solchen Aktionen ignoriert.

D: *Aber du hast gesagt, dass sie Energien verwendet haben und diese Art von Energien waren Teil der Ursache für die ausbrechenden Vulkane und die Erdbeben?*

P: Das ist richtig. Da waren die Energien der Kristalle, die so fokussiert wurden, dass die Kraftlinien der Erde selbst durchschnitten wurden. Sodass der Klebstoff, sozusagen, dieses Teils der Erde durchtrennt wurde. Und da war die Disharmonie, die aus dieser Zerstörung resultierte. Und dann die Katastrophe, die darauf folgte.

D: *Bedeutet das, dass sie nicht erwartet haben, dass das passiert?*

P: Es gab einige, die davor gewarnt haben, dass solche Aktionen zu so einer Reaktion führen würden. Allerdings wurde die Mehrheit der Menschen, welche die Entscheidungen zu diesem Zeitpunkt trafen, durch ihr eigenes Gefühl verblendet, weder den Naturgesetzen noch Gott gegenüber verantwortlich zu sein. Und sie handelten auf eine Weise, die viel Zerstörung verursachte.

D: *Also haben sie mit Dingen herumgespielt, die sie nicht hätten haben dürfen, mit anderen Worten.*

P: Sie haben mit den Dingen so herumgespielt, wie sie es nicht tun sollten. Nicht, dass sie mit Dingen herumgespielt hätten, die sie nicht haben sollten.

D: *Also ging es nach hinten los und zerstörte sie und ihre Welt zu dieser Zeit.*

P: Das ist richtig.

* * *

D: *Ich habe mich gefragt, was in Atlantis geschah und den Untergang herbeiführte, wenn es ein so perfekter Ort war und so ungeheure Fähigkeiten entwickelte?*

Brenda: Soweit ich das erkennen kann, war eine unvorhergesehene Naturkatastrophe geschehen. Und diese Naturkatastrophe war so weitläufig, dass sie alles ins Chaos stürzte. Es scheint, dass sie sich mit der Zeit wirklich gut entwickelten, aber scheinbar war die wesentliche Ursache eine kleine Gruppe, die mehr Macht wollte, als sie haben sollte. Aber sie hatte noch keine wirklich problematische Macht entwickelt. Atlantis lag auf zwei verschiedenen tektonischen Platten. Und die Spannung zwischen diesen beiden Platten erreichte den Punkt, an dem sie ein schweres Erdbeben erzeugte. Ich meine, ganz gewaltig, sodass der Boden aufbrach, und zwar durch die ganze Erdkruste hindurch, sodass Magma und Lava anfingen herauszusprudeln, nicht aber durch einen Vulkanausbruch, sondern durch das Erdbeben. Und es war so gewaltig, dass es auf der ganzen Welt wahrgenommen wurde. Gebäude auf beiden Kontinenten brachen zusammen. Es hat Atlantis völlig zerstört, in tausend Stücke zertrümmert, wie dieses Medium sagen würde.

D: *Ich habe eine Geschichte gehört und ich wusste nicht, ob sie wahr sein könnte. Die Gruppe, die an die Macht wollte, soll den Hauptkristall oder so etwas benutzt haben und das war eventuell ein Teil der Ursache.*

B: Das hat wahrscheinlich zur Gewalt des Erdbebens beigetragen, weil alles instabil war und jederzeit losgehen konnte. Und sie dachten, sie würden mit ihren Fähigkeiten herumspielen und das hat ein viel schlimmeres Erdbeben ausgelöst, als sonst der Fall gewesen wäre.

D: *Siehst du das, ist der Kontinent deshalb versunken?*

B: Es ist nicht ganz versunken. Es sank, aber danach konnten Schiffe wegen der schlammigen Untiefen, die im Weg waren, jahrhundertelang nicht auf diesem Ozean navigieren. Er war zu seicht, als dass ihn Schiffe ganz überqueren konnten. Und als sich die Platten weiter auseinander bewegten, sanken die Untiefen allmählich tief genug, sodass Schiffe den Ozean wieder überqueren konnten, ohne auf Grund zu laufen. Es gibt einige Aufzeichnungen davon in euren maritimen Annalen, welche die Leute als etwas Unerklärliches abgetan haben.

Dies könnte die alten Karten und die Zurückhaltung der Seeleute erklären, große Entfernungen zu überwinden. Es gab schon zur Zeit von Kolumbus viele Geschichten von Monstern und verlorenen Schiffen. Vielleicht stecken die hinter den Legenden von Schiffen, die vom Rand der Erde fallen, denn wenn sie hinaus segelten und nicht zurückkehrten, wären sie tatsächlich hinabgefallen. Die Leute daheim konnten nicht wissen, ob sie vielleicht in die Untiefen gelangt und gesunken waren oder stecken geblieben und verhungert waren. Dies könnte auch die Ursache für die Legende von der Sargassosee oder dem Meer der verlorenen Schiffe sein.

D: *Nahmen die Leute auf dem Kontinent das Geschehen als Versinken wahr?*

B: Nein, es gab Verwirrung und Katastrophen, als ihr Land schwankte wie verrückt und Lavaströme die Straßen hinunterliefen. Es war ganz schrecklich und die Leute rannten zum Meer und schwammen hinaus in den Ozean, um der Lava und den Erdbeben zu entkommen. Und dann ertranken jene, die zu den Ozeanen geflohen waren, weil das anfängliche Erdbeben Flutwellen verursacht hatte, die von den Kontinenten auf beiden Seiten abprallten und zurückkamen. Und die Flutwellen fegten über die Überreste der Insel hinweg und zerstörten alles, was nicht bereits durch die Lava und das Beben zerstört worden war.

* * *

Ich möchte auf einen Fall eingehen, der im Jahr 2000 in New Orleans geschah. Ein Mann war in das Land zurückgekehrt, das er als Atlantis bezeichnete, in dem er Mitglied einer Priestergruppe gewesen war. Es gab einen höher gestellten Hohepriester und sie benutzten Kristalle, um den negativen Einflüssen einer Gruppe Wissenschaftler gegenzusteuern, die sehr dominant war. Es schien, dass die Gruppe von Wissenschaftlern ihre mentalen Fähigkeiten und ihre geistige Kontrolle auf negative Weise gebrauchten. Und sie führten auch negative Experimente durch. So versuchte diese Gruppe Priester, der Negativität durch die Verwendung von Kristallen und der Ausrichtung der Energie entgegenzuwirken, um die Effekte, die sie erzeugte, zunichtezumachen. Aber die Priester hatten Probleme. Sie hatten eine Gruppe Kristalle und diese mussten in einer bestimmten Ordnung oder einem Muster ausgerichtet werden, um den höchsten Grad an Effektivität zu erreichen, aber das funktionierte nicht. Sie ordneten die Kristalle mit der Kraft ihres Geistes immer wieder neu an aber es funktionierte immer noch nicht.

Die Dinge verschlechterten sich allmählich und das Land erlebte eine Zeit starker seismischer Aktivität. Und sie wussten, dass der Kontinent im Begriff war zu sinken. Ich fragte ihn, woher sie das so sicher wüssten und er sagte, wegen der negativen Dinge, welche die andere Gruppe tat. Sie schaffte ein Ungleichgewicht und alles geriet aus der Balance. Dies erzeugte zusammen mit allem anderen, was geschah, die seismische Aktivität. Und sie wussten, dass das Stück Land, die Insel oder was auch immer, Atlantis, versinken würde. Also beschlossen sie, den Kontinent zu verlassen, um woanders hinzugehen.

Er sagte, ihre ganze Gruppe sei mit Schiffen aufgebrochen. Ich wollte eine Beschreibung der Schiffe und sie sahen sehr seltsam aus. Er sagte, sie seien wie große, runde Blasen. Sie waren ziemlich groß, weil sie bis zu fünfzig Personen aufnehmen konnten. Als sie im Wasser lagen, war die Hälfte der Blase über dem Wasser und die andere Hälfte darunter. Die Hälfte, die sich über dem Wasser befand, war klar. Man konnte durchschauen. Die Leute befanden sich in diesen Blasen, die durch Kristalle und geistige Kontrolle angetrieben wurden. Sie hatten die Kristalle mitgenommen, einige von ihnen auf jedem Schiff. Die Gruppe konzentrierte ihren Geist, um die Kraft zu erzeugen, die diese Schiffe über den Ozean antrieb. Sie fuhren zu dem Ort, der später als Ägypten bekannt sein würde.

Als die Gruppe Ägypten erreichte, konnte sie die Kristalle nutzen und Wohnräume errichten. Sie hatten niemals erfahren, was mit dem Kontinent geschehen war, weil sie nie jemandem begegnet waren, der überlebt und sich auf den Weg gemacht hatte. Es gab Gruppen von Menschen, die, ohne fortgeschrittene psychische Fähigkeiten, in der Gegend beheimatet waren. Also hatten sie sich nicht einmal mit ihnen vermischt. Die Priestergruppe blieb unter sich und setzte ihre Arbeit fort, um dort mit dem Gebrauch ihrer Kristalle und geistiger Kontrolle eine ganz neue Zivilisation ins Leben zu rufen. Sie hatten vor, die fortschrittlichen Wissenschaften weiterhin zu nutzen.

Dies war ein unerwartetes Beispiel für Überlebende, die in der Lage waren, der Tragödie zu entkommen und fortschrittliches Wissen mitzuführen. Sie hofften, eine neue Zivilisation zu erschaffen, die nicht zu den Extremen der letzten ausarten würde. Wer weiß, wie viele sonst noch entkommen sind und sich auf andere Kontinente retten konnten? Dies wäre eine Erklärung für die Monumente und Gebäude, die unsere Wissenschaftler nicht erklären können. Das Wissen war vorhanden und ging wahrscheinlich nach mehreren Generationen verloren. Diese Möglichkeit wird im nächsten Kapitel erläutert.

KAPITEL 7

DAS MYSTERIUM DER PYRAMIDEN

Wenn ich einen Probanden in die tiefstmögliche Trance versetzt habe, stelle ich jedes Mal sehr viele Fragen. Als ich darauf aufmerksam gemacht wurde, dass ich Zugang zu einer unbegrenzten Informationsquelle habe, gewann die unersättliche Neugierde meiner inneren Reporterin die Oberhand und ich wollte alles wissen, was ich über jedes erdenkliche Thema in Erfahrung bringen konnte.

Phils Zugang erfolgte durch den Planeten der drei Türme.

P: Das Wissen ist nicht auf dem Planeten selbst, sondern ist vom Planeten aus über das Kommunikationssystem auf dem Planeten zugänglich.

D: *Eine Freigabestelle, wäre das eine Art, es zu sagen? Ein Kontakt zu einem Kommunikationssystem?*

P: Ja, das wäre korrekt.

D: *Hast du nicht gesagt, dass die Aufzeichnungen der Vergangenheit der Erde von diesem Ort aus zugänglich sind?*

P: Das ist richtig. Die Geschichte ist hier. Die Geschichte ist überall gleichzeitig. Sie steht mir eben an dieser Stelle zur Verfügung.

D: *Es gab viele verschiedene Theorien darüber, wie die uralten Pyramiden in Ägypten gebaut wurden. Könnten wir bitte ein paar Informationen zu diesem Thema bekommen?*

P: Diese Strukturen wurden mithilfe von Levitation gebaut, die heute in einigen Gebieten der Erde wiederentdeckt wird. Der Akt der Bewegung dieser Steine wurde rein mit mentaler Energie durchgeführt. Das ist heute, zu dieser Zeit, genauso möglich wie damals. Es erfordert volle Konzentration und Fokussierung. Es gab eine Gruppe von fünf bis sieben Priestern, die in dieser und vielen anderen Wissenschaften geschult waren. Das war nur einer von vielen Aspekten ihrer Ausbildung. Das Wissen wurde von Atlantis mitgebracht. Die Pyramiden waren ein Geschenk dieses Wissens aus Atlantis.

D: *War die Levitation die einzige Methode, mit der diese Steine gehoben wurden?*

P: Töne wurden gesungen, die dies begleiteten. Es war auch eine religiöse Erfahrung.

D: *Ich habe auch gehört, dass vielleicht einige Pyramiden auf eine andere Art und Weise gebaut wurden.*

P: Es gibt viele Spekulationen auf der Welt. Immer wenn das Wissen darüber, wie etwas konstruiert wurde, nicht existiert, wird darüber theoretisiert, dass es auf eine Weise getan wurde, die theoretisch der damaligen Zivilisation entsprach. Es wäre nicht normal, eine Bauweise anzunehmen, die zu diesem Zeitpunkt unbekannt war. Es gibt viele Möglichkeiten Pyramiden zu bauen. Einige sind relevanter als andere.

D: *Eine andere Person hat mir gesagt, dass sie gesehen hat, wie sie gegossen wurden, so wie wir heute Beton gießen.*

P: Wir sehen, dass die Blöcke abgebaut und geschnitten wurden und dann schwebten. Wie auch immer, wir werden diese Informationen nicht diskreditieren, denn wir haben keine vollständige Kontrolle über alle Informationen. Und das kann ganz genau stimmen. Wir sehen jedoch, dass die Steine, mit denen wir vertraut sind, an entfernten Orten geschnitten und abgebaut und dann per Telepathie transportiert wurden. Der Priester begleitete die Steine auf dem Transport und levitierte sie dann zu dem Ort, an dem sie aufgestellt wurden. Die Arbeit war eher mental als physisch.

D: *Dann wurden sie auch per Levitation transportiert?*

Ich bezog mich auf den Transport der Steine, aber Phil dachte, ich meinte die Priester.

P: Die Priester wurden auf konventionelle Weise in den Streitwagen transportiert, aber sie begleiteten die Steine und behielten sie im Auge, um ihre Konzentration aufrechtzuerhalten. Die Steine wurden von den Steinbrüchen durch Levitation zum Standort gebracht und dann mit Levitation gehoben. Die gesamte Errichtung wurde mit Levitation durchgeführt. Die Energien, die in diesen Steinen während ihres Schwebevorgangs verwendet und ausgedehnt wurden, blieben gespeichert. Jeder Stein speicherte einen kleinen Teil und so enthielt die Pyramide als Ganzes viel Energie. Die Steine wirken wie Kristalle, indem sie menschliche Energie sowie viele andere Energien speichern können.

D: *Du hast Gesang und Musik erwähnt. Welche Rolle spielte das?*

P: Dies ist eine physische Manifestation der Energie, die fokussiert worden ist.

Als ich an meinem Buch *Jesus and the Essenes* arbeitete, war es schwierig, Informationen über bestimmte Themen zu erhalten, da die Essener mit einem extremen Geheimhaltungskodex lebten. Ich habe versucht herauszufinden, ob sie irgendwelche Methoden hatten, um sich vor ihren Feinden zu schützen. Alles, was ich in Erfahrung bringen konnte, war, dass es etwas mit Tönen zu tun hatte und dass es keine Waffen gab, weil sie nicht benötigt wurden. Ich habe auch nach dem Bau der Pyramiden gefragt, aber sie erzählten nur die Geschichten und Legenden, die ihrer Kultur bekannt waren. Wenn Probanden in ein vergangenes Leben zurückgeführt werden, sind sie von der moralischen Struktur der Persönlichkeit stark beeinflusst, die sie zu dieser Zeit waren. So war es oft unmöglich, sie zu überreden, Geheimnisse zu enthüllen.

Eine Frau aus einem anderen Teil der Vereinigten Staaten lieferte Jahre, nachdem ich an diesem Material gearbeitet hatte, einige fehlende Teile, die der ursprüngliche Proband wegen seiner geistigen Einschränkungen nicht beisteuern konnte. Diese Frau war in einem vergangenen Leben auch Mitglied der Essener Gemeinschaft und in die Lehre der Mysterien involviert gewesen und auch sie hatte das Gefühl extremer Notwendigkeit zur Geheimhaltung. Weil sie die somnambule Trance nicht vollständig erreicht hatte, konnte sie Erinnerungen an Szenen bewahren, als sie das Bewusstsein wiedererlangte. Sie sagte, selbst im Wachzustand wäre es schwierig, über diese Dinge zu sprechen, weil ihr Körper angespannt war und ihre Kehle versuchte, sich zu verschließen. Es war beeindruckend, wie tief verwurzelt diese Einschränkungen noch in diesem Leben waren. Ihr waren die Gründe für die Privatsphäre der Gemeinschaft bewusst und sie verstand die Notwendigkeit, diese Informationen zu schützen, denn wenn bestimmte Dinge herauskämen und inkorrekt verwendet würden, könnten sie viel Stress und Schaden verursachen.

Sie berichtete über die Informationen, die in ihrem Bewusstsein blieben: „Ich habe dieses Tal gesehen, in dem bis zu hundert oder zweihundert Leute in Reihen saßen. Sie benutzten Töne, um eine riesige Steinskulptur dorthin schweben zu lassen, wo sie hin sollte. Der Klang war mystisch, heilig und doch gleichzeitig irdisch. Es waren all die Dinge des Universums kombiniert. Der Klang wurde nicht nur von den Stimmen erzeugt, sondern wurde von bestimmten Arten von Hörnern begleitet. (Sie war nicht sicher, wie die Instrumente zu benennen wären, weil sie nichts ähnelten, was sie in diesem Leben gesehen hatte.) Sie waren sehr lang, einige waren gebogen und andere waren gerade. Sie produzierten anhaltende klare Töne und dies geschah unisono. Der kombinierte Ton hatte nie aufgehört, bis alles, was sie taten, abgeschlossen war. Mit anderen Worten, niemand hatte währenddessen gleichzeitig geatmet, sodass die Töne konstant gehalten werden konnten. Die Anzahl der teilnehmenden Personen war abhängig vom Projekt. Je schwieriger oder größer die Herausforderung war, desto mehr Menschen waren beteiligt gewesen."

„Levitation war nicht die einzige Anwendung. Der Klang konnte für viele verschiedene Zwecke genutzt werden. Es gab verschiedene Töne oder Tonhöhen, um Menschen machtlos zu machen, indem sie Bewusstlosigkeit verursachten, oder sie dazu zu bringen, sich verrückt, wütend oder aufgeregt zu verhalten. Es war auch möglich, mit Klang zu töten, obwohl die Essener nie so weit gingen, da bewusstlose Menschen den gleichen Zweck erfüllten. Sie konnten Klänge auch benutzen, um sich selbst unsichtbar zu machen. Es hatte mit Harmonien zu tun, die natürliche Methode, um die mathematische Gleichung für die Funktionsweise eines beliebigen Objekts herauszufinden. Dies konnte von einer Person durchgeführt werden, aber wenn es eine vorrückende Armee wäre, brauchte man mehrere Leute, um sich darum zu kümmern."

Dies erinnerte natürlich sofort an die biblische Geschichte von Joshua und der Schlacht um Jericho, in der Klänge die Mauern der Stadt zum Einsturz brachten. Es ist bekannt, dass Klang zu diesen Dingen fähig ist, wie z. B. ein bestimmter gesungener Ton ein Kristallglas zerbrechen kann. Und die Schwingung einer Marschkolonne von Soldaten kann eine Brücke einstürzen lassen, wenn sie den Gleichschritt nicht auflöst.

Ich fragte mich, warum diese mächtige Waffe nicht in späteren Zeiten eingesetzt wurde, als die Römer Qumran angriffen und zerstörten und die Essener gefangen nahmen und folterten. Dies war die Zeit, in der die Schriftrollen vom Toten Meer in den Höhlen zur sicheren Aufbewahrung versteckt wurden. Vielleicht wussten sie, dass eine Ära zu Ende ging? Vielleicht hatten sie vergessen, wie man diese Methode nutzt, oder sie wurde nicht mehr gelehrt? Wir werden es wahrscheinlich nie erfahren. In jeder Hinsicht schienen die Ältesten das Wissen über die Levitation durch Klang noch besessen zu haben, das in nachfolgenden Generationen verloren gegangen ist.

Ich kehrte zu meinen Fragen über die Pyramiden zurück.

D: *Wurden alle von ihnen auf die gleiche Weise gebaut?*

P: Der Bau der Pyramiden hat an Komplexität zugenommen, aber die Bedeutung ist schwer zu übersetzen, die Entwicklung verfeinerte sich gleichzeitig mit der Einstimmung der Priester auf ihre Religion. Durch eine bessere Einstimmung dieser Priester wurde mehr möglich und mehr erreicht. Das war nichts, was der durchschnittliche Laie tun konnte. Es hat viele Jahre des Studiums und der konzentrierten Arbeit in Anspruch genommen, um dies zu lernen. Das war etwas, das nur Wenige durch jahrelanges Lernen erlangen konnten.

D: *Wäre es möglich, dass die Menschen heute lernen, wie man schwebt?*

P: Die Antwort ist ja. Es gibt keine Einschränkungen, körperlich, geistig oder emotional, wer dieses Wissen erhalten kann. Entscheidend ist die Person selbst, ob sie wünscht, dies zu verfolgen und die notwendigen Anstrengungen zu unternehmen, um dies zu lernen.

D: *Was ist mit der seltsamen Energie in den Pyramiden, von der manche Menschen behaupten, dass man Dinge unversehrt darin aufbewahren kann?*

P: Die Energie ist einfach eine Energie, die in der Lage ist, sich durch den menschlichen Körper zu fokussieren. Es gibt jene Energien, die der menschliche Körper nicht fokussieren kann, weil sie nicht im Einklang mit der menschlichen Erfahrung sind. Also halten diese Pyramiden diese Art Energie nicht und die Menschen, welche die Energie in diesen Pyramiden speichern wollten, waren nicht in der Lage, diese Energie hineinzuleiten. Diese Pyramiden enthalten also Energie, die für die menschliche Erfahrung charakteristisch ist. Das Material kann von jedem beliebigen Menschen aufgeladen werden, der seine Energien darauf konzentriert, was diejenigen, die mit Kristallen arbeiten sehr gut wissen. Hier gilt das gleiche Prinzip.

D: *Ich habe gelesen, dass es Flüche gibt, die Menschen töten, wenn sie in die Pyramiden einbrechen oder Grabstätten verwüsten. Stimmt das oder ist das nur die Fantasie der Leute?*

P: Das ist nicht das, was man einen Fluch nennen würde, denn hier sind keine rächenden Wesen an der Arbeit. Das ist nicht korrekt. Die Pyramiden sind voller menschlicher Energie, mehr als jedes andere Objekt oder Gerät, das sich derzeit auf der Erde befindet. Wenn man in diese Pyramiden eintritt, betritt man dieses Feld der konzentrierten menschlichen Energie. Man taucht ein und badet in der Energie, die Teil der Persönlichkeiten ist, die diese Steine aufgeladen haben. Der Fluch, das Unglück, von dem du sprichst, ist nur eine Manifestation des Ungleichgewichts in jenen Menschen, die nicht in der Lage sind, mit dieser Energie umzugehen. Und so verursachen sie diese Tragödien bei sich selbst. Jemand, der ausgebildet wurde, sich bewusst und offen in diesen Pyramiden aufhalten zu können, wird von ihnen viel Wissen empfangen, das in den Pyramiden selbst gespeichert ist. Wenn jemand offen und verständnisvoll wäre, das sind sehr psychische Bereiche. Ein psychisches Gebäude, wenn du so willst.

D: *Was ist mit den Pyramiden in Südamerika? Wurden sie so wie in Ägypten gebaut?*

P: Diese Pyramiden stammen ebenfalls von den Menschen, die während der Zeit der Zerstörung aus Atlantis ausgewandert sind. Die verwendete Methode ist identisch, denn sie war allgemein bekannt auf Atlantis. Diese Tempel wurden benutzt, um zu beten. Sehr viele Jahre waren seit der ursprünglichen Atlantis-Erfahrung vergangen, bis diese Pyramiden im Osten und Westen erbaut wurden und viele Ideen hatten sich in verschiedene Richtungen entwickelt.

D: *Aber es war das gleiche Prinzip. Was ist mit den Pyramiden in Mexiko, wurden sie auch durch Levitation gebaut?*

P: Es gab einen allmählichen Verlust dieser Kunst und viele Zivilisationen versuchten, diese Bautechnik auf konventionelle Weise zu kopieren. Wir sind auf der Suche nach diesem Wissen, das uns anzuzeigen scheint, dass diese auf herkömmliche Art und Weise mittels körperlicher Arbeit wie beim Brückenbau errichtet wurden.

D: *War das so, weil das Wissen zu diesem Zeitpunkt verloren ging?*

P: Es lag daran, dass diese Generation nie das Wissen erhalten hatte und die Strukturen kopieren wollte, von denen sie gehört oder die sie gesehen hatte. Es gab Pyramiden auf dem Kontinent Atlantis. Sie sind jedoch derzeit unter Wasser. Diese Pyramiden werden voraussichtlich nach der Katastrophe wieder aufsteigen. Das in diesen Pyramiden gespeicherte Wissen soll für die Gründer-Generation freigegeben werden, das neue Bewusstsein, in das die Erde jetzt integriert ist. Dieses Wissen wird ihnen zu dieser Zeit bei der Evolution der Menschen helfen.

D: *Was meinst du mit der Katastrophe?*

P: Dies ist ein Begriff, der für die vielen physikalischen Veränderungen verwendet wird, die jetzt stattfinden und während der nächsten achtzehn chronologischen Jahre auf diesem Planeten stattfinden werden. (Das wurde 1985 aufgezeichnet.) Diese werden lose unter dem Begriff „Katastrophe" zusammengefasst. Dies ist nicht als ein gigantisches Ereignis zu betrachten.

* * *

D: *Könntest du mir sagen, wer die großen Pyramiden in Ägypten gebaut hat und warum? Und wie wurden sie gebaut?*

P: Dies wurde in vielen früheren Channelings schon gesagt. Das ist ein Denkmal für die Errungenschaften oder der Höhepunkt des Erfolgs der vorherigen Zivilisation für die nachfolgenden Generationen. Ein Meilenstein für ihre Leistung, ein Symbol für ihren Erfolg. Der Inbegriff ihres Verständnisses von der Natur der Realität. Die Tatsache, dass dieses Denkmal ein Rätsel bleibt, deutet auf das Unverständnis der nachfolgenden Generationen hin. Zu der Zeit, in der dieser Höhepunkt verstanden werden wird, wird die Technologie dieser Generation ein ausreichendes Niveau von Bewusstsein erreicht haben, um die nachfolgenden Informationen zu erhalten, von denen die Pyramide nur sehr wenig spricht. Es ist ein Lackmustest für die Generation. Sodass die höheren Energien, die für Verbreitung von Energien sorgen, erkennen können, dass der Strom der Generationen auf dem Planeten zu diesem Zeitpunkt ein ausreichendes Verständnis erreicht hat, sodass ihnen der Rest der verfügbaren Informationen vermittelt werden kann. Bis das vollständige Verständnis der Pyramide erreicht ist, wäre es verfrüht, die Verbreitung der gespeicherten Informationen zu erlauben.

D: *Mich interessierte, wie diese Pyramiden gebaut wurden. Kannst du das sehen?*

P: Kannst du das sehen? (Lachen) Durch Levitation und elektromagnetischen Antrieb vieler verschiedener Arten, einschließlich der Verwendung von Tönen und geistiger Resonanz, wie bereits vermutet wurde. Das weiter auszuarbeiten wäre nutzlos, da deine Ebene des Verständnisses nicht so weit gebracht wurde, dass du in der Lage wärest, das zu verstehen, was wir dir sagen würden. Deshalb wird dir erst dann vollständiges Verständnis zuteilwerden, wenn du dich durch deine eigenen Versuche des Verstehens auf diese Ebene vorgearbeitet hast, sodass du diese Realitäten höherer Ordnung begreifen kannst. Du musst dein Fundament bauen, bevor du dein Haus bauen kannst.

D: *Das ergibt Sinn. Ich habe gehört, dass es mit Musik gemacht wurde. Würde das zu dem passen, was du über Töne gesagt hast?*

P: Musik im Sinne von Tönen, nicht im Sinne von Liedern.

D: *Können wir diese Töne mit unseren heutigen Synthesizern besser erzeugen? Sie sind in der Lage, Töne hervorzubringen, die wir zuvor nicht erzeugen konnten.*

P: Im Sinne einfacher Schall- oder Schwingungswirklichkeiten nicht. Allerdings im Sinne konzeptioneller Realitäten, der Töne der mentalen Energien. Deine mentale Energie schwingt bei einem einzelnen bestimmten Ton mit dem Konzept eines Tons mit, vorausgesetzt deine mentale Energie ist kein zufälliges Rauschen, womit viele jetzt arbeiten. Deine mentale Energie könnte so fokussiert werden, dass sie in Resonanz mit einem bestimmten Ton wäre. Kein Rauschen oder gar Harmonie. Obwohl viele Akkorde mentaler Energie mit der weiteren Erkenntnis des Konzepts mentaler Töne möglich sind. Sodass diese mentalen Töne im Einklang eine enorm kraftvolle Energie erzeugen, die in der Lage ist, deine Erde buchstäblich entzwei zu spalten, wäre eine ausreichende Anzahl von Wesen bereit, sich einer gemeinsamen Anstrengung anzuschließen. Es wäre wieder so, wie bei der Zerstörung von Atlantis.

D: *Würde das dazu passen, wie die Außerirdischen in der Lage sind, ihr Schiff anzutreiben, wie man uns sagt? Durch mentale Konzentration.*

P: Das ist richtig.

D: *Es ist die gleiche Energie?*

P: Nicht die gleiche Energie. Das gleiche Konzept, jedoch in anderer Form praktiziert.

D: *Stellen die Pyramiden nur Monumente dar oder erfüllen sie einen nützlichen Zweck in der Energie der Natur?*

P: Sie sind ein psychoreaktives Element der Energie auf deinem Planeten. Ein gewisser Anreiz für diejenigen auf eurem Planeten, die durch ihre eigenen Handlungen versuchen, ihr Bewusstseinsniveau auf die Ebene zu erhöhen, auf der die Pyramide schwingt. Es war ein Ansporn, nicht nur in konzeptioneller Hinsicht, sondern auch in reaktiver Form. Die Energie auf eurem Planeten wird durch die Abstimmung auf sie und den Versuch, die konzeptionellen Realitäten dieser Pyramiden zu verstehen, etwas verstärkt.

D: *Stimmt es, dass die Pyramiden auch ein Energietransmitter zu anderen Planeten oder sogar zu anderen Galaxien sind?*

P: Das ist richtig. Die Energie, die auf deinen Planeten fließt, wird durch dieses geometrische Design fokussiert, weit mehr, als man sich mit dem Konzept von „perfekt" annähern kann. Allerdings ist das Konzept der Vollkommenheit oder Perfektion das Quadrat oder sogar der Würfel, aber ihre vollkommene Resonanz geht über die dreidimensionalen Realitäten hinaus. Die größte Annäherung an eine absolute Wahrheit, die ihr auf euren niedrigeren Realitäten erreicht habt und die sich über eure dreidimensionalen Realitäten hinaus erstreckt. Diese Wahrheit wird dann in anderen Bereichen deiner Galaxie wahrgenommen. Die Energien, die zu und von eurem Planeten strömen, werden dadurch gesteuert oder homogenisiert. Die Wahrheit ist so etwas wie ein Polarisationsfilter. Diese konzeptionellen Analogien sind ungenau in dem Sinne, dass sie keine Grundlage für gemeinsame Nenner in deinem Verständnis haben. Wie auch immer, wir versuchen einfach, dir zu erlauben, Begriffe zu verstehen, die du selbst wahrnehmen kannst, die Tatsache, dass Wahrheit nicht einfach eine Abstraktion ist. Sie ist eine Realität. Die Wahrheit ist viel realer als nur abstrakt und kann genutzt werden. Der Begriff der Wahrheit ist nach deinen Worten einfach abstrakt. In Wirklichkeit gibt es eine wahre Ursache und Wirkung dessen, was ihr „Wahrheit" nennt. Diese Wahrheit wird dann so etwas wie ein Filter oder vielleicht sogar ein Reflektor. So wie vielleicht ein Laserstrahl reflektiert würde. Dieser Laser wäre das kohärente Licht einer bestimmten Wellenlänge oder sogar eines Spektrums und würde vielleicht von einem Spiegel oder einer seismischen Vorrichtung auf deinem Mond reflektiert. Die Analogie hier ist, die reflektierende Vorrichtung auf deinem Mond würde dieser Pyramide entsprechen. Und das Konzept oder der konzeptionelle Strom der Wahrheit, der universellen Wahrheit, wird von dieser Pyramide reflektiert. Auf eurem Planeten gibt es diesen Reflektor höherer Wahrheiten, von höherem Wissen. Damit diejenigen, die ihren Blick auf euren Planeten richten, diese Spiegelung der Wahrheit sehen können. Deshalb war auf eurem Planeten irgendwann einmal jemand auf dieser höheren Ebene der Wahrheit und dein Planet hat daher so einen Reflektor höherer Ebenen der Wahrheit. Nochmals, die Wahrheit ist weit mehr als nur einfache Abstraktion.

D: *Ich denke, ich habe mehr Antwort bekommen, als ich geplant hatte. (Lachen)*

* * *

P: Die Pyramiden wurden als Observatorien genutzt. Denn die Ausrichtung der Sterne könnte durch die Annäherung der Spitze des Dreiecks zum nächsten Markierungsstern oder zur nächsten Sternmarkierung berechnet werden. Bestimmten Sternen wurde der Status „Markierungsstern" verliehen und indem man sich gezielt an einem Punkt der Pyramide positionierte, zuerst auf ihren Scheitelpunkt und dann nach draußen in den Himmel blickte, konnte man den Markierungsstern finden, oder wo der Scheitelpunkt in Bezug auf den Markierungsstern stand.

D: *Wofür haben sie diese Informationen verwendet?*

P: Es galt, die Kartierung des Himmels zu ermöglichen und die Zeit-Karte zu erstellen. Und so war man in der Lage zu sagen, wo genau man sich auf der Umlaufbahn um die Sonne befand.

* * *

D: *Ich denke an die Pyramiden und an die in Peru und in Mexiko. Die Monumente, die aus den großen Steinen gemacht sind. Hatten sie spezielle Fähigkeiten, um sie mit diesen Steinen zu errichten, die wir heute im zwanzigsten Jahrhundert nicht haben?*

Clara: Nein. Ihr habt sie. Ihr benutzt sie nicht.

D: *(Lacht) Das hat man mir gesagt. Es sind die Kräfte des Geistes, die wir nicht mehr nutzen.*

C: Das ist richtig.

D: *Wie konnten sie diese großen Steinmonumente errichten?*

C: Lass mich dir eine Frage stellen. Kommt dieser Stein von diesem Ort?

D: *Ich glaube in einigen Fällen ja, aber in anderen Fällen haben sie gesagt, dass sie über weite Strecken transportiert worden waren.*

C: Auf vielen Sternen und auf vielen Planeten erschaffen wir etwas einfach nur durch Energie. Und die Steine werden einfach kreiert. Sie können aus dem jeweiligen Bereich heraus erschaffen werden. Aber wenn wir die Fähigkeit haben, telepathisch zu erschaffen oder einfach durch reine Energie zu materialisieren, können wir sie von jeglichem Ort zu jedem anderen transportieren. Aber die großen Pyramiden sind größtenteils aus dem entstanden, was in diesem Gebiet heimisch war. So konnten sie viele Menschen verwirren, wie es im Laufe der Jahrhunderte der Fall war. Sie kamen einfach ins Sein, indem wir den Geist benutzten, das, was wir heute nicht benutzen. Einfach indem man diesen Stein erschafft und zuschneidet, wie man will, um das Muster entsprechend der architektonischen Struktur anzupassen, die für die jeweilige Pyramide ausgewählt wurde.

D: *Ich habe einige gesehen, wo die Steine absolut perfekt zusammenpassen, ohne Mörtel oder Zement. Und da sind sie sogar gekrümmt, sodass sie alle zusammenpassen.*

C: Ja. Es geschieht telepathisch, einfach durch die Anwendung von Gedanken. Der Gedanke ist die Schöpfung von allem. Zuerst entsteht ein Gedanke. Und diejenigen, die diese Struktur schufen, vereinheitlichten diesen Gedanken so, dass jede einzelne Ecke perfekt passen würde. Weil jeder Gedanke perfekt mit jedem anderen Gedanken zusammen passte. Und wenn dann alle Gedanken incinander greifen und sich aneinander fügen, passen sie perfekt in ein Muster oder Design, das man sich ausgesucht hat.

D: *Einige Leute denken, dass es mit Maschinen wie Laserstrahlen gemacht worden sein könnte.*

C: Der Gedanke ist der schnellste bekannte Laser. Jeder Block ist ein Gedanke. So kann ein Gedanke die Grundlage sein. Ein Block nach dem anderen ist ein Gedanke nach dem anderen. Und alle Gedanken zusammen und man könnte auch sagen, dass ein telepathischer Stein ein Gedanke ist. Und so kann jeder Gedanke ein telepathischer Stein oder ein physischer Stein sein, weil Gedanken physisch werden können und jeder einzelne wird dann über einen anderen platziert. Oder nebeneinander. Wie auch immer das Muster für die Kreation zu sein hat.

D: *Wie wurden sie transportiert oder übereinander gelegt?*

C: Durch Gedanken. Also mein Gedanke ist, diesen Stein zu erschaffen. Ich könnte sagen: „Ich bringe diesen Stein von hier mit und lege ihn dort ab.“ Es war eine kollektive Konstruktion vieler Menschen mit ihren Gedanken. Also ist mein Gedanke, dass ich diesen Stein hier hinlegen muss und jenen dort. Der Gedanke wird Wirklichkeit. Ein lebendiges Wesen. Ein Stein ist ein Wesen. Er ist nur eine andere Masse Energie. Wie du es betrachtest, ist er eine Masse, die sich nicht bewegt. Aber es ist alles Raum. Ich meine, alles ist Raum und alles ist Energie. Also bringt diese kollektive Gruppe, mit einem gemeinsamen Geist in einer Einheit und dem Ziel, ein Konstrukt zu erschaffen, diese Gedanken zusammen. Und schafft ein physisches Konstrukt.

D: *Dann war der Gruppengeist mächtiger als der des Individuums.*

C: Viel mächtiger. So ist es immer, wenn es einen Gedanken gibt, oder ein Ziel, das erreicht werden will.

D: *Ich habe immer gedacht, dass es durch Levitation erreicht worden sein könnte.*

C: Das könnte man Levitation nennen. Indem deine Gedanken den Stein schweben lassen oder sagen: „Okay, ich gehe hier rüber und mein Gedanke meißelt sich diesen Stein heraus. Also werde ich ihn erschaffen. Ich werde ihn hier hinüberbringen.“ Es ist eine gute Analogie. Man könnte in deiner linearen Denkweise sagen, dass es sich tatsächlich um Levitation handeln könnte.

D: *Mir wurde auch gesagt, dass sie durch Schall schweben könnten.*

C: Das ist eine Möglichkeit. Das Denken ist viel schneller als der Klang. Der Gedanke ist schneller als das Licht.

D: *Glaubst du, dass die Leute zu einem späteren Zeitpunkt Klänge verwendet haben, weil sie vergessen hatten, wie man den Geist benutzt.*

C: Ja, ja. Die Menschen wurden so sehr in ihre Persönlichkeit und ihr alltägliches Leben und Treiben hineingezogen, dass sie anfingen, sich vom Kollektiv zurückzuziehen. Zogen sich zurück von der Quelle. Zogen sich von dem zurück, was ist. Um von allem, was ist, getrennt zu werden und individualisiert zu werden. Und als eine einzelne Person oder Wesen wählten sie die Trennung von der Quelle. Und mit der

Trennung von der Quelle begannen sie zu vergessen, die Kraft ihrer Gedanken zu nutzen. Und daher begannen sie, andere Wege zu suchen.

D: *Es war also möglich, dass sie zu einem späteren Zeitpunkt Klang verwendeten.*

C: Oh, ja.

D: *Bestand die ursprüngliche Gruppe aus Menschen, die das Gruppenbewusstsein benutzten, um die Pyramiden zu bauen?*

C: Oh, ja. Hoch entwickelte Menschen.

D: *Waren das diejenigen, von denen du sagtest, sie seien die Überlebenden von Atlantis?*

C: Von den Sternen zurück zur Erde gebracht.

D: *Und sie lebten nur in diesen zentralisierten Gebieten Ägypten, Peru und Mexiko?*

C: Ja, zunächst einmal. Und dann sind die Menschen losgezogen, um neue Universen, neue Planeten und neue Länder zu entdecken. Und so schufen sie weitere Gemeinschaften, als sie über das Land wanderten. Und im Allgemeinen waren es mehr als nur eine Person, weil sie Gesellschaft wollten, oder sie wollten Schutz vor der Wildnis oder vor den Gefahren, die von den Menschen da draußen in den unbekannten Ländern hinter den Hügeln oder Gewässern ausgehen könnten.

D: *Und zuerst trugen sie dieses Wissen mit sich. (Ja.) Aber sie brauchten mehr oder weniger das Gruppenbewusstsein, um diese großen Monumente zu erschaffen. (Ja.) Kannst du mir den Zweck der großen Pyramide nennen?*

C: Sie ist ein Speicher für Wissen über alles, was die Erde ist. Die Geheimnisse der Erde und der Erschaffung der Erde sind in der großen Pyramide.

D: *Sie versucht, sich in einen Speicher zu verwandeln, ähnlich wie auf dem Planeten der drei Türme?*

C: Sie ist ein ähnlicher Speicher. Sie verwandelt sich nicht.

D: *Viele Menschen denken, dass die Abmessungen und ihre Ausrichtung, die Art und Weise wie sie steht, Lösungen für das Geheimnis bieten könnten.*

C: Das ist wahr, aber es gibt noch mehr. Der Mensch hat die Fähigkeit verloren, seinen Geist vollständig zu nutzen. Er verwendet nur einen kleinen Teil von dem, was ihm zur Verfügung steht. Er muss sich öffnen und akzeptieren, dass es keine Einschränkungen gibt und ohne Einschränkungen kann man über Zeit und Raum hinausgehen. Und du kannst das Mysterium von allem kennen, alles, was es zu wissen gibt. Du erhältst mehr Informationen zu einem späteren Zeitpunkt, da die Energie der Pyramiden reaktiviert wird und neue Entwicklungen auf diesem Gebiet stattfinden werden.

D: *Wie können wir Menschen mit dem Wissen verbinden, das in den Pyramiden gespeichert ist?*

C: Der Mensch ist zu diesem Zeitpunkt noch nicht bereit dafür. Er ist nicht offen genug. Er tendiert zu der Annahme, dass sie Gräber sind. Er ist nicht bereit zu akzeptieren, dass sie wirklich das Geheimnis der Erschaffung des Universums und das ganze Wissen darüber, was das Universum ist, in sich bergen. Über die Erde und das Universum und die Sterne.

* * *

Brenda: Die Kultur der Menschen in den Pyramiden war mit Atlantis verbunden. Und die von ihnen gebauten Steinstrukturen waren Teil manch ihrer Wissenschaften. Und als Atlantis zerstört wurde, konnten diese Steinstrukturen nicht mehr so funktionieren, wie sie entworfen worden waren, weil der zentrale Teil von ihnen mit Atlantis zerstört worden war.

D: *Wie sollten sie funktionieren?*

B: Das naheliegendste Konzept, das ich finden kann, ist der Computer. Sie interagierten miteinander, damit man sie zur Berechnung himmlischer Dinge verwenden konnte. Aber man konnte sie auch zum Manipulieren kosmischer und irdischer Energien, wie Gravitation und dergleichen, für die verschiedensten Zwecke nutzen. Sie waren komplexe Geräte und konnten für viele Dinge verwendet werden. Aber die meisten Konzepte lassen sich nicht in diese Sprache übersetzen, weil es Dinge sind, die sich deine Zivilisation noch nicht ausmalen kann.

D: *Mir wurde gesagt, dass das Geheimnis in den Pyramiden selbst läge. Die Zahlen und die Berechnungen.*

B: Ja, das tut es. Die Pyramiden wurden präzise entworfen, insbesondere die drei großen in Ägypten. Die Art und Weise, wie sie positioniert sind und entworfen wurden, die Dimensionen und alle ihre Abmessungen, die es gibt, werden zum Beispiel wie folgt angewendet, Abstand von einer Spitze bis zur anderen Spitze und was haben wir da. Alles und jedes, wovon man träumen kann, sie enthält alle mathematischen Formeln, die diese Zivilisation verwendet hatte. Und das beinhaltet viele mathematische Formeln, an die deine eigene Zivilisation noch nie gedacht hat. Ein paar werden in den

Pyramiden entdeckt werden, aber es kann eine Weile dauern, bis sie verstanden und angewendet werden können. Sie werden Verwendungen finden und du wirst denken, dass es einfach etwas Wunderbares ist. Die Pyramiden sind wie ein Behälter aller kondensierten wissenschaftlichen Erkenntnisse dieser Zivilisation.

D: *Weißt du, welche Energiequelle sie betrieben hat? Du sagtest, sie konnten nach dem Untergang von Atlantis nicht mehr funktionieren.*

B: Die Energiequelle war die Erde selbst. Aber der Grund, warum sie nicht funktionieren konnten, war, dass sie nicht mehr gut genug ausbalanciert waren, um die Erdströme nutzen zu können.

D: *Uns wurde gesagt, dass es sich um Gräber von ägyptischen Königen handelt.*

B: Als die Zivilisationen das Wissen verloren und nicht mehr wussten, was sie waren, stellten sie sich vor, dass sie das sein mussten. Und so war die Geschichte im Laufe der Jahrhunderte weitergegeben worden.

Es wurden Bilder und Hieroglyphen gefunden, die anscheinend den Bau der Pyramiden zeigen und Sklaven, die Steine über Rampen aus Erde ziehen, um sie in Position zu bringen. Vielleicht waren die Pyramiden bereits dort und zu der Zeit schon alt, als diese Bilder gezeichnet wurden und das war die Version der Menschen, die dachten, dass sie so gebaut worden sein müssten. Vielleicht waren sie in ihrer Zeit ein ebenso großes Geheimnis wie in unserer.

D: *Darin wurden nie irgendwelche Leichen gefunden.*

B: Niemals sind irgendwelche Könige darin begraben worden.

D: *Wofür wurden dann die Räume im Inneren genutzt?*

B: Sie wurden für viel komplexere Zwecke verwendet als Grabkammern. Einige von ihnen wurden benutzt, um verschiedene Energiemanipulationen vorzunehmen. Aber die meisten Räume dienten der Aufnahme weiterer Berechnungen und mathematischer Formeln in ihren Abmessungen und deren Beziehung zu den Abmessungen der Pyramide.

D: *Siehst du, wie sie aus diesen riesigen Steinen gebaut wurden?*

B: Zum Teil durch Manipulation der Erdkräfte und teilweise durch den Prozess, von dem dir berichtet wurde, der Stein in Flüssigkeit verwandelt.

D: *Die gleichen Methoden, die sie damals in Atlantis angewandt haben. (Ja.) Jemand sagte mir, man dachte, sie hätten vielleicht in irgendeiner Weise Musik eingesetzt.*

B: Eine der Möglichkeiten, wie sie die Energien manipulieren konnten, war die kontrollierte Nutzung von Klängen.

* * *

Einige Probanden haben versehentlich Wissen über die Pyramiden angezapft, als sie dorthin in ein früheres Leben zurückgeführt wurden.

Ich hielt im August 2000 eine Sitzung mit Steve in New Orleans. Er hatte ein paar Monate zuvor ein seltsames Erlebnis beim Besuch der großen Pyramide in Ägypten gehabt. Dies war etwas, was er erforschen wollte, während er sich in Trance befand.

Er hatte nie vorgehabt, nach Ägypten zu fahren und auch nicht den Wunsch gehabt, die Pyramiden zu sehen. Aber als er mit seiner Frau in die Schweiz fuhr, um Verwandte zu besuchen, hielten diese eine Überraschung für sie bereit. Sie hatten bereits arrangiert, Steve und seine Frau nach Ägypten zu den Pyramiden einzuladen. Er wollte eigentlich nicht fahren, aber sie hatten das Gefühl, dass ihnen gar keine Wahl bliebe. Überraschenderweise machte Steve eine *enorm* beeindruckende Erfahrung, während sie dort waren.

Er wurde von seiner Frau und seinen Verwandten getrennt, während deren Führer die Tickets kaufte. Die Ägypter waren sehr wählerisch und achteten besonders darauf, Ausländer draußen zu halten. Sie erlaubten nur 300 Menschen pro Tag, die Pyramiden zu betreten. Also stand ihr Führer in der Schlange an und kaufte die Tickets. Steve suchte sie in der Touristenmenge auf dem Gizeh-Plateau, damit sie hineingehen könnten. Es gab hier Hunderte von Menschen und zahlreiche Busse. Viel Aktivität.

Als er über das Plateau zur Pyramide ging, geschah etwas Seltsames. Plötzlich war es, als hätte er eine Art Zeitschleife betreten. Als er dort stand und sich umsah, war er der Einzige auf dem Plateau. Er konnte nichts hören, kein Geräusch. Und alle Leute sowie die Busse waren vollständig verschwunden. Er fühlte sich immer noch wie zuvor, aber als er sich umsah, war er ganz allein. Und ein gewaltiges Gefühl überkam ihn, als er die Pyramiden betrachtete. Er spürte plötzlich ein emotionales Aufwallen und es kam ihm schnell in den Sinn, dass er „nach Hause“ gekommen war. Dass dies sein „zu Hause“ war und dies war eine wunderbare Erfahrung. Er sagte, dass es ihn völlig vereinnahmt hatte, als er die Struktur betrachtete.

Dann kehrte alles genauso schnell zur Normalität zurück, als er weiter auf die Pyramiden zuging. Als der Ton zurückkehrte, toste um ihn der Lärm. Die Aktivität, die Menschen, die Busse und alles andere wirbelte um ihn herum, als er wieder in die Gegenwart zurückgerissen wurde. Nachdem ihn seine Frau in der Menge gefunden hatte, erschrak sie, weil sie ihn gerührt weinen sah. Sie gingen weiter in die Pyramide hinein, was für ihn eine wunderbare Erfahrung war. Aber er konnte nicht begreifen, was in dem Bruchteil einer Sekunde geschehen war. Die Zeit schien stillzustehen, alles hatte sich verändert und dann wurde sie plötzlich wieder eingeschaltet.

Nachdem Steve in eine tiefe Trance versetzt worden war, gingen wir durch eine normale Regression und ich sprach mit seinem Unbewussten, um die Antwort auf die Fragen zu bekommen, die er gestellt hatte.

D: *Als Steve nach Ägypten ging und die Pyramiden sah, hatte er eine seltsame Erfahrung. Er würde gerne verstehen, was zu dieser Zeit geschehen ist?*

S: Es war ein Geschenk. Er war dort, wo sein Geist am glücklichsten war. Viel Freude.

D: *Als er wieder auf dem gleichen Boden war? (Ja.) Was ist passiert? Er sagte, es sei eine seltsame Erfahrung gewesen.*

S: Seine Seele war so freudig. Das wollte sie zum Ausdruck bringen. Deshalb war es ein Geschenk für ihn.

D: *Er sagte, es war so, als wäre alles andere verschwunden.*

S: Ja, das war so.

D: *War er in diesen wenigen Minuten tatsächlich in einer anderen Zeit?*

S: Zum Teil. Bewusst nicht.

D: *Weil die anderen Leute nicht anwesend waren.*

S: Nein, waren sie nicht. Es geschah, um ihm die Kraft zu geben, weiterzumachen.

D: *Warum war sein Geist um die Pyramiden herum am freudigsten?*

S: Das geht auf ein anderes Leben zurück. Er war am Bau der Pyramide beteiligt. Er war einer der Hauptverantwortlichen für die Hilfe beim Bau.

D: *Wie hat er beim Bau geholfen?*

S: Mit der Technik zur Platzierung der Blöcke.

D: *Wie wurde das gemacht?*

S: Auf verschiedene Weise. Seine Zuständigkeit beschränkte sich darauf, den richtigen Stein für jede einzelne Platzierung auszuwählen. Es war eine sehr komplizierte Wissenschaft.
D: *Es musste perfekt zusammenpassen, nicht wahr? (Ja.) Wurde es mit Werkzeugen gemacht?*
S: Einige Werkzeuge. Und auch mentale Kräfte.
D: *Wie wurde es mit mentalen Kräften bewerkstelligt?*
S: Die Gehirnströme stimmen sich auf die Schwingungen des Steins ein.
D: *Um sich zu synchronisieren?*
S: Ja, durch Klang und Gedanken.
D: *Hat er es allein oder mit anderen getan?*
S: Es wurde mit hoch entwickelten Menschen gemacht. Sie haben ihre Techniken angewandt und wir haben die Konstruktion ausgeführt.
D: *Waren das Leute, die dort lebten?*
S: Ja, sie haben dort gelebt. Sie sind dorthin ausgewandert.
D: *Du sagtest, es wäre auch mit Klang gemacht worden?*
S: Ja. Es handelt sich um einen hochfrequenten Klang, der sich auf die molekulare Konstruktion der Blöcke einstellen und sie so zuschneiden konnte, wie sie wollten.
D: *Wurde der Klang durch etwas erzeugt?*
S: Manchmal ja.

Ich dachte an ein Musikinstrument.

S: Es sieht aus wie eine Stimmgabel. Es muss mit dem Geist gearbeitet werden. Ohne den Geist hast du nichts.
D: *Kannst du sehen, wie das Instrument aussieht, mit dem sie den Ton erzeugt haben?*
S: Es war lang, glänzend wie Metall. Es hatte viele Zinken. (als würde sie beobachten) Und sie berührten den Stein damit.
D: *War es groß?*
S: Nein, es war klein, aber lang.
D: *Was passierte, als sie den Stein damit berührten?*
S: Manchmal schwebte er. Manchmal zerbrach er. Es war sehr mächtig.
D: *Und es hat diesen Ton erzeugt, als es den Stein berührte?*
S: Ja. Manchmal konnte man es kaum hören. Es war fast wie ein Funke.
D: *Aber die anderen Leute mussten den Prozess geistig unterstützen, wann immer die Person den Stein mit dem Instrument berührt hat?*

S: Ja, das stimmt.

D: *Konnten sie die Leistung auf diese Weise verstärken? (Ja.) Du hast gesagt, dass diese hoch entwickelten Menschen dorthin auswanderten. Wo sind sie hergekommen?*

S: Wir sind uns nicht sicher.

D: *Also wussten sie, wie man den anderen zeigt, wie es gemacht wird.*

S: Ja. Aber du musstest in der Lage sein, deine Gedanken zu kontrollieren. Nur bestimmte Menschen konnten es tun, sonst wäre es sehr gefährlich gewesen.

D: *Warum sollte es gefährlich sein?*

S: Es könnte dich umbringen. Die Frequenz würde sich molekular auf dich auswirken. Du musstest sie mental blockieren, um dich davor zu schützen.

D: *Musstest du sie nach außen lenken? (Ja.) Wenn sie also nicht die richtigen Gedanken hätten, könnte sie mehr oder weniger abprallen und zurückkommen?*

S: Im Wesentlichen, ja.

D: *Also können nur rein gesinnte oder rechtschaffene Menschen diese Energie lenken.*

S: Ja, nur die Richtigen.

D: *Also mussten alle, die an der Steuerung der geistigen Energie beteiligt waren, mehr oder weniger einen reinen Geist haben?*

S: Ja, nur sehr wenige Leute können das tun.

D: *Wenn es viele Arbeiter gäbe, könnten sie das Massenbewusstsein ihres Geistes nutzen? (Nein.) Es mussten die sein, die wussten, wie man die Energie steuert. (Ja.) Und das Instrument hat geholfen, sie in den Stein zu leiten?*

S: Ja, durch mentale Energie.

D: *Und du sagtest, sie hätten das Instrument mitgebracht, als sie einwanderten.*

S: Ja, das haben sie.

D: *Also das war der Grund, warum Steve solche Emotionen hatte, als er an diesen Ort zurückkehrte.*

S: Ja. Es wurde ihm ein Geschenk gemacht, um ihm Kraft zu verleihen. Um ihn zu befähigen, weiterzumachen. Er war in der Vergangenheit in der Lage, sehr wichtige und mächtige Dinge zu tun. Und er kann dieselbe Fähigkeit auch heute benutzen, weil der Geist mächtig ist. Er kann alles, was er will, mit seinem Leben tun, aber er muss Disziplin lernen.

Das Instrument, das Steve sah, war etwa dreißig Zentimeter lang. Es bestand aus einem Metall, das spiegelblank glänzte. Die Zinken waren dünn und im Griff steckte ein Kristall.

* * *

Im Jahr 2000 führte ich eine Probandin in ein Leben zurück, in dem sie eine Art männlicher Direktor in Ägypten war. Er stand in der Wüste am Rand einer Großstadt und beobachtete den Bau eines großen Gebäudes in der Nähe. Die Kleidung, die er trug, wurde normalerweise nicht im Freien getragen, dazu war sie zu luxuriös. Seine Sandalen waren mit goldenen Bändern besetzt und er trug einen schweren goldenen Kragen mit einem Abzeichen (die Strahlen der Sonne) um seinen Hals. Es war schwer, aber er war gewohnt, es trotz seines Gewichts zu tragen. Er besaß eine goldene, helmartige Kopfbedeckung mit Federn (ähnlich Pfauenfedern) die oben herauskamen. Es war alles schwer und unangenehm zu tragen in der heißen Sonne.

Er beklagte sich über den langsamen Fortschritt des Baus. Er sagte, alle seien müde, so müde, von der ständigen Arbeit. Alles geschah nur für das Ego des Herrschers und zwar unaufhörlich. Er sagte, das Gebäude hätte die Form einer Pyramide aber die Ausrichtung wäre nicht ganz richtig und es ginge zu langsam. Der Herrscher baue bereits zwei weitere Pyramiden, eine sei vollständig und die andere fast fertig, aber dennoch hätten sie mit dieser dritten begonnen. Er fand, sie sollten zuerst das andere Projekt abschließen, bevor sie mit diesem begännen. Die Leute waren die ständige Bauarbeit schon leid.

Ich fragte, wie sie gebaut wurden. Er sagte, die Basis sei unterirdisch mit bestimmten Kammern und Durchgängen, die perfekt ausgearbeitet werden mussten. Dieser Teil wurde durch körperliche Arbeit gemacht, weil „sie“ keinen Kontakt mit der Erde haben konnten. Natürlich wollte ich wissen, wer „sie“ waren. Er sagte, sie seien die Wesen auf der Flugscheibe, die die ganze Operation geleitet hatten. Nachdem die Basis erbaut worden war, wurde dann der Rest des Gebäudes (oberirdisch) mit Energie erbaut, die von der Flugscheibe gesteuert wurde. Die Arbeiter bildeten alle einen ununterbrochenen Kreis um das Gebäude herum. Dann wurde die Energie von der Scheibe auf ihn und andere gerichtet, danach zu den Arbeitern. Dadurch entstand ein Energiekreislauf, der stark genug war, um riesige Steinblöcke an Ort und Stelle zu bringen. Es war wichtig, dass die Arbeiter für die Reinheit ihrer Körper sorgten (kein Trinken etc.), damit die Energie durch ihre Körper geleitet werden könnte. Danach hätten sie sich nicht mehr daran erinnern können, was passiert war. Sie wurden nur als Leitungen benutzt, sozusagen.

Das einzige Problem war, dass die Flugscheibe manchmal zu weit herunterkam. Sie schwebte normalerweise über dem Ort, an dem der Scheitelpunkt der Pyramide später einmal sein würde. Dies war die Position, von der aus die Energie geleitet wurde. Aber wenn sie zu tief hinabstieg, warf sie einige der Arbeiter zu Boden und aus dem Kreis hinaus. Er wusste nicht, ob sie verletzt wurden oder nicht, aber ihr Platz musste sofort ausgefüllt werden, da der Kreis ungebrochen bleiben musste. Die Beschreibung der Flugscheibe klang sehr ähnlich zu den heutigen Sichtungen: glänzend graues Metall mit einem kleineren, innerhalb eines größeren Kreises. Die Energie kam aus dem kleineren Kreis. Ich fragte, wie die Insassen aussahen. Er antwortete, er konnte die Gesichter nicht sehen, weil sie eine ungewöhnliche Art von Kopfbedeckung trugen. Sie wurde entworfen, um zu verhindern, dass die Menschen ihre Gedanken lesen und ihre Absicht erkennen könnten. Der Metallkopfschmuck war am oberen Hinterkopf dicker, weil, wie er sagte, die Gedanken von dort kämen. Sein Kopfschmuck sollte eine Kopie von ihrem sein, obwohl er nicht dem gleichen Zweck diente.

Obwohl er die ständige Bautätigkeit auf das Ego des Herrschers schob, dachte er, dass es in Wirklichkeit die Agenda der Wesen in der Scheibe war. Es sollte eine Serie von insgesamt sieben Pyramiden entstehen und sie würden in einem bestimmten Muster gebaut werden. Der Bau war bereits im Gange, solange er sich erinnern konnte, mindestens fünfzig Jahre. Er beklagte, dass die Leute es leid wären und fanden, es sei zu viel.

Der endgültige Zweck der Pyramiden wäre dann, Energie in den Raum zu leiten, also mussten die Koordinaten perfekt sein und die Scheibe steuerte die genaue Platzierung der Steine. Die Konstruktion wurde gegen die Spitze oder den Scheitelpunkt hin einfacher, weil sie kleiner war und nicht so viele Steine benötigt wurden. Nach Abschluss der Bauarbeiten durften die gewöhnlichen Arbeiter an der Füllung einiger der Risse und Zwischenräume zwischen den Steinen arbeiten, aber auch das musste präzise gemacht werden. Er dachte, dass sie erst eine Pyramide komplett fertigstellen sollten, bevor sie mit der Arbeit an einer anderen begannen. Die gewöhnlichen Gebäude in der Stadt wurden unterschiedlich gebaut und waren im Vergleich dazu roh. Die Arbeit musste nicht mit so intensiver Präzision gemacht werden. Die Ausrichtung der Energie, um die Steine zu heben, war zu intensiv für alle Beteiligten. Doch es schien keine Absichten zu geben, sich denjenigen auf der Flugscheibe zu widersetzen.

Der Herrscher war ein ungewöhnlich geformter Mann, sehr groß und dünn. Er musste alt sein, aber er zeigte keine Anzeichen von Alter. Der Mann sagte, er wüsste, er wäre schon gestorben, bevor die sieben Pyramiden fertig sein würden, aber die Arbeit würden andere weiterführen. Er betonte, dass diejenigen, die sich in der Flugscheibe befanden, keinen Kontakt mit der Erde haben konnten, daher mussten die Arbeiter diese physische Konstruktion machen. Sie mussten in einem ununterbrochenen Kreis um die Baustelle herum stehen, um die Energie der „Erde“ zu lenken, die anscheinend „gesammelt“ und von der Flugscheibe weitergeleitet wurde. Dies war die Macht, die das Heben der Steine vollbrachte. Sie wurde durch die Arbeiter geleitet, indem sie ihre Körper als „Verstärker“ benutzten. Sie würden danach keine Erinnerung mehr daran haben. Das war nicht wichtig, sie wurden nur benutzt. Er wusste, was vor sich ging, war aber auch daran gewöhnt, die Energie zu lenken. Er sagte, Mathematiker, Astrologen und andere weise Männer wurden mit der Ausrichtung befasst. Sie musste genau sein, damit die Richtung der Energie (nach der Fertigstellung) auf die richtigen Punkte im Weltraum gelenkt würde. Er war einer der wenigen, der den Zweck der ständigen Bautätigkeit kannte, aber er wusste nicht, wie das Endergebnis in der Praxis eingesetzt wurde. Die Wesen in der Scheibe hatten nur Kontakt mit dem Herrscher.

Als ich versuchte, die Geschichte zu einem Abschluss zu bringen, sprang die Frau in ein anderes Leben und da ich die Sitzung als Therapie machte, folgte ich dieser Linie, ohne auf diese Geschichte zurückzukommen. Es gab alle möglichen Hinweise, dass es in Ägypten geschah, hätte aber auch Atlantis sein können.

Es ist schwer zu sagen, auf welche Pyramiden man sich bezieht, da es in dieser Zeit anscheinend viele Pyramiden gab. Einige von ihnen könnten nicht bis in unsere Zeit überlebt haben. In einer anderen Sitzung war ein Mann während des Baus einer großen Pyramide anwesend und war an der Entwicklung der Berechnung der Messungen beteiligt. Er deutete an, dass die Pyramide als Kommunikationsgerät zwischen Erde und Sirius verwendet werden würde.

* * *

Eine weitere Sitzung im Jahr 2000 nahm eine seltsame Wendung. Obwohl sie nichts mit dem Bau der Pyramiden zu tun hatte, scheint sie den Ursprung eines anderen Geheimnisses, das mit Ägypten verbunden ist, zu beleuchten.

Nachdem ich mit Marie eine Regression in ein vergangenes Leben gemacht hatte, kontaktierte ich ihr Unbewusstes, um Fragen zu stellen. Sie hatte eine Liste von Dingen, über die sie etwas wissen wollte. Sie hatte eine Vision oder sah eine Szene von einem Ereignis in Ägypten. Wenigstens nahm sie an, dass es Ägypten war. Sie sah sich in einem Raum mit einem seltsamen Gerät.

D: *Kannst du ihr etwas darüber sagen, was das war? War es real oder war es nur Fantasie?*

M: Es war real. Was sie sah, war nur ein Fragment einer größeren Maschine. Und wir sagen „Maschinen“, aber meinen nicht solche, die bekannt sind. Es war eine kontrollierte Energiequelle.

D: *Was hat sie damit gemacht?*

M: Sie war in Wirklichkeit eine Laborassistentin. Die Person, die wusste, wie man regulieren kann, wie viel von dieser Energie wieder in eine menschliche Lebensform zurückfließen kann, um sie zu regenerieren. Sie brachte tatsächlich Leben zurück in Leichen. Und das war experimentell.

D: *Wurden diese Experimente auf der Erde durchgeführt?*

M: Sie wurden auf der Erde gemacht, aber nicht von irdischen Wesen. Diejenigen, die wussten, wie man das macht, experimentierten mit dieser Masse toter Menschen. Ich weiß nicht, wie sie gestorben sind.

D: *Weißt du, welches Land das war, hat es einen Namen?*

M: Das Wort Targa kommt.

D: *Marie hatte das Gefühl, dass es Ägypten war. Aber du denkst nicht so?*

M: Vielleicht war Targa die Gruppe. Es war in der Hitze der Wüste. Es war eine Zivilisation, die ähnlich der in Ägypten war, aber es war nicht Ägypten.

D: *Du sagtest, viele Menschen wären irgendwie gestorben?*

M: Sie sind lauter verkohlte Körper. Und sie sehen aus wie Mumien. Sie sehen aus, als wären sie seit langer Zeit mumifiziert.

D: *Ausgetrocknet, meinst du? (Ja.) Aber warum sollten sie diese Art von Körpern revitalisieren, regenerieren wollen?*

M: Weil es zu dieser Zeit so wenige lebende Körper gab. Etwas war passiert. Und sie mussten einen Weg finden, um genügend Lebenskraft auf den Planeten zurückzubringen. Damit es genügend lebendige und aktive Körper gäbe.

D: *Aber könnte so etwas funktionieren?*

M: Es hat funktioniert.

D: *Sie konnten sie reaktivieren?*

M: Ja. Aber es gab eine Art Schwangerschaftsphase, nachdem sie bandagiert waren, erhielten sie eine Art Kokon. Du verwendest dieses Basismaterial, das daraus geworden ist. Es ist nur ausgetrocknetes genetisches Material mit den Knochen.

D: *Es wäre schon eine ganze Weile tot gewesen, schätze ich.*

M: Richtig. Aber ohne Körperflüssigkeiten. Und du wickelst sie wieder ein und gibst ihnen eine Hülle, um sich zu rekonstruieren.

D: *Sie mussten abgedeckt werden.*

M: Vollständig verpackt. Und dann steckst du diesen Schlauch an der Basis, an den Füßen an, der mit dieser Energiequelle verbunden ist. Und du pumpst hinein. Es macht ein Pumpengeräusch (sie hat pochende Geräusche gemacht) wie ein großes Herz. Und du pumpst, bis du die Bandagen anschwellen siehst. Und dann lässt du diese Pakete, diese verpackten Körper dort, bis sie gebraucht werden.

D: *Es ist also so etwas wie eine suspendierte Animation? (Richtig.) Aber konnten sie laufen und sich bewegen, wenn du sie brauchtest?*

M: Ich weiß nicht, was danach passiert. Ich kann nur sehen, dass mein Job dort war, sie einzuwickeln, sie wieder zu energetisieren und dann unterzubringen.

D: *Wie wurden sie untergebracht?*

M: In Regalen.

D: *(Ich fand das seltsam.) In Regalen? (Ja.) Aber ich habe den Eindruck, dass man nicht so wirklich lebendig ist, solange keine Seele, kein Geist in den Körper eintritt. Was denkst du denn?*

M: Nein, es gibt eine Lebenskraft, die das Körpersystem aktiviert. Sie hat nichts mit der Seele zu tun.

D: *Ist es dann mehr oder weniger wie ein mechanisches oder roboterartiges Wesen?*

M: Du bringst das System in Gang, aber die Aktivierung der Intelligenz und des Bewusstseins kommen später.

D: *Diese Leute hatten also die Fähigkeit, diese Dinge zu tun, aber du warst nur ein Helfer dabei.*

M: Wie ein Techniker.

D: *Lass mich deinem Unbewussten eine Frage stellen, die mich wirklich fasziniert. Könnte es sein, dass von hier die Idee der Mumien in das spätere Ägypten kam? Hast du Zugang zu diesen Informationen?*

M: Oh, ja, das stimmt. Aber die Ägypter wussten es nicht. Es ist fast so, als hätten sie es ein wenig verkehrt herum gemacht. Sie hatten keine Ausrüstung. Sie hatten die übrig gebliebenen Vorkenntnisse zum Bandagieren und erinnerten sich daran, dass das Leben immer wieder zurückkehrte. Sie wussten nicht wirklich, wie sie es wiederherstellen sollten. Und genau das haben wir getan.

D: *Also war diese Ausrüstung für die Leute, die später kamen, nicht mehr verfügbar?*

M: Richtig. Sie hatten Kenntnisse über Seelenreisen, das Jenseits und Sterne im Übergang. Aber sie wussten nicht, wie sie den physischen Körper wirklich zurückbringen sollten.

D: *Aber sie erinnerten sich an Zeiten, in denen es machbar war, als du dort warst?*

M: Sie wussten, dass es irgendwo, irgendwie möglich war, weil einige ihrer frühen Lehrer bei uns waren. Sie wussten davon, aber sie verloren diese Technologie. Sie hatten andere Technologien. Sie hatten diese nicht, mit der man das Leben wiederherstellen könnte.

D: *Also versuchten sie, die Person wieder zum Leben zu erwecken. Und sie dachten, so würde es gemacht werden.*

M: Ich denke, sie erinnerten sich an das Auspacken der Körper, die wir bei Bedarf wieder zum Leben erwecken würden. Sie wussten davon. Und so gingen sie davon aus, dass das Einwickeln der Leichen das Leben erhalten würde. Aber dann erkannten sie, dass etwas fehlte.

D: *Etwas, das sie nicht hatten. Eine Zutat, ein Stückchen des Wissens. Aber woher stammen diese Technologie und dieses Wissen ursprünglich?*

M: Von Menschen, die nicht von der Erde waren. Ich war ein Arbeiter für sie, aber ich war keiner von ihnen. Sie waren sehr, sehr effizient und intelligent. Und groß.

D: *Große Leute? (Ja.) Weißt du zufällig, was all diese Menschen getötet hat?*

M: Nein, das weiß ich nicht. Ich bin in diesem Raum und mache meine Arbeit.

D: *Aber sie mussten diese Leute wiederherstellen, weil dort nicht genug übrig waren. Es muss viele Menschen getötet haben.*

M: Ja, in großer Zahl.

D: *Und das war eine Möglichkeit, die Leute schnell zurückzubringen?*

M: Oder die Rasse zu retten.

D: *Sie konnten nicht einfach mehr erschaffen oder neu anfangen?*

M: Anscheinend nicht. Das war sehr wichtig, denn es war sehr viel Arbeit und nahm viel Zeit in Anspruch. Aber es war auch eine sehr spirituelle Arbeit.

D: *Es ging nicht nur darum, Arbeiter zu schaffen. Es war nicht diese Art von Motiv.*

M: Nein, nein. Es ging viel mehr um die Liebe zu diesen Wesen und der Rasse.

Das muss eine Erinnerung an eine sehr alte Zeit gewesen sein, denn es ist die Zeit vor den Ägyptern. Es muss etwas Katastrophales passiert sein, das viele Menschen tötete (verbrannte). Es gab nicht so viele Einwohner auf der Erde wie später. Anscheinend hätte es zu lange gedauert, darauf zu warten, dass sich die Rasse wieder erholte. Vielleicht war es ein Notfallverfahren. Eine Möglichkeit, die Menschen zu erhalten und zu reaktivieren, wenn es notwendig wäre. Sie sagte, es sei das getrocknete genetische Material, das verpackt und erhalten würde. Wir wissen, dass auch nur eine Zelle alle genetischen Informationen enthält, um einen identischen Menschen zu reproduzieren. Also wurden die eingewickelten Überreste von Leichen gelagert, bis sie reaktiviert werden konnten. Ich wünschte, wir hätten umfassendere Informationen über das Verfahren bekommen können, aber sie war nur eine Arbeiterin, die Anweisungen befolgte und konnte nur berichten, was sie wusste. Es wäre eine logische Schlussfolgerung, dass sie irgendwie das Einwickeln und Konservieren von Körpern für den Schlüssel zur

Rückkehr ins Leben hielten, wenn diese Informationen als genetische Erinnerung an die Nachkommen weitergegeben worden waren. Sie hatten wahrscheinlich Erinnerungen oder Legenden weitergegeben, in denen diese verpackten Bündel wieder zum Leben erweckt oder nach längerer Zeit reaktiviert wurden. Wie so oft im Lauf der Geschichte der Fall, hatten sie Teile eines Wissens, aber nicht genug, um zu wiederholen was diese uralten Wesen tun konnten. Später ging die Bedeutung des Bandagierens und der Konservierung der Körper wahrscheinlich verloren und es wurde einfach zu einem Ritual, das mit dem Leben nach dem Tod verbunden war.

* * *

Ich erhielt noch mehr Informationen über die Geheimnisse der Pyramiden und die Sphinx, als dieses Buch in Druck ging. Ich entschied mich dafür, dieses neue Material in den zweiten Band dieses Werkes aufzunehmen, statt den Drucktermin zu ändern. Das bestätigte mir, dass meine Reise ins Unbekannte kontinuierlich weitergeht. Ich habe noch weit mehr zu erforschen.

KAPITEL 8

UNERKLÄRLICHE MYSTERIEN

Die folgenden Erläuterungen zu den verschiedenen Geheimnissen der Erde erhielt ich von verschiedenen Probanden über einen Zeitraum von mehreren Jahren hinweg. Einige können widersprüchlich erscheinen. Ich nehme sie hier auf, um den Leser zum Nachdenken anzuregen. Ich werde den Lesern erlauben, selbst zu entscheiden. Es kann sein, dass Elemente der Wahrheit in allen Erklärungen vorkommen, auch wenn sie möglicherweise nicht die ganze Wahrheit darstellen. Es hängt alles von der Interpretation der Probanden und ihrem Verständnis der erhaltenen Informationen ab.

NAZCA LINIEN IN PERU

D: *Kennst du die Nazca-Linien in Peru?*

Phil: Das ist richtig. Was möchtest du wissen?

D: *Es ist ein Geheimnis, woher sie kamen und welchen Zweck sie hatten.*

P: Es handelt sich um Entwürfe, die von einem Künstler auf diesen Planeten gemalt wurden, als er nach unten schaute. Er wollte diesen Planeten an diesem Ort oder Punkt, mit seinen künstlerischen Fähigkeiten verschönern. Es war eine Manipulation mit telepathischen Mitteln aus der Ferne. Von einem Schwebefahrzeug aus, nicht zu verwechseln mit einem außerirdischen Raumschiff, denn das war ein Schiff von der Erde, das mit Anti-Schwerkraftmitteln betrieben wurde. Dieser Künstler schwebte einfach zu einem Aussichtspunkt hoch oben über diesen Ebenen und von dort aus verwendete er seine telepathischen Fähigkeiten, um diese Linien zu zeichnen. Das sind einfach „Kritzeleien".

D: *Es existieren noch andere Dinge als Linien, nicht wahr? In der Ebene gibt es auch Zeichnungen.*

P: Ja, das ist es, worauf wir uns bezogen haben, die Spinne, der Affe und so weiter. Es handelt sich dabei um einfache künstlerische Bemühungen und sie haben keine besondere Bedeutung, abgesehen davon, dass sie das Werk eines Mannes sind.

D: *Er hat einfach mehr oder weniger gespielt?*

P: Ja, das ist richtig.

D: *Ein Autor dachte, die Linien seien alte Astronautenflugplätze.*

P: Ähem! Wir finden das amüsant, denn wir sehen diesen Künstler mit einem schwarzen Bart und weißem Gewand in seiner Art Wagen. Wir sehen ihn jetzt deutlich, er schwebt über den Linien, denkt, hält inne, um seinen nächsten Schritt zu entscheiden. Es war so bedeutsam, als ob er „7 Up" geschrieben hätte.

D: *(Lacht) Sie dachten, hier wären die Schiffe der alten Astronauten gelandet und gestartet.*

P: Das wäre nicht korrekt. Außerirdische Schiffe haben Leitlinien in dieser Dimension nicht notwendig. Denn ihr Sehvermögen ist recht gut und sie könnten auf einer kleinen Münze landen, wenn man sie auf den Wüstenboden legte.

D: *Glaubst du, dass außerirdische Schiffe aus Neugierde dort draußen gewesen sind?*

P: Um die Linien zu betrachten? Vielleicht ist das so.

D: *Diesen Symbolen wurde viel Bedeutung beigemessen.*

P: Ja, weil es viele Missverständnisse gibt. Natürlich wird das Missverstandene entweder gefürchtet oder häufig auch verehrt, wenn es viel größer als der Mensch ist.

D: *Hast du eine Ahnung, wann die Zeichnungen angefertigt wurden?*

P: Wünschst du eine Darstellung in chronologischen Jahren?

D: *Ja, wenn du kannst.*

P: Zwölftausendfünfhundert Jahre. (12.500)

D: *Puh! Das ist schon lange her.*

P: Nicht wirklich.

D: *Nun, für uns schon. Dann wurden sie von einer Person gemacht, die in dieser Zeitperiode lebte.*

P: Das ist richtig. Ein Mensch, ein Erdenwesen. Er war nicht außerirdisch.

D: *Es muss eine sehr fortgeschrittene Zivilisation gewesen sein, wenn sie Schwebefahrzeuge hatten.*

P: Das ist, relativ betrachtet, wohl richtig. Sie wäre in dieser Hinsicht weiter entwickelt. Allerdings würden dich die Medikamente und Technologien, die du heute hast, zu ihrer Zeit in einen göttlichen Status erheben.

D: *Oh, dann haben wir Dinge, die ihnen nicht bewusst waren.*

P: Das ist richtig.

D: *Nun, es scheint so eine lange Zeit her zu sein, aber die Linien haben keine Anzeichen eines Verfalls erkennen lassen oder ...*

P: Sie wurden auf einem Fels erzeugt, der am schwersten durch die Winde zu erodieren ist. Es handelt sich um Felsen, die so platziert sind, dass sie in der Lage sind, diesen Umriss zu bilden. Auf diesen Ebenen gibt es nicht viel Regen.

D: *Gab es seither keine Katastrophen mehr auf der Erde?*

P: Sicherlich, aber keine, die sie auslöschen konnten, sonst wären sie schon verschwunden.

D: *Ich dachte, wenn es eine Katastrophe gegeben hätte, wäre der Ozean über diesen Teil gestiegen und hätte sie mit Wasser überschwemmt.*

P: Das ist nicht geschehen.

D: *Hatte dieser Mann mit dem Schwebefahrzeug irgendeine Verbindung zu Atlantis?*

P: Das Wissen, das es dem Schiff ermöglichte zu schweben, war das gleiche Wissen, das in Atlantis verwendet wurde. Und der Mann selbst war atlantischer Abstammung. Das ist jedoch ungefähr das ganze Ausmaß. Es gab auch andere Kontinente, wie du dir wohl bewusst bist, Lemuria oder Mu.

D: *Gab es diese Kontinente vor dem Zeitraum, als dieser Mann lebte?*

P: Gleichzeitig. Dieser Mann war nicht allein, denn es gab dort zu dieser Zeit eine Zivilisation.

D: *Wo sich die Nazca-Linien jetzt befinden?*

P: Nicht genau an der Stelle, sondern an der Küste sozusagen.

D: *Es gibt auch Markierungen an der Küste auf der Seite einer Klippe, die nicht allzu weit entfernt ist.*

P: Mehr Kritzeleien, denn er war ziemlich erfinderisch. Es gab noch weitere gezeichnete Linien, die aber den Elementen zum Opfer fielen. Diese sind jedoch aufgrund ihrer Position und dem relativ guten Schutz vor Witterungseinflüssen erhalten geblieben. Es gab viele Künstler, die großartige, schwungvolle Designs prächtiger Strukturen mit dieser

Methode entwarfen. Wie auch immer, diese sind aufgrund der Elemente mit der Zeit verloren gegangen.

* * *

D: *Weißt du, woher die Nazca-Linien in Peru kamen?*

Brenda: Sie sind jetzt sehr alt. Und sie sind nicht so klar, wie sie einmal waren. Eine Reihe von Besuchern aus einer der Zivilisationen, die sich in der Nähe befinden, wollte uns helfen, wollte die Menschheit beobachten, aber sie brauchten einen Platz, um ihre größeren Schiffe zu landen und dann kleinere Schiffe für die Reisen auf der Erdoberfläche zu benutzen. Sie wählten ein verlassenes Gebiet als Betriebszentrum. Und so benutzten sie Energiestrahlen, um diese Linien als Wegweiser in die Erde zu schneiden, damit sie wussten, wo man landen konnte, ohne sich zu verraten, indem man irgendeine Art Energiegerät benutzte. Sie kamen mit abgeschalteten Energiesystemen herunter und landeten mit visuellen Mitteln, damit sie ihre Anwesenheit geheim halten konnten. Und deshalb gehen die langen Linien meilenweit von einer Bergspitze zur anderen. Sie taten das sehr schnell mit einem Energiestrahl, während sie das erste Mal vorbeikamen. Sie mussten es sehr schnell tun, um nicht von anderen entdeckt zu werden. Die Linien der Tiere und ähnliche wurden von verschiedenen Piloten in ihrer Freizeit durchgeführt, wenn sie nicht im Dienst waren. Sie benutzten Energiegeräte mit geringer Leistung, damit sie nicht von der anderen Gruppe auf der Osterinsel entdeckt würden. Sie beobachteten verschiedene Kunstformen der verschiedenen Völker. Anstatt mit einem Handinstrument auf einer Schreibunterlage zu zeichnen, haben sie es nur zum Spaß und um ihre fliegerischen Fähigkeiten in Form zu halten, mit Energiegeräten getan, die an ihren persönlichen Fliegern befestigt waren.

D: *Oh, genau wie beim Spielen, meinst du?*

B: Ja. Ihre Flüge dort waren sehr einfach, nicht geeignet, ihre Fähigkeiten zu trainieren. Sie waren äußerst geschickte Piloten und zwar alle. Sie wollten ihre Fähigkeiten verbessern. Es ist wie bei Musikern, die jeden Tag üben müssen. Also haben sie einfach das getan. Und auch, um die Langeweile etwas zu lindern.

D: *Dann hatten diese Figuren, die Spinne und der Affe usw., keine echte Bedeutung. (Nein.) Es gibt einige Wissenschaftler, die verbrachten ihr ganzes Leben damit, diese zu entschlüsseln.*

B: Das galt als sehr amüsanter Punkt unter den Piloten. Sie sagten: „Eines Tages werden die Wissenschaftler dieser Leute letztendlich hierherkommen und diese Linien entdecken. Und sie werden sich fragen, was um alles in der Welt hier vor sich ging."

D: *(Lacht) Ich habe mich gefragt, warum sie so lange überdauern konnten, bei all den Veränderungen, die auf der Erde stattgefunden haben.*

B: Da sie mit Energiestrahlen erzeugt wurden, erzeugte das auf den Stellen, in die sie geschnitten wurden eine widerstandsfähigere Qualität, als es sonst der Fall gewesen wäre.

D: *Es gibt ein Design an der Küste, das wie eine Mistgabel aussieht.*

B: Das war eines der Dinge, die sie als Wegweiser verwendeten, um ihnen zu helfen, visuell hereinzukommen. Als sie niedrig genug in der Erdatmosphäre waren, um entdeckt werden zu können, mussten sie ihre Energiegeräte ausschalten und die Erde ein paar Mal umkreisen, während sie immer tiefer durch die Atmosphäre sanken. Als sie tief genug waren, um Land zu sehen, näherten sie sich normalerweise der Küste. Und diese Figur auf dieser Klippe wies ihnen die richtige Richtung. Sie würden dann in diese Richtung fliegen und diese langen Linien von Berggipfel zu Berggipfel ließen sie wissen, dass sie in der richtigen Richtung unterwegs waren.

D: *Dann war es ein Ort, an dem sie landen und unentdeckt bleiben konnten. Meinst du das damit?*

B: Ja. Sie landeten mitten auf einem verlassenen Plateau. Und es gab da keine Menschen und auch sonst niemanden. Daher mussten sie sich keine Sorgen machen, aufgrund der Lage entdeckt zu werden. Also wussten sie, dass sie sicher sein würden. Und sie konnten die Schiffe jederzeit startbereit halten, anstatt sie zu verbergen.

D: *Gab es zu diesem Zeitpunkt irgendwelche Menschen auf der Erde?*

B: Oh, ja! Oh, ja! Es gab einige Leute auf der Erde zu dieser Zeit. Und es entstanden mehrere Zivilisationen. Deshalb haben sie beobachtet. Weil die Zivilisationen sehr vielversprechend aussahen und sie wussten, dass die Menschheit Neugierde und die Intelligenz besaß, sich sehr schnell zu einer tragfähigen technologischen Zivilisation zu entwickeln. Also verfassten sie Beobachtungsberichte über den Fortschritt.

* * *

D: *Ein weiteres Rätsel der Erde, auf das wir neugierig sind, sind die Nazca-Linien in Peru. Weißt du, wovon ich rede?*

John: Ja. Er bringt mich jetzt dorthin. (in der Bibliothek) Er sagt, diese Zeichnungen wurden nur von Planetenfahrzeugen aus betrachtet. Dies war auch für die Lemurier ein heiliger Bereich. Das war ein Teil des Kontinents Lemuria. Und das waren die Orte, an denen Außerirdische landeten und den Menschen dieser Zeit mit Technologie halfen.

D: *Ich hätte nicht gedacht, dass sie so alt sind.*

J: Einige wurden von den Nachkommen der Lemurier gemacht, damit sie die außerirdischen Besucher wieder anziehen würden.

D: *Gab zu dieser Zeit keine Zeichnungen, als die Außerirdischen ursprünglich dort landeten,*

J: Es gibt eine lange Geschichte, in der sie kommen und gehen, kommen und gehen und kommen und gehen. Und diese Kunst wurde schon früh weitergegeben. Außerirdische halfen bei der Herstellung dieser Linien. Darum sehen sie aus der Luft betrachtet genauer aus, als am Boden.

D: *Was war der Zweck der Herstellung?*

J: Die Außerirdischen, die in dieses Gebiet kamen, kamen als Besucher, als ob sie in den Urlaub gefahren wären. Weißt du, so: „Lasst uns eine primitive Welt ansehen." So wie die Amerikaner nach Neuguinea oder in den australischen Outback reisen würden, um bei den Aborigines zu sein. Diese Außerirdischen würden auf die Erde kommen, um Menschen zu beobachten. Menschen und die Atmosphäre von damals und heute. Und dort an diesem Ort gab es viele Landungen bis in die heutige Zeit. Dies ist ein Teil der Welt, in dem die Außerirdischen willkommen sind.

D: *Haben sie irgendeine Bedeutung?*

J: Sie stellen verschiedene Tierfiguren dar und eine repräsentiert sogar den Menschen. Es war die Mentalität der primitiven Menschen, die Außerirdischen wissen zu lassen, dass dies ihr Volk und ihre Tiere waren, die sie willkommen hießen. Sie wurden teilweise von der Bevölkerung und teilweise von den Nachkommen der Lemurier gemacht. Das war ein ganz besonderer raumzeitlicher Ort für diese Raumfahrzeuge, um über abertausende Jahre zu landen. Sie landeten, als es Teil von Lemuria war so wie jetzt, wo es Teil des südamerikanischen Kontinents ist. Sie landeten und landen immer noch in diesem Gebiet.

D: *Kann er dir zeigen, wie die Tierdesigns gemacht wurden? Welche Methode verwendet wurde?*

J: Es gab einen Außerirdischen, der der von einem Raumschiff aus einen Energiestrahl benutzte. Und dieser wurde über das Land gelenkt. Und so wurde es gemacht.

D: *Die Geraden oder auch die Designs?*

J: Auch die Designs. Aber es wurde von oben aus der Luft gemacht. Es gibt einen Energiestrahl, der nach unten kommt. Und dann war da noch eine Gruppe von Menschen und Außerirdischen, die seinem Kurs folgten. Die Linie wurde in die Erde hinein gebrannt und sie kratzten sie aus. Nachdem er über ein Segment hinweggegangen war, hatte er die Erde pulverisiert und sie konnten sie irgendwie wegbringen.

D: *Es ist seit Jahren ein Rätsel, bei dem Leute versuchen, herauszufinden was sie symbolisieren sollen, weil sie wissen, dass sie nur aus der Luft zu sehen sind. In der Nähe, an der Küste, gibt es eine an der Seite des Hügels, die sie die Mistgabel nennen. Kommt sie aus dem gleichen Zeitraum?*

J: Ja. Sie ist ein Willkommen für diese außerirdischen Besucher. Es ist so, wie sie auf den Hawaii-Inseln den Menschen Blumenkränze anbieten, wenn sie zu Besuch kommen. Diese Leute boten diese Designs an, um die Besucher von anderen Planeten zu begrüßen, weil sie bekannt waren als Heiler und hilfreich für die Einheimischen. Sie brachten auch Körner wie Mais und so weiter mit. Diese wurden ursprünglich von diesen Außerirdischen hybridisiert, um zu helfen, diese Menschen zu ernähren. Sie waren wie eine Friedenskorps-Mission.

D: *Bedeutet das, dass Mais und andere Pflanzen ihren Ursprung nicht auf der Erde haben?*

J: Sie wurden hybridisiert, um zur Erde zu passen, ja.

D: *Kennst du irgendwelche Pflanzen oder Lebensmittel, die nicht auf der Erde entstanden sind, sondern ursprünglich hierher gebracht wurden?*

J: Er wechselt die Datei sozusagen. Einige unserer Kulturen wurden von diesen Außerirdischen hybridisiert. Er sagt, Zuckerrohr, Baumwolle und Kartoffel waren alle hybrid. Sie waren Pflanzen der Erde, aber sie wurden chemisch oder in irgendeiner anderen Weise von den Außerirdischen verändert. Die Außerirdischen unterstützten die Einheimischen besonders bei der Entwicklung der Kartoffelpflanze und des Mais. Das war sehr wichtig. Andere Außerirdische arbeiteten mit Baumwolle in Indien und diesem Teil der Welt. Sie nahmen eine bestehende Pflanze und halfen bei der Umgestaltung.

Als ich Peru besuchte, um Machu Picchu zu sehen, wurde mir von einem Schamanen gesagt, dass Mais und Kartoffeln sehr wichtige Erntefrüchte in Peru sind. Es existieren Hunderte verschiedene Sorten.

D: *Ich war schon immer neugierig, ob das bei Bananen auch so war. Sie wachsen nicht aus einem Samen, sondern aus einer Wurzel der Pflanze.*

J: Nein. Bananen gab es zur Zeit von Lemuria. Sie waren beliebte Früchte. Viele Pflanzen und Tiere waren von diesen Außerirdischen aus dem ursprünglichen Erdmaterial hybridisiert worden.

* * *

D: *Ich bin neugierig auf die Nazca-Linien. Kannst du mir irgendetwas über diese Designs sagen?*

Clara: (Lange Pause, aber ihr Gesichtsausdruck deutete darauf hin, dass etwas geschah.) Ich musste nur hochsteigen und sie mir noch einmal ansehen. Der ursprüngliche Zweck dieser war so wie bei den Ley-Linien. Da war diese riesige Gemeinschaft. Und das waren bestimmte Linien, die Wesen von anderen Planeten nach unten führten. Zur Landung. An verschiedenen Stellen auf dem Gelände gab es Designs verschiedener Gemeinschaften, verschiedene Orte, wie Häfen, wo sie hinkommen und landen würden.

D: *Dann lebten auf dieser Ebene Menschen?*

C: Ja. An verschiedenen Orten. An einigen Stellen, etwas abseits der Ebene. Aber es wäre ein Hafen, den sie zur Landung ansteuern könnten. Und diese waren wie Leitlinien, um zu erkennen, wo diese verschiedenen Dörfer und andere Orte waren, in denen die Menschen lebten. Die verschiedenen Gemeinschaften. Und einige dieser Gemeinschaften wurden noch nicht entdeckt, so wie Machu Picchu. Einige werden nie gefunden werden und andere schon. Aber da gibt es einige Zivilisationen, aus der Zeit vor Jahrtausenden, die nicht gefunden wurden.

D: *Wenn die Zeichnungen überlebt haben, warum sollten dann nicht die Ruinen der Gemeinschaften überleben?*

C: Das liegt daran, dass sie nicht auf dieser Ebene waren. Es war eine Art Tarnung, wo diese Dörfer waren. Es war ein Lufthafen, man könnte es so nennen, wo sie herunterkommen und landen konnten. Da konnten die großen Schiffe herunterkommen und kleinere Schiffe würden herauskommen. Sie konnten für die Reisen in die Dörfer die kleineren Schiffe benutzen, die aus dem großen kamen.

D: *Ich denke an die Spinne und den Affen, die Dörfer waren nicht genau dort.*

C: Nicht auf der Spinne oder auf dem Affen, sondern an einigen Stellen außerhalb davon. Es war eine Tarnung für die Schiffe, um einen bestimmten Platz auf dem Affen zu finden. Und von diesem besonderen Ort aus konnten sie das Dorf finden. Und von einem anderen Ort auf dem Affen wäre ein anderes Dorf zu finden gewesen. Eine andere Zivilisation.

D: *Ich verstehe. Ähnlich wie ein Navigationsgerät.*

C: Genau. Ich danke dir. Ja.

D: *Sie denken, dass alte Stämme diese gemacht haben und sie wissen nicht warum. Weil sie von der Erde aus nicht zu sehen sind.*

C: Das ist richtig. Sie können nicht gesehen werden, es sei denn, man ist in der Luft. Also wer ... (Pause) Ich werde daran gehindert, mehr dazu zu sagen. Nur, dass es andere Dörfer gibt, die nie entdeckt und erforscht wurden.

D: *Dann waren es nicht die ursprünglichen Einheimischen, die dort lebten, die wären sehr ungebildet gewesen. Sie haben diese Dinge nicht gebaut.*

C: Nein, das haben sie nicht. Es kam von einer höheren und intelligenteren Quelle als den Eingeborenen, die dort lebten. Aber sie interagierten mit dieser Intelligenz.

D: *Dann nehme ich an, dass das schon sehr lange her ist.*

C: Ja. Viel älter als die Inkas. Noch viel früher, bevor die Inkas kamen. Dies war für die Interaktion mit den Dorfbewohnern, weil sie kommunizierten, aber die Dorfbewohner hatten die Intelligenz der Wesen aus dem Raumschiff nicht. Aber es gab Interaktion zwischen einigen Dörfern. Sie waren gewohnt, das Kommen und Gehen der Raumschiffe zu sehen. Es war ein zentraler Ort auf dem Planeten für interplanetare Verbindung. Als sie den Planeten Erde betrachteten, war er wie ein großer Landeplatz. Ein Ort, an den sie kommen konnten und an dem sie vor Entdeckung geschützt waren. Ihr Zusammenspiel von

Kommen und Gehen. Und das tun sie immer noch, auch heute noch.

D: *Sie kommen immer noch an diesen Ort?*

C: Ja, das tun sie.

D: *Warum sollten sie jetzt kommen? Die Dörfer sind nicht mehr da.*

C: Das liegt daran, dass es ein Muster von ihnen war. Und sie können immer noch nicht so leicht entdeckt werden, wie in einigen anderen Teilen des Planeten. Aufgrund der besonderen geografischen Lage in den peruanischen Bergen.

D: *Dann nehme ich an, dass diese Designs wahrscheinlich von den Außerirdischen gemacht wurden. (Ja.) Weil die Einheimischen wahrscheinlich nicht die Fähigkeiten besaßen, das zu tun.*

C: Nein, hatten sie nicht.

Diese verschiedenen Versionen des Ursprungs der Nazca-Linien mögen etwas widersprüchlich erscheinen. Aber ich denke, es können einfach Versionen verschiedener Zeiträume sein, die sich über tausende Jahre erstreckten, als es in diesem Gebiet sowohl außerirdische Aktivitäten, als auch solche späterer Zivilisationen gab. Vielleicht hatten alle etwas mit der Entstehung der verschiedenen Designs zu tun.

* * *

FLUTLEGENDEN

D: *Man sagt, dass jedes Land der Welt eine Flutlegende hat.*

Phil: Ein Großteil der Informationen wurde unverändert und ziemlich genau weitergegeben. Allerdings nicht alle. Die Flutlegende ist in der Tat mehr als nur eine Legende, denn sie basiert auf Realitäten. Dies wurde durch den Umbruch des Festlandes verursacht. Der Untergang von Atlantis scheint eine Flut zu sein, wenn man ihn aus der Perspektive auf dem Land betrachtet.

D: *Ich habe mich gefragt, ob es mit Atlantis zu tun hat. Geschah es zur gleichen Zeit?*

P: Das ist eine Erklärung dafür, wie es dazu kam. Denn in manchen Fällen war diese Überschwemmung in einigen dieser Legenden nur das Absenken oder Absinken des Festlands. Es gab jedoch ein tatsächliches globales Problem durch das Schmelzen der polaren Eiskappen durch polare

Veränderungen oder Verschiebungen. Durch die Polverschiebungen ergab sich eine Umpolung des Magnetfeldes. Dieses Ereignis ist mehrmals vorgekommen.

D: *Ist das zur gleichen Zeit geschehen wie der Untergang von Atlantis?*

P: Ja, das ist richtig. Es geschah gleichzeitig. Da dies einfach eine von vielen physischen Manifestationen dieser Sache war.

D: *Es wurde auch gesagt, dass etwas Drastisches passiert sein musste, weil Dinosaurier noch mit Nahrung im Maul gefunden wurden.*

P: Das ist richtig. Der Polsprung geschah so schnell, dass es zu einem Kippen der Erde kam, nicht sofort, aber mit einer sehr hohen Geschwindigkeit. So, dass die Atmosphäre verschoben wurde und diese Winde und Luftmassen fast stationär blieben, während die Erde unter ihnen wegkippte. Und daher verschoben sich die kühleren arktischen Winde und die Luftmassen, die sich vorher über den Polen befanden, sehr schnell über die Länder, in denen ein gemäßigtes Klima herrschte. Wie du dir vorstellen kannst, war es von überaus heftigen Winden begleitet, als die Luftmassen über das Land glitten.

D: *Was ist mit Erdbeben und anderen Phänomenen (vulkanisch)?*

P: Das ist richtig. Viele Gebiete wurden versenkt, die zuvor über Wasser lagen und viel Land, das zuvor unter Wasser lag, wurde angehoben.

D: *War dann eine Zeit lang die ganze Erde mit Wasser bedeckt? Oder ist das nur ein Teil der Legende?*

P: Diese Geschichten erzählen von weitverbreiteten Überschwemmungen. Es wäre jedoch nicht richtig, zu sagen, dass die gesamte Erde überflutet wurde. Es gab jene Bereiche, die vor der Flut sicher waren. Sie gehörten jedoch nicht zur bekannten Welt dieser Zeit.

* * *

OSTERINSEL

D: *Es gibt eine kleine Insel namens Osterinsel vor der Küste von Südamerika mit sehr vielen riesigen Statuen. Die Menschen haben sich immer über ihren Ursprung gewundert.*

Phil: Möchtest du eine Erklärung? Die Monolithen wurden von einer Rasse Menschen geschaffen, die der atlantischen Kultur angehörten und zum Zeitpunkt des Untergangs aus Atlantis auswanderten. Die Symbolik ist der Blick nach Osten auf die Ankunft dieser Rasse, die zurückkehren würde.

D: *Ist das der Grund, warum sie so groß gebaut wurden?*

P: Die physische Größe ist eine Bekundung ihres Respekts für diese Menschen oder Wesen. Die menschliche Natur setzt oft Größe und Respekt in Beziehung zueinander. Eine interessante Anmerkung dazu ist: Wenn man einen Filmstar auf die Großleinwand projiziert, wird er umgehend angehimmelt und verehrt. Dieses Phänomen funktioniert auch umgekehrt. Denjenigen, die hochgeschätzt werden, werden gigantische Proportionen gegeben. Diejenigen, die gigantische Proportionen erhalten, werden hoch geschätzt.

D: *Ich verstehe. Sie sind größer als das Leben.*

P: Genau. Und es funktioniert in beide Richtungen. So funktionieren Phänomene wie z. B. der Wahn oder die Manie der Fans. Es ist eine Besonderheit der menschlichen Rasse.

D: *Warum sind die Merkmale der Statuen übertrieben?*

P: Das ist ein künstlerischer Ausdruck, so wie Bilder übertrieben sind, um einen Aspekt oder einen Ausdruck hervorzuheben.

D: *Sie sind so groß, dass sich die Leute gefragt haben, wie sie gemacht wurden.*

P: Es handelte sich um die gleiche Technologie, die auch beim Pyramidenbau eingesetzt wurde. Das Material wurde etwas anders geformt, als ein Block. Auch Werkzeuge und Meißel, wie heute üblich, wurden eingesetzt. Aber die Transportmethode war dieselbe. Sie war telepathischer Natur und wurde mit Gedankenenergie durchgeführt.

Es gab einmal Blöcke wie Hüte auf den Statuen. Sie sind inzwischen abgefallen. Diese wurden aus einer anderen Art Stein hergestellt, als die Statuen. Ich wunderte mich, was für einen Zweck diese sogenannten „Haarknoten" oder Kopfbedeckungen hatten.

P: Das ist etwas, das getan wurde, um den Anforderungen der Leute, die auf diesen Statuen sitzen würden, gerecht zu werden, die in die gleiche Ebene oder Richtung blickten wie die Statue selbst. Das sollte diesen Priestern Kraft oder Einsicht gewähren, indem sie mit den Figuren Ausschau halten würden.

D: *Sie blickten aufs Meer hinaus und hielten Ausschau nach den anderen ihrer Rasse, die noch kommen würden. Ist es das, was du meinst?*

P: Sie waren der Meinung, dass dadurch die Rückkehr beschleunigt werden könnte. Dass es notwendig war, die Energie vorher auszusenden, damit sie zurückkehren würde. Die Statuen waren in die Richtung ausgerichtet, in die man Ausschau halten konnte. Die Priester kletterten dann nach oben, setzten sich auf diese Steine oder Haarknoten und richteten so ihre Energie auf das Heranziehen dieser Wesen. Der Versuch war viele Male erfolgreich. Sie wurden von Wesen besucht, die außerirdischer Natur waren. Das Schiff würde über das Meer herunterkommen. Der Blick, die Sehnsucht, waren Leuchtfeuer, die den Wesen einen Wunsch zu kommunizieren signalisierte und daher würde die Ankunft stattfinden.

D: *Welche Art von Schiff kam auf dem Seeweg an?*

P: Es gab Außerirdische, die in einem Schwebefahrzeug unterwegs waren. Der Begriff ist Schwebefahrzeug, denn es gibt viele verschiedene Arten von Fahrzeugen.

D: *Ich dachte, es könnte eine Art Boot gewesen sein.*

P: Nicht so, wie ein Mensch es kennen würde, denn diese schwebten über dem Wasser und nicht darauf.

D: *Was ist mit diesen ursprünglichen Atlantern passiert? Sind sie auf dieser Insel geblieben?*

P: Sie wurden mit der Zeit verstreut, durch Härten und die Veränderung der Erdachse, die das Klima verändert hatte. Die Menschen oder Einheimischen wurden in andere Teile der Welt verstreut. Die anwesenden Eingeborenen gehörten zu den indischen Stämmen, die zu diesen Inseln wanderten, als das Klima in seinen jetzigen Zustand zurückgekehrt war und so fanden sie diese Monolithen erst viele Generationen später.

D: *Natürlich haben sie ihren Zweck nicht verstanden, oder?*

P: Nein, sie dachten, die Steine selbst wären Götter.

D: *Ich habe auch gehört, dass eine Schrift gefunden wurde. Sie wurde nie übersetzt. Von welchem Stamm kam sie ursprünglich, war sie von den ersten Menschen oder von denjenigen, die später kamen?*

P: Dies war eine Schrift der Menschen, die die Steine aufgestellt haben. Ein Teil der Schriften in heutigem Besitz ist eine Gebrauchsanweisung zum Schweben. Die Ideen sind so abstrakt, dass sie für jeden nutzlos wären, selbst wenn sie gelesen werden könnten. Sie erfordern einen kompletten Satz von Abstraktionen und Ideen, die heute auf der Erde nicht mehr vorhanden sind.

D: *Blieb einer der Vorfahren der Atlanter dort, um sich fortzupflanzen, um in der Neuzeit zurückzukommen?*

P: Die Ägypter, die Rasse, die olivfarbene Haut hat, sind die nächsten direkten Nachkommen in einer physischen Linie. Die Leute mit der olivfarbenen Haut stammen aus den ursprünglichen atlantischen Beständen. Alle haben die Insel verlassen, da das Klima nicht förderlich war, um das Leben dort zu der Zeit zu unterstützen. Denn die Erde ist eine rastlose alte Frau, die sich unruhig dreht und wendet und so bewegen sich die Menschen in verschiedene Bereiche.

D: *Haben ihnen die Außerirdischen geholfen, die Insel zu verlassen?*

P: Es wurde keine Hilfe benötigt, weil das Bootfahren auf den Wellen eine fest etablierte Kunst oder Wissenschaft war.

Phil sagte beim Erwachen, dass er sehen konnte, wie die Priester mit gekreuzten Beinen auf der Oberseite der Statuen sitzen, die das Schwebefahrzeug beim Eintreffen über das Wasser beobachten.

* * *

John war wieder einmal in der Bibliothek auf der astralen Ebene und der Bibliothekar fragte, wie er uns bei der Suche helfen könnte. Ich fragte ihn, ob es irgendwelche Einschränkungen gäbe, wer in die Bibliothek kommen könnte. Er sagte, es gäbe keine Einschränkungen per se, aber Seelen mit niedrigem Energieniveau würden nicht dorthin kommen. Sie wären nicht nur wenig an der Suche nach Wissen interessiert, sondern würden auch durch die unterschiedlichen Energieabstrahlungen dieses Bereiches abgestoßen werden.

D: *Es gibt viele Dinge auf der Erde, die als Mysterien betrachtet werden, weil sie die Leute nicht verstehen.*

J: Das ist wahr. Es gibt auch viele Mysterien in den Himmeln. Er sagt, der bewusste Verstand kann nicht immer alle Dinge verstehen. In gewisser Weise würdest du also sagen, das wäre eine Einschränkung. Aber die Menschen in ihrem Super-Bewusstseinszustand können Dinge verstehen, die der bewusste Geist nicht verstehen kann. Also in gewisser Weise funktionieren sie so, wenn man über Einschränkungen spricht.

D: *Du meinst, die Dinge wären zu kompliziert?*

J: Ja. Er sagt, dass du nicht auf dem richtigen Energieniveau bist. Du händigst kein Algebra Buch an einen Dreijährigen aus, der nur in die Vorschule geht. Er sagt, das tust du nicht. Das ist ein Teil davon, wie auch unsere Bibliothek funktioniert. Ein Dreijähriger würde die Algebra nicht verstehen.

D: *Aber manchmal haben sie mir Dinge mitgeteilt, von denen ich nicht dachte, dass ich sie verstehen könnte.*

J: Das ist wahr. Aber das Wissen soll dich wachsen lassen. Damit du mehr verstehst.

D: *Und um den Geist zu öffnen.*

J: Und um dich zu öffnen, ja.

D: *Nun, wir versuchen, einige Erklärungen für Mysterien der Erde zu finden, die die Leute nicht verstehen. Müssen wir jetzt in den Betrachungsraum?*

J: Es hängt davon ab, über welche Informationen du sprechen möchtest.

D: *Es gibt all die riesigen Statuen auf der Osterinsel. Können wir Informationen über sie bekommen?*

J: Er sagt, ja, bitte betreten Sie den Betrachtungsraum. Er sagt, diese Insel war zu einer Zeit Teil des lemurischen Kontinents. Und als der lemurische Kontinent sank, war dieser obere Bereich ein heiliger Berg. Er sagt, die Lemurier waren Stammesangehörige, aber sie waren in der Lage, physikalische Gesetze zu manifestieren. Sie waren in der Lage, diese Statuen zu machen. Und sie zu verfestigen und mit mentaler Kraft und Gedanken zu bewegen. Und das taten ihre Schamanen, ihre Priester und ihre Anführer der verschiedenen Stammeseinheiten. Und als die Erdverschiebung stattgefunden hatte, sagt er, war dies einer der Orte, der übrig geblieben war. Moderne Wissenschaftler können diese Dinge nicht datieren, weil der Stein aus einer Urzeit stammt. Es gibt da etwas, das ich dir über diese Art von Fels oder Stein sagen möchte, der einzigartig ist. Ich finde das Wort nicht. Geologen denken, dass sie das Alter dieser Dinge kennen, aber das tun sie nicht wirklich. Deshalb ist es ein Geheimnis. Aber sie sind Überreste der alten lemurischen Zivilisation. Er sagt, dass sie etwa zwanzigtausend Jahre alt sind.

D: *Moderne Wissenschaftler denken, dass die Statuen aus Steinen gehauen wurden, die von den nahen Bergen genommen wurden.*

J: Der Stein wurde von den nahen Bergen genommen. Das ist wahr. Aber sie erhielten ihr Aussehen durch die Konzentration der Energieformen. Der Stein wurde durch die

Energieausrichtung formbar gemacht. Damit waren sie einfach mit Stein- und Feuersteininstrumenten in verschiedene Formen zu bringen. Wie ein Messer, das durch Butter schneidet. Es war sehr einfach.

D: *Sie denken, dass der Stein aus einer gewissen Entfernung von dort kam, wo die Statuen jetzt sind. (Ja.) Wie wurden sie transportiert?*

J: Auch hier wurden telepathische Levitationsmethoden zum Transport der Steine eingesetzt. Deshalb gibt es keine Spuren.

D: *Einige von ihnen sind umgekippt. (Ja.) Diejenigen, die wir jetzt sehen, sind alle in eine Richtung ausgerichtet. Sie scheinen alle nach draußen zu schauen, in Richtung der Wasser, es sei denn, sie wurden bewegt.*

J: Nein, sie wurden nicht verschoben. Er sagt, dass sie der Richtung folgen, in der die Sonne zu dieser Zeit aufgegangen ist. Die Sonne ging an einer anderen Stelle auf, als in der jetzigen Zeit. Und sie waren darauf ausgerichtet.

D: *Gab es einen Grund, warum sie der aufgehenden Sonne gegenüberstanden?*

J: Es gab spirituelle und bedeutende religiöse Erfahrungen für die Leute zu dieser Zeit.

D: *Was haben die Statuen dargestellt? Sie scheinen alle gleich zu sein.*

J: Sie repräsentieren die Seelen der Menschen. Die Wächter auf dem Turm, sozusagen. Dies lässt sich durch den Lauf der Geschichte nachverfolgen. Sie sind die Manifestation der Schutzgeister der verschiedenen Stammesclans der alten Lemurier. Es gab 136 verschiedene Stammesclans im alten Lemuria. Und diese Figuren repräsentieren verschiedene Fraktionen dieser Stammesclans, Vorfahren, sozusagen. Sie waren deiner Auffassung nach eher ein primitives Volk, aber sie hatten auch großartige spirituelle Gaben.

D: *Es klingt, als hätten sie auch große psychische Kräfte gehabt.*

J: Ja, ihre Führer verfügten über große psychische Kräfte.

D: *Die Statuen scheinen übertriebene Züge zu haben. Gab es einen Grund dafür?*

J: Ja, es gab einen bestimmten Grund. So sahen die Leute zu dieser Zeit aus. Der Mensch wurde in seinem Evolutionsprozess verfeinert. Und tatsächlich wird er noch einen weiteren Schritt der Verfeinerung nach vorne machen müssen, wenn wir in die goldene Ära des blühenden Wassermannzeitalters eintreten. Er wird dann verfeinert werden.

D: *Es gab auch sogenannte „Haarknoten" auf der Oberseite der Häupter der Statuen, die inzwischen abgefallen sind. Diese waren aus einer anderen Art von Gestein hergestellt worden.*

J: Ja. Dies stellt eine Art spirituelles Band dar. Sie würden ihre Haare auf diese Weise tragen. Manchmal sagten sie, dass sie an ihrem Haarknoten aus dem materiellen Universum herausgezogen wurden. (Lachen) Deshalb hatten sie also diese aufwendige Haartracht.

D: *Sie wurde aus einem anderen Typ Fels hergestellt, als der Körper der Statue.*

J: Ja, genau wie das Haar jetzt in deinem Leben verschiedene Farben hat. Es gab verschiedene Designs, von denen diese Leute glaubten, sie würden ihnen helfen, aus ihrem Körper gezogen zu werden. Sie glaubten, dass die Geistwesenheit, nicht ihr Geist, sondern der Hauptgeist des Universums ihnen erlauben würde, in den Astralraum zu reisen. Und die Art und Weise, wie es geschah, war, dass sie herausgezogen wurden. Aber das ist Urgeschichte in deiner Zeitperiode.

D: *Deshalb ist es für die Wissenschaftler so schwer zu verstehen. Sie denken, dass die Statuen von einer Gruppe modernerer Menschen gemacht wurden.*

J: Diese wurden von den Lemuriern übrig gelassen.

D: *Sind dann andere Leute auf diese Insel gekommen?*

J: Oh, ja, viele Menschen kamen auf diese Insel. Und sie haben einige der Steine geschändet. Sie wurden zu Kannibalen. Sie waren wie Tiere der niederträchtigsten Art.

D: *Das waren nicht die ursprünglichen Leute.*

J: Nein, das waren nicht die ursprünglichen Bewohner dieses Landes. In der Tat waren einige Überreste der lemurischen Zivilisation noch vorhanden, als dieser Stamm eindrang. Und sie wurden von diesen erbitterten, kriegerischen Menschen gegessen.

D: *Hat einer der ursprünglichen Nachkommen überlebt?*

J: Keiner von ihnen überlebte. Sie wurden von den Eindringlingen komplett ausgelöscht. Denn im Meer um die Osterinsel herum wimmelt es zwar von Tieren, aber es ist sehr schwer, das Leben in diesem Inselgebiet zu führen. Und tatsächlich haben diese kriegerischen Stämme die Menschen gefangen genommen und aßen sie.

D: *Dann sind diese kriegerischen Stämme die Vorfahren des Volkes, das jetzt dort lebt.*

J: Ja. Die Menschen sind die Nachkommen dieses kriegerischen Stammes. Die Lemurier waren sehr fortgeschrittene

Menschen, spirituell und psychisch, verglichen mit dem modernen Menschen, aber sie lebten primitiv. Ich meine, sie machten nicht die Art von Erfindungen, die wir haben. Sie hatten stadtähnliche Orte, aber sie wurden aus Materialien gebaut, die sich sehr leicht ersetzen ließen. Wie Palmfasern und andere natürliche Vegetation.

D: *Die Wissenschaftler haben auch Überreste einer Schrift gefunden, von der sie behaupten, es wäre ihre, aber sie wüssten nicht, wie alt sie ist.*

J: Diese Schrift geht auf die alten Lemurier zurück und wurde von ihren Nachkommen erhalten. Und dann wurden die Nachkommen schließlich von den wilden Stämmen beseitigt. Siehst du, die wilden Stämme dachten, sie würden gut essen. Sie sahen sich nur als Tiere, doch diese Menschen führten alte Traditionen fort. Und einige ihrer Seher schrieben sogar über die Zeit davor. Und über die Erdverschiebung, die stattgefunden hatte und die Lemuria aufgelöst hat.

D: *Dann bewahrten sie die Schriften auf, aber sie wussten nicht, was sie bedeuten. Ist das richtig?*

J: Die Nachkommen der Lemurier wussten, was es bedeutet.

D: *Aber die anderen Leute ...*

J: Oh, nein, nein, das waren nur Tiere. Sie waren kriegerisch. Die Schamanen des erobernden Volkes nahmen die Geister des Ortes wahr und interpretierten vielleicht einige der Schriften. Aber sie ... Ich will nicht darüber reden. Sie sind zu kriegerisch und sie sind zu gemein und sie sind wirklich ... Ich möchte gehen. Was er mir zeigt ... das sind einfach schreckliche Menschen. Sie schneiden die Herzen der Menschen heraus. Oh, es ist einfach schrecklich.

John sagte nach dem Erwachen, dass er diese Leute bei der Verfolgung der Lemurier beobachtete. Er sah, wie einer von ihnen die Brust eines Mannes aufschlitzte und sein Herz herauszog. Dann aß er es, während es noch schlug. Kein Wunder, dass ihn der Anblick abgestoßen hatte.

D: *Okay. Ich will nicht, dass du dir irgendetwas ansehen musst, das dich stört.*

J: Der Bibliothekar sagt, mach weiter.

D: *Ja wechseln wir das Thema. Lass uns sozusagen den Bildschirm wechseln. Lass ihn uns etwas anderes zeigen. Wir müssen uns das nicht ansehen.*

* * *

BUNDESLADE

D: *In der Bibel steht viel über die Bundeslade geschrieben und es gibt eine Menge Geheimnisse, die sie umgeben.*

Phil: Ja, wir sind mit diesem Bereich vertraut. Wir schlagen vor, sie als einen Empfänger, einen Funkempfänger zu betrachten, der in der Lage war, Nachrichten von einer höheren Ebene zu übersetzen oder zu empfangen und sie auf eine physische Ebene zu konvertieren. Damit diese Informationen den Menschen mit dem größten Maß an Genauigkeit bei dieser Kanalisierung zuteilwerden konnten. Denn dann gäbe es kein menschliches Gewahrsein oder Bewusstsein, durch das diese Informationen dringen müssten.

D: *Du meinst, sie haben so mit den Leuten gesprochen?*

P: Das ist richtig. Es war eine gesprochene Nachricht.

D: *Woher kamen die Pläne, dies zu bauen?*

P: Das war ein Geschenk. Die Pläne für den Bau des Gehäuses wurden vorgelegt. Es gab Handwerker und Künstler innerhalb des Stammes, die ihre Talente einsetzten, um dieses Gehäuse, diesen Empfänger zu schaffen. Der Empfänger selbst war jedoch ein Design der Wesen, die zu dieser Zeit bei der planetarischen Evolution assistierten. Es wurden Anweisungen gegeben, wohin das fertige Produkt oder das Gehäuse gebracht werden sollte, sodass es aktiviert werden konnte, ohne von diesen Leuten gesehen zu werden. Dies geschah im Schutz der Dunkelheit. Die Leute wurden angewiesen, wohin sie diesen Bund oder die Bundeslade bringen sollten und sie wurde dann mit diesem Empfänger aktiviert. Sie zog kosmische Energie an, die auch in der heutigen Zeit rund um den Planeten für diese Verwendung verfügbar ist. Du möchtest wissen, wo diese Lade oder der Empfänger zu diesem Zeitpunkt ist. Und es wäre nicht angemessen, seinen Standort zu diesem Zeitpunkt bekannt zu geben. Sie ist jedoch in guten Händen.

D: *Befindet sie sich noch auf der Erde?*

P: Wir würden zu diesem Zeitpunkt keinen Standort angeben.

D: *Laut unserer Bibel wurde sie gefährlich.*

P: Das wäre nicht korrekt. Sie war missbraucht worden. Sie selbst war inert und nicht gefährlicher als ein Grashalm. Allerdings verdarb ihre Verwendung aus politischen Gründen oder welcher Ausdruck auch immer angemessen wäre, den beabsichtigten Zweck.

D: *In der Bibel steht, dass Menschen starben, als sie sie berührten. Gab es eine Art Energie im Inneren?*

P: Da war die Energie, die für den ursprünglichen Zweck verarbeitet wurde, was dazu führen würde, dass man einfach ohnmächtig oder getötet wird, man kann an einer Überbeanspruchung durch diese Energie sterben. Die Behauptung, dass der Tod eintreten würde, sollte die Menschen daran hindern, die Lade zu öffnen und ihren Inhalt zu entdecken. Und auch um eine Aura des Schutzes um diese Vorrichtung herum aufzubauen, damit sie mit Furcht und Respekt behandelt wird.

Dieser Teil des Bandes war stark verzerrt und die Transkription wurde unmöglich. Ein lautes, schweres Geräusch übertönte Phils Stimme. Man konnte meine Fragen nur schlecht hören, aber seine Antworten gar nicht mehr. Der Rest der Befragung über die Bundeslade und der Anfang meiner Fragen über das Bermudadreieck wurden blockiert. Wenn es eine Möglichkeit gibt, möchte ich diesen fehlenden Teil noch verwenden, wenn er entschlüsselt werden kann. Es könnte nun Möglichkeiten geben, mit Computern die Statik von der Stimme zu trennen. Am Ende dieser Seite des Bandes kehrte der Ton plötzlich zurück. Als das Band umgedreht wurde, war die andere Seite ganz normal. Das war eine seltsame Erfahrung, denn Phil hatte sein eigenes Tonbandgerät auf der anderen Seite des Bettes und sein Tonband war bei diesem Teil auch unverständlich. Wenn etwas mit dem Band nicht in Ordnung gewesen wäre, würde ich denken, dass beide Seiten betroffen sein müssten. Außerdem, wenn etwas mit dem Mikrofon nicht in Ordnung gewesen wäre, hätte das Problem weiter bestanden, als ich das Band umdrehte.

Ein Elektronik-Experte sagte, es wäre vielleicht passiert, weil der Rekorder auf einem Fernseher oder einer anderen Quelle elektronischer Strahlungen platziert worden war. Aber er lag auf einem kleinen Tisch neben dem Bett und es gab nicht einmal ein Radio in unmittelbarer Nähe. Das würde auch nicht erklären, warum der Ton plötzlich zurückkehrte. Wenn die Ursache eine Art elektronisches Signal war, dann würde ich denken, dass beide Seiten des Bandes betroffen gewesen sein müssten.

Dies ist seitdem auch bei anderen Probanden geschehen. Seltsame Dinge passieren mit meinem Tonbandgerät, als ob es durch äußere Energie beeinflusst würde (Statik, ein- und ausblenden, beschleunigen und verlangsamen, zwei Stimmen gleichzeitig, etc.).

Wegen des desolaten Zustandes des Bandes wollte ich versuchen, das Gesagte zusammenzufassen, was normalerweise unmöglich ist. Als ich in der nächsten Woche die Sitzung mit Phil begann, wollte ich wissen, ob sie mir sagen konnten, was passiert war.

D: *Das letzte Mal, als wir diesen Ort besuchten, stellten wir viele Fragen über die Bundeslade und das Bermudadreieck und erhielten sehr interessante Informationen. Aber aus irgendeinem Grund wurden sie nicht auf dem Tonband aufgenommen. Weißt du warum?*

P: Die Informationen trugen einen Energiewirbel mit sich, ähnlich dem, den der Wortlaut beschreibt. Das verursachte auch einen Wirbel im umliegenden Bereich, so ähnlich wie während der Sitzung. Dies veranschaulicht die Kraft der Suggestion. Denn diese Energien, die sich jetzt auf dem Planeten befinden, sind solcher Natur, dass sie einfach schon der Gedanke daran im Physischen erschafft. Das ist die Natur der Energien auf diesem Planeten zur jetzigen Zeit, während wir in ein neues Zeitalter des Bewusstseins eintreten.

D: *Meinst du den Planeten Erde oder den Planeten, von dem aus du sprichst? (Der Planet der drei Türme.)*

P: Dieser physische Planet hier, der Planet Erde. Die Energien auf diesem Planeten sind jetzt derartiger Natur, dass ein Gedanke eine Tat ist. Und dies ist also ein Beispiel für die Vorsicht, die bei der Verwendung dieser Energien notwendig ist. Denn sie sind sehr kreativ.

D: *Ich wusste, dass das Tonbandgerät korrekt funktioniert.*

P: Das ist richtig. Das Tonbandgerät reproduzierte originalgetreu, was es empfing. Und wie du sehen kannst, hat dein Rekorder ein Bewusstsein, das über das hinausgeht, was durch deine menschlichen Sinne wahrgenommen werden kann. Die Maschinen und Anlagen, die auf dieser Ebene produziert werden, erhöhen auch ihr Bewusstsein. Ihr Energieniveau wird natürlich erhöht, da sie von dieser Erde und ein Teil dieser Erde sind und alles auf dieser Erde wird von nun an von diesen Energien durchdrungen sein.

Ich sagte, ich wolle es noch einmal versuchen und die gleichen Fragen stellen. Weil ich die Informationen verwenden wollte, aber ich müsste mich auf mein Gedächtnis verlassen, da ich keine klare Tonbandaufnahme hatte.

P: Du kannst fragen, wenn du es wünschst. Es schadet nicht, zu fragen.

D: *Ich frage mich, ob es eine Möglichkeit gibt, wie wir verhindern können, dass das Tonbandgerät wieder gestört wird?*

P: Wir werden versuchen, die Energien, die für die Kanalisierung gebraucht werden, klarer zu bündeln und helfen so bei der Begrenzung jener Energien, die durch dieses Vehikel geleitet werden. Es kann jedoch zu einem Rückfall in diesen Zustand kommen, da dieses Vehikel zum größten Teil für die Energien verantwortlich ist, die hindurchgeschleust werden. Und so muss er sich dieses breiten Spektrums von Energien bewusst werden und lernen, das zu begrenzen, was hindurchfließt. Dies ist keine schädliche Energie. Es ist einfach Energie, die hindurchströmt und sich in dem Tonbandgerät manifestiert. Dabei kommt es zu keinem körperlichen Schaden.

D: *Es ist nur so, dass die Maschine es aufnehmen können soll.*

Dann habe ich die Fragen zum Bermudadreieck erneut gestellt, in der Hoffnung, dass es diesmal keine Störungen geben würde. Als ich das Band transkribierte, war alles in Ordnung. Während der Zusammenarbeit mit Phil erlebten wir über viele Jahre hinweg gelegentlich ungewöhnliche Dinge mit dem Rekorder, aber keine war so drastisch wie diese gewesen.

* * *

In den 1980er und 1990er Jahren habe ich verschiedene Probanden immer wieder dasselbe gefragt, wenn es die Situation zuließ.

D: *Es gab Geschichten, dass die Bundeslade gefährlich war. War das wahr?*

Brenda: Natürlich war es wahr! Sie war ein Energiegerät.

D: *Geschichten über Menschen, die verletzt werden, wenn sie es berühren oder ...*

B: Wenn sie nicht wussten, wie man sie bedient und nicht richtig isoliert wurden, ja, sie konnten dadurch geschädigt werden.

D: *Weißt du, was letztendlich mit der Bundeslade passiert ist?*

B: Sie funktionierte mehrere Jahrhunderte. Es ist schwer zu sagen, was am Ende passiert ist, weil es mehr als eine Bundeslade gab, bevor sie verschwanden. Eine wurde durch Zufall in eine Schlucht geworfen. Sie trugen sie auf dem Transportrahmen und überquerten eine schmale Brücke über einer Schlucht. Einer der Männer ist versehentlich gestolpert und sie landete auf dem Grund der Schlucht.

D: *War das während der Wanderungen durch die Wildnis?*

B: Danach. Eine wurde mehrere Jahrhunderte lang in einem Tempel gelagert. Dann kamen Eindringlinge in dieses Land und sie mussten sie verstecken. Eine dritte ist noch vorhanden, aber ihr Versteck ist geheim und nur eine sehr kleine Gruppe weiß davon.

D: *Ich wusste nicht, dass es mehr als eine gibt. (Oh, ja.) Existierten alle zur gleichen Zeit, oder haben sie die anderen hergestellt, nachdem die eine in die Schlucht gefallen war?*

B: Sie haben das Original gemacht und andere im Lauf späterer Jahrhunderte. Es gibt eine, die noch existiert. Diejenige am Grund der Schlucht ist jetzt Teil eines Gletschers. Manchmal sehen sie die Leute, wenn das Eis schmilzt. Und diejenige, die versteckt wurde, ist in einer Höhle versiegelt und ich kann nicht sehen, ob sie entdeckt werden wird oder nicht. Die dritte, die noch existiert, befindet sich in einem privaten Banktresor.

D: *Weißt du, in welchem Land?*

B: Es ist schwer zu sagen. Ein westliches Land mit fortschrittlicher Technologie.

D: *Würde jemand wissen, um was es sich handelt, wenn er auf die Bundeslade in dem Banktresor stoßen würde?*

B: Es ist unmöglich, dass jemand in dem Tresorraum der Bank darauf stößt, weil es ein privater Banktresor ist. Er ist Privateigentum von jemandem, der extrem wohlhabend ist.

* * *

BERMUDADREIECK

D: *Hast du eine Erklärung für das Verschwinden von Schiffen und Flugzeugen im Gebiet des Bermudadreiecks?*

Phil: Es wurden viele Spekulationen angestellt, die bestenfalls falsch sind. Dieser Bereich ist ein Wirbel der Energie, ein riesiger und sehr großer ... mächtiger, kreativer Wirbel dieser Energien, die sich jetzt auf diesem Planeten befinden. Dieses unberechenbare Verhalten ist zum Teil darauf zurückzuführen, dass diese Maschinerien tief unter dem Ozean liegen, träge und doch nicht völlig ruhend. Es gibt in den riesigen

Energieflüssen, die durch diesen Planeten fließen, genug von der Energie, die von dieser Maschine übrig ist, um eine Fokussierungswirkung zu verursachen, die sozusagen dieses Verschwinden verursacht. Das ist einfach das Durchqueren einer Tür in eine andere Realität. Sie sind nicht physisch verloren, denn sie sind immer noch hier, sie sind einfach woanders. Es gibt den Glauben, dass sie einen natürlichen Tod starben, aber sie befinden sich einfach in einer anderen Realität, auf einer anderen Ebene der Existenz, in einem anderen Zeitrahmen. Dies ist eine Krümmung oder eine Türöffnung, wenn du diese Konnotation wünschst. Diese Menschen werden bei der Durchreise körperlich nicht verletzt, dafür aber vielleicht psychologisch, mental oder emotional. Ihr physisches Energieniveau erhöht sich beim Gang durch dieses Tor. Viele würden feststellen, dass sie telepathisch und hellseherisch werden. Weil sich viele selbst in einer Realität befunden haben, in der diese übermenschlichen Fähigkeiten ganz normal sind. Ihre manifesten Realitäten sind so, dass sie zu denen passen, mit denen sie zusammen sind. So wie die Realitäten hier ganz anders sein könnten, wenn der Verstand bereit wäre zu glauben, dass diese Dinge möglich wären. Sobald einer den Gedanken dächte, dass sie möglich sein könnten, würden sie Realität werden. Es ist einfach eine Frage des Glaubens an das, was real ist und was nicht. Und das ist es, was bestimmt, was real ist und was nicht.

D: *Es gibt Berichte, dass die Instrumente der Flugzeuge durchdrehten, kurz bevor das passiert ist.*

P: Das ist richtig. Es gibt eine Störung im magnetischen Fluss. Das ist ein Symptom dieses Phänomens. Dieser Fluss ist das Ergebnis der Krümmung der Magnetfelder der Erde und anderer Energien, die der Mensch zu diesem Zeitpunkt nicht kennt. Die Instrumente arbeiten im Vorhandensein dieser Felder im Normalzustand. Wie auch immer, in Ermangelung eines Normalzustandes funktionieren die Instrumente nicht so, wie sie entworfen wurden. Weil die Felder, mit denen sie arbeiten, nicht richtig funktionieren, sozusagen.

D: *Sie sagten auch, dass der Horizont seltsam aussah. Manchmal sah das, was sie überflogen, anders aus.*

P: Viele Dinge sehen aufgrund des zunehmenden Gewahrseins offensichtlich seltsam aus. Nicht nur des physischen, sondern auch des Gewahrseins der inneren Ebene. Und so würden die Dinge, die in dieser Realität ziemlich gut abgeschottet sind und zum größten Teil nicht gesehen werden, sehr gut sichtbar, wenn das Gewahrsein steigt und die inneren Ebenen beginnen, diese Informationen, die sie empfangen, zu assimilieren und dann dieses Gewahrsein an das bewusste Selbst weiterzugeben.

D: *Ist diese Krümmung die ganze Zeit da? Viele Menschen fliegen in diesem Bereich ein und aus und segeln dort ohne Probleme hin und her.*

P: Es ist nicht die ganze Zeit da, das ist richtig. Es ist unterschiedlich, es ist unregelmäßig.

D: *Wären diese Leute irgendwo gelandet, als sie dieses Tor durchquerten?*

P: Das ist richtig. Denn es gibt physikalische Masse, wie in dieser Realität. Sie sind immer noch hier auf der Erde. Sie sind jedoch einfach nur in einer anderen Realität, zu einem anderen Zeitpunkt, wenn du dich dafür entscheidest, diese Analogie zu benutzen. Sie würden bis zum Auge des Sturms durchdringen und sich an einem Ort befinden, an dem sie noch nie zuvor gewesen waren. Sie würden sich in einer anderen Zeit auf der Erde wiederfinden.

D: *Hättest du eine Möglichkeit zu wissen, ob diese Leute in die Vergangenheit oder in die Zukunft gegangen sind?*

P: Es macht wirklich keinen großen Unterschied, denn es gibt, um ganz offen zu sein, keine Vergangenheit oder Zukunft. Dies ist einfach ein Konzept, das vom Menschen erschaffen wird, um ihm zu ermöglichen, die Ereignisse wahrzunehmen, die er verstehen kann. Es wäre nicht richtig zu sagen, dass sie in die Vergangenheit oder Zukunft übergegangen sind. Sie sind einfach „in einer anderen Zeit".

D: *Ich dachte, wenn in der Vergangenheit ein Flugzeug herunterkäme, wäre es ziemlich überraschend für die Menschen dieser Zeit. Dann sind diese Leute wahrscheinlich irgendwo gelandet oder die Schiffe sind irgendwo vor Anker gegangen, aber sie wären in einer anderen Zeit.*

P: Auf einer anderen Ebene wäre vielleicht genauer.

D: *Aber es muss für diese Leute beängstigend gewesen sein, wenn sie es nicht erwartet haben.*

P: Sie waren zweifellos sehr verblüfft durch diese dramatische Wendung der Ereignisse. Wie wir jedoch wahrnehmen können, haben sich die meisten angepasst und spüren kein wirkliches Verlangen, wieder in den Bereich der Vergangenheit zurückzukehren, sozusagen. Denn viele von ihnen sind kopfüber in eure Zukunft gestürzt, wo das Christus-

Bewusstsein ist. Es ist ein bekanntes und gut beobachtetes Phänomen, wie auch auf dieser Seite. Menschen hier verschwinden einfach, die Menschen dort erscheinen einfach. Ein Mysterium umgibt beide, wer diese Menschen sind und warum sie immer wieder hierherkommen. Und wie fantastisch ihre Geschichten für diese Leute sind.

D: *Es muss für die Menschen in der Zukunft eine Überraschung gewesen sein, als diese Leute plötzlich auftauchten.*

P: Aus der Sicht der Zukunft wäre es nicht so sehr eine Überraschung. Da die Zukunft bereits weiß, was in der Vergangenheit passiert ist. Es geht einfach nur darum, zu erkennen, dass ein Weiterer durch die Tür gegangen ist. Und dann diese Menschen willkommen zu heißen und zu unterstützen, damit sie sich einstellen können und um sich ihrer neuen Realität anzupassen.

D: *Dann leben vielleicht einige dieser Menschen noch oder sie können in dieser Zeit alt geworden sein.*

P: Das ist richtig.

D: *Gibt es eine Möglichkeit für sie, zurückzukommen?*

P: Zu diesem Zeitpunkt scheint es nicht möglich zu sein, denn die Tür ist etwas schief und nicht kontrolliert, sondern schwingt einfach nur im Winde, sozusagen. Man müsste einfach am richtigen Ort zur richtigen Zeit zu sein und hoffen, dass die Tür in geeigneter Weise geschwenkt würde. Dies würde Wissen erfordern, das es derzeit auf diesem Planeten nicht gibt. Sie würden das wahrscheinlich nicht wollen, selbst wenn sie es könnten. Im Bewusstsein, in dem sie jetzt sind, erscheint ihnen diese Realität wie Kinder, die mit ihrem Spielzeug spielen. Denn sie sind weit über diese Ebene hinaus erhoben, auf der wir hier sind.

D: *Wurden diese Leute ausgewählt durch dieses Tor zu kommen oder ist ihnen das einfach passiert, sozusagen?*

P: Im großen kosmischen Schema, im universellen Uhrwerk, gibt es einen Grund für alles, was geschieht. Und so könnte man sagen, dass diese Ereignisse auf einem sehr berechtigen Grund basieren. Es wäre jedoch nicht richtig, zu sagen, dass es geplant war. Denn im Leben geschehen viele Dinge, die nicht geplant sind, die aber zu diesem Zeitpunkt sehr angemessen sind. Es geht nur darum, dass die Dinge geschehen, die zu diesem Zeitpunkt am angemessensten sind. Und daher wäre es sehr angemessen gewesen, dass es diesen Menschen passiert. Um ein Beispiel zu nennen, es könnte für einige am besten geeignet gewesen sein, um diese Leute voranzubringen. Vielleicht waren sie bereit, sich so schnell in die nächste Ebene des Bewusstseins zu entwickeln. In Erwägung, dass wir diese physische Inkarnation beenden müssen, dann wiedergeboren werden und in dem Umfeld aufgezogen werden, in dem wir uns selbst wiederfinden. Diese Leute hatten möglicherweise keinen Bedarf an einem solchen Ereignis. Sie waren einfach auf ihrer inneren Ebene durch Bewusstsein und Training bereit für diese Sache. Und so befanden sie sich an dem Punkt, an dem sie gebraucht wurden.

D: *Gibt es eine Möglichkeit, Menschen davor zu warnen, dass so etwas passieren könnte, wenn sie dieses Gebiet betreten?*

P: Da wäre das Bewusstsein auf den inneren Ebenen, das einen leitet. Wenn man sich in dieser Situation befindet, kann nicht gesagt werden, dass man auf den inneren Ebenen nicht gewarnt wurde.

D: *Du meinst, von ihrem eigenen Geist oder was?*

P: Das ist richtig. Sie müssten sich selbst zuhören, wie es für das ganze Leben angemessen wäre, auf sich selbst eingestimmt zu sein und sich selbst zu kennen.

D: *Dann gibt es wirklich keine physische Möglichkeit dazu. Sie wären nur zufällig am falschen Ort zur falschen Zeit.*

P: Nicht ganz, denn wie gesagt, wurde gewarnt. Die Warnung wurde jedoch nicht beachtet.

D: *Aber es gab einen Fall, in dem Piloten auf die Suche nach einigen verlorenen Flugzeugen geschickt wurden. Sie hatten keine andere Wahl, sie mussten gehen und nach den Flugzeugen suchen.*

P: Wir erschaffen unsere eigenen Schicksale. Und so wäre es korrekt, zu sagen, dass diese Personen die Umstände für ihr Verschwinden geschaffen haben, auf die gleiche Weise, wie viele ihren eigenen Tod wählen. Denn alle wählen ihren eigenen Tod.

Dieses Konzept wird in meinem Buch *Between Death and Life* ausführlich erklärt.

D: *Gibt es viele dieser Krümmungen oder Felder auf der Erdoberfläche?*

P: Nicht in Zahlen ausgedrückt, nein. Dies ist ein Einzelfall.

D: *Du hast vor einer Weile über die Maschinerie unter dem Ozean gesprochen, die zum Teil noch funktioniert und eine Ursache dieser Dinge ist.*

P: Das ist richtig. Man könnte sich einen Spiegel vorstellen, einen einst großen Spiegel, jetzt zerbrochen. Und ein Stück von diesem großen Spiegel baumelt jetzt an einem Faden. Und wenn die Wind- oder Wasserströmungen mit diesem Spiegel spielen, fängt der Spiegel gelegentlich die Sonne ein, die über uns scheint und leuchtet für eine kurze Zeit hell und bestimmt durch die Luft oder das Wasser, egal welche Analogie du wählst. Du kannst erkennen, dass dies ein zufälliges Ereignis und nicht von Menschen gesteuert ist. Auf die gleiche Weise bewegen sich diese Energieströme oder spielen mit den Überresten dieser einstmals großartigen Gesellschaft und verursachen so dieses Ereignis.

D: *Ist das ein echter Spiegel oder ist das eine Analogie?*

P: Das ist eine Analogie. Denn der Spiegel selbst ist kristalliner Natur.

D: *Wie ist er ursprünglich unter den Ozean gekommen?*

P: Er war ursprünglich nicht unter dem Meer. Das war zur Zeit von Atlantis. Einiges der Maschinerie dieses großen Kontinents wurde während der Zerstörung überschwemmt und ruht nun bequem und sicher in die Tiefe.

D: *Ist sie in einem Gebäude irgendeiner Art?*

P: Sie befindet sich auf einem Plateau, auf dem sie ursprünglich errichtet wurde. Die gesamte Landmasse versank und nahm mit, was diese Zivilisation geschaffen hatte.

D: *Kannst du mehr darüber erklären, wie sie aussah?*

P: Es gäbe weder die Notwendigkeit, noch hätte es Sinn zu erklären, wie es nutzlos wäre es zu versuchen. Es wäre schlichtweg nicht möglich, irgendwelche zufriedenstellenden Erklärungen darüber abzugeben, was man visuell sehen würde. Es geht einfach über das menschliche Verständnis hinaus an dieser Stelle.

D: *Ich visualisiere einen Kristall in Form einer Pyramide. Ich weiß nicht, ob das korrekt wäre oder nicht.*

P: Dann würden wir sagen, dass du versuchen könntest, diese Analogie zu verwenden und vor deinem geistigen Auge visualisieren, was du siehst und deine Wahrnehmungen könnten sehr genau sein. Wir werden sie nicht beurteilen, denn das ist deine Realität und so soll es auch sein. Weil das hier besteht aus Energien derartiger Natur, dass sie das sind, was man sich wünscht und so soll es auch sein.

D: *Aber du hast geredet, als ob er kaputt wäre. Wäre das wahr, dass der ursprüngliche Kristall oder was auch immer da unten ist, zerbrochen ist?*

P: Es ist fragmentiert, ja. Das ist richtig.

D: *Wie ist das passiert?*

P: Es wäre an dieser Stelle am besten zu sagen, dass es Absicht war, um diejenigen an seiner Verwendung zu hindern, die diesen Kristall begehrten, damit sie ihn nicht auf eine unharmonische Weise benutzten konnten. Denn es gab diejenigen, die nichts anderes wollten, als diese große Energiequelle für sich selbst zu beanspruchen. Und so wurde deutlich, dass es notwendig war, diesen Kristall zu segmentieren, um seine Verwendung auf eine destruktive Weise zu verhindern.

D: *Also haben sie ihn absichtlich zerstört?*

P: Das ist richtig.

D: *Ist das etwa zur Zeit des Untergangs oder vorher passiert?*

P: Gleichzeitig.

D: *Hat die Zerstörung des Kristalls das Absinken verursacht?*

P: Es gab gleichzeitige Ereignisse, verursacht durch die disharmonische Nutzung dieses Kristalls, indem diese Energien auf schädliche Weise verwendet wurden. Was wiederum dazu beitrug, dass der Kontinent unterging. Und so gibt es einige Korrelationen. Es handelt sich jedoch nicht einfach um Ursache und Wirkung. Scheinbar waren es getrennte Vorfälle und doch waren sie auch mit miteinander verbunden.

D: *Wussten die Leute, die ihn zerstört haben, nicht, dass es zu einer Katastrophe wie dieser kommen könnte?*

P: Diese Menschen wurden von ihrer Gier und ihrem Ehrgeiz geblendet und waren sich der Auswirkungen ihrer Torheit bewusst. Und so haben sie die Verwendung dieser Energien auf diese Weise fortgesetzt und dann den Preis dafür bezahlt.

D: *Ich dachte, sie waren vielleicht ahnungslos und wussten nicht, dass etwas passieren würde.*

P: Es war nicht in völliger Unwissenheit, denn es gab diejenigen, die ununterbrochen vor der Nutzung dieser Energien auf diese Art und Weise gewarnt hatten. Es gab diejenigen, die ihr ganzes Leben damit verbrachten zu versuchen, den Menschen die Verwendung dieser Energien zu erleuchten, als das Bewusstsein für ihren Gebrauch und ihre Macht nachließ. Allerdings überschattete die Unwissenheit bald die Erleuchtung und die Disharmonie überholte die Harmonie.

D: *Sind die Stücke im tiefen Ozean?*

P: Das wäre richtig.

D: *Glaubst du, jemand könnte sie eines Tages finden?*

P: Es wird eine Wiederbelebung dieses Landes während der Zeit der Umwälzungen geben. Und die Informationen, die im Tempel für die zukünftigen Generationen gespeichert sind, werden einmal wiederentdeckt und umgesetzt werden. Denn es wurde dafür gesorgt, dass dieses Land überflutet und außer Reichweite sein würde. Und so wurde dieses Wissen für die zukünftigen Generationen gespeichert, die Zugang zu diesem Wissen finden werden. Und so wird es denen gegeben, die von hohem Charakter und somit vorbereitet und in der Lage sind, dieses Wissen zu nutzen.

D: *Werden sie wissen, was es ist, wann immer die Wissenschaftler oder wer auch immer dieses Wissen finden wird?*

P: Das möchte man hoffen. Das ist jedoch etwas, das zu diesem Zeitpunkt entschieden werden wird.

D: *Ist das Wissen in Form eines Buches? Oder wie wird es aufbewahrt?*

P: Schriftlich, in Stein. Es muss entschlüsselt werden, denn es ist in der Sprache der Leute, die es aufbewahrt haben. Und so wäre es notwendig, es von einer Sprache in eine andere zu transkribieren. Dies ist jedoch keine unüberwindliche Aufgabe, da ein Großteil des Bewusstseins intuitiv wissen wird, wie dies zu erreichen ist. Dort wird viel mehr Arbeit und Verarbeitung auf der mentalen Ebene stattfinden, als jetzt durch die einfach rationale Ebene geschieht.

D: *Ist der Tempel noch da oder liegt er in Trümmern?*

P: Natürlich ist er in keinem guten Zustand, nachdem er viele Jahrtausende lang Kilometer tief unter dem Meerwasser gelegen hatte. Er ist jedoch in einer Form, die den Erhalt der Informationen gewährleistet. Das wäre vorerst eine genaue Einschätzung.

D: *Aber das wird erst nach der Umwälzung des Landes entdeckt werden?*

P: Das ist richtig. Und es wird zu einem geeigneten Zeitpunkt geschehen, wenn diejenigen, die dieses Wissen finden, von höchster Ordnung sein und es entsprechend verwenden werden. Es wird nicht freigegeben werden, bevor es angemessen sein wird.

D: *Enthält dieses Wissen die Geschichte davon, was mit Atlantis passiert ist?*

P: Das tut es. Es enthält die Historie und die Alltagsberichte dieser Zivilisation über viele tausend Jahre hinweg. Und eine Zusammenfassung der letzten Tage vor dem sozialen Zusammenbruch und der physischen Überschwemmung. Mit einer Nacherzählung für diejenigen, die diese Informationen finden, damit sie verstehen werden, was mit dieser Zivilisation passiert ist.

D: *Wofür haben sie ihn benutzt, während er zur Zeit von Atlantis funktionierte?*

P: Das war eine der wichtigsten Energiequellen. Viele Energien konnten zu diesem Zeitpunkt kanalisiert werden. Einige Energien könnten für verschiedene Zwecke genutzt werden, je nach Anwendung. Es gab heilende Energie, Energie zum Schweben lassen, Beleuchtung, Heizung, Motivation. Viele Arten von Energien standen zur Verfügung, wie auch jetzt und weitere kehren auf den Planeten zurück.

D: *Dann schuf er diese Krümmung der Zeit, als er aus irgendeinem Grund zu Bruch ging.*

P: Es ist einfach eine zufällige Reflexion oder Übertragung der Energien. Wir möchten sagen, dass viele, die zu dieser Zeit gelebt haben, wieder inkarnieren.

D: *Es gibt viele Geheimnisse und wir suchen nach Antworten.*

P: Oft fragen die Leute, weigern sich aber, die Antworten zu hören. Viele stellen die Fragen, glauben aber nicht an die Antworten und so stellen sie weiterhin die Fragen, bis sie einen finden, der ihnen die Antwort gibt, die sie hören wollen.

* * *

UNGEHEUER VON LOCH NESS

D: *Ein Geheimnis der Erde, an dem die Menschen interessiert sind, ist das Ungeheuer von Loch Ness in Schottland. Kannst du mir irgendwelche Informationen darüber geben?*

Brenda: Die Antwort ist komplex. Ich versuche, sie zu organisieren. Auf der Erdoberfläche gibt es mehrere solcher Lebewesen. Sie leben in der Regel in tiefen Süßwasserseen. Es gibt ähnliche Tiere in einem See in Sibirien, der als der tiefste gilt. Diese Kreaturen bleiben in der Tiefe und haben wirklich keinen Grund, an die Oberfläche zu kommen.

D: *Ist es eine Art Säugetier oder was?*

B: Es ist ein Süßwasserreptil. Und es ist ein sehr altertümliches Tier. Es ist schon lange auf der Erde. Es ist ähnlich wie bei einigen Insekten der Erde. Dieses Tier hatte sich so und so weit entwickelt und hatte keine Weiterentwicklung notwendig. Also blieb es Äonen lang so wie es ist. Es ist ein sanftes, harmloses Wesen, daher hat es diese schützende

Färbung, um andere davon abzuhalten, es zu schädigen. Es frisst die Wasserpflanzen, die im Wasser wachsen.

D: *Gibt es viele von ihnen? Ich meine, vermehren sie sich sehr schnell?*

B: Sie vermehren sich ein wenig. Sie sind nicht so produktiv wie andere Tiere. Sie legen Eier in den Grund des Sees und den Schlamm und die Jungen schlüpfen aus. Eigentlich sind sie irgendwie zwischen einem Reptil und einer Amphibie. Sie sind näher an einem Reptil als an einer Amphibie. Sie befinden sich meist in Kaltwasserseen, denn sie mögen die kühlen Temperaturen. Und es gibt mehr als nur die, von denen die Leute wissen. Sie denken, dass sie hier und dort eines finden, aber es gibt noch mehr. Nicht viele, aber einige wenige kleine Gemeinschaften dieser Kreaturen.

D: *Wenn sie keine Säugetiere sind, müssen sie nicht wirklich Luft holen kommen?*

B: Nicht wirklich. Das können sie aber. Daher sind sie in gewisser Weise mit Amphibien verwandt, weil sie Kiemen und rudimentäre Lungen haben. So können sie für einige Minuten auftauchen, ohne zu ersticken, aber sie können auch unter Wasser atmen. Diese Tiere sind aquatische Kreaturen. Sie wurden auf dem Land gesehen, aber die Kreaturen verlassen selten den See.

D: *In einem Fall gab es Sonar Echos im Wasser. Sonar ist wie Radar, es wird von großen Objekten reflektiert. Was haben sie da gehört?*

B: Das ist wahr, aber oft gibt es auch dort Sonar Echos, wo das Wasser die Temperatur ändert. Und wenn Sonar auf eine Wasserschicht mit unterschiedlicher Temperatur trifft, wird es dort auch reflektiert. Und so wäre es klug, sich nicht zu sehr auf einen Teil der Messwerte zu verlassen.

D: *Mit anderen Worten, all diese Bilder und andere sogenannte Beweise sind nicht zuverlässig.*

B: Nach den Standards deiner Wissenschaftler können sie nicht als zuverlässig betrachtet werden.

D: *Sie haben behauptet, es sei wie eine prähistorische Kreatur.*

B: Das ist es. Wie ich schon sagte, es ist vor ewigen Zeiten in der Evolution stecken geblieben. Es gibt andere Kreaturen wie die, die du das Ungeheuer von Loch Ness nennst, oder die auf dem anderen Kontinent ... Oberer See? Die Kolonie in diesem Gewässer. Außerdem gibt es eine Kolonie im Baikalsee in Sibirien. Es gibt verstreut noch andere und auch ähnliche verwandte Kreaturen, die warmes Wasser im

Amazonasbecken mögen. Die Einheimischen dort haben Berichte darüber, aber die Machthaber weisen sie als Aberglaube zurück.

* * *

D: *Was kannst du mir über das Loch Ness Monster in dem großen See in Schottland sagen?*

Phil: Diese Kreaturen sind im Land eingeschlossen, in dem Sinne, dass sie nirgendwo hingehen können. Wo sie einst in der Lage waren, die ganze Welt zu bereisen, finden sie sich jetzt eingeschlossen wieder, kein Wortspiel beabsichtigt. Es sind jedoch keine anderen Kreaturen in der Welt der freien Ozeane übrig, die mit dieser speziellen Art Kreatur verglichen werden könnten.

D: *Wo kamen sie ursprünglich her? Sind sie Überreste der Dinosaurier oder so etwas in der Art?*

P: Das ist richtig. Im Laufe der Zeit gab es viele von diesen Kreaturen in den Ozeanen und Meeren der Welt. Wie auch immer, in der Zeit der Umbrüche und Verwerfungen konnten, aufgrund der Veränderungen im Salzgehalt der Ozeane, nur die, die gestrandet waren überleben. Und deshalb konnten sie sich nicht verändern, wie die anderen Kreaturen um sie herum. Ihre Fähigkeit in ihrem ursprünglichen Zustand zu bleiben ist darauf zurückzuführen, dass sich die Gewässer nicht veränderten, in denen sie gefangen waren. Sie durften so weitermachen, wie sie waren und sind.

D: *Sind sie eher amphibisch oder säugetierartig?*

P: Sie ähneln eher den Delfinen und Schweinswalen, da sie Wirbel haben und Luft atmen. Im Aussehen ähneln sie jedoch eher Schlangen oder anderen Reptilien und haben keine Gliedmaßen.

D: *Aber wir sollten sie öfter sehen, wenn sie sich vermehren, nicht wahr?*

P: Es gibt keinen Zusammenhang zwischen der Anzahl der Beobachtungen und der Anzahl der Tiere. Dass sie bis heute überleben, verdanken sie der Tatsache, dass sie geheimnisvoll sind und die Oberflächenwelt nicht schätzen. Es gibt viele, die glauben, dass sie Überreste aus der Zeit vor dem Kambrium sind. Wie auch immer, es gibt in der Tat viele, die eine aktuellere Herkunft haben, aber nicht als solche erkannt wurden.

D: *Du sagtest, sie seien Überlebende der Umbrüche. War das Atlantis oder früher?*

P: Damals gab es viele Umwälzungen auf dem gesamten Planeten. Während dieser Zeit gab es viele Kreaturen, die durch Klimaveränderungen verschwanden, nicht aufgrund der Änderungen in der Geologie. Wenn wir jedoch hier von diesen Kreaturen sprechen, die du das Loch Ness Ungeheuer nennst, würden wir sagen, dass beide Veränderungen das verursacht haben. Als die wärmeren Meere kühler wurden, aus denen sie ursprünglich kamen, starben viele in den offenen Ozeanen durch den Klimawandel. Allerdings fanden diejenigen, die sich zu diesem Zeitpunkt in diesem speziellen Gebiet befanden heraus, dass sie überleben konnten, indem sie in der Nähe des Bodens blieben, wo das Wasser viel wärmer war. Sie konnten sich jedoch über einen längeren Zeitraum an das kältere Klima anpassen und damit im kälteren Wasser für kurze Zeit überleben, wie z. B. im Loch Ness.

D: *Dann ereignete sich die Atlantis Katastrophe viel später in der Zeitsequenz.*

P: Das ist in der Tat nicht der Fall. Aber die Katastrophen, über die wir sprechen, betreffen einen viel größeren Zeitraum als nur diejenige, welche der Atlantis Kultur widerfahren ist. Das gesamte Szenario spielte sich eher in der Größenordnung von Millionen statt tausenden von Jahren ab.

D: *Ich verstehe. Gibt es diese Kreaturen noch in anderen Teilen der Welt?*

P: Es gibt noch viele Kreaturen in vielen verschiedenen Teilen der Welt, die deiner Kultur noch nicht bekannt sind. Sie sind jedoch anderen Kulturen bekannt, die bewusster sind. Es gibt viele Kreaturen auf eurem Planeten, von denen ihr nichts wisst.

D: *Sind das alles Meerestiere? Oder Landlebewesen?*

P: Die Verteilung wäre so, dass mehr Säugetiere existieren als Fische. Sodass das Gesamtbild von dem, was du heute „Natur“ nennst, von diesem dunklen Cousin der Natur etwas beeinträchtigt wird, von dem eure ganze Rasse nichts weiß.

D: *Sind diese Tiere normalerweise an Orten wie Afrika oder Südamerika zu finden, auf Kontinenten, die nicht so dicht besiedelt sind?*

P: Sie existieren auf dem gesamten bekannten Planeten. Allerdings ist damit nicht unbedingt gemeint, dass sie *auf* dem Planeten existieren, aber vielleicht *in* dem Planeten.

D: *Sie könnten sich unter der Oberfläche befinden?*

P: Das ist richtig.

D: *Weil der größte Teil der Welt, wie wir sie kennen, erforscht wurde. Und wir glauben, dass es nichts Neues mehr gibt, was wir an der Oberfläche finden können.*

P: Der größte Teil der bekannten Welt wurde erforscht. Allerdings wurde das, was unbekannt ist, nicht erforscht. Deshalb ist es nicht Teil der Welt, weil nicht bekannt ist, dass es existiert.

D: *Unter der Oberfläche des Planeten gibt es also Kreaturen, von denen wir keine Kenntnis haben.*

P: Das ist richtig. Es gibt Rassen und Kulturen, die ohne Kenntnis derer existieren, die man die „Oberflächenbewohner" nennt.

D: *Sind die Unterirdischen Überreste der Menschen von Atlantis? Oder sind das Rassen, die schon vorher da waren?*

P: Es gibt beide der genannten. Es gibt einige, die vorher dort waren und andere, die nachher kamen. Sie leben jedoch nicht vollständig in Harmonie miteinander. Und so neigen sie dazu, sich voneinander fernzuhalten und sind einander ziemlich unbekannt, aufgrund ihrer eigenen individuellen Wünsche, getrennt zu leben. Das wahre Ausmaß der Interaktion zwischen jenen an der Oberfläche und den unterirdischen Bewohnern ist nicht weit verbreitet oder Allgemeinwissen. Es gibt aber diejenigen, denen beide Gruppen bekannt sind, die jedoch mit keiner der beiden Gruppen sprechen.

* * *

D: *Kann uns der Wächter der Bibliothek Informationen über Kreaturen wie das Ungeheuer von Loch Ness geben? Sind diese Kreaturen real?*

John: Ja, sie sind real. Sie sind Überreste der primitiven Lebensformen, die im Zeitalter der Reptilien auf der Erde lebten.

D: *Du meinst wie die Dinosaurier?*

J: Ja. Es gibt Lebewesen sowohl im Meer als auch an Land und selbst in der Luft, die der Mensch noch nicht entdeckt hat. Sie haben Zuflucht in bestimmten Gebieten gefunden und existieren heute noch. Und sie reproduzieren sich.

D: *Ich denke an ein bestimmtes, das man Ungeheuer von Loch Ness nennt.*

J: Es gibt etwa sieben im Loch Ness Aquarium. (lacht) Das ist das, was er sagt, „Aquarium". (Lachen) Und sie haben sich die ganze Zeit über reproduziert. Sie leben ziemlich lange, hunderte Jahre. Sie reproduzieren sich nicht sehr oft. Das kalte Wasser hat etwas damit zu tun.

D: *Wie reproduzieren sie sich?*

J: Wie die meisten Tiere.

D: *Ich meine, ist es ein Säugetier oder legt es Eier?*

J: Sie legen Eier unter Wasser. Es dauert sehr lange, bis die Jungen ausschlüpfen und erwachsen werden. Es dauert fast zwei Jahre, wie es scheint. Es gibt Raubtiere, Fische und dergleichen, die im Auge behalten werden müssen. Aber sie haben ein Versteck unter den Klippen des Loch Ness.

D: *Atmen sie auch Luft oder sind sie streng aquatisch?*

J: Sie sind im Grunde genommen aquatisch, aber sie können kurzzeitig auftauchen. Ähnlich wie fliegende Fische fliegen können und dann zurück ins Wasser stürzen. Sie haben diese Fähigkeit. Sie müssen keine Luft atmen. Sie bekommen ihre Sauerstoffversorgung durch Wasser, denn sie haben Kiemen.

D: *Es gibt Geschichten darüber, dass sie an Land kamen. Ist das jemals passiert?*

J: Gelegentlich. Es ist in der Vergangenheit passiert und es könnte wieder passieren.

D: *Es gibt Geschichten darüber, dass sie rund um den See zu sehen waren.*

J: Oh, sie wurden gesehen. Sie kommen tatsächlich aus dem See heraus. Aber sie entziehen sich der Beobachtung, weil sie sehr intuitiv sind und sich auf ihre Instinkte verlassen.

D: *Es gibt Geschichten über Bilder von ihnen auf dem Sonar. Ist das tatsächlich passiert?*

J: Ja. Sie existieren. Es gibt im Moment sieben von ihnen in Loch Ness, die in einer Höhle leben, die unter Wasser auf einer Klippe liegt. Sie jagen Fische und sie sind groß.

D: *Ja. Einige Leute haben Fotos von ihnen gemacht, als sie sich in der Nähe befanden und sie tauchten aus dem Wasser auf. Gibt es einen anderen spezifischen Ort, an dem es viele von ihnen gibt?*

J: Es gibt zwei oder drei in einem See in Afrika. Es gab mal zwölf. Es gibt zwei im tropischen Regenwald, in einem See am Amazonas. Und in Südostasien gibt es vier in den Flüssen.

D: *Sind diese Kreaturen gefährlich?*

J: Nein, sie sind ungefährlich bis zu einem gewissen Grad. Aber sie fressen Fisch und könnten eine Person mit einem Fisch im Wasser verwechseln. Besonders die größeren Typen.

D: *Du hast auch gesagt, dass es andere Kreaturen aus dieser Zeit gibt, die überlebt haben?*

J: Ja. Nicht alle von ihnen sehen aus wie das Loch Ness Ungeheuer. Sie existieren in Form von Reptilien. Einige sehen aus wie große Eidechsen.

D: *Hast du gesagt, es gibt Landtypen?*

J: Nein, die meisten von ihnen funktionieren aquatisch. Sie leben auf dem Grund von Flüssen und Seen und in Höhlen.

D: *Du sagtest, das wären Überreste, Überlebende des Dinosaurierzeitalters.*

J: Des Reptilienzeitalters.

D: *Haben irgendwelche Kreaturen überlebt, die hauptsächlich auf dem Land und nicht aquatisch leben?*

J: Diese sind zu modernen biologisch entwickelteren Tieren mutiert. Es sind vor allem Wassertiere dieser Periode, die überlebt haben. Es gibt eines in der Luft, das ihr noch nicht entdeckt habt. Diese Informationen werden in naher Zukunft gefunden. Es ist so, als sagte er: „Stell keine weiteren Fragen mehr. Das ist eine Akte, die immer noch nicht geöffnet wurde." (Lachen)

D: *Warum haben wir es dann nicht gesehen, wenn es in der Luft ist?*

J: Es ist in der Lage, sich fast unsichtbar zu machen. Das ist der Grund.

D: *Wie kann es das tun?*

J: (Er lächelte.) Ich weiß es nicht. Die Akte zu diesem Thema wurde noch nicht geöffnet. Und er sagt, dass in Zukunft mehr Informationen veröffentlicht werden. Und es gibt eine Kreatur auf dem Land im Dschungel Afrikas. Eine weitere auf dem Land wird in den Anden entdeckt werden. Er sagt, „das wird deine Neugierde wecken", aber ich kann nicht mehr darüber sagen, denn dies ist eine offene Akte und sie wird immer noch bearbeitet.

* * *

YETI ODER SCHRECKLICHER SCHNEEMENSCH

Brenda: Es gibt andere Kreaturen, die in der Evolution steckengeblieben sind. Diese Kreaturen sind unter mehreren Namen bekannt. Es gibt so viele Namen in deiner Sprache für diese Kreatur, dass es schwer zu entscheiden ist, welcher der Beste ist: Yeti, Sasquatch, Bigfoot, Schneemensch. Das ist zu erwarten, denn diese Kreatur ist sehr weit verbreitet. In jedem bergigen Gebiet, in dem es schneebedeckte Bereiche gibt, lebt diese Kreatur. Und die Kreatur ist extrem scheu und hat Angst vor Menschen. Sie ist hellsichtig in der Art und Weise, dass sie andere Kreaturen aus großer Entfernung wahrnehmen kann. Normalerweise verstecken sie sich, wenn sie andere Kreaturen spüren. Sie sind in gewisser Weise mit dem Menschen verbunden. Sie sind so ähnlich wie kleine Brüder der Menschen. Sie entwickeln Intelligenz und dieser Planet ist in der Lage, mehr als eine intelligente Art zu unterstützen, wenn es die derzeit dominante intelligente Spezies erlauben wird. Und das wäre eine Bereicherung des Planeten und schließlich, für die Zukunft, eine Bereicherung der galaktischen Gemeinschaft.

D: *Wo kommt diese Kreatur her? Ist sie heimisch auf diesem Planeten?*

B: Ja. Als die alten, die archaischen Wesen, den Spezies halfen, die sich auf diesem Planeten entwickeln sollten, war darunter auch eine intelligente Spezies, die jetzt der Mensch ist. Während sich diese Art entwickelte, waren sie beunruhigt über die gewalttätigen Tendenzen, die sich zeigten. Und sie stellten fest, dass eine parallele Entwicklungslinie auch versprach, sich zu einer intelligenten Spezies zu entwickeln, aber ohne diese gewalttätige Eigenschaft. Und so fuhren sie fort, auch diese Spezies zu entwickeln. Wenn diese Art ihr volles Potenzial erreicht haben wird, wird sie genauso intelligent sein wie der Mensch, aber auf andere Art und Weise. Und beide Arten werden viel zu tun haben mit der Anpassung, um miteinander umgehen zu können. Weil dieser Spezies die gewalttätige Ader fehlt, die im Menschen vorhanden ist und daher sind sie extrem empfindlich und schüchtern.

D: *Aber die Entwicklung dauert länger als beim Menschen?*

B: Nein, sie haben nur später angefangen.

D: *Wir hören viele Geschichten darüber, dass sie gewalttätig sind.*

B: Normalerweise ist es die Art der Kreatur, zu versuchen, Leuten Angst zu machen, damit sie flüchten und sich verstecken können, weil sie nur in Ruhe gelassen werden wollen. Bis zu ihrem jetzigen Entwicklungsstand haben sie nicht länger gebraucht als der Mensch. Es gibt eine Möglichkeit, ihre Entwicklung zu verlangsamen, um sicherzustellen, dass die gewalttätigen Eigenschaften nicht versehentlich eindringen. Aber einige der anderen sagen, dass sie die gewalttätigen Eigenschaften benötigen, um ihnen die Energie zu geben, die sie brauchen, um die Widrigkeiten zu überstehen. Weil es die gewalttätige Ader im Menschen ist, die ihm geholfen hat, verschiedene Arten von Widrigkeiten zu überleben, seit er seine Intelligenz erlangt hat.

D: *Völlig passiv zu sein ist sowieso nicht wirklich gut.*

B: Das ist richtig.

D: *Greift der Mensch auf die Art und Weise, wie er sich bewegt und mehr von dem Land entwickelt, in ihr Gebiet ein?*

B: Ja, schon seit geraumer Zeit. Deshalb sagte ich: „Wenn der Mensch ihnen erlaubt, sich zu entwickeln, werden sie es tun." Aber sie leisten gute Arbeit beim Verstecken. Sie leben überall auf der Welt. Sie befinden sich sowohl in den sehr hohen, abgelegenen Bergen, wie auch tief in den Regenwäldern der tropischen Gebiete des Planeten. Sie haben sich an unterschiedliche Klimazonen und Höhenlagen angepasst, aber sie bevorzugen die abgelegenen Gebiete.

D: *Nun, die Leute haben Angst vor Dingen, die sie nicht verstehen, das ist eine unserer Eigenschaften.*

* * *

D: *Wir haben von einigen Kreaturen gehört, die wir die Sasquatch oder Yeti nennen? Weiß er, worauf ich mich beziehe? Dieser schreckliche Schneemensch, diese Art von Kreatur? Sie sind unter vielen verschiedenen Namen bekannt.*

John: Er sagt, ja, sie existieren.

D: *Sind sie alle die gleiche Tierart, die aber nur in verschiedenen Teilen der Welt gefunden wurde?*

J: Nein, das sind keine Tiere. Er sagt, sie sind genauso weit entwickelte Wesen wie du.

D: *Kann er uns einige Informationen über sie geben?*

J: Er sagt, dass sie ein sehr sanftmütiges, spirituell ausgerichtetes Volk sind, weil sie sehr auf die Naturgeister eingestimmt sind. Aus diesem Grund können sie fast unsichtbar sein. Sie haben die Macht, sich selbst in die Landschaft ihrer Umgebung einzufügen. Sie suchen nicht aktiv nach Menschen, weil sie Angst vor ihnen haben. Die Naturgeister haben ihnen gesagt, dass der Mensch diesen Planeten und seine Ressourcen in die Irre geführt hat. Also scheuen sie sich vor dem Menschen. Aber sie mögen das Essen der Menschen.

D: *Dann sind diese Wesen in den verschiedenen Teilen der Welt alle vom gleichen Typ?*

J: Ja. Sie waren primitive Überlebende der lemurischen Katastrophe.

D: *Aus den Beschreibungen scheinen sie sehr animalisch zu sein.*

J: Früher waren wir das alle. (Lachen)

D: *Dann haben sie sich nicht weiterentwickelt. Sie haben die gleiche Art Körper?*

J: Sie haben sich bis zu einem gewissen Grad weiterentwickelt. Aber sie haben sich spirituell und mental weiter entwickelt als körperlich. Er sagte, sie seien eine geschützte Rasse, eine geschützte Minderheit, sozusagen. Denn sie sind viel mehr im Einklang mit den niedrigeren Lebensformen.

D: *Geschützt durch wen?*

J: Naturgeister.

D: *Den Beschreibungen zufolge, die wir bekamen, scheinen sie nicht so zu sprechen wie wir.*

J: Sie beherrschen telepathische Kommunikation. Etwas, wofür Menschen die Sprache haben. Also sind sie nicht so wenig fortgeschritten, wie du denkst. Sie machen Klickgeräusche und Geräusche, wie sie z. B. Tiere machen. Aber sie haben telepathische Fähigkeiten, die viel stärker sind, als jene, die der Mensch derzeit entwickelt hat. Ehrlich gesagt, Sprache ist eine sehr einschränkende Sache. Bei jedem einzelnen Wort, das wir zu einem anderen Wesen sagen, wird die Bedeutung des Wortes nur durch den Bezugsrahmen dieses Wesens verstanden. Also könnten wir sogar tatsächlich über eine bestimmte Sache sprechen und die Person, die die Informationen erhält, könnte, basierend auf ihrer Erfahrungsdefinition eines Wortes, ein ganz anderes Bild bekommen. Wenn du telepathische Kommunikation betreibst, dann kommunizierst du, was du denkst. Sie ist sehr viel umfassender als verbale Sprache. Wir Menschen sind auf das Sprechen beschränkt. Also haben wir ein sehr großes Hindernis zu überwinden.

D: *Viele Menschen denken, dass sie gewalttätig sind.*

J: Nein, er sagt, dass sie im Grunde genommen nicht gewalttätig sind, aber sie haben animalische Merkmale. Sie haben Angst vor Menschen. Sie greifen die emotionale Umgebung auf. Sie können intuitiv oder telepathisch die Aura von Menschen oder die der Umgebung lesen. Wenn sie das Gefühl hätten, missbraucht zu werden, würde dies negative Reaktionen verursachen. Auch, wenn sie in die Enge getrieben würden. Und die meisten Menschen oder Tiere mögen es nicht, in die Enge getrieben zu werden.

D: *Was ist mit ihrer Nahrung?*

J: Sie essen viele Nüsse und Beeren. Fisch. Sie essen ihn ganz. (Er machte einen Ausdruck von Abneigung und ich lachte.) Sie essen sehr viel einfach aus der Natur. Sie mögen Dinge wie Schmetterlinge und auch Insekten.

D: *Wir haben Geschichten gehört, dass sie in die Hühnerställe der Menschen einbrachen und solche Sachen.*

J: Ja. Sie essen kleinere Lebensformen. Sie haben Hühner gegessen. Sie essen auch Ratten. (Wieder ein Ausdruck von Abneigung und ich lachte.) Nagetiere. Präriehunde. Aber sie essen keine fleischfressenden Tiere. Sie essen eher Tiere, die Pflanzen fressen.

D: *Ich würde denken, wenn jemand so weit entwickelt wäre, dass er geistige Kräfte hätte ... das klingt für mich primitiv.*

J: Urteile nicht. (Er wedelte vor mir mit dem Finger.) Der Wächter ist derjenige, der sprach: „Urteile nicht! Sie sind in so vielen Bereichen weiter fortgeschritten, die du nicht verstehen kannst." Weil sie mit der Erde und den Energien der Erde und den Naturgeistern im Einklang sind und sie beherrschen Telepathie. Deshalb sind sie auch in der Lage, den Menschen zu meiden. Er sagte: „Sei nicht voreingenommen."

D: *Wenn sie also nach unseren Maßstäben primitiv klingen, sind sie es vielleicht gar nicht.*

J: Nein. Nach anderen Maßstäben sind sie es nicht.

* * *

D: *Lass uns in einen anderen Teil der Welt wechseln. Warum sind die Tiere in Australien anders, als in anderen Teilen der Welt? Dort gibt es Tiere, die nirgendwo sonst zu finden sind.*

Phil: Es gibt keine wirkliche Antwort auf die Frage, die du stellst, weil wir diesen Unterschied nicht sehen. Es gibt in der Tat Tiere auf jedem Kontinent, die auf keinem anderen Kontinent zu finden sind. Das heißt aber nicht, dass sie einzigartig sind in Bezug auf den Rest der Tiere auf dem Planeten. Ganz einfach, sie leben an einem Ort und nicht an einem anderen. Wir bitten darum, dass du das vielleicht erklärst.

D: *In Australien gibt es eine Theorie, dass die Tiere vielleicht aus dem Weltraum gekommen sind. Die Außerirdischen hätten sie mitgebracht und deshalb wären sie dort anders, als in anderen Teilen des Planeten.*

Das habe ich bei meiner ersten Australienreise 1994 gehört. Es gab zu dieser Zeit ein Buch, das diese Theorie erläuterte.

P: Es gibt tatsächlich Tiere, die von anderen Planeten auf diesen Planeten gebracht wurden. Wenn wir jedoch die Anwesenheit der Tiere ausschließen wollten, die von anderen Planeten gebracht wurden, dann gäbe es auf diesem Planeten überhaupt nichts mehr.

D: *Ich denke an das ursprüngliche Konzept der Aussaat des Planeten, aber wir werden diese Idee nicht weiterverfolgen, oder? Oder doch? Ich denke an den physischen Transport eines Tieres, vielleicht nach dem Zeitpunkt der Aussaat.*

Die Theorie von der Aussaat auf dem Planeten Erde wird in den Büchern *Keepers of the Garden* und *The Custodians* erläutert.

P: Es gibt viele Punkte, denn wir beziehen hier nicht nur das Tierreich, sondern die gesamte Existenz des Lebens auf deinem Planeten mit ein. Es wurde durch den Transport von lebenden und lebensfähigen Kreaturen und Wesen von anderen Planeten und Dimensionen hierher bereichert. Sodass die gesamte Existenz einer bestimmten Lebensform auf eurem Planeten ihre Existenz einer Lebensform auf einem anderen Planeten verdankt.

D: *Dann ist Australien nicht einzigartig im Vergleich zum Rest der Welt.*

P: Es gab viele Verbesserungen an den Lebensformen auf diesem Planeten, im Gegensatz zu den Lebensformen auf anderen Planeten. Nicht zu sagen, dass das eine vielleicht besser ist als das andere, aber vielleicht wurden sie so verändert, dass sie besser an das jeweilige Klima oder die Umgebung angepasst waren, die bewohnt werden sollte. Vielleicht gibt es auf eurem Planeten viele, die die Tiere vielleicht ein bisschen seltsam finden, aufgrund ihrer Wahrnehmung, ihrer Fähigkeiten in gewisser Weise und ihres Aussehens andererseits. Wir bitten dich jedoch, dir anzusehen, dass die Vielfalt selbst kein Indikator dafür ist, ob es sich um Kreaturen handelt, die diesen Planeten ursprünglich bewohnten oder von einem anderen Planeten kamen. Im Überblick sind die Übereinstimmungen auf eurem Planeten ganz anders, als auf anderen Planeten.

* * *

STONEHENGE

D: *Ich wollte nach Stonehenge in England fragen.*

Phil: Das war einfach eine Schule für Astronomie. Ein Ort, an dem diejenigen, die Astronomie lernen wollten, dies tun konnten.

D: *Welche Rasse hat das gebaut?*

P: Es war gälischen Ursprungs. Dieses Wissen wurde zu der Zeit des Untergangs von Atlantis in der ganzen Welt verbreitet und viele Kulturen profitierten von der Vermittlung dieses Wissens durch jene, die durch die Welt gereist sind.

D: *War dies der einzige Ort, an dem Steine so platziert wurden?*

P: In genau dieser Struktur, ja. Es gibt viele in der ganzen Welt, deren Funktion identisch ist, aber ihre Form ist anders. Die Pyramiden in Südamerika wurden für Beobachtungen verwendet, so wie die in Ägypten. Es gibt mehrere Orte auf der Erde, die so ähnlich sind.

D: *Wie wurden diese Steine bei Stonehenge aufgestellt?*

P: Mit telepathischen Mitteln, mit Gedankenenergie. Im Allgemeinen funktionierte es wie bei den Pyramiden. Sie wurden durch telepathische Gedankenenergien von ihren Steinbrüchen zum Standort gebracht. Diese Struktur wurde über einen Zeitraum von mehreren Jahren errichtet. Der ursprüngliche Zweck ging verloren. Allerdings kann man nicht sagen, dass keine Funktionen in diesen Monumenten gefunden wurden, aber der ursprüngliche Zweck war nicht die Messung der Zeit, sondern der Entfernung. Sie verfolgten die Positionen der Planeten, sodass man die Position dieses Planeten in Bezug auf viele andere bekannte Orte in diesem Universum bestimmen konnte.

* * *

D: *Weißt du, was mit dem Volk der Maya passiert ist? Sie waren ganz einzigartig. Angeblich sind sie plötzlich verschwunden.*

Phil: Die Antwort auf diese Frage wäre vor Gericht einigermaßen unzulässig, um deine Analogie zu nutzen. Die Geschichte oder vielleicht das Ende ist nicht die vollständige Wahrheit zu diesem Thema. Es genügt jedoch zu sagen, dass es nicht ausstarb, sondern transportiert wurde. Wir würden uns zu diesem Zeitpunkt nicht ausführlich über die Mittel ausbreiten, sie wurden jedoch transportiert.

D: *Weißt du, warum?*

P: Sie selbst haben sich entschieden, der Zerstörung zu entkommen, weil sie voraussehen konnten, was ihren Brüdern während der spanischen Eroberung passierte.

D: *Geschieht das öfter in der Geschichte mit Zivilisationen?*

P: Nicht, dass es keinen Präzedenzfall gäbe, aber es gibt kein reguläres Auftreten. Sollte die Situation eintreten, dass eine Zivilisation als Ganzes eine Ebene erreicht hat, dass sie für das Überleben der Zivilisation einen solchen Transport begehren, dann würde es geschehen, ja. Nicht, dass es ein Gesetz gibt, das besagt, dass es passieren muss. Aber durch den Wunsch der Individuen selbst, um ihr Bewusstsein und ihre Leistungen zu schützen, um sie besser in die Lage zu versetzen, ihr Verständnis und Wachstum zu fördern und um ihre Gesellschaft zu schützen, dann wäre es, wenn man diese Möglichkeit hätte, sowohl in ihrem besten Interesse als auch im besten Interesse derer, die sie umgeben.

* * *

KORNKREISE

D: *Was kannst du mir über die Kornkreise sagen, die in England aufgetreten sind? Ich weiß, dass sie auch woanders auftauchen, aber sie scheinen dort drüben besser definierte Symbole zu haben und sind viel aufwendiger. Kannst du mir irgendetwas darüber sagen, wer sie herstellt und wie sie hergestellt werden?*

Phil war fast eine Stunde lang in tiefer Trance gewesen und hatte viele Fragen beantwortet, aber plötzlich öffnete er die Augen und schien sich unbehaglich zu fühlen.

D: *Du willst diese Frage nicht beantworten?*

P: (Er schien sich sehr unwohl zu fühlen.) Nein, es ist nur ... Ich weiß nicht … Mir geht es nicht besonders gut. Aus irgendeinem Grund fühle ich mich fast krank. Irgendwas stimmt hier nicht. Ich glaube nicht, dass es etwas mit den Kornkreisen zu tun hatte. Obwohl ich den Eindruck habe, dass da etwas war, als du diese Frage gestellt hast.

D: *Wir haben sie nie als schädlich eingestuft, denn sie sind nur im Getreide.*

P: Aber es gibt etwas, das damit verbunden und das versteckt ist. Ich bin nicht sicher ... es ist etwas anderes, nicht menschlich.

Es gibt eine definitive ... Ich weiß es nicht. Dies geschieht auf einer viel tieferen und breiteren Ebene.

D: *Glaubst du, dass es das ist, was dich bedrückt hat?*

P: Ich fühlte mich fast krank, krank in meinem Magen. (Er setzte sich auf.) Ich kann zurückgehen. Lass mich einfach ... eine Pause einlegen.

Phil stand auf und ging auf die Toilette. Er war einzigartig unter meinen Probanden, indem er sich selbst aus einer tiefen Trance aufwecken konnte, wenn er sich unbehaglich fühlte. Nach ein paar Augenblicken kam er zurück. Das beunruhigende Gefühl war so schnell vergangen, wie es gekommen war. Als er sich wieder auf das Bett legte, entspannte er sich und sank sofort wieder in tiefe Trance. Ich musste nichts tun. Ich machte Vorschläge zu seiner Beruhigung, damit er sich vollkommen wohlfühlen würde und um in ihm das Gefühl des Geschütztseins wachzurufen.

P: Wir würden sagen, dass diese Geräte nun aktiv sind, die sowohl dich als auch den Empfänger dieser Informationen schützen. Es würde nichts mitgeteilt werden, das in irgendeiner Weise schädlich wäre.

D: *Aber er hatte eine körperliche Reaktion. Das ist es, was mir Sorgen macht.*

P: Die Notwendigkeit für ein solches Gerät war zu diesem Zeitpunkt nicht erkennbar. Allerdings kamen die Verbindungen zu nahe, um noch komfortabel zu sein, sozusagen, sodass die Herstellung einer solchen Verbindung körperliches Unbehagen verursacht hat. Die Energien derjenigen, die mit dem Vehikel verbunden waren, waren nicht kompatibel mit der Energie des Vehikels.

D: *Glaubst du, dass du die Frage jetzt beantworten kannst? Ich wollte nur etwas über die Kornkreise wissen. Wer machte sie und zu welchem Zweck? Und vielleicht, wie sie erzeugt wurden.*

P: Die Binär- oder Computersprachen werden auf eurem Planeten jetzt als höhere Formen der Kommunikation verstanden. In eurem gemeinsamen Glaubenssystem werden die höchsten Formen der Kommunikation durch eure Wissenschaftler durchgeführt und daher von der Masse im Allgemeinen nicht verstanden. Diese Kornkreise sollen den Massen die Möglichkeit geben, die Informationen, die eurem Planeten gegeben werden zu sehen, sodass die Bevölkerung als Ganzes versteht, dass die Art ihrer Existenz sich radikal von derjenigen unterscheidet, die üblicherweise als der akzeptierte Standpunkt angesehen wird. Dass nicht alles so ist, wie es scheint. Diejenigen, die ein solches Unterfangen beginnen, versuchen mit jedem Individuum auf einer sehr persönlichen Ebene auf eine Art und Weise zu kommunizieren, die mit jedem von ihnen in Einklang steht, auf Ebenen, auf denen jedes Individuum offen dafür ist, anstatt die Informationen einfach nur mitzuteilen.

D: *Wer oder was erstellt die Kornkreise?*

P: Eine vollständige Antwort auf eine solche Frage wäre in diesem Zusammenhang nicht möglich, da es notwendig wäre, einen umfassenden Diskurs über die Ursprünge der menschlichen Rasse als Ganzes zu führen. Aber wir möchten sagen, dass diese Symbole für die Geschichte des Lebens auf deinem Planeten relevant sind. Es ist eine geografische Lektion über die Ursprünge deiner planetarischen Lebensformen. Und es gibt diejenigen, die nun langsam die Wichtigkeit dieser Symbole erkennen, weil sie Bedeutungen vermitteln. Sie sind nicht einfach nur zufällige Kunstwerke. Sie sind in der Tat Formen der Kommunikation. Diejenigen, die über Kenntnisse in dieser Form der Kommunikation verfügen, werden langsam zu der Erkenntnis kommen, dass mit ihnen kommuniziert wird und dann werden sie die Botschaft über die Ursprünge des Lebens auf diesem Planeten verstehen, die übertragen wird.

D: *Es ist also Symbolik. Ähnlich wie „bring uns zurück zu unseren Wurzeln", sozusagen?*

P: Das ist richtig.

D: *Wird es von Menschen auf der Erde gemacht?*

P: Es gab Versuche, dies zu duplizieren. Man kann jedoch nicht sagen, dass die Menschen die Urheber davon sind. Weil das zu vermittelnde Wissen seit Jahrhunderten auf diesem Planeten nicht bekannt ist.

D: *Wer sind die Urheber? Diejenigen, die die echten Kreise erschaffen.*

P: Sie sind in der Größenordnung von ... (sucht nach dem Wort) ... die Hüter der Wahrheit.

D: *Wo befinden sich diese Hüter der Wahrheit?*

P: Ihr physischer Standort ist nicht relevant. Allerdings ist ihre Absicht in der Tat relevant. Sie stellen euch als Rasse jetzt die Wahrheit über eure Herkunft dar.

D: *Ich schätze, ich versuche zu sagen, sind das Außerirdische in Raumfahrzeugen?*

P: Und das ist es, was wir versuchen, nicht zu sagen. Denn in der Tat wäre es nicht so. Wir würden jedoch sagen, dass sie nicht zu denjenigen auf der Erde gehören.

D: *Aber sie gehören auch nicht zu den Beobachtern?*

P: Das ist richtig. Nicht in dem Sinne, dass man von irgendwo hierherkommt. Sie sind von hier. Sie sind bereits zu Hause. Sie sind jedoch nicht von der Welt, wie du sie kennst.

D: *Wäre es zutreffend zu sagen, aus anderen Dimensionen?*

P: Sie sind von eurer Welt, aber nicht von der Welt, wie ihr sie kennt. Es besteht jedoch keine Notwendigkeit, ihren wahren oder relativen Standort preiszugeben, sodass ein Kommunikationsversuch mit diesen Wesen stattfände. Allerdings wird es mit der Zeit die Möglichkeit geben, den Standort, von dem sie kommen, zu enthüllen. Damit diejenigen zu ihnen gehen können, die höheres Verständnis erlangen wollen.

D: *Aber sie gehören nicht in das spirituelle Reich, in das wir gehen, nachdem wir gestorben sind?*

P: Sie sind in dem Sinne aus dem spirituellen Bereich, wie jeder von uns aus diesem Bereich stammt. Sie haben sich jedoch auf ganz andere Weise manifestiert, als ihr. Ganz zu schweigen davon, dass sie bestimmte physische Formen manifestieren, um ihnen zu ermöglichen, ihre Ziele zu erreichen. Sie sind jedoch nicht in physischer Form ansässig.

D: *Sie sind also mehr oder weniger mit der Erde verbunden, aber nicht in einer Form, wie wir sie kennen. Wäre das so richtig?*

P: Das ist richtig.

D: *Sie sind keine Geister Verstorbener.*

P: In dem Sinne, dass sie physischer Natur waren und dann abgereist wären, nein. Sie sind eine höhere Form, die nicht physisch war, wie du es kennst. Allerdings kann man nicht sagen, dass sie keine physische Form hatten. Denn in der Tat waren sie einmal im Lauf ihrer Evolution physischer Natur, aber nicht so, wie du es kennst.

D: *Also haben sie sich über diejenigen hinaus entwickelt, die in den Raumfahrzeugen und hier auf der Erde sind. Sie haben sich mehr oder weniger zu einer anderen Ebene entwickelt, sozusagen?*

P: Sie sind nicht weiter entwickelt, als jene in den Raumschiffen, sondern haben sich vielmehr selbstständig bis zu einer Ebene hin entwickelt, die über derjenigen liegt, aus der heraus sie kamen. Aber es gilt noch weiter zu gehen und es sind noch mehr Dinge zu tun, bevor sie dorthin gehen. Diese

Kommunikation (Kornkreise) ist in der Tat ein Teil ihres Versuchs, dieser Welt die Realitäten ihrer eigenen Welt zu vermitteln.

D: *Kannst du mir sagen, wie die Kornkreise gemacht werden?*

P: Der Prozess selbst ist nicht besonders mysteriös, sondern wird einfach nur in einer Größenordnung verwendet, die in eurer Welt nicht üblich ist. Es gibt diejenigen, die in der Lage sind, Energien in konzentrierte Formen zu lenken, sodass die molekularen Strukturen der Pflanzen verändert werden. Es wäre wie das Biegen eines Zweiges, aber die Biegekraft ist nicht extern, sondern intern. Es ist einfach eine Neuausrichtung der Strukturen selbst und nicht der Umgebung.

D: *Wir denken, dass irgendeine Art Energie eingesetzt wird.*

P: Das ist richtig.

D: *Also werden sie nicht mit einer Maschine oder von einem Schiff oder irgendetwas in der Art erzeugt.*

P: Nicht in dem Sinne, wie du es wahrnimmst. Es gibt eine Realität, in der Maschinen spirituell und nicht physisch sind. So wie du deine Frage definierst, würden wir sagen, dass es keine Maschinen im physischen Sinne sind, wie du sie kennst. Dies inkludiert jedoch das Konzept der Maschinen auf der spirituellen Ebene, das weißt du. Wir schließen spirituelle Maschinen nicht aus.

D: *Ich denke wohl an Raumschiffe.*

P: Dies sind keine Maschinen, die zum Transport von einer Dimension zur anderen, oder zum Reisen dienen. Dem Konzept der Maschinen in der geistigen Welt fehlt etwas. Und wir würden sagen, dass es tatsächlich die Realität jener gibt, die du auf der spirituellen Ebene „Maschinen" nennst, außerhalb der dreidimensionalen Welt. Sie werden tatsächlich hergestellt und erfüllen einen bestimmten Zweck. Aber sie sind nicht dreidimensional, wie du sagst, sondern aus höheren Energien erzeugt.

D: *Es gibt Berichte, dass einige Menschen krank geworden sind oder körperliche Symptome zeigten, als sie sich in diesen Kreisen befanden.*

P: Das ist richtig. Das ist die gleiche Reaktion, die dieses Vehikel zeigte, wenn man sich diesen Energien nähert. Es gibt Menschen, die einfach nicht kompatibel mit diesen Energien sind. Es ist einfach so, dass die Energien selbst nicht in Harmonie mit den Energien des Zeugen sind.

D: *Als ich im Kornkreis war, hatte ich eine wundervolle Erfahrung. Es war sehr friedlich und wunderbar, erhebend.*

P: Es gibt diejenigen, die in Harmonie sind und diejenigen, die außerhalb dieser Harmonie sind. Dies ist jedoch keine Ermessensentscheidung, sondern es gibt Töne, die in Harmonie mit bestimmten anderen Tönen stehen. Und daneben gibt es Töne, die nicht mit anderen Tönen harmonieren.

D: *Die physische Reaktion, die er zeigte, war so, als wäre etwas an der Energie nicht gut.*

P: Das ist richtig. Das ist im Sinne der Wahrnehmung dessen, was er aufgrund seiner Erfahrung versteht. Im Bewusstseinsfilter gab es ein Wesen oder eine Energie, die unbekannt war und die als bedrohlich empfunden wurde. Wir finden, dass es das Produkt der Angst vor dem Unbekannten ist. Die körperlichen Symptome erinnern an das, was entsteht, wenn man in Disharmonie mit manchen Formen der Realität ist.

D: *Dann sind sie nicht negativ.*

P: Das ist richtig. Das Missverständnis oder der Mangel an Verständnis ist verständlich. Weil noch nie von diesem Vehikel gefordert wurde, auf dieser Ebene zu kommunizieren. Es war eine neue Erfahrung.

D: *Wenn er dann tatsächlich zu den Kornkreisen gehen würde, wie ich es getan habe, könnte er ein unbehagliches Gefühl erleben, weil seine Energien anders und nicht kompatibel mit dem Kreis wären.*

P: Das ist richtig.

D: *Weißt du, warum diese in der Nähe von z. B. Stonehenge, Avebury, Glastonbury auftreten? Man sagt, das sind sehr, sehr alte Kraftplätze. Aber warum erscheinen sie in England öfters als in anderen Teilen der Welt?*

P: Es gibt zu dieser Zeit auf eurem Planeten viele polare Gegensätze von Energiewirbeln. Es gibt einige Punkte, an denen die Energie eintritt und andere Punkte, an denen Energie austritt. Sie sind die Tore der Energieflüsse, die in und aus deinem Planeten fließen. Es gibt derzeit viele Wirbel in diesem speziellen Teil des Planeten, die Energie aufnehmen, einen Einlass. In diesen Verwirbelungen sind filternde Energien erhalten, sodass die Energien, die eintreten dürfen, harmonisch abgestimmt werden und auf die Bedürfnisse und Ziele des Planeten ausgerichtet sind, auf den sie gelenkt werden. In diesen Verwirbelungen findet man die Hüter des Tores oder besser gesagt, die Wächter des Tores, so wie sich diese Manifestationen zeigen. Sie bringen zum jetzigen Zeitpunkt neues Wissen auf euren Planeten.

Als Phil erwachte, erinnerte er sich noch an einige der Informationen, die er erhalten hatte. Es wird immer mehr präsentiert, als mir mündlich mitgeteilt werden kann. Deshalb sind die richtigen Fragen so wichtig.

D: *Was war das für ein Gefühl, das du über die Kornkreise bekommen hast? Du hast gesagt, dass du nicht denkst, dass es ein Mensch ist und auch kein Außerirdischer in einem Raumschiff.*

P: Aber zu sagen, dass sie auf der Erde sind, ist auch nicht ganz richtig. Es ist fast so, als wären sie in einer anderen Dimension. Und sie scheinen eine Technologie zu haben, vielleicht eine vierdimensionale Technologie. Sie sind eigentlich Maschinen. Sie werden hergestellt und sie funktionieren hier wie Maschinen. Aber sie arbeiten auf andere Weise mit Energien, als Maschinen auf unserer Ebene. Ihre Maschinen sind viel raffinierter und nicht so grob in ihren Auswirkungen. Und sie arbeiten mit Energie. Ich meine, dass sie die Energien buchstäblich verändert haben.

D: *Haben sie die Energien auf irgendeine Weise geformt?*

P: Sie formen sie. Verändern sie völlig. Aber die Maschinen selbst sind Energien, die mit Energien arbeiten. Sie haben keine grobe physische Form wie unsere, sind aber genauso Maschinen wie unsere Maschinen.

D: *Du hast sehr nachdrücklich darauf hingewiesen, dass sie nicht die Außerirdischen auf den Raumschiffen sind.*

P: Sie sind von hier. Was ich sah, war auf einer noch höheren Ebene als das Jenseits. Sie sind fast wie eine höhere Form von uns.

D: *Leben sie in einer anderen Dimension?*

P: Vielleicht. Ich bin mir nicht sicher. Es ist so, als ob unsere Energie erhöht wurde, aber nicht so sehr, dass wir das Physische verlassen hätten. Wir waren immer noch körperlich, aber in einem ultra-physikalischen Sinn. Ja, das ist ein guter Begriff: ultra-körperlich. Bessere Energie. Das ist es. Sie sind nicht wirklich körperlich nach unseren Maßstäben, aber sie sind nicht spirituell. Sie sind hyper-körperlich. Ihre Energieformen haben eine viel höhere Frequenz als unsere. Sie ist ultra-körperlich. Dieses Wort passt einfach perfekt.

D: *Sie können uns also beobachten, aber wir können sie nicht sehen. (Ja.) Wir haben schon einmal über Energiewelten und andere Dimensionen gesprochen. Einige von ihnen können Seite an Seite mit unserer Welt existieren. Wenn wir unser Bewusstsein steigern können, wie sie behaupten, werden wir...*

P: Es ist mehr als nur unser Bewusstsein. Als würde sich unser physisches Wesen verändern, irgendwie viel höher schwingen. Ich bin mir nicht sicher, wie das geht, aber es ist so, als ob unsere Atome doppelt so schnell schwingen würden. Wenn du also alles erhöht hast, erstelle eine Tabelle, in der die Elemente mit ihrer Schwingung aufgelistet sind, in Bezug darauf, wie viele Elektronen sie haben. Ich weiß nicht, wie ich das definieren soll. Aber wenn du das Energieniveau jedes Atoms verdoppeln würdest, sodass sie alle das gleiche relative Energieniveau zueinander beibehalten, aber alles wäre doppelt so hoch wie bei uns. Deshalb können wir sie nicht sehen, weil sie zu schnell vibrieren. Ich sehe, dass der gesamte Kornkreis auf einmal erstellt wird, nicht in Segmenten oder was auch immer. Die Maschine, die dies tut, hat nicht die gleiche Größe, wie der Kornkreis selbst. Aber sie ist nicht auf die Art physisch, wie wir es verstehen. Sie ist ultra-körperlich.

Die Seite des Tonbandes, auf der sich die Diskussion befand, begann sich allmählich so zu beschleunigen, dass es unmöglich wurde, den Inhalt zu transkribieren. Nach und nach wurde es unverständlich. Vielleicht könnte man es verlangsamen, bis es wieder verständlich wäre. Zumindest ein Teil dieser Diskussion war nicht wichtig genug, um sich Sorgen zu machen. Etwa bei der Hälfte des Bandes fing es plötzlich an, sich wieder bis zu dem Punkt zu verlangsamen, an dem ich transkribieren konnte. Ich habe keine Ahnung, was wir bis zu diesem Zeitpunkt diskutiert hatten.

P: ...ein Stein ist ein Stein und ein Baum ist ein Baum. Aber wenn du wirklich der Meister deiner Moleküle bist und verstehst, dass es bestimmte festgeschriebene Modelle gibt, könntest du deine Moleküle in ein anderes Modell konvertieren.

Hier kehrte die Geschwindigkeit des Bandes zum ersten Mal wieder zur Normalität zurück. Mehrere Minuten lang war es nur ein rasantes Geräuschgewirr gewesen.

D: *Nun, es geht auf die Idee zurück, dass wir die Zellen von unserem eigenen Körper und so auch Krankheiten kontrollieren können. Wir können die Zellen verändern.*

P: Genau. Und du kannst noch weiter gehen. Du kannst die Moleküle auf molekularer oder atomarer Ebene kontrollieren, aber dort gibt es bereits etablierte Muster, die nicht verändert werden können.

Während der Sitzung verhielt sich das Band in entgegengesetzter Weise als zuvor. Es verlangsamte sich allmählich immer mehr. Es war langweilig, aber zumindest konnte man es verstehen, sodass es transkribiert werden konnte. Ich habe die Rekorder gewechselt aber der Effekt war bei beiden der gleiche. Also lag es nicht am mechanischen Beschleunigen oder Verlangsamen des Rekorders. Etwas hat definitiv das Band beeinflusst. Wurde die Maschine von dem gleichen Energiefluss manipuliert, der Phil beeinflusste und ihn dazu brachte, seine Trance zu unterbrechen, weil er sich krank fühlte? Dies war ähnlich drastisch wie die Reaktion von Janice nach der bloßen Erwähnung der Kornkreise in Kapitel 4. Es schien definitiv einen Energieeffekt zu geben, der auf irgendeine Art mit den Kornkreisen zusammenhing und nicht nur meine Probanden betraf, sondern auch die Maschinen, die ich benutzte.

* * *

D: *Es gibt das Phänomen der „Erntekreise" oder „Konkreise", wie sie die Engländer nennen. Sie scheinen um alte heilige Stätten herum aufzutauchen. Gibt es eine Verbindung?*

Clara: Es entstehen sehr klare Energiemuster, einige davon durch die anderen heiligen Stätten der Erntekreise, der Kornkreise. Es gibt ein sehr eindeutiges Muster. Es ist so etwas wie dein – wie nennt man das? Anagramm?

D: *Es ist ein Rätsel?*

C: Ja, es ist ein Rätsel und es steht im Weizen geschrieben. Also ist das Rätsel für dich zum Ansehen und alles ist mit Energien gemacht. Wenn du dir also dieses „Anagramm", dieses Rätsel, ansiehst, ist es an dir, die Lösung zu finden.

D: *Kannst du mir sagen, wer oder was die Kornkreise erschafft?*

C: Alles, was ich sagen kann, ist, dass es positiv ist. Es ist für die Liebe, es ist zum Guten.

D: *Aber sind es außerirdische Wesen? (Nein.) Kannst du mir noch einen anderen Hinweis geben?*

C: Es sind die Energien innerhalb der Erde. Nur das kann ich sagen. Die Erde selbst.

D: *Und könnten sie von Wesen wie dir gelenkt werden? (Die Entität, die durch Clara sprach.) Weil ich dich für einen anderen Typ halte als jene, die sich in den Raumschiffen befinden.*

C: (Ein schlaues Lächeln.) Was denkst du denn? Das entscheidest du.

D: *(Kichert) Ich habe das Gefühl, dass du viel mehr Wissen hast. Aber dennoch sind einige der Wesen, mit denen ich auf dem Schiff gesprochen habe, auch sehr intelligent und sehr sachkundig.*

C: Ja, das sind sie. Sie sind sehr intelligente, sehr meisterhafte Wesen. Viele von ihnen haben auf ihrem Weg zu einer höheren Schwingung eine Erfahrung auf der Erde gemacht. Und haben sich dann von der Erde wieder auf jene anderen Planeten bewegt, von denen sie gekommen waren.

D: *Aber dennoch habe ich das Gefühl, dass es von höheren Kräften, als den Wesen auf dem Raumschiff gelenkt wird.*

C: Wir würden sagen, dass das die Wahrheit ist.

D: *Weil ich mir nicht vorstellen kann, dass die Erde selbst die Designs machen würde. Vielleicht mit der Energie der Erde, aber dass es nicht ...*

C: (Unterbricht) Das ist korrekt. Die Energie der Erde wird für diese Kreise genutzt.

D: *Und sie versucht, uns Nachrichten zu übermitteln. Ist es das, was du meinst?*

C: Ja. Sie hat versucht, uns Nachrichten zu übermitteln.

D: *Die Erde. (Ja, ja.) Aber einige Leute denken, dass es von Raumschiffen aus getan wird.*

C: Wir werden das so sagen: Es erfolgt von einer viel höheren und mächtigeren Quelle als den Raumschiffen.

D: *Ich war in einem Kornkreis. Und für mich sieht es so aus, als ob es dort definitiv einen Energiestrahl oder so etwas gegeben hätte, der den Weizen verbiegt. (Ja.) Weil er an einem zentralen Punkt zu beginnen scheint und von dort nach außen geht.*

C: Es ist eine sehr mächtige Kraft, viel mächtiger als ein Raumschiff, die dies mit der Energie von Mutter Erde schafft. Und es gibt dort eine Nachricht, wenn man die Nachricht innerhalb der Kreise entziffern und entschlüsseln will.

D: *Kannst du mir sagen, was die Botschaft sein könnte?*

C: Das ist ein Rätsel für dich. (Wir haben beide gelacht.)

D: *Als ich in den Kreisen war, fühlte ich mich sehr friedlich und spürte eine sehr positive Energie. Aber mir wurde gesagt, dass manche Leute beim Betreten der Kreise krank würden.*

C: Das hängt von dem Raum ab, in dem sich das Wesen befindet, auf seiner eigenen Reise, auf seinem eigenen Weg. Was sie fühlen werden, hängt davon ab, wo ihre Reise stattfindet. Wenn ihre Reise an einem Ort des Friedens und der Harmonie stattfindet, werden sie sich wunderbar und friedlich fühlen. Wenn sie innerhalb ihres Vertrages und auf ihrem Weg auf der Reise sind, wegen der sie hierherkamen. Sind sie es nicht, dann werden sie das Gefühl haben, dass sie sich bewegen wollen, dass sie sich von diesem Ort entfernen wollen. Da sie sich in ihrem physischen Wesen befinden, wollen sie sich an einen anderen Ort auf ihrer Reise bewegen. Also, wenn sie sozusagen im Negativen von ihrem Vertrag abweichen, dann werden sie sich in den Kreisen nicht friedlich fühlen.

D: *Dann würde das erklären, warum einigen Leuten übel war und sie sich krank fühlten. Und sie fühlten sich innerhalb der Kreise sehr unwohl.*

* * *

Diese Sitzung wurde in einer Frühstückspension im Nordteil Londons durchgeführt. Im Sommer 1992 unternahm ich meine erste Reise nach England und freute mich sehr darauf, die Kornkreise zu sehen, nachdem ich meine Vortragsverpflichtungen erfüllt hatte. Alick Bartholomew, mein Verleger in England, war auch im Vorstand der Kornkreisforscher. Er wollte mich zu den neuesten Kornkreisen mitnehmen, die in der Nähe von Milk Hill in Alton Barnes und im Bereich von Oliver's Castle gefunden worden waren.

Laura war eine attraktive Blondine und eine versierte Astrologin. Sie hatte keine Probleme und war nicht spezifisch auf der Suche nach irgendetwas bestimmten. Als die Sitzung begann, entwickelte sie sich zu einem ganz normalen und alltäglichen früheren Leben. Nachdem sie durch die Todessequenz geführt worden war, beschrieb sie die spirituelle Welt. An diesem Punkt begann eine andere Instanz durch sie zu sprechen. Dabei gab es eine Überraschung. Bei diesen Sitzungen muss man lernen, nie etwas als selbstverständlich hinzunehmen und immer wieder gewappnet für das Unerwartete zu sein. Ich lasse nie eine Gelegenheit aus, Fragen zu stellen, wenn das Wesen offenbar über Wissen verfügt.

D: *Darf ich eine Frage stellen? Wir sind sehr interessiert an den Kornkreisen, die hier in England manifestiert werden. Besitzt du irgendwelche Informationen darüber, wie sie erzeugt werden?*

L: Ja, wir haben diese Informationen. Sie werden als Teil eines Musters erzeugt, das jetzt in der Energiefrequenz der Erde platziert wird. Das Muster wird sich in das Bewusstsein vieler Menschen auf der Erdebene verbreiten. Dies wird innerhalb der Energiefrequenz um die Erde fortgesetzt. Jede einzelne Person, die sich mit diesem Frequenzmuster verbindet, wird aufgeladen. Ihre eigenen Frequenzen werden mit den Mustern im Kreis und anderen Konfigurationen interagieren.

D: *Wie werden sie erzeugt? Mit welcher Methode und sind Geräte daran beteiligt?*

L: Es gibt ein Energiefrequenzsystem. Und jeder Mensch wird sich seiner eigenen Frequenzen in seinem Körper bewusst. Du hast eine bestimmte Frequenz. Das ist dein eigenes Muster. Wenn du jetzt mit anderen Menschen interagierst, wirst du dir ihrer Frequenz bewusst. Ist dir bewusst, dass wenn du mit einer anderen Person auf deiner irdischen Ebene sprichst, du ihre Gesellschaft entweder genießen wirst oder dich von ihr trennen willst?

D: *Ja, das ist wahr.*

L: Aha! Das ist die direkte Interaktion der Energiefrequenzen. Und wenn du eine Frequenz der Kompatibilität wahrnimmst, kann diese Frequenz mit deiner eigenen interagieren. Und so kannst du dich mit den Denkmustern des anderen in Verbindung setzen. Es ist kein Zufall, dass man von Denkmustern spricht. Diese Frequenzen, diese Denkmuster, verbinden dich mit jeder anderen intelligenten Lebensform innerhalb der Galaxis, selbst innerhalb des Universums. So kommuniziert man, auch durch die Energieleitungen. Das ist es, was die Kornkreise und Konfigurationen erzeugt.

D: *Werden sie von Menschen in einem Raumschiff produziert?*

L: Das ist richtig, aber auch durch deine eigenen Denkmuster. Verstehst du das? Dolores, deine eigenen Denkmuster tragen zu diesem kompletten Kommunikationssystem bei.

D: *Muss ich deshalb um diese Zeit hier in England sein? Oder nehme ich das nur an?*

L: Nein, das nimmst du nicht an. Du hast recht. Warum sonst sollten wir dich mit den anderen Kornkreisforschern zusammengebracht haben? Denke daran, dass sich deine eigenen Frequenzen mit denen jeder Person, die du triffst, verbinden werden. Und so bleiben die Verbindungen erhalten. Bestimmte Raumfahrzeuge und Kapseln sind direkt mit den Gedankenfrequenzen aller Lebensformen auf eurer Erde und nebenbei mit vielen anderen Frequenzen verbunden.

D: *Also wurden die Designs wirklich durch Gedanken gemacht?*

L: Das ist eine Sichtweise. Es ist nicht immer einfach zu vermitteln, wie diese Kommunikation abläuft. Der einfachste Weg wäre, sich Gedankenwellenmuster vorzustellen.

D: *Mit anderen Worten, sie werden nicht von einer Art Maschine oder einem Strahl oder so erzeugt. Das war eine Theorie, die präsentiert wurde. Etwas Mechanisches.*

L: Es ist nicht mechanisch. Es gibt verschiedene Leute, die es mit Maschinen versucht haben. Sie sind bekannt. Aber die Maschine, von der wir sprechen, hat überhaupt keine Ähnlichkeit mit den eher physischen Maschinen, die auf eurer irdischen Ebene eingesetzt werden. Wir haben dieses Wort so verwendet, wie es in deinem Vokabular steht. Und es ist das passendste Wort, das wir finden konnten. Die Maschinen, die wir benutzen, sind weit anspruchsvoller und komplexer, als du es dir vorstellen kannst.

D: *Also betrachte ich es wahrscheinlich auf vereinfachte Art und Weise, aber ich wollte diese Fragen stellen, weil sie mir von den Leuten gestellt wurden. Dann ist es eine Kombination der Arbeit mit den Energien bestimmter Menschen, die diese Designs erschafft.*

L: Das ist richtig.

D: *Die Leute denken, dass die Designs wie eine Sprache wären und versuchten, uns eine Botschaft zu vermitteln. Gibt es eine Nachricht in diesen Kornkreisen?*

L: Die Botschaft, die vermittelt wird, ist, dass alle Menschen ihre Rolle zu spielen haben. Und welches Symbol du auch immer sehen möchtest, welches Werkzeug wir auch immer verwenden können, um eure Aufmerksamkeit zu erregen und eure Wellenmuster zu ändern, werden wir versuchen einzusetzen. Für einige ist es ein Strahl, so wie du den Begriff benutzt hast. Für andere sind es die alten Symbole. Für noch andere sind sie nur platt gedrücktes Getreide. Was auch immer benötigt wird, um eure Aufmerksamkeit zu erregen, wird verwendet werden. Denn sobald eure Aufmerksamkeit gewonnen wird, werden auch eure Gedankenmuster mit unserer Dimension interagieren können. Und dadurch kann jederzeit Unterstützung geleistet werden, um euch allen auf eurer irdischen Ebene zu helfen.

ABSCHNITT VIER

Schwingungen, Frequenzen und Ebenen

KAPITEL 9

DAS ERWACHEN

Ich führte in den 1980er Jahren zahlreiche Sitzungen durch, aus denen Teile in vielen meiner Bücher verwendet wurden. Andere Abschnitte verblieben in meinen Unterlagen, um auf ein thematisch passendes Buch zu warten, in das sie eingefügt werden könnten. Pam und ich besprachen viele Themen, während sie in tiefer Trance war. Unterschiedliche Entitäten kommunizierten während der Sitzungen durch sie, um uns Informationen zu geben und Fragen zu beantworten.

Während dieser Sitzung im Jahr 1988 sah sie ein Wesen in einer Robe, das sie an Vater Zeit erinnerte. Obwohl sie instinktiv wusste, dass es kein Geschlecht hatte, nahm sie sofort an, dass es männlich sei. Er war in weiße Gewänder gekleidet, leuchtete aber tatsächlich mit einer intensiven, inneren Energie. Wir fragten, woher er kam und die Antwort war: „Von jenseits des Jenseits. Oder, wenn du willst, aus der Halle des Immer."

D: *Weißt du, wer er ist?*

P: Nein. Er sagte, er sei eine der Essenzen, die sich manifestieren, damit wir die Kommunikation ermöglichen könnten. Und um es für mich einfacher zu machen, habe er sich in dichte und grobe körperliche Materie begeben, weil es für mich leichter sei, mit einem körperlichen Wesen zu sprechen, als nur mit leerem Raum in der Luft. Das ist nicht das erste Mal. Er ist vielen anderen in vielen anderen Zeiten auf diesem und anderen Planeten erschienen, sagt er, nicht nur, um Kommunikation zu ermöglichen, sondern auch, um zu inspirieren und zu trösten. Also ist das keine Arbeit, die leicht genommen wird und das ist keine einzelne Aktion. Aber nur zum Zweck der Kommunikation wird das selten getan.

Hauptsächlich taucht er in den Träumen und Tagträumen der Menschen zum Zweck der Inspiration und des Trosts auf.

D: *Wäre es richtig zu sagen, dass er wie ein Führer ist?*

P: Er findet, dass der Begriff „Führer" viel zu begrenzt ist, hat aber dann realisiert, dass unser Konzept des Führers begrenzt ist. Wenn wir erweitern würden, was wir uns unter einem Führer vorstellen, dann würde er diese Bezeichnung akzeptieren.

D: *Ich versuche, ihn in eine Art Kategorie einzuordnen, nehme ich an.*

P: Ja. Er sagt, das ist menschlich. (Sie lachte.) Er sagte, dass eines der Probleme, die wir als begrenzte Erdenwesen haben, ist, dass wir versuchen zu beschriften, zu kategorisieren und Dinge, die grenzenlos und ewig sind, in Schubladen zu stecken. Und das ist sehr einschränkendes Denken. Wenn wir das Denken über den Raum, der für immer weitergeht, über Zeitlosigkeit, Ewigkeit und unendliche Möglichkeiten üben würden, dann könnten wir uns vielleicht daran annähern, wie man „Führer" definiert. Genauso begrenzt es in gewisser Weise, wie wir über ein Wesen denken, wenn wir ihm ein Geschlecht zuordnen. Indem man irgendeine Art von Etikett auf etwas klebt, begrenzt man es. Er sagt, vielleicht wäre „Freund" eine bessere Bezeichnung für ihn, statt „Führer". Denn er möchte uns nicht führen oder leiten, sondern uns auf jegliche Art und Weise unterstützen, wenn wir darum bitten.

D: *Hat er jemals auf der Erde in einem physischen Körper gelebt?*

P: Nein, aber er ist eng mit den Erdenwesen verbunden, die um Hilfe gebeten haben. Das Vergessen, welches das Leben in menschlicher Form auf diesem Planeten begleitet, war für ihn nicht nötig.

D: *Dann hatte er nie das Bedürfnis, die Erfahrung zu machen, ein physisches Leben zu führen?*

P: Nie das Bedürfnis verspürt. Er sagt, er hat nur eine einzige Verantwortung, das Prinzip der Liebe zu manifestieren. Wenn er tatsächlich ein Mensch zu sein hätte, würde es ihn von seiner viel größeren Aufgabe ablenken oder diese verzögern.

D: *Ich denke an die verschiedenen Ebenen und Dimensionen und versuche, ihn physisch irgendwo unterzubringen.*

P: Wenn du den Planeten als Tischtennisball betrachten würdest. Und nach außen erstreckte sich eine weitere konzentrische Kugel, beispielsweise von der Größe einer Orange. Und dann dehnte sich von der, sagen wir, eine andere Kugel von der Größe eines Basketballs nach außen. Und dann immer weitere größere und noch größere Kugeln. Man könnte diese Kugeln

Ebenen oder Stockwerke nennen. Und in der Tat sind einige der Ebenen und Stockwerke so langsam und fast so dicht und vergesslich wie der Tischtennisball der Erde. Aber er hat diese Ebenen überschritten. Die Schwierigkeit liegt darin, diese Ebenen zu durchdringen, weil einige klebrig sind, statisch, fast wie Sirup. Wie Kleidung, die im Trockner aneinanderklebt. Er unternimmt mit liebevoller Absicht den Versuch, durch diese Ebenen bis zu den dichtesten vorzudringen, damit wir diese Kommunikation führen können. Aber in seinem normalen Bereich wird er von nichts festgehalten, was wir als „Ebene“ betrachten würden. Er ist Licht. Und Licht kann fast alle Ebenen durchdringen, möchte ich sagen. Seine Antwort war, dass Licht alle Ebenen durchdringen kann. Um die Aussage nicht einzuschränken.

D: *Durchqueren wir auch diese verschiedenen Ebenen, vom Tischtennisball nach außen, wenn wir unsere physischen Körper verlassen?*

P: Ja, das tun wir. Wie gesagt, es gibt klebrige Ebenen. Von uns gehen zu jeder Zeit Schwingungen aus, sehr viele Schwingungen. Diese gehen nicht bis zum Punkt X und hören dann auf. Sie fahren fort, sich in alle Richtungen auszubreiten und verflechten sich mit Schwingungen der anderen und von allem anderen. Jede Schwingung hat nicht nur Kraft und Gewalt, wie die Elektrizität zum Vergleich, sie hat auch Magnetismus. Unsere Schwingungen werden also von ähnlichen Schwingungen angezogen. Wenn z. B. ein hoher Prozentsatz unserer Gedanken auf einer bestimmten Schwingungsebene ist, dann können wir leichter von einer bestimmten konzentrischen Kugel angezogen werden. Wenn wir aber geübt haben, unsere Gedanken, Gefühle und Wünsche an das ‚Alles, was Ist‘, zu projizieren, an die größte Macht und Liebe des Universums der Universen, korrigiert er, dann können wir sehr viele Ebenen überschreiten, wie ein Fisch, der durch das Wasser gleitet, weil unsere Gedanken extrem starke Schwingungen sind. Diese extrem starken Schwingungen werden von gleichermaßen starken Schwingungen angezogen. Und wir können definitiv viele diese klebrigeren Ebenen überschreiten.

D: *Gibt es Barrieren, die uns davon abhalten, zu einer bestimmten Ebene zu gelangen?*

P: Unsere Gedanken, unsere Ängste, unsere Überzeugungen und unsere Absicht.

D: *Wären wir in der Lage, zu dem Niveau zu gelangen, von dem er kommt?*

P: Zu diesem Zeitpunkt können wir das mit unserem Bewusstsein tun, das immer auf dieser Ebene wohnt, ohne dass wir es wissen, die wir zu 99 % schlafen. Es gibt einen enormen Teil von uns, der immer im Reich des Lichts und der Ewigkeit wohnt. Es liegt in unserer Verantwortung, dies in den „wachen“ Zustand unseres Bewusstseins zu bringen.

D: *Ich glaube, dass wir so sehr auf unsere physischen Körper konzentriert sind, dass wir bis zu einem bestimmten Punkt hinausgehen würden, wenn wir sozusagen sterben und die Körper verlassen, um dann wieder zur physischen Ebene zurückzukehren.*

P: Das ist absolut möglich. Es hängt von deinem Fokus ab. Bewusste Gedanken sind die Energiequelle, die du und jeder andere Mensch besitzt. Die Gedanken, die du dir bewusst machst, werden ein wichtiger Faktor sein und bestimmen, wohin du gehst und ob und wie schnell du bewusst in die physische Form auf diesem Planeten zurückkehrst.

D: *Du sagtest, wir schlafen zu 99 %? Meinst du alle Menschen?*

P: Natürlich gibt es Menschen, die Verwirklichung durch ihr Denken, ihre liebevolle Absicht und ihren tatsächlichen Glauben an das ewige Liebeslicht geschafft haben. Es waren Menschen auf diesem Planeten, die definitiv in der Lage waren, die grobstoffliche physische Materie zu transzendieren und nicht zu „sterben“, wie du es gewohnt bist. Sie wurden als „aufgestiegene Meister“ bezeichnet, was ein humorvoller Begriff ist, denn es bedeutete nur, dass sie in der Lage waren, viele der klebrigen Schichten zu überwinden. Es scheint nicht möglich zu sein, tatsächlich noch in physischer Form auf dem Planeten zu sein und gleichzeitig im Licht zu arbeiten. Um also tatsächlich diesen Zustand zu erreichen, müssen wir das Materielle und Dichte abstreifen und das wurde von einigen Menschen erreicht. Es würde jedem Molekül des menschlichen Körpers erlauben, das Licht einzuschalten, sagen wir mal. Jedes Molekül würde vollständig zu Licht werden. Und durch das Einschalten des Lichts wird die Schwingung auf ein solches Maß beschleunigt, dass der Körper sowie das unendliche Bewusstsein diese Ebene transzendieren können.

D: *Dann verschwindet der Körper?*

P: Das ist richtig.

D: *Weil es keinen Bedarf an einem physischen Körper in der anderen Dimension geben würde.*

P: Er würde sehr ablenken. (Sie lachte.) Du weißt, die Erde hat Schwerkraft, die Objekte mit Gewicht festhält. Zum Reisen im Raum muss man etwas gegen Schwerkraft und Gewicht unternehmen. So haben sie tatsächlich die Fähigkeit zum Teletransport, wie durch wirbelndes Glitzern. Demontage und Remontage nach den Vorgaben ihrer bewussten Absicht.

D: *Es ist also so, als würde sich der ganze Körper auflösen. Ich weiß nicht, ob es das richtige Wort wäre. Verschwinden.*

P: Ja, verschwinden ist ausreichend. Es müsste ein sehr kontrollierter Zustand sein und nur in dem Sinne, dass diese Schwingungen auf eine Ebene erhöht werden könnten, die jenseits deines körperlichen Sehvermögens liegt. Das wurde jedoch nicht von Leuten gemacht, die du im Allgemeinen als normal betrachten würdest. Einige Menschen haben erkannt, dass sie tatsächlich Teil der Gotteskraft sind. Sobald sie in ihrem Bewusstsein zu dem Licht werden, das sie sind, haben sie die Fähigkeit, sich in ihre Moleküle zu zerlegen. Es gibt auch jene fortschrittlicher Natur, die ihre Moleküle neu anordnen können. Dies wäre jedoch nicht normal oder üblich. Es gibt sehr wenig Grund, die Moleküle wieder zu einer grobstofflichen, dichten physischen Form zusammenzusetzen. Einmal demontiert, bedeutet eine neuerliche Zusammensetzung, dass du auf irgendeine Weise einen Rückschritt machen musst.

D: *Einige Leute denken, dass dies eine Methode wäre, um dem Tod zu entkommen.*

P: Es gibt keinen Grund, dem Tod zu entkommen. Denn wie du siehst, existiert kein wahrer Tod im Sinne von etwas, vor dem du fliehen würdest. Es gibt keinen spirituellen Tod in diesem Sinne. Und der physische Körper muss natürlich nicht auf eine andere Ebene angehoben werden. Es wäre so wie der Versuch, deinen Mantel mitzunehmen, wenn du stirbst. Du brauchst ihn nicht, warum solltest du ihn mitnehmen? Es wäre nicht notwendig zu versuchen, einen Körper zu transformieren, um ihn auf die spirituelle Ebene mitzunehmen. Auf dieser Ebene gäbe es für ihn keine Funktion oder Verwendung. Wie auch immer, dies in inkarnierter Form zu versuchen, um mehr Wissen zu erlangen, während er noch gesund ist und noch funktioniert, ja, dann könnte er ein Werkzeug sein. In dem Sinne, dass es viele Erfahrungen betreffen könnte, die weit über das hinausgehen, was als normale oder alltägliche

Erfahrungen in Betracht gezogen werden. Aber auch hier gilt, an und für sich hat er keinen wirklichen Wert.

D: *Was ist mit der überlieferten Verklärung Jesu? War das sein echter physischer Körper?*

P: Dieser physische Körper wurde weit über die Ebene hinaus erhoben, auf der er zerfallen würde. Um den natürlichen Zerfallsprozess zu beschleunigen, war es notwendig, die Moleküle einfach durch einen fortschrittlichen Prozess der Energiestimulation zu trennen, sodass die Moleküle selbst zusammengebrochen sind. Das ist der natürliche Zerfallsprozess, aber beschleunigt. Als Jesus den Menschen nach Seinem „Tod“ erschien, war es Ihm möglich, Seine Frequenz, oder genauer gesagt, die Frequenz Seines Geistes oder Seiner Seele an jene anzupassen, die Ihn bezeugen würden. Er konnte sie so einstellen, dass Ihn nur eine einzige Person aus der Menge sehen konnte. Sie konnte auch so angepasst werden, dass Ihn die ganze Menge sehen konnte, wenn nötig. Und das wird oft an vielen verschiedenen Orten durchgeführt. Diese Erfahrung mit Jesus war nicht einzigartig.

Ich hatte viele Fälle, in denen Außerirdische in der Lage waren, dies zu tun. Sie sterben nicht, bis sie sich dazu entschließen, normalerweise, weil sie bereit sind, zu einem anderen Abenteuer in einem anderen Körper woandershin aufzubrechen. In diesen Fällen verschwindet ihr Körper oder wie sie sagen, er „entformt“ sich. Es wurde beobachtet, dass er in eine glitzernde Substanz oder in winzige Moleküle zerfällt. Ich hatte noch nie davon gehört, dass so etwas von einem Menschen gemacht worden war, denn normalerweise ist die einzige Möglichkeit die spirituelle Form, in der unsere Seelen die Körper verlassen können und die physischen Körper werden zurückgelassen, um sich zersetzen.

D: *Wenn die meisten Menschen sterben, verlassen sie den Körper auf der Erde und der Geist, die Essenz von ihnen, geht weiter.*

P: Das ist richtig. Das ist der Normalfall. Das Beispiel, das wir beschreiben, ist jemand, der nicht zu 99 % schläft. Dies wäre eine Person, die den Glauben, den Wunsch und die Absicht hat, das zu tun. Zu transzendieren und ihren Körper mitzunehmen. Andere Personen begehren auch diese Transzendenz, glauben aber nicht, dass sie das können. Deshalb können sie es auch nicht und ihr Körper muss physisch sterben. Dein Glaubenssystem ist ein Schaft aus

Stahl. Ohne wirklich zu glauben, dass dies möglich ist, ist es nicht möglich.

D: *Sie scheinen eine Bindung an den Körper zu haben, wenn sie ihn mitnehmen wollen.*

P: Du scheinst auch deine Frage beantwortet zu haben, dass es sich um eine wichtige Bindung an das Individuum handelt. Der menschliche Körper hat einen bestimmten Zweck, nämlich das Leben in dieser Form zu erleben. Er sagt etwas in dem Sinne aus, dass du um physische Form gebeten hast und jeder Mensch manifestierte sich auf diese Weise. Das ist die Bedeutung davon. Der Mensch ist nicht die einzige „Spezies" und das steht in Anführungszeichen und wird mit Humor gesagt. (Sie lachte.) Aber er ist auch nicht die einzige Spezies, die an eine physische Form gebunden ist. Du musst erkennen, dass die Menschen, die bewusst in der Lage waren, ihren physischen Körper zu, lass mich den Begriff „disassemblieren" verwenden, nicht im 99-prozentigen Schlafzustand waren. Wenn du in Wirklichkeit in dem Wissen und dem Glauben erwachst, dass du diese Ebenen oder Schichten des Seins transzendieren kannst und in der Lage bist, diese Leistung zu vollbringen, dann bist du auch zu der Tatsache erwacht, dass du dich nicht mit der schweren und dichten materiellen Ebene herumschlagen musst.

D: *Mir scheint, in der Lage zu sein, den Geist in so einem Umfang zu kontrollieren, wäre eine Art endgültige Lektion. Wäre das richtig?*

P: Lektion. Lernen. Scheint ein Problem der Semantik zu sein. Und das Wort „endgültiges" Lernen ist natürlich limitierend, denn dann denkst du, das ist das Ende davon. Aber in Wirklichkeit ist es die größte körperliche Lektion, die wir meistern können. Wenn sie vom Glauben des Herzens begleitet wird. Also muss sie über den Verstand hinausgehen. Der Verstand ist ein Werkzeug des Geistes.

D: *Aber wenn du gelernt hast, den Geist und den Körper in so einem Umfang zu kontrollieren, wäre es das finale körperliche Lernen.*

P: Es ist schwierig, weil wir wie Kinder sind, die sich dem Pazifischen Ozean nähern. Wir sind wie kleine Wesen, die auf ein riesiges Meer ohne Grenzen schauen. Und es scheint so groß zu sein. Sein Punkt ist, glaube ich, dass wir den Verstand als unser Werkzeug benutzen, um zum Geist zu gelangen. Aber in der Tat stellt sich heraus, wenn wir unsere Schläfrigkeit loslassen, dass der Geist derjenige war, der den

Verstand benutzt hat. Jedes Mal, wenn du den bewussten Gedanken hegst, deine Schwingung zu erhöhen, hat dieser Gedanke Macht und Kraft und Klarheit. Du hast dich auf das konzentriert, was du erreichen willst. Dieser Gedanke zischt los wie ein klarer, gerader Pfeil. Er hält nicht an. Jedes andere Bewusstsein, das sich dieses klaren, geraden Gedankens bewusst wird, kann Kraft hinzufügen. Aber die Tatsache, dass du ihn ursprünglich dachtest, bedeutet, dass du diese Bahnen entlang schießt, diese Autobahnen der Harmonie und der „erhöhten" Schwingungen. Erhöhte oder beschleunigte Schwingungen. Also jedes Mal, wenn du diese bewusste Anstrengung machst, erreichst du tatsächlich das, was deine Absicht ist, weil du den Glauben hast, dass es möglich ist. Du kannst es definitiv tun, während du eine physische Form hast. Wenn du deinem Verstand wirklich erlauben kannst, die Tatsache zu akzeptieren, dass wirklich jedes Molekül von allem Licht ist und Licht gleichbedeutend mit Liebe, kannst du das in dein Glaubenssystem integrieren und dann mit jedem Atom deines körperlichen Wesens arbeiten. Du kannst das Licht einschalten. Du kannst das Licht leuchten lassen. Durch dieses Einschalten des Stroms, durch das Einschalten des Lichts, indem du diese Schwingung beschleunigst, kannst du tatsächlich deine physische Form transformieren.

D: *Welche Schritte könnten wir dann zum Erwachen unternehmen, wenn die Menschen zu 99 % schlafen, wie du gesagt hast?*

P: Er sagte: „Großartige Frage!" Die Informationen wurden natürlich schon mitgeteilt, aber man muss sie sicherlich wiederholen. Wenn unser Geist das großartigste Werkzeug ist und wenn wir ihn in seiner vollen Kapazität nutzen wollen, dann wollen wir uns bewusst mit denen im Reich des Lichts verbinden. Also senden wir diese Schwingungen aus. Wir üben bewusst, an das Licht, die Weite, die Ausdehnung, an jenseits der Sterne zu denken. Glaub nicht, dass es irgendwo endet und dann gibt es noch etwas anderes. Schicke es einfach wie eine Satellitensonde aus. Wisse einfach, dass es zu dem werden wird, was wir vorhaben. Unsere Absicht ist dieser unglaublich starke lebendige Strahl, den wir aussenden können. Es muss jedoch diszipliniert und konzentriert durchgeführt werden. Es muss eine Art Kontinuität geben.

D: *Was sollen wir also jeden Tag tun?*

P: Konzentriere deine Gedanken bewusst auf das Licht. Nicht nur Licht ohne alles, sondern Licht, das aus jeder Zelle deines Körpers strahlt. Aus dem Planeten selbst, aus jeder Pflanze, jedem Tier, aus der Luft und dem Wasser. Denke daran, dass jedes einzelne Ding, mit dem du in Kontakt kommst oder an das du denkst, in seiner Essenz aus Licht besteht. Und der Kern des Lichts, die Grundlage, ist Liebe. Und Liebe ist eine Kraft, die von vielen Menschen missverstanden wird, die sie in eine ganz winzige, enge kleine Schachtel gepackt haben.

D: *Wie denkst du an Licht oder konzentrierst dich auf das Licht?*

P: Wie konzentriert sich der Mensch? Er lacht, weil er merkt, wie ungemein wichtig diese Frage ist und wie offensichtlich sie ihm scheint. (Sie lachte.) Er sagte, man solle nicht versuchen, sich etwas vorzustellen, wie beim Ansehen eines Films, sondern versuchen, sich vorzustellen, dass alle Dinge leuchten. Denke nur an das Leuchten. Vielleicht macht es das einfacher.

D: *Wie das Aura Sehen?*

P: Was ich sehe, wenn du diese Frage stellst, sieht Rauch sehr ähnlich, der aus allen Dingen hervorgeht. Wellen und Wirbel und Muster bildend und sich zerstreuend und weiter fließend. Also ist es ein leuchtender Rauch. Leuchtende Fasern, von denen in vielen amerikanischen Indianergeschichten gesprochen wird. Also, wenn du an leuchtende Lichtfäden denken würdest, vielleicht, falls du tatsächlich gesehen hast, wie die Aura für immer weiterging! Die meisten Leute denken von ihr, dass sie Dinge bloß umgibt, aber sie ist innerhalb, geht durch und durch und immer weiter. Sie durchdringt alle Dinge.

D: *Auf diese Weise wären wir alle verbunden, denn wenn sie für immer so weitergeht, würde jedes einzelne Licht sozusagen jedes andere überlappen.*

P: Das ist richtig. Die Analogie mit dem Wandteppich wurde nicht übersehen.

D: *Wie erklärst du die Analogie des Wandteppichs?*

P: Nicht ganz so einfach, weil ich befürchte, dass wir einen Wandteppich sehen könnten. Die Tapisserie scheint relativ flach zu sein, obwohl sie sich aus vielen Fasern zusammensetzt, die verwoben sind, sich an den Kreuzungen berühren und dabei Muster und Formen bilden. Der Wandteppich ist tatsächlich holografisch, sodass er sowohl Tiefe als auch alle anderen Dimensionen hat.

D: *Ich habe diese Frage gestellt, weil ich in den Raum gebracht wurde, wo der Wandteppich ist. (Beschrieben im Buch* Between Death and Life.*)*

P: Bitte beachte, dass dir Informationen über andere Menschen in der Form zur Verfügung gestellt werden, die sie am besten interpretieren können. Es gibt einen so liebevollen Versuch, den Menschen die unglaubliche Weite von ‚Allem, was Ist' zu vermitteln, bei dem Wesen viele verschiedene Analogien verwenden, die für die Person, mit der du sprichst, sichtbar werden. Und sehr real in ihrem Geist. Sie sind in der Tat Analogien, die zum Leben erwacht sind, wenn du so willst. Also tatsächlich zu glauben, dass es einen Raum für die Akasha-Chronik in solider Form gibt, ist wunderbar, es fühlt sich gut an und es ist eine gute Analogie.

D: *Viele dieser übereinstimmenden Analogien sind durch verschiedene Menschen gekommen.*

P: Das ist richtig. Aber er sagte, dass andere liebevolle Essenzen „die gleichen Bücher lesen". Wenn sie eine funktionierende Technik gefunden haben, einen Menschen für diese anderen Möglichkeiten und Bereiche zu öffnen, sodass sie die Daten verstehen und interpretieren können, dann werden gerne ähnliche Techniken bei unterschiedlichen Individuen eingesetzt. Ein Problem, mit dem wir bei der Arbeit mit dem Menschen konfrontiert sind, ist das Verifizieren, Validieren und irgendwie mit der Logik zurechtzukommen. Und das ist sehr begrenzt und völlig unnötig. Das Erwachen ist der Zweck. Das Erwachen zu der Tatsache, dass wir im wesentlichen Licht sind, wir sind Liebe. Jede Zelle unseres Körpers, jede Zelle und jedes Molekül von allem. Die Energiequelle, die alles Leben versorgt, ist Licht. Um also zu diesem Wissen zu erwachen und um den Wunsch zu haben, in diesem Bereich tätig zu werden und zu glauben, dass es möglich ist, sind alles Faktoren, die dich dorthin bringen werden.

D: *Dann werden wir vom Rad des Karmas erfasst, das uns hier festhält und uns daran hindert, zu transzendieren.*

P: Auf jeden Fall. Denn das ist der Schlafzustand auf dem Rad des Karmas. Und dieser Begriff bedarf auch noch vieler Klärungen. Aber aus Gründen der Kontinuität, auf dem Rad des Karmas schläft der Mensch und ist daher nicht bewusst.

D: *Sie realisieren nicht, dass sie aussteigen können.*

P: Das ist richtig. Das kann jedoch nicht ohne wahren Glauben erreicht werden. Siehst du, Überzeugungen sind Realitäten, genau wie Gedanken. Bis sie dem Licht ausgesetzt sind, sind Überzeugungen, sagen wir mal, wie Seile, die uns verbinden. Und unser größeres Selbst, ich muss sagen, es ist sehr verwirrend über Formen von größer und dann noch größer als das zu sprechen und dann wieder noch größer als dieses Selbst. Weil das größere Selbst, von dem ich spreche, sicherlich weder Lichtzellen hat, noch befindet es sich im Engelsreich. Das größere Selbst ist nur noch ein weiteres bewusstes Selbst, aber noch nicht in das ‚Alles, was Ist' ausgedehnt. Siehst du, hier ist die Terminologie für das Verständnis sehr wichtig. Ich wünschte, es gäbe noch einen anderen Begriff, den wir verwenden könnten. Vielleicht sollte ich es das „karmische" Selbst nennen. Denn das karmische Selbst ist dasjenige, das bestimmt, an welchen Ablenkungen wir festhalten.

D: *Für die Lektionen, die wir lernen müssen.*

P: Dass wir beschlossen haben, durch unseren Glauben lernen zu müssen. Wenn es irgendeine Lehre gäbe, die wir für andere Menschen aus dieser Sitzung ziehen könnten, wäre es die Kraft unserer Überzeugungen. Glaube ist ein zu schwieriger Begriff, um wirklich verstanden zu werden, selbst für den Menschen. Was ist Glaube? Er geht über das hinaus, was du über etwas denkst. Er ist das, was man denkt und fühlt und worüber man inneres Wissen hat. Aber er ist noch größer als das. Er widersetzt sich der Definition. Es scheint, dass Überzeugungen Autobahnen sind. Wir halten uns fest an diesen Autobahnen des Glaubens. Unsere Aufgabe als Wesen, die versuchen erleuchtet zu werden, ist, Glaubensautobahnen zum Licht zu senden. Überzeugungen sind sehr starke Gedanken, es ist so schwer, das zu artikulieren. Ich sehe, dass unsere Freundin denkt, eines der Probleme entstehe aus der Semantik. Wir neigen dazu, diese Autobahnen zu verengen, indem wir etwas so Riesigem und Grenzenlosem ohne scharfe Kanten ein Wort zuordnen.

D: *Warum werden all diese Informationen jetzt verfügbar?*

P: Zuerst gab es einen Ruf. Dies ist vor allem darauf zurückzuführen, dass wir an diesem Punkt in der Geschichte der Menschheit über augenblickliche Massenkommunikation verfügen. Viele weitere Menschen werden intellektuell der Möglichkeit gewahr, dass es größere Reiche gibt. Einmal intellektuell bewusst geworden, dass diese Möglichkeit besteht, will es der neugierige Mensch versuchen. So senden sie Verlangen und die Absicht aus und der entscheidende Punkt dabei ist: Sie bitten darum. Also gibt es zu diesem Zeitpunkt auf dem Planeten tatsächlich mehr Menschen, die um Kommunikation mit den unsichtbaren Bereichen bitten.

Es scheint jedoch eine interne Dringlichkeit zu sein, dass wir diese Informationen bekommen. Es gab in den Engelsreichen schon lange Zeit den Wunsch nach bewusster Kommunikation und Kontakt mit Menschen. Also ist diese Dringlichkeit nicht unbedingt eine neue Dringlichkeit. Den Wunsch der Engelsreiche gibt es schon seit sehr langer Zeit. Ich kann momentan nicht unterscheiden, ob es sich bei dieser Dringlichkeit um etwas lange Bekanntes handelt oder ob etwas unmittelbar bevorsteht. Eine mögliche planetare Katastrophe in Betracht zu ziehen, worüber viele als Grund für diese Kommunikation spekuliert haben, ist derzeit nicht beabsichtigt.

* * *

Pam: Es scheint, dass Gott, jene Kraft, das Kraftwerk von ‚Allem, was ist', das unter vielen Namen bekannt ist, aber wir werden das einfach als Kraft Gottes bezeichnen, auch Wissensdrang ist. Wissensdrang ist eine unglaubliche Kraft. Wenn wir also die mächtigste Kraft nehmen, die es gibt und nur einen Teil davon nutzen, ist Wissensdrang in der Lage, alles in physischer Form zu manifestieren, worauf die Kraft ihre Aufmerksamkeit richtet. Deshalb gibt es eine Vielzahl von Lebensformen, denn die Kraft Gottes ist eine sehr forschende Kraft. Und die Tatsache des Denkens überhaupt, wenn man an etwas denkt, bringt man es zur Manifestation. Der Gedanke erschafft und wir sind einer von sehr, sehr vielen Gedanken.

* * *

Phil: Es gibt Leben in allem, was es gibt. Es gibt natürlich auch das, was man unbelebt nennen würde. Die hier getroffene Unterscheidung geschieht jedoch auf einer Ebene, die weit über das menschliche Verständnis hinausgeht. Trotzdem ist es aus den höheren Ebenen des Bewusstseins betrachtet offensichtlich, dass alles in der einen oder anderen Form bewusst ist. Hier machen wir den Unterschied zwischen bewusst und lebendig. Aus deiner Sicht wäre es schwer, Bewusstsein auf dieser Ebene zu erkennen. Es ist jedoch wahr, dass alles, sogar Fels, Bewusstsein hat, aber vielleicht nicht auf einer Ebene, auf der du es wahrnehmen kannst. Und würde es so verstanden werden, dann könnte man sagen, dass, ja, in der Tat sogar die Felsen selbst lebendig sind, wenn dieses

Bewusstsein Leben konstituiert. Es gibt etwas, das man Lebenskraft nennen könnte, die getrennt und verschieden von dem ist, was wir Bewusstsein nennen. Aus deiner Sicht jedoch sind Bewusstsein und Leben insofern etwas enger miteinander verbunden, als sie ein und dasselbe zu sein scheinen.

* * *

Pam: Musik ist definitiv eine großartige Kunstform. Es ist eine Form der interstellaren sowie der planetaren Kommunikation.

D: *Kannst du erklären, in welcher Hinsicht sie interstellar ist?*

P: Klang ist eine Schwingung, wie du bereits weißt. Schwingungen verbreiten sich nicht nach außen und halten dann an einem Punkt X an. Eine Schwingung dehnt sich weiter aus. Es ist schwer zu verstehen, dass sich etwas für immer ausdehnen soll, weil unser begrenztes menschliches Gehirn nicht in Begriffen von Ewigkeit und Unendlichkeit denkt. Der Gesang eines Wals ist jedoch gestaltet, harmonisch und vollständig geplant. Und diese Schwingung setzt sich harmonisch, gestaltet und geplant fort. Deshalb verbreitet sie sich nach außen und diejenigen, die dieses Muster und diese Harmonie wahrnehmen können, tun es.

D: *Bedeutet das, dass Raumwesen den Gesang empfangen und verstehen können?*

P: Auf jeden Fall.

* * *

Phil: Es ist wirklich nicht nötig, etwas zu essen. Der Globus, auf dem wir leben, existiert in einem lebenden Plasma. In diesem Plasma sind alle Elemente, die für das Leben notwendig sind. Das geht über das hinaus, woran wir denken, wie Luft, Wasser, Licht. Aber es genügt zu sagen, dass alle notwendigen Nährstoffe auf der ganzen Erde in unsichtbarer Form vorhanden sind. Das Problem ist, dass dieses Plasma vom Denken und von der tatsächlichen physischen Verschmutzung beeinflusst wird und in vielen Teilen der Welt ist es nicht mehr rein. Jene, die du Außerirdische nennst, müssen nicht physisch essen. Sie können aus dem Kosmos Plasma unverschmutzte, unverzerrte Lebenskraft empfangen, (Das wurde im Buch *The Custodians* untersucht.)

D: *Viele der Raumwesen haben mir gesagt, dass sie keine Nahrung brauchen wie wir. Das scheint eine menschliche Eigenschaft zu sein. Sie können von Luft und Atmosphäre und Licht leben.*

Die Außerirdischen sagen immer wieder, dass unsere Körper immer leichter werden, um der Dichte unserer Dimension zu entkommen und dass sich unsere Ernährung ändert, um dies zu berücksichtigen. Kommen wir in den Zustand, in dem wir auch von Licht existieren können? Ist das der Plan?

* * *

Ein Teil einer Sitzung mit LeeAnn im Jahr 1989, von dem wir dachten, er wäre eine UFO-Erfahrung, denn daran hatten wir gearbeitet, zeigt, dass wir oft nicht das bekommen, was wir erwarten. Es zeigt auch, dass die Person oft nicht an Bord eines Schiffes mitgenommen wird, sondern irgendwohin sonst, aber definitiv nicht auf die Erde. (wie Clara in Kapitel 5)

LeeAnn erinnerte sich bewusst daran, ein schönes goldenes Licht zu sehen, gerade als sie schlafen wollte. Es hatte eine sehr warme, friedliche und beruhigende Atmosphäre, als sie weg driftete. Der Raum war dunkel, also konnte es nicht aus einer normalen Lichtquelle kommen. Sie erinnerte sich an Bruchstücke eines Traums, den sie in dieser Nacht gehabt hatte, über das Leben in einem sehr weißen, ganz sterilen Raum. In einer Szene des Traums sah sie ein Bild eines Vulkans oder von Lava und als sie erwachte, war das Wort „Hologramm" in ihrem Kopf.

Wir hatten bereits andere ihrer Erfahrungen erforscht, die sie gemacht hatte, nachdem sie geglaubt hatte, sie sei gerade eingeschlafen. Über eine davon wurde im Buch *The Custodians* berichtet, als sie an Bord eines Raumschiffes gebracht worden war. Ich erwartete eine Verbindung mit dieser Art Erfahrung und sobald sie in Trance war, führte ich sie in diese Nacht zurück, als sie gerade einschlafen wollte. Plötzlich war es nicht mehr dunkel, es war hell, aber sie konnte die Lichtquelle nicht mehr bestimmen. Dann sah sie sich selbst an einem Ort sitzen, der an ein Auditorium erinnerte, ohne zu wissen, wie sie dorthin gekommen war. Es war ein steriler sauberer Raum und sie saß auf einer Treppe, die an eine Tribüne erinnerte, abgesehen davon, dass sie solide geformt war. Die Räume waren mit durchsichtigen Wänden unterteilt, die nicht aus Glas waren, aber in unendlicher Menge vorhanden, ähnlich einem Spiegelkabinett. Die Atmosphäre war sehr friedlich und ruhig. Sie war überrascht, als ich sie fragte, wie sie gekleidet sei.

L: Nur mit Licht. Ich schätze, wie ein Gewand. Überhaupt nicht wirklich gekleidet, aber auch nicht ausgezogen. Ich weiß, dass es hier Leute gibt. Ich verstehe sie nicht, aber ich fühle sie. Also muss da jemand sein. Ich schaue umher und ich sollte sie sehen können.

D: *Wenn du sie fragen könntest, wie du dorthin gekommen bist, was wäre ihre Antwort?*

L: (Lange Pause) Das ist ein guter Witz. Ich muss mir das hier ausdenken. (Langsam, als ob man etwas hört und wiederholt.) Es ist eine Manifestation der Überschreitung der physischen Grenzen deines Körpers, um sich in die Bereiche der Raumzeit zu wagen. Wo die Einheit rief - das ergibt keinen Sinn - die Einheit des Universums. Das Ende des ganz Seins ... Das ergibt keinen Sinn.

D: *Es ist in Ordnung, wenn es keinen Sinn ergibt. Vielleicht können wir es später verstehen. Das ist die Antwort, die du bekommen hast?*

L: Ja. Was auch immer sie bedeutet.

D: *Bist du da im physischen Körper?*

L: Nein, ich schätze nicht.

D: *Dann bist du in einer geistigen Form dorthin gereist?*

L: Sie sagen etwas. Nun, der physische Körper ist nicht hier. (Lange Pause) Ich schätze, es geht um ... Ich verstehe es nicht, aber ich möchte sagen, was akkurat ist. Die Energie deines Geistes ist so beschaffen, dass du nur eine Kraft bist und durch die Dimensionen und durch den Raum reisen kannst, ohne tatsächlich zu wissen wie, schätze ich. Und wenn du bereit bist, dann bist du bereit. Und es geschieht nicht willentlich oder absichtlich. Du kannst es selbst nicht willentlich herbeiführen. Es passiert einfach. Je mehr du versuchst, dich bewusst zu bemühen, desto mehr läufst du mit dem Kopf gegen die Wand.

D: *Dann wird es nicht geschehen, bis man bereit ist.*

L: Richtig. Also brauchst du diese Trennung. Diese Denkweise, objektiv und subjektiv.

D: *Haben diese Wesen etwas damit zu tun?*

L: Ich schätze, das haben sie. Wir sind hier, um zu lernen, um zu dienen, denn sie verbreiten Licht und führen. Und um zu wissen, damit wir dienlich sein können.

D: *Das sind gute Dinge. Warum wollten sie, dass du hierherkommst?*

L: Weil es zu Veränderungen kommen wird. Veränderungen geschehen. In der Evolution des Planeten, alles zur Verbesserung des Planeten. In dem Zeitalter, in dem wir sind, muss den Menschen ihre Einheit mit dem Universum und dem Vater gezeigt werden, wie dir zum Beispiel. Und an diesem Punkt wird der Planet gesund sein. Wir haben ihr sehr viel genommen und sie missbraucht und jetzt muss sie gereinigt werden. Wir sind hier, um mit unserem Beispiel zu helfen, nicht durch Predigten. Und Freundlichkeiten bringen Freundlichkeiten hervor.

D: *Aber sie haben dir gesagt, dass es Veränderungen gibt?*

L: Ja. Ich will wirklich nichts darüber wissen, aber ich schätze, ich sollte.

Sie hielt inne, als sie etwas zu beobachten schien. Dann begann sie, Vulkanausbrüche und Erdbeben zu beschreiben. Auch Explosionen und Brände, die durch Gase aus dem Untergrund verursacht werden. Dort waren viele Tote, aber mittendrin sah sie ein Shuttle, das Menschen auf ein größeres Schiff höher am Himmel evakuierte. Sie sollten dann zu anderen Planeten in anderen Galaxien transportiert werden.

L: Sie kommen, um Hilfe zu leisten. Wir heben unsere Schwingungsebenen an oder sie erhöhen unsere Schwingungsebenen, jemand tut es, etwas tut es. Und dann bist du einfach nur „wusch“ dort oben. Und da du nur eine Energiekraft bist, schwingst du mit einer höheren Rate. Und die physische Dichte deines Körpers ist nicht mehr so dicht wie jetzt, aber trotzdem bist du dasselbe Sein. Ich schätze, man muss so sein, denn wenn man Planeten wechseln würde, hätten sie eine andere Atmosphäre, schätze ich. Es ist nicht so dicht und die Struktur deines Wesens muss sich ändern. Die Schwingungsebene muss sich mehr zu einer Lichtgestalt verändern, als diese dichte Sache, die wir sind. Und ich schätze, das ist es, was passiert. Und das ist die Wahrheit, denn die Menschen können das auch dann tun, wenn sie auf dieser Ebene sind. Sie können die Dichte ihres Körpers verändern. Und Menschen gehen durch Wände und so. Es gibt Menschen, die das tun, echte Menschen. Also schätze ich, wenn es eine höher entwickelte Spezies gäbe, oder „Wesen“ ist ein besseres Wort, wäre die besser in der Lage dabei zu helfen, das umzusetzen, was wir bereits wissen, weil du von Natur aus alles weißt. Und wenn man diese Schwingungsrate erhöht, würde das sowieso keine Rolle spielen, denn selbst wenn die physischen Körper gestorben wären, würden sie sowieso einfach woanders hingehen.

D: *Aber in diesem Fall nehmen sie den physischen Körper mit.*

L: Ja, aber sie ordnen die Partikel neu an, um sie für die Transmission anzupassen.

D: *Nehmen sie alle Überlebenden auf dem Planeten mit?*

L: (Traurig) Nein, ich schätze, das tun sie nicht. Ich würde gerne glauben, dass sie das tun würden. Viele physische Körper gingen durch die Zerstörung verloren. Sie nehmen nicht alle mit.

D: *Gibt es einen Grund dafür?*

L: Die Menschen, die weiter entwickelt sind, sind diejenigen, die mitgenommen werden. Ich kann das aber auch nicht glauben, denn es scheint nicht ganz zu stimmen. Ich schätze, doch. Wer bin ich, dass ich das beurteilen kann?

D: *Diejenigen, die weiter entwickelt sind, sind diejenigen, die den Übergang schaffen können.*

L: Ich schätze schon. Und ich sehe eine Rückentwicklung auf dem Planeten. Die physischen Menschen, die in einen primitiveren, animalischeren Zustand zurückkehren, in dem wir einmal waren.

D: *Du meinst die, die auf dem Planeten übrig sind?*

L: Ja. Weit zurück ... sogar noch vor den Höhlenmenschen.

D: *Gibt es einen Grund, warum sie sich zurückentwickeln?*

L: Danach ändert sich die aktuelle physikalische Atmosphäre auf dem Planeten. Und um das physische menschliche Leben zu erhalten, verändert sich die menschliche Spezies, weil der Planet immer dichter wird. Die Luft ist dichter von all diesen Dingen, die passieren. Die Dinge fangen einfach von vorne an. Ich kann nicht glauben, dass wir wieder von vorn anfangen.

D: *Nun vielleicht ist das eine Alternative. Vielleicht versuchen sie, uns die verschiedenen Dinge zu zeigen, die passieren können. Aber ist dies allen Menschen passiert, die auf der Erde übrig sind?*

L: Ich würde ungern „alle“ sagen. Nur weil es so lange dauern würde, bis alles ... Aber nein, nur ein paar, nur ein paar. Das ist es. Der rationale Verstand sagt, dass es wie ein Geburtsfehler ist, aufgrund dessen, was auch immer passiert ist. Und die Atmosphären haben sich verändert. Aber es muss höhere Lebensformen geben, menschliche Formen.

D: *Dann denkst du, dass sie dir zeigen, was mit einigen Menschen passieren würde, die überleben?*

L: Nein, nicht die Überlebenden. Das sind die Nachkommen der Überlebenden, schätze ich.

D: *Lass dir die anderen zeigen, die sich nicht in diese Richtung entwickelt haben.*

L: (Pause) Ich kann nicht sehen, wie solche Gegensätze existieren. Ich glaube nicht, dass ich noch auf der Erde bin. Die Leute sind zu leicht. Leicht in der physischen Struktur, fast wie der Geist eines Geistes. Sie ist nicht dicht genug, um die Erde zu bewohnen. Aber vielleicht wird nach der Veränderung dann die Erde der Himmel sein, richtig?

D: *Sind diese Leute, die du jetzt siehst, diejenigen, die mitgenommen wurden? Und sie existieren woanders?*

L: Die Menschen, die leichter sind, sind weiter entwickelt und werden mitgenommen. Ich weiß nicht, wer dieses Urteil fällen kann. Es ist ein sehr netter Ort. Ruhig. Eher gasförmig. Es ist eher eine gasförmige Existenz, mit Blau und Lavendel und Lila. Und du tust keine Dinge wie auf der Erde, weil du nicht gebunden bist. Du hast nicht mal Häuser. Und du hast Formen und Wissen wird erworben. Es geschieht nur durch Nachdenken. Es gibt keine greifbaren, soliden Bücher oder was auch immer. Es gibt nichts, was etwas Dichte hat, mit Ausnahme des Gaszustandes. Und es ist ein sehr freier, sehr schwebender Ort, an dem jeder nett und glücklich ist.

D: *Und es gibt keine physischen, festen Strukturen?*

L: Ja, da drüben sind welche. Diese kristallinen Dinge, von denen ich dir vorher erzählt habe. Ich glaube nicht, dass sie aus Glas sind. So schön, tatsächlich ist ihre Struktur eher verziert. Kristalltürme. Es gibt einige große Dinge, die strukturell mehr wie ein römisches Design mit Säulen zu sein scheinen. Sie bestehen nicht aus Marmor, wie die Römer bauten. Es ist ein bläuliches Glas, helles, blaues Glas. Es ist sehr schön.

D: *Wofür werden diese Strukturen verwendet?*

L: Ich schätze, sie werden zum Lernen verwendet. Das ist genau das, was hereinkam, bevor du die Frage gestellt hast, weil ich wusste, dass du fragen würdest. Aber das Lernen erfolgt durch Klang, nicht durch Bücher.

D: *Glaubst du, dass alle Menschen, die von den Schiffen weggebracht wurden, an diesen Ort gekommen sind, oder auch zu anderen Orten?*

L: Oh, nein, sie würden nicht alle hierherkommen. Sie würden alle nach Hause gehen. Aber nicht jeder ist von hier.

D: *Du meinst, all diese Leute kommen von anderen Orten? (Sicher.) Sind sie nicht ursprünglich von der Erde?*

L: Oh, ich bin sicher, es gibt einige Leute, die nur von der Erde kommen. Alles ist in diesem Bereich der Möglichkeiten. Aber nicht jeder wird auf diesen Planeten kommen. Wer weiß, woher wir kommen.

D: *Sie werden in eine Atmosphäre gehen, die ihnen vertraut ist?*

L: Ja. Ihr Zuhause. Jeder wird es tun, denn sie reisen in Gruppen, wieder mit den Schwiegermüttern vereint sein. (kichert) Familienmitglieder. Das ist endlos.

D: *Aber dieser Zustand ist nicht das, was wir den „Tod" nennen.*

L: Oh, nein, das ist ein physischer Zustand. Nicht so körperlich dicht wie der Körper hier dicht und physisch ist.

D: *Ich versuche, das zu verstehen. Alle diese Leute kommen an Bord, werden in irgendeiner Weise transzendiert, die Moleküle verändert und irgendwie an Bord dieses Schiffes genommen. (Ja.) Aber es waren nicht alle. Alle, die auf dem Schiff mitkamen, wurden in ihre Heimat zurückgebracht?*

L: Ja. Sie kamen auf die Erde, um bei der Evolution der Spezies zu helfen, weil sie im Laufe der Zeit die Gottheit vergessen hatte. Und so schickten sie andere, um bei dieser spirituellen Entwicklung zu helfen, die von Anfang an nicht vorhanden war. Ich schätze, das ergibt Sinn.

D: *Und es gab viele?*

L: Oh ja, sehr, sehr viele. Eine Seite von mir sagte, das wären die Leute, die wegen ihrer höheren Schwingungsrate ausgewählt wurden. Aber ich persönlich kann nicht sehen, wie jemand zurückgelassen werden kann. Aber wer soll das beurteilen? Gott in seiner göttlichen Weisheit könnte alle mitnehmen, weil wir alle eins sind.

D: *Ja. Aber siehst du, dass einer dieser Menschen zur Erde zurückgebracht wird, oder gehen sie alle woanders hin? Ich habe gedacht, dass es eine vorübergehende Sache ist.*

L: Die Menschen werden zur Erde zurückgebracht werden, Menschen, die sich dafür entscheiden, zurückzukommen. Denn was ich jetzt sehe, ist die sehr primitive Art der Kultur. Und ich schätze, die Leute, die zurückgebracht werden, sind die Menschen, die für ihre eigene Entwicklung zurückkehren wollen, die wissen, dass der Planet Dinge zu bieten hat, die sie lernen oder an die sie sich erinnern wollen. Und die Leute, die zurückkommen, denke ich, werden für eine Weile die Führer oder die Lichtwesen sein. Um wem zu helfen, weiß ich nicht, es sei denn, eine andere Spezies wird sich entwickeln.

D: *Werden diese Menschen von den Schiffen in dem physischen Körper zurückgebracht, mit dem sie die Erde verlassen haben?*

L: Nein, ich sehe sie nicht in dem physischen Körper, in dem sie aufgebrochen sind. (Sie seufzte.) Nein, sie werden nicht in ihren Körpern sein. Es wird eine hoch entwickelte Spezies geben und eine nicht so weit entwickelte Spezies. Es ist fast so, als würden die Engel nach der neuen Art sehen, die hier sein wird. Und wenn sie im Einklang sind, dann ... Ich weiß es nicht. Ich denke, der Planet wird ganz anders sein. Keine Ahnung. Ich weiß es nicht. Ich weiß es nicht.

D: *Du sagtest, du hättest die Überlebenden gesehen, die sich in einen primitiven Zustand, wie Tier-Menschen, zurückentwickelt haben. Wird die ganze Welt so sein oder gibt es solche, die die Zivilisation fortsetzen werden?*

L: Es scheint, dass die Zivilisation wieder von vorne beginnt.

D: *Du siehst keine Fortsetzung, vielleicht in isolierten Teilen der Welt?*

L: Nein. Die Welt ist in einen Zustand zurückgekehrt, in dem es keine Gebäude und Einrichtungen, Technologie und Autos und Flugzeuge mehr gibt. Zurück in einen Zustand, in dem alle Büsche nur knospen und die Bäume gerade erst anfangen zu wachsen. Es ist fast wie ganz am Anfang. Als ob man in den Wald geht und ein winzig kleines Stück Wald findet, in dem keine Leute gelaufen sind oder gestört haben und alles ist sehr neu und sehr frisch. So ist der ganze Planet.

D: *Glaubst du, dass alles zerstört wurde?*

L: Das ist lange her. Gleich danach ... was sehe ich? Ich verstehe, dass es mehr Wasser auf dem Planeten gibt. Oder mehr Landmassen, die vom Wasser bedeckt sind.

Dann bat ich sie, zu beschreiben, wie die Welt jetzt aussah, die Teile der Kontinente, die über Wasser bleiben würden. Das Erstaunliche war, dass sie fast genau das Gleiche beschrieben hatte, das ich im Buch *Conversations with Nostradamus, Volume II,* berichtet habe. Sie hätte diese Informationen nicht aus dem Buch bekommen können, weil es noch nicht veröffentlicht war, als wir 1989 diese Sitzung hielten.

D: *Das könnten Möglichkeiten sein. Es müssen keine konkreten Wahrheiten sein. Nun, hast du einen Ratschlag?*

L: Der Ratschlag ist sehr einfach und wurde über die Jahrhunderte gelehrt. Behandle andere so, wie du willst, dass sie dich behandeln.

Diese Goldene Regel findet sich in den sieben Weltreligionen unseres Planeten:

BRAHMANISMUS: Das ist die Summe der Pflichten: Tue anderen nichts an, das dir Schmerzen bereiten würde, wenn es dir angetan würde. (Mahabharata 5:1517)
BUDDHISMUS: Verletze andere nicht auf eine Weise, die du selbst verletzend finden würdest. (Udana Varga 5:18)
KONFUZIANISMUS: Es ist sicherlich die Maxime der liebenden Güte: Tue anderen nicht das an, was du nicht willst, dass sie dir antun. (Analoge 15:23)
TAOISMUS: Betrachte den Gewinn deines Nachbarn als deinen eigenen Gewinn und den Verlust deines Nachbarn als deinen eigenen Verlust. (T'ai Shang Kan Ying P'ien)
ZOROASTRISMUS: Die Natur allein ist gut, die sich zurückhält, anderen etwas anzutun, das nicht gut für sich selbst ist. (Dadistan I dinik 94:5)
JUDAISMUS: Was du hasst, das tue nicht deinen Mitmenschen an. Das ist das ganze Gesetz, der Rest sind Kommentare. (Talmud, Shabbat 31a)
CHRISTENTUM: Alle Dinge, die diese Menschen für euch tun sollen, tut ihr sie auch ihnen; denn das ist das Gesetz und das ist das Gesetz des Propheten. (Matthäus 7,12).
ISLAM: Niemand von euch ist ein Gläubiger, bevor er auch für seinen Bruder ersehnt, was er sich wünscht. (Sunna)

D: *Manchmal enthält der einfachste Rat die größte Weisheit.*

L: Wenn sich die Schwingungsrate des Planeten ändert, weil Menschen freundlicher werden oder Gott in jedem erkennen, wird sich die Schwingungsrate des Planeten ändern. Und indem wir diese Ebene herstellen, wird der Planet Erde bis zu einem gewissen Grad geheilt sein. Und die Reinigung, die stattfinden sollte, weil wir den Planeten misshandelt haben, muss nicht unbedingt passieren. Danke dem Planeten für seine Güte, denn es gibt keine Trennung zwischen uns und unserem Planeten. Schaffe diese Trennung nicht. Wir sind alle eins zusammen. Der Planet, wir, der Vogel, der Hund, es gibt keine Trennung zwischen irgendetwas. Nur die Unterschiede in der

Manifestation der Form. Und wenn die Leute das erkennen würden, dann hätten wir den Himmel auf Erden.

Als LeeAnn erwachte, beschrieb sie ihre Wahrnehmung des Orts, an dem sie sich unmittelbar nach dem Einschlafen befand.

L: Es sah aus wie ein Spiegelsaal, aber es war kein Glas, denn wenn du in einen Spiegel schaust, siehst du immer wieder das Spiegelbild. Es war mehr wie ein Tunnel in dem du weiter nach unten sehen kannst und er war in Abschnitte unterteilt. Der Raum war rund oder gekrümmt mit diesen geformten Stufen und vor mir begann die Halle.

Da sie bereits früher das Konzept eines Hologramms erwähnt hatte, fragte ich, ob dieser Spiegelsaal etwas mit der Projektion der Katastrophenbilder zu tun hatte, die sie sah. Ich erklärte ihr das Konzept. Sie wusste nicht einmal, was ein Hologramm ist.

D: *Anscheinend solltest du das aus irgendeinem Grund sehen. Stört es dich?*
L: Nein. (lacht) Ich habe es erfunden.

Ich lachte. Dies war der beste Weg, etwas zu integrieren, das verstörend sein könnte. Nimmt es der Proband nicht zu ernst, wird sein Leben nicht beeinträchtigt. Wenn sie später bereit sind, tiefer zu forschen, wird ihr Geist besser in der Lage sein, damit umzugehen.

LeeAnn wusste nicht, dass ich mit anderen an Karten der Erdveränderungen gearbeitet hatte und dass wir uns auf die gleichen Formen der Kontinente und Umweltbedingungen konzentriert hatten, die sie beschrieben hatte. Später habe ich sie mitgenommen, um eine andere Teilnehmerin des Projekts zu treffen. Als sie mit Beverly über diese Dinge sprach, war sie erstaunt, dass einige der Dinge, an die sie sich erinnerte, mit dem übereinstimmten, was Beverly erfahren hatte. (Beverly war die Künstlerin, die Karten der Erdveränderungen in *Conversations with Nostradamus, Volume II,* angefertigt hatte.)

Auch wenn es große Ähnlichkeiten gibt, ziehe ich es vor zu denken, dass diese katastrophalen Szenen alternative Zukunft, Wahrscheinlichkeiten und Möglichkeiten anstatt von Gewissheiten sind. Ich will nicht, dass dies unsere Zukunft ist und wir können den Rat befolgen, die Erde wie ein Lebewesen zu behandeln und freundlicher zu ihr und zueinander zu sein. Vielleicht können wir dann diese Art Zukunft abwenden.

Anscheinend gehen die Außerirdischen kein Risiko ein. Sie bereiten sich auf die schlimmsten Szenarien vor. Vielleicht verstehen sie die menschliche Natur besser als wir.

KAPITEL 10

DER ORT, DER „ZUHAUSE“ GENANNT WIRD

Einige Probanden sind während dieser Art Therapie unerwartet woanders hingegangen, anstatt ein vergangenes Leben aufzusuchen. Es ist definitiv nicht die Erde, sondern jeder von ihnen betrachtet den Ort emotional als sein „Zuhause“. Oftmals scheint es eine so feindliche Umgebung zu sein, dass diese Beschreibung schwer nachzuvollziehen ist, aber es ist nicht zu leugnen, welche starken Emotionen die Probanden fühlen, wenn sie den Ort wieder sehen. Das erste Mal war dies bei Phil in *Keepers of the Garden* der Fall, als er den Planeten der drei Türme sah. Die emotionale Verbindung war überwältigend. Es ist mit Clara in Kapitel 5 wieder geschehen, als sie einen ähnlichen Planeten mit Strukturen wie Türme sah. Sie zeigte auch eine starke emotionale Reaktion. Würden wir die Existenz der Reinkarnation leugnen, wäre das schwer zu erklären. Wenn die Person nur ein Leben auf dem Planeten Erde lebte, würde dies als das einzige Zuhause betrachtet werden, das sie je gekannt hatte. Warum sollte sie eine so starke emotionale Verbindung zu einem trostlosen fremden Planeten haben, der gar keine Ähnlichkeit mit der Erde hat? Wenn sie diese Orte wiedersehen, haben sie Heimweh und große Sehnsucht danach, dortzubleiben, anstatt in ihr heutiges Zuhause auf der Erde zurückzukehren.

Ich nenne diese Menschen „Sternenkinder“, obwohl mir klar ist, dass es sich um einen weitläufigen Begriff handelt. Sie betrachten *diesen* Planeten als fremde Umgebung. Sie wollen nicht hier sein. Sie sind sanfte Menschen und verstehen nicht, wie die Menschen so herzlos zueinander sein können und wie es so viel Gewalt auf der Welt geben kann. Sie sehnen sich danach, „nach Hause“ zu gehen, obwohl sie nicht wirklich wissen, wo

„Zuhause“ ist. Wenn sie in Trance sind, sagen sie in den meisten Fällen, dass sie ihr erstes Erdenleben erleben, oder nur wenige gelebt haben. Jedes dieser Sternenkinder sagt, dass sie sich freiwillig gemeldet haben, hierherzukommen und das Leben in der Hoffnung zu erleben, dass sich ihre Lebenskraft, die in der Vergangenheit keine Gewalt gekannt hatte, positiv auf die Erde auswirken wird. Sie werden als Infusion oder Transfusion von neuem Blut bezeichnet. Sie haben sich freiwillig gemeldet, doch sie wissen das nicht bewusst und sind daher sehr unglücklich hier. Viele von ihnen versuchen, Selbstmord zu begehen, um dem zu entkommen, was sie als eine unerträgliche Situation empfinden.

Da meine Bücher in viele Sprachen übersetzt wurden, erhalte ich nun Post von Menschen auf der ganzen Welt, die die gleichen emotionalen Erfahrungen gemacht haben. Sie dachten, sie wären die Einzigen auf der Welt, die solche Gefühle hatten und fühlten sich wirklich allein, weil diese Gefühle für ihre Familie und Freunde keinen Sinn ergaben. Es war eine wunderbare Offenbarung für sie, meine Bücher zu lesen und zu entdecken, dass sie nicht alleine waren, sondern viele andere tatsächlich die gleichen Turbulenzen durchmachten.

Seit ich Ende der 80er Jahre begonnen hatte, mit Phil zusammenzuarbeiten, entdeckte ich viele dieser Sternenkinder auf der ganzen Welt. Einige machen die gleichen Emotionen durch, wie Phil. Andere scheinen sich angepasst zu haben und sind recht gerne hier. Letztere sind jünger, also vielleicht werden die Kräfte, die sind, besser darin, ihnen beim Anpassen zu helfen. In jedem dieser Fälle sagte jedoch ihr Unbewusstes, der Hauptgrund für ihr Hiersein wäre, als Energieleitung zu wirken, die zum jetzigen Zeitpunkt für die Evolution der Erde benötigt wird. Sehr viele haben mir gesagt, dass wir es mit dramatischen Veränderungen zu tun bekommen, wenn die Erde ihre Schwingung ändert und sich darauf vorbereitet, das Bewusstsein der Menschen unseres Planeten in eine höhere Dimension zu bewegen. Die Energie der Sternenkinder wird benötigt, um diesen Übergang zu stabilisieren.

Während einer Sitzung sagte ein Mann, dass er den Ausgleich seines Karmas abgeschlossen habe und nicht hier sein müsste, sondern Teil des Kollektivs wäre, das von der Quelle geschickt wurde. Andere sind Sammler von Informationen, obwohl dies ihrem Bewusstsein unbekannt ist. Ein Beispiel dafür war eine Prostituierte in London, die im Jahr 2000 von ihrer extrem traumatischen Kindheit und ihrem Leben berichtete. Sie wollte definitiv nicht in der körperlichen Welt sein und hatte versucht, sich umzubringen, um sie verlassen zu können. Doch in Trance sagte sie, sie wäre geschickt worden, um Informationen über menschliches Verhalten zu sammeln. Wer kann diesen Aspekt der Menschheit besser untersuchen als eine Prostituierte? Eine weitere Klientin versuchte Selbstmord auf eine subtilere Weise. Ihr Körper tötete sie langsam, da alle ihre Organe ernsthafte Probleme entwickelten. In Trance beschrieb sie, dass dies nicht ihr zu Hause sei und ging zu ihr „nach Hause", wie sie es wahrnahm: eine schöne Wasserwelt, in der sie zufrieden und sorglos schwamm. Als sie in diese Welt geschickt wurde, um einen schweren, dichten Körper zu bewohnen, rebellierte sie gegen ihn und versuchte, bei dem vergeblichen Versuch, nach Hause zurückzukehren, diesen Körper zu zerstören.

Vieles davon ergab für mich in den Anfangszeiten meiner Arbeit keinen Sinn. Später, als ich kompliziertere Informationen über Dimensionen und andere Realitäten erhielt, begann ich, eine seltsame Art von Logik zu erkennen. Während ich immer weitere dieser Informationen verinnerlichte, stieß ich, oft unter ungewöhnlichen Umständen, auf immer mehr Seelen dieser Art.

Ich traf auf zwei Fälle von Probanden, die die Zerstörung eines Planeten erlebten. In Singapur hatte ich 1999 einen Fall mit einer Chinesin, die ihr ganzes Leben lang ein unglaubliches Gefühl der Traurigkeit begleitet hatte. Ihre Eltern bemerkten, dass sie als Kind nie lächelte. Sie hatte auch ein fast schmerzhaftes Gefühl der Schwere im Brustbereich. Während der Sitzung sah sie ihren Heimatplaneten explodieren. Der Schock verursachte die Schmerzen im Brustbereich und die Traurigkeit wurde durch die überwältigende Erkenntnis verursacht, dass sie niemals „nach Hause" zurückkehren würde und dass alle Menschen tot waren, die sie gekannt hatte.

Dieser Fall war stichhaltiger, da Literatur über UFOs und Paranormales in Singapur nicht ohne weiteres verfügbar ist. Ich war eine der ersten Autorinnen, die dort in einem neu eröffneten metaphysischen Zentrum referierten. Die Regierung hat sehr viel Kontrolle darüber, über welche Art Material geschrieben oder referiert werden darf. 1999 war das erste Jahr, in dem Gespräche dieser Art erlaubt waren. Trotzdem sagte mir der Besitzer des Zentrums, dass ich über alle meine Bücher referieren konnte, außer über UFOs. Ich habe jedoch meine UFO-Bücher mitgebracht und alle verkauft, also habe ich es geschafft, die Informationen ins Land zu bringen. Meine Klientin kannte solchen Schriften nicht und sie war schockiert von der Sitzung, weil sie eine so seltsame Erklärung bot, die sie sich kaum selbst hätte ausdenken können.

Im Jahr 2000 stieß ich in Memphis auf einen weiteren Fall ähnlich drastischer Konsequenzen. Eine Frau erlebte sich als Mann, der mit einem kleinen Schiff auf einem Planeten landete. Draußen erschrak sie sehr, als sie herausfand, dass der Sand und der Boden einer unglaublichen Hitze ausgesetzt gewesen waren, die sie in eine glasartige Substanz verwandelt hatte. Sie merkte an, dass es sich um eine unglaublich starke Wärmequelle gehandelt haben musste, um dies zu bewerkstelligen. Als sie die Ruinen einer Stadt sah, fing sie heftig zu weinen an. Nichts war übrig, außer schrecklich verdrehten und verbrannten Gebäudefassaden. Es gab nirgendwo ein Anzeichen von Leben und sie wusste, dass alle so vollständig verbrannt waren, dass nicht einmal Knochen übrig geblieben waren. Alle waren vollständig verbrannt. Das war ihr (sein) Zuhause und er erwartete, Familie und Freunde zu finden, aber niemand war da.

Sie war von Emotionen überwältigt und es dauerte eine Weile, bis sie sich daraus befreien und objektiv werden konnte. Er suchte auch anderorts nach Leben, aber überall herrschte vollständige Zerstörung. Von der Vegetation waren nur Pflanzen mit schwertartigen spitzen Blättern übrig geblieben. Dann erinnerte er sich, dass er die Ursache der Zerstörung gesehen hatte. Von einem größeren Schiff aus hatte er eine enorme Explosion mit riesigen, wogenden grauen Wolken gesehen, die von der Oberfläche aufgestiegen waren. Anscheinend war das die Ursache, aber er wusste nicht, warum es passiert war. Er entschied sich dafür, unten nachzusehen und entdeckte die schreckliche Zerstörung seines Heimatplaneten. In seiner Verzweiflung wollte er nur davon wegkommen und zum größeren Schiff im Orbit zurückkehren.

Er war völlig verzweifelt und weinte, als er an das größere Schiff andockte. Er hatte vergessen, wie man es betritt (wahrscheinlich wegen seines emotionalen Zustands). Als er sich schließlich etwas entspannte, befand er sich plötzlich im Inneren. So sollte er eintreten, indem er seinen Geist benutzte. Komplett ausgelaugt und von Emotionen überwältigt, ging er in sein Quartier und legte sich auf etwas, das einem Fenstersitz ähnelte. Er wollte nur schlafen und von der furchteinflößenden Szene wegkommen.

Wir konnten der Geschichte nicht weiter folgen, weil er sich in den Schlaf und das Vergessen zurückzog. Anschließend bearbeiteten wir weitere Themen, die sich auf die Probleme des Probanden bezogen. Diese Fälle zeigen, dass die Zerstörung eines Planeten in der unglaublich langen Geschichte des Universums öfter aufgetreten ist und das kann sich als extreme Traurigkeit in dieses Leben übertragen, einem Gefühl der fehlenden Zugehörigkeit oder der Sehnsucht, „nach Hause“ zu gehen, aber nicht zu wissen, wo das ist. Die Zeit der Anpassung an eine neue Welt ist oft sehr schwierig und in den Aufzeichnungen des Unbewussten verborgen.

* * *

Dan war ein hartnäckiger und eindringlicher junger Mann aus Australien. Er schickte mir E-Mails aus verschiedenen Ländern und fragte nach meiner Reiseroute, um mich in den USA treffen zu können. Er war auf einer Trekkingreise in Südamerika und wollte im Juni 2000 in die USA kommen. Ich versuchte, ihn davon abzuhalten, in die USA zu kommen, nur, um mich zu sehen, aber seine E-Mails blieben hartnäckig. Er plante, in Los Angeles anzukommen und ein Auto zu mieten, um zur selben Zeit nach Chicago zu fahren, zu der ich auf einer Rutengänger-Konferenz sprechen würde. Er sagte, falls er mich verpasste, würde er mir nach Arkansas nachreisen. Also stimmte ich zu, mit ihm zu arbeiten und eine Sitzung zur selben Zeit zu vereinbaren, zu der er seine Ankunft plante. Ich entmutige diese Art Verhalten, aber da er hartnäckig darauf bestand und so weit gereist war, hatte ich das Gefühl, ich sollte eine Ausnahme machen.

Er wohnte in einem Hostel in der Nähe des Convention Centers und kam am nächsten Morgen wegen des Verkehrs etwas verspätet an, also konnten wir nicht pünktlich beginnen. Wir merkten erst später, wie wichtig das war. Der Organisator der Konferenz erlaubte mir, seinen Raum für private Sitzungen zu nutzen, weil wir in einem Privathaushalt in nächster Nähe des Tagungsortes übernachteten (zusammen mit mehreren anderen). Ich hatte zwei Sitzungen pro Tag geplant und Dan war an diesem Tag der Einzige, weil es der letzte Tag der Konferenz war.

Während der Diskussion vor der Sitzung sagte er mir, dass er aus Australien stamme, aber einen wunderbaren Job als Grafikdesigner für ein großes Unternehmen in London angenommen habe. Der Job hatte gut angefangen, aber nach einer Weile hatten der Zeitdruck, das Leben in der Großstadt, etc. ihren Tribut gefordert. Das beeinträchtigte seine Gesundheit. Anstatt nach Australien zurückzukehren, beschloss er, seinen Job zu kündigen und zu reisen. Weil er ein wertvoller Mitarbeiter war, stellte ihn sein Chef frei und sagte ihm, er könne wieder an die Arbeit gehen, wenn er sich von alldem befreit hätte. Darum fuhr er zuerst nach Südamerika und reiste mit dem Rucksack über den ganzen Kontinent. Seine Freundin begleitete ihn auf einem Teil der Reise, aber die rauen Lebensbedingungen waren für sie nicht ansprechend und sie verließ ihn schließlich in Argentinien. Er setzte den Rest des Abenteuers alleine fort und kam letztendlich in den USA an. Er hatte sein Reisebudget kontrolliert und sich dafür entschieden, aus den Vereinigten Staaten nach Australien zurückzukehren. Wir hatten während dieser Sitzung mehrere Dinge zu erforschen.

In meiner normalen Routine steigt die Person von einer Wolke herab und befindet sich dann in einem angemessenen früheren Leben, das wir erforschen können, um die Ursachen ihrer Probleme zu finden. Aber anstatt in ein Leben auf der Erde herabzusteigen, fand sich Dan woanders wieder.

Dan: Ich habe die Wolke verlassen, aber ich bin nicht hinabgestiegen. Ich sehe ein großes, helles Licht mit einer Silhouette. Und diese Lichtstrahlen kommen durch die Silhouette wie leuchtende Splitter, sodass ich keine Details sehen kann. Ich fühle mich, als wäre ich im Weltraum.

D: *Aber du kannst auch durch den Raum schweben, wenn du dorthin willst.*

Dan: Ich stelle mir irgendwie diese Tür im Raum vor. Also vielleicht sollte ich da hinübergehen. Ich fühle mich, als würde ich gegen eine Strömung schwimmen, um an die Sache heranzukommen. Es ist fast so, als ob mein Geist mir nicht erlaubte, dort hinüberzugehen. Oder ich weiß nicht, wie.

Ich habe Vorschläge gemacht, die bestätigten, dass er sicher und geschützt wäre und in Sicherheit alles erforschen könnte, was er wollte.

Dan: Ich bin mir nicht sicher, ob ich durchgegangen bin oder nicht, aber jetzt kann ich einen massiven, massigen, wirklich riesigen grünen Planeten sehen. Er ist hauptsächlich im Sonnenschatten, sodass ich nur den Rand sehen kann. Er ist sehr weit weg. Es gibt schöne Sterne dahinter und eine helle Sonne ganz weit links. Und die wirft einen Schatten. Ich kann den Rand des Planeten sehen und der hat ein wunderschönes Grün, wie ein Smaragd. Ich sehe eine Textur. Er ist nicht glatt, sondern sieht holprig aus, wie ein Mond aus einer Science-Fiction Geschichte. Ich fliege über eine Wüste zwischen einigen Strukturen, die den Zweck haben, als Tor, als Marker zu dienen, wenn du so willst.

D: *Sind sie Teil einer Wand?*

Dan: Nein. Da sind zwei Säulen. Nicht viel anders, als das Washingtondenkmal, aber sandfarben und Seite an Seite. Wie eine Tür, aber ohne einen Sturz oder eine Tür als solche. Es sind nur Markierungen.

Hier war wieder ein Planet mit charakteristischen turmartigen Strukturen als vorherrschendes Merkmal.

D: *Um durch diese Tür zu fliegen?*

Dan: Oder darüber, so ähnlich wie ein Adler. Wenn ich es mir ansehe, fühle ich eine Art Sehnsucht, wenn du so willst. Diese beiden Säulen befinden sich auf einer Ebene, wie eine Wüste. Und ein smaragdgrünes Meer ist auf der rechten Seite, von meiner Position aus betrachtet. In der Ferne befindet sich eine Bucht. Sie hat keinen richtigen Strand. Es ist so, als würde die Wüste einfach aufhören. Und dann, noch ein wenig weiter im Landesinneren, gibt es Felsen, wie ein Felsvorsprung, der in den Ozean ragt. Und er ist sehr groß.

D: *Musst du durch das Säulentor, um dorthin zu gelangen?*

Dan: Nein, sie sind wie ein Wegweiser. Du bist hier. Das ist mein Zuhause, in Ermangelung eines besseren Wortes.

D: *Du sagtest, du hattest ein Gefühl der Sehnsucht, als du die zwei Säulen gesehen hast.*

Dan: Ja. (emotional) Diesen Ort noch einmal zu sehen, brachte früheste Erinnerung daran zurück, sich rundum wohlzufühlen. Ich versuche weiter zu erforschen, aber es ist, als hätte ich ein Foto in meiner Erinnerung, das ich sehr schätze.

Das gab mir definitiv das Gefühl eines Déjà-vu-Erlebnisses, denn das war die gleiche emotionale Beschreibung, wie von Phil und Clara. Logischerweise gab es nichts an diesem Ort, das solche Gefühle wecken würde. Dennoch habe ich vor langer Zeit gelernt, dass Logik nichts mit alldem zu tun hat. Emotionen verdrängen die Logik.

Dan: Und ich weiß, dass ich an diesem Ort keinen Körper habe. Ich versuche, mich selbst anzusehen und weiß, dass ich nur die Essenz bin. Ich fühle mich fast so, als wäre ich der Planet. Ich bin dieser Ort, wenn du willst. Und hier ist der Ozean genau wie der unsere, aber er ist völlig smaragdgrün. Und die Wüsten sind wie unsere, aber sie sind dieser Person nicht vertraut. Sie sind anders und doch vertraut. Und ich fühle mich wie ein Adler, der sich nur alle Dinge ansieht. Ich kann so weit sehen.

D: *Gibt es Städte oder nur das Land?*

Dan: Wenn ich in die Wüste blicke, scheint es einfach niemanden zu geben. Keine Gebäude, nur Wüste. Und wenn ich ehrlich sein soll, dann glaube ich, die Säulen sind fast wie eine Stimmgabel für Energie. Und mein Wesen kennt diese Gabel, diesen Ton, diese Schwingung. Und sie bringt mich jedes Mal zurück, wenn ich hier sein muss, denn sie ist wie ein Fokus, wie ein Kristall. Es ist sehr angenehm hier.

D: *Das ist gut. Aber spürst du irgendwelche anderen Wesen wie dich selbst an diesem Ort?*

Dan: Ich fühle mich, als wäre ich nicht allein. Ich fühle mich stabiler und wohler. Als ob ich so glücklich wäre, nur da zu sein. Ich fühle mich, als wäre ich alles andere. Ich kann nicht anders, als diese Emotion in mir zu spüren, dass ich willkommen bin. Ich bin nur. Es ist wirklich schwer zu beschreiben.

D: *Aber du fühlst dich wie reine Energie ohne Körper?*

Dan: Ja, weil ich mich auf nichts beziehen kann. Ich bin alles, sozusagen. Die Stille der Felsen, die Hitze der Wüste, das Rollen des Ozeans. Sie sind alle angenehm und einfach schön.

D: *Was machst du dort?*

Dan: Einfach existieren. Aber vielleicht liegt das daran, dass ich mich nur auf diesen Teil konzentriere, weil es so angenehm ist. Wenn ich sagen müsste, welches Ziel ich hatte, könnte ich dir keins sagen, denn es geht nur darum, hier zu sein. (Pause) Ich habe das Gefühl, diese Säulen helfen mir zu reisen. Wenn ich hier herkommen will, könnte ich die Säulen verwenden, um mich hinzubringen, weil ich sie so gut kenne. Das ist nur ein Beispiel. Ich sage nicht, dass ich das getan habe.

D: *Du meinst, um von überall, wo du bist, hierher zu reisen?*

Dan: Wohin ich auch gehen will. Irgendwo. Das ist so etwas wie die vordere Verandaleuchte. Diese Säulen sind wie das Licht, das wir für den Pizzamann anlassen. Du weißt, hier bist du richtig.

D: *Um einen Ort zu identifizieren. Aber wie können sie dir helfen, zu anderen Orten zu reisen?*

Dan: Ich glaube nicht, dass sie mir wirklich beim Reisen als solches helfen. Es ist nur so eine Möglichkeit, um zurückzukehren. Jetzt bekomme ich Bilder von schönem Licht. Nur Licht. Ich habe jetzt ein anderes Bild, also bin ich dort weggegangen. Aus der Perspektive eines Dritten kann ich sozusagen sehen, wie etwas passiert und ich glaube, es könnte nur eine Illusion davon sein, wie es funktioniert. Aber es ist eine Art Qualle, weil sie etwa kugelförmig ist. Es gibt diese kleinen spitzen Sehnen oder Tentakel, die mich mit diesem Ort verbinden. Aber nicht festhalten. Wenn die Leute in den Löchern im Meer oder in den Höhlen tauchen, hinterlassen sie so ein Seil, um sie zurück an die Oberfläche zu führen. Das ist es, was das ist.

D: *Das ist eine Illustration. Du hast keinen Körper, aber du bist mit diesem Ort verbunden. Aber anscheinend musst du den Ort auf die eine oder andere Weise verlassen haben. Verlassen wir diese Szene und ich will, dass du zu der Zeit zurückgehst, als du diesen Ort verlassen hast, den du als Zuhause betrachtest.*

Dan: Instinktiv hatte ich nur Bedarf an einer Veränderung. Das ist es, was zuerst kam. Es war einfach Zeit. Ich weiß nicht, warum.

D: *Es gab keinen Vorfall oder irgendetwas, das passiert ist?*

Dan: Hast du jemals ein Taschentuch mit einem Staubsauger aufgesaugt? (Ja.) Das ist die Art von Emotion, die ich bekomme. Wie beim Zuschauen, wenn es „wusch" macht. Als ich zusah, wie es durch ein Rohr verschwand, fühlte ich meine Energie einfach „wusch" auslaufen. Also bin ich mir nicht sicher, ob es eine bewusste Entscheidung war. Jetzt will ich fast weinen, weil es wehtut. Diese ganze Sache tut einfach weh. Die Trennung.

D: *Das ist gut, denn wenn wir eine Emotion erleben, wissen wir, dass wir auf etwas Wichtiges treffen. Aber du sagtest, die Energie wurde aufgesaugt. Du meinst, weg von diesem Ort?*

Dan: Ja, wenn ich beschreiben müsste, was ich sehe, würde ich das sagen. Ich war damit beschäftigt, meine wunderschönen Säulen und mein wunderschönes Meer zu betrachten und dann war ich plötzlich einfach nicht mehr da. Ich kann diese getroffene Entscheidung nicht nachempfinden. Und ich sehe Dinge wie Galaxien und wunderbare Szenen, die ich immer in Büchern anstarrte. Und ich starrte und starrte einfach und wunderte mich nur.

D: *Sie sind so schön.*

Dan: Ja, das sind sie. Sie sind zu schön. Wenn ich versuche daran zu denken, wie ich meinen Platz verlassen habe, sehe ich diese Dinge. Und ich weiß, das ist eine richtige Vision, denn sie ist wie eine Erinnerung. Es ist fast so, als ob ich ein Flugzeug wäre, das hereinkommt, oder wie ein Adler, denn es gibt kein

Geräusch. Aber ich kann diese Säulen sehen und es fühlt sich wirklich gut an. Und ich sage: „Hier bin ich wieder." Ausgezeichnet. Und dann warte ich nur bis zum nächsten Mal, wenn ich hierherkommen kann. Aber als ich von dem Hineinsaugen sprach? Das fühlt sich nicht gut an. Ich bin mir nicht sicher, wohin es mich führt. Ich kann es jetzt spüren. Es ist eine Erkenntnis, dass ich nicht zurückkommen werde.

D: *Aber wir wissen, dass es da ist und du kannst es jederzeit im Geist besuchen.*

Dan: Ja, aber das hilft nicht. (schnieft)

D: *Du hast gesagt, es ist das Gefühl, dass die Energie, du selbst, ausgesaugt wird. Und diesmal weißt du, dass du nicht zurückkehren wirst. Lass uns diesem Gefühl folgen.*

Dan versuchte dann, gegen ein Weitergehen anzukämpfen. Er wollte diesen Ort wirklich nicht wieder verlassen, nachdem er so lange von ihm getrennt war. Nachdem Vorschläge gemacht wurden, entspannte er sich und fand sich selbst in einem ungewöhnlichen Leben wieder. Er nahm an, dass es Ägypten war, weil es pyramidenförmige Gebäude gab, die Teil einer geschäftigen Stadt waren. Es könnte eine viel ältere Zivilisation gewesen sein. Er lebte in einem riesigen Pyramidengebäude mit vielen riesigen Räumen und unterirdischen Rampen und Tunneln. Er war sehr einsam und langweilte sich, an diesem großen Ort alleine zu leben, gelegentlich aus dem Fenster oder der Türöffnung schauend die Aktivitäten der Leute zu beobachten. Obwohl er kein Gefangener war, fühlte er sich dort getrennt und gefangen in dieser Existenz. Ich habe ihn weiterbewegt, um zu sehen, was sein Job war. Er arbeitete als Berater für nur eine Person und er langweilte sich, weil die Person nicht oft da war. Die restliche Zeit hatte er nichts mehr zu tun. Er fühlte, dass er mit den universellen Energien arbeitete und benutzte Gesten, um sein Denken zu fokussieren.

Dan: Er ist nicht die ganze Zeit hier. Ich sehe eine große Lichtkugel. Ich sehe, wie sie sich durch den Raum bewegt. Und ich sehe uns in direkter Kommunikation. Ich weiß nicht, was wir sagen. Ich weiß nicht einmal, warum wir es sagen. Außer, dass es vielleicht ein Ratschlag ist oder ich erzähle ihm, was los ist, wie in den Nachrichten.

D: *Von der Erde oder von diesem Ort, an dem du bist?*

Dan: Von diesem Ort. Das ist nicht die Erde. Ich bin mir jetzt ziemlich sicher. Die Dinge hier sind zu groß. Wir haben große Dinge auf der Erde, aber dieser Ort ist sehr viel größer. Ich erzähle ihm, was los ist und vielleicht, wie wir damit umgehen sollten. Aber ich habe immer noch dieses überwältigende Gefühl der Unvollständigkeit. Ehrlich gesagt, spielt das, was ich tue, keine Rolle und es ist so langweilig.

D: *Aber kommt diese große Lichtkugel manchmal in diesen Raum?*

Dan: Ja, ich glaube, er hat die Fähigkeit. Und jetzt bekomme ich Bilder eines sehr gut gebauten, muskulösen Individuums. Groß und stark. Wenn ich mich selbst ansehe, würde ich sagen, dass ich durchschnittlich bin, aber er ist riesig. Ich glaube, er ist viel wichtiger als ich. Ich denke, er regiert dieses Gebiet.

D: *Aber wenn er dorthin kommt, sieht er aus wie du?*

Dan: Ja, aber größer. Ich glaube nicht, dass ich von irgendjemandem sehr gemocht werde. Ich glaube nicht, dass er mich mit viel Respekt behandelt. So ähnlich wie einen Diener. Keine Höflichkeit dabei. Ich fühle mich hier so einsam. Und ich habe das gleiche Gefühl, das ich hier auf der Erde habe. Es ist nur so, dass ich aussteigen will. Ich will, dass das endet. Ich fühle mich wirklich gefangen, glaube ich, aber nicht inhaftiert. Das muss ich klarstellen. Ich habe das Gefühl, dass ich es bequem habe. Meine Position ist gut. Aber ich bin wie ein Oberkellner für diese große Person. Ich erzähle ihm Dinge und wenn die Leute ihn sehen wollen, müssen sie zuerst mich konsultieren. Und ich sage ihnen, ob sie ihn sehen können. Und es ist einfach langweilig.

Unerwartet klopfte jemand an die Tür des Hotelzimmers. Ich hatte das „Nicht stören" Schild an der Tür angebracht und es war auch zu später Nachmittag für das Dienstmädchen. Aber das Klopfen ging weiter, also gab ich Dan die Anweisung, für einen Moment innezuhalten und dass kein Geräusch, das er hörte, ihn stören würde. Dann ging ich nachsehen, wer das war. Es war der Konferenzdirektor mit seiner Frau. Sie hatten einen Rollwagen mitgebracht und wollten ihr Gepäck abholen. Sie mussten das Zimmer freimachen, sonst würde ihnen ein weiterer Tag in Rechnung gestellt werden. Ich hatte nicht darüber nachgedacht, als ich die Sitzung geplant hatte, also war ich in einer Zwangslage. Ich fragte sie, ob sie in etwa fünfzehn Minuten wiederkommen könnten, um Dan aus der Trance zu holen. Mir war das wirklich nicht recht, weil wir keine Gelegenheit hatten, an einem seiner

Probleme zu arbeiten, hatte jedoch keine andere Wahl, als ihn wieder ins Bewusstsein zurückzubringen. Sie gingen, aber ich wusste, dass sie schnell zurückkehren würden.

Ich orientierte Dan's Persönlichkeit wieder in seinen Körper und führte ihn zum heutigen Tag. Ich schätze es wirklich nicht, unter Zeitdruck arbeiten zu müssen, da ich weiß, dass ich dann nicht die beste Arbeit leiste. Ich fühlte, dass es besser war, ihn wieder zu Bewusstsein zu bringen, anstatt zu versuchen, mich zu beeilen und die Arbeit nicht effektiv zu tun, also machte ich seinem Unbewussten Vorschläge, die ihm helfen sollten zu lernen, mit den menschlichen Gefühlen zu leben. Doch ich wusste, dass ich mehr Zeit benötigte, um die Vorschläge effektiver zu gestalten, insbesondere, da ich die Ursache seiner Probleme nicht gefunden hatte. Ich hatte das Gefühl, dass ich Dan hängenließ. Wenn wir die Zeit gehabt hätten, die ich normalerweise einplane, dann hätten wir die Antwort gewiss finden können.

Ich weckte ihn gerade noch rechtzeitig, als sie zurückkamen und an die Tür klopften. Er war genauso unzufrieden wie ich, weil er auch wusste, dass er die Antworten nicht gefunden und die Sitzung nicht abgeschlossen hatte. Wir gingen nach unten zu dem Konferenztisch, an dem meine Tochter Nancy meine Bücher verkaufte. Wir wussten, dass wir keine andere Wahl hatten, als eine weitere Sitzung, um die losen Enden zusammenzuknüpfen. Ich fühlte, dass ich es ihm schuldete und wusste auch, dass ich ihm für eine weitere Sitzung keine Gebühren berechnen konnte, weil ich mich verantwortlich fühlte für die Art und Weise, wie diese Sitzung verlaufen war. Also stimmte ich zu, ihn zu mir nach Hause nach Arkansas kommen zu lassen, was ich Fremden sonst nie erlaube.

Ich sagte Dan, er solle mich anrufen, wenn er in der Nähe sei und wir würden ihn treffen und auf den Berg zu mir nach Hause bringen. Ich bin sehr vorsichtig, wenn es darum geht, einem meiner Leser oder Fans mitzuteilen, wo ich wohne, sonst hätte ich überhaupt keine Privatsphäre. Aber ich vertraute meinem Instinkt, dass er ein netter junger Mann sei und um die halbe Welt gereist war, um mit mir zu arbeiten. Er hatte in Hostels übernachtet, die im Vergleich zu Hotels sehr preiswert waren, aber in Huntsville gab es keine.

Dan blieb für ein paar Tage in Chicago, um die Sehenswürdigkeiten zu besichtigen, dann fuhr er weiter nach Arkansas. Er kam am schlimmstmöglichen Tag an. Die Nacht zuvor gab es einen unserer Ozark Wolkenbrüche, der die Bäche zum Ansteigen bringt und sie in reißende Flüsse verwandelt. Er rief aus der Stadt an und sagte, er habe die Nacht am Ufer des Beaver Lake in seinem Zelt verbracht. In der Nacht wurde der Sturm so heftig, dass er mit mehreren Zentimetern Wasser in seinem Zelt aufwachte. Er fand auf die harte Tour heraus, dass es anscheinend nicht wasserdicht war. Er kaufte ein zweites Zelt und fuhr weiter zu unserer kleinen Stadt Huntsville.

Als er anrief, hatte ich wirklich vergessen, dass er so bald ankommen wollte. Wir waren mehr am Wetter interessiert. Ich sagte ihm, dass der Bach Hochwasser führte und die Hauptstraße zu unserem Haus unpassierbar sei. Es würde eine Weile dauern, bevor jemand in die Stadt kommen könnte, um ihn über die Nebenstraße auf den Berg zu fahren. Das ist der einzige Weg, um zu meinem Haus zu gelangen, wenn der Bach steigt und er dauert etwa eine Stunde länger. Er sagte, er würde im kleinen Lebensmittelladen warten, bis jemand herunterkäme. Er fragte zuerst nach dem Weg zu unserem Berg, aber ich sagte ihm, er solle es einfach vergessen. Es ist unmöglich, einen Fremden über die Nebenstraßen zu lotsen, wenn er das Gebiet nicht kennt. Er wartete dort über zwei Stunden, bevor wir zu ihm kommen konnten. Auf dem Weg zurück zu meinem Haus fuhr Nancy mein Auto und ich in seinem, damit ich ihn auf dem Weg auf die lokalen Sehenswürdigkeiten hinweisen konnte. Die Gegend ist sehr abgelegen, natürlich und rustikal, aber ich genieße die Privatsphäre, weil ich so viel Zeit mit Reisen und Vorträgen in Großstädten verbringe und ständig von Menschenmassen umgeben bin. Wenn ich zu Hause bin, genieße ich die Abgeschiedenheit.

Ich hatte mich dafür entschieden, ihn in meinem Gästezimmer übernachten zu lassen, aber er bestand darauf, sein Zelt im Hof aufzustellen. Er hatte gehofft, dass es während der Nacht wieder regnen würde, damit er feststellen konnte, ob es wasserdicht sei. Ich versorgte ihn mit Abendessen und es war spät in der Nacht, bevor wir bereit für die Sitzung waren. Er war entspannt und es war leicht, ihn wieder in Trance zu versetzen. Diesmal wusste ich, dass wir mehr Zeit haben würden, seine Probleme zu untersuchen und dass keine Gefahr bestand, gestört zu werden. Ich hoffte, dass er zur gleichen Szene zurückkehren würde und er ging auch sofort dorthin.

Dan: Ich schaue auf den Eingang zu meiner Kammer. Es gibt keine Designs oder irgendetwas an der Wand. Sie ist sehr einfach. Die Wände sind definitiv aus Stein. Wieder kann ich es wirklich unter meinen Füßen spüren. Es ist kühl und schön.

Es gibt so etwas wie Laternen. Ich glaube, sie erzeugen Licht, es ist kein Feuer. Es ist eine Art chemischer Prozess. Es ist einfach ein schönes Licht. Es beleidigt meine Augen nicht.

D: *Es ist anders, aber es ist keine Flamme?*

Dan: Nein, es ist definitiv kein Feuer. Ich sehe es mir gerade an. Und es ist eine Art ... Ich möchte Fluoreszenzlicht sagen, aber das ist es nicht. Es ist weicher. Es ist eine lange goldene Röhre mit einem leuchtenden Glas oder kristallartigem Ding an der Spitze. Soweit ich verstanden habe, sind sie in der Lage, chemisch Licht zu erzeugen. Ich glaube nicht, dass viel Energie beteiligt ist und es wird keine Verkabelung verwendet. Ja, das ist meine Wohnung. Das gleiche Fenster und nichts behindert meine Sicht, wenn ich nach draußen schaue, außer der Pyramide zu meiner Rechten. Links von mir befindet sich eine kleinere Pyramide. Und eine weitere Pyramide neben der zu meiner Linken, die noch kleiner ist.

D: *Es gibt also drei?*

Dan: Es gibt vier, einschließlich meiner. Die neben mir ist viel größer als meine. Und meine ist mit der größten und den beiden anderen verbunden. Und ich muss aus meiner Kammer herabsteigen, um an sie heranzukommen. Sie sind durch eine Reihe von Tunneln miteinander verbunden, mit diesen Laternen ausgestattet, wie Korridore. Ich muss irgendwie nach unten gehen. Ich versuche mir vorzustellen, wie das geschehen kann. Schächte, glaube ich, aber ich kann keine Treppe sehen.

D: *Aber sie führen dich unter die Erde.*

Dan: Ja. Der ganze Ort fühlt sich irgendwie wohlüberlegt an.

D: *Wohlüberlegt. Was meinst du damit?*

Dan: Sie sind nicht unbedingt zum Leben da. Sie sind wie Hochburgen der Fokussierung ... ein Fokuspunkt für Energie. Und ich erinnere mich, dass diese größere Person, von der wir sprachen, entlang der Energie reist, wenn du willst. Er hat die Fähigkeit, einfach nur Energie zu werden. Ich steige aus meiner Kammer auf eine Plattform ähnlich einem Aufzug. Ich kann Blinklichter sehen. Das geht schnell nach unten.

D: *Du sagtest, du würdest diese Person informieren.*

Dan: Ja, das ist mein Job. Jetzt ist es klarer. Ich würde Verbindung aufnehmen zwischen den Leuten, die ihn wie eine Gottheit behandeln, aber ich weiß, dass er keine Gottheit ist. Ich weiß, dass er genauso ein Teil des Universums ist wie jeder von uns. Vielleicht habe ich vergessen, wie man das macht, was er tut. Ich kann gelegentlich diese große Lichtkugel sehen. Und die

Menschen, ich möchte nicht „gewöhnliche“ Menschen sagen, sondern im Grunde genommen Menschen, die die Geheimnisse nicht teilen, wenn du so willst. Sie verehren ihn sehr. Sie denken, er ist ein Gott. Und ich weiß, dass er keiner ist. Aber ich kann es nicht ändern, weil ich einige der Geheimnisse vergessen habe. Und er wird sie mir wahrscheinlich nicht sagen. Es ist dieses Machtding, das vor sich geht. Ich kann sogar Diskussionen sehen, die jetzt vor mir aufblitzen. Ich sage, dass es nicht richtig ist und es ist ihm egal.

D: *Es ist nicht richtig, dass sie ihn anbeten, meinst du?*

Dan: Ja, weil alle Dinge im Universum gleich sind. Aber weil er Dinge tun kann, die sie nicht können, denken sie natürlich, dass er eine Art Gott ist. Und ich muss ihn immer noch auf dem Laufenden halten. Ich will wieder aus dieser Situation raus. Es ist kein gutes Gefühl. Ich denke manchmal daran, wegzulaufen, aber es mangelt mir an Engagement und ich habe Angst. Und es gibt keinen Ort, zu dem man gehen kann, glaube ich.

D: *Wo würdest du hingehen?*

Dan: Das ist es. Ich habe keine Ahnung, wohin ich gehen sollte. Ich bin mir ziemlich sicher, ich bin der Einzige, der weiß, dass er nicht so verehrt werden sollte, wie er verehrt wird. Und die Geheimnisse, die er hat, sollten als ein erhebendes Ideal geteilt werden und nicht missbraucht werden für: „Ich bin besser als du.“ Er benutzt Menschen, um Energie aus ihnen zu gewinnen, glaube ich. Ich bin mir nicht sicher, ob das der richtige Weg ist, es auszudrücken, aber es ist wie eine Ego Sache. „Sieh dir das an. Schau, was ich tun kann. Ich bin das hier. Deshalb bin ich besser.“ Ich versuche, mit der Idee zu arbeiten, dass er von einem anderen Ort kommt. Und ich denke, es ist eher ein anderer Raum als ein anderer Ort. Es ist mehr als das, er hat diese Idee des Universalen entwickelt ... es ist schwer auszudrücken. Sagen wir einfach, dass es eine universelle Energie gibt. Und wenn man in diesem Fluss ist, kann es gut gemacht werden oder es kann schlecht oder überhaupt nicht gemacht werden. Und er hat es schlecht gemacht, weil er in den Fluss gesprungen ist. Es hat ihm diese Kräfte gegeben, die uns dazu bewegen könnten zu sagen: „Oh, großartig, das ist ziemlich erstaunlich. Man müsste ein Gott sein, um diese Dinge zu tun.“ Und das, anstatt die Kraft zu nutzen, die aus der Selbsterkenntnis entstanden ist. Es ist mehr als das. Es geht um Wissen und Sein. Anstatt das zu tun und demütig damit umzugehen, geht er völlig egoistisch damit um. Und hier bin ich, in dem Wissen, dass ich ähnliche Kräfte habe oder zumindest von irgendwo anders herkam. Eine schwache Erinnerung an eine andere Existenz oder einfach nur an ein Verständnis der Kräfte, die das Universum besitzt und dem Bewusstsein dafür, wenn du willst. Und ihm zu sagen, dass das hier keine gute Sache ist. Und er demütigt mich dafür. Er liebt es. Es ist, als würde es mich nichts angehen. „Was wirst du dagegen tun?“ So eine Art Ding. Diese Überheblichkeit.

D: *Aber du hast gesagt, dass er nicht die ganze Zeit da ist. Er kommt und geht.*

Dan: Er muss nicht die ganze Zeit da sein. Er kann reisen, wohin immer er will. Es ist nichts. Wenn du das Prinzip des Universums verstehst, gibt es nichts, was dich wirklich aufhalten könnte, überall und jederzeit zu sein. Es ist die grundlegende Materie und Energie. Und so wie wir es verstehen, gibt es keinen Unterschied zwischen diesen Dingen.

D: *Es sei denn, wir schränken uns selbst ein.*

Dan: Nun, wir können die Materie auf eine Form beschränken, aber es gibt keinen Unterschied zwischen dieser Materie und der Energie. Wenn du verstehst, dass das Bewusstsein der Trennungsfaktor zwischen allen Formen ist und wenn dieses Bewusstsein einen Raum erreicht, in dem es in der Lage ist, diese Form zu kontrollieren, was ist dann der Unterschied zwischen irgendetwas in der Form? Es gibt keinen. Sie ist nur eine Ansammlung von Energie, die in die physische Materie platziert wird.

D: *Hast du gesagt, wenn du sie kontrollieren kannst oder wenn du sie nicht kontrollieren kannst?*

Dan: Wenn du es kannst. Wenn du verstehst.

D: *Wenn du verstehst, kannst du die Energie kontrollieren?*

Dan: (Seufzer) Nun, ich sage „kontrollieren“, aber es ist nicht das richtige Wort, weil es nur das ist, was wir darunter verstehen. Aber es geht mehr darum, dass du die Energie bist. Du bist sie, also kannst du sie sein. Die Form der physischen Materie ist nur physische Energie. Zeit ist Energie. Wir sind Energie. Bewusstsein ist Energie. Und wir können sie in eine Form leiten. Wenn du dies in seine reine Quelle legst, die Quelle des Bewusstseins, dann kannst du sie überall hin umleiten. Das muss nicht unbedingt sofort an einer Stelle sein. Sie kann alles sein, was du möchtest. Wenn du dir wünschen würdest, dass du ein Äon lang existieren könntest, ohne irgendeinen Teil der

Zeit verpasst zu haben. Was ich vor meinen Augen sehe, ist die Idee, ein Gummiband zu dehnen. (Handbewegungen) Und du hältst ein Ende mit den Fingern nach oben weg, sodass der Teil nicht von der Dehnung betroffen ist und in seiner normalen Form bleibt. Dann ziehst du an einem Ende und es wird dünner, aber das andere Ende, das du mit deinen Fingern festhältst, ist nicht betroffen. So sieht es aus wie ein Gummiband. Aber die andere Seite sieht aus wie ein gestrecktes, langes, dünnes Stück Gummi. Also, was ich zu sagen versuche, ist, dass wir durch das Bewusstsein kontinuierlich sind. Wir können „drücken? ziehen? manipulieren?“ Aber wir können manipulieren, indem ich sage: „Nun, ich existiere in diesem Teil des Bandes. Ich existiere in jenem Teil des Bandes. Ich kann in diesem Teil für einen Äon bleiben. Ich kann in jenem Teil für eine Millisekunde leben.“ Aber es macht immer noch keinen Unterschied für dieses Band, es ist immer noch Teil der gleichen physikalischen Materie. Es ist nur verformt, getrennt, aufgesplittert.

D: *Es ist kompliziert. Bedeutet das, dass es in dieser Form keinen Körper haben müsste?*

Dan: Es geht auf die Idee zurück, dass ich gleichzeitig in verschiedenen Zeiträumen als Grashalm und ein Teil dieser Energie als ein energetisches Wesen aus reinem Licht existieren kann. Was erkennen lässt, dass diese beiden Energien mein bewusstes Wesen sind.

D: *Das geht auf die Idee zurück, dass es keine Zeit gibt und alles auf einmal passiert?*

Dan: Zeit ist nur eine Energie, die sich dreht. Sie ist das Pulsieren der Materie. Soweit dieser Körper es hier versteht und was sich für ihn richtig anfühlt, ist es eigentlich das Reisen der Materie, der physischen Materie. Deshalb gibt es also nicht wirklich Zeit als solche, aber sie existiert auf einer kausalen Ebene, ich weiß nicht einmal, was das bedeutet, aber sie existiert kausal. Wenn es also Materie gibt, gibt es Zeit. Wenn es Energie gibt, gibt es auch Zeit. Wenn es Bewusstsein gibt, gibt es keine Zeit, weil wir unsere physischen Welten aus dem Bewusstsein erschaffen.

D: *Aus dem Bewusstsein. Wenn es also kein Bewusstsein gibt, gibt es auch keine Zeit? Ist es das, was du siehst?*

Dan: Nein. Es gibt Bewusstsein, es gibt keine Zeit. Die Zeit ist materiell. Was ich vor meinen Augen sehe, ist ein großer Gasball, der sich dreht. Ich bin mir nicht ganz sicher, warum das im Moment relevant ist, aber mein ganzer Körper zittert wie ein Blatt.

Das muss er innerlich empfunden haben, denn sein physischer Körper zeigt keine Anzeichen von irgendetwas außer Entspannung.

Dan: Das Konzept ist schwer zu vermitteln. Wir können es nur durch unsere Vorstellungen begrenzen, weil es einfach keine Grenzen kennt. Also können wir uns nur etwas vorstellen, das unsere Konzeption davon einschränkt und versuchen, es zu begreifen. Also sind wir dabei. Es gibt keine Zeit als solche. Also können wir frei existieren, das beste Wort, das einzige Wort, das kommt, ist: Wir können frei existieren. Jetzt versuche, einen bewussten Gedanken bewusst zu materialisieren. Es gibt keine anderen Worte. „Gedanke" ist falsch, weil der Gedanke auch Energie ist. Aber selbst bewusst wie das Universum, na gut, unser Universum ist sowieso definiert, bevor es geschieht.

D: *Bevor es geschieht?*

Dan: Wie gedacht, dass es geschieht, ist das Beste. Das sind die freiesten Worte, die ich finden kann, sagen wir mal. Das Bewusstsein definiert es so, damit es passieren kann.

D: *Damit es passiert. Aber das Bewusstsein ist diese Energie, über die du redest. Ist es das, was du meinst?*

Dan: Das Bewusstsein definiert Energie, wenn du willst.

D: *Aber das bedeutet nicht physisches Bewusstsein. Ist es ein Energiebewusstsein?*

Dan: Denken ist Energie. Aber wer hat das gedacht? Ich habe diese Frage gestellt, weil ich versuche, einen Punkt zu veranschaulichen, an dem wir sagen müssen: „Nun, Gedanken sind Energie. Aber wer denkt diesen Gedanken?" Und ich versuche zu behaupten, dass dieser Körper glaubt oder fühlt, dass das Bewusstsein dieser Denker ist. Das Bewusstsein selbst ist die treibende Kraft der gesamten Schöpfung, die wir kennen. Ob metaphysisch, spirituell, energetisch, physisch, materiell. All diese Dinge werden von Bewusstsein abgeleitet. Durch das Bewusstsein zu lernen oder durch das Bewusstsein zu existieren, existieren diese Dinge. Wie das Werfen einer Münze. Man kann die eine Seite der Medaille nicht ohne die andere haben. Jetzt wird mir wieder der Gasball gezeigt, der sich dreht, um eine Kraft zu erschaffen. Diese Kraft wird dichter, wird zu dem, was wir verstehen, oder zumindest das, was ich verstehe, weil mich mein bewusster Geist jetzt anschreit und ich versuche, ihn zu ignorieren, aber er ist härter. Ich kann sehen, wie er sich dreht. Ich kann das Erschaffen sehen. Damit es diese Materie gibt, muss es sie für einen bestimmten Zeitraum geben. Zeitraum? Sie muss existieren. Also greifen wir auf einen Begriff von Zeit zurück, weil wir begrenzt sind? (Er war sich dieses Wortes nicht sicher.)

D: *Das würde Sinn ergeben. Wir sind in unserem physischen Körper begrenzt, während wir auf der Erde sind, in dieser Dimension oder was auch immer es ist.*

Dan: Es muss nicht unbedingt so sein ... aber ja, ich schätze, so ist es.

D: *Wir sind begrenzt, aber in dem anderen Zustand sind wir es nicht?*

Dan: Bewusster Zustand, keine Grenzen. In Ermangelung geeigneter Worte wäre es fast wie eine Spielgruppe. Das klingt trivial, ich weiß, aber wir sind immer perfekt. Dennoch müssen wir Lehren ziehen. Bewusstsein leitet Wachstum ab? Ich glaube, „Wachstum" ist die Sache, die kommt, es sei denn, ich würde „Manifestation" sagen. Ich denke, irgendwo zwischen den beiden ist richtig. Bewusstsein ergibt sich irgendwo zwischen der Idee des Wachstums und der Idee der Manifestation, indem man verspielt, kreativ und energetisch ist. Und damit es sich selbst versteht, schaffen wir andere Dinge, andere als das, was es ist. Ich werde jetzt direkt auf den Planeten zurückgebracht, von dem ich wie ein Taschentuch abgesaugt wurde. Und ich muss jetzt weitere Dinge erschaffen, um zu wachsen. Um kreativer zu werden. Ich existierte dort, Gott weiß wie lange, man sagt nur „Äonen" zu mir.

D: *Du hast dort in der gleichen Energieform existiert, wie diese andere Person? Würde das Sinn ergeben?*

Dan: Ich habe das Gefühl bei diesem Wesen, auf das wir jetzt wieder zurückgekommen sind, das so egoistisch ist, dass er einem Zustand der totalen Essenz nahekommt, aber er ist noch ein Individuum wie du und ich. Anstatt ganz zu existieren, wie ich es in dieser Existenz auf diesem Planeten mit dem Taschentuch Saugeffekt getan habe. Ich konnte eine Individualität von mir selbst fühlen, aber auch mehr Energie. Viel, viel mehr. Aber ich versuche, diese Person für dich zu definieren.

D: *Aber er bildet manchmal einen Körper, nicht wahr?*

Dan: Ja, er ist vollkommen in der Lage dazu. Es ist wie Magie.

D: *Aber als du auf dem anderen Planeten warst, auf dem du dich als Teil von allem gefühlt hast, warst du die gleiche Art von Energie, die er jetzt ist, oder warst du weiter fortgeschritten?*

Dan: Ich werde sagen: einfacher. Es gab keinen Intellekt. Es gab kein Urteil über irgendetwas. Es war, als wäre ich ein Säugling. Unkomplizierter. Ich habe die Idee eines physischen Bereichs als solchem, als materiellen Körper, nicht einmal verstanden.

D: *Es war etwas, das du noch nie erlebt hattest?*

Dan: Niemals. Aber dieser hier, ich glaube, er ist schon vom Humanoiden zum Menschsein bis hin zu dieser Vorstellung energetischer Seelenebenen fortgeschritten. Und er hat noch Wachstum vor sich.

D: *Also war er nicht an dem Punkt, an dem du warst.*

Dan: Ich glaube, es sind zwei verschiedene Dinge. Ich denke, es gibt eine Idee der einfachsten Lebensform, die man sich vorstellen kann, die so naiv und launisch, verspielt, sanft ist.

Es klang, als würde er eine Elementarenergie beschreiben. War er das auf diesem Planeten? Nur die einfachste Form der Energie?

Dan: Der Erste existiert und hat immer nur so existiert. Er ist da. Und der andere, dieses Wesen, ist einen so langen Weg in seinen körperlichen Entwicklungen fortgeschritten, dass er anfing, sich wirklich in den Kräften zu verlaufen, die das bewusste Universum zu bieten hat. Und er wird sich so bewusst, dass er sie nutzen kann. Es gibt noch andere Wesen wie dieses.

D: *Deshalb wurde er dann egoistisch.*

Dan: Ich denke, das ist es, was passiert.

D: *Sie haben so viel Macht und sie genießen es, sie zu benutzen und sie schätzen es, verehrt zu werden.*

Dan: Sicher! Ich würde es auch tun. Ich würde stolzieren und singen und allen zeigen wollen, wenn ich schweben oder leuchten könnte.

D: *Warum musstest du diese Existenz auf dem anderen Planeten aufgeben, wenn sie so einfach und unkompliziert war?*

Dan: Ich denke, es ging um Wachstum. Wir haben eine Idee, das Ziel ist, in diesen Formen zu existieren, wo wir einzig reine Energie sind. Und wir können wundersam und glorreich sein. Aber damit Bewusstsein auf kreative Weise wachsen kann, müssen wir erschaffen. Lass mich das veranschaulichen, indem ich frage: „Was habe ich erschaffen, außer Erfahrung?“ Es gab keine Liebe. Es gab keine Abenteuer. Ich war ein wenig verwundert, denn ich konnte spüren, dass ich reisen würde und andere Orte sehen und einfach nur ihre Umgebung für eine Weile erfahren. Aber ich hatte Sehnsucht, wieder da in meiner Komfortzone zu sein, denn genau das war es.

D: *Deshalb war dieser Ort wie zu Hause.*

Dan: Immer. Ich beginne jetzt eine objektivere Sichtweise zu spüren und nicht die Emotion, die ich letztes Mal empfand. Ich begann zu spüren, dass ich extrem lange Zeit dort war. Ich kann es nicht wirklich in Zahlen ausdrücken. Es war zu lang. Das war der Punkt, denke ich, es war zu lang. Vielleicht wurde mir die Möglichkeit gegeben, auf eigene Faust zu gehen. Und ich sagte: „Oh, ich weiß nicht wirklich, ob ich gehen will.“ Dann glaube ich, wurde die Entscheidung plötzlich für mich getroffen. Mir wurde gesagt, dass es für mich schwierig war, zu vergessen.

D: *Deshalb hattest du das Gefühl, nicht dazuzugehören und nach Hause gehen zu wollen, weil du noch diese Erinnerung hast. (Ja.) Und als du mit diesem anderen Wesen zusammen warst, hattest du eine Erinnerung daran, dass du einmal mehr tun konntest als er.*

Dan: Das ist fast richtig. Aber ich hatte keine Ahnung, wie man eine physische Inkarnation macht. Er hatte jede Idee. Er könnte hereinkommen wie der Wind und Form annehmen. In der einen Minute nicht da sein, aber in der nächsten Sekunde könnte er da sein. Und ich habe das gesehen. Ich kann Verschiebungen im Licht sehen und der Körper wird aus diesem Licht zusammengesetzt. Und er trat daraus hervor. Nicht wie eine Tür. Zumindest glaube ich das nicht. Etwas hat immer wieder gesagt: Die Pyramiden blitzten geradewegs nach oben. Vielleicht die Anordnung dieser Pyramiden und die Reihenfolge, in der sie standen. Sie war: groß, ein wenig kleiner, ein bisschen kleiner, noch etwas kleiner, in einem Halbkreis. Vielleicht half ihm das, eine Vorstellung davon zu bekommen, wo er sein könnte. Ich weiß es nicht wirklich. Aber ich habe gerade diesen Blitz bekommen.

D: *Die Art und Weise, wie sie arrangiert wurden?*

Dan: Ja, die Pyramiden haben geholfen.

D: *Du sagtest, sie sei wie ein Brennpunkt der Energie? So war er in der Lage, das in irgendeiner Weise benutzen?*

Dan: Ich glaube schon. Er materialisierte sich immer in seiner Pyramide, nie in meiner. Auch in den anderen nicht.

D: *Welche war seine?*

Dan: Die Größte. Und die Leute bewunderten ihn und das machte mich krank.

D: *Wann immer er also erscheinen würde, war es, als wäre die Gottheit zurückgekehrt. (Ja.) Du solltest ihn auch anbeten, wie der Rest von ihnen.*

Dan: Ja, er hatte eine Idee, die ich kannte. Und ich denke, deshalb habe ich ihn beraten, weil ich einige Kräfte hatte. Und ich schätze, wenn man auf so eine Ebene kommt, auf der er war, kannst du Aura genauso gut sehen, wie du etwas anderes sehen kannst. Und du kannst Menschen lesen und deshalb ist es einfacher, auch die Kontrolle über sie zu haben. Und es ist leicht, das zu missbrauchen. Anstatt die Individualität dieser Person auf ihrer Reise zu respektieren, nutzt du sie aus.

Nach einer Weile hörte das andere Wesen auf, zu kommen. Es gab keine Erklärung und Dan wurde sitzengelassen und wartete, gelangweilt und ratlos, was als Nächstes zu tun wäre. Die Leute begannen, sich an ihn zu wenden, um Ratschläge zu erhalten, aber er hatte keine, die er ihnen geben konnte.

Dan: Ich war verwirrt. Er war fortgegangen und sie fingen an, mich als diese Gottheit zu betrachten. Ich sagte: „Nun, macht es doch selbst." Sie mochten diese Idee nicht. Also versteckte ich mich im Grunde genommen. Ich bin in dieser riesigen Pyramide und ich verstecke mich vor all diesen Leuten und weiß, dass niemand an mich herankommt. Es sei denn, sie werden in diese Komplexe eingeführt, von denen sie nicht wissen, wie man sich Einlass verschafft. Sie brauchten einen Gott. Und ich wollte kein Heuchler sein. Nachdem ich diesem Kerl jahrelang gesagt hatte, dass er nicht so sein sollte, wollte ich nicht dieser Kerl werden, obwohl ich seine Kräfte nicht hatte und älter wurde. Aber gleichzeitig kann ich spüren, dass ich auch nichts getan habe, um zu helfen. Und das hat mich irgendwie verärgert. Ich bin in einem Zyklus, in dem ich einfach nicht weiß, was ich tun soll. Sie wollen diese Gottheit. Ich bin in einem Energiefokussierungssystem dieser Pyramiden. Ich denke, das könnte helfen, könnte verstärken. Das Gefühl, das ich bekomme, schreit in meinen Ohren: „Wo bist du? Wann wirst du uns helfen? Lass das ‚Was auch immer‘ geschehen.“ Ich wollte dann „Regen“ sagen, aber ich bin mir nicht sicher.

D: *Sie suchten nach ihm, um all ihre Probleme zu lösen.*

Dan: Ja. Und vielleicht war er in der Verfassung, das tun zu können. Ich erinnere mich, dass er dort stand und Wunder wirkte. Einsamkeit ist das erste Wort, das mir in den Sinn kam.

D: *Was bedeutet das?*

Dan: Nun, ich war ganz allein. Nachdem er gegangen war, war niemand da. Es gibt die Idee, dass ich aus der Sache nicht wirklich das Beste mache.

Es war offensichtlich, dass dies nirgendwo hinführen würde. Keine neuen Informationen wurden hinzugefügt. Also ließ ich Dan zum letzten Tag seines Lebens gehen.

D: *Was machst du jetzt und was siehst du?*

Dan: Ich liege einfach im Bett und sterbe allein. Und die Geheimnisse liegen mit mir im Sterben. Es gibt keine Möglichkeit für die Leute, das zu nutzen, was ich in diesen Pyramiden habe, weil ich ihnen nichts gezeigt habe. Oder ich habe es nie jemandem beigebracht. Ich bin einfach allein. Und das ist alles. Ich habe meine Augen geschlossen.

D: *Was geschieht mit dir, wenn du stirbst?*

Dan: Ich bin nur alt. Ich bekomme Gefühle der Reue und Einsamkeit und einfach völlige Trauer. Ich sehe mir gerade mein Gesicht an und da sind ein paar Tränen in meinen Augen und sie schließen sich einfach. Und ich sehe aus wie jemand, der nicht weiß, was los ist. Ich hätte es besser machen können.

D: *Was meinst du mit völliger Trauer?*

Dan: Als ob diese ganze Sache eine Verschwendung wäre. Als ob dein ganzes Wesen sagt: „Das hättest du besser machen sollen.“ Oder: „Ich wünschte, dass es nicht so gewesen wäre, wie es war.“ Und diese Trauer wallt in dir auf. Und das ist es, was ich in meinen Augen sehen kann, wenn ich sie ansehe, wie sie sich schließen.

Ich führte ihn dann über die Todeserfahrung hinaus und ließ ihn auf das ganze Leben zurückschauen, um zu sehen, was daraus zu lernen wäre.

Dan: Etwas zu tun. Um das Beste aus jeder Situation zu machen, die du erschaffen hast. Die Menschen werden das sein, was sie sein werden. Und es liegt an dir, das zu sein, was du sein wirst.

Also kannst du Verantwortung für dich selbst übernehmen oder du kannst niemals etwas tun. Und das führt zu nichts. Was noch schlimmer ist, nicht alles zu erreichen, wenn man weiß, dass man es kann. Ich glaube, das ist jetzt ziemlich relevant in meinem Leben. Alle müssen das tun, was sie zu tun haben. Und du kannst davon besiegt werden und nie etwas tun. Wenn du dir jeden einzelnen Fehler ansiehst, den du hast, musst du immer noch diesen Beitrag, diese Hilfe leisten. Und es ist schlimmer, wenn man nichts tut und es nicht versucht.

Danach habe ich mit Dan und seinem Unbewussten zusammengearbeitet, um die Wurzel seiner Probleme zu entdecken und wie man sie löst. Der verbleibende Teil der Sitzung war sehr erfolgreich. Ich wusste, dass alles, was wir brauchten, ausreichend Zeit war, um daran zu arbeiten, was in Chicago durch das abrupte Ende der Sitzung vereitelt worden war.

Dann brachte ich Dan zu vollem Bewusstsein. Nach dem Gespräch ging Dan für eine Weile nach draußen in sein Zelt, wo er wie ein Stein bis morgens schlief. Nach dem Frühstück brach er auf, um noch mehr zu erkunden und in New Mexico und Arizona Indianerland zu sehen, bevor er nach Los Angeles zurückfuhr, um seinen Mietwagen abzugeben und nach Australien zurückzukehren.

Wochen später schickte er mir eine E-Mail, dass die Sitzung ein Erfolg war und eine bedeutende Veränderung in seinem Leben bewirkt hatte. Er hatte jetzt keine Angst mehr davor, was auch immer die Zukunft bringen mochte. Durch unsere seltsame Begegnung hatte er auch mir interessante Informationen über den Ort gegeben, den er als „Zuhause“ betrachtete.

* * *

Bei der Suche nach Material für dieses Buch, habe ich in meinen Aufzeichnungen diese Sitzung aus dem Jahr 1990 gefunden. Zu der Zeit konnte ich ihre Relevanz nicht erkennen, aber jetzt sehe ich, dass sie ein weiterer Teil des Puzzles der Sternenkinder ist. Ein Großteil meines Materials muss jahrelang warten, bis ich die Nische finde, in die ich es einfügen kann.

Robert war ein gut aussehender junger Mann Ende dreißig oder Anfang vierzig. Er war ein Vietnamveteran, der mit vielen Problemen kämpfte, die mit dem Krieg zu tun hatten. Seit seiner Rückkehr war er nicht in der Lage gewesen, einen Job zu behalten und lebte von der Entschädigung für Invalide. Er hatte viel Zeit im

Krankenhaus der Veteranenverwaltung verbracht, wo die Ärzte herausfanden, dass seine körperlichen Probleme (vor allem Magen, Darm und Nervosität) psychosomatisch verursacht wurden. Sie nahmen an, dass ein bestimmter Vorfall in Vietnam die Ursache sein könnte. Er weigerte sich jedoch, über irgendetwas zu sprechen, das während des Krieges geschehen war. Auch Hypnose wurde versucht, blieb aber erfolglos. Die einzige Lösung der Ärzte bestand darin, ihm Drogen zu verabreichen.

Seine Freundin warnte mich, dass ich wahrscheinlich auf die gleichen Hindernisse stoßen würde, weil er sich unerschütterlich weigerte, sich dem Thema Vietnam anzunähern. Ich sagte ihm, dass das in Ordnung sei, denn wir müssten dieses Gebiet gar nicht erkunden. Wir würden seine vergangenen Leben betrachten und da einen Hinweis erhalten, falls es ihn gäbe. Ich glaube, das half ihm, sich zu entspannen, denn er sah mich nicht als Bedrohung an. Wie sich herausstellte, wäre die Erklärung von den Ärzten der Veteranenverwaltung ohnehin nicht verstanden worden. Also hat ihn sein Unbewusstes weise beschützt, indem es nicht zuließ, dass diese Geschichte unangemessenen Leuten offenbart wurde. Er wäre wahrscheinlich als Patient in einer psychiatrischen Klinik gelandet. Vielleicht war der Grund für die Erlaubnis seines Unbewussten, mir alles zu erzählen, dass er in Sicherheit war. Was auch immer der Grund sein mag, trotz jahrelanger Therapie und Behandlung durch Ärzte der Veteranenverwaltung war dies das erste Mal, dass diese Erklärung (oder überhaupt eine Erklärung) für seine kriegsbedingten Probleme angeboten wurde.

Ich ging zu dem Haus, in dem Robert mit seiner Freundin und ihren beiden Jungs wohnte. Er hatte seinen eigenen Teil des Hauses, wie eine kleine Wohnung, wo er allein sein konnte, wenn er es wünschte. Hier führten wir die Sitzung durch. Nachdem er eine tiefe Trance erreicht hatte, betrat er eine seltsame Szene, die nicht irdisch klang. Beim Versuch herauszufinden, wo er war, waren einige Fragen nötig. Dann wurde mir klar, dass er keine vergangene Lebenszeit betreten hatte, wie es dem normalen Verlauf einer ersten Regression entspräche. Er hatte anscheinend die vergangenen Erfahrungen übersprungen und war an einem Ort, der wie das spirituelle Reich klang, in das die Seele zwischen den Leben eintritt. Es klang spezifisch wie der Bereich, in dem sich die Schulen befanden. Vielleicht dachte sein Unbewusstes, dass seine Antworten leichter aus diesem Bereich heraus kommen würden, als durch das Erforschen eines bestimmten vergangenen Lebens.

Er fand sich an einem weitläufigen Ort mit hohen weißen Wänden und verschiedenen Lichtschattierungen wieder, die von einer unbekannten Quelle stammten. Er sah, dass er in ein weißes Gewand gekleidet war, das eher ein Teil von ihm als ein Kleidungsstück zu sein schien.

R: Mein Körper muss nicht durch Kleidung geschützt werden.

D: *Warum ist das so?*

R: Mein Körper ist eins.

D: *Ist es ein physischer Körper?*

R: Nein, nicht wirklich. Er funktioniert als physischer Körper, aber es ist überhaupt kein physischer Körper.

D: *Kannst du erklären, was du meinst?*

R: Ich habe Energie in mir. Ich kann die Wärme meiner Energie spüren. Ich kann meine Arme sehen. Ich fühle, dass ich durch die Dinge gehen kann. Aber nicht jederzeit. Nur, wenn es nötig ist.

D: *Was glaubst du, wo diese Struktur ist?*

R: Es muss eine Art Behausung sein. Oder eine Kommunikation. Oder ein Auditorium.

D: *Was meinst du mit einer Kommunikation?*

R: Ich warte darauf, zu einem Terminal zu gehen. Ich soll dort Informationen bekommen, bevor ich gehe...

D: *Wohin gehst du?*

R: Die Entscheidung liegt nicht bei mir.

Er hatte das Gefühl, auf jemanden warten zu müssen, der käme und ihm sagen würde, wohin er zu gehen hätte, oder ihn begleiten sollte. Er sah viele Flure und war sich nicht sicher, welchen er ohne Anweisungen wählen sollte. Obwohl es nicht wirklich wichtig schien: „Weil ich hier oder dort sein werde. Es spielt wirklich keine Rolle, wo ich bin." Er fühlte sich unsicher und fürchtete vielleicht eine Art Regel zu verletzen, wenn er alleine losginge. Schließlich entschied er sich dafür, einen der Gänge hinunterzugehen. Dann befand er sich auf einem großen offenen Gelände.

R: Ich stehe vor etwas. Ich sehe Menschen, aber sie sehen nicht aus wie ich. Vielleicht sehen sie jetzt aus wie ich. Sie sitzen da oben, damit sie den ganzen Ort und alle Korridore sehen können. Sie haben Auren. Es gibt gelbe und blaue und grüne Auren. Und weiße Auren. Eine Person in der Ecke hat eine echt weiße Aura.

D: *Haben sie Kleidung an?*

R: Nein. Es ist das Gleiche wie bei mir. Sie brauchen keine Kleidung. Es sieht aus, als säßen sie da über allen in einem Informationsstand, damit sie sehen können, wer kommt und wer geht. Und du kannst sie auch sehen. Es ist wie in einem Empfangsbereich. Ich frage, was ich zu tun habe. (Pause) Sie sagten: „Sei nicht beunruhigt. Du wirst gehen können, wenn die Zeit dafür reif ist. Du wirst wieder zur Schule gehen."

D: *Verstehst du, was sie meinen?*

R: Ich habe das Gefühl, dass jeder trainiert wird, geschult wird, um mehr über die Liebe, das Leben und Gott zu lernen. Aber mein Konzept von Gott ist nicht ihr Konzept.

D: *Was meinst du damit?*

R: Gott ist überall.

D: *Was ist ihr Konzept?*

R: Wir sind Gott. Aber wir müssen Gott verehren. Wir beten nicht für Gott.

D: *Kannst du ihm ein paar Fragen für mich stellen?*

R: Ich werde es versuchen.

D: *Frag ihn, wo dieser Ort ist.*

R: Er ist in einer anderen Dimension. Nicht zwangsläufig, wo er ist. Er ist in unserem Sonnensystem, aber das Sonnensystem ist nicht so, wie wir es determinieren. Unsere Galaxis hat verschiedene Sonnensysteme. Und dieser Ort ist nur ein Terminal, ein Informationsbereich für alle verschiedenen Welten in unserem bestimmten Universum.

D: *Sind sie physisch?*

R: Sie sind nicht wirklich körperlich, genau wie ich nicht körperlich bin.

D: *Können sie dir sagen, wo du zur Schule gehst?*

R: Sie finden meinen Werdegang heraus und wie ich dem ganzen Universum zugutekommen könnte. Und wie ich weitermachen kann. Sie wollten wissen, ob mein wissenschaftlicher Hintergrund auf der Erde das ist, was ich wirklich gerne als meinen Werdegang haben möchte. Oder ist es meine spirituelle Natur, mit der ich in meinem Leben wirklich weitermachen will. Mein Werdegang in Biologie und Medizin ist für mich interessant, aber es ist interessanter, Menschen spirituell bei der Heilung ihrer selbst zu helfen.

D: *Hast du Erfahrung in Biologie und Medizin während deiner Arbeit gesammelt?*

R: Auf der Erde habe ich einen Abschluss in Krankenpflege und Biologie, einen Master-Abschluss. Aber je mehr ich lernte, desto weniger wusste ich. Es gibt so viel zu lernen. Wir können nicht alle Konzepte begreifen, die uns auf der Erde zur Verfügung stehen, weil wir sehr begrenzt und unreif sind. Ich stehe nur hier herum. Ich fühle mich irgendwie dumm. So, als würde man warten, um auf die Toilette zu gehen.

D: *(Lacht) Ja, aber werden sie dich zurück zur Erde schicken, wenn sie herausfinden, was dein Werdegang ist?*

R: Nein, ich werde weitergehen. In eine andere Welt. Es gibt verschiedene Welten. Es gibt hunderte und tausende Welten, die man aufsuchen kann.

D: *Was hältst du davon?*

R: Nun, ich werde überall Freunde finden, wo ich hingehe. Es wäre schön zu wissen, dass ich mit ein paar Freunden zusammen sein könnte, aber wir sind trotzdem alle am gleichen Pfad. Und vielleicht kann ich einfach weitermachen und mit meinen eigenen Freunden wieder Freundschaft schließen.

D: *Was ist mit anderen Lebenszeiten?*

R: Ich habe andere Leben gelebt. Ich war schon immer wissenschaftlich in der Medizin und Metaphysik tätig.

D: *Dann gibt es dort eine Menge Wissen, auf das man zurückgreifen kann, nicht wahr?*

R: Ja. Ich fühle mich, als wäre ich sehr intelligent. Und deshalb wissen sie auch nicht, wo sie mich hinschicken sollen. Weil meine Intelligenz damit nicht übereinstimmt, was ich auf der Erde getan habe. Ich hatte mich schon immer selbst zurückgehalten.

D: *Meinst du, du hattest viel Potenzial, das du nicht genutzt hast? (Ja.) Und sie wollen dich irgendwo hinbringen, wo du das nutzen kannst?*

R: Mhm. Damit ich glücklich sein kann.

D: *Glaubst du, du wärst glücklich, wenn du dein ganzes Potenzial ausschöpfen würdest? (Ja.) Kannst du das nicht tun, während du auf der Erde lebst?*

R: Ich weiß nicht, welche Richtung ich einschlagen soll, außer dem Weg, den ich schon gehe.

D: *Wenn du viel Potenzial hast, wäre es doch schade, das zu verschwenden, nicht wahr?*

R: Es ist nie verschwendet. Wissen wird nie verschwendet. Wissen und Bildung sind eine Freude. Sie ist immer da. Es sind die Fakten oder die Wahrheit.

D: *Du verlierst sie nie. Du kannst immer darauf zurückgreifen, wenn du sie brauchst. Warst du schon einmal an diesem Ort?*

R: Ich war vielleicht schon an einigen Orten am Ende der Flure. Ich bin noch nie in diesem bestimmten Bereich gewesen.

D: *Wann gehst du dorthin?*

R: Nachdem du gestorben bist.

D: *So hört es sich für mich auch an. Aber sie sind sich nicht sicher, was sie wollen, dass du das nächste Mal tust?*

R: Ich muss die Ausgewogenheit des Wissens nutzen, das ich in meinem Leben angesammelt habe, um anderen Menschen zu helfen, die noch nie Möglichkeiten wie diese hatten. Ich hatte großes Glück.

D: *Hast du alle deine Leben physisch auf der Erde gelebt?*

R: Nein. Die Erde ist nur eine sehr kleine Welt. Es ist eine Herausforderung, auf der Erde zu leben.

D: *Vielleicht werden deshalb Leute hierher geschickt.*

R: Jeder braucht eine Herausforderung und die Erde ist eine der Herausforderungen. Es scheint immer so, als könnten wir mit dieser Herausforderung umgehen. Aber sobald wir hier sind, werden wir so frustriert, weil die Herausforderungen größer sind, als wir es uns eigentlich vorgestellt haben. Auf die Erde herabblicken ... sie ist so ein winziger Planet, aber sie enthält so viel Chaos, dass es ein Mensch nicht wirklich ändern kann.

D: *Ein Mensch kann manchmal Wunder vollbringen. Man weiß es nie, bis man es versucht. Hast du das Gefühl, dass du öfter woanders, als auf der Erde gelebt hast?*

R: Ich habe die Erde schon einige Male erkundet, aber das nächste Mal werde ich nicht zur Erde zurückkehren. Ich werde woanders weitermachen.

D: *Was ist mit den Orten, an denen du früher gelebt hast. Gab es einen Favoriten?*

R: Ich habe das Wasser immer genossen. Das Wasser und die Bäume. Auf dieser anderen Welt gibt es andere ... es sieht nicht so aus, als ob es die gleichen Bäume wären. Diese Bäume sehen alle aus wie die Douglasfichten. Und das Wasser ist blau wegen des Sauerstoffs und des Wasserstoffs.

D: *Was sind das für Leute, die dort leben?*

R: Sie sind jetzt wie ich.

D: *Du meinst diesen Energietyp?*

R: Ja. Es gibt physische Dinge. Tiere. Aber es gibt nichts, das mir schaden könnte, wie auf der Erde.

D: *Warum bist du auf dieser Welt nicht körperlich und solide?*

R: Weil wir kein Essen haben, haben wir auch keinen Müll. Wir nehmen Energie auf. Dadurch wird verhindert, dass der Körper dichter wird.

D: *Und das war einer deiner Lieblingsplätze?*

R: Ja. Weil man einfach nur sitzen und den Duft der Bäume und des Wassers riechen kann. Es ist so friedlich.

D: *Aber hast du etwas erreicht, während du dort gelebt hast?*

R: Ja. Anderen Menschen zu helfen.

D: *Hatte diese Welt Herausforderungen?*

R: Alle Welten haben Herausforderungen. Einige Herausforderungen sind nicht notwendigerweise böswilliger Natur, wie auf der Erde. Andere Welten haben Herausforderungen, bei denen man wissen muss, was richtig und was falsch ist. Du hast verschiedene Wege zu gehen. Aber du musst sicherstellen, dass die Liebe Gottes in dir ist und dass du diesen Weg gewählt hast. Denn jedes Mal, wenn wir diesen Weg wählen, verstärkt es unsere Güte im Inneren.

D: *Und das ist sehr wichtig. Aber du hast gesagt, diese Wesen in dem Raum versuchen, dir zu helfen.*

R: Ja. Das ist ihre Aufgabe. Es ist ihre Aufgabe, bei der Platzierung von Menschen zu helfen. Es gibt Monitore da oben im Bereich der Schreibtische. Ich sollte nicht auf die Monitore schauen. Ich habe das Gefühl, sie schauen sich etwas an. Es ist so, als würde ich programmiert werden. Sie gehen meine Erinnerungen an alles durch, woran ich gedacht habe und was ich bin. Sie löschen die schlechten Teile und lassen die guten Teile übrig. Ich muss mich nicht mehr wirklich an die schlechten Teile erinnern, denn sie betreffen die physische Natur.

D: *Ich schätze, sie wissen, was sie tun. Ist es eine Maschine?*

R: Das Erste, das mir einfällt, ist wie ein Computer. Der Mann am Terminal versuchte etwas zu sagen, aber er hat es nicht sehr gut ausgedrückt. (Pause) Es ist kein Computer. Es sind Gedankenmuster, die mit einer bestimmten Wellenlänge vibrieren, die nur ihnen bekannt ist. Es ist wie ein Fingerabdruck.

D: *Also hat jede Person ihr eigenes individuelles Denkmuster oder ihre Schwingung?*

R: Es ist wie in ein Computerterminal eingebaut. Dadurch erreicht es verschiedene Welten. Es geht bis zu der Welt, welche die Hauptstadt unseres Universums ist.

D: *Es ist eine Art Verrechnungsstelle. Und sie analysieren deine Talente und all dies?*

R: Ja. Das ist es, was zu mir durchdringt: Ich könnte gut darin sein, mit Menschen zu sprechen und sie zu trösten. Und um über Philosophie spiritueller Natur zu diskutieren, die ich durch meine Wissenschaft, meine Ausbildung und meinen spirituellen Wissensdurst nutzen kann.

D: *Was passiert dann?*

R: Sie werden mir einen Auftrag geben. Ich habe etwas Ruhepause. Ich muss meine Anpassungen vornehmen.

D: *Nun, es ist gut zu wissen, dass jemand dabei hilft.*

R: Immer hilft jemand. Es gibt Menschen, die mir im Moment helfen. Da sind verschiedene Energien. Sie sind ganz nahe bei mir. Sie sind eine andere Energie als ich. Es ist nicht wirklich Energie, aber es ist Energie. Sie fühlen sich sehr beruhigend an. Sie waren mit mir auf der Erde.

D: *Sind diese Energien wie die anderen?*

R: Nein. Diejenigen an den Schreibtischen haben eher eine körpernahe Form. Nicht weiß. Sie haben eine schmutzige Farbe. Eine blaugrüne Farbe, vielleicht? Bläulich-grünlich. Sie sind irgendwie fest, aber sie sind nicht solide. Du kannst deinen Arm nicht wirklich durchstecken. Aber die andere Energie, die bei mir ist, ist eher eine Lichtenergie. Das ist es. Es ist Licht! Reines Licht. Sie sind immer bei mir. Sie werden ein Teil von mir sein.

D: *Denkst du das?*

R: Ja. Aber ich spreche immer noch nicht ihre Sprache. Wir reden nicht miteinander. Es sind Gedanken.

An diesem Punkt entschied ich mich, ihn in eine Zeit zu führen, in der er seine Ruhepause beendet hatte und bereit war, seinen nächsten Auftrag anzunehmen. Er würde in der Lage sein, den Ruheabschnitt zu beschleunigen, aber trotzdem die Vorteile zu nutzen. Ich musste keine Einleitung machen, weil er mich unterbrach, bevor ich die Anweisungen beendet hatte.

R: (Unterbricht) Ja, ich bin genau da, direkt am Rand und schaue hinaus ins All. Ich bin mit jemandem zusammen. Und ich muss sofort anfangen, ihre ... Ich weiß nicht, was ... Ich werde von etwas eingehüllt. Ich soll eingehüllt werden. Okay. Jetzt kann ich gehen. Ich kann gehen. Sieht aus wie Engelsflügel. Es sind Engel, aber doch keine Engel. Sie sind einfach anders. Es gibt eine Art Hackordnung. Jeder hat seinen Job. Jeder hat unterschiedliche Aufgaben, um einander zu helfen. Und sie haben immer Mitleid mit den Menschen, die auf der Erde leben. Aber sie fühlen irgendwie auch Eifersucht, weil sie die Emotionen nicht erleben können, die wir erlebt haben.

D: *Diese Lichtenergien?*

R: Ja. Die Lichtenergie. Sie haben keine Emotionen und Weinen und Lachen erlebt, wie wir es erlebt haben. Und den Schmerz. Sie wissen nicht, was Schmerz ist. Vielleicht bin ich es, der das Gefühl hat, ein bisschen besser als sie zu sein. Aber ich habe nicht dieselbe Kraft wie sie. Ich soll in dieser Energie eingehüllt werden, um nicht zu verbrennen, weil wir so schnell reisen werden. Dort muss es ein wenig Reibung geben. (Ist das seine eigene Wahrnehmung? Ein Geistwesen würde schließlich nicht verletzt werden.) Und es gibt mir Sicherheit. Es gibt ihnen Sicherheit.

D: *Aus unserer menschlichen Perspektive würde man denken, dass sie glücklicherweise keine Emotionen erlebt haben. Es erscheint seltsam, dass sie eifersüchtig sind.*

R: Vielleicht sind sie mitfühlender und das ist es, was ich fühle.

D: *Und du reist durch den Weltraum oder wie ist das?*

R: Ich kann jederzeit gehen. Ich warte auf dich.

D: *Wartest du auf mich? Warum?*

R: Ich weiß nicht. Ich dachte nur, ich würde. (Ich kicherte.) Okay. Wir sind bereit. Wirst du mitgehen?

D: *Ich schätze, wenn du bereit bist. Ich bin nur ein Führer, der dich durch diese vielen verschiedenen Dinge führt. Das ist alles, was ich bin.*

R: Okay. Los geht's!

D: *Und sie beschützen dich. Erzähl mir, wie es ist, wenn du gehst.*

R: Es fühlt sich an, als würde mein Kopf ... Huaaa! Es fühlte sich wie eine sehr schnelle Bewegung an. Wir sind jetzt an einem Strand.

D: *Oh! Das ging schnell, nicht wahr?*

R: Ja. Sie reisen sehr schnell. Und wir sind an einem Strand. Und ich werde einfach zu dem geführt werden, was ich tun soll. (Pause) Ich bin kein Kind. Ich habe kein Alter. Ich fühle mich wie ein Erwachsener, aber es gibt kein Alter. Es gibt wirklich keine Zeit. Es gibt Zeit zum Ausruhen. Es ist nicht die Zeit, an die wir denken.

D: *Wo ist dieser Strand?*

R: Auf einer Welt. Und es gibt verschiedene Bäume. Ich bin am Wasser, denn da wollte ich hin. Ich muss gehen ... und da oben ist eine Behausung. Sie hat eine breite Basis und ist ... nicht pyramidenförmig, aber sie hat verschiedene Ebenen, die nach oben hin kleiner werden. (Handbewegungen) Und sie hat ein kleines Leuchtfeuer da oben, einen kleinen Leuchtturm. Dir ist nicht nach gehen, aber du gehst. Es fühlt sich einfach so an, wie zu Fuß zu gehen. Aber ich habe nicht wirklich eine feste

Haut mit Haaren. Es ist nur ... (schwer zu erklären.) Du kannst es festhalten.

D: *Du hast also etwas Substanz. Sag mir, wie die Wohnung ist.*

R: Da gehen Treppen hinauf, Stufen. Das Gebäude ist blau, mit einer gelben Zierleiste. Es gibt große Panoramafenster. Sehr große Doppeltüren, die gelb sind. Es ist sehr groß. Sehr schön. Eine Menge Licht. Sehr bequeme Optik. Ich würde diesen Ort genießen können. Da sind andere Leute, die sagen: „Hallo!"

D: *Kennen sie dich?*

R: Ja. Sie kennen mich. Sie haben auf mich gewartet. Viele von ihnen kenne ich, aber sie haben ihre Namen nicht mehr. Ich weiß einfach, dass ich sie schon einmal kannte. Und es fühlt sich gut an, mit Leuten zusammen zu sein, die ich einmal kannte. Sie wählten den gleichen Ort wie ich.

D: *Ist das eine physische Welt?*

R: Ziemlich körperlich, ja.

D: *Sind die Leute alle wie du?*

R: Ja. Da drüben sind ein paar Leute, die größer sind. Sie sehen weiser aus. Sie könnten die Vorgesetzten sein.

D: *Haben sie alle die gleiche Art Energiekörper, ohne jegliche Wesensmerkmale?*

R: Sie benötigen nicht wirklich Charakteristika. Ich brauche nicht wirklich Charakteristika. Wir haben Ohren, aber wir reden nicht wirklich. Wir haben Augen und wir sehen. Wir nehmen Gerüche wahr. Und es scheint, als hätte ich so viele verschiedene Sinne. Mehr als ich jetzt auf der Erde habe. Es wird schön sein, das zu erleben. Wir sind alle da, um geschult zu werden und uns gegenseitig zu lehren.

D: *Welche Art Sinne hast du, die du auf der Erde nicht hattest?*

R: Es ist schwer zu erklären. Die Gerüche ... alle, alles hat einen anderen Geruch. Und es korreliert mit dem Licht, das so aussieht. Also brauche ich wirklich nicht zu sehr darauf einzugehen. Berührung hat das gleiche Schwingungsniveau wie der Geruch. Jeder hat eine Aura, als wären sie darin eingekapselt.

D: *Was hast du dort zu tun?*

R: Ich muss studieren und reden und lernen. Mit diesen anderen Menschen besprechen wir unsere vergangenen Leben. Und wir sollen angewiesen werden, wie man auf diesem Planeten lebt.

D: *Also wirst du eine Weile auf diesem Planeten bleiben?*

R: Ja, bis wir unsere Prüfungen mehr oder weniger bestanden haben. Andere Personen können es nicht so schnell, wie ich es könnte. Und ich werde vielleicht nicht so schnell wie einige andere sein.

D: *Es gibt also keine feste Zeit.*

R: Nein, es gibt keine Zeit.

D: *Weißt du, was du tun wirst, nachdem du deine Tests bestanden hast?*

R: Nein, das wird erst zu diesem Zeitpunkt entschieden. Ich genieße die Suche nach Wissen.

Ich dachte nicht, dass wir noch mehr erfahren könnten, wenn er eine Weile an diesem Ort bleiben würde. Das Ende der Sitzung rückte näher und wir hatten immer noch nicht die Ursachen für seine körperlichen Probleme in diesem gegenwärtigen Leben gefunden. Also bat ich ihn, diese Szene zu verlassen, damit ich mit seinem Unbewussten sprechen und vielleicht deutlichere Antworten erhalten könnte.

D: *Ich möchte deinem Unbewussten einige Fragen stellen, die sich auf dein Leben auf der Erde zum jetzigen Zeitpunkt beziehen. Wäre das in Ordnung?*

R: Lass mich zurück auf die Erde.

Ich orientierte ihn in die Gegenwart zurück und instruierte sein Bewusstsein, vollständig in seinen Körper zurückzukehren. An diesem Punkt fing er an, sich zu bewegen, aber ich wollte nicht, dass er schon aufwachte.

D: *Ich möchte, dass du noch in diesem Zustand bleibst, damit ich mit deinem Unbewussten sprechen und ihm Fragen stellen kann.*

R: Daran erinnere ich mich noch.

D: *Oh, es war sehr schön. Ich möchte mit Roberts Unbewusstem sprechen, bitte. Warum wurden Robert diese Szenen gezeigt?*

R: Weil er den Menschen auf der Erde sagen kann, dass Leben immer weiter geht. Und dass wir ein ausgeglichenes und lebendiges Leben auch hier auf der Erde führen können. Wir, in diesem physischen Körper, müssen nicht negativ sein. Wir können positiv sein. Und wenn wir die Liebe kennen und Liebe geben, werden wir erleben, was jenseits dieser Welt liegt. Wir müssen wissen, dass wir spirituell und ausgeglichen sind. Aus der Wissenschaft weiß er, warum der Himmel blau ist und die Blätter grün sind. Warum die Würmer ein und ausgehen. Er kennt jeden Körperteil, jeden Muskel, jeden

Knochen. Aber er hat nie das entwickelt, was er sich unter seiner spirituellen Natur vorgestellt hat. Kein religiöser Glaube, sondern Spiritualität. Er wusste, dass es immer ein Leben nach dieser Welt gibt. Nicht unbedingt auf dieser Welt. Wenn du auf diese Erde zurückkehrst, entscheidest du dich dafür, zurückzukommen. Oder man sagt dir mehr oder weniger, du sollst zurückkommen, weil du das Wissen nicht erlernt und die Herausforderungen dieser ungehorsamen Welt nicht gemeistert hast. Wie zur Schule gehen. Das ist alles, was wir sind. Wenn wir unsere kleinen Kinder erziehen, lernen wir von Anfang an. Wir gehen immer zur Schule. Was wir als Säugling beginnen und durch unser Erwachsenenleben weiterführen, werden wir nach der Geburt in ein anderes Leben weiterleben. Wir lernen ständig. Und einige Leute weigern sich zu lernen. Es ist wie das alte Sprichwort: Du kannst den Esel zum Wassertrog bringen. Man kann seine Nase und sein Maul direkt ins Wasser stecken, aber man kann ihn nicht zwingen, es zu trinken. Bis er herausfindet, dass das Wasser seinen Durst stillen kann.

D: *Manchmal machen die Leute einfach immer wieder die gleichen Fehler.*

R: Ja. Du kannst ihren Kopf gegen die Wand rammen. In Roberts Fall hat er mehr Leben auf anderen Welten als auf der Erde gelebt. Er ist nur auf diese Welt gekommen, weil es eine Herausforderung ist, weil er sich leicht langweilt.

D: *Glaubst du, ein Teil seiner körperlichen Probleme entsteht daraus, dass er nicht an einen physischen Körper gewöhnt ist?*

R: Es ist möglich, schätze ich. Meine Güte, ich wollte nicht hier sein. (Kichern) Ich stimme dem irgendwie zu, denn ich will diesen Körper nicht. Aber ich stecke fest.

D: *Ja, im Moment ist es so. Und du musst lernen damit zu leben. Aber es scheint, als ob er in anderen Leben nicht so einen Körper hatte, um den man sich kümmern muss.*

R: Nein, er hatte keine Schmerzen. Schmerz ist die Hölle.

D: *Er wusste nicht, was es war.*

R: Nein, da drüben gibt es keinen Schmerz. Du musst körperlich sein, um den Schmerz zu verstehen.

D: *Vielleicht ist das etwas, was er gelernt hat.*

R: Das ist es. Und alle anderen müssen auch etwas über Roberts Schmerz erfahren, weil Robert mit den Schmerzen umgehen kann. Aber er hat eine schwere Zeit mit seinen Drogen. Es gibt eine physische Abhängigkeit von Drogen. Wenn er diesen

Vietnam-Stress klärt, den sein Körper durchmacht, bittet er möglicherweise die Veteranenverwaltung, für eine Weile im Spital unterkommen zu können. Weil der arme Kerl beim Versuch, diesen Schmerz zu bekämpfen, so viele Jahre lang Drogen genommen hat. Aber dieser Schmerz wird ihn nie verlassen, bis er stirbt.

D: *Glaubst du das oder hast du dabei etwas mitzureden?*

R: Das ist sein Schicksal. Er muss den Schmerz spüren, weil er mit dem Schmerz umgehen kann. Und die Menschen müssen von ihm lernen.

D: *Erscheint das nicht ziemlich grausam?*

R: Es ist überhaupt nicht grausam, weil es keine Zeit gibt. Wenn eine Person an Krebs stirbt, weil sie zu viele Zigaretten geraucht hat, lernen die Leute um sie herum eine schrecklich harte Lektion. Und das gilt auch für ihn. Aber alle machen weiter. Es spielt wirklich keine Rolle, denn es ist nur ein Blitz von ein paar Sekunden in Echtzeit.

D: *Glaubst du, dass Vietnam deshalb so stressig für ihn war, weil er Leben ohne physischen Körper erfahren hatte?*

R: Ja. Aber es war etwas, was er tun wollte und auch tun sollte. Er wusste, dass er nicht sterben würde, aber er wusste es nicht wirklich. Überall um ihn herum war der Tod.

D: *Und das verursachte ihm Angst.*

R: Ja, aber das war es, was ihn am Leben hielt. Das hat dazu geführt, dass er tat, was er tat. Die Herausforderung der Angst. Es gibt nicht viele Orte in den Universen, die Krieg haben. Die Erde ist einer der wenigen Orte, an denen man als Mensch Krieg erleben kann. Es ist dem Menschen vor langer Zeit passiert, als die ganze Welt in Verzug geriet.

D: *Was meinst du damit, die ganze Welt ist in Verzug geraten?*

R: Es gab andere Wesen, die herabkamen, um uns zu helfen. Und sie versuchten, sich zu paaren, herumzuspielen und Gott zu spielen.

D: *Und sie waren diejenigen, die uns in diese Situationen gebracht haben?*

R: Ja. Sie wollten Armee, Cowboy und Indianer spielen. Sie haben ein Muster erstellt. Menschen sind im Grunde genommen Tiere und es ist schwer, das Muster zu durchbrechen. Es hat mit der Entwicklung aus dem Muster heraus zu tun. Es ist wie eine schlechte Angewohnheit. Wenn du anfängst Fingernägel zu kauen, wie Robert, ist es schwer, wieder damit aufzuhören. Oder ein bestimmtes Schimpfwort zu verwenden. Es ist schwer, es sich abzugewöhnen.

D: *Es ist also eine Gewohnheit der menschlichen Rasse, meinst du.*

R: Ja. Das ist unser aller Problem.

D: *Es wurde von anderen Wesen hierher gebracht?*

R: Ja. Sie wussten es nicht. Es ist nicht wirklich ihre Schuld. Ich glaube, es ist einfach so passiert.

D: *Und jetzt ist das im Muster der Menschen auf Erden?*

R: Ja. Es wird immer besser. Die Erde hatte einige Erfolge in ihrer Entwicklung evolutionärer Muster. Das Männliche kämpft gerne. Und das ist einer der Orte, an denen man das erleben kann. Es gibt viele Erfahrungen, die du auf der Erde durchleben kannst, wie Hunger, Krieg. Es gibt noch andere Erfahrungen. In der Politik gottähnlich zu sein. Oder du kannst einfach nur ein sehr angenehmes Familienleben erfahren.

D: *Ja, du hast viele Möglichkeiten. Also habe ich das Gefühl, als er nach Vietnam ging...*

R: Das war meine Entscheidung.

D: *Aber du warst nicht auf den Stress vorbereitet.*

R: Nein, nein. Niemand hat mir gesagt, wie schlimm es ist.

D: *Aber anscheinend hast du daraus eine Lehre gezogen. Eine Lektion, die für dich wertvoll ist.*

R: Ja, weil ich weiß, wie Krieg ist. Ich weiß, wie ein Kampf ist. Wenn ich also in eine andere Welt ginge und jemand würde wütend oder zeigte eine Eigenschaft, die man als „rezessiv“ bezeichnen kann, würde ich wissen, wie es ist. Und ich könnte diesen Leuten helfen, das zu überwinden.

D: *Das ist sehr wertvoll. Aber glaubst du wirklich, dass Robert in dieses Leben kam, um dieses Unbehagen zu erleben? (Ja.) Aber wäre es nicht einfacher, wenn wir helfen könnten, damit zu leben?*

R: Es wird im Laufe der Zeit einfacher werden.

D: *Glaubst du, wenn er den Grund dafür versteht, wird es ihm leichter fallen, damit umzugehen?*

R: Aber er hat viele körperliche Probleme.

D: *Aber kannst du ihm als Unbewusstes nicht dabei helfen?*

R: Nur wenn er das Unbewusste um Führung bitten kann und die natürlichen Endorphine in seinem Körper bitten, ihm zu helfen. Er wird den Schmerz erleiden, damit jemand anderes die Erfahrung machen kann, ihm zu helfen.

D: *Aber es wäre trotzdem gut, wenn wir ihn lockern könnten. Wir wollen nicht, dass das Leben unglücklich ist, während er diese Lektionen lernt.*

R: Roberts Leben ist nicht unglücklich. Er hat es geschafft.

D: *Glaubst du das? Ich weiß nicht, ob er zustimmen würde. Aber wichtig ist, wenn er eine Linderung des Unbehagens will, kann er das Unbewusste um die natürlichen Endorphine bitten, um ihm zu helfen.*

R: Ja. Wie im Moment, er hat überhaupt keine Schmerzen.

D: *Ja. Diese Endorphine sind sehr stark. Sie sind viel stärker als jede Droge. Weil sie natürlich sind und vom Unbewussten kontrolliert werden.*

Ich verankerte dann die Suggestion, dass er sich entspannen und das Unbewusste bitten könne, die natürlichen Endorphine freizusetzen, wenn er Hilfe bräuchte. Sein Unbewusstes versuchte, mit mir zu argumentieren: „Ja, aber Robert ist so sensibel für den Schmerz aller anderen."

Ich konnte verstehen, warum, denn Robert war eine sehr sensible und mitfühlende Person. Nach vielen Diskussionen stimmte das Unbewusste zu, seinen Teil dazu beizutragen, wenn Robert kooperieren würde. Das Endergebnis hängt immer von der Person ab. Wenn Menschen sich nicht wirklich selbst heilen wollen, was auch immer der Grund ist, dann wird nichts, was ich tun kann, helfen.

Ich habe nie wieder mit Robert gearbeitet. Ich habe von Zeit zu Zeit von ihm gehört. Er hatte immer noch Schwierigkeiten und war regelmäßig im Krankenhaus der Veteranenverwaltung. Es schien, als wolle er die Lektion des Schmerzes nicht wirklich loslassen, obwohl sein Unbewusstes bereit war, mit ihm an dem Problem zu arbeiten. Ich würde gerne denken, dass es geholfen hat, die natürlichen Endorphine zu Zeiten freizusetzen, in denen er sie brauchte, damit er nicht so süchtig nach den Drogen wäre. Zumindest wusste er jetzt, dass es Gründe gab, warum er diesen Teil seines Lebens erlebt hatte. Vielleicht lag sein Unbewusstes richtig, als es sagte, dass der Schmerz ihn nie verlassen würde, bis er stürbe. Wenn das so ist, hoffe ich, dass er seine Lektion lernt und auch andere über Schmerzen oder das Leben mit jemandem, der chronische Schmerzen leidet, unterrichten kann. Wenn das der Grund ist, dann hat es etwas Gutes, weil es lehrt. Darum geht es wirklich, um das Erlernen von Lektionen und das Fortschreiten von dort aus. Wenn wir eine Lektion wirklich lernen, dann müssen wir sie nicht wiederholen.

Nochmals, ich kann voll und ganz verstehen, warum Roberts Unbewusstes es nicht zulassen wollte, dass diese Geschichte auftauchte, als er mit Ärzten der Veteranenverwaltung zusammenarbeitete. Vielleicht könnten sie durch diese Geschichte mehr Verständnis und Offenheit dafür aufbringen, die Ursachen von kriegsbedingtem Stress auch an ungewöhnlichen Orten mit ungewöhnlichen Erklärungen zu suchen.

* * *

ZURÜCK IM RAUM MIT DER TAPISSERIE

Ich verbrachte den Monat März 2000 damit, in allen wichtigen Städten Australiens zu unterrichten. Ich versuche, auch einige private Sitzungen unterzubringen, wenn ich auf Reisen bin, weil es immer eine Warteliste von Menschen auf der ganzen Welt gibt, die eine Therapie wollen. Norma hatte mir geschrieben, nachdem sie einige meiner Bücher gelesen hatte und wir vereinbarten einen Termin für eine Sitzung, während ich in Gold Coast war. Sie hatte viele persönliche und körperliche Probleme, für die sie Erklärungen finden wollte. Auch die Beschreibung der spirituellen Welt, in die wir eintreten, wenn wir dieses Leben verlassen, wie in meinem Buch *Between Death and Life* berichtet, faszinierte sie. Sie wollte diese Orte selbst sehen, besonders den Tempelkomplex der Weisheit mit seiner wunderschönen Bibliothek und dem Raum mit der Tapisserie. Ich habe ihr gesagt, dass das vielleicht möglich sei. Ich müsse sie erst durch ein vergangenes Leben führen, um dann sehen zu können, wohin sie nach dem Tod gegangen sei. Dies ist die Vorgehensweise, die am besten funktioniert, wenn wir die spirituelle Seite erforschen wollen.

Sie fiel rasch in einen tiefen Trancezustand und erlebte ein vergangenes Leben im viktorianischen England, das einige der persönlichen karmischen Beziehungen erklärte, mit denen sie in diesem Leben zu tun hatte. Es gab viele Details: Daten, Namen und Orte in London, die überprüft und verifiziert werden konnten. Ich habe so viele Regressionen gemacht, dass mich diese Art Details nicht mehr überraschen. Wichtig ist die Therapie, die sich aus dem Wiedererleben der Traumata und Emotionen des Lebens ableitet. Normalerweise überlasse ich es den Probanden, ob sie später untersuchen und verifizieren wollen. Ich brauche keine Beweise mehr und überprüfe diese Dinge nicht, es sei denn, sie sind für ein Buch geeignet. Es wird nie genug Beweise geben, um einen echten Skeptiker zu überzeugen und jemand, der daran glaubt, braucht keinen Beweis. An dieser Stelle meiner Arbeit fasziniert mich das Unbekannte mehr, das sich ohnehin nicht beweisen lässt.

Als ich sie zum Ende dieses Lebens mitnahm, starb sie friedlich, umgeben von ihrer Familie, als alte Frau in ihrem Haus. Als sie sich aus dem physischen Körper löste, bat ich sie, zu beschreiben, was vor sich ging.

N: Da ist ein Licht. Gestalten in Roben und es gibt Liebe und Frieden. Sie bringen sie an einen Ort, der sehr ruhig und friedlich ist. Es ist niemand in der Nähe. Es ist einfach ruhig und sehr neblig.

Das klang wie der Ort, den andere als den Ruheplatz beschrieben haben, eine Art Heiligtum, in dem die Seelen eine Weile ruhen können, bevor es zu einem anderen Ziel weitergeht, entweder im Jenseits oder sie kehren in einen anderen Körper für ein neues Leben zurück.

D: *Ein Ort, an dem sie sich einfach eine Weile ausruhen kann?*
N: (Leise) Ja. Es ist schön.
D: *Danach muss sie woanders hingehen?*
N: Ja, es ist Zeit. Sie muss jetzt in die Räume des Wissens gehen.
D: *Ich habe von diesen Orten gehört. Norma wollte die Erinnerung haben, wie sie aussahen. Was zeigst du ihr?*
N: Es gibt Säulen. Und viele Bücher. Und eine Kuppel ... und Menschen. Und es ist sehr ... beladen, voller Wissen. Es ist groß. Unendlich groß. Es gibt viele Räume jenseits des steinigen Bereichs. Und dort sind Laufstege und Bücher und Tische und Menschen.
D: *Mit wem spreche ich? Ihrem Unbewussten oder ...?*
N: Norma ist sich Norma bewusst, aber ich bin ihr höheres Selbst.
D: *Ich nenne es das Unbewusste. Es ist der Teil, der die ganze Bandbreite der Informationen hat, nicht wahr? (Ja.) Damit spreche ich gerne. Ich bin mir einiger Teile dieses Ortes bewusst. Gibt es einen Raum namens „Tapisserie-Zimmer“?*
N: Oh, ja.

Diese Tapisserie wurde im Buch *Between Death and Life* als ein Wandteppich des Lebens beschrieben, in dem das Leben eines jeden Menschen als ein Faden dargestellt wird. Die Art und Weise, wie sie verwoben sind, ist eine anschauliche Beschreibung dafür, wie jedes Menschenleben von allen anderen beeinflusst wird. Wir sind eins und wir sind auch alle miteinander verbunden.

D: *Sie fragte, ob sie das Zimmer sehen könnte?*

N: Sie geht schon die ganze Zeit dorthin.

D: *Tut sie das? (Ja.) Sie weiß es nicht, oder?*

N: Doch, aber sie hat es nicht geglaubt.

D: *Kannst du ihr zeigen, wie das Zimmer aussieht?*

N: Es ist ein lichtdurchfluteter Raum. Er hat keine Decke, denn der Wandteppich ist sehr hoch. Und er ist sehr lang und erstreckt sich sehr weit. Es gibt kein Ende. Und er bewegt sich. Er ist am Leben.

D: *Was meinst du damit?*

N: Er ist lebendig mit dem Licht und den Fäden, das sind lebendige Dinge. Sie sind kein ... Material. Sie haben Gefühle, sie denken und sie haben Farben und Leben.

D: *Die Fäden, aus denen das Gewebe des Gobelins besteht?*

N: Ja. Sie sind lebendig. Einige von ihnen sind so hell. Und sie sind alle unterschiedlich dick und sie haben Energie, Einheit. Ihre eigene Energie. Jeder Einzelne ist einzigartig und schön. Und sie bilden diese Bewegung und Lebendigkeit. Wunderschöne Muster. Es ändert sich wie ein Film auf der Leinwand.

D: *Es ist also wie ein Lebewesen und nicht nur wie ein Stück Stoff.*

N: Oh, es ist kein Tuch. Ein Wandteppich ist sogar eine Untertreibung. Das beschreibt es einfach nicht im Geringsten.

D: *Es ist etwas, das wir mit unserem begrenzten Wissen verstehen können. Aber wenn die Fäden, die Stränge, lebendig sind, was repräsentieren sie dann?*

N: Oh, sie sind wunderschön. Sie sind Menschen, ihr Leben, ihre Seelen. Sie repräsentieren alles, was wir sind.

D: *Es ist also ein Beispiel dafür, wie alles miteinander verwoben ist?*

N: Oh, ja. Es ist sehr, sehr kompliziert. Komplizierter, als wir uns vorstellen können. Jeder Strang repräsentiert jedes Leben, jede Existenz, jeden Gedanken, jede Tat, alles, was wir sind, was wir sein werden, was wir waren. Und wir sind auch alle diese Dinge.

D: *Stellt es nur das gegenwärtige Leben dar oder ist der Strang die Geschichte der Seele?*

N: Ja und die Zukunft und die ... nun, die Seele. Das ist es.

D: *Aber wenn es bereits verwoben ist, bedeutet das, dass alles festgelegt ist?*

N: Oh, nein. In einigen Bereichen des Stranges wird es abhängig von der letzten Reise der Seele zu dieser Zeit festgelegt, denn sie beschließt, einige Leben ohne freien Willen zu führen.

D: *Haben sie keinen? Oder wissen sie nicht, dass sie einen haben?*

N: Sie haben keinen freien Willen.

D: *Also hat nicht jedes Wesen einen freien Willen?*

N: Das ist richtig. Es hängt von dem Leben ab, das es wählt. Wenn es sich für ein Menschenleben entscheidet, hat es einen freien Willen. Aber wenn es sich für eine andere Existenz entscheidet, hat es in einigen Fällen keinen freien Willen. Also dadurch ändern sich die Textur und die Leuchtkraft des Strangs, seine Farbe und seine Dicke und seine Verbindung mit anderen Strängen. Es ist sehr komplex.

D: *Es hängt also alles von der Lektion ab, die die Seele zu diesem Zeitpunkt lernt.*

N: Wir würden es nicht als „Lektion" bezeichnen. Wir würden es ... Erinnerung nennen. Denn die Seele weiß alles. Sie weiß alles. Sie weiß alles über alles Bescheid, was es zu wissen gibt. Sie erinnert sich einfach nicht immer. Und je nachdem, welches Leben sie führt, erinnert sie sich manchmal oder erinnert sich manchmal nicht.

D: *Wenn es ein Menschenleben ist, wäre es verwirrend, wenn wir uns an alle diese Dinge erinnerten.*

N: Es ist ein Leben, das die Seele wählt, wenn sie viel klären will. Sie würde sich sonst nicht für ein Menschenleben entscheiden, denn es ist eine schwierige Existenz auf vielen Ebenen. Es ist auch ein sehr anregendes Leben zur Wahl. Denn es ist sehr voll. Voller Emotion, Gefühl, Textur und Lebendigkeit. In vielen anderen Leben, die eine Seele wählt, gibt es nicht viel Abwechslung. Es gibt nicht viel Textur. Denn manchmal können sie sich nicht einmal auf die dritte Dimension beziehen. Sie wissen nichts von der dritten Dimension.

D: *Müssen sie durch diese Art von Leben gehen, bevor sie in ein Erdenleben kommen?*

N: Nicht unbedingt. Es hängt von der Wahl der Seele ab. Aber viele Seelen haben natürlich viele Erdenleben gewählt und bleiben auf dem dreidimensionalen Rad kleben. Sie kennen oft nicht einmal andere Existenzen, erzeugen dadurch mehr karmische Verbindungen und müssen daher zur Erde zurückkehren. Für die Seelen kann es eine frustrierende Sache sein, denn sie verstehen auf der anderen Seite, dass es andere Leben gibt, die gelebt werden können. Aber sie sind so fest mit der Erde verbunden, dass sie sie nicht verlassen können.

D: *Sie müssen das alles zuerst beenden.*

N: Nicht immer das gesamte Karma, das von der karmischen Kraft erzeugt wird. Aber die meiste Zeit gibt es so viel zu tun, dass sie die Möglichkeit verlieren würden, einen anderen Körper zu bekommen, zu dem man zurückkehren kann, wenn sie nicht ein weiteres Erdenleben wählen würden. Und sie würden die Verbindungen verpassen, die sie machen müssen. Sie könnten die Gelegenheit verpassen, einen Vertrag mit der nächsten Seele abzuschließen, mit der sie sich verbinden müssen. Sie neigen dazu, in ähnlichen Kreisen zu bleiben. Und diejenigen wie Norma, die wissen, dass sie nicht sehr oft hier sein müssen, neigen dazu, sich in Kreisen von Seelen ähnlicher oder gleicher Art zu bewegen, aber sie reisen auch aus ihnen heraus.

D: *Aber wenn sie die Gelegenheit verpassen, sich zu verbinden, braucht es viel Zeit, bevor sie wieder die Gelegenheit dazu bekommen. Und das Karma müsste irgendwann zurückgezahlt und geklärt werden. Ist es das, was du meinst?*

N: Ja. Norma ist sich dessen durchaus bewusst. Diejenigen, die in der dritten Dimension feststecken, sind nicht wirklich bewusst. Sie wissen irgendwo, besonders zwischen den Leben, dass es andere Leben gibt, die sie führen könnten. Aber sie wissen, dass sie in der Erddimension bleiben müssen, um die karmischen Lasten auszugleichen. Sonst hätten sie die Gelegenheit verpasst und müssten lange Zeit in geistiger Form bleiben. Sie können andere außerirdische Leben wählen, Leben in anderen Dimensionen. Aber sie wissen, dass es sie einschränkt, denn sie verpassen ihre Verbindung mit den erdgebundenen Leben, die sie erfüllen müssen.

D: *Aber erschaffen sie auch Karma in den anderen Leben, in denen sie sich nicht einmal der dritten Dimension bewusst sind?*

N: Oh, ja! (betont) Oh, ja! Es gehört zur Reise der Seele, Karma zu erzeugen.

D: *Und es auszugleichen.*

N: Es geht darum, die Schwingung dieser Seele zu heben, sie wieder nach Hause in die göttliche Kraft zu bringen.

D: *Aber in den anderen Leben erschaffen sie nicht das intensive Karma, das wir mit dem menschlichen Körper produzieren?*

N: Es kann genauso intensiv sein, doch. Und manchmal können sie in einem außerirdischen Leben stecken bleiben.

D: *Aus den gleichen Gründen? (Oh, ja!) Aber soweit ich mir dessen bewusst bin, können sie in einigen der außerirdischen Leben so lange leben, wie sie wollen. (Ja.) So hätten sie genügend Zeit, um die Dinge zu klären.*

N: Wir sprechen von niedrigeren außerirdischen Lebensformen.

D: *Kannst du mir etwas darüber mitteilen?*

N: Es gibt einige, die in gewisser Weise wie Ameisenkolonien sind, die nicht unbedingt Körper haben. Sie sind Energie, aber sie haben nur einen gemeinsamen Geist, sozusagen.

D: *Wie eine Gruppe?*

N: Ja. Und sie bewegen sich vielleicht wie ein Vogelschwarm. Oder vielleicht wie sich Ameisen bewegen. Sie verbinden sich wie eine Kolonie miteinander. Sie bewegen sich als ein Wesen, aber als einzelne Einheiten. Und sie haben die karmischen Feinheiten nicht, die die menschliche Form ausmacht. Es ist mehr ein Gruppen-Karma, bei dem sie zustimmen, bestimmte Arbeiten gemeinsam als Gruppe zu verrichten. Wenn es also nicht erfüllt wird, wird es nicht integriert und freigegeben.

D: *Gibt es andere niedrigere Arten außerirdischer Lebensformen?*

N: Sie können Arbeiter für höhere Lebensformen sein. Aber die Ironie ist, dass die Seelen der höheren Lebensformen manchmal wählen können, ein Arbeiter zu sein. Sozusagen von verschiedenen Ebenen aus. Es ist ein Irrtum, dass sich eine Seele nach oben bewegt. Es geht nicht von einer höheren Lebensform zur nächsthöheren Lebensform. So ist das nicht.

D: *Wir neigen dazu, so zu denken.*

N: Nein, sie springt und dreht sich. Aus allen möglichen Gründen wird eine Seele eine Reise wählen. Nur manchmal zum Vergnügen, für die Erfahrung.

D: *Um zurückzugehen und etwas zu erleben, das zu der Zeit anders ist.*

N: Ja, es ergänzt den Wandteppich. Es erhöht die Komplexität der Seele.

D: *Die Abwechslung.*

N: Ja, das fügt etwas hinzu. Es gibt. Es erfüllt. Es macht die Seele vollkommener. Es ist ein weiteres Teil des Puzzles.

D: *Das ergibt für mich Sinn. Norma fragte sich, ob sie eine galaktische Verbindung hätte.*

N: Oh, ja! Sie ist sich der galaktischen Lebensformen bewusst, die sie war, aber sie kennt die Details auf einer bewussten Ebene nicht. Sie weiß viel über sich selbst. Und sie lernt in diesem Leben viel. Wenn sie nicht wirklich noch einmal in die dritte Dimension zurückkehren will, wird sie nicht mehr hierherkommen müssen.

D: *Also erledigt sie hier mehr oder weniger ihren Job?*

N: Es gibt nie eine Fertigstellung als solche, denn du kannst kommen und gehen, wie du willst. Aber sie genießt den Aspekt des freien Willens dieser Reise.

D: *So kann eine Seele jederzeit entscheiden, dass sie nicht mehr auf der Erde leben will und wieder etwas anderes versuchen.*

N: Nur, wenn sie viel von ihrem Karma beseitigt hat. Denn, wie gesagt, du kannst viele Leben lang mit der Erde verbunden sein. Weil du natürlich hier durch das Karma, das du erschaffst, umso stärker verpflichtet bist, je mehr Lebenszeiten du lebst.

D: *Also ist es besser, alles zu klären, wenn du irgendwo anders weitermachen willst.*

N: Und viele Seelen sind sich dessen bewusst. Natürlich nicht auf bewusster Ebene, deshalb stecken sie so viel in ein Leben. Viele Seelen, die zu diesem Zeitpunkt der Erdentwicklung hier sind, hatten außerirdische Leben. Und viele sind sich dessen nicht wirklich bewusst. Auf dieser irdischen Ebene sind jetzt mehr als je zuvor, denn sie sind aus einem bestimmten Grund hier: um die Schwingung der Mutter Erde anzuheben.

Im Buch *Keepers of the Garden* sagte Phil, dass sich viele Seelen, die noch nie ein Erdenleben gekannt hatten, freiwillig gemeldet haben, um der Erde in dieser Zeit ihrer Geschichte dabei zu helfen. Sie waren die Infusion oder Transfusion von neuem Blut, jene, die noch nie Gewalt erlebt hatten. Weil diese in der Geschichte ihrer Seele nicht vorkommt, können sie dazu beitragen, die Schwingung der Erde zu verändern und sie in eine höhere Dimension zu heben, wo Dinge wie Gewalt unmöglich sind.

D: *Das ist es, was mir gesagt wurde. Dass wir uns von der Gewalttätigkeit entfernen und in eine andere evolutionäre Periode für die Erde eintauchen?*

N: Oh ja und Mutter Erde hat das geschaffen.

D: *Weil sie auch eine lebendige Entität ist?*

N: Natürlich.

D: *Was viele Leute nicht erkennen.*

N: Nein und sie muss mit den anderen Planeten dieser Galaxis interagieren. Und dann natürlich auch darüber hinaus. Sie ist größer, als du denkst.

D: *Ja. Ich habe gehört, dass es nicht nur den Wandteppichraum gibt, der die Seelen repräsentiert, weil es viel komplexer ist als das.*

N: Oh, ja. Der Wandteppichraum stellt nur diejenigen Seelen dar, die in diesem Universum und in den vielen Universen dahinter arbeiten. Aber es gibt noch mehr als das.

D: *Gibt es andere Wandteppiche als Beispiel, als Analogie?*

N: Es ist so, aber das ist so eine vereinfachte Erklärung. Wörter können das nicht beschreiben. Stell dir das Universum vor oder visualisiere es und dann schicke das ins Unendliche. Und du wirst eine Vorstellung davon bekommen, dass jeder Stern ein Leben, eine Seele repräsentiert. Und du wirst nur berührt haben, worum es geht.

D: *Aber die Sterne sind physische Objekte, nicht wahr?*

N: Ja, aber wir benutzen das Universum als Beispiel dafür, wie zahlreich und wie komplex Seelenreisen sind. Wenn du visualisierst oder dir vorstellst, dass jeder Stern eine Seele und ihre Reise zum Unendlichen repräsentiert, wirst du verstehen, wie groß wir wirklich sind.

D: *Keine wirklichen Einschränkungen, es sei denn, wir erlegen sie uns selbst auf. Ist das korrekt?*

N: Jedes Leben, das von der Seele gewählt wird, stellt eine Einschränkung aus einem bestimmten Grund dar, eine Lektion, um zu klären oder die Quelle näherzubringen, denn das ist unser Seelenzweck.

D: *Zur Quelle zurückzukehren? (Ja.) Aber wir haben noch viel zu tun, ehe wir dorthin zurückkehren können, nicht wahr?*

N: Und ist das nicht das Abenteuer?

D: *Ja. Alle Stolpersteine und Unebenheiten auf dem Weg.*

N: Norma war viele Lebensformen aller Art. Und sie ist sich dessen bewusst. Sie hat sich bereits mit diesen verbunden. Was sie nicht versteht, ist das Ausmaß ihrer Großartigkeit. Sie ist der Ansicht, dass die Wahl dieser menschlichen Form in gewisser Weise herabwürdigend ist. Sie glaubt nicht wirklich, dass sie so groß sein kann, während sie weiß, wer sie in menschlicher Gestalt ist, mit den Schwächen und Blockaden des menschlichen Lebens, das sie führt.

D: *Gilt das nicht für uns alle?*

N: Oh ja. Aber viele Seelen erkennen ihre Großartigkeit nicht und haben nicht einmal die Tatsache ins Auge gefasst, dass sie großartig sind. Natürlich sind wir das alle.

D: *Aber in dieser Hinsicht sind wir alle auf den anderen Ebenen und in anderen Dimensionen großartiger. Wenn du „Großartigkeit" sagst, wie kannst du das definieren?*

N: Alle Seelen sind natürlich großartig, denn sie sind Teil der Quelle. Viele Seelen verstehen oder wissen nichts von ihrer

Größe und können daher die Unruhe, die Norma empfindet, nicht spüren. Weil es nicht in deren Bewusstsein ist. Die Unruhe, die sie fühlt, kommt daher, dass sie sich ihrer Großartigkeit bewusst ist. Sie kann die Tatsache, dass sie sich in einem menschlichen Körper befindet, nicht annehmen und dass dieser Teil ihrer Reise darin besteht, die Großartigkeit zu integrieren. Die Größe, von der wir sprechen, ist ihr Platz in diesem Plan. Sie ist ein Teil von einem größeren Bild, der Seele, die Norma ist.

Das klang vertraut. Das Unbewusste oder das höhere Selbst hat das Gleiche über viele andere meiner Probanden gesagt. Anscheinend sind wir alle viel größer, als wir uns selbst eingestehen. Wenn wir nur diesen Gottesfunken in anderen erkennen könnten, gäbe es kein Verurteilen, keine Vorurteile. Wir würden sehen, dass wir alle Seelen auf Reisen sind, um verschiedene Phasen des Karmas zu trainieren. Alle versuchen, nach Hause zur göttlichen Quelle zurückzukehren.

N: Sie hat viele wichtige Entscheidungen getroffen, die viele Seelen betreffen.
D: *In anderen Lebenszeiten.*
N: Es ist jenseits der vielen Leben, wenn sie ist „Wer wir sind“. Sie versteht, dass sie nicht in einer Lebensform sein muss, um Entscheidungen zu treffen. Sie hat diese Entscheidungen in Seelenform für viele Seelen getroffen.

Anscheinend existieren wir mit einer Fassade als Schauspieler, die verschiedene Rollen spielen, wenn wir in die irdische Existenz, die dreidimensionale Realität, eintreten. Für einige ist es das Abenteuer der Erfahrung, der Reise. Für andere ist es eine Falle in einer Illusion, die alle Eigenschaften einer Realität hat. Egal, wie wir es wahrnehmen, wir erzeugen nur durch das Leben in dieser Dimension automatisch Karma und sind in dieser Realität gefangen, bis wir die Schulden ausgleichen. Hinter den Kulissen geht noch so viel mehr vor sich, als wir je realisieren könnten. Aber es wurde gesagt: „Wenn wir die Antworten wüssten, wäre es kein Test.“ Und so sehnen wir uns danach, an diesen unbestimmten Ort zurückzukehren, den wir als „Zuhause“ betrachten, ohne uns bewusst zu sein, dass dies erst geschehen kann, wenn wir hier unsere Arbeit abgeschlossen haben.

ABSCHNITT FÜNF

Metaphysik oder Quantenphysik?

KAPITEL 11

PARALLELE UNIVERSEN

Ich wurde in den 1980er Jahren in diese seltsame und sehr tiefschürfende Diskussion verwickelt, während ich das Leben von Tuin dem Jäger erforschte, die Grundlage für mein Buch *The Legend of Starcrash.* In jenem Leben hatte er ein sehr ungewöhnliches Tier getötet und brachte es in sein Dorf zurück. Es war ein Tier, das weder vorher noch nachher von Menschen gesehen worden war. Der Schamane des Stammes bemerkte, dass es sich um einen sehr seltsamen Vorfall handelte und wollte alle Informationen über die Details der Jagd. Er war so beeindruckt, dass er die Metzger und Abdecker bat, bei der Vorbereitung des Fleisches besonders vorsichtig zu sein. Er wollte den Schädel erhalten und ihn danach bei den Zeremonien zu Ehren der Wintersonnenwende verwenden. Alle Details, wie sie von Tuin präsentiert werden, deuten auf eine paranormale Erfahrung von höchstem Niveau hin. Eine, die er noch nie zuvor erlebt hatte, die er aber gerne annahm. Die Realität konnte von den Menschen nicht geleugnet werden, denn es gab einen sichtbaren Beweis durch den erhaltenen Schädel und die Haut. Die Beschreibung war so seltsam, dass auch mir klar war, dass es kein Tier gewesen sein konnte, das jemals auf dem Planeten Erde gelebt hatte, zumindest nicht in der bekannten Geschichte. Ein Zoologe bestätigte auch meinen Verdacht. Wenn das Tier nicht von der Erde kam, woher kam es dann?

Nachdem Tuin gestorben war und den Übergang vollzogen hatte, konnte ich ihn ausführlich über viele der kuriosen Ereignisse befragen, die sein Dorf betrafen. In diesem Zustand hatte er Zugang zu Wissen, das Sterblichen verweigert wird. Ich fragte ihn nach dem Fund des seltsamen Tieres. Die Antwort, die herauskam, war so komplex, dass sie nicht in das Buch passte. Ich hatte sie in den einfachsten Details knapp zusammengefasst, weil ich dachte, sie wäre so kompliziert, dass sie vom Thema des Buches ablenken würde. Sie wird hier vollständig angeboten. Ich kann sie nicht weiter erklären. Das bloße Hören verwirrte mich und machte mich schwindelig. Ich fühlte mich danach wie Kraut und Rüben. Die Idee war meinem Denken so fremd, dass sie mich störte und meinen Verstand völlig durcheinanderbrachte. Obwohl mir das Konzept revolutionär erscheinen mag, könnte es anderen ganz einfach erscheinen, die keine Probleme damit haben, komplexe Theorien zu verstehen. Viele Leute werden wahrscheinlich sagen, dass es überhaupt keine neue Theorie ist, sondern nur neu und erschreckend für mich selbst. So soll es sein. Ich fragte den Geist des verstorbenen Tuin, ob er das Geheimnis des seltsamen Tieres erklären könnte.

Beth: Das war ein seltenes Ereignis. Du musst verstehen, dass unseres nicht das einzige Universum ist. Es gibt zahlreiche Paralleluniversen neben unserem, aber weil sie mit unterschiedlichen Geschwindigkeiten schwingen, sind sie normalerweise für das menschliche Auge unsichtbar. Die Universen überschneiden einander, aber normalerweise sind die Schnittpunkte nicht kompatibel. Daher sind sich die Bewohner der beiden verschiedenen Universen der Schnittmenge nicht bewusst. Es kann einige kleine Veränderungen geben, die der eine oder andere vielleicht bemerken wird, aber es wird nichts Besonderes sein. An diesem einen bestimmten Punkt gab es ein seltenes Auftreten eines kompatiblen Schnittpunktes. Und als Tuin noch auf der Jagd war, befand er sich in zwei Universen gleichzeitig, aber ohne es zu merken. Das Tier, das er getötet hatte, war ein Bewohner des anderen Universums. Aber da es sich um eine kompatible Kreuzung handelte, war er in der Lage, das Tier in dieses Universum zu transportieren, ohne dabei seine Grundmatrix zu zerstören.

D: *Meinst du, das andere Universum war auch ein physisches Universum?*

Ein anderer Proband hatte Universen beschrieben, die aus Energie bestehen.

B: Ja. Es war ein physisches Universum, das auf einer anderen Basismatrix aufgebaut war. Aber da die Kreuzung kompatibel war, wurde die Matrix nicht zerstört, als sie auf dieses Universum übertragen wurde. Das ist es, was dieses Ereignis so selten macht. Wenn der Schnittpunkt nicht kompatibel ist, wird die Grundmatrix von etwas aus dem anderen Universum zerstört und es existiert in diesem Universum nicht mehr.

D: *Wie meinst du das? Es würde einfach verschwinden oder was?*

B: Ja. Es würde sich einfach in nichts auflösen und die Energie in den Äther freisetzen.

D: *Würde jemand es als Fata Morgana oder Ähnliches betrachten?*

B: Vielleicht. Unter bestimmten Umständen würden sie es sehen, dann würde es anscheinend schimmern und ins Nichts verblassen.

D: *(Ich versuchte zu verstehen.) Willst du damit sagen, dass dieses andere Universum Seite an Seite mit diesem existiert?*

B: Ja, es gibt eine unendliche Anzahl von Universen, die nebeneinander existieren. Und sie sind alle wie in ein Tuch verwoben. (Seufzer) Die Begriffe dieser Sprache sind nicht ausreichend.

D: *Das hat man mir schon einmal gesagt.*

B: (Sucht nach Worten) Ich werde beim Versuch, diesen Punkt zu vermitteln, einige Begriffe missbrauchen müssen. Diese verschiedenen Universen, Universi? Universen, was auch immer, sind miteinander wie ein Tuch in einen gigantischen Kosmos verwoben, der die Totalität aller Existenz enthält. Aber diese Universen sind lebendig und so sind sie auch immer in Bewegung, also ist es wie ein lebendiges Tuch. Und während sie sich bewegen und verschieben, verändern sich ihre Beziehungen zu den anderen Universen ständig. Und da es eine unendliche Anzahl von ihnen gibt, ist die Beziehung nie zweimal die gleiche. Damit es einen kompatiblen Schnittpunkt gibt, wie bei diesem einen Vorfall mit Tuin, muss es eine sehr ungewöhnliche Serie von Variablen geben, die zur gleichen Zeit vorhanden sind. Da es so selten passiert, kann es nicht in Prozentsätzen ausgedrückt werden, die Zahl ist zu klein. Und so steht dieses Universum immer noch Seite an Seite in Beziehung mit diesem anderen Universum, aber es ist jetzt eine andere Beziehung, weil es sich, in Bezug auf den gigantischen Kosmos, zusammen mit allen anderen Universen über die Äonen hinweg verschoben hat. Hast du verstanden?

Ich murmelte, dass ich verstand, obwohl es nicht wirklich so war. Diese überraschende Flut war so kompliziert, dass mir der Versuch, mit ihr Schritt zu halten, Kopfschmerzen bereitete.

D: *Aber du hast gesagt, dass das manchmal passiert und die Leute sind sich dessen nicht bewusst?*

B: Ja. Dieses Universum überschneidet sich die ganze Zeit mit anderen Universen. Es ist nur eine Frage von wann und wo. Das Wann: jeden Moment. Dieses Universum überschneidet sich immer mit mindestens einem anderen Universum, wenn nicht sogar mit mehreren. Und da es eine unendliche Anzahl von Universen gibt und sie sich immer überschneiden, ist es durchaus vernünftig anzunehmen, dass mehrere dieser Kreuzungen auf oder in der Nähe dieses Planeten sind, wo sie von Menschen beobachtet werden können. Eine Kreuzung, die jedoch kompatibel genug ist, um etwas direkt beobachten zu können, ist nicht so häufig. Normalerweise ist es eine sehr kleine Veränderung, die Menschen mit einer durchschnittlichen Wahrnehmung nicht bemerken würden. Nur jemand, der besonders aufmerksam ist, würde diesen sehr kleinen Unterschied bemerken. Und es ist normalerweise nichts, was die Welt erschüttern oder irgendeine Rolle spielen würde. Es wäre nur eine sehr kleine Sache, die vielleicht ein, zwei Leute bemerken, aber sie würden sie nicht kommentieren, weil es so eine kleine Sache wäre und sie nähmen an, dass andere glaubten, sie hätten sich beim Beobachten geirrt.

D: *Könntest du mir eine Vorstellung davon verschaffen, was sie erleben könnten?*

B: Ja. Zum Beispiel geht eine Person eines Tages zu Fuß und sie bemerkt diesen Baum. Er hat eine besondere Form, die unverwechselbar und besonders schön ist. Und sie geht eine Woche später oder so am selben Ort entlang und entdeckt, dass der Baum nicht mehr da ist. Oder vielleicht ist die Form radikal anders, aber es ist nichts, was sie auf die eine oder andere Weise wirklich beweisen könnte. Es ist nur so eine kleine Sache wie diese, aber sie unterscheidet sich von dem, was vorher war. An der Stelle, an der sich der Baum befand, entstand eine Kreuzung mit einem anderen Universum und der Effekt hat den Baum entweder verändert oder seine Matrix zerstört, womit seine Existenz beendet war. Möglicherweise existiert er jetzt in veränderter Form in dem anderen Universum.

D: *Tuin hat gesagt, dass er ein seltsames Gefühl bezüglich seiner Sinne hatte, als er auf dieses Tier gestoßen war. Er wusste, dass etwas Außergewöhnliches geschah.*

B: Ja, er war psychisch sehr hoch entwickelt und so war ihm auch die Tatsache bewusst, dass er in zwei Universen gleichzeitig war, aber er wusste nicht, wie er das verbal ausdrücken sollte. Er war sich dessen, was er wusste, nicht ganz sicher. Er wusste, was er wusste, ohne wirklich zu wissen, was er wusste.

D: *Ja, er wusste nicht genau, was es war. Aber du meinst, es war sehr ungewöhnlich für ihn, das Tier zurück zu den Menschen ins Dorf bringen zu können?*

B: Ja. Das Tier vollständig in sein Universum bringen zu können, ohne dass sich das Tier in nichts auflöst, ist extrem ungewöhnlich. Es passiert selten. Es kann vorkommen, aber nicht sehr oft.

D: *Natürlich waren die Leute damals auch sehr hungrig. Dies könnte eine Rolle gespielt haben.*

B: Ja, ihre psychischen Fähigkeiten haben dem Tier zweifellos geholfen, den Übergang zu schaffen.

D: *Dann wurden der Kopf und die Haut des Tieres noch viele Jahre danach von dem weisen Mann benutzt, also war es definitiv etwas Körperliches. Wenn so etwas passiert, kommt es selten in der Nähe von Menschen vor, wo sie es bemerken würden?*

B: Nun, es passiert in der Nähe von Menschen, aber normalerweise sind die Änderungen so klein oder so geringfügig, dass die meisten von ihnen nichts bemerken. Die Menschen neigen dazu, genau das zu sehen, was sie sehen wollen. Und wenn etwas anderes passiert ist, werden sie es nicht sehen, wenn sie es nicht sehen wollen. Oder sie sind zu beschäftigt, um es zu bemerken.

D: *Oder sie denken, dass sie es fantasiert haben. Gibt es jemals eine Chance, dass ein Mensch in das andere Universum hinübergeht?*

B: Das passiert ständig. Oftmals gehen Menschen die Straße hinunter und in ein anderes Universum hinüber. Mehrere Universen, insbesondere jene, die diesem am nächsten liegen, sind so ähnlich, dass sie praktisch identisch sind. Also manchmal können Personen vorübergehend in ein anderes Universum wechseln, wenn sie sich überschneiden und dann zurückkehren, ohne ihre Matrix zu zerstören. Es ist der permanente Übergang, der so selten ist, wie bei dem Tier. Und viele Male werden sie in einem anderen Universum sein und denken: „Mensch, ich war sicher, dass dies und jenes geschehen war.“ Und jemand sagt: „Nein, das ist nie passiert.

Das hast du dir nur ausgedacht." Und dann ein paar Tage später erwähnen sie das wieder und jemand anderes sagt: „Nun ja, du hast recht, das ist passiert." Nun, während dieser Zeit von ein paar Tagen, als alle sagten, es wäre nicht passiert, waren sie in einem anderen Universum, wo es nicht geschehen war.

D: *Das wäre verwirrend für einen Menschen.*

B: Ja. Es würde sie denken lassen, dass sie sich Dinge vielleicht nur eingebildet haben. Daher würden sie es bald aus ihrem Kopf verdrängen und den Vorfall vergessen, sodass sie sich nicht bewusst wären, dass sie in einem anderen Universum gewesen waren.

D: *Aber es hört sich so an, als ob die Universen identisch wären, wenn die gleichen Leute in beiden existieren.*

B: Normalerweise ja und normalerweise wird es nur ein paar Dinge geben, die etwas anders sind.

D: *Dann würde das bedeuten, dass wir alle ein Gegenstück oder mehrere haben, die genau so sind wie wir?*

B: Ja. In den meisten Universen haben wir ein identisches Gegenstück, dessen grundlegende Erfahrungen sehr ähnlich sind. In einigen Universen haben wir kein Gegenstück, aber es ist selten, dass wir diesen Universen begegnen. Wenn wir das tun, ist es eine sehr schockierende Erfahrung. Wenn du andere triffst, die du kennst und du weißt, sie kennen dich. Und du begrüßt sie und sie starren dich an, als wollten sie sagen: „Wer bist du? Ich kenne dich nicht. Ich habe dich noch nie zuvor gesehen."

D: *Das wäre sehr verwirrend. Aber dann ist es möglich, hinüberzuwechseln und gleich wieder zurückzukommen.*

B: Ja. In der Regel gibt es die Überschneidung nur für sehr kurze Zeit, vielleicht ein paar Stunden oder sogar ein paar Tage. Aber es ist normalerweise eine temporäre Überschneidung. Und im Allgemeinen fahren die Leute, die hinübergehen, einfach mit ihrem Leben und ihren alltäglichen Aktivitäten fort. Und sie sind sich nicht wirklich bewusst, wann sie hinüber und wieder zurückgewechselt haben. Der Moment des Übergangs ist sehr undeutlich. Aber einige Leute können sich an etwas Seltsames erinnern, das passierte, während sie dort waren.

D: *Haben sie nur bemerkt, dass sie sich etwas seltsam fühlen oder wie ist das?*

B: Manchmal merken sie das gar nicht. Manchmal bemerken sie einfach etwas, zum Beispiel ein bestimmtes Gebäude, das in ihrem Universum existiert. Und sie merken, dass sie eines Tages vorbeigehen und da ist kein Gebäude und es gab da noch nie ein Gebäude. Ein paar Tage später merken sie, dass es dort wieder ein Gebäude gibt. Und auf diese Weise würden sie wissen, dass sie vorübergehend in einem anderen Universum gewesen waren, in dem es dort kein Gebäude gab, wo es in ihrem Universum stand.

D: *Mit anderen Worten, sie sind nicht absolut identisch.*

B: Richtig. Sie sind nie absolut identisch. Es gibt immer mindestens eine Sache, die anders ist. Und das Eine, das anders ist, genügt, um ein anderes Universum zu erschaffen. Manchmal reicht etwas so Kleines wie ein Sandkorn, das woanders auf einem Strand liegt, aus, dass es ein anderes Universum ist. Und was es noch komplexer macht, ist, dass immer wieder neue Universen erschaffen werden. Für jede Aktion, die durchgeführt wird, gibt es mehr als ein mögliches Ergebnis. In eurem Universum wird man ein Ergebnis realisieren, aber die ganze Energie der anderen Ergebnisse muss irgendwo hingehen. Und so verursachen diese anderen unterschiedlichen Ergebnisse, die in deinem Universum nicht verwirklicht wurden, ein anderes Universum, das praktisch identisch mit deinem Universum ist, mit der Ausnahme, dass dieses besondere Ergebnis anders ist. Und von dort aus entwickelt sich das Universum weiter in seine eigene Richtung.

D: *Du meinst, eine Person kann das verursachen? Oder müssen es viele Leute sein?*

B: Nein, nur eine Person. Irgendwas. Das passiert die ganze Zeit. Der gigantische Kosmos wächst ständig. Und er ist unendlich komplex, bis zu dem Punkt, an dem ein Geist es nicht mehr begreifen kann. Zum Beispiel, sagen wir, in diesem Universum fängt deine Nase an zu jucken. Jetzt kannst du mehrere Dinge tun. Du kannst dir die Nase reiben oder sie kratzen oder dein Körper kann sich entscheiden zu niesen. All diese drei Dinge werden in einem Universum passieren. Sagen wir, du beschließt zu niesen, dann tust du das. Allerdings muss die Energie der beiden anderen möglichen Ergebnisse irgendwo hingehen können. Und folglich entstehen in diesem Moment zwei weitere Universen, in denen du dir in einem die Nase gerieben hast und im anderen hast du dich an der Nase gekratzt. Und das ist der einzige Unterschied an diesem Punkt zwischen jenen beiden Universen und diesem hier. Und dann entwickeln sie sich weiter. Und sie werden etwas anders, aber sie werden diesem immer noch sehr ähnlich sein.

D: *Das klingt so, als könnte es sehr kompliziert werden.*

B: Das ist es.

D: *Ich glaube immer, dass wir im Leben oft an Kreuzungen kommen. Dass wir eine Entscheidung treffen, um eine Sache zu tun und doch könnten wir mehrere andere Entscheidungen treffen, die uns dazu bringen würden, andere Wege einzuschlagen. Bedeutet das, dass die andere Entscheidung auch Realität wird?*

B: Ja, auch die anderen Entscheidungen kommen zustande, aber nicht in deinem Universum. Du kommst an eine Kreuzung, wie du es ausdrückst und du wirst eine wichtige Entscheidung treffen. Und du kannst eins von mehreren Dingen tun. Je nachdem, was du tust, kann es sehr gut sein, dass es die allgemeine Richtung für den Rest deines Lebens bestimmen wird. Du triffst die Entscheidung, einen bestimmten Weg zu gehen. Sobald du diese Entscheidung triffst, eine bestimmte Sache zu tun, verursacht die potenzielle Energie, die dahinter gespeichert war, dass andere Universen entstehen, wo all diese anderen Entscheidungen auch getroffen werden. Dort gibt es jetzt alternative „Du´s“, die diese verschiedenen Wege gehen. Und ihr Leben wird sich von deinem unterscheiden, weil sie eine andere Entscheidung getroffen haben und eine andere Richtung einschlugen. Und damit unterscheidet sich dieses Universum von deinem und manchmal können die Auswirkungen sehr weitreichend sein. Wodurch, überraschenderweise, das Universum in kurzer Zeit ganz anders werden kann als deines.

D: *Ja, denn dein Leben könnte in eine ganz andere Richtung gehen.*

B: Und eine ganz andere Wirkung auf die Menschen um dich herum haben. Es ist ein Schneeballeffekt, der sich daher anders auf die Menschen um sie herum auswirkt, et cetera, et cetera.

D: *Aber du bist nicht wirklich verantwortlich für deine Entscheidungen.*

B: Nein, nein. Du triffst die Entscheidung, die du für die Beste für dich hältst. Unter deinen Umständen kann es das sein. Und die anderen Umstände entstehen, unter denen die anderen Entscheidungen am besten für die Umstände sind, die auch entstehen. Manchmal triffst du jedoch eine Entscheidung und merkst, dass du die falsche Entscheidung getroffen hast, dass du nicht den besten Umstand gewählt hast. Wenn du das erkennst, hat sich dieser spezielle Zweig deines Lebens von dem anderen Universum, aus deinem ursprünglichen Universum abgespalten. Und das originale „Du“ hat die richtige Entscheidung getroffen und du hast die alternative Entscheidung mit der dort gespeicherten Energie ausgespielt. Du hast damit gelebt und hast dein Leben so gut wie möglich darauf ausgerichtet.

D: *Ist es möglich, das andere zurückzubekommen? (Nein.) Es ist nicht möglich, die beiden wieder miteinander zu verschmelzen?*

B: Nein. Aber es ist nicht so endgültig, wie es klingt. Denn auch wenn du die falsche Entscheidung getroffen hast oder du fühlst, dass du die falsche Entscheidung getroffen hast, kannst du immer noch das Beste daraus machen. Weil du immer noch in jedem Moment deines Lebens Entscheidungen zu treffen haben wirst und diese Entscheidungen, weise getroffen, werden dir helfen, dein Leben auf dem Weg zu halten, den du gehen willst.

D: *Dann ist es immer noch möglich, dein Leben zu ändern und einen anderen Weg zu wählen, wenn du willst.*

B: Ja, du würdest dich nur in einem anderen Universum befinden als das alternative Du, das die Entscheidung getroffen hat, die du dir gewünscht hättest.

D: *Nun, es klingt, als ob der physische Körper zu verschiedenen Zeiten an vielen Orten ist. (Ja.) Ist er ein exaktes Duplikat dieses Körpers? Ich versuche, das in meinen begrenzten irdischen Begriffen zu verstehen.*

Ich lachte nervös. Das wurde extrem kompliziert und beunruhigend.

B: Zu Beginn handelt es sich um ein exaktes Duplikat, aber nach einer Weile finden Veränderungen statt. Zum Beispiel könntest du in einem Universum eine Verletzung erleiden, die du in diesem Universum nicht hast, was einen Unterschied machen würde. Es ist sehr kompliziert. Das Schwierigste ist, zu versuchen, diese verschiedenen alternativen Du´s in den alternativen Universen zu deinem wahren Selbst, zu deiner Seele in Beziehung zu bringen. Das ist ein Punkt, der Karma so kompliziert macht. Wegen der Anziehungskraft des Karmas musst du alles mindestens einmal erleben, um deine Erfahrung zu vervollständigen und dich zu deinem wahren höchsten

Selbst zu entwickeln. Nun, in jedem Leben erlebt man fast alles auf einmal. Aber man muss all diese verschiedenen Dinge noch in den richtigen Proportionen erfahren, um sich komplett zu vervollständigen, damit man eine ganze Person sein kann. Daher musst du mehrmals durch mehrere Leben zurückkehren. Und du wirst am Ende jedes Mal in mehreren Universen existieren. Aber so ist es nun mal. Diese Sprache ist einfach nicht ausreichend.

D: *Aber wenn all diese verschiedenen anderen Gegenstücke getrennt leben und doch alle Teile von uns sind, warum sind wir uns dessen nicht bewusst? Warum sind wir nicht in der Lage zu kommunizieren und zu erkennen, dass sie existieren?*

B: Weil es zu schwierig und zu kompliziert für den begrenzten menschlichen Geist wäre, das zu akzeptieren. Es wäre zu überwältigend. Es gibt viele, viele Konzepte, die über das hinausgehen, was ihr als Realität akzeptiert und von denen ihr nichts wissen dürft, weil sie die menschliche Psyche völlig überlasten würden. Es reicht aus, dass du dich auf das gegenwärtige Leben und die Umstände, unter denen du lebst, konzentrierst. Aber mach dir bewusst, dass das wahre Selbst, deine Seele, alles weiß, was deine unzähligen Kollegen tun und perfekt den Überblick behält. Du, als Mensch, musst dich nicht mit der Komplexität befassen.

Gott sei Dank für kleine Segnungen! Mittendrin in all den komplizierten Informationen wurde ich an etwas anderes erinnert, was einer der Probanden sagte. Er sagte, dass ich nie die Antworten auf alle meine Fragen erhalten würde, denn manches Wissen wäre eher Gift als Medizin. Es würde eher schaden als erleuchten. Also nehme ich an, dass der Mensch nie in der Lage sein wird, die gesamte Menge an Informationen aus dem Geist Gottes zu handhaben.

D: *Es scheint verwirrend, zu denken, dass ein Gegenstück deiner selbst, ein physisches Gegenstück, Dinge tut, die man tut, ohne davon zu wissen.*

B: Das ist wahr. Du wirst dich vielleicht fragen, ob dich die Leute, mit denen du normalerweise interagierst, nicht vermissen würden, wenn du zu einem anderen Universum überwechseltest und mit einem alternativen Kreis von Menschen interagiertest? Wenn du hinübergehst, hat aber dein Gegenstück auch herüber gewechselt und daher wirst du nicht vermisst.

D: *Ich habe mich gefragt, ob man sein eigenes anderes Selbst treffen könnte.*

B: Nein. Denn wenn man hinübergeht, bildet sich ein Vakuum, das unbedingt ausgefüllt werden muss und so füllt dein Gegenüber automatisch das Vakuum aus, bis die Spannung an einen Punkt gekommen ist, an dem du in das Universum zurückkehren musst, in das du gehörst.

D: *Würden die anderen Leute einen Unterschied bemerken?*

B: Vielleicht. Ein kleiner Fehler, ein subtiler Unterschied, normalerweise bei den Erinnerungen und so. Du würdest sagen: „Erinnerst du dich, als dir dies und jenes passiert ist?" Und dein Gegenüber könnte meinen: „Aber nein, das ist mir noch nie passiert." Und sie werden es einfach auf ein fehlerhaftes Gedächtnis zurückführen oder was auch immer ihnen einfällt.

D: *Würde dein Gegenstück auch nicht wissen, dass es in einem alternativen Universum war, wenn es von dem Vakuum angezogen wird?*

B: Nein, es sei denn, du und dein Gegenstück gehörten zu den wenigen Menschen, die sozusagen zwei und zwei zusammenzählen und realisieren: „Mensch, nicht alles ist so, wie es sein sollte. Vielleicht bin ich in einem alternativen Universum." Und das, was das hier interessant macht und dir helfen sollte, deine Begleiter zu verstehen, ist, dass du jederzeit mit einem von ihnen aus einem ihrer alternativen Universen zu tun haben könntest. Wenn du etwas sagst und sie erinnern sich nicht daran, denk einfach an dieses spezielle, ‚vielleicht ist es ihnen passiert oder es ist ihnen noch nicht passiert', anstatt ungeduldig mit ihnen zu werden. „Nun, meine Güte, ich spreche mit einem deiner Kollegen. In ein paar Tagen ..."

D: *Könnte der andere auch eine ganz andere Persönlichkeit haben?*

B: Nein, die Persönlichkeit ist im Allgemeinen die gleiche. Manchmal werden Aspekte der Persönlichkeit aufgrund eines anderen Erfahrungsschatzes etwas anders entwickelt, aber meist ist die Persönlichkeit im Grunde genommen die Gleiche. Weil die Persönlichkeit eines der wichtigsten Dinge ist, die deinen physischen Körper mit deinem wahren Selbst verbinden.

D: *Ich dachte, wenn Leute jemanden treffen, der aussieht wie du, aber ganz anders ist, dann würden sie denken, dass etwas Seltsames passiert.*

B: Richtig. Aber das geschieht nie, denn die Persönlichkeit ist im Grunde genommen die Gleiche. Vielleicht sind einige Details anders. Zum Beispiel könnte in einem Universum jemand freundlich, aufgeschlossen und sehr gesprächig sein. Doch das Stellvertreter Selbst könnte immer noch freundlich sein, aber nicht so, wie es sich gehört. Es könnte schüchterner und nicht so gesprächig sein. Es wäre nur ein kleines bisschen verändert.

D: *Ja und deine Familie oder andere Leute würden denken, dass man launisch ist oder so.*

B: Genau.

D: *Könnte jemals der Fall eintreten, in dem die beiden Gegenstücke die Möglichkeit haben, sich zu treffen?*

B: Ich glaube nicht, dass das möglich ist.

D: *Ich dachte an Geschichten oder Legenden, die wir gehört haben, wie z. B. Doppelgänger. Ich sehe mein Double.*

B: Ja. Wenn du dein Double so siehst, dann überschneiden sich die zwei Universen und ihr seid immer noch beide in einem separaten Universum. Und du siehst sie, aber es kommt nicht sehr häufig vor.

D: *Das ist wahrscheinlich der Grund, warum es so selten berichtet wurde.*

B: Ja. Normalerweise sieht jemand anderes dein Double und erzählt es dir später.

D: *Oh. Ich habe schon von solchen Fällen gehört. Sie würden sagen: „Wir haben dich in der Stadt an so und so einem Ort gesehen." Und du sagst: „Ich war nicht da. Ich war den ganzen Tag zu Hause."*

B: Genau. Du warst zu Hause, aber du warst in einem anderen Universum und dein Doppelgänger war draußen und wanderte herum.

D: *Das würde viele dieser seltsamen Fälle erklären, von denen wir gehört haben. Aber im Falle von Tuin war das Tier ganz anders als jedes andere auf der Erde zu dieser Zeit.*

B: Ja. Das war ein weiterer Grund, warum es so selten vorkommt, dass seine Matrix überlebt und dauerhaft herübergebracht werden konnte, denn es gab kein Gegenstück in diesem Universum. Zumindest nicht auf der Erde. Nun, es besteht die Möglichkeit, dass in diesem speziellen Fall das Tier ein Gegenstück in diesem Universum hat, aber auf einem anderen Planeten. An dem Punkt, als dieses Tier hinüberging und da blieb, ging sein Gegenstück entweder selbst in ein anderes Universum hinüber oder es hat zu diesem Zeitpunkt aufgehört zu existieren.

D: *Ein anderes irdisches Tier wäre nicht in seine Umgebung hinübergegangen?*

B: Nein, es wäre nicht das Gegenstück zu diesem Tier.

D: *Es müsste dann ein genaues Gegenstück sein. Aber es kam zu einer Zeit vor, als das Dorf Nahrung brauchte und sie aßen es. Es hat ihnen in keiner Weise geschadet. Es ist sehr interessant, aber auch sehr kompliziert.*

B: Ja. Ich glaube, ich habe wegen der Unzulänglichkeiten dieser Sprache vielleicht einige falsche Eindrücke in deinem Geist hinterlassen.

D: *Nun, das ist möglich. Andere Leute, mit denen ich gesprochen habe, haben auch gesagt, dass die Sprache zur Erklärung mancher Dinge nicht ausreicht. Manchmal müssen sie Analogien für mich benutzen.*

B: Stimmt. Auch sehr unzulänglich. Sie hinterlassen eher vereinfachte Vorstellungen in deinem Geist.

D: *Ja, aber manchmal ist das der einzige Weg, um Dinge zu erklären, auch wenn es nicht ganz genau ist.*

B: Das ist wahr. Ich will nicht, dass du dich nur wegen der alternativen Möglichkeiten, die auch eintreten können, schuldig fühlst oder deine Handlungen einschränkst. Fahre fort, dein Leben so zu leben, wie du es immer gelebt hast, denn es ist der natürliche Weg des gigantischen Kosmos. Tatsache ist, du wurdest in diesem Universum und auch in mehreren anderen Universen geboren. Und so werden Handlungen und Entscheidungen, die du triffst, die Existenz eines anderen Universums verursachen oder vielleicht ein anderes Universum verändern, das ähnlich genug ist. Das soll dich nicht beunruhigen, denn das passiert die ganze Zeit.

D: *Das ist eine ganz natürliche Sache, mit anderen Worten.*

B: Ja, es ist Teil des Karma-Trainings. Es ist auch nicht so wie Prädestination. Du und alle deine Stellvertreter haben Wahlfreiheit bei den Entscheidungen, die in eurem Leben anstehen. Und obwohl du eine Entscheidung triffst, bedeutet das nicht automatisch, dass eine Alternative von dir eine andere Entscheidung treffen muss. Wenn eine Alternative von dir eine andere Wahl trifft, dann wollte sie es so. Es ist ihre freie Wahl. Und normalerweise wird es so ausbalanciert. Gelegentlich werden du und dein Stellvertreter einen Weg wählen und der andere Weg wird nicht ausgewählt. Dann entsteht ein anderes Universum, wo dieser Weg gewählt wurde, um die Energie im Gleichgewicht zu halten. Hast du verstanden?

D: *Ich versuche es. Das wird ein wenig Verdauung und Absorbieren erfordern, während ich versuche, es zu verstehen. Das geschieht jedes Mal, wenn ich mit einer neuen Idee konfrontiert werde. Ich muss es noch einmal durchgehen, bevor ich es wirklich verstehe.*

B: Zögere nicht, mir weitere Fragen zu stellen, wenn du es verdaut hast. Es ist wichtig, dass du es verstehst.

D: *Ich habe das Gefühl, dass ich dazu angehalten werde, diese Informationen, die ich erhalte, vielen Menschen weiterzugeben.*

B: Ja, es ist wichtig, dass sie das mit den Einschränkungen deiner Sprache so klar wie möglich verstehen können. Wenn es dann anderen Menschen vermittelt wird, werden sie ein klares und kein verworrenes Verständnis dafür haben. Weil dieses spezielle Konzept die religiösen Institutionen deines Universums stören könnte. Und es könnte sehr viel unnötigen Aufruhr verursachen.

D: *Du redest ständig von diesen alternativen Menschen. Könnte man verschiedene Berufe haben? Oder wären sie sehr ähnlich?*

B: Oh, das kommt darauf an. Oft ist es nicht ungewöhnlich für sie, dass sie ähnliche Berufe haben. Zum Beispiel, ist in diesem Universum eine Person gut darin, mit ihren Händen zu arbeiten und sie macht dann auch, sagen wir, elektrische Arbeiten. In einem anderen Universum macht sie vielleicht keine elektrische Arbeit, sondern etwas anderes, arbeitet aber auch mit ihren Händen. Sie könnte ein Handwerker oder Tischler oder so etwas in der Art sein. Oder wenn jemand in diesem Universum ein Ingenieur ist, aber ein Hobby hat, sagen wir, Musik. Sie sind sehr leidenschaftliche Musiker, aber es ist nur ein Hobby für sie. Dann könnten sie in einem anderen Universum Musiker statt Ingenieure sein. Also, was auch immer, deine grundlegenden Tendenzen liegen in deiner Persönlichkeit und die Persönlichkeit ist im Grunde genommen in allen Universen gleich. Wenn es sich um eine facettenreiche Persönlichkeit handelt und die Person in der Lage ist, viele verschiedene Dinge zu tun, werden ihre Gegenstücke in den anderen Universen etwas radikal anderes tun als sie hier tut, weil die Fähigkeit dazu in ihrer Persönlichkeit liegt.

D: *Zum Beispiel bin ich jetzt Autorin. Würde ein anderer Teil von mir noch Hausfrau sein und kein Interesse am Schreiben haben?*

B: Nein, das Interesse, sich zu erweitern, wäre immer noch da. Du würdest dich in einem anderen Universum nicht unbedingt für das Schreiben entscheiden. In diesem Universum wolltest du zum Beispiel deinen Geist erweitern, anstatt eine Hausfrau zu bleiben und etwas Erfüllenderes tun und so wurdest du Autorin. In einem anderen Universum hättest du denselben grundlegenden Drang deiner Persönlichkeit, nicht nur eine Hausfrau zu bleiben. Du würdest dich erweitern wollen, etwas anderes tun wollen, du hättest vielleicht begonnen, dich freiwillig zu engagieren. Oder vielleicht hättest du dich in einem anderen Universum stattdessen mit Handwerk beschäftigt und so etwas. Oder ich nehme wahr, dass du dich für psychische Themen interessierst. Nun, in einem anderen Universum hättest du dich vielleicht mit psychischen Dingen beschäftigt, anstatt dich mit dem Schreiben einzubringen und nicht daran gedacht, über sie zu schreiben, sondern nur daran, sie zu praktizieren.

D: *Und als ich an diese verschiedenen Alternativen dachte, die ich wählen könnte, wurden sie woanders Realität?*

B: Ja, wenn sie nicht schon woanders Realität waren.

D: *Hmmm, das könnte sehr kompliziert werden.*

B: Es ist sehr komplex. Und ich habe das Gefühl, dass du nicht in der Lage sein wirst, es diesmal ganz in dich aufzunehmen. Du wirst wahrscheinlich zurückkommen und mir weitere Fragen stellen müssen, was in Ordnung ist. Es ist wichtig, dass du das verstehst und dass es klar ist. Jede Entscheidung, die du triffst, ist richtig. Es gibt keine falsche Entscheidung. Du kannst später das Gefühl haben, dass du eine bessere Entscheidung getroffen haben könntest. Aber zu der Zeit, als du die Entscheidung getroffen hast, war sie für dich richtig. Also fühle dich nicht schuldig wegen sogenannter Fehler, die du in der Vergangenheit gemacht hast, weil es so etwas wie eine falsche Entscheidung nicht gibt.

D: *Weil die andere Seite der Entscheidung irgendwo existiert.*

B: Ja, es ist alles ausgeglichen. Und wenn eine wichtige Entscheidung in deinem Leben getroffen wird, kommt normalerweise diese Entscheidung in irgendeiner Form in einigen deiner alternativen Leben in den alternativen Universen auch vor. Und so werden in der Regel die meisten Aspekte der Entscheidung im Endergebnis dargestellt werden. Gelegentlich wird einer der Aspekte nicht vertreten sein und daher wird ein neues Universum entstehen, um auch diese Seite der Entscheidung zu repräsentieren. Wann immer es geschieht, wärst du dir dessen nicht bewusst, weil es nur eine natürliche Sache ist. Und dein Leben wird auf dieser Linie weitergehen und du wirst nicht merken, dass es eine zusätzliche Alternative gibt. Es ist ein automatischer Prozess und es gibt keine physikalischen Phänomene, die damit zu tun haben, sodass man nicht weiß, wann es passiert.

D: *Einige der Fragen, die ich stelle, mögen sehr einfach und sehr naiv erscheinen.*

B: Das ist zu erwarten, damit du es verstehst. Du musst irgendwo anfangen.

D: *Haben diese alternativen Persönlichkeiten alle die gleichen Familienmitglieder? (Ja.) Es wäre keine andere Familie oder ein anderer Ehemann oder andere Kinder oder so etwas.*

B: Gelegentlich. Normalerweise ist es eine ausgewogene Darstellung. Zum Beispiel hattest du zu einem Zeitpunkt in deinem Leben die Wahl, den einen oder den anderen Mann zu heiraten. Und du hast dich für einen Menschen entschieden, also werden sich in den anderen Universen mehrere alternative Du´s für den gleichen Mann entscheiden. Und in der Regel werden sich mehrere alternative Du´s auch für den anderen Mann entscheiden. Daher werden ihre Universen in dieser Beziehung anders sein, weil sich ein alternatives Du für den anderen Mann entschieden hat. Und deshalb wäre so auch die Familie anders. Also, ja, es gibt mehrere Du, die verschiedene Familien haben, verschiedene Vorfahren z. B., wegen dieser unterschiedlichen Entscheidungen. Aber zur gleichen Zeit gibt es andere Universen, in denen die gleichen Entscheidungen getroffen wurden und damit wären die gleichen Familienmitglieder involviert.

D: *Wenn du dann in ein Universum mit einem anderen Mann und einer anderen Familie hinübergegangen wärst, wäre das sehr verwirrend.*

B: Ja, das wäre es. Aber das kommt nicht sehr oft vor, denn da dieses Universum radikal anders ist, wäre es schwieriger für dich, erfolgreich hinüber zu wechseln. Normalerweise finden zufällige Überschneidungen am ehesten mit den Universen statt, in denen alles sehr, sehr ähnlich, fast identisch ist.

D: *Hat das etwas mit Schwingungsebenen zu tun?*

B: Ja, komplementäre Schwingungen, komplementäre Energien. Ein Universum, in dem in der Vergangenheit ähnliche Entscheidungen getroffen wurden. Wo alles fast genauso ist, wie in deinem Universum, mit nur wenigen kleinen, sehr feinen Unterschieden hier und da, wäre es viel einfacher, sich mit diesem Universum zu verbinden. Und einander so zu überschneiden, dass ein offenes Portal zum Hindurchgehen für dich zur Verfügung steht. Nun kann es Vorfälle geben, bei denen sich dieses Universum mit einem anderen Universum so überschneiden könnte, dass du in der Lage wärst, die Dinge zu beobachten, die sich abspielen, aber es gäbe kein offenes Portal und du könntest nicht mit den Dingen interagieren, die vor sich gehen.

D: *Du könntest durchschauen, aber nicht durchgehen?*

B: Richtig. Zum Beispiel kannst du eines Tages spazieren gehen und an einem Ort etwas beobachten, das anders ist, als du es erinnerst. Aber du gehst nicht hinüber, um es zu erforschen, du gehst einfach weiter. Du wunderst dich darüber und es ist niemand da, der dich danach fragt. Deshalb hast du nicht mit diesem Universum interagiert. Du hast nur etwas anderes beobachtet. Oder wenn es andere Leute gäbe, würde es dir nicht in den Sinn kommen, sie danach zu fragen. Oder wenn, würden sie dich nicht hören, weil das Portal nicht offen dafür ist, dass du interagieren kannst.

D: *Genau wie ein Fenster, durch das man durchschauen kann, aber nicht hindurchgehen?*

B: Richtig. Und du würdest nicht in der Lage sein, den Ort zu benennen, an dem dein Universum endet und dieses Universum beginnt. Du wirst nur denken, du schaust auf die andere Straßenseite oder auf irgendwas anderes. Und irgendwo zwischen dir und dort überschneiden sich die beiden Universen.

D: *Du hast zwar gesagt, dass man manchmal etwas sieht, das zu schimmern beginnt und dann würde es einfach verschwinden?*

B: Ja, das geschieht, wenn die Überschneidung zu Ende geht und sich die Universen auseinander ziehen. Dies würde auch helfen, viele der Erscheinungen erklären zu können, die du Geister und Trugbilder nennst. Es gibt ein Phänomen, das als Bermudadreieck bekannt ist. Aus irgendeinem Grund überschneidet sich der Bereich immer wieder mit diesem anderen bestimmten Universum. Es gibt dort einen ungewöhnlichen Magnetismus, der bewirkt, dass diese Flugzeuge in das andere Universum fliegen. Und meistens lösen sich ihre Matrizen auf.

D: *Dann gibt es die Menschen nicht mehr, wenn sie dort durchgehen?*

B: Richtig. Sie vollziehen an dieser Stelle den Übergang.

D: *Und das Flugzeug, die Schiffe oder was auch immer, die ganze Sache löst sich auf? Es existiert nicht mehr auf der anderen Ebene?*

B: Nachdem es aus diesem Universum in das andere Universum übergegangen ist, existiert es nicht mehr in diesem Universum, weil es dieses verlassen hat. Im anderen Universum kann es nicht existieren, weil die Schwingungen nicht übereinstimmen und ihre Gegenstücke sind immer noch dort drüben. Also muss einer von ihnen nachgeben. Normalerweise lösen sich diejenigen auf, die kürzlich hinübergewechselt haben. Manchmal lösen sich die anderen auf, aber das passiert nicht sehr oft. Dies ist die Erklärung für einige der Berichte über jemanden, der über ein Feld oder etwas anderes geht und dann plötzlich verschwindet. Sein Gegenstück hatte gerade die Grenze überschritten und sie mussten irgendwo hingehen. Und wenn sie sich in Luft aufgelöst haben, wechselten sie normalerweise entweder in das andere Universum oder ihre Matrix löste sich auf.

D: *Aber das ist nur die Auflösung des physischen Körpers. Die Seele kann in keiner Weise verletzt werden, oder?*

B: Nein, nein. Das ist nur der physische Körper.

D: *Wird die spirituelle Ebene als eines dieser parallelen Universen betrachtet?*

B: Es gibt unendlich viele Universen auf der physischen Ebene, aber auf der spirituellen Ebene ist alles im Grunde ein Universum. Wir können mit allem interagieren. Auf der physischen Ebene arbeiten einige Leute ihr Karma ab, indem sie mehrere alternative Leben in verschiedenen Paralleluniversen führen. Besonders, wenn sie verschiedene Details eines bestimmten Aspekts ihres Karmas abarbeiten wollen. Und die unterschiedlichen Entscheidungen, die sie in den verschiedenen Universen treffen, gleichen einander so aus, dass sie ihrem Karma helfen. Manchmal heben sich die schützenden Barrieren zwischen ihnen auf, da sich alle diese Universen auf einer physischen Ebene befinden. Und die Person, mit der du sprichst, ist bereits aus diesem Universum hinübergegangen, lebt aber immer noch im anderen Universum. Es ist schwer zu erklären.

D: *Ich dachte, wenn sie in einem Universum sterben, dann würden auch alle ihre verschiedenen alternativen Personen sterben.*

B: Sie sterben alle innerhalb derselben allgemeinen Zeit, aber nicht notwendigerweise alle auf einmal. Es hängt davon ab, wie lange es dauert, bis sie diesen Aspekt des Karmas und die alternativen Lösungen für den Aspekt des Karmas in den verschiedenen Universen abgearbeitet haben. Normalerweise dauert es ungefähr die gleiche Zeitspanne, aber es gibt kein klares Ende, weil die Zeit auf der Seite keine Bedeutung hat. Und so gibt es manchmal solche Diskrepanzen. Aber normalerweise werden sie auftreten, weil es nicht oft vorkommt, dass diese Diskrepanzen mit den Energiebarrieren übereinstimmen, die sich gelegentlich selbst aufheben.

D: *Wenn du jemanden siehst und später herausfindest, dass er Wochen vorher gestorben ist, siehst du dann vielleicht einen anderen?*

B: Ja. Eine andere Erklärung ist, dass manchmal, wenn ein Mensch ein paar Wochen zuvor gestorben ist und sich der Geist auf der spirituellen Ebene noch nicht darauf eingestellt hat, sein spirituelles Echo manchmal besonders überzeugend oder besonders kompatibel mit der physischen Schwingung der Dinge sein kann.

D: *Körperlich genug, um jemanden zu berühren und mit ihnen reden? (Ja.) Das würde auch mit Jesus übereinstimmen, sich selbst soweit sichtbar zu machen, dass die Menschen Ihn berühren können. Als Er nach der Auferstehung zurückkommen sollte.*

B: Ja. Als Er zum ersten Mal zurückkam, war Er noch nicht ganz auf die spirituelle Ebene eingestellt. Und deshalb erlaubte Er den ersten Leuten nicht, Ihn zu berühren und sagte, Er wäre noch nicht zu seinem Vater aufgestiegen. Doch später hatte Er einige Anpassungen Seines spirituellen Echos vorgenommen und Thomas konnte Ihn berühren.

D: *Das war schon immer verwirrend. Wenn sie tot wären, wie könnten sie es dann schaffen, so körperlich zu sein. Es gibt auch die Fälle der Geister-Anhalter, die tatsächlich ins Auto steigen und mit den Leuten reden.*

B: Ja. Und dann verschwinden.

D: *Würde das in die gleiche Richtung gehen? (Ja.)*

Diese Flut von seltsamen Informationen ließ mich geistig erschöpft zurück. Ich fühlte mich, als wäre mein Gehirn verdreht und verbogen worden wie eine Brezel. Nichts hatte mich je so sehr verstört wie diese Lawine. Ich wusste, dass es lange dauern würde, bis ich es absorbiert, sortiert und verstanden hätte, wenn ich es überhaupt je verstünde. Vielleicht haben meine Leser nicht die gleichen Schwierigkeiten und es wird genau zu ihrer Sicht der

Realität passen oder zumindest plausibel genug sein, um ihren Geist für radikales Denken zu öffnen.

Als Beth erwachte, war das Einzige, woran sie sich aus der Sitzung erinnerte, ein seltsames mentales Bild. Sie wollte mir etwas darüber erzählen, bevor es verschwunden wäre.

B: Stelle dir elektronische Modelle des Atoms vor, in denen die verschiedenen Elektronenschalen und die Bahnen der Elektronen in alle Richtungen herumschwirren. Nun, stelle dir diese Bahnen der Elektronen wie Silberbänder vor, anstatt elektronischer Fäden, wie sie abgebildet sind. Und wenn du dir das auf Elektronenniveau vorstellst, wären diese Silberbänder etwas mehr als einen halben Zentimeter breit, würde ich sagen. Und das Gesamtgebilde wäre etwa fünfzehn Zentimeter groß. (Sie machte Handbewegungen, um die Größe anzuzeigen.)

D: *Es wäre größer als ein Baseball.*

B: Ungefähr so groß wie eine gut dimensionierte Grapefruit oder Melone. Und diese Silberbänder sind etwa einen halben Zentimeter breit und bewegen sich in alle Richtungen. Aufgewühlt und kleine Wellen bildend und sich bewegend und ständig wechselnd, als enthielten sie eine Explosion von Silberbändern. Es gibt keine Möglichkeit, sie zu zählen, denn es existiert eine unendliche Anzahl von ihnen. Das ist das Bild in meinem Kopf.

D: *Sie sind irgendwie verschlungen oder wie?*

B: Ja, eines wird so herum gehen und ein anderes überlappend und ein weiteres überlappend und noch ein weiteres überlappend. (Handbewegungen.) Und sie sind alle verschlungen und überlappend und übergreifend. Und die Schichten und die Beziehungen zwischen ihnen ändern und verschieben sich immer und die Winkel ändern sich und so weiter.

D: *Das könnte eine weitere Visualisierung sein, mit der sie versucht haben mir zu zeigen, wie die verschiedenen Universen funktionieren. Sie sprachen über ein Tuch, in dem sich alle Fäden verflechten.*

B: Ja, ich habe auch gesehen, wie die Fäden das gemacht haben.

D: *Das muss das Bild in deinem Kopf gewesen sein, aber sie konnten es nicht gut genug hinbekommen, also haben sie mir die Idee eines Stoffes gegeben, weil das einfacher zu beschreiben war.*

B: Ja. Vielleicht brauchen wir beide Konzepte, um zu erklären, wie es ist.

* * *

Informationen zum gleichen Thema aus einer anderen Quelle.

D: *Ist das, was als parallele Leben bekannt ist, wenn jeder von uns gleichzeitig in verschiedenen Ebenen der Existenz lebt?*

Phil: Das ist richtig. In dem Sinne, dass jeder von euch, an diesem Punkt in eurem Leben, einfach Facetten eures wahren ganzen Selbst ist. Du bist Nadelspitzen des Gewahrseins. Dein gesamtes Bewusstsein geht weit über alles hinaus, was du auf deiner Ebene erfassen oder dir vorstellen kannst. Deshalb ist es leicht zu erkennen, dass sich dein Bewusstsein mit dem anderer Individuen überschneidet, wenn dein Bewusstsein wächst, wenn du z. B. deine Realität des spirituellen Aufstiegs, wie auf einer Leiter, erweiterst. Sodass du auf der höchsten Ebene tatsächlich auf der göttlichen Ebene bist, wo alles eins ist. Dein Bewusstsein auf deiner Ebene ist eine Nadelspitze, die einfach aus diesem totalen spirituellen Bewusstsein herausgezogen oder fokussiert wurde. Und so könnte man sehen, dass sich dein Bewusstsein auf verschiedenen Ebenen tatsächlich mit anderen überlappen würde, sodass letztendlich alles eins wäre. Deshalb sind letztendlich alle Leben gleichzeitig.

D: *Du hast einmal gesagt, wir wären nur die Spitzen unserer eigenen Eisberge.*

P: Das ist richtig.

D: *Wie wird sich das auf die parallelen oder einander durchdringenden Universen auswirken, wenn die vorhergesagten Erdveränderungen auf unserem Planeten eintreten?*

P: Es wird Erfahrungen auf dieser speziellen Ebene geben, die auf dieser Ebene erlebt werden können. Allerdings wird die Erfahrung als Ganzes auf einer viel tieferen Ebene geteilt. Auf der Ebene der menschlichen Rasse sowie auf einer tieferen Ebene, der universellen Ebene. Sogar jetzt werden Erfahrungen auf anderen Planeten und in anderen Bereichen deines Universums von einem tieferen Aspekt deiner selbst geteilt. Auf einer Ebene von dir selbst, ein Stück weiter oben auf der Leiter. Wenn jeder von euch auf individueller Ebene diesen Übergang erlebt, den jeder irgendwann erleben muss, dann wirst du sehen, dass es andere auf anderen Ebenen gibt, die die Erfahrung ähnlicher Übergänge gemacht haben. Und sie werden in der Lage sein, Ermutigungen und Energie zu spenden, sodass du bei all deinen Bemühungen die Unterstützung bekommen wirst, die du brauchst.

* * *

Weitere Informationen kamen im Jahr 1986 hinzu, als Beth während einer Sitzung die Bibliothek auf der spirituellen Ebene besuchte.

B: Es ist schon eine Weile her, dass wir uns in der Bibliothek getroffen haben. Das Wissen ist vollständig da, funkelnd und glänzend und bereit gelernt zu werden. Wenn sich die Frage zufällig auf einen anderen Ort bezieht, werde ich mich stattdessen selbst dorthin projizieren. Es ist kein Problem.

D: *Einmal habe ich dich nach UFOs und Raumschiffen aus dem Weltraum gefragt. Und damals warst du ziemlich wütend auf mich, weil ich das Konzept der Dimensionen nicht verstehen konnte. (Ja.) Du sagtest, diese Schiffe kommen aus vielen Dimensionen und ich sei in diesem Punkt ziemlich ignorant. (Lachen) Könntest du mich erleuchten?*

B: (Gereizt) Ich werde es versuchen. Eine Schwierigkeit sind die planetarischen Einflüsse, unter denen du geboren wurdest. Sie lassen dich sehr stark daran festhalten, was du als Realität wahrnimmst, was auf dieser Ebene gelegentlich als dicht oder hartnäckig empfunden wird. Das ist manchmal frustrierend. Ich werde versuchen, dir Dimensionen zu erklären. An diesem Punkt in deiner Entwicklung auf der Straße des Lebens nimmst du drei Dimensionen visuell wahr. Das sind Höhe, Breite und Tiefe. Und deine Wissenschaftler gehen davon aus, dass die vierte Dimension die Zeit ist, um den Rest des Raumes des Objekts einzunehmen, von dem sie wissen, dass er da ist, aber man kann ihn nicht direkt sehen, da das Licht auf deiner Existenzebene in einer geraden Linie reist. Aus Bequemlichkeit haben deine Weisen diese Dimensionen folgendermaßen bezeichnet: die erste, zweite, dritte und vierte Dimension. Sie nahmen an, dass sonst nichts vorhanden ist. Ausgehend von ihrem begrenzten Verständnis der Natur des Universums und der beteiligten Mathematik reichte das aus, um ihre Gleichungen auszuarbeiten. Es gibt jedoch viele verschiedene Möglichkeiten, die Realität wahrzunehmen, viele verschiedene Möglichkeiten, das „was ist" zu erleben. Und jeder dieser verschiedenen Wege enthält und beinhaltet verschiedene Dimensionen. Diese verschiedenen Dimensionen sind nicht unbedingt Länge, Breite, Tiefe und Zeit. Diese Bezeichnungen gelten für nur für vier Dimensionen, obwohl es wirklich viele Dimensionen gibt. Verstehst du so weit, was ich meine? (Ja.) Die verschiedenen Kombinationen dieser unterschiedlichen Arten Dimensionen enthalten verschiedene Zweige des Mega-Universums, das ich dir schon einmal beschrieben habe. Erinnerst du dich an das Universum und wie es sich immer wieder verzweigt und teilt und zusammen webt, aufgrund der Natur der Zeit?

D: *Ja. Und dann verflechten sich die parallelen Universen alle miteinander?*

B: Genau. Diese parallelen Universen beinhalten nicht nur die gleichen Dimensionen, mit denen du vertraut bist, sondern andere parallele Universen enthalten auch all die anderen Dimensionen, die du nicht wahrnehmen kannst. Diese anderen Universen enthalten auch intelligentes Leben, höhere Lebensformen, die sich auch durch den Kreislauf des Karmas arbeiten. In einigen von diesen Universen sind diese Wesen viel weiter entwickelt als ihr, geistig, mental und intellektuell. Folglich haben viele von ihnen einen Weg entdeckt, um durch den Einsatz bestimmter wundersamer Geräte, mit denen sie die Dimensionen verändern, die sie wahrnehmen, von ihrem zu eurem Universum zu reisen. Und durch die Änderung der Dimensionen, die sie wahrnehmen, bringt es sie automatisch in euer Universum, in die Dimensionen, die du wahrnimmst. Es ist schwer zu erklären. Folgerichtig wird deshalb gesagt, dass sie aus verschiedenen Dimensionen stammen. Weil ihr Universum sozusagen den gleichen Raum einnimmt, wie euer Universum, aber mit einem anderen Satz von Dimensionen, sodass nichts kollidiert. Um eine Analogie in deiner Welt zu verwenden: In einem bestimmten Bereich an einem nebligen Tag ist es so, als hätte man ein Stück Gaze im Nebel hängen, mit etwas Tau auf der Gaze und etwas Dunst im Nebel. Jetzt beanspruchen die Gaze, der Tau, der Dunst und der Nebel den gleichen Raum, aber sie sind immer noch getrennt voneinander. Das ist so, wie es bei den verschiedenen Dimensionen ist. Dein Satz von Dimensionen könnte z. B. die Gaze sein. Für ein anderes Wesen könnte der Satz von Dimensionen der Nebel sein und der Nebel ist überall um die Gaze herum und in der Gaze, aber er kollidiert nicht mit der Gaze. Und alles, was dieses Wesen wahrnehmen kann, ist der Nebel. Deshalb ist es sich der Gaze nicht bewusst und kollidiert nicht mit ihr. In Erwägung dessen, dass alles, was du kennst, die Gaze und die Fasern sind, die die Gaze bilden. Du bist dir des Nebels nicht bewusst, der um sie herum ist und durch die Gaze dringt und jede Faser der Gaze umgibt. Und du bist dir des Taus nicht bewusst, der auf der Gaze kondensiert ist, denn er ist außerhalb deiner Wahrnehmung. Hast du verstanden?

D: *Es ist schwierig. Die Wissenschaftler unserer Zeit denken, dass diese UFOs aus dem physischen Raum kommen, wie wir ihn kennen.*

B: Sie kommen aus dem physischen Raum, aber nicht so, wie du ihn kennst. Sie verändern ihre Wahrnehmung der Realität so, dass sie mit deiner Wahrnehmung der Realität übereinstimmt, was dazu führt, dass sie im Raum erscheinen, wie du weißt. Auf diese Weise können sie die fantastischen Geschwindigkeiten erreichen, die sie zum Reisen verwenden, indem man beide Universen teilweise wahrnimmt, sodass sie den Abstand zwischen den Punkten verdichten können. Ich weiß, dass es sich total verwirrend anhört, aber dies ist der einzige Weg, wie es in deiner Sprache erklärt werden kann. Wenn ich mir die sogenannten „visuellen" Darstellungen davon in dieser Bibliothek ansehe, sind die Begriffe sehr elegant und einfach wie die meisten großen Konzepte, die die Grundbausteine des Universums sind. Aber wenn ich versuche, sie mit Worten zu erklären, klingen sie viel komplizierter, als sie wirklich sind. Weil ich versuche, zu erklären, was sie sind und was nicht, damit ich ein genaues mentales Bild vermitteln kann.

D: *Ich verstehe. Aber die Forscher denken an UFOs, die von anderen Planeten kommen. Ich weiß nicht, ob sie das Konzept verstehen können.*

B: Sie müssen dieses Thema der Dimensionen sehr deutlich klarstellen. Ich habe nur die Bezeichnungen der vier Dimensionen verwendet, die du kennst. Die drei, die du visuell wahrnimmst, sind alle, die du mit deinen fünf Sinnen wahrnehmen kannst. Du hast einfach keine Konzepte irgendwo in deinem Gehirn oder deiner Sprache, um mit anderen Dimensionen umzugehen. Deshalb habe ich ihnen keine Etiketten gegeben. Ich werde dies jedoch sagen, um das Verständnis zu erleichtern. Das, was du als Teil der Dimension „Zeit" betrachtest, umfasst tatsächlich mehrere Dimensionen. Deine Welt und ihr Universum enthalten nicht nur vier Dimensionen. Sie bestehen aus vielen weiteren Dimensionen, aber die anderen werden unter dem Etikett, das du „Zeit“ nennst in einen Topf geworfen. Deshalb gibt es seltsame Dinge, die aufgrund der Natur dieser verschiedenen Dimensionen, die miteinander interagieren und die du als eine Dimension wahrnimmst, oft unerklärlich sind. Deshalb ist es widersprüchlich, sinnlos und manchmal verwirrend für dich. Die unterschiedlichen Naturen dieser verschiedenen Dimensionen, die du „Zeit“ nennst, sind diese zusätzlichen Dimensionen. Du bist in der Lage, sie wahrzunehmen, aber deine Wissenschaftler versuchen, sie wegzurationalisieren. Wie auch immer, dein Körper ist dafür ausgestattet, sie wahrzunehmen und das Wahrnehmen dieser anderen Dimensionen führt zu dem, was du „psychische Kräfte“ genannt hast. Diese psychischen Kräfte sind nichts Außergewöhnliches. Sie sind auch nichts anderes als deine Fähigkeit, Tiefe, Länge und Breite wahrzunehmen. Diese psychischen Kräfte sind deine Einstimmung auf diese anderen Dimensionen, die du unter dem Begriff der Zeit in einen Topf geworfen hast.

D: *Das ist ein Thema, das wahrscheinlich noch eine ganze Weile andauern wird.*

B: Es könnte. Mehrere Sitzungen. Einige deiner Bänder.

D: *Die Hauptsache ist, dass ich es schreiben kann, damit diejenigen es verstehen, die es verstehen können, auch wenn ich nicht alles begreifen kann.*

B: Diejenigen mit einer besseren Ausbildung könnten mehr Schwierigkeiten mit dem Verständnis haben, weil sie stärker auf ihre Ideen fixiert sind.

* * *

Informationen von Phil während einer Sitzung 1996 in Hollywood, wo er zu dieser Zeit lebte. Ich hatte eine ganze Weile versucht, mich mit ihm zu treffen, aber mein Reiseplan ließ es nicht zu. Mein Schwerpunkt dieser Sitzung war, einige offene Fragen zu klären und fehlende Teile zu finden, die ich in diesem Buch verwenden könnte. Es dauerte viele Jahre, bis man Fragmente und Teile von verschiedenen Menschen auf der ganzen Welt gesammelt hat, um diese Konzepte und deren Klärung hervorzubringen, so gut wir das mit unserem Verständnis können.

Phil kam in mein Hotel, nachdem er von der Arbeit weggegangen war. Nach unserem Austausch über die Ereignisse der letzten Monate hatten wir die Sitzung begonnen. Als er sich auf dem Bett entspannte, fing er schon an zu sprechen, bevor ich ihm sein Schlüsselwort gegeben hatte. Ich musste unsere normale Vorgehensweise nicht anwenden. Er fing an, bevor ich überhaupt das Tonbandgerät eingeschaltet hatte. Dies war zuvor nur einmal, in den Anfangszeiten unserer Arbeit geschehen, als wir an der Geschichte der Aussaat der Erde arbeiteten.

P: Du bist eine Protokollführerin und diejenigen stehen jetzt zur Verfügung, die dieses Unterfangen erleichtern möchten. Du kannst fragen, was du als deine Fragen wahrnimmst.

D: *Ich wollte, dass diejenigen anwesend sind, die Informationen mit Analogien erklären können wenn möglich, um dem Durchschnittsmenschen das Verständnis zu erleichtern.*

P: Das ist richtig. Wie du selbst festgestellt hast, war das früher immer unser Markenzeichen. Deine vereinfachte Symbolik zu nutzen, um dir die abstrakten Konzepte zu vermitteln, die wir dir mitteilen. Wir finden, dass es vielleicht einfacher für den menschlichen Geist ist, das Vertraute zu visualisieren, anstatt zu versuchen, das Abstrakte zu konzeptualisieren. Es ist aufgrund der einzigartigen Struktur deines menschlichen Geistes notwendig und wir stellen hier klar, nicht das Gehirn ist gemeint, sondern der Geist selbst. Die mentalen Prozesse, die deiner menschlichen Existenz innewohnen, sind nicht konventionell. Sie sind modifiziert und weichen etwas von der akzeptierten Norm dessen ab, was wir die „universelle Realität" nennen würden.

D: *Ich bin an einem Projekt beteiligt und versuche, viele sehr komplizierte Konzepte zu verstehen. Kannst du das Konzept der gleichzeitigen Zeit erklären?*

P: Wir sehen, dass die Realität, die dein menschlicher Geist zu definieren versucht, von deiner konventionellen Weisheit nicht korrekt interpretiert wird. Das ist sowohl ein Hindernis als auch eine Hilfe für deinen Wunsch zu verstehen. Wir bitten dich, dir eine Scheibe vorzustellen, die flach liegt, sodass der obere Teil dieser Scheibe für dich sichtbar ist.

D: *Darauf herabblicken?*

P: Genau. Dann mach einen Punkt in einiger Entfernung vom Zentrum dieser Scheibe, entlang einer Radiuslinie vom Zentrum an den Umfang oder die Außenkante dieser Scheibe. Dann drehe diese Scheibe und beachte, dass der Weg, der von diesem Punkt auf der Scheibe zurückgelegt wird, auf unbestimmte Zeit in eine Richtung fortzufahren scheint. Wir würden dies als Unendlichkeit bezeichnen. Weil sich die wahrgenommene Richtung nie geändert hat und das Ende nie erreicht wurde. Du hast dich auf diesem Weg nie selbst getroffen. Deshalb gibt es für den Beobachter, der auf diesem Punkt positioniert ist, kein Ende oder keinen Anfang. Es gibt einfach Bewegung oder Bewegung, die in Richtung vorwärts wahrgenommen wird. Dann erkennst du, dass diese Wahrnehmung nur auf die Tatsache zurückzuführen ist, dass du dich auf dieser Ebene deiner Reise befindest. Würdest du dich von dieser Ebene entfernen oder eine Perspektive einnehmen, von der du auf die Scheibe herabblickst, im Gegensatz zu dem, der auf der Scheibe ist, wäre diese Wahrnehmung offensichtlich. Die scheinbare Diskrepanz ist, dass es tatsächlich einen Anfang und ein Ende gibt. Jede Position auf dieser Scheibe kann als Referenz verwendet werden oder als Anfang oder Ende. Aus dieser Position auf der Scheibe ist es einfach nicht ersichtlich. Wenn man sich von der Ebene der scheinbaren Realität entfernt, dann wird die wahre Realität manifest.

D: *Dann wäre die Art und Weise, wie wir es wahrnehmen, die desjenigen auf der Scheibe?*

P: So wird es wahrgenommen, nicht, dass du es so wahrnimmst.

D: *Weil wir es als ein lineares Fortschreiten wahrnehmen.*

P: Das ist richtig. Die Wahrnehmung liegt einfach am Blickwinkel des Betrachters und nicht an einer Realität. Wir finden, dass viele auf deiner Ebene versuchen, ihre Realität durch ihren Blickwinkel zu definieren. Es gibt umfassendere Realitäten, die unbemerkt bleiben, weil die Menschen sich einfach weigern, ihren Standpunkt zu ändern. Was für jemanden, der sich der Möglichkeit widersetzt, dies zu tun, auch nicht möglich ist.

D: *Ich denke, eine der Komplikationen beim Versuch, simultane Zeit zu verstehen, ist die Idee, dass anstelle von linear fortschreitend, eigentlich alles zur gleichen Zeit stattfindet. So definieren wir gleichzeitige Zeit.*

P: Das Konzept selbst ist etwas ungenau. Deine Definition des Geschehens an sich ist nicht ganz in der Lage, die Realität der Existenz zu verstehen. Wenn wir „geschehen" sagen, dann ist die eigentliche Idee des Geschehens definierend. Das Geschehen existiert im Moment, im Gegensatz zu dem anderen, was undefiniert ist. Die Wahrnehmung des Geschehens ist wieder etwas einschränkend, da das Wort „geschehen" durch seine Definition sowohl einen Anfang als auch ein Ende haben muss. Die eigentliche Definition von

„geschehen" zeigt den Beginn und das Ende eines Ereignisses an. Deshalb bitten wir dich, dass du sowohl diesen Anfangs- als auch diesen Endpunkt fallen lässt. Und merke dir einfach, dass es das gibt, was ist. Deshalb existiert alles gleichzeitig, im Gegensatz zu, alles geschieht gleichzeitig.

D: *Eine der Schwierigkeiten, die ich damit habe, betrifft unsere Realität. Wie wir sie wahrnehmen, wachsen wir vom Baby über ein Kind bis zum Erwachsenen heran. Und das ist linear. Wenn es alles gleichzeitig gibt, wie kann das erklärt werden?*

P: Es gibt viele verschiedene Szenarien in deinem Leben, die du bewusst auf eine einzigartige Weise wahrnimmst. Und wir beziehen uns auf unsere andere Aussage, dass eure mentalen Prozesse etwas modifiziert sind und von den allgemein akzeptierten universellen Realitäten abweichen. Deine mentalen Prozesse an sich definieren, was du wahrnimmst. Sie lassen nur einen sehr kleinen Teil der Realität zu einem bestimmten Zeitpunkt zu. Es gibt diejenigen, die ein viel breiteres Spektrum der Existenz sehen können, ohne diese einschränkenden Faktoren, ohne Anfang und Ende, sondern die gesamte Existenz. Wir sprechen hier von vielen, die auf viel höheren und fortgeschritteneren Ebenen des Bewusstseins sind. Es ist jedoch möglich, dass die Personen auf deiner Ebene dies verstehen und sogar auf irgendeine Weise erleben oder bis zu dem Grad, wie sie ihren Geist öffnen, sozusagen, um die Barrieren von Anfang und Ende fallen zu lassen. Das Universum existiert. Es beginnt oder endet nicht. Es existiert einfach.

D: *Aber in unserer Realität sehen wir uns selbst als ein Baby und der Körper wächst und verändert sich. Steht das nicht im Widerspruch zur Vorstellung von „alles passiert auf einmal"?*

P: Die Geburtserfahrung ist sehr analog zu den mentalen Konzepten oder mentalen Funktionen deiner Erfahrung. Es gibt einen definierten Anfang und ein definiertes Ende, eine Geburt und einen Tod. Und dein Leben wird durch all die Punkte definiert, die zwischen diesen beiden Grenzen liegen. Wolltest du dich aus diesem definierten Set dieser Begrenzungen entfernen und dir deine gesamte Existenz anschauen, würdest du sehen, dass die „Fixpunkte" Geburt und Tod nur Definitionen, aber keine Realitäten sind. Deine Seele existiert sowohl innerhalb als auch außerhalb dieser „Fixpunkte", die du als Geburt und Tod bezeichnest. Du nimmst also eine höhere oder breitere Perspektive ein und siehst, dass du existierst, ob du nun am Leben bist oder nicht.

D: *Ja, das sind Dinge, die ich verstehen kann. Ich kann sie bloß nicht mit dem Umfang der gleichzeitigen Zeit vereinbaren, in der alles auf einmal geschieht.*

P: Die Existenz von Begriffen wie „Geschehen" oder „Anfang und Ende", sind etwas definierend, da sie einen zum Denken mit diesen Begriffen anregen. Wir bitten dich, andere Begriffe zu verwenden, wie z. B. „Existenz", die nicht durch Anfang oder Ende definiert sind, sondern sich einfach auf die Existenz der Realität bezieht. Die Realität existiert. Sie beginnt und endet nicht. Deine Definition simultaner Zeit ist einfach ein Versuch, das Gesamtbild mit einem zweidimensionalen Begriff zu betrachten, was dadurch etwas verwirrend ist, dass es in der Tat dieses Konzept gibt, aber nicht in deinen Begriffen.

D: *Wir müssen uns mit den Begriffen auseinandersetzen, die unser Geist in englischer Sprache versteht. In Ordnung. Gehen wir zu einem anderen Thema über. Ich versuche, das Konzept der parallelen Lebenszeiten zu verstehen, sogar parallele Universen. Vielleicht sind das zwei völlig verschiedene Dinge, aber fangen wir mit parallelen Lebenszeiten an. Man sagt, das sind Lebenszeiten, die wir zur gleichen Zeit erleben. Und dort kommt wieder das Konzept der Zeit zur Sprache. Aber es sind unterschiedliche Zeitperioden und sie können einander sogar überlappen.*

P: Das ist in der Tat ein ähnliches Konzept, da parallele Zeit und parallele Universen in der Tat die simultane Zeit und die Universen sind, von denen wir vorhin gesprochen haben. Es geht einfach nur darum, die Aufmerksamkeit auf einen bestimmten Aspekt dessen zu lenken, was die Summe all deiner Erfahrungen ist. Wir verweisen noch einmal auf die Analogie des Kreises, in der ein beliebiger Punkt auf dem Kreis definiert wird, der entweder ein Anfang oder ein Ende sein kann. Er ist nicht durch seinen Charakter als das eine oder andere definiert. Er ist einfach da. Dann verstehe, dass alle Punkte auf diesem Kreis gleichzeitig existieren. Und sie sind weder Anfang noch Ende als solche, sondern nur per Definition. Sie sind nicht aus sich selbst heraus ein Punkt. Sie sind lediglich eine Definition.

D: *Wir glauben, dass wir als Geist in einen Körper eintreten und das Leben erleben. Aber wenn wir existieren, leben wir auch ein anderes Leben parallel dazu, wie kann man das definieren? Ich denke an eine Seele, die in einen Körper zu einer individuellen Zeit eintritt.*

P: Deine Realität, du, deine persönliche Realität, könnte als ein Kreis definiert werden. Du kannst in deinem Bewusstseinszustand nur den Punkt oder das Segment verstehen, das dein Körper und dein Geist gerade wahrnehmen können. Dein Bewusstsein ist nur in der Lage, das zu erkennen, was direkt vor dir ist. Oder, dass man nicht über die eigene Nasenspitze hinausschauen kann, aber wir würden diese Analogie im Sinne des Gesamtbildes verwenden. Alles, was du bist und was du warst und alles, was du sein wirst, befindet sich auf diesem Kreis. Aber deine Wahrnehmung davon ist einfach das, was klein genug ist, um von deinem bewussten Geist erkannt zu werden. Du bist dir auf höheren Ebenen der Summe deiner Existenz bewusst. Aber dein Bewusstsein kann auf der Ebene, von der aus du sprichst, nur das erkennen, was für deinen bewussten Geist ganz unmittelbar erkennbar ist.

D: *Ich hatte gerade eine Idee. Ist das eine Art, den Fokus zu verändern, wenn ich Hypnose mache und eine Person in andere Lebenszeiten führe? Wie beim Umschalten der Kanäle auf einem Fernseher.*

P: Das ist genau richtig. Es ist in der Tat die gleiche Person oder Energie. Das Bewusstsein wird einfach entlang dieses Kreises vorwärts oder rückwärts orientiert. Dieses Wesen existiert. Es beginnt nicht, es endet nicht. Es existiert einfach. Du änderst nur deinen Fokus oder deine Perspektive von einem Abschnitt dieser Existenz zum anderen. Es gibt keine Unterbrechung der Existenz. Sie ist in beide Richtungen kontinuierlich und unendlich. Du kannst jedoch deine Wahrnehmung erweitern, um dorthin zu gelangen, wonach du suchst. Das Wissen, das du suchst, wird auf einem anderen Teil dieses Kreises gefunden werden.

D: *Dann hätte das Unbewusste das Wissen über die Summe aller Lebenszeiten.*

P: Das Unbewusste ist die Summe all dieser Lebenszeiten. Es ist der Kreis selbst. Das Bewusstsein bewegt sich einfach zu diesem Ort auf dem Kreis, an dem du nach Informationen suchst. Und dann vermittelt es, was sich in diesem Teil des Kreises befindet. Wir möchten klarstellen, wie in deiner Frage, dass bei psychischen Störungen oder Krankheiten, bei denen die Wahrnehmung verzerrt ist, ein Wechsel zu einem anderen Teil des Kreises eine weitere Verzerrung der Wahrnehmung verursachen würde. Wir sprechen hier in der Annahme, dass die Realitäten so präsentiert sind, wie sie wirklich sind und nicht durch eine verzerrte Linse falscher Eindrücke. Denn das ist in der Tat möglich. Die Linse oder das Bewusstsein, müssen klar und unverzerrt sein, sodass die Informationen von den verschiedenen Punkten auf diesem Kreis gleichermaßen präsentiert und ... Wir finden hier die Übersetzung des Wortes schwierig und schließen daraus, dass die Wahrnehmung dieser Informationen ungenau ist.

D: *Dann klingt es so, als ob unser Konzept des Unbewussten wirklich ein Irrtum wäre. Ist das Unbewusste enger mit der Seele oder dem Geist verbunden?*

P: Es gibt eigentlich keinen Unterschied. Die Seele und der Geist sind identisch. Das Unbewusste ist nach deiner Definition einfach die Intelligenz oder das Bewusstsein dieser Seele. Nach deiner Definition ist das Bewusstsein deiner Seele das Unbewusste. Tatsache ist, dass deine Seele dein Bewusstsein ist. Das ist einer der Stolpersteine beim Kennenlernen der Realitäten des Universums. Dass dein Bewusstsein deine Realität ist. Es ist nicht so, dass du das Universum durch dein Bewusstsein wahrnimmst, die Realität ist dein Bewusstsein. Du bist das, was du denkst. Das ist deine wahre Realität.

D: *Wir denken, dass das Unbewusste wie der Archivar ist, Wächter der Systeme des Körpers und auf diese Weise objektiv bleibt. Es ist wie ein Beschützer des Körpers. Aber ich schätze, ich habe es nicht mit der eigentlichen Seele oder dem Geist korreliert.*

P: Die Existenz deines Bewusstseins bestätigt die Tatsache, dass du bist. Du denkst, also bist du. Und du bist und dennoch weißt du es nicht. Deshalb denkst du, du bist nicht.

D: *Wenn ich das Unbewusste direkt kontaktiere und Fragen über den Körper stelle, scheint es sehr objektiv und distanziert zu sein.*

P: Die emotionalen Aspekte des Lebens in so einer Umgebung, in der du dich zum Beispiel befindest, verlangen eine Art Schnittstelle, um mit den Strömungen der Realitäten zu funktionieren, die um dich herumwirbeln. Diese Emotionen ermöglichen die Aufnahme von Informationen aus dem, was sich um dich herum entwickelt, um in die Existenz deiner Seele assimiliert zu werden. Um die Existenzen um dich herum in einer Weise zu übersetzen, die durch dein Bewusstsein wahrgenommen werden kann.

D: *Ich denke, das macht es ein wenig einfacher. Eine weitere Frage, die zum Thema passt: Kannst du mir eine Beschreibung oder Definition von anderen Dimensionen geben, die in unmittelbarer Nähe zu uns vorhanden sind, obwohl sie für uns unsichtbar sind?*

P: Es gibt viele Dimensionen, die deinen definierten Bereich der Realität umgeben. Wir bitten dich, jene zu wählen, die du als die relevanteste wahrnimmst und wir definieren sie in verständlicher Weise. Es gibt in der Tat viele Dimensionen, sowohl oberhalb und unterhalb deiner Wahrnehmungstiefe. Das soll aber nicht heißen, dass das eine großartiger oder geringer wäre als das andere.

D: *Sie sagen, dass sehr nahe bei uns viele Dimensionen existieren, die für uns unsichtbar und doch der unseren sehr ähnlich sind. Ergibt das einen Sinn?*

P: Sie sind für dich zugänglich, aber vielleicht nicht offensichtlich. Es gibt viele Aspekte dieser anderen Dimensionen, die von einer Dimension zur anderen überlappen. Und doch gibt es viele weitere Aspekte, die für diese spezielle Dimension einzigartig sind. Es gibt Zeiten, in denen deine emotionalen Zustände den Geist dazu anregen, deine Wahrnehmung der Welt um dich herum zu erweitern und zu verbessern. Zum Beispiel finden viele Menschen, dass ihnen ein bestimmter Sonnenuntergang zu einem bestimmten Zeitpunkt in ihrem Leben, oder zu einer bestimmten Tages- oder Jahreszeit vielleicht, ein Gefühl von Gewahrsein schenkt, das in ihrem Leben nicht üblich ist. Eine Einheit mit der Natur, die ungewöhnlich ist. Oder vielleicht in der Ausdrucksweise derjenigen, die diese Erfahrungen suchen, um mit der Natur eins zu werden. Sie haben ihr Bewusstsein auf diesen speziellen Faden eingestellt, den alle diese Universen gemeinsam haben. Deshalb fühlen sie, wie sich der Atem ihrer Existenz bis zu dem Punkt ausdehnt, an dem sie selbst fühlen, dass sie sich in vielen anderen Dimensionen auf einmal befinden. Und in der Tat sind sie das. Sie sind sich dessen bewusst.

D: *Dann scheint es das gleiche Konzept zu betreffen, dass es darauf ankommt, wo unser Fokus liegt. Die anderen Dimensionen sind alle da, aber wir können sie aufgrund unseres Fokus nicht wahrnehmen.*

P: Das ist richtig.

D: *Dann passen diese drei Themen scheinbar zusammen.*

P: Das ist richtig. Der allgemeine Gegenstand dieses Gesprächs ist eher Wahrnehmung im Gegensatz zu Realität. Die Realitäten des Universums sind da, damit sie alle wahrnehmen können. Allerdings würden das individuelle Wachstum und

Verständnis der Person, die versuchen würde, sie an irgendeinem bestimmten Punkt zu verstehen, das Ausmaß der Tiefen oder Höhen bestimmen, innerhalb derer sie in der Lage sein würde, diese anderen Realitäten wahrzunehmen.

D: *Wenn sie dann über die Anhebung unseres Bewusstseins sprechen, bedeutet das, dass wir uns dieser anderen Realitäten stärker bewusst werden?*

P: Das ist richtig.

* * *

Diskussion bei einem Gruppentreffen in den 1980er Jahren.

Frage: *Manchmal denken wir, dass es verschiedene Aspekte von uns selbst gibt, die möglicherweise gleichzeitig mit uns hier auf der Erde leben. Wie oft ist das so?*

Phil: Meine sofortige Antwort war, sehr häufig. Wesentlich häufiger, als uns bewusst ist. In der Tat, je mehr Gedanken wir in diese Bereiche projizieren, desto mehr „Saft“ geben wir dieser Fähigkeit. Unsere Aspekte haben jedoch ihr eigenes Leben. Sie existieren und die meiste Zeit sind sie sich ihrer anderen Aspekte nicht bewusst. Uns und den anderen.

* * *

Während einer weiteren Sitzung mit Phil im Jahr 1999.

D: *Ich habe Informationen über verschiedene Dimensionen gesammelt und wollte das näher ausführen. Ich weiß, auf meine begrenzte Art und Weise, dass die anderen Dimensionen, die unseren Planeten umgeben, physische Welten sind, auf denen physische Menschen leben. Aber sie schwingen mit unterschiedlicher Geschwindigkeit und sind für uns unsichtbar. Kannst du mir noch mehr Informationen darüber geben?*

Phil: Es gibt eine gewisse zirkuläre Realität, da Endlichkeit in der wahren Realität keinen Sinn hat. Es existieren viele Schattierungen der Realität, die auf unterschiedliche Weise ausgedrückt werden. Allerdings ist es etwas irreführend, zu sagen, dass eine Dimension physisch, im Gegensatz zu spirituell, ist. Das Konzept scheint so verstanden zu werden, dass sich physisch von spirituell unterscheidet. Das, was du „physisch“ nennst, hat einfach bestimmte Eigenschaften, die in gewissem Maße getrennt oder unterschiedlich davon sind, was du „spirituell“ nennst. Sie sind jedoch ein und dasselbe. Es gibt einfach bestimmte Unterschiede, die eines vom anderen unterscheiden. Wenn du die wahre Realität von grünem Wasser im Gegensatz zu blauem Wasser definieren würdest, könnte man sagen, dass sicherlich grünes Wasser nicht dasselbe wie blaues Wasser ist. Es ist jedoch offensichtlich, dass der wesentliche Bestandteil von beiden, nämlich Wasser, völlig identisch ist. Es gibt einfach Unterschiede zwischen den beiden. Könntest du also sagen, dass sich blaues Wasser wirklich von grünem Wasser unterscheidet?

D: *Ich habe gehört, dass es Wesen gibt, die in diesen anderen Dimensionen leben. Sie sind für uns unsichtbar, aber sie leben in einem Bereich, den sie als eine physische Welt betrachten.*

P: Das ist richtig. Es ist so, wie die Radiowellen in deiner Luft, alle existieren gleichzeitig und alle enthalten unterschiedliche Informationen, unterschiedliche Realitäten, können aber dennoch im gleichen Raum zur gleichen Zeit existieren. Es handelt sich einfach um einen Frequenzunterschied. Es gibt keine Störungen, bis die Frequenzen versuchen, sich dieselbe Frequenz zur selben Zeit zu teilen.

D: *Das verursacht das, was wir „statisch“ oder überlappend nennen?*

P: Ja. Ärger.

D: *Passiert das auch bei Dimensionen?*

P: Gelegentlich. Aber zum Glück gibt es im Schema der Dinge Sicherheitsvorkehrungen, die so etwas verhindern. Eine gelegentliche Überschneidung ist jedoch möglich.

D: *Was würde dann passieren?*

P: Wesen aus verschiedenen Dimensionen können interagieren und sich gegenseitig durch ihre eigenen Sinne wahrnehmen. Die Sinne, die du deine „fünf Sinne“ nennst, sind Instrumente, die auf die Frequenzen deiner Existenzebene abgestimmt sind. Die Wesen, die andere Ebenen der Existenz bewohnen, haben Sinnesorgane, die auf ihre eigene Frequenz der Existenz abgestimmt sind. Wenn sich aus irgendeinem Grund diese Bewusstseinsebenen überschneiden oder die gleiche Frequenz teilen sollten, dann würden die sensorischen Elemente von beiden auf die gleiche Frequenz abgestimmt. Und die Wesen auf beiden Ebenen würden einander bewusst werden.

D: *Würden sie wissen, dass etwas Ungewöhnliches passiert ist?*

P: Vielleicht, aber nicht unbedingt. Es gibt kleine Änderungen zwischen den Dimensionen. Bei den aufeinanderfolgenden Dimensionen werden die größeren Veränderungen deutlicher. Sodass Wesen, die mehrere Dimensionen weit entfernt wären, erkennen würden, dass tatsächlich etwas sehr Eigenartiges passiert, wenn sie in der Lage wären, zu verstehen, was sie gesehen haben. Da jedoch die Änderungen zwischen den Dimensionen so subtil sind, unterscheiden sich die aufeinander folgenden Dimensionen nur leicht von der nächsten. Es könnte sein, dass man sich, zumindest anfangs, nicht bewusst wäre, sich in einer anderen Dimension zu befinden.

D: *Aber es ist möglich, hin und herzugehen.*

P: Das ist richtig.

D: *Wir haben gehört, dass es manchmal Fenster gibt, die es einfacher machen, von einer Dimension zur anderen zu wechseln. Ist das wahr?*

P: Es gibt Öffnungen, die Wesen erlauben, dieses sogenannte „Fenster" manifestieren zu können, wenn sie das Wissen und Gewahrsein dafür haben. Allerdings gibt es in deiner Terminologie keinen bestimmten Ort, der an sich als bestehendes Phänomen definiert werden kann, das statisch ist und auf das du jederzeit zugreifen könntest, indem man einfach hingeht. Die Energien können so manipuliert werden, dass ein Fenster generiert werden kann. Es handelt sich jedoch nicht um ein natürlich vorkommendes Phänomen. Es gab, wie du weißt, ein Experiment deiner Marine, welches gemeinhin das „Philadelphia Experiment" genannt wird. Dies ist ein Beispiel für ein Experimentieren mit diesen „Fenstern". Es gibt Wesen, die geistig in der Lage sind, aus einer Dimension in eine andere zu kommen. Euer bestes Beispiel wäre vielleicht Jesus, der auf viele verschiedene Ebenen zugreifen konnte. Nach seiner Himmelfahrt konnte er bewusst auf deine Ebene zurückkehren und erscheinen. Obwohl er vielleicht gar nicht zu deiner Ebene gehörte, konnte er auf deine Ebene kommen.

D: *Du meinst, die Regierung hat mit dem Philadelphia-Experiment einen Weg gefunden, das Fenster zu öffnen und hin und her zu gehen? Oder hat sie ein Fenster erstellt?*

P: Wir würden sagen, dass ein Fenster geöffnet wurde. Allerdings war die Fähigkeit, zurückzukommen, nicht ganz so ausgebildet, wie die Fähigkeit, es zu öffnen. Die katastrophalen Ergebnisse ergaben sich aus der Unfähigkeit, dieses Phänomen richtig zu manipulieren. Es ist ein natürliches Phänomen im universellen Sinne. Diese Ebenen sind einfach natürlich und gewöhnlich. Es liegt jedoch an deinem Verständnis an diesem Punkt, das sie oder dieses Konzept eher übernatürlich erscheinen lässt. Nichts könnte weiter von der Wahrheit entfernt sein. Es ist die Grundlage für die Realität, im universellen Sinne.

D: *Aber die Regierung hat einen Weg gefunden, dies zu tun.*

P: Es gibt diejenigen, die daran arbeiten, diese Energien zu manipulieren. Einige waren mehr oder weniger erfolgreich dabei. Wegen des Mangels an spirituellem Bewusstsein, das dafür notwendig wäre, gibt es bisher vielleicht höchstens ein grobes Grundverständnis dieses Phänomens.

D: *Werden die Experimente fortgesetzt?*

P: Das ist richtig. Es ist zu diesem Zeitpunkt möglich, Energie oder Materie durch die Dimensionen zu transportieren. Doch die spirituellen Realitäten, die dieses Phänomen ermöglichen, werden noch nicht verstanden. Die Grundlage des Verständnisses bis zu diesem Punkt war technologisch. Die spirituelle Komponente ist nicht verstanden worden. Es gab Experimente, die fehlgeschlagen sind. Und die Teilnehmer waren danach etwas schlechter in Form als vorher. Ihre Seele oder ihr Geist hat die Fähigkeit oder vielleicht die Ressourcen, um die Opfer dieser Experimente zu heilen, wenn sie durch die Dimensionsebene dorthin gelangt sind, die du die „spirituelle" Ebene nennst. Es gab Fälle, in denen Individuen in einer anderen Dimension völlig verloren gingen und im Wesentlichen in einer anderen Dimension gefangen waren.

D: *Wie können sie gefangen sein, wenn die Seele überall hingehen kann, wo sie will und tun, was sie will?*

P: Es sind die physischen Komponenten, von denen wir sprechen. Es gibt Fälle, in denen der physische Körper mit intakter Seele vollständig in eine andere Dimension transportiert wurde.

D: *Das ist es, was du meinst. Das Physische war in einer anderen Dimension gefangen und konnte nicht zurückkommen.*

P: Das ist richtig. Dein Verständnis ist ausreichend, um uns zu ermöglichen, das zu sehen, was du beschreibst. Und ja, es ist wahr, dass sie sich manchmal überschneiden. Zu diesem Zeitpunkt ist es jedoch für jemanden auf deiner Ebene technologisch nicht machbar, obwohl dies in regelmäßigen Abständen versucht wird. Es ist in der Tat eine Möglichkeit, mit der jene, die du die „Außerirdischen" nennst, in der Lage sind, durch riesige Entfernungen zu manövrieren. Es geht einfach darum, zwischen die Dimensionen zu gehen und die Portale zu finden, die in ihrem natürlich vorkommenden Zustand existieren. Wir möchten hier den Unterschied zwischen dem definieren, was wir als Fenster beschrieben haben, im Gegensatz zu dem, was wir als Portal bezeichnen.

D: *Ja, ich würde gerne den Unterschied wissen.*

P: In dem Kontext, in dem wir vorhin gesprochen haben, ist ein Fenster ein Gerät, das es ermöglicht, einfach von einer Existenzebene zur anderen zu wechseln. Dies ist keine natürliche Erscheinung. Ein Portal ist jedoch ein natürlich vorkommendes Phänomen wie ein Tunnel durch den das, was man auf einer bestimmten Ebene „Entfernung" nennen würde, zurückgelegt werden kann. Man wäre in der Lage, große Entfernungen zurückzulegen, indem man durch diese Portale geht. Diese Portale befinden sich jedoch auf der gleichen Ebene. Sie überschreiten nicht die getrennten Ebenen der Realität. Sobald man am Bestimmungsort auf einer bestimmten Ebene angekommen ist, muss man sich auf die Ebene konvertieren, auf der man ankommen möchte.

D: *Das ist der Teil, der mich verwirrt. Das ist etwas anderes, als verschiedene Dimensionen, dies ist auf der gleichen Ebene.*

P: Die Portale befinden sich auf der gleichen Ebene. Sie überschreiten keine Ebenen. Es gibt Portale innerhalb der Ebenen selbst, aber die Portale überspannen die Ebenen nicht.

D: *Und das ist etwas anderes, als zwischen den Dimensionen zu wechseln.*

P: Das ist richtig.

D: *Ich bin immer noch ein wenig verwirrt. Wenn wir an die gleiche Existenzebene denken, würden die Außerirdischen von einem physischen Stern oder Teil der Galaxie kommen, der jetzt da draußen ist. Aber eher als mit Lichtgeschwindigkeit oder was auch immer zu fliegen, würden sie einfach ein Portal benutzen?*

P: Das ist richtig.

D: *Sie befinden sich also auf dieser physischen Ebene der Realität, nicht in einer anderen Dimension. Sie haben einfach diese Portale gefunden, also können sie schneller hin und her reisen.*

P: Das ist richtig.

D: *All das ist verwirrend für mich, aber ich hatte gerade eine Idee. Mithilfe des Planeten Venus als Beispiel, in „unserer" Dimension scheint es dort kein Leben zu geben. Könnte es möglich sein, dass es in einer*

„alternativen" Realität oder einer anderen Dimension Leute geben könnte, die dort leben?

P: Auf der Ebene, auf der du die Realität erlebst, gäbe es keine. In höheren Dimensionen gibt es jedoch tatsächlich viele Lebensformen auf vielen der Planeten, die sich einfach auf einer anderen Ausdrucksebene befinden. Es wäre einfach so, dass der Ausdruck, wie er sich auf deiner Ebene manifestiert, die Essenz dessen nicht vermittelt oder ausdrückt, was du „Lebensformen" nennen würdest. Es gibt auf niedrigeren Niveaus dieses Ausdrucks einfach Gas und Gestein. Wie auch immer, so wie ein Eisberg nur teilweise sichtbar ist, so ist doch bekannt, dass nicht die gesamte Erscheinung des Eisbergs sichtbar ist. Die Ebene, auf der du die Realität auf der Venus siehst, ist einfach ein Teil von dem, was unter Wasser ist, sozusagen. Dort sind Teile des Gesamtausdrucks, der für dich unsichtbar ist, weil deine Wahrnehmungen nicht in der Lage sind, die Realität der höheren Ebenen der Existenz zu begreifen.

D: *Also in einer alternativen Realität, einer anderen parallelen Welt, sozusagen, könnte es dort eine physische Rasse geben?*

P: Das ist richtig. Und im Sinne unserer Eisberg-Analogie würden wir den Eisberg mit einbeziehen, um Ebenen der Existenz zu transzendieren.

Als Phil erwachte, sprach er über den Teil der Sitzung, an den er sich erinnerte.

P: Das Wichtigste, was ich mitbekam, war die Tatsache, dass es einen Unterschied zwischen den Dimensionen gibt. Aber auch innerhalb einer Dimension gibt es verschiedene Bewusstseinsebenen, sogar innerhalb einer Dimension. Zum Beispiel gibt es Dinge, die uns in dieser Dimension nicht bewusst sind, geschweige denn in anderen Dimensionen. Es ist wie das Spektrum des Lichts, das in dieser Dimension alles ein einziges Licht ist, und wir können uns nur bestimmter Abschnitte des Spektrums bewusst sein. Unser Bewusstsein ist auf einen sehr kleinen Teil dieser Dimension beschränkt. Wir sind uns nicht aller Elemente dieser Dimension bewusst, geschweige denn anderer Dimensionen. Und so liegt das Konzept der Portale innerhalb einer Dimension. Man kann große Entfernungen innerhalb dieser Dimension zurücklegen, aber es gibt keine Portale aus dieser Dimension zur nächsten. Aber es gibt Grade von ... es ist fast so, als gäbe es

Dimensionen innerhalb der Dimensionen. Es gibt Ebenen innerhalb dieser Dimension, die sich so sehr verändern, dass sie sich von den anderen Ebenen innerhalb dieser Dimension unterscheiden.

D: *So ähnlich wie das Lesen einer Oktave. Jede Note wäre eine Dimension, aber sicher immer noch innerhalb einer Oktave. (Ja.) Ich schätze es wirklich sehr, dass du uns die Portale im Gegensatz zu den Fenstern erklärt hast.*

P: Das Wasser schien der einfachste Weg zu sein, um zu erklären, wie wir an Spirituelles und Körperliches denken. Es ist im Grunde genommen die gleiche Realität, nur in einer anderen Form.

Wir waren uns alle einig, dass wir wachsen und dorthin expandieren, wo wir mit komplizierteren Informationen umgehen und diese auch verstehen können, Informationen, die wir zu Beginn unserer Arbeit nie hätten verstehen können.

* * *

ARTIKEL AUS DER ZEITSCHRIFT DAILY TELEGRAPH
London, am 11. Oktober 1995

„WILLKOMMEN IN DER NÄCHSTEN WELT"
Von Dr. Michio Kaku

Einsteins Theorie der Schwerkraft, aus der wir die Urknalltheorie und Schwarze Löcher ableiten, wurde den bislang strengsten Tests unterworfen und hat bravourös bestanden.

In der neuesten Ausgabe von *Physics Today* haben Astronomen aus Harvard, MIT und dem Haystack Observatorium stolz bekannt gegeben, dass sie Einsteins Theorie mit einer erstaunlichen Genauigkeit von 0,04 Prozent bei der Messung der Biegung von Funkwellen aus dem Quasar 3C279 nahe am Rand des sichtbaren Universums bestätigt hatten. Aber diese Ankündigung enthält eine gewisse Ironie. Jeder Erfolg hebt nur eine gähnende Lücke hervor. Auch wenn Wissenschaftler immer genauere Tests von Einsteins Theorie der Krümmung des Weltraums durchführen, wusste schon Einstein selbst, dass seine Theorie bei der Instanz des Urknalls versagte. Die Theorie hatte tönerne Beine.

Die Relativität war wertlos, erkannte er, wenn es darum ging, die peinlichste kosmologische Frage der Wissenschaft überhaupt zu beantworten: Was geschah vor dem Urknall? Fragen Sie Kosmologen danach und sie werden ihre Hände hochwerfen, die Augen rollen und klagen: „Das könnte für immer jenseits der Reichweite der Wissenschaft bleiben. Wir wissen es einfach nicht."

Soll heißen, bis jetzt. Ein bemerkenswerter Konsens hat sich in jüngster Zeit um die sogenannte „Quantenkosmologie" entwickelt, von der die Wissenschaftler glauben, dass eine Fusion der Quantentheorie und Einsteins Relativitätstheorie diese hartnäckigen theologischen Fragen lösen könnte. Theoretische Physiker eilen dorthin, wo die Engel vor Angst nicht hingehen.

Insbesondere zeichnet sich ein attraktives, aber überraschendes neues Bild in der Quantenkosmologie ab, das in der Lage sein könnte, einige der großen Mythen der Schöpfung zu synthetisieren.

Es gibt zwei dominante religiöse Mythologien. Nach dem jüdisch-christlichen Glauben hatte das Universum definitiv einen Anfang. Das ist die Genesis-Hypothese, nach der das Universum in der Vergangenheit aus einem kosmischen Ei geschlüpft war. Allerdings, nach dem hinduistisch-buddhistischen Glauben an das Nirwana ist das Universum zeitlos, es hatte niemals einen Anfang, noch wird es ein Ende haben.

Die Quantenkosmologie verkündet eine wunderschöne Synthese dieser scheinbar gegensätzlichen Standpunkte. Am Anfang war das Nichts. Kein Raum, keine Materie oder Energie. Aber nach dem Quantenprinzip war selbst das Nichts instabil. Das Nichts begann zu zerfallen, das heißt, es begann zu „kochen", wobei Milliarden von winzigen Blasen entstanden und schnell expandierten. Jede Blase wurde zu einem sich ausdehnenden Universum.

Wenn das wahr ist, dann ist unser Universum tatsächlich Teil eines viel größeren „Multiversums" aus Paralleluniversen, das wirklich zeitlos ist, wie das Nirwana. Wie Steve Weinberg, Nobelpreisträger der Physik, gesagt hat: „Eine wichtige Schlussfolgerung ist, dass es keinen Anfang gab, dass es immer größere Urknalls gab, sodass das (Multiversum) für immer weitergeht. Man muss sich gar nicht mit der Frage, wie es vor dem Knall war, auseinandersetzen. Das (Multiversum) war die ganze Zeit hier. Ich finde, das ist ein sehr zufriedenstellendes Bild."

Universen können buchstäblich als Quantenfluktuation aus dem Nichts entstehen. Das liegt daran, dass die positive Energie, die sich in der Materie findet, die negative Energie der Schwerkraft ausbalanciert, sodass die Gesamtenergie einer Blase null ist. Es braucht daher keine Nettoenergie, um ein neues Universum zu erschaffen.

Alan Guth, der Begründer der Inflationstheorie, bemerkte einmal: „Es wird oft gesagt, dass es so etwas wie ein kostenloses Mittagessen nicht gibt. Aber das Universum selbst könnte ein kostenloses Mittagessen sein."

Und Andre Linde aus Stanford hat gesagt: „Wenn meine Kollegen und ich recht haben, verabschieden wir uns vielleicht bald von der Idee, dass unser Universum ein einzelner Feuerball war, der im Urknall erschaffen wurde."

Obwohl dieses Bild ansprechend ist, wirft es auch weitere Fragen auf. Kann in diesen Paralleluniversen Leben existieren? Der Kosmologe Stephen Hawking aus Cambridge bezweifelt dies: Er glaubt, dass unser Universum mit anderen Universen koexistieren kann, aber etwas Besonderes ist. Die Wahrscheinlichkeit der Bildung dieser anderen Blasen sei verschwindend klein.

Auf der anderen Seite glaubt Weinberg, dass die meisten dieser parallelen Universen wahrscheinlich tot sind. Für stabile DNS-Moleküle muss das Proton mindestens drei Milliarden Jahre lang stabil sein. In diesen toten Universen könnten die Protonen in ein Meer aus Elektronen und Neutronen zerfallen sein.

Unser Universum könnte eines der wenigen sein, die kompatibel mit dem Leben sind. Dies würde in der Tat die uralte Frage beantworten, warum die physikalischen Konstanten des Universums in eine so schmale Bandbreite fallen, die kompatibel mit der Bildung von Leben ist. Wären die Ladung des Elektrons, die Gravitationskonstante, etc. ein wenig anders, dann wäre Leben unmöglich gewesen. Dies wird als Anthropisches Prinzip bezeichnet. Wie Freeman Dyson von der Princeton Universität sagte: „Es scheint, als hätte das Universum gewusst, dass wir kommen würden."

Die striktere Version besagt, dass dies die Existenz von Gott oder einer allmächtigen Gottheit beweise. Aber nach der Quantenkosmologie gibt es eventuell Millionen toter Universen. Es war daher ein Zufall, dass unser Universum Bedingungen aufwies, die mit der Bildung von stabilen DNS Molekülen kompatibel sind.

Dies lässt jedoch die Möglichkeit offen, dass parallele Universen da draußen fast identisch mit unserem sind, bis auf einen schicksalhaften Vorfall. Vielleicht hat Georg III. in einem solchen Universum die Kolonien nicht verloren.

Man kann jedoch die Wahrscheinlichkeit dafür berechnen, dass jemand eines Tages die Straße hinuntergehen könnte, nur um in ein Loch im Raum zu fallen und ein Paralleluniversum zu betreten. Er oder sie müsste länger als die gesamte Lebensdauer des Universums warten, damit ein solches kosmisches Ereignis einträte.

Wie der Biologe J.B.S. Haldane feststellte: „Das Universum ist nicht nur schräger, als wir annehmen, es ist schräger als wir annehmen können."

* * *

Dr. Michio Kaku ist Professor für theoretische Physik an der City University of New York und Autor von *Hyperspace: a Scientific Odyssey through the 10th Dimension* (Oxford University Press).

Es scheint, dass die großen wissenschaftlichen Köpfe zumindest einen Teil des Bildes erfassen.

KAPITEL 12

DIE ENERGIE UND DIE ASSISTENTEN

Ein Großteil der in diesem Buch enthaltenen Informationen wurde in den 1980er Jahren gesammelt, als ich noch eine junge Ermittlerin war. Ich war überzeugt, dass ich durch meine Arbeit als Rückführungstherapeutin alle Antworten auf die Fragen des Lebens kannte. Alle Beweise belegten mir die Existenz der Reinkarnation, aber ich hatte die Leben in eine lineare Progression (oder Regression) gebracht, weil das der einzige Weg war, wie es sich die meisten von uns vorstellen können. Ich hatte meine Meinungen und Theorien, die auf den Fällen basierten, mit denen ich gearbeitet hatte. Als ich mit Phil zu arbeiten begann, wurde mein geordnetes Glaubenssystem gestört. Meine Arbeit mit ihm führte zu meinem Buch *Keepers of the Garden,* das mich mit einem radikal anderen Konzept vom Anfang des Lebens auf der Erde konfrontierte. Es gab noch viel mehr, das nicht in diesem Buch enthalten war. Ich erhielt Informationen und wurde mit Konzepten konfrontiert, die ich noch nie gehört hatte. Sie drohten, meine sichere Welt aus den Angeln zu heben. Zuerst war ich mir so sicher, dass ich alle Antworten schon hätte, dass ich keine neuen Theorien erforschen wollte, die damit nicht zusammenpassten. Ich hätte sie verwerfen können, aber dann beschloss ich, einen offenen Geist zu behalten und tauchte tiefer ein. Mir wurde klar, wenn ich die Informationen verleugnete, ohne sie zu untersuchen, wäre ich nicht besser als jene religiösen Institutionen, die verkünden, dass sie die „einzige“ Wahrheit kennen. Anstatt das Material wegzuwerfen, habe ich es zur Seite gelegt, um es mir später anzusehen. Die Zeit ist nun reif für eine weitere Untersuchung und den Versuch, es so weit zu verstehen, wie wir mit unserem begrenzten menschlichen Verstand können.

Nun hatte ich es nicht mehr mit isolierten Informationen von Phil zu tun, sondern sie begannen, von vielen Probanden auf der ganzen Welt zu kommen, als ob sie ungenutzt gebliebene Wahrheit und Wissen wären. Ich weiß, dass ich sie am Beginn meiner Arbeit nie verstanden und vielleicht sogar weggeworfen hätte. Nach zwanzig Jahren Forschung weiß ich jetzt, dass ich kleine Häppchen gelöffelt habe, bis ich bereit war, die komplizierteren Informationen zu verarbeiten. Selbst wenn ich sie nicht ganz verstehe und ich bin sicher, dass ich nur einen kleinen Teil eines viel größeren Bildes sehe, bin ich jetzt bereit, sie zu präsentieren, um andere zum Nachdenken anzuregen.

Als ich meine Experimente in den 1980er Jahren begann, organisierten wir oft Gruppentreffen in Billie Coopers Haus in Rogers, Arkansas. Dort würde ich Phil in Trance versetzen und jeder konnte Fragen stellen. Oft waren viele Menschen anwesend und natürlich standen ihre persönlichen Probleme im Mittelpunkt ihrer Fragen (Arbeit und Liebesleben). Aber gelegentlich wurden komplexere Fragen gestellt und ich habe diese ausgewählt, um sie in diesem Buch vorzustellen, weil ich sah, dass sie einem gemeinsamen Faden folgten.

Das Folgende geschah oft, wenn wir die Entität die durch ihn sprach, baten, sich zu erkennen zu geben.

P: Wir sprechen hier als eine kollektive Energie. Denn es besteht keine Notwendigkeit zur Personalisierung. So etwas wie das „Ich" Konzept gibt es hier nicht, denn alles ist „wir".

D: *Wie viele seid ihr?*

P: Eine physische Zahl zuzuordnen, wäre sinnlos. Denn du würdest versuchen, Grenzen der Persönlichkeit zu definieren, sodass es x viele Persönlichkeiten ergeben würde. Und aus unserer Sicht ist das nicht korrekt. Da ist keine Unterscheidung. Wir leben einfach nebeneinander. Es wird nicht unterschieden zwischen einer Persönlichkeit und einer anderen oder dem Beginn einer Persönlichkeit und dem einer anderen. Es ist einfach eine Koexistenz. Es gibt keinen Unterschied. Nochmals sagen wir, wir sind nicht linear in der Zeit oder Entfernung und sind auch einigermaßen unfähig, dieses Konzept zu übersetzen. Wir existieren einfach. Wir versuchen nicht, unsere Existenz zu definieren. Es ist auf eurer Seite so, dass ihr identifizieren und trennen müsst und ihr trennt euch, damit ihr „ihr" werdet. Wir sind wir. Wir haben auf dieser Ebene keine Identität, wie du es nennen würdest, denn auf dieser Ebene besteht keine Notwendigkeit zur

Identifizierung. Die Anerkennung der Identität erfolgt sofort und vollständig. Es ist nicht notwendig, ein Etikett anzubringen. Für den Fall, dass man Etiketten anbringt, ist man eher auf das Etikett fixiert, als auf die Identität. Dies geschieht auf deiner Ebene, weil du nicht das Gewahrsein hast. Denke nicht an das Etikett, sondern an die Energie. Wenn du so wärst wie wir, dann könntest du jetzt in diesem Raum in völliger Dunkelheit sitzen und dann aus jedem Raum heraus und wieder hineingehen und jeder von euch würde in völliger Dunkelheit sofort jene erkennen, die sitzen und jene, die sich bewegen. Bitte verstehe, dass das, was dein Bewusstsein umfasst, so groß und weitaus mehr ist, als dein bewusster Geist verstehen kann. Ihr seid in der Tat eins mit dem Universum. Daher solltest du nicht überrascht sein, dass es viele Aspekte von dir selbst gibt, derer du dir noch nie bewusst gewesen bist.

D: *Würde dies auch das beinhalten, was wir als Erfahrungen aus vergangenen Leben betrachten?*

P: Das könnten Erinnerungen sein, nicht mehr als Erinnerungen, die geteilt werden, da ihr verbunden seid, jeder Einzelne von euch, zusammen auf eurer inneren Ebene. Die Erinnerung von einem von euch wird mit jedem Einzelnen von euch geteilt. Du kannst dich an die Gedanken des anderen auf einer sehr tiefen Ebene erinnern. Und so wirst du vielleicht feststellen, dass dein vergangenes Leben in der Tat ziemlich genau als Erinnerung von jemand bezeichnet wird, der diese Existenz gelebt hat. Wir würden sagen, dass es so etwas wie vergangene Leben nicht gibt, denn in unserer Sichtweise war und ist alles und alles wird gleichzeitig sein. Da wir kein Zeitverständnis haben, ist jeder von euch bereits in der Vergangenheit jeder andere gewesen und so werdet ihr es auch in eurer Zukunft sein. Wir wissen, dass dir das zum jetzigen Zeitpunkt nicht ganz klar ist. Allerdings wird jeder von euch in naher Zukunft Informationen erhalten, die ihn herausfordern werden, dieses Konzept zu untersuchen. Das ist: die Vergangenheit und Gegenwart gleichzeitig mit der Zukunft.

D: *Das ist ja so verwirrend. Wie kommt es, dass wir in der Lage sind, ein bestimmtes vergangenes Leben immer und immer wieder kontaktieren? Warum suchen wir nicht jedes Mal ein anderes auf, wenn ich die Person zurückführe?*

P: Du kannst auch eine einzelne Note über die ganze Länge einer Symphonie verfolgen. Wenn du dir vorstellen könntest, eine einzelne Note auf einem einzelnen Instrument zu hören und ihr durch die gesamte Symphonie folgen, würdest du sehen oder besser gesagt hören, wie diese Note in dieser Symphonie immer wieder auftaucht. Und man könnte diese einzelne Note tatsächlich als eine separate Identität identifizieren. Auf die gleiche Weise kannst du dich an diese, wie du sie nennen würdest, vergangenen Leben deiner gesamten Geschichte erinnern, indem du einfach deine Perspektive auf diesen einen bestimmten Bereich einschränkst, den du auswählen möchtest. Die bewusste Auswahl mag so zufällig aussehen. Es ist jedoch so, dass du dich selbst vorprogrammiert hast, um bei jeder Rückkehr zu diesem speziellen Segment zu gelangen.

D: *Können wir das Wort „Schwingung" oder „Energie" verwenden? Dass die, die in viele vergangene Leben gelangen können, einfach in der Lage sind, auf mehr Energieniveaus als andere zurückzublicken?*

P: Das ist richtig. Jeder von euch könnte noch viel mehr Linien folgen, als du dir vorstellen kannst. Es ist möglich. Wie auch immer, es besteht die Notwendigkeit, die eigenen Erfahrungen auf die Bereiche zu beschränken, die Verständnis und Erleuchtung bringen. Und so wäre es ratsam, die Lebenszyklen zu ignorieren, die Disharmonie bringen würden, denn das ist nicht der beabsichtigte Zweck. Wolltest du sofort zulassen, dass dein Bewusstsein all das aufnimmt, das zur Verfügung steht, wärst du überwältigt. Denn es geschieht weitaus mehr mit jeder deiner eigenen Persönlichkeiten, als du vielleicht verstehen kannst, sogar jetzt, während wir sprechen. Denn innerhalb der Farbe Weiß existieren sehr viele verschiedene Farben und du kannst leicht eine einzelne Farbe aus dem Weiß herausziehen. Auf die gleiche Weise hast du dich selbst herausgezogen oder eine bestimmte Energie isoliert, die ein Bestandteil deines Höheren Selbst ist. Und so wurde diese Energie auf deine Ebene gebracht, dieser Aspekt der Persönlichkeit, sozusagen. Sie war in der Tat ein fester Bestandteil von dir, dem du auf dieser Ebene freien Lauf gelassen hast. Du selbst sitzt in diesem Raum und bist einfach die Spitze eines riesigen Eisbergs. Und wärst du bewusster und hättest mehr Gewahrsein, könntest du mehr von dem, was sich unter der Oberfläche befindet, auf dein Niveau bringen und umgekehrt. Das, was ihr als euer Selbst isoliert habt, könnte zu den höheren Ebenen vordringen, in denen eure anderen Energieaspekte beheimatet sind. Viele von euch tun das irgendwann einmal. Es ist nicht so, als ob du jemand anderen erleben würdest, sondern so, als würdest du einen Teil von dir selbst erleben, den du noch nie zuvor gesehen hast.

D: *Ist es dann möglich, auf ein Leben zurückzublicken, das noch nicht stattgefunden hat?*

P: Das ist richtig. Du kannst überall hingehen, wo du willst: in die Vergangenheit, Gegenwart, Zukunft, auf der Erde oder im Weltraum. Es spielt keine Rolle. Irgendwo. In die Zukunft zu gehen, mag zunächst schwierig erscheinen, weil du es einfach nicht gewohnt bist, so zu denken. Also, ja, du könntest leicht zu einem zukünftigen Leben zurückkehren.

D: *Fortschreiten.*

P: Das wäre eine Frage der Semantik. Allerdings ist bereits alles geschehen, wie schon gesagt wurde, und gleichzeitig ist noch nichts geschehen. Zeit ist in der Tat ein relativer Faktor.

D: *Kannst du die gleichzeitige Zeit so beschreiben, dass sie Menschen auf dieser Ebene leicht verstehen können?*

P: Wir werden es versuchen. Wenn du möchtest, betrachte bitte den Unterschied zwischen einer Geraden und einem Kreis. Wolltest du eine gerade Linie ziehen und zwei Punkte auf einer Geraden verbinden, gäbe es dort keine Möglichkeit der Parallelität, in dem Sinne, dass sich alle auf der gleichen Ebene befänden. Aber würdest du zwei Punkte innerhalb eines Kreises verbinden, wäre in der Tat die Möglichkeit von zwei Punkten gegeben, die durch eine gerade Linie verbunden werden können. Wenn du Zeit nur als Konzept und in diesem Zusammenhang als Kreis betrachten würdest, dann wäre es möglich, dass zwei Zeitpunkte miteinander verbunden werden können. Nehmen wir an, dass der Kreis dann zu einer Spirale mit unendlich ausgedehnten Endpunkten werden könnte, wären diese tatsächlich der gleiche Punkt. Dann könnte man sich dieses Spiralkonzept so vorstellen, dass es sogar innerhalb eines Kreises vielleicht eine Art linearen Fortschritts von einem Ende zum anderen gibt. Dieses Zeitkonzept ist besonders physisch, wie alles in der physischen Welt bestimmten grundlegenden Konzepten gehorchen muss. Ein Anfang und ein Ende. Leben und Tod. Schwarz und Weiß. Plus und Minus. Es ist notwendig, die Realitäten von der spirituellen Welt zu trennen, sodass diese Realitäten im Physischen belassen werden, damit ein Polarisationsprozess in Gang gesetzt werden kann. In diesem Prozess ist das Konzept einer Dualität vorgegeben. Das Plus und das Minus und so weiter. Es gibt also den freien Willen, während es im

Kreis keinen freien Willen gibt, denn es gibt keinen Anfang und kein Ende und kein Schwarz und kein Weiß. Im Physischen hast du das eine oder andere Ende, wenn du diesem Konzept folgen kannst. Der freie Wille ist nicht das Ende, das die Mittel rechtfertigt. Er ist einfach ein Nebenprodukt dieser Realität der Polarisierung. Der freie Wille hat sich einfach aus der Tatsache entwickelt, dass es Polaritäten in der physischen Welt gibt. Die Zeit ist jedoch nicht polar. Es gibt keine Pluszeit und keine Minuszeit. Es gibt einfach eine Vorstellung davon, was jetzt ist und was dann sein wird. Das sich, schon während wir sprechen, von dem, was jetzt ist, zu dem was dann ist verändert. Wie könnte es also „jetzt" geben? Zeit steht nie still, sodass automatisch das Konzept von „jetzt" einfach aus dem Fenster geworfen werden kann. Jetzt ist sofort gestern, schon vergangen. In der Minute, in der du merkst, dass es jetzt einen Gedanken gibt, wurde er bereits Vergangenheit. Man muss sich also über das Jetzt keine Sorgen machen. Du wirst immer in der Zukunft leben, wenn du dich dafür entscheidest.

D: *Aber ich habe gehört, dass wir viele Möglichkeiten der Zukunft haben.*

P: Das ist richtig, aber oft kann man durch die Richtung, die dein Leben bis zu diesem Zeitpunkt nahm, diejenigen ausmachen, die höchstwahrscheinlich eintreten werden. Und es gibt auch den freien Willen, der alles diktiert, was sein soll.

D: *Eine Frage aus der Gruppe: Ich habe mich mit Energien beschäftigt, plus und minus, männlich und weiblich, wie wir sie jetzt ausdrücken. Gibt es Möglichkeiten, wie wir diese Energien in uns ausbalancieren können?*

P: Zunächst einmal sollte man sich bewusst sein, dass viele Wesen aus einem bestimmten Grund polarisiert sind. Es gibt in der Tat in der Natur, wie auch in der geistigen Welt, jene, die eher das eine als das andere sind. Und dann gibt es diejenigen, die ausgeglichen sind. Vielleicht könnten wir das Beispiel Yin und Yang hier verwenden. Ist es weniger edel, nur Yin zu sein, als ganz Yang zu sein? Oder ist es edler, im völligen Gleichgewicht der beiden zu sein? Es ist weder richtiger, mehr von einem zu sein, noch ist es richtiger, völlig im Gleichgewicht zu sein. Es gibt nur das, was am besten geeignet ist. Aus jeder besonderen Lektion solltest du das nutzen lernen, was am angemessensten ist, das Yin oder das Yang. Wir sehen, dass deine Frage davon handelt, sich selbst zu harmonisieren. Das heißt, um energetisch ausgewogener zu werden. Wir möchten jedoch darauf hinweisen, dass die Mitte der Straße nicht immer der wünschenswerteste Ort sein muss.

D: *Was die Frage der Homosexualität aufwirft.*

P: Das ist einfach eine Frage der Energien, denn es gibt männliche und weibliche Energien. Und ein Mann, der vorwiegend mit weiblichen Energien ausgestattet ist, übt diese Charakteristik aus, die vor allem bei Frauen der Fall ist. Dies ist dann der Grund für die Anziehungskraft unter Männern, denn Gegensätze ziehen sich an, ob sie nun in männlichen oder weiblichen Körpern wohnen. Und so beschreibt das hier ein Energieniveau weiblicher Energie, die sich in einem männlichen Körper befindet, angezogen von männlicher Energie in einem männlichen Körper.

D: *Du hast gesagt, es ist eine weibliche Energie. Was meinst du damit?*

P: Die Polarität oder Disposition der Seele ist als überwiegend weibliche Energie vorgegeben.

D: *Würde das bedeuten, dass die Seele mehr weibliche Leben gehabt oder mehr weibliche Erfahrungen gemacht hat?*

P: Diese Seele hätte es höchstwahrscheinlich selbst getan, eher als dass die Mehrzahl der Leben dieser Seele sie auf weiblichere Energie programmiert hätte. Es gibt bei der Erschaffung der Seelen eine Prägung der Persönlichkeit, die in der Regel eher männlich oder eher weiblich oder irgendwie eher neutral ist.

D: *Dann haben die vergangenen Leben nichts damit zu tun?*

P: Doch, sie haben viel damit zu tun, denn es sind Erfahrungen, die in Erinnerung bleiben und so programmieren sie ein wenig die Vorlieben der Einzelnen beim Ausdruck der Energien. Die Leben bestimmen jedoch nicht, ob die Entität grundsätzlich eher männlich oder weiblich ist.

D: *Ich habe herausgefunden, dass es schwieriger zu bewältigen war, wenn eine Seele mehr Leben des einen als des anderen Geschlechts geführt hatte.*

P: Das ist richtig, denn es besteht mehr Vertrautheit mit dem anderen Geschlecht. Das könnte Verwirrung stiften, denn es gibt in dieser Gesellschaft viele Programmierungen, die euch nahelegen, entweder ein Mann oder eine Frau sein zu müssen und nicht einfach das eine oder andere mit beiden Geschlechtern.

D: *Ist das der Hauptgrund für Homosexualität oder könnte es andere Erklärungen geben?*

P: Dieser ist am weitesten verbreitet. Es gibt jedoch Fälle, in denen es möglich ist, dass man beschließt, in einer queeren Realität zu inkarnieren, um Lektionen zu lernen. Viele Lektionen sind: Mäßigung, Toleranz, Geduld, Demut, etc. Es ist vielleicht nicht einfach eine Frage der Wahl, sondern der Notwendigkeit.

Frage: *Es gibt eine Theorie, die besagt, dass der Planet Erde von einem Energieband umgeben ist. Und jede Aktion, jeder Gedanke und alles, was je passiert ist, wurde in dieses Band aufgenommen. Und dass jeder Informationen erhalten kann, indem er einfach darauf zurückgreift. Ist das korrekt?*

P: Das ist eine genaue Aussage. Ja, in der Tat, denn es gibt so etwas, das du eine Aura nennen könntest, die diesen Planeten umgibt, nämlich kontinuierlich aus den Emotionen und Einstellungen derjenigen Bewohner aufgebaut, die auf diesem Planeten leben. Und so spiegelt diese Aura eine ganze Rasse wider, die den Planeten darunter bevölkert. So wie deine Aura deine ganze Persönlichkeit widerspiegelt. Das heißt, die Energie, die sich in deiner Aura befindet.

D: *Unsere Aura wird von den Energien beeinflusst, die unser Körper erzeugt?*

P: Das ist richtig.

D: *Was ist mit den Energien, die die Erde umgeben?*

P: Sind es zukünftige Energien, die vielleicht nicht auf eine körperliche Ebene kanalisiert wurden? Die Antwort ist ja. Weil deine Vergangenheit, Gegenwart und der zukünftige Fortschritt in Form von Prozessen verarbeitet wird. Ein verarbeitender Prozess, der die Energien aus einer höheren Ebene nimmt und sie durch deine Handlungen auf eine niedrigere Ebene kanalisiert. Und so ist deine Aura ein Ergebnis dieser Verarbeitung. Allerdings waren die Energien immer und sie sind und werden immer sein. Sie sind aus deiner Sicht jedoch von einer Ebene aus zu einer anderen kanalisiert worden. Die Aura der Erde besteht aus diesen Energien, die von höheren in niedrigere Energien verarbeitet wurden. Und so sind dies Nebenprodukte der menschlichen Erfahrung. So wie der Rauch in einem Kamin.

D: *Könntest du den Unterschied zwischen den höheren und niedrigeren Energien erklären?*

P: Die höheren Energien sind das, was man „Gott" nennen könnte, oder „Wahrheitsbewusstsein" oder „Erleuchtung". Das, was ist. Dies sind Frequenzen der höchsten Ordnung, die deinen Verstand und dein Bewusstsein durchdringen. Die niedrigeren Energien sind Energien aus der höheren Ebene, die bis auf eine niedrigere Ebene gebracht wurden. Sie sind ein

Nebenprodukt der menschlichen Erfahrung. Sie sind Energien, aber sie wurden auf ein Niveau gesenkt, das besser auf dein eigenes abgestimmt ist. Wir sprechen hier von Energien vieler verschiedener Arten. Musik, Mathematik, Staunen, Wunder, Liebe, Hass. Das sind alles Energien.

D: *Ich verstehe das so, dass alle aufgezeichnet werden. Damit keine verschwendet, keine vergessen wird. Ist das richtig?*

P: Keine geht je verloren. Viele werden jedoch nicht verwendet. Würde zum Beispiel die Liebesenergie, die deinen Planeten umgibt, häufiger genutzt werden als die Hassenergie oder die Angstenergie, nähmen wir wahr, dass die Aura, die deinen Planeten umgibt, ganz anders wäre. Und sie hätte eine höhere Gesamtenergie. Es ist so, als wären diese Nebenprodukte, diese Auren, die abgegeben werden, ein Hinweis auf die Energien, die verarbeitet wurden.

D: *Was würde aus diesen Energien werden, wenn dieser Planet zerstört würde?*

P: Sie würden einfach wieder in das Universum zurückkehren. Und auf andere Weise an einem anderen Ort zu einer, wie du sagen würdest, anderen Zeit verwendet werden. Energie kann nicht zerstört werden. Es wäre jedoch notwendig, die Energien umzulenken. Sonst würden sie ziellos durch das Universum treiben, wenn sie nicht kanalisiert und wieder auf einen anderen Bereich oder eine andere Ebene angewendet würden, damit sie einem nützlichen Zweck zugeführt werden könnten.

D: *Dann gehen diese Energien nicht verloren, sie werden verändert. Sie würden nicht in der gleichen Form bleiben. Kannst du uns erläutern, was wir unsere „Seele" nennen? Wäre das die gleiche Energie, worüber du gesprochen hast?*

P: Es gibt hier eine Trennung. Wir sprechen auf sehr freie Art von Energien, die die Seele verarbeitet. Die Seele wäre hier die funktionale Maschinerie, wenn man so will. Die Energien wären die Brennstoffe, die die Seele ernähren. Die Seele ist ein Funke, ein Fragment der ursprünglichen ‚Einen Seele'. Weil alle einmal einfach ganz verbunden und zusammen waren. Und bei der Gelegenheit, die ihr den Beginn der Schöpfung nennt, wurde diese Ganzheit zersplittert. Und ihr alle wurdet losgelöst, um das Leben als getrennte Identitäten zu erfahren. Das hast du die Zeit des Falls genannt, wo das Wissen verloren ging und das Bewusstsein zur Erde herunter ausgerichtet wurde. Und diese höheren Energieebenen wurden nicht berücksichtigt und verworfen. So kann man von einem strikt analogen Standpunkt aus, von einem deutlichen

Fall des Bewusstseins von der höheren Ebene zur tiefer gelegenen Ebene der Erde sprechen. Es gab keine Zunahme des Bösen, als dieser Fall stattfand, wie es in früheren Zeiten wahrgenommen wurde. Es war einfach so, dass die Aufmerksamkeit ihrer Bewohner von den höheren auf die tieferen Ebenen verlagert wurde. Das ist es, was mit dem Fall gemeint ist. Das ist kein Urteil über richtig oder falsch. Es ist einfach eine Tatsache im Reich der Wahrheit. Und so kannst du sehen, dass du dazu neigst umher zu irren, wie es die Menschheit auf diesem Planeten seit vielen Jahrtausenden tut, wenn du aus den Augen verlierst, wer und was du bist. Daher ist der Fall einfach ein Vergessen der wahren Identität. Ein Absinken des Bewusstseins und Vergessen, dass alle wirklich ein Teil des Ganzen sind.

D: *Was verursachte ursprünglich diese Absplitterung, das Aufbrechen?*

P: Das war eine absichtliche Handlung der gesamten Seele, der ‚Einen Ganzen Seele', damit die Erfahrung vielfältig sein kann. Sie spürte damals die Notwendigkeit einer vielfältigeren Erfahrung. Sie erkannte, dass mehr Erfahrung notwendig sei, damit das ‚Alles, was Ist', vollständig verstanden werden könne.

D: *Diese Seele, die sich anfangs zersplitterte, erlebte die Erfahrung der Erde und nahm die Form eines Körpers an. Dann werden der Körper und die Seele beim Tod getrennt. Wir wissen, was mit dem Körper passiert. Was passiert mit der Seele zu diesem Zeitpunkt?*

P: Das hat eine sehr individuelle Basis. Weil viele Seelen, wir würden sie Splitter nennen, feststellen, dass sie über den Punkt hinaus zurückgegangen sind, an dem sie sich ursprünglich befanden. Und so finden sie sich noch weiter von der Wahrheit entfernt, als sie bei ihrer ursprünglichen Inkarnation waren. Und so müssen jene Lektionen ermöglicht werden, die die gemachten Fehler bereinigen können. Andere finden, dass sie erleuchteter geworden und so besser auf die Ebene der ‚Einen Seele' eingestimmt sind.

D: *Müssen diejenigen wiederkommen, die sich zurückentwickeln und wieder in einem Körper leben?*

P: Nein, denn es gibt müssen nicht. Wenn es am besten geeignet ist, dann ja, dann könnte es das Beste sein, was man tun kann. Es gibt jedoch keine Regel, die besagt, dass man inkarnieren muss.

D: *Was passiert schließlich mit der individuellen Seele?*

P: Das ultimative Ziel ist, dass alle Seelen zum Einen zurückkehren. Und so das Erlebte mitbringen. Es ist so, als würde jeder von euch da draußen Erfahrung sammeln und für ein zukünftiges Datum speichern, an dem jeder einzelne von euch mit seiner Sammlung von Erfahrungen zurückkehren wird. Und sie so noch einmal mit dem Ganzen teilt. Dann wird alles, was vom Anfang bis zum Ende der Schöpfung erlebt wurde, geteilt. Es ist eine Symphonie der Erfahrung.

D: *Wäre diese ursprüngliche Seele, die sich zersplitterte, dasselbe wie unser Konzept von Gott?*

P: Das ist richtig. Es ist das Eine, das All-Sein, die Wahrheit, das Licht. Viele haben ihr eigenes Etikett. Man könnte sagen, deine Identitäten sind getrennt von diesem Gott. Allerdings bist du in Wahrheit ein individuelles Stück oder ein Teil dessen, was du Gott nennst. Es gibt keinen Gott ohne jeden von euch. Denn würde jeder von euch einfach entschaffen[5], dann würde Gott selbst entschaffen werden.

* * *

Diese Sitzung fand 1987 statt, nachdem Phil viele Monate in Kalifornien verbracht hatte, wo er verschiedenen Jobs nachgegangen war, unter anderem auch beim Film und ich war während der Zeit völlig in die Arbeit mit den Informationen von Nostradamus vertieft. Er war zurück in unsere Gegend gezogen und wollte wieder mit mir zusammenarbeiten. Wir wussten kein Thema, auf das wir uns konzentrieren konnten, also entschieden wir uns dafür, einfach zu sehen, wohin uns diese Sitzung führte. Ich war immer auf das Unerwartete vorbereitet. Ich benutzte sein Schlüsselwort und die Einleitung mit dem Aufzug. Als sich die Aufzugtür öffnete, sah er ein strahlend weißes Licht.

P: Es ist völlig weißes Licht. Totale Energie. Das ist eine Energieebene oder ein Bereich der Existenz, in dem wir weilen, die wir vielleicht als die „Assistenten" bezeichnet werden könnten. Wir sind im Wesentlichen reine Energieform ohne physisches Gerüst, nur Energie und aus Gedanken zusammengesetzt.

D: *Was meinst du damit, wenn du sagst, dass ihr Assistenten seid?*

5 Anm. d. Übers.: Wortkreation im Englischen: *discreate*; Gegenteil von engl.: *create*; erschaffen

P: Wir sind diejenigen, die kommen, um bei diesen Bemühungen zu helfen, die du unternommen hast. Das heißt, nach Wissen zu suchen, das für diejenigen verfügbar ist, die fragen werden. Wir sind fließender Natur, damit wir in der Lage sind, uns entsprechend der Energien zu formen, die wir um uns herum vorfinden. Wir können den Energien entsprechen, die uns gerufen haben. Das heißt, dir selbst. Wir sind Helfer. Wir bringen diejenige Energie mit uns, die der Arbeit, an der du dich beteiligen willst, am dienlichsten ist. Wir helfen beim Ausgleich der Energien und bringen auf diese Weise dasjenige mit, das für die besondere Situation, in der wir uns befinden können, am besten geeignet ist. Nochmals, wir sagen „wir", weil wir ein kollektives Bewusstsein sind und keine singuläre Identität. Wir sind nicht dem Konzept der singulären Identität verpflichtet, das aus menschlicher Sicht Isolation bedeuten würde, denn wir sind definitiv nicht isoliert. Wir sind mit allen anderen Formen der Energie zu jeder Zeit in Kommunikation und Gemeinschaft. Es gibt keine Isolation oder Trennung. Wir sprechen lediglich aus dem Bereich der Existenz, den wir bewohnen, hinein in deinen Bereich der Existenz, den du bewohnst.

Ich war ratlos, was ich fragen könnte. Das war etwas, dem ich noch nie zuvor begegnet war. Ich versuchte, eine Verbindung mit irgendetwas herzustellen, das ich aus meiner Arbeit kenne. Ich wusste nie, was mich als Nächstes erwartete, da ich immer in unvertrautes und unerforschtes Gebiet geführt wurde.

D: *Hast du irgendeine Verbindung zu unseren Führern oder Hütern?*

P: Es gibt hier vielleicht den Unterschied, dass wir nicht du selbst oder Teile von dir selbst sind. Wir unterscheiden uns in der Tat von diesem Aspekt deines Selbst und doch sind wir in der Tat tatsächlich Teil von dir selbst, denn wir sind vom Ganzen, ein Teil vom Ganzen der Schöpfung. Deshalb sind wir in mancher Hinsicht Teil von euch selbst und in anderer jedoch nicht. Wir gehören zu dem und doch nicht zu dem, das du Energien der „Erde" nennst.

D: *Dann meinst du, dass unsere Führer oder Hüter Aspekte unserer eigenen Seele, unseres eigenen Selbst sind?*

P: Das ist richtig. Denn ihr seid in der Tat euer eigener Führer, indem euer höheres Selbst immer nach eurem niedrigeren Selbst Ausschau hält. Du, die du versuchst, dich an einem

Punkt des Bewusstseins zu identifizieren, bist nur eine Facette deines gesamten Selbst. Du trennst einen besonderen Aspekt von dir selbst aus deinem ganzen Selbst heraus, indem du versuchst, dein Bewusstsein zu identifizieren und zu isolieren. Das würden wir nennen ... wir finden den Begriff hier nicht übersetzbar. Das Konzept wäre jedoch eine Isolierung vom Ganzen oder eine Personalisierung.

D: *Habt ihr als Energien jemals Leben auf der Erde erfahren oder Trennung oder Identität auf diese Weise?*

P: Wir teilen deine Isolation, indem wir, noch mal, ein Teil von deiner Existenz sind. In dieser Hinsicht, ja, wir haben viele Inkarnationen realisiert. Wir sind jedoch nicht das, was du als „Bewohner" einer bestimmten Ebene bezeichnen würdest. Wir sind in der Tat multidimensional und umfassen viele verschiedene Bewusstseinsebenen gleichzeitig. Deshalb könnten wir nicht sagen, dass wir jemals personalisiert waren, wie du sagen würdest.

D: *Ich versuche zu unterscheiden. Ich dachte, ihr hättet vielleicht einmal Erdidentitäten gehabt und euch dann zu einem höheren Energieniveau entwickelt, auf dem ihr jetzt seid. Ist das nicht korrekt?*

P: Wir könnten sagen, dass wir niemals fraktioniert wurden. Wir sprechen von einer Ebene, die multidimensional und nicht in einzelne Energieeinheiten gespalten oder zersplittert ist. Wir nehmen einfach viele verschiedene Ebenen gleichzeitig wahr. Sodass wir auch jetzt auf deiner Existenzebene sprechen, während wir gleichzeitig auf einer anderen Ebene sind oder existieren. Man könnte das vielleicht „Transbewusstsein" nennen.

D: *Dann ist diese Energie die einzige Existenz, die ihr je hattet.*

P: Wir haben uns von einem geringeren Hauch des Bewusstseins zu einer umfassenderen Form der Energie entwickelt. Aber wir waren schon immer eine transbewusste Energie. Wir haben schon immer der Existenz assistiert. Bei dem, was wir unterstützen, bringen wir das mit, was für diejenigen notwendig ist, die bereit sind, danach zu fragen. Wir sind eine Dienstleistungsbranche, könnte man sagen.

D: *Natürlich bin ich immer an unser konventionelles Denken gebunden, also entschuldige bitte meine Fragen, wenn sie ignorant klingen. Aber wärt ihr die Ebene, die wir als „Engel" betrachten? Ich weiß, dass unser Konzept wahrscheinlich sehr begrenzt ist.*

P: Wir fühlen, dass es in deiner Terminologie tatsächlich für einige angemessen zu sagen wäre, dass wir wirklich Engel seien. Denn in deiner Terminologie ist ein Engel jemand, der kommt, um in Zeiten der Not zu helfen. Ein Bote Gottes. Ein Wohltäter. Es existieren natürlich viele verschiedene Vorstellungen davon, was ein Engel ist. Zur Illustration möchten wir jedoch erlauben, uns selbst als Engel zu klassifizieren, wenn es für euch hilfreich wäre.

D: *Natürlich haben wir dieses mentale Bild von Engeln, die Menschenform haben.*

P: Es ist nichts anderes als reine Energie, die von einer anderen Energie angezogen wird. Es ist einfach eine Sache der Anziehung durch ähnliche Kräfte. Es ist vielleicht möglich, dies mit dem Begriff „nukleare" Ebene zu erklären. Da die Energien in ihrer Essenz tatsächlich nuklear sind. Nuklear hier im Rahmen der ... Wir finden, dass dieser Gedankengang vielleicht unrichtig ist und wir würden hier umkehren wollen. Und sagen, dass das Konzept, das wir zu beschreiben versuchen, eher elektrischer Natur ist. Im Sinne von: Gleiche Ladungen stoßen einander ab und gegensätzliche ziehen einander an. Und auf diese Weise könnte man sehen, dass, bei einem Unterschied in der Energie, der Überschuss natürlicherweise auf das Defizit übergehen würde. Woher du im Grunde genommen deine polaren Gegensätze bekommst. Einer ist überschüssiger Natur, der andere ist defizitär. Und so würden die beiden einander natürlich anziehen.

D: *Wenn wir Strom nutzen, nutzen wir einen Teil dessen, was ihr repräsentiert? Wäre das korrekt?*

P: Besser gesagt, ein Konzept dessen, was wir sind. Denn das Prinzip ist das Gleiche. Nicht unbedingt mit einem Teil von uns selbst, in dem Konzept, dass wir Teil des fließenden elektrischen Stroms sind. Da jedoch alle Energie aus dem Ganzen kommt, könnte man in dieser Hinsicht genau das sagen.

D: *Dann wäre die Art und Weise, wie wir Strom nutzen, die Art und Weise, wie wir eure Dienste in Anspruch nehmen könnten?*

P: Vielleicht, um es besser zu erklären, könnte man die Biologie deines Immunsystems nutzen. Wenn es eine Notwendigkeit in einem Teil des Körpers für die Aktivierung eines spezifischen Abwehrsystems gibt, dann mobilisiert der Körper als Ganzes seinen Stoffwechsel, um die benötigten Enzyme oder Proteine zu produzieren und zu versenden, um die benötigten

Antikörper zu bilden und damit eine Infektion abzuwehren. Somit reagiert der Körper als Ganzes auf einen Punkt oder eine Lokalisierung der Infektion und sendet so die spezifische Abwehrreaktion in das Gebiet, in dem er sie braucht. Auf die gleiche Weise kann das Universum als Ganzes eine bestimmte Energieform mobilisieren und an einen bestimmten Platz im Universum senden, an dem es sie zur Heilung von etwas, das wir „Disharmonie“ nennen würden, braucht. Wir könnten in dieser Analogie mit Antikörpern verglichen werden, die zur Heilung von Disharmonie eingesetzt werden.

D: *Mir helfen diese Analogien immer dabei, ein klareres Bild zu bekommen. Mir wurde von Elementalen erzählt? Habt ihr irgendeine Verbindung mit dieser Art von Energie?*

P: Wie wir bereits gesagt haben, gibt es immer einen Zusammenhang zwischen allen Energieniveaus und -formen. Es gibt lediglich eine Lokalisierung einer bestimmten Energie für eine bestimmte Form von Bedarf. Und so sind wir in Kontakt und wissen um das, was du „elementale“ Energien nennen würdest. Wir sind jedoch nicht das, was du als „Elementalenergie“ bezeichnen würdest. Denn so, wie ihr es wahrnehmt, sind wir weit darüber und umfassen sie gleichzeitig.

D: *Ich habe mich gefragt, ob ihr von der gleichen Art seid. Ich habe gehört, dass die Elementalenergie sehr einfach ist und nicht die nötige Energie, Intelligenz oder das Verständnis besitzt, das ihr zu haben scheint.*

P: Vielleicht siehst du dich an einem Ende eines Spektrums um, wenn du das singularisierst oder isolierst, was du „elementale“ Energie nennen würdest. Du betrachtest lediglich einen bestimmten Aspekt einer Gesamtenergie und beschreibst diesen als elemental. Er ist jedoch ein Teil eines umfassenderen Bildes.

D: *Ich habe verstanden, dass die Elementalenergie meist mit unserer Erde verbunden ist.*

P: Es scheint, dass du sie nur als niedrigere Lebensformen wahrnehmen würdest, wie z. B. Gräser und Pflanzen oder bestimmte Formen von dem, was du vielleicht „niedrigere Lebensformen“ auf deinem Planeten nennen würdest. Es gibt natürlich die Energie, die mit euren höheren Lebensformen, d. h. euren Katzen und Hunden verbunden ist. Und auch die Energie, die mit euren höchsten Lebensformen in Verbindung gebracht wird, die ihr selbst seid. Es gibt keinen Unterschied zwischen den Energien, weil sie wiederum Teil des Ganzen sind. Sie sind lediglich mit einer oder mehreren bestimmten Ebenen des Bewusstseins verbunden. Denn es wäre eine grobe Ungenauigkeit zu sagen, dass Gras nicht bewusst wäre, denn es ist tatsächlich bewusst. Der Boden selbst, auf dem du gehst, ist in der Tat bewusst. Dies zu leugnen würde bedeuten, dass ihr euch selbst vielleicht in eine gottähnliche Position setzt, allumfassend, vollständig bewusst und alles andere ist niedriger und ohne Bewusstsein. Das ist nicht korrekt. Die ganze Schöpfung ist bewusst. Ob ihr das wahrnehmt oder nicht, liegt ganz bei euch selbst. Denn ihr habt die Fähigkeit, euch aller Schöpfung bewusst zu werden, von der niedrigsten bis zur höchsten Form des Bewusstseins. Und nicht unbedingt auf eure spezielle Erde beschränkt. Ihr könntet euch sehr wahrscheinlich der gesamten Schöpfung bewusst werden, einfach nur, indem ihr die Tatsache anerkennt, dass ‚Alles, was Ist', bewusst ist.

D: *Natürlich würde das unser physisches Leben schwierig machen.*

P: Wir glauben, dass es vielleicht euer Leben reicher und voller machen würde, weil ihr euch nicht so allein und abgeschnitten fühlen würdet. Weil ihr wieder in einer Gemeinschaft leben würdet, so wie es euer Schicksal ist. Ihr seid vielleicht durch viele Fehler isoliert worden, die ihr nicht selbst gemacht habt, oder vielleicht durch Zufall. Allerdings liegt es letztendlich in der Verantwortung des Einzelnen, wie bewusst er oder sie wird. Wenn sich jemand entscheidet, die Existenz anderer zu leugnen, dann ist es seine Präferenz. Dann müssen sie jedoch in der Lage sein ... Wir würden dies ändern, indem wir die Andeutung einer Bestrafung vermeiden. Wir möchten dieses Konzept nicht zum Ausdruck bringen. Wir versuchen darzustellen, dass man seine eigene Realität schafft. Und so kann man erkennen, dass man dann auch in seiner eigenen Realität leben muss, so, wie man sie erschaffen hat.

D: *Ja, einige Leute würden es als Strafe betrachten. Aber wenn du sie selbst erschaffen hast, musst du die Konsequenzen tragen.*

P: Das ist richtig.

D: *Du redest ständig vom Ganzen. Ist es das, was wir für Gott halten?*

P: In einem erleuchteteren Ansatz ist das Ganze tatsächlich das, was du „Gott" nennen würdest, da Gott allumfassend ist. Wir sind jedoch der Meinung, dass euer gegenwärtiges oder aktuelles Konzept von Gott vielleicht verallgemeinerter ist, wie eine Abstraktion menschlicher Attribute, die zu einem Schöpferstatus erhoben wurde.

D: *Ich habe mich gefragt, ob ihr für den Schöpferstatus infrage kommt oder Mitschöpfer seid.*

P: Es ist natürlich etwas Wahres an dem, was du sagst. Allerdings halten wir es für unangebracht, uns selbst als solche zu betrachten.

D: *Dann habt ihr euch nicht so weit entwickelt? Ich schätze, ich versuche euch physikalisch irgendwo zu platzieren.*

P: Wir waren noch nie Schöpfer. Wir sind keine Schöpfer. Wir sind tatsächlich möglicherweise ... wie auch immer, wir möchten dies klarstellen. Es gibt zu diesem Zeitpunkt ein ... (Pause)

D: *Was? Ein Missverständnis oder so etwas?*

Ein tiefer Atemzug und dann öffnete Phil plötzlich die Augen. Er war wach. Das war ungewöhnlich für ihn. Ich fragte ihn, was passiert sei.

P: (Er war jetzt hellwach.) Es ist abgerissen. Es war so, als würden sie sich darauf vorbereiten, etwas zu sagen und dann gab es eine Unterbrechung der Energiefelder.

D: *Glaubst du, es war etwas, über das sie nichts sagen sollten?*

P: Nein, eher so, als gäbe es Störungen. Es passiert manchmal, weißt du, wenn verschiedene Energien kommen und gehen. Es ist etwas heikel, das in Balance zu bringen und wenn eine äußere Energie hereinkommt, wird die Verbindung unterbrochen.

D: *Wie statisch oder so?*

P: Nun, es ist keine elektrische Energie. Es ist mehr wie Gedankenenergie.

D: *Hast du etwas gedacht?*

P: Nein, es ist nur eine Energie von außen. Es ist nichts Schlimmes, es war so, als ob die Verbindung unterbrochen wurde.

Es klärte sich nie auf, was die Störung verursacht hatte, aber Phil fand, wir sollten die Sitzung für heute beenden. Das war für mich in Ordnung, weil die ganze Sitzung eine Belastung für mich war. Wir sprachen über ein Thema, das für mich sehr kompliziert zu verstehen war und ich hatte Schwierigkeiten beim Formulieren der Fragen. Also seufzte ich erleichtert, als ich sein Haus verließ. Ich wusste, dass ich Zeit brauchen würde, um die Informationen zu verdauen und zumindest teilweise zu assimilieren. Mir war nicht bewusst, dass ich nicht zum letzten Mal mit dieser seltsamen Energie kommuniziert hatte.

Wir hatten abends ein außerordentliches Treffen in Billie Coopers Haus geplant. Einige hatten unsere Treffen mit Phil vermisst, als er noch in Kalifornien lebte, also waren sie erpicht darauf, ihn wieder einzuladen. Viele Anwesende hatten diese Kommunikation durch ihn noch nie miterlebt, also war eine Atmosphäre der Neugierde im Raum, als wir begannen. Ich benutzte wieder sein Schlüsselwort und die Einleitung mit dem Lift. Als sich die Tür öffnete, war das brillante Licht zurück, fast so, als wäre es nie weg gewesen. Weil ich keine Zeit gehabt hatte, Fragen zu formulieren, raste mein Verstand bei dem Versuch, einen Anfang zu finden.

D: *Ist dies das gleiche Licht, das wir heute Nachmittag gesehen haben?*

P: Das ist richtig.

D: *Glaubst du, dass dies die richtige Energie ist, um die Fragen zu beantworten, die heute Abend gestellt werden?*

P: Für diese Gruppe zu diesem Zeitpunkt wäre dies eine Liaison zwischen dem, worum ihr bittet und dem, was ihr empfangen werdet. Weil oft jemand fragen wird, was schwierig zu vermitteln ist und so muss das empfangen werden, was dem am nächsten kommt, wonach gefragt wurde.

D: *Als wir heute Nachmittag diese Energie kontaktiert haben, sagten sie, sie wären assistierender Natur. Eine assistierende Natur hat die Energie, die eingesetzt wird, wenn du Dinge in deinem Leben erschaffen und möglich machen willst und sie kann in vielerlei Hinsicht verwendet werden. Liege ich richtig mit meiner Definition?*

P: Wir würden sagen, das wäre korrekt.

D: *Es ist eine Energie, die mehrere Dimensionen umfasst, anstatt auf eine Ebene beschränkt zu sein. Deshalb hat sie viel mehr Wissen zu bieten, als eine einzelne Energie. Vielleicht ist es also die richtige, um heute Abend durchzukommen.*

P: Wir würden sagen, dass eine besser definierte Erklärung vielleicht angebracht wäre. Wir möchten erklären, dass diese Energie keine speichernde Natur hat. Das heißt, keine Form oder ein Behälter für Wissen ist. Sie ist einfach eine Leitung, durch die Wissen weitergegeben wird. Wir bringen das, was gefordert wird. Wir bewahren oder speichern dieses Wissen nicht. Vielleicht ist das auf deiner Ebene ein unbedeutender Punkt. In weiteren Gesprächen kann es jedoch durchaus offensichtlich werden, dass es tatsächlich einen tiefgreifenden Unterschied zwischen denen gibt, die dieses Wissen kanalisieren und denjenigen, die dieses Wissen speichern oder erhalten.

Die beantworteten Fragen wurden in verschiedene Kapitel dieses Buches aufgenommen.

* * *

Bei diesen Treffen traten oft Geistwesen oder was auch immer sie waren, hervor, die neugierig auf *uns* waren. Diese haben uns oft amüsiert oder erschreckt, indem sie uns Fragen stellten. Einige dieser Fragen waren extrem schwer zu beantworten, da es sich oft um Konzepte unserer Kultur handelte, über die wir nicht allzu viel nachdenken. Als dies geschah, konnten wir die Schwierigkeiten gut einschätzen, die wir ihnen durch einige unserer Fragen, die wir oft stellten, bereitet hatten. Aber es ist bemerkenswert, dass sie immer in der Lage waren, die Antworten sofort zu finden, während wir strauchelten und konferierten und oft nur resigniert mit den Schultern zucken, als sie den Spieß umgedreht hatten.

P: Es gibt keinen Grund, uns zu fürchten, während wir durch diesen Mann sprechen, er tut dies freiwillig und ohne Angst vor unangenehmen Konsequenzen. So bringt er diese Energie durch ihn herein, um sie mit euch zu teilen, denn er hat die Wahrheit in dieser Energie erkannt und deshalb möchte er sie mit anderen teilen. Durch dieses Geben erhält er unermesslich viel. Es gibt erneut keinen Grund, uns zu fürchten. Wir sind einfach Wesen, die eine Ebene höher erreicht haben, als die, auf der ihr euch jetzt auf eurem Planeten inkarniert. Wir sind hier, um Wahrheit und Erleuchtung zu bringen. Und um dabei zu helfen, das Bewusstsein auf eurem Planeten zu erhöhen, wie z. B. Unwissenheit und Aberglaube, die vorzuherrschen scheinen, durch Wissen und Wahrheit zu ersetzen. Wir kommen in Frieden und in Harmonie und in Liebe. (Die Stimme war tiefer und klang anders als bei Phil. Sie hat mir Schüttelfrost verursacht.) Ihr werdet gerade von etwas weit Großartigerem beobachtet, als alles andere, das jemals in diesem Raum erfahrbar war. Es gibt jetzt einen Beobachter, einen Wächter, der diesem Raum zugeordnet ist, um die hier Versammelten, die lernen wollen, zu schützen. (Die Stimme wurde immer tiefer und tiefer. Es war nicht Phils normale Stimme. Dies war auch für die anderen im Raum offensichtlich.) Wir möchten euch jetzt fragen, ob auch wir Fragen stellen könnten?

Das kam unerwartet, aber als ich mich im Raum umsah, sah ich die anderen in Übereinstimmung mit dem Kopf nicken, dass wir es andersherum machen sollten.

Ein Mitglied der Gruppe fragte: „Seid ihr die Essenz der Leben, die auf der Erde gelebt wurden?"

P: Das wäre eine genaue Aussage, ja. Wenn du kannst, stelle dir das kollektive Bewusstsein eines jeden von euch in diesem Raum jetzt vor, zusammen und ohne eure physischen Körper. Würde euer Bewusstsein aus euren Körpern entfernt werden, wärt ihr durch ein gemeinsames Interesse oder ein gemeinsames Ziel miteinander verbunden. Und so ist es auch bei uns. Denn wir sind der Meinung, dass unsere Energien ähnlich schwingen und sehr kompatibel sind, wenn auch nicht identisch. Wir arbeiten einfach sehr gut als eine Einheit zusammen und tauschen Informationen und Ideen aus und bieten das, was uns vertraut ist, zu jeder Zeit an. Es gibt keine Identität und sie ist auch nicht notwendig. Wir existieren einfach.

D: *Und ihr möchtet uns ein paar Fragen stellen?*

P: Zu diesem Zeitpunkt würden wir uns über die Möglichkeit freuen. Wie auch immer, wir lassen euch bei diesem Termin heute Abend den Vortritt. Mit anderen Worten, ihr könnt anfangen.

D: *So oder so, wie ihr es machen wollt. Es wird Zeit für uns alle geben, glaube ich.*

P: Es gibt einen Bereich, den wir heute Abend behandeln möchten, wenn es im Einvernehmen mit eurer Gruppe wäre. Und das wäre der Bereich des sexuellen Bewusstseins, d. h. der geschlechtlichen Identität. Denn wir bekommen hier keine sexuelle Identität. Wir sind einfach ätherische spirituelle Energie und finden es ohne jede Respektlosigkeit einigermaßen amüsant, dass ihr euch selbst als das eine oder andere betrachtet. Ihr scheint ein sehr starkes Bedürfnis danach zu haben, euch entsprechend der Geschlechtsidentität zu unterscheiden. Dies finden wir höchst faszinierend. Wie es scheint, gibt es hier ein gewisses Schisma eurer eigenen Identität. Wir glauben, dass ihr eure wahre Identität verliert, wenn ihr euch unter diesen Bedingungen aufeinander beziehen müsst. Das ist einfach eine Beobachtung von unserem Bezugspunkt aus. Und das ist der Punkt, von dem wir dachten, dass wir ihn einfach zur Diskussion stellen würden, wenn ihr das für angemessen erachtet.

D: *Hmmm, ein ziemlich seltsames Thema. Ich nehme nicht an, dass wir jemals darüber nachgedacht haben, oder?*

Ein Mitglied der Gruppe meldete sich freiwillig: „Könnte ich ein wenig näher darauf eingehen, bitte?"

P: Wir hoffen, dass du das tust. Und uns so ein wenig Einsicht in diese Erscheinung gewährst, damit wir möglicherweise von unserer Ebene aus ein besseres Verständnis davon gewinnen können.

Der Teilnehmer fuhr fort: „So wie ich es verstehe, wollt ihr den Bereich des Körperlichen besprechen. Und ihr seid eine ätherische Energie, die sich nicht mit physischen Dingen beschäftigt, sodass ihr euch keine Sorgen über sexuelle Identität machen müsst. Aber in einem physischen Bereich ist dies sehr wichtig, denn sie repräsentiert unsere eigene Identität. Ihr habt also einen Bereich zur Diskussion gestellt, welcher der ätherischen Energie ein wenig fremd sein kann. Solange wir auf physische Körper beschränkt sind, ist das ein sehr wichtiger Teil unseres Seins und wir müssen uns damit befassen. Ergibt das Sinn für euch?"

P: Wir assimilieren diese Antwort. Und würden so antworten: Wir verstehen deine Bedenken. Wir verstehen euer Bedürfnis, euren physischen Aspekt zu identifizieren oder zu erkennen. Allerdings spüren wir, und wir predigen hier nicht, sondern machen nur eine Beobachtung aus unserer Sicht, dass es nicht mehr ein Gefühl der Fürsorge für diese physischen Körper ist, sondern eher ein Gefühl der Identität, das ihnen gegeben wird. Es scheint so, als habe der physische Körper selbst eine Identität erhalten.

D: *Das ist wahr. Er hat eine Identität erhalten, weil das die Art und Weise ist, wie wir uns selbst erkennen, während wir auf Zeit und materielle Dinge beschränkt sind. Darf ich eine Frage stellen? War jemand von euch Energien jemals in einem physischen Körper?*

P: Nein, denn wir waren noch nie auf einem Niveau, auf dem sich das Physische manifestieren könnte. Wir bestehen aus einer Energie, die einfach nicht geeignet für die Bildung von physischer Materie ist. Es ist eine elektromagnetische Energie und keine, die die Struktur oder Materialzusammensetzung für die Bildung von physikalischen Verbindungen unterstützen würde. Es gibt zu diesem Zeitpunkt niemanden unter uns, der jemals etwas erlebt hatte, was man eine „physische" Inkarnation nennen würde, obwohl das nicht bedeutet, dass wir nicht schon auf eurem Planeten waren. Das waren wir, aber nicht in menschlicher Form. Es gab viele andere Formen, die Bewusstsein hatten, nicht nur die menschlichen auf eurem Planeten. Es liegen jedoch keine Berichte über diese Formen vor, da keine aufgezeichnet wurden.

Teilnehmer: *Was ist dann euer Ursprung?*

P: Wir sprechen von der Essenz der Wahrheit, vom Einen Wahren Gott, wie du in deiner Ausdrucksweise sagen würdest. Wir kommen von den Überbringern der Wahrheit, der Legion des Lichts, oder wie man sagen könnte, der Erzengel. Unsere Botschaft ist Information. Wir würden unsere Rolle hier als Spender der Wahrheit definieren. Es gibt viele andere Scharen oder Legionen, die sich vielleicht mit Gesundheitsfragen befassen könnten, oder vielleicht mit dem Wiederaufbau oder der Rekonstruktion von Planeten. Es gibt solche, deren Funktion ausschließlich in der Konstruktion von Universen besteht.

D: *Die Schöpferebene.*

P: So ist es. Viele verschiedene Fachgebiete sind verfügbar, um daraus zu schöpfen. Da ihr Informationen sucht, habt ihr uns kontaktiert, die Spender der Wahrheit. Und deshalb sind wir hier.

Teilnehmer: *Ich glaube, ich verstehe das. Wir haben Verantwortlichkeiten in unseren physischen Bereichen. Welche Art von Verantwortung habt ihr? Ich weiß, dass ihr nicht, wie wir, an die Zeit gebunden seid. Womit beschäftigt ihr euch? Was bewirkt diese Energie?*

P: Es gibt auf dieser Ebene viel Arbeit und Aufmerksamkeit, die der Bildung und Schaffung von untergeordneten Energien dient, oder um es zu umschreiben, Ringe oder Kreise in einem Teich zu bilden. Unsere Arbeit, wenn wir diese grob analogisieren wollen, ist es einfach, Steine ins Wasser zu werfen und die Kreise breiten sich von dort aus, wo die Steine oder Steinchen gelandet sind. Durch diese konzentrischen Kreise, die sich ausbreiten, zeichnen wir uns aus oder sind in unserem Bereich am besten. Natürlich wirst du verstehen, dass dies eine einfache Analogie ist. Aber der Zweck davon ist, Energiemuster zu erzeugen, die für die Lebensformen und Energien nützlich sind, die sich auf einem gewissen Niveau unterhalb von unserem befinden. Mit anderen Worten, wir erzeugen eine äußerst förderliche Atmosphäre oder Umgebung mit diesen Energiekreisen. Damit diejenigen unterhalb von uns eine gastfreundliche Umgebung vorfinden, in der man arbeiten kann. Es ist eine Kette hierarchischer Umgebungen, ganz ähnlich der natürlichen Hierarchiekette auf eurer physischen Welt. Ergibt das Sinn?

Die Mitglieder der Gruppe bejahten.

D: *Es ist ein wenig kompliziert. Aber sind das auch Energien, die wir selbst einsetzen können, um Dinge zu erschaffen?*

P: Nicht direkt. Denn diese Energien, mit denen wir es zu tun haben, befinden sich auf einer viel höheren Ebene, als dass ihr möglicherweise auf sie zugreifen könntet. In Situationen wie dieser entsteht jedoch ein Brückeneffekt und wir können Konzepte und Analogien, Visualisierungen und Rationalisierungen und so weiter teilen. Damit unsere Realitäten und Wahrheiten auf eure Verständnisebene vermittelt werden können und umgekehrt.

D: *Deshalb erscheinen euch unsere verschiedenen Konzepte so fremd.*

P: Das ist richtig. Wir entschuldigen uns hier, denn wir wollen wirklich nicht predigen, sondern nur beobachten. Aber wir fühlen, dass die geschlechtsspezifische Identität zu viel Gewicht hat. Und sie wurde aus der wahren Identität, dem Bewusstsein oder dem göttlichen Selbst gezogen, oder der Christus Identität oder einem von vielen hunderttausend Begriffen, die dem gegeben wurden, was ist. Das, was deine wahre Identität ist, das ist die Art Energie, die wir selbst sind. Natürlich weißt du, dass dein physischer Körper nichts anderes ist, als eine Implementierung oder ein Werkzeug. Es wäre so, als ob du, während du in deinem Auto fährst, die Identität des Autos selbst angenommen hättest und nicht einfach nur ein Passagier im Auto wärst. (Gelächter) Du würdest dann fühlen, dass du selbst ein Buick bist. Du bist groß. Du bist rot. Du würdest deine vier Reifen unter dir fühlen. Und du würdest jeden Kratzer und jede Delle spüren, die du erhalten hast. Das ist natürlich wieder eine sehr einfache Analogie. Wir sind jedoch der Meinung, dass es, zumindest von unserer Seite aus, die Sichtweise unserer Wahrnehmungen darüber angemessen zusammenfasst, wie die physische Realität die spirituelle Realität transzendiert zu haben scheint.

D: *Ja, aber wann immer du in den physischen Körper eintrittst, vergisst das Unbewusste den anderen Teil und konzentriert sich nur auf das Physische. Dies ist eine der Gefahren beim Betreten des Körpers.*

P: Das ist eine völlig korrekte Aussage. Es ist in der Tat ein Risiko, das zwar nicht genauso oder notwendigerweise so vorgegeben wurde, aber wirklich weit verbreitet ist.

Ein anderes Mitglied der Gruppe mischte sich ein: „Wollt ihr damit sagen, wir haben uns so sehr in den Körper involviert, der unseren Geist beherbergt, dass wir jeden Kratzer, jede Beule bemerkenswert finden und stolz auf unsere Farbe sind und so weiter, statt in unsere wahre geistige Identität involviert zu sein?"

P: Das ist korrekt und eine sehr erleuchtete Einsicht in ein sehr reales Problem auf diesem Planeten. Die wahre Identität liegt im Inneren des Physischen. Und es ist sehr ungewöhnlich, dass ein Individuum seine wahre Identität als die der inneren Energie erkennt und nicht als die des Fahrzeugs um es herum.

D: *Dann machen wir zu viel Aufhebens um die Trennung zwischen männlich und weiblich, anstatt beides in unser Sein zu integrieren?*

P: Das ist völlig korrekt. Denn bedingt durch diese Identitätstrennung wurden Sozialgesetze erlassen, die vorschreiben, dass sich Energien, die von einem männlichen Vehikel eingehüllt sind, durch soziale Konventionen auf besondere Art und Weise auf die Energien, die von einem weiblichen Vehikel umhüllt sind, beziehen sollen. Und wir könnten als Beispiele eure Bräuche bei Verabredungen, Körpersprache und so weiter anführen. Es ist derzeit in diesem Bereich eures Planeten die akzeptierte Norm, das ganze Gewicht Geschlechtern mit entgegengesetzter Identität beizumessen. Und es wird nicht akzeptiert, dass sich Geschlechter mit gleicher Identität gegenseitig so wahrnehmen, wie es auf unserer Ebene ist. Wir fühlen, dass es aufgrund dieser falschen Identifizierung eine große Fehlausrichtung gab. Was wir hier sagen, bezieht sich nicht auf sexuelle Beziehungen, sondern einfach nur darauf, Freunde zu sein. Viele Männer haben Angst davor, Freunde zu sein, weil sie beide Männer sind. Und viele Frauen haben Angst davor, Freunde zu sein, weil sie beide Frauen sind. Und doch haben auch viele Frauen und Männer Angst davor, Freunde zu sein, weil sie fürchten, dass andere Motive ausschlaggebend sein könnten. Du siehst also, dass es aufgrund dieser physischen Identifikation viele Missverständnisse gibt.

D: *Sind bei euch die männlichen und weiblichen Energien im Gleichgewicht?*

P: Für alle praktischen Zwecke gibt es so etwas wie männliche und weibliche Energien auf dieser Ebene nicht. Es gibt einfach Energien. Es gibt keinen Unterschied.

Teilnehmer: *Ich könnte mir vorstellen, dass man bestimmt Erfahrungen damit gemacht haben müsste, um das anerkennen zu können. Seid ihr Energien, die durch höhere Energien erschaffen wurden, oder seid ihr durch Gedankenmuster von der Erde erzeugt worden?*

P: Wir wurden vom Meister, vom All Einen erschaffen. Dem höchsten Gott der ganzen Schöpfung. Wir bestehen nicht aus irdischen Energien, wie du vielleicht vermuten könntest, denn wir kommen aus einer Ebene, die weit über derjenigen liegt, die von Erdenergien erreicht werden könnte. Wie auch immer, je weiter du von der männlichen und weiblichen Existenzebene entfernt bist, desto weniger Unterscheidung zwischen Mann und Frau gibt es. An dem Punkt, an dem wir hier sind, gibt es keinen Unterschied, wovon auch immer. Diese Unterscheidung wurde einfach für eure Zwecke der Fortpflanzung getroffen. Allerdings gibt es im spirituellen Bereich keine Notwendigkeit zur Fortpflanzung. Im Spirituellen gibt es keine Notwendigkeit zur Unterscheidung und je weiter du dich von deiner physischen Ebene entfernst, verringert sie sich bis zu dem Punkt, wo es überhaupt keinen Unterschied mehr gibt.

D: *Auf diese Ebene und in diese physischen Körper verschiedener Geschlechter zu kommen ist eine der Lektionen, die wir gewählt haben, um zu lernen und Erfahrungen zu machen. Anscheinend habt ihr euch als Energie noch nicht dafür entschieden, diese Dinge zu erleben, aber es ist alles Teil unseres Lernens.*

P: In dieser Angelegenheit gibt es keine Wahl. Selbst wenn wir uns für das Inkarnieren entscheiden würden, könnten wir es einfach nicht. Es ist eine Frage der Physik.

D: *Dürft oder könnt ihr es nicht?*

P: Es wäre für einen physischen Körper nicht möglich, unsere Energien zu halten. Es ist eine Frage der Schwingung. Die physischen Körper, die eure Energien umfassen, schwingen auf einer Ebene, die viel zu langsam ist, um unsere Energien eindämmen zu können. Es wäre wie der Versuch, Wasser in einem Sieb zu halten. Wir rufen hier zu keinem Urteil auf, denn wir verstehen eure Gründe für die Inkarnation in körperlicher Hinsicht. Hier gibt es viele Lektionen zu lernen. Wir haben jedoch das Gefühl und sagen das immer wieder, mit ebenso viel liebevoller Fürsorge, wie wir nur vermitteln können, dass es einfach aus unserer Sicht eine übermäßige Identifikation mit den physischen Fahrzeugen zu geben scheint. Und weniger mit dem energetischen Aspekt eurer Identitäten. Vielleicht sind wir in unserer Meinung voreingenommen, weil wir es von einer Position aus betrachten, die weit davon entfernt ist.

D: *Ich dachte, ihr wärt vielleicht eine sich entwickelnde Energie. Dass irgendwann der Punkt kommen könnte, an dem ihr euch inkarnieren würdet.*

P: Wäre es möglich, einen physischen Körper auf ein Niveau zu bringen, das uns beinhalten könnte, dann wäre das möglich. Allerdings wäre es an diesem Punkt, zumindest in unserem Erfahrungsbereich und auf den Ebenen der physischen Materie, die wir erlebt haben, nicht möglich.

D: *Worin besteht der Unterschied zwischen der spirituellen Energie, die wir in unserem Körper haben und eurer Art von Energie?*

P: Einfach in der Frequenz der Schwingung. Wir finden in unserem Gespräch viel Erleuchtung. Und wir wissen eure Ehrlichkeit und Offenheit zu schätzen. Gelegentlich beobachten wir auch gerne, sodass wir aus euren Diskussionen lernen können. Wir wissen das zu schätzen, denn es gibt selten Wesen, die auf unsere Ebene kommen würden, um mit uns eure Wahrheiten, eure Konzepte, zu teilen. Obwohl es nicht unsere sind, schätzen wir sehr, sie mit euch zu teilen, denn sie erleuchten auch uns. Es gibt anscheinend die Vorstellung, dass wir in irgendeiner Weise überlegen sind, weil wir anders sind. Das ist nicht die Wahrheit. Wir bestehen aus unterschiedlichen Schwingungen, möglicherweise etwas entfernt von euren eigenen, aber das macht uns nicht überlegen. In Gottes Königreich gibt es keine Vorgesetzten und Untergebenen. Es gibt einfach diejenigen, die in ihrer angemessenen Form und ihrem angemessenen Raum existieren und die einfach das tun, was zu tun ist. Es gibt kein Konzept von besser oder schlechter als etwas anderes. Das ist ein besonders menschliches Konzept.

Teilnehmer: *Seid ihr vervollkommnete Wesen oder geht ihr einen Weg der Evolution auf eurer Ebene? Geht ihr zurück zur Quelle aller Energie im Universum oder werdet ihr auf eurer Ebene bleiben?*

P: Zunächst einmal würden wir sagen, dass es mehrere Annahmen gibt, die wir als nicht ganz korrekt empfinden. Wir sind keine vervollkommneten Wesen, sondern weit davon entfernt. Wir sind auch lernende Wesen. Wir sind aufsteigende Wesen. Wir sind auf einem evolutionären Weg, wie du vielleicht sagen möchtest. Wir verfügen nicht über die endgültige Antwort. Denn wenn wir den letzten Schritt bereits erreicht hätten, dann gäbe es keine Möglichkeit, dass wir über dieses Vehikel kommunizieren und ihm erlauben könnten, das zu erleben. Das wäre eine Energie, die weit über alles hinausgeht, was eine physische Form aufnehmen könnte. Die physische Form würde einfach verdampfen, wenn diese Energie versuchen würde, einen Körper zu bewohnen. Sie würde einfach die Schwingung dieser physikalischen Moleküle auf ein Niveau erhöhen, das weit über das hinausgeht, was sie aufrechterhalten könnten und dann würden sie sich auflösen. Wir wollen euch nicht erschrecken oder beunruhigen, sondern euch ein Gefühl von der Macht dieser Energie geben. Denn die Energie wäre intensiv genug, um jeden zu verdampfen, den dieser Raum umgibt. Ihr habt keine Vorstellung von der Macht der ganzen göttlichen Energie. Sie ist viel zu mächtig, um auf diese Ebene gebracht zu werden. Diese Energie regiert das gesamte Universum, die ganze Schöpfung. Und sie würde nichts Gutes bewirken, wenn sie als solche, selbst in winziger Form, auf diese Ebene gebracht werden würde. Irgendwann in eurer Evolution und das schließt alle Personen in diesem Raum im physischen Sinne ein, werdet ihr nicht nur diese Ebene erreichen, von der wir sprechen, sondern werdet sie übertreffen, wie wir es selbst tun. Auch wir sind eine evolutionäre Spezies. Wir befinden uns auf einer aufsteigenden Ebene und sind nicht perfekt. Allerdings sind wir erleuchteter in der Hinsicht, dass unsere Perspektive viel größer ist als eure eigene Sichtweise. Es gibt jene Dinge, von denen ihr ein intimes Wissen habt, wir aber keine Kenntnis haben. Und daher ist es auch beim Kommunizieren so, dass wir dieses Wissen weitergeben und annehmen. Wir lernen daraus, wie ihr lernt. Wir könnten genauso gut einfach miteinander eine Gruppe bilden und einen von euch kontaktieren, damit wir fragen können. Und das tun wir oft.

D: *Dann werden wir dieses Niveau irgendwann erreichen?*

P: Das ist richtig. Es ist jedoch nicht gegeben, es muss gelernt werden. Denn bei der Steigerung eures Wissens und Bewusstseins nimmt eure Frequenz der Schwingungen zu. Und je mehr ihr auf das Absolute, auf die eine wahre Identität Gottes eingestimmt werdet, desto mehr wird eure Schwingung zunehmen. Und so werdet ihr auch durch euren Prozess der spirituellen Evolution schließlich diese Schwingung erreichen, in der wir jetzt mitschwingen. Aber eine Voraussetzung ist, dass unsere Ebene der Ort ist, zu dem ihr euch entwickeln möchtet. Auch hier gibt es viele andere Bereiche und Ebenen, zu denen man sich entwickeln kann. Ihr könntet euch vorstellen, wie ihr am Fuß eines riesigen Berges mit sehr vielen verschiedenen Wegen für den Aufstieg steht. Ihr steht am Anfang eines Pfades, der sich in eine Vielzahl anderer Wege verzweigt. Alle führen letztendlich zum Gipfel, aber doch nicht alle zu der gleichen Stelle, auch nicht ganz oben. Denn vielleicht gibt es auf höchster Ebene ein Plateau, sodass ihr euch an vielen verschiedenen Orten auf diesem Plateau befinden könntet. Dann ist jeder von euch an einem Punkt unterhalb des Plateaus, vielleicht in der Nähe des Talbodens, für unsere Analogie. Und ihr könnt sehen, dass es bereits einigen Abstand zwischen euch und dem Boden gibt. Denn ihr habt bereits eine gewisse Entfernung zurückgelegt, wenn ihr auf diese Ebene kommt, auf der wir kommunizieren können. Dann könnt ihr auf diesem Bergabhang, der von verschiedenen Wegen durchzogen ist, erkennen, dass es viele verschiedene Wege gibt, um euren Aufstieg zu bewerkstelligen. Wir sind vielleicht auf der einen Flanke und auf einer höheren Ebene als ihr, wenn ihr uns dort platzieren wollt. Und wir fühlen uns geschmeichelt, dass ihr das tut. Dann könnt ihr sehen, dass ihr vielleicht dem Weg oder den Wegen folgen möchtet, damit ihr den gleichen Punkt an der Flanke dieses Berges erreichen könnt wie wir. Allerdings gibt es eine Vielzahl von Entscheidungen, also werdet ihr das vielleicht nicht brauchen oder wollen. Irgendwann werdet ihr selbst das Plateau erreichen, vielleicht in einer viel kürzeren oder vielleicht auch längeren Zeit, in eurer Terminologie. Schließlich erreichen wir alle das Plateau. Allerdings sind wir möglicherweise nicht unbedingt an der gleichen Stelle, nicht einmal auf dem gleichen Plateau. Ergibt das einen Sinn?

Es gab große Zustimmung aus der Gruppe.

D: *Aber ihr musstet die Evolution nicht durchlaufen so wie wir.*

P: Das kann man nicht ganz vergleichen. Allerdings haben wir uns selbst von etwas Bescheidenem zu etwas Größerem entwickelt. Es gibt Energien, die mächtiger sind als die Ebene, die wir erreicht haben, die du dir nicht mal vorstellen kannst.

D: *Woher kommen diese Energien? Woher stammen sie?*

P: Es gibt keinen Raum oder Zeitrahmen, an den diese Energien gebunden sind. Sie sind eine konstruktive Art Energie. Sie sind so etwas wie die Bauenergien des Universums. Sie sind konstruktive Energien, indem sie assistieren und bestrebt sind, Universen zu bilden. Das heißt, physische Realitäten und die damit verbundenen spirituellen Notwendigkeiten zu diesen physischen Realitäten. Sie sind Erbauer der Universen.

D: *Von der Schöpferebene? Mitschöpfer?*

P: Das nicht, denn sie sind keine Schöpfer. Sie sind jedoch Assimilatoren, vielleicht wäre das ein genauerer Begriff. Weil sie die Materialien nicht selbst erschaffen, aus denen sie ein Universum bilden. Aber sie sammeln diese Energien und Realitäten, um ein Universum zusammenzustellen. Wir implizieren nicht, dass sie aus dem Nichts erschaffen, wie es auf der Ebene des Schöpfers der Fall wäre, sondern sie haben eher den Status von Ingenieuren. Sie sind eher die Erbauer, nicht die Schöpfer.

D: *Vor einiger Zeit habt ihr gesagt, dass ihr uns einige Fragen stellen möchtet.*

P: Vielleicht sollten wir uns versammeln, denn wir sind hier momentan etwas verstreut. Wir könnten vielleicht einen Pool aus unseren Ressourcen bilden und herausfinden, wonach zu fragen für uns am relevantesten wäre, wie ihr es selbst vor dieser Sitzung getan habt. Eine sehr ähnliche Situation wird auf unserer Seite eintreten, wenn ihr dies wünscht. Wir würden kurz Zeit benötigen, um uns zu fokussieren. (Pause) Wir würden sagen, dass wir sehr wenig Verständnis von eurem Konzept der Fairness haben. Denn was fair für den einen ist, ist oft nicht fair für einen anderen. Und morgen könnte es überhaupt rückgängig gemacht werden. Wie kommt es, dass eure Standards von Gerechtigkeit so flexibel sein können?

Das war eine „große Sache“. Es wurde viel darüber diskutiert, ob sich irgendjemand unserer Gruppe sogar freiwillig melden wollte, um das Thema aufzugreifen.

D: *Das ist eine schwierige Frage, aber wir haben euch auch schwierige Fragen gestellt. Jetzt ist der Spieß umgedreht.*

Teilnehmer: *Ich muss zugeben, dass es sehr wenig Fairness gibt, die man sieht und anerkennt. Ich denke, unsere menschliche Natur kommt hier zum Tragen. Aufgrund menschlicher Bequemlichkeiten wollen wir, dass alles fair ist, was sich auf uns bezieht. Und wir sind geneigt, an uns selbst zu denken, bevor wir an andere denken. Bis wir also einen Punkt erreichen, an dem wir andere Leute akzeptieren, ist es schwer für uns, fair zu sein. Und sogar wenn wir versuchen, fair zu sein, wird es von anderen Menschen manchmal nicht so aufgenommen, wie es beabsichtigt war. So wird Fairness eher zu einer Art Konzept als zu etwas Greifbarem.*

D: *Du meinst, sie ist etwas Egoistisches, mit anderen Worten.*

Teilnehmer: *Das lässt es egoistisch erscheinen, ja. Unfair zu sein.*

P: Wir würden dann vielleicht sehen, dass euer Konzept von Fairness ziemlich dynamisch ist. Darin, dass es sich vielleicht von Stunde zu Stunde mit den Situationen, in denen ihr euch befindet, ändert. Dann könnte auch gesagt werden, dass Fairness möglicherweise ein hochgradig individuelles Konzept zu sein scheint, das durch eure Gesellschaft grob verallgemeinert wurde, wie von Gott selbst gegeben? Dann ist das gut, was fair ist und deshalb ist es von Gott gegeben.

Teilnehmer: *Ich denke, das ist wahr.*

D: *Ich glaube, unsere Erziehung beeinflusst auch sehr viel. So wie man erzogen wurde.*

P: Wir glauben, dass das vielleicht der Grund dafür ist, dass Gott auf eurer Ebene so missverstanden wird. Dass vielleicht Seine Urteile und Verordnungen in der Tat aktuell einfach menschlich wären, wir suchen hier, es steht kein genaues Konzept zur Verfügung, um dies zu beschreiben.

D: *Vielleicht ist es deshalb so schwer zu erklären. (Lachen)*

P: Wir würden sagen, dass euer Konzept der Fairness vielleicht wie ein Lackmustest ist, mit dem ihr euch ein sehr bequemes Durchlaufen einer bestimmten Zeit gönnen könnt. Um Unbehagen zu lindern, mit anderen Worten.

Ein weiterer Teilnehmer: *Nun, ich habe ein anderes Konzept von Fairness. Wenn eine Sache oder ein Privileg für eine Person fair ist, dann sollte es für alle Beteiligten den gleichen Vorteil bringen. Aber unsere Gesellschaft lässt es nicht zu. Es kommt mehr oder weniger darauf an, wen du kennst, um mehr Vorteile zu erzielen. Und das ist nicht fair. Und ich spreche nicht für mich selbst. Ich spreche für die gesamten Vereinigten Staaten von Amerika oder die ganze Welt. Das ist mein Konzept von Fairness. Nicht: „Hey, ich wurde im Supermarkt betrogen und das ist nicht fair." Weil ich nicht der Einzige bin, dem das passiert. Ich rede wahrscheinlich in Rätseln.*

Teilnehmer: *Und auch wir sind Individuen und so schauen wir uns jede Sache getrennt voneinander an, weil die anderen Individuen sind und niemand von uns ähnlich denkt.*

D: *Ja, das macht es schwierig zu sagen, was fair und was unfair ist. Wir können keine pauschale Beschreibung abgeben, weil wir alle so verschieden sind. Ich weiß nicht, ob wir das sehr gut beantwortet haben.*

P: Wir haben das Gefühl, dass wir vielleicht zum Reißbrett zurückkehren werden.

(Lachen aus der Gruppe.)

D: *Das tut mir leid. Wir haben euch wahrscheinlich noch mehr durcheinander gebracht als ihr zuvor schon wart. (Lachen)*

P: Das ist richtig. Wir sind auch nicht hier, um über moralische Fragen zu diskutieren. Denn aus eurer Sicht haben wir keine Moral. Es gibt kein Bedürfnis nach Moral, denn Moral ist einfach nur ein Gesetz, das eingerichtet wurde, um das Verhalten zu steuern. Und in unserer Existenz gibt es kein solches Bedürfnis nach diesen äußeren regelnden Einflüssen. Es ist nicht vorhanden. Es ist nicht notwendig. Und so werden wir davon absehen, unsere künstlichen Moralvorstellungen durchzusetzen, die notwendig wären, um uns auf eure sehr reale Moral zu beziehen. Denn wir haben dazu keine Erlaubnis. Wir haben keine wirkliche Erfahrung damit, wie es wäre, Moral zu besitzen. Immer dann, wenn da Leute sind, die lernen wollen, werden wir das teilen, von dem wir wissen, dass es für uns und euch wahr ist. Es gibt viele Dinge, die für euch wahr sind, für uns aber nicht. Und viele Dinge, die für uns wahr sind, aber nicht für euch. Es gibt jedoch vieles, das wir teilen können, was für uns beide wahr ist.

D: *Eine gemeinsame Schnittmenge.*

P: Das ist richtig. Wir würden uns sehr geehrt fühlen wiederzukommen, denn in diesem Austausch lernen wir immer so viel wie ihr, wenn nicht sogar mehr. Wir verstehen eure Konzepte oft nicht, bis wir sie aus unserer Sicht erklären können.

An dieser Stelle kam es zu einem seltsamen Übergang. Mit einem tiefen Atemzug und einem Seufzer begann Phil mit seiner normalen Stimme zu sprechen, die höher und lebhafter war. Es war für jeden klar, dass die Energie gegangen war und ein anderer ihren Platz eingenommen hatte. Dieser zog es vor, die weltlichen und alltäglichen Fragen der Erdebene zu beantworten. Die andere Energie war über eine halbe Stunde zugegen gewesen. Als sie ging, erfolgte eine sofortige und vollständige Veränderung. Die Befragung wurde fortgesetzt, indem jede Person persönliche Fragen zu ihrem Alltagsleben stellte.

Das Tonbandgerät war weitergelaufen und als Phil erwachte, erinnerte er sich daran, dass eine Menge mehr los gewesen war, als er gesagt hatte. Es war so, als hätten diese Energien viel miteinander geredet, entweder über unsere Fragen oder über das, was wir sagten. Es war jedoch nicht wie ein Gespräch. Er hatte einfach ein Gefühl von Diskussion. Er wäre wahrscheinlich trotzdem nicht in der Lage gewesen, es wiederzugeben.

Phil erinnerte sich daran, dass die Gruppe der Entitäten uns bat, zu definieren, was Fairness sei. Er hatte den Eindruck von einer Gruppe, die manchmal so sehr plapperte, dass er keine einzelne Stimme mehr heraushören konnte. Es schien, als sagten sie: „Warum ist es in Ordnung, einen Mann auf dem Schlachtfeld zu töten und ein Kind im Mutterleib nicht?“ Dies war der Grund für die Frage nach der Fairness. Um dazu beizutragen, ihr Gefühl der Frustration über unsere offensichtliche Doppelmoral aufzulösen.

* * *

Bei einem weiteren Treffen hatte ein Teilnehmer der Gruppe eine Frage: „Wenn ich aus einem tiefen Schlaf aufwache, habe ich oft das Gefühl, dass ich vibriere oder mein Körper mit hoher Geschwindigkeit pulsiert. Was verursacht das?“

P: Deine Seele, wie du sie nennst, kehrt aus einem Zustand höherer Ladung zurück, vom Sein in der astralen Ebene, die eine höhere Ebene des Bewusstseins ist. Und du kehrst auf ein niedrigeres Niveau des Bewusstseins zurück, damit deine Seele zu deinem Körper zurückkehren kann. Weil dein Körper mit einer bestimmten Frequenz schwingt und es notwendig ist, dass die Schwingungsfrequenz deiner Seele dem nahekommt, während sich deine Seele in deinem Körper befindet. Denn sollte deine Seele zu schnell schwingen, würde sie sich von deinem Körper lösen. In deinem Traumzustand spornen deine Träume deine Seele oft zu einem höheren Energielevel an. Und so trennst du dich von deinem Körper und erfährst eine Astralprojektion. Deine Seele und dein Körper müssen nicht notwendigerweise in der gleichen Frequenz schwingen, aber in einer ähnlichen Frequenz. Wenn du Depressionen hast, hat deine Seele oftmals ihre Schwingung unter die deines Körpers abgesenkt und so fühlst du dich ganz melancholisch oder launisch. Wenn deine Seele mit einer Frequenz schwingt, die höher ist, als deine Körperfrequenz, sind das oft deine erhebenden Momente.

D: *Dann entstehen diese außerkörperlichen Erfahrungen der Menschen durch schnellere Schwingung und Trennung vom Körper?*

P: Das ist richtig. Denn wenn du dich von deinem Körper trennst, wirst du in einer Frequenz schwingen, die so hoch ist, dass sie der Körper weder aufrechterhalten noch ihr widerstehen kann und so entsteht die Trennung.

Die Rückkehr von einer außerkörperlichen Erfahrung kann auch zu einer vorübergehenden Lähmung führen, bis die Verbindung zwischen Gehirn und Körper wiederhergestellt ist.

* * *

MULTIPLE PERSÖNLICHKEITEN

Frage: *Ich habe mich auf dieser Ebene immer sehr unwohl gefühlt, als ob ich z. B. fünf verschiedene Menschen wäre.*

P: Es ist vielleicht notwendig, dass du deine verschiedenen ‚Selbste' wirklich identifizierst. Überrascht dich dieses Konzept? Es gibt in der Tat getrennte Wesenheiten oder Identitäten in dir selbst, wie viele Menschen mehrere Persönlichkeiten haben. Das ist kein fremdartiges Konzept. Wie auch immer, es scheint in dieser Gesellschaft durch die Vorstellung verdorben, dass multiple Persönlichkeiten automatisch Schizophrenie oder Symptome einer psychischen Erkrankung wären, was überhaupt nicht der Fall ist. Es ist ein einfacher Aspekt der Natur, der in allen Gesellschaften und bei allen Tierarten, menschlich oder nicht, weit verbreitet ist. Wenn du dich dafür entscheidest, kannst du mehrere Identitäten in dir selbst identifizieren. Eine, die schüchtern ist, die Introvertierte, die zu Hause bleiben und stricken oder häkeln möchte, oder was auch immer du tun magst. Und dann gibt es Zeiten, in denen du es vorziehen würdest, hinauszugehen und auf den Putz zu hauen, sozusagen, um einfach eine gute Zeit zu haben. Und das ist nicht falsch. Es ist nicht falscher, als zu Hause zu bleiben und ein häuslicher Mensch zu sein. Keines von beiden ist falsch. Jede entspricht ihren eigenen Wahrheiten und ihrer eigenen Angemessenheit. Dort sind die Aspekte von dir selbst, die sich dafür entscheiden, fleißig zu sein und nach Wissen zu dürsten. Da ist der Aspekt von dir selbst, der sehr mütterlich und sehr liebevoll ist und doch kann er umgekehrt so kalt wie blauer Stahl werden. Läutet da eine Glocke in dir? Ist es unnatürlich, in einer Minute sehr liebevoll und in der nächsten sehr kalt zu sein? Wenn man sich in der Situation befindet, die dies erfordert, ist es dann unnatürlich, oder etwa nicht? Das ist es nicht. Natürlich ist es das nicht. Es gibt keinen Grund, multiple Persönlichkeiten zu fürchten, denn das ist einfach ein Aspekt von dir selbst. Wir empfehlen dir, dich mit diesen getrennten Persönlichkeiten oder Persönlichkeitsmerkmalen zu identifizieren. Sie werden sich sogar selbst Namen geben, wenn du dies wünscht und haben etwas, das man „separate“ Identitäten nennen könnte. Das sind einfach Facetten deiner gesamten Persönlichkeit. Und es ist diese Kombination aus diesen Facetten, die die ganze Persönlichkeit ausmacht. Wenn eine Persönlichkeit nicht gesund ist, dann sind diese Facetten nicht mehr synchron oder kommunizieren nicht miteinander. Sie arbeiten nicht zusammen. Eine gesunde Persönlichkeit setzt sich aus Facetten zusammen, die in Harmonie sind. Es gibt keinen Diamanten mit nur einer Facette, genauso wenig, wie es einen Menschen mit einer einzigen Persönlichkeit gibt. Das ist unmöglich. Die Existenz fordert für die menschliche Persönlichkeit eine Vielzahl von Facetten. Der Regenbogen könnte als Analogie für Harmonie verwendet werden. Dieses Phänomen hat das Aussehen eines kreisförmigen oder vielleicht halbkreisförmigen Aspekts mit den verschiedenen Farben. Das bedeutet Harmonie. Die Summe des Farbspektrums in einem kreisförmigen Aspekt, das heißt, repräsentativ für das Ganze. Das heißt, der Kreis ist unendlich und repräsentiert Gott. Daher ist die Hälfte sichtbar und die andere Hälfte nicht offensichtlich, was wiederum für deine eigene Natur gilt. Das bedeutet, dass du selbst physisch und doch spirituell bist. Die eine Hälfte wird gezeigt und die andere Hälfte nicht. Und doch enthält jeder Einzelne von euch etwas, das nicht mit dem vollständigen Spektrum von Allem, was Ist, übereinstimmt.

* * *

Eine weitere Version von multiplen Persönlichkeiten von einem anderen Probanden.

D: *Hast du jemals von einer sogenannten „multiplen Persönlichkeit" gehört? Sie scheinen viele Persönlichkeiten in einem Körper zu haben.*

Brenda: Ja. Eure Psychologen verfolgen die richtige Spur, um die Gründe und die Ursachen dafür zu untersuchen. Diese multiplen Persönlichkeiten werden von einem Geist[6] hervorgerufen, der eine besonders schwere Belastung durch negatives Karma hat. Und bei dem Versuch, das vor sich selbst zu verleugnen, teilt er sich auf in das, was als getrennte Entitäten erscheint, aber eigentlich sind sie verschiedene Zweige der gleichen Entität. So, als betrachtete man eine Blume mit vielen Blütenblättern. Ich werde die Hand dieses Mediums verwenden, um es zu demonstrieren. (Sie hob ihre Hand und zeigte auf die verschiedenen Finger und das Handgelenk, als sie ihre Analogie erläuterte.) Du hast eine Blume mit vielen Blütenblättern und die Blütenblätter sind an der Basis (dem Handgelenk) verbunden. Aber die Blume ist so positioniert, dass man von den Blütenblättern nur die obere Hälfte bis zu den Spitzen sieht und so sehen sie aus wie separate Objekte. Du kannst nicht sehen, wie sie unten miteinander verbunden sind. Diese multiplen Persönlichkeiten scheinen getrennte Entitäten zu sein, weil du nur den Teil siehst, der separat erscheint. Aber an der Basis, im Kern des Geistes verbinden sie sich alle zu einem Geist. Und, wie ich bereits erwähnt habe, hat ein solcher Geist eine besonders schwere Last negatives Karma entwickelt. Und versucht, das vor sich selbst zu verleugnen und aus dem aktuellen Karmazyklus flüchten. Also bricht er weiterhin in alle Richtungen aus. Und diese verschiedenen Richtungen, in die der Geist ausbricht, erscheinen als verschiedene

6 Anm. d. Übers.: engl.: *spirit*, im Sinne von spirituelles Wesen

Persönlichkeiten innerhalb des Körpers, den dieser Geist bewohnt.

D: *Ich hege die Theorie, dass diese Persönlichkeiten vielleicht Fragmente oder Spiegelbilder von Persönlichkeiten aus früheren Leben sind.*

B: Normalerweise ja. Wenn der Geist in eine andere Richtung ausbricht, stützt er sich auf das jüngst vergangene Leben, auf Persönlichkeiten, die in der Vergangenheit in anderen physischen Existenzen zum Tragen kamen. Aber da der Geist wild ausbricht, sind es normalerweise verzerrte Versionen dieser Persönlichkeiten oder wie du gesagt hast, nur Fragmente von ihnen, denn der Geist ist nicht organisiert. Der Geist ist in Panik.

D: *Sie sagen, dass diese anderen Persönlichkeiten manchmal männlich, weiblich, Erwachsene oder Kinder sind. Deshalb kam mir diese Idee.*

B: Ja. Das war eine gute Idee. Es beschreibt beinahe, wie es wirklich ist. Weil sie sich auf ihre vergangenen Erinnerungen stützen und der Geist erinnert sich an die vergangenen Leben. Und so können sie sich auf verschiedene Aspekte oder vielleicht nur einen bestimmten Aspekt einer Persönlichkeit aus einem vergangenen Leben für eine dieser vielen Persönlichkeiten stützen.

D: *Und sie bringen sie hervor, um ihnen sozusagen dabei zu helfen, ihrem Leben, ihrem Karma, zu entkommen.*

B: Sie denken, dass es ihnen hilft zu entkommen, aber das tut es nicht. Es ist so, als würde ein Fisch an deiner Angelschnur zappeln. Es hat ungefähr genauso viel Effekt.

D: *Der Psychiater versucht, sie wieder zu einer Persönlichkeit zu vereinen. Man sagt, dass das eine sehr schwierige Sache sei.*

B: Ja. Psychiater sind dabei noch nicht wirklich effektiv. Sie haben die richtige Idee im Kopf, aber sie versuchen, Klebstoff auf die Spitzen der einzelnen Teile aufzutragen, anstatt zu versuchen, nach unten zur Basis zu kommen, wo sie bereits vereint sind und die karmische Schuld an der Basis zu heilen. Aber das ist ein sehr komplexer Prozess und sie haben diese Fähigkeit noch nicht entwickelt. Aber zumindest sind sie auf dem richtigen Weg.

D: *Eines, was sie gemeinsam haben, scheint eine Art traumatisches Ereignis im Leben der Personen sein, das diesen Prozess überhaupt erst verursacht.*

B: Ja. Das traumatische Ereignis lenkt die Aufmerksamkeit des Geistes auf die karmische Last. Und deshalb bricht der Geist in solchen Fällen jedes Mal nach einem traumatischen Ereignis erneut in Panik aus und eine andere Persönlichkeit erscheint. Der Geist realisiert nicht, dass sie das gemeinsam zum Guten kehren und für positives Karma bearbeiten könnten. Sie geraten einfach wieder in Panik und damit erscheint ein weiteres Fragment.

D: *Es klingt, als würden sie ihr Karma nicht abarbeiten.*

B: Ja, das ist wahr. Sie kommen damit nicht klar.

D: *Sie kämpfen weiter dagegen an.*

* * *

D: *Gibt es irgendeinen Unterschied zwischen eineiigen und zweieiigen Zwillingen?*

B: Nein. Zwillinge sind normalerweise so, wie jedes andere Familienmitglied oder Geschwister. Sie sind zwei spirituelle Wesen, die karmisch eng miteinander verbunden sind, weil sie etwas zusammen ausarbeiten, wie Mann und Frau, andere Geschwister oder enge Beziehungen. Eineiige Zwillinge neigen jedoch aufgrund der Resonanz zwischen den beiden Körpern zu gesteigerten psychischen Fähigkeiten.

D: *Ich habe eine Theorie gehört, dass eineiige Zwillinge vielleicht die gleiche Seele sind, die sich in zwei Teile aufgeteilt hat, um zwei verschiedene Lektionen zu lernen.*

B: Im Allgemeinen nicht, wenn eine Seele zwei verschiedene Lektionen lernen muss, wird sie normalerweise den gleichen Körper bewohnen, aber in zwei verschiedenen Universen. (erklärt in Kapitel 11)

D: *Man sagt, dass sich eineiige Zwillinge so ähnlich seien. Sie können auf verschiedenen Kontinenten sein und immer noch die gleichen Dinge tun.*

B: Das liegt an der Resonanz, die aufgrund der allgemeinen Muster des Universums zwischen ihren Körpern und mentalen Energien herrscht. Wenn zwei Dinge sehr ähnlich sind, werden sie in Resonanz sein. Ihre Schwingungen sind so ähnlich, dass sie ähnliche Auswirkungen und ähnliche Ergebnisse zeitigen werden. Zwillinge, die bei der Geburt getrennt wurden, auf unterschiedlichen Kontinenten aufgewachsen sind und sich nicht kennen, heiraten aufgrund dieser Resonanz am Ende Leute mit dem gleichen Namen, mit ähnlichen Hobbys, ähnlichen Jobs und so weiter.

D: *Manchmal scheinen sie auch eine mentale Verbindung zu haben.*

B: Oh, ja. Wie ich schon sagte, eineiige Zwillinge teilen psychische Fähigkeiten in größerem Umfang miteinander. Einfach, weil ihr Geist auf der gleichen Ebene schwingt.

D: *Dann sind sie genau wie alle anderen. Zwei Wesen, die zurückkamen, damit sie zusammen sein konnten.*

B: Richtig. Und in der Lage zu sein, das Gleiche zu denken und ihre psychischen Fähigkeiten zu nutzen, so, als würde man eine Saite zupfen, dann eine Stimmgabel in die Nähe bringen und die Stimmgabel begänne zu schwingen.

D: *Ich dachte, ein Weg es zu beweisen oder zu widerlegen wäre eine Rückführung mit Zwillingen, um zu sehen, ob sie zu der gleichen Persönlichkeit in die gleiche Lebenszeit zurückgingen. Du glaubst nicht, dass das passieren würde?*

B: Nein, ich glaube nicht. Sie würden wahrscheinlich verschiedene Zeiten in vergangenen Leben teilen und voneinander mit Menschen in anderen Beziehungen sprechen. In einem früheren Leben waren sie vielleicht Mann und Frau oder in einer anderen Art enger Beziehung.

D: *Sie wären sozusagen verschiedene Charaktere im gleichen Leben, aber sie wären nicht die gleiche Person.*

* * *

DIE WIEDERKUNFT CHRISTI

Während einer weiteren Sitzung bei Billie stellten sich bei der Diskussion Fragen zu Jesus.

Phil: Es wäre angebracht zu sagen, dass Er in jeder Hinsicht ein Mann war. Und doch war Er in jeder Hinsicht auch eine Frau. Er war vollständig integriert und hatte sowohl die Wünsche eines Mannes als auch die Intuition und Gefühle einer Frau. Wir sprechen hier nicht notwendigerweise von sexuellen Wünschen, sondern von menschlichen Gefühlen. Wie auch immer, Er war mehr als ein Mensch. Er war kein gewöhnlicher Mensch, wie man sagen würde. Könnte der Meister jetzt nicht hier sein?

D: *Wir glauben, dass Er im Geiste unter uns ist.*

P: Könnte Er nicht körperlich hier sein?

D: *Auf der Erde, meinst du?*

P: Genau.

D: *Nun, wir haben nie darüber nachgedacht.*

P: Vielleicht ist Er gekommen und du hast Ihn nicht erkannt. Wäre das möglich?

D: *Es könnte sein. Ich habe es so verstanden, dass Sein Geist in jedem von uns wohnt.*

P: Das ist richtig.

D: *Ist das dann etwas anderes, als einen Körper als Person zu bewohnen?*

P: Ist Er dann nicht inkarniert, wenn der Geist in einem Körper wohnt?

D: *Nun, wenn das eine universelle Inkarnation wäre.*

P: So ist es.

D: *Willst du damit sagen, dass Er zur Erde zurückgekehrt ist?*

P: Er ist hier. Er ist überall um dich herum.

D: *Er ist nicht nur eine einzelne Person?*

P: Das ist richtig.

D: *Wir dachten, vielleicht meintest du damit, dass Er wieder in physischer Form auf die Welt gekommen ist.*

P: Er ist in physischer Form zurückgekehrt. Aber Er ist nicht, wie du sagen würdest, in einem einzigen individuellen Körper. Er arbeitet durch jeden Einzelnen von euch. Dies ist, im wahrsten Sinne des Wortes, die Wahrheit. Es ist nicht nur eine eloquente Redewendung. Die Kraft Christi ist in jedem Einzelnen von euch, der jetzt in diesem Raum inkarniert ist.

D: *Ich hatte gerade eine Idee. Das könnte das sein, was sie mit der zweiten Wiederkunft Christi meinen.*

P: Das ist richtig. Denn in diesem Zustrom der Erleuchtung gibt es wirklich in jedem hier den Funken Christi. Denn in jedem wohnt ein kleines Stück des Christusgeistes, in der ganzen Menschheit. Wenn die ganze Menschheit in einem Geist zusammenkommt, dann wird es buchstäblich wie auch im übertragenen Sinne die Wiederkunft Christi sein.

D: *Ich denke, die Leute erwarten, dass Er eine Entität ist, eine Person, die wieder zurückkehrt.*

P: Das ist eine genaue Wahrnehmung, aber es ist eine, die in diesem Fall nicht wahr ist. Du nimmst die Situation korrekt wahr, aber die Wahrheit ist, dass es nicht die wahre Situation ist. Es ist mehr als das. Das ist es eigentlich und doch ist es mehr.

D: *Dann war es eine Rückkehr in mehrere Personen, statt einer Rückkehr in eine Person.*

P: Das ist richtig. Auf den ganzen Planeten.

D: *Eigentlich ist Christus dann schon zurückgekehrt.*

P: Genau.

D: *Es ist nur eine andere Art, es zu betrachten. Deshalb müsste man ein anderes Konzept wählen, um es zu verstehen. Er kehrte bereits im Geiste mehrerer verschiedener Menschen zurück.*

P: Im Geiste vieler Milliarden Menschen. Denn dieser Geist ist wirklich über den ganzen Planeten ausgedehnt, nicht nur in einigen wenigen.

D: *Auf diese Weise können sie viel mehr erreichen, als eine einzelne Person.*

P: Das ist richtig. Denn das Wort wird auf dem ganzen Planeten gleichzeitig verbreitet. Und arbeitet sich vom Inneren nach außen durch.

D: *Die Kirche will, dass wir denken, dass es nur eine Person gäbe, die es verbreiten würde, wenn Er wieder zurückkehrte. Dann würde Er jedoch wiederum angebetet werden. Das ist das Problem.*

P: Das ist eine genaue Einschätzung.

D: *Mit dieser Betrachtungsweise hätte die Kirche sicherlich ihre Probleme.*

P: Auch wir haben Probleme mit der Kirche. Weil wir immer wieder versuchen, diejenigen zu erreichen, die wirklich und ehrlich auf der Suche nach der Wahrheit sind. Sie finden jedoch, dass sie sich nach außen statt nach innen kehren müssen. Sie scheinen das Konzept nicht erfassen zu können, das ihnen erlaubt, sich nach innen zu wenden, wo die reale Wahrheit liegt.

D: *Ja, sie müssen immer etwas oder eine Person haben, die sie anschauen und anbeten können. Das ist die einzige Möglichkeit, wie sie es interpretieren können. Eine Statue, ein Bild oder ein Konzept von einer Person.*

P: Genau. Ein Prediger, Redner, Staatsmann oder Arzt oder eine von vielen anderen Formen der Heldenverehrung.

D: *Das macht es für einige von ihnen viel einfacher, schätze ich, wenn sie das Wort von dieser einen Quelle oder Ideologie oder was auch immer es ist, bekommen. Und sie müssen sich nicht auf ihr eigenes Denken, ihren eigenen Geist verlassen.*

P: Das ist richtig.

D: *Es ist ein interessantes Konzept.*

* * *

F: *Ist das Grabtuch von Turin das authentische Grabtuch von Jesus?*

P: Das ist richtig. Die Reliquie, die als Grabtuch von Turin bezeichnet wird, ist in der Tat das Grabgewand, in das der Meister selbst zum Zeitpunkt seines körperlichen Todes eingewickelt war. Es wurde von der Energie geprägt, die beim fortschreitenden Zerfall seines physischen Körpers abgestrahlt wurde, sodass es keine körperlichen Spuren mehr von diesem Körper gab. Dies ist in der Tat ein ganz natürliches Phänomen. Es schien in seiner Natur etwas fortschrittlich, weil es nicht üblich war. Es war jedoch kein Wunder.

F: *Kannst du uns sagen, warum einige Bilder und Statuen, insbesondere von Christus oder seine Mutter, scheinbar Tränen oder Blut produzieren und hat es eine Bedeutung?*

P: Hier handelt es sich wieder um dieses Bewusstsein, von dem wir sprechen, das ‚Alles, was ist' durchdringt. Die ganze Schöpfung ist ein fester Bestandteil dieses Gotteskonzepts. Daher sind die eigentlichen physischen Gegenstände, von denen du sprichst, in der Tat ein wesentlicher Bestandteil dieses Gottesbegriffs. Sie sind in der Tat bewusst. Nach eurer Definition dürften sie jedoch nicht am Leben sein. In diesen Ikonen existiert ein Bewusstsein für dieses Gotteskonzept. Nicht nur ihr eigenes Bewusstsein, sondern auch das Bewusstsein der Individuen und Wesen um sie herum, ihr selbst, die ihr auch bewusst seid. Während eurer Projektionen beim Betrachten dieser Symbole wird das Bewusstsein vom einen zum anderen übertragen. Oder das Bewusstsein der Betrachter wird oft auf dieses Symbol übertragen. Das Phänomen selbst ist eine Manifestation dieser Übertragung des Bewusstseins. Die Tränen sind eine Manifestation des Bewusstseins der Individuen, die sich diese Symbole ansehen. Die Trauer ist in der Tat echt. Die Schande, dass die Menschheit den gekreuzigt hat, der gekommen war, ausgerechnet die Rasse zu retten, die Ihn gekreuzigt hat.

F: *Soweit ich weiß, hat ein Bild Tränen produziert, die in einer Flasche gesammelt werden konnten. Was würde ihre Analyse zeigen?*

P: Es wären in der Tat Tränen oder der Inhalt wäre vergleichbar mit menschlichen Tränen.

D: *Auch wenn sie von Leinwand und Farbe kamen?*

P: Das ist richtig. Ihr selbst seid wiederum Schöpfer. Das ist in der Tat ein rein physikalisches und völlig natürliches Phänomen der Übertragung von Bewusstsein. Und dabei wurde das Entstehen einer Manifestation aus dem Bewusstsein abgeleitet oder das Bewusstsein wurde übertragen. Die Individuen selbst übertragen dieses Bewusstsein auf die Symbole, die Symbole selbst weinen nicht tatsächlich. Sondern das Bewusstsein der Individuen und die Stärke ihres Glaubens überträgt dieses Bewusstsein auf dieses Symbol.

D: *Der Mensch ist dann der Katalysator.*

P: Der Mensch ist der Sender dieses Bewusstseins. Das Symbol ist der Katalysator.

D: *Auch ohne dass sie sich dessen bewusst sind, was sie wirklich tun?*

P: Das ist richtig. Hätte niemand diese Symbole angesehen, würde keine Übertragung des Bewusstseins stattfinden und deshalb gäbe es keine Wunder.

* * *

Teilnehmer: *Dann ist es wahr, wenn zehn Prozent von uns allen für das Gleiche beten...*

D: *Wird es verstärkt. Es wird nicht nur multipliziert, sondern quadriert.*

P: Richtig. Jeder von euch trägt in sich einen Funken dieser Energie. Eine winzige Zeitpille vielleicht, um die Wörter aus eurem Vokabular zu verwenden. Ein winziges Fragment dieser Energie. Und wenn ihr so zusammen betet, verbindet ihr diese winzigen Funken miteinander und erzeugt so eine viel stärkere und mächtigere Ebene dieser Energie. Daher könnt ihr erkennen, wie ihre Energie zunimmt, wenn Menschen zusammen beten. Es geschieht, indem man diese Funken des Schöpfers verbindet.

Teilnehmer: *Also haben wir alle einen Funken des Schöpfers in uns. Ein Teil von uns ist Gott.*

P: Das ist richtig. Das ist es, was dich am Leben hält. Wir möchten hier noch auf einen eurer eigensinnigen Aspekte eingehen. Viele auf dem Planeten spüren, dass sie, um etwas zu manifestieren, unnachgiebig bis zu dem Punkt werden müssen, dass nichts anderes passieren darf. Der Fehler dabei liegt in der Tatsache, dass das, was man sagt und was man denkt, oft im Widerspruch zueinander steht. Was man wirklich glaubt, ist oft nicht genau das, was man sagt. Und wenn man so etwas sagt, löst es tatsächlich eine Reaktion aus, die genau gegenteilig zu dem sein könnte, was gesagt wird. Und wenn man in diesem Glauben so fest ist, wird diese Manifestation eintreten, die scheinbar völlig im Widerspruch zu dem steht, was gesagt wird.

* * *

P: Wir würden sagen, dass deine Zweifel eher eine Art Schutzmechanismus sind, indem du dich dafür entscheidest, nicht zu glauben und daher weiterhin zweifelst. Die Informationen, die oftmals im Widerspruch dazu stehen, was du als Realität akzeptiert hast, sind unbequem zu integrieren. Und du fühlst, dass dies wieder einmal nicht unbegründet ist, aber vielleicht doch so unnötig. Wir möchten dich bitten, mehr Vertrauen in dich selbst zu setzen. Verstehe, dass du nicht hier bist, um dich selbst zu täuschen. Du bist in der Tat dein eigener Lehrer. Und du solltest zuhören und mehr Vertrauen in das setzen, was du selbst lehrst. Du solltest dich selbst mehr als deinen eigenen besten Freund und Vertrauten betrachten, anstatt als Rivalen.

* * *

F: *Meine Fragen wurden mit denen anderer Teilnehmer beantwortet. Ich fühle mich wie damals, als mein Sohn in der fünften Klasse war und sagte: „Als ich in der dritten Klasse war, dachte ich, ich weiß alles." Und ich sagte: „Nun, was ist jetzt?" Und er sagte: „Jetzt weiß ich, dass ich alles weiß." (Es gab viel Gelächter.)*

P: Wir würden sagen, dass dies am besten auf die menschliche Erfahrung zutrifft. Denn man sieht den nächsten Berg und sagt: „Nun, ich bin derjenige, der ihn besteigen muss." Und das tun sie auch. Und sie sagen: „Oh, da ist noch einer." Und so ist jeder Berg davor einfach nur ein Maulwurfshügel. Das ist nicht ganz die Analogie, die du verwendet hast, aber wir sind von beiden amüsiert. Und möchten sie gerne genießen, denn wir sind sehr amüsiert von den menschlichen Bemühungen, Berge zu bauen, ziemlich unzufrieden zu werden und weitere zu bauen. Wissen nimmt denselben Weg. Ein Drittklässler baut einen Berg von Wissen auf, schaut und sagt: „Ah, jetzt weiß ich alles." Und siehe da, er schaut weiter und sieht, es gibt noch einen anderen Berg im Osten. Und daher steigt er hinauf, aber dieser Berg aus der dritten Klasse ist so klein und so geht es immer weiter und weiter. Und so bauen wir auch hier immer noch Berge. Weil der höchste Berg wird bis zur Perfektion nicht erklommen. Das ist der ultimative Berg.

D: *Zu diesem Schluss bin ich gekommen. Je mehr man lernt, desto mehr findet man, das man noch lernen muss.*

KAPITEL 13

DIE NUTZUNG UND MANIPULATION DER ENERGIEKRAFT

Diese Sitzung wurde 1989 mit Beverly durchgeführt, einer Künstlerin, mit der ich oft gearbeitet hatte. Ich verwendete ihr Schlüsselwort und führte sie in den spirituellen Zustand zwischen den Leben, in dem wir Zugang zu Informationen bekommen konnten.

D: *Was machst du? Was siehst du da?*

Beverly: Ich sehe noch nichts, aber es ist so, als würde ich auf sanften Wellen schaukeln. Ich bin nicht in einem Ozean, sondern im Universum. Ich kann nach unten schauen und den Planeten sehen. Er sieht aus wie all die Bilder, die du von der Erde kennst. Blau und Weiß.

D: *Gibt es da irgendeinen Unterschied?*

B: Nein. Sie schwebt einfach im Weltraum, in einem Bett aus Gitterlinien sozusagen.

D: *Was meinst du damit?*

B: So, als ob das Universum aus Gitterlinien bestünde. Und sie fluktuieren, sie bewegen sich. Sie ebben und fluten, wie rollende Wellen im Ozean. Ich meine nicht, dass die Wellen brechen. Ich meine Wellen, die sich aus sehr großer Tiefe durch das Wasser bewegen. Sie sind sanft, aber sie reichen sehr tief, langsame Wellenbewegungen im Raum. Und die Erde ist darin eingebettet, wie alle anderen Planeten und Sterne und Sonnen auch.

D: *Das zeigt, dass das Universum tatsächlich lebt, wenn es sich so bewegt. Bedeutet das, dass die Erde und die anderen Planeten auch in Bewegung sind? Ich denke an die Wirkung von Wellen.*

B: Sie bewegen sich nicht so, wie der Raum. Sie drehen sich und was auch immer in diesem wellenbewegten Raum. Ich habe ein Beispiel für dich. Hast du schon einmal diese Glaskästchen gesehen, in denen Wasser hin und her fließt, die manchmal Geschäftsleute kaufen, um sie zu betrachten, weil es entspannend ist.

D: *Ja, die kenne ich.*

B: Sie bewegen sich sehr langsam und gleichmäßig und doch geht es nach oben und unten und oben und unten. Das ist das Bett des Raumes.

D: *Das stört die Planeten, die sich in ihm befinden, nicht?*

B: Nein. Sie drehen und wenden sich in diesem Bett.

D: *Mein Bild eines Bettes wäre so, als würden sie darauf liegen.*

B: Sie liegen darin. Wie in einem Ozean könnte es einen Fisch geben, der darin schwimmt. Oberhalb und unterhalb und rechts und links des Fisches befände sich Wasser. Vielleicht wäre es für dich klarer, wenn ich sagte, dass es mehr wie die Luft ist, in der wir leben, statt wie ein Bett.

D: *In Ordnung. Weil ich das Bild von der Erde hatte, wie sie hin und her schaukelte, wie ein Schiff, das ins Meer geworfen wird.*

B: Nein. Es ist eine sehr langsame Bewegung, sie ist behäbig. Mit anderen Worten, die Bewegung geht durch alles hindurch. Es ist keine Oberflächenwelle.

D: *Und daraus besteht der Raum? (Ja). Ich glaube, wir haben die Vorstellung, dass der Raum bewegungslos und leer ist.*

B: Nein, nein. Er ist lebendig und nahrhaft. Er ernährt alles in ihm. Er müsste also lebendig und in Bewegung sein.

D: *Auf welche Weise nährt er?*

B: In der Stagnation könnte nichts wachsen. Nichts könnte sich entwickeln oder verändern. Seine Essenz nährt das, was in ihm ist, so wie uns die Luft erlaubt zu atmen. Wenn die Luft nicht da wäre, um uns mit unserem Atem zu versorgen, dann wären auch wir tot.

D: *Also passiert das Gleiche in größerem Umfang, als ob die Erde ein Mensch wäre. (Ja.) Es gibt etwas im Weltraum, das zum Leben beiträgt. (Genau.) Ich kann sehen, was uns die Luft liefert. Was liefert der Weltraum der Erde, den Welten? Eine Energie?*

B: Seine Anwesenheit ist Lebendigkeit. Ich kehre zurück zu den Fischen im Meer, wenn die Fische aus diesem Ort herausgenommen würden oder wenn das Wasser verdunstete, würden die Fische sterben. Es ist also nicht so, dass der Raum uns mit etwas füttert, um uns zu ernähren. Seine Anwesenheit erlaubt es uns zu leben und dadurch nährt er uns, denn ohne ihn würden wir nicht existieren. Dort ist Leben in ihm und ja, man könnte es eine Energie nennen. Aber ich habe Angst, dass das irreführend wäre, denn es ist keine aktive Energie. Er ist aktiv, aber auf einer subtilen Ebene.

D: *Aber er ist auch nicht passiv.*

B: Richtig. Wie gesagt, er ist auf einer subtilen Ebene aktiv, während wir uns Energie als etwas mit starker Bewegung vorstellen. Es gibt Energie in starker Bewegung, die diesen Raum und uns durchdringt. Aber das Raumelement selbst, von dem ich gesprochen habe, ist eher eine inaktive Energie, aber nicht tot. Oder eine weniger aktive Energie, als wir normalerweise denken.

D: *Was ist diese stärkere Energie, die du erwähnt hast, die durch alles hindurchgeht?*

B: Die stärkere Energie ist eher wie die Lebenskraft, die kreative Schubkraft, die tatsächlich gelenkt werden kann. Während die Lebendigkeit des Raumes nicht gerichtet ist, sie ist einfach da. Er existiert einfach.

D: *Ist er neutral?*

B: Er ist neutral und doch trägt er eine Positivität in sich, denn ohne ihn würden wir nicht leben. Also kannst du nicht sagen, dass er total neutral ist, wie „stagnierend“ oder „tot“. Er hat Lebenskraft in sich und etwas Bewegung.

D: *Aber sie ist nicht gerichtet.*

B: Richtig. Er ist wie eine Konstante, in der aktive Energie gerichtet und fokussiert werden kann.

D: *Das ist die aktivere Energie, von der du sprichst, die durch alles hindurchgeht.*

B: Das ist eine separate Art von Energie, nicht die Lebendigkeit oder Energie des Raums, ja.

D: *Und diese andere Energie, die stärker und gezielter ist, durchdringt alles auf allen Ebenen?*

B: Ja, das tut sie.

D: *Natürlich frage ich mich immer, woher so etwas kommt. Alles muss von irgendwoher kommen, wenn wir auf unsere Art und Weise denken.*

B: Das ist in unserer Denkweise so und ich weiß nicht alle Antworten darauf. Aber ich glaube nicht, dass sie von irgendwo kommen muss. Sie ist da, es ist eine Selbstverständlichkeit, sie hat immer schon existiert und wird immer sein. Also wo könnte man sagen, dass sie herkommt?

D: *Aber du hast gesagt, dass sie gerichtet wäre.*

B: Sie ist lenkbar. Vielleicht ergibt das mehr Sinn oder ist genauer. Sie kann gerichtet und verändert werden. Die Energiekraft könnte in eine Blume eindringen und sie aus dem Boden sprießen, wachsen und blühen lassen. Die gleiche Energiekraft könnte in einen Läufer fließen, der einen Marathon läuft. Sie könnte in einen Maler kommen, der malt. Sie könnte in eine Geburt gehen, sich selbst wiederherstellen und fortfahren und fortfahren und fortfahren. Und anstatt eine weit ausgebreitete Energie zu sein, ist sie ausgerichtet oder fokussiert, wenn sie in eine Blume oder einen Läufer oder ein neues Kind fließt.

D: *Das ist es, was mich verwirrt hat, als du sagtest, sie sei gerichtet oder lenkbar. Ich denke immer, dass jemand oder etwas sie lenken, ihr eine Richtung geben müsste.*

B: Hast du einen Kreisel gesehen? Sobald er anfängt, sich zu drehen, erschafft er seine eigene Kraft, sagen wir mal. Nun, natürlich, die Kreisel kippen um. Aber es gibt so etwas, ich glaube, es wird „Zentrifugalkraft" genannt, die, sobald er anfängt sich zu drehen, dafür sorgt, dass er sich weiterdrehen wird. So wie die Erde selbst. Sobald sie anfängt, sich in ihrer Umlaufbahn zu drehen, geht es einfach weiter. Niemand muss sie so anstoßen, wie ein Kind auf einer Schaukel. Sie hört nicht auf. Und das wäre dann mit der Energie so etwas Ähnliches. Sie stellt sich selbst ständig wieder her. Und wo sie ursprünglich herkam, falls sie das tat, weiß ich nicht.

D: *Dann muss sie nicht von irgendeiner übergeordneten Kraft gelenkt werden.*

B: Das geht über das hinaus, worüber ich reden kann. Um es auf eine nähere Ebene zu bringen, etwas, das wir verstehen könnten, ist, dass die Energie sich selbst lenkt. Sie selbst ist Bewusstsein und lenkt sich selbst. Und wenn es sonst noch etwas gibt, was darüber hinausgeht, weiß ich nicht, was das ist.

D: *Du sagtest, es sei etwas, worüber du nicht reden könntest. Ist das etwas, das du nicht darfst, oder einfach etwas, auf das du die Antwort nicht weißt.*

B: Nein, es ist einfach zu groß.

D: *Zu groß, um auf unserer Verständnisebene erklärt werden zu können?*

B: Es ist zu groß für mich, als dass ich es verstehen könnte.

D: *Ich schätze, es geht immer auf unser Konzept von Gott zurück.*

B: Ich denke, dass unsere Vorstellung von Gott sehr irreführend ist. Wir versuchen es mit einer Person oder einem Geist oder einer Energie, die den Knopf drückt, um die Dinge einzuschalten. Und ich glaube nicht, dass es so funktioniert. Aber es ist zu groß, um es zu verstehen und deshalb ist es zu groß für mich, um es irgendjemandem zu vermitteln.

D: *Wenn diese Energie lenkbar ist, ist sie dann vom Menschen lenkbar?*

B: Die Energie ist der Mensch. Die Energie manifestiert sich als ein menschliches Wesen. Also leitet der Mensch die Energie nicht, die Energie leitet den Menschen.

D: *Ich dachte, wenn die Energie da wäre, dann könnten wir sie vielleicht in irgendeiner Weise nutzen.*

B: Wir selbst nutzen sie. Ich weiß, dass das schwierig ist. Ich weiß nicht, wie man es erklären könnte.

D: *Es sei denn, du hast eine andere Analogie.*

B: Vielleicht. (Als Künstlerin benutzte Beverly das ihr Vertraute, um eine Analogie zu liefern.) Wenn sie tropfen soll, muss ich die dünnflüssige Farbe nehmen, weil sich dicke Farbe nicht gut bewegen würde. Sagen wir, du tropftest dünnflüssige Farbe auf ein Blatt Papier. Schöne Farbe. Und sie fiele und breitete sich in verschiedene Richtungen aus und erzeugte ein schönes Bild. Die Farbe, die auf das Papier aufgetragen wurde, ist das Ergebnis der Energie des Falls. Diese Energie steuert das Ergebnis, das auf dem Papier erschienen ist. Das Gemälde auf dem Papier kontrolliert nicht die Energie, die die Farbe fallen gelassen hat. Verstehst du, was ich meine?

D: *Ja, ich glaube schon. Als sie herunterfiel, verteilte sie sich einfach zufällig von selbst.*

B: Ja. Aber dann das Produkt, die fertige Malerei, ich denke an ein Tintenklecks-Design, nicht an ein fertiges Bild, an dem man viele Stunden arbeitet. Aber sagen wir, dass du schöne Farbe vom Himmel auf dieses Löschpapier fallen gelassen hast, sodass sie in verschiedene Richtungen verlief und ein Muster der Schönheit bildete. Das vervollständigte schöne Muster regiert dann nicht die Energie, die Farbe fallenließ. So manifestiert sich Energie als menschliche Form und die Energie selbst hat die Kontrolle. Die menschliche Form ist das Gemälde und kontrolliert nicht, was getropft hat.

D: *Ich denke wohl an Menschen, die ihr Leben verändern und ihre eigenen Realitäten erschaffen wollen. Ist das die Art von Energie, die sie verwenden und irgendwie lenken könnten?*

B: Ja, aber man kann es nicht von der falschen Seite aus machen, verstehst du? Die eine Seite hat die Energie und setzt die Tat, nicht die Seite der Farbe auf dem Löschblatt oder die menschliche Seite. Nun, das menschliche Ende kann eine Änderung der Ergebnisse bewirken. Aber sie kommt nicht von dem Blatt Papier oder dem menschlichen Körper, sie stammt aus der Energie. Die Energie könnte einen weiteren Tropfen Farbe fallen lassen und das verändern, was im Moment zuvor existierte.

D: *Ich versuche zu sehen, ob wir vielleicht mehr Kontrolle in unserem Leben hätten, wenn wir wüssten, wie wir diese Energie steuern können.*

B: Das tun wir. Wir haben die Kontrolle. Aber die Steuertaste befindet sich am anderen Ende, sie ist nicht am Ort des Ergebnisses. Sie ist auf der Energieseite. Es könnte sein, dass ich falsch verstehe, was du sagst, aber ich denke, du versuchst zu sagen, dass du willst, dass das Löschblatt aufsteht und die Energie, den Farbfluss steuert. Und das ist nicht die Art und Weise, wie es funktioniert. Wenn du den Menschen als Löschblatt betrachtest und das Fallenlassen der Farbe als Energiequelle, dann erzeugt die Energiekraft, das Fallenlassen der Farbe auf das Löschpapier, etwas auf dem Löschpapier mit der Farbe, die in ihr war. Und sie ist immer noch da. Aber wenn keine Farbe fallen gelassen wird, würde das Löschpapier stagnieren und wäre dauerhaft nur so, wie es war. Es würde sich nie ändern. Und wenn das Löschblatt versuchte, eine Änderung der Energie, von der es kam zu beeinflussen, wäre das unmöglich. Die Energie, die Farbe, tropft auf das Löschpapier, um es kontinuierlich zu verändern. Das Löschpapier verändert die Energie nicht.

D: *Wie können Menschen dann Veränderungen bewirken, wenn sie am anderen Ende liegen müssen? Wie können sie das nutzen und Veränderungen in ihrem Leben bewirken?*

B: So machen sie es, mit dieser Energiekraft, welche die Farbe tropft. Siehst du, wir sind beide verbunden. Aber die Veränderung kommt von der Energiekraft, nicht von dem Löschblatt oder der menschlichen Form, die flach ist.

D: *Wie können sie dann eine Veränderung bewirken? Ich versuche, mir eine Lösung auszudenken, wie Menschen diese Energie nutzen können, um sich selbst zu helfen.*

B: Das tun sie, aber ... vielleicht habe ich dir eine schlechte Analogie gegeben. Das Papier wäre tot, ohne dass die Farbe ständig darauf tropft. Das Zusammenspiel der Energie, die die Farbe auf das Papier tropft, ist ein kontinuierlicher Energieaustausch, hin und her. Aber den Knopf drückt man nicht auf der Seite der Oberfläche, auf der toten Seite oder der Papierseite. Der Knopf wird von dort gedrückt, wo es herabfällt.

D: *Aber wie können wir erreichen, dass dieser Knopf gedrückt wird?*

B: Wir sind dieser Knopf. Wir sind nicht das Stück Papier. Also drücken wir jedes Mal, wenn wir die Farbe fallen lassen.

D: *Dann haben wir die Kontrolle durch unseren eigenen Geist?*

B: Es ist mehr als nur der Geist. Ja, der Geist ist ein Teil davon, aber da ist eine Energie, die noch größer ist, als der Geist, die ihn umfasst. Sodass der Geist im Inneren ist. Und das ist größer als der Geist.

D: *Aber die Idee, der Wunsch, muss mit dem menschlichen Geist beginnen. Als das, was sie ändern wollen und was sie schaffen wollen.*

B: Noch mal, denn wir haben bereits das Beispiel von den Farbtropfen, nehmen wir an, sie kommen aus einer Tropfpipette, weil die Energie nicht einmal eine Hand hat. Oder von einem Wasserhahn. Die Tropfpipette wird vielleicht nicht funktionieren. Aber sie tropft flüssige Farbe auf ein Stück Papier. Wenn sie aufhört zu tropfen, würde dieses Blatt Papier nur toter Abfall sein. Aber sie hört nicht auf zu tropfen. Sie tropft weiter und deshalb ändert sich das Papier ständig, auf das sie tropft. Und sie reagieren aufeinander. Weil die Energie, in Form von Farbe, die auf das Papier fallen gelassen wird, Energie auf das Papier überträgt. Eine Energie erzeugt sich selbst, sodass sie sich ausbreitet und gibt eine Rückmeldung an die Quelle, die Tropfpipette. Es gibt dort also eine kontinuierliche Rotation. Das Papier allein wäre nicht in der Lage, die Energie zu lenken, denn es ist nichts für sich allein. Es war zunächst aus den Tropfen erstellt worden. Verstehst du nun ein wenig besser?

D: *Ich denke schon. Ich versuche nur, einen praktikablen Weg zu finden, wie wir das als Menschen hier für uns nutzen können. Ich weiß, das ist das untere Ende der Skala.*

B: Nein, es ist nicht das untere Ende der Skala. Es ist einfach der Weg, wie Menschen die Energie auf dieser Ebene nutzen. Es ist nicht der Boden. Das Wort „Boden" gibt eine höhere oder obere Ebene vor oder etwas, zu dem man sich erheben kann. Und das ist keine genaue Beschreibung. Es gibt einfach viele Formen und viele Möglichkeiten, wie Energie ausgerichtet sein kann. Und man ist nicht notwendigerweise besser oder schlechter als die anderen.

D: *Ich wollte einen praktischen Weg finden, wie ein Mensch es schaffen könnte, diese Energie zu lenken. Gibt es ein Verfahren, das sie anwenden könnten, um ein Ziel zu erschaffen und es in die Tat umzusetzen?*

B: Ja. Sie könnten diese Energie steuern.

D: *Wie können sie das machen?*

B: In unserem physischen Körper wäre es mental. Es ist allerdings mehr als das. Das mentale Feedback vom Papier zu seiner Energiequelle ist im Vergleich zur Energiequelle winzig klein. Es ist ein Teil davon, wie wir mit diesem Stück Papier das aktivieren können, was es will. Das, glaube ich, ist es, was du fragst.

D: *Ja. Im Leben.*

B: Die Energie selbst ist das Leben. Sie ist auch Licht. Wenn wir versuchen, sie vom Löschpapier zu trennen, machen wir einen großen Fehler. Das wäre das Löschpapier, das versucht, die Kontrolle über die Energie zu bekommen. Es muss also in Zusammenarbeit funktionieren. Es muss einen Fluss geben. Und die Art und Weise, wie sie gesteuert werden könnte, wäre, sich auf die ursprüngliche Energie einzustimmen. Es ist mehr eine Frage der Aufmerksamkeit und des Fokus, einstimmen auf die Stelle, an der dieser Fluss konstant und gleichmäßig ist. Wenn das Löschpapier selbstständig arbeiten wollte und vom Thema abkommen, dann könnte es das. Weil es eigene Energie hat, würde das dann einen weiteren Zyklus starten. Aber er wäre sehr klein und wahrscheinlich fehlgeleitet, verglichen damit, wenn es sich mit seiner eigenen Quelle austauschen würde. Und das würde die Kraft ständig arbeiten lassen. Und solange das Löschpapier hier drüben auf meiner rechten Seite in die Energiequelle zu meiner Linken zurückmeldet (Handbewegungen), solange das funktionierte oder die Energie würde hin und her gelenkt, in ihre Manifestation und zurück zu ihrer Quelle, auch wenn sie eine Blume wäre. In die Blume einfließen und sie wachsen lassen, ihre Samen fallen lassen, die der Quelle rückmelden, wieder auftauchen, wachsen, ihre Samen fallen lassen, die der Quelle rückmelden, während sie sich nicht in der pflanzlichen Phase befänden. So wäre es ständig. Du kannst verstehen, dass sie sich zum Beispiel im Winter nicht physisch manifestieren würde, sondern dass sie in der Regel im Frühling wieder auftauchen würde. Aber Menschen halten keinen Winterschlaf, obwohl sie durch verschiedene Grade der Lebendigkeit gehen. Sie sind subtil. Vielleicht der Traumzustand, vielleicht ein hinein und hinaus, dessen wir nicht bewusst gewahr sind. Und solange sie immer wieder in die Quelle zurückkäme, aus der sie ursprünglich kam, wäre sie eine anhaltende Energie, die nicht weniger würde. Sie würde ihr Energieniveau halten. Nun, wenn dieses Löschblatt hier drüben sich entschieden hat, das Thema zu verfehlen und erschafft etwas, könnte es das. Und es würde etwas erschaffen, das immer wieder in es einfließen würde. Aber es wäre von geringerer Kraft, als wenn es seiner ursprüngliche Quelle rückmelden würde. Es wäre wie ein Strahl, der erlöschen würde. Verstehst du, was ich meine?

D: *Ja. Aber im Beispiel der Blume ist das alles automatisch. Es passiert sowieso. Es ist eine ständige Rückmeldung an die Quelle. Das ist es, was die Lebenskraft ist.*

B: Ja. Und so ist es auch mit den Menschen.

D: *Aber es ist eine automatische Sache, an die sie nicht wirklich denken.*

B: Es würde passieren, ob sie darüber nachdenken oder nicht. Aber du könntest es leiten. Und diese Richtung würde von einer höheren Ebene kommen, als unser eigenes Bewusstsein, das ist eine Regel. Fast so, als würden wir geführt. Und wenn sie nicht ausreichend gelenkt würde, würde dies die Zeit, den Bereich bedeuten, in dem unsere Energien fehlgeleitet wären und es würden Dinge passieren, die wir wahrscheinlich nicht beabsichtigt haben.

D: *Weil wir die falschen Energiewellen ausgesendet haben?*

B: Nein, wir haben die richtigen Energiewellen ausgesendet, aber wir wussten nicht, wie man sie lenkt oder hatten nicht genug Kraft, um zu bewirken, was wir wollten und so gingen sie irgendwie drunter und drüber. Wie Statik bei einem Radio, wenn es nicht richtig eingestellt ist. Wenn du eingestimmt bist, dann wäre das Ergebnis sehr deutlich. Aber wenn du sie ohne jede Richtung ausgesendet hast, könnte sie statisch sein, was nach einer Menge Chaos aussehen könnte. Weil sie nicht richtig fokussiert war oder ausgerichtet.

D: *Dann müssen wir wissen, wie wir das steuern und fokussieren können?*

B: Ja. Aber mehr als nur das menschliche Wissen. Der Energiefluss, der uns geschaffen hat, weiß, wie es geht und wir müssten uns bloß wieder darauf einstimmen. Dann müssten wir es nicht mehr allein für uns selbst herausfinden. Wir würden es selbst herausfinden, denn das sind wir selbst. Aber wir würden uns besser auf eine noch stärkere Frequenz einstellen, eine höhere Bewusstseinsebene, die helfen würde, dies zu steuern, anstatt zu versuchen, die ganze Macht selbst zu übernehmen und sie fehlerhaft zu lenken.

D: *Aber du hast gesagt, wir brauchen mehr Kontakt. Wie können wir das bewusst erreichen?*

B: Ich denke, es geht darum ... wenn ich „den Schaden zu reparieren“ sage, fürchte ich, dass es irreführend sein könnte. Aber mir fällt im Moment nichts anderes ein, was ich sagen könnte. Würden wir uns nicht in die Funktionsweise einmischen, würde es von selbst funktionieren. Wenn wir jetzt Energie aussenden, die fehlgeleitet oder statisch ist und sie sozusagen in Ruhe lassen, wird sie sich auflösen und in die ursprüngliche Energie zurückkehren. Aber wenn eine Person eine fehlgeleitete Energie aussendet und ein Dutzend anderer Leute senden sie zufällig zur gleichen Zeit und am gleichen Ort aus, dann nimmt ihre Macht zu. Eine fehlgeleitete Energiekraft, weißt du. Und das macht es schwieriger, da sie sich nun zu formen und zu verfestigen und in eine eigene Macht zu verwandeln beginnt. Und das erschwert, dass sie sich auf natürliche Weise auflösen und in den natürlichen Fluss zurückfallen kann.

D: *Dann hat sie ein Eigenleben bekommen.*

B: Ja. Und wenn das geschehen ist, dann müssen wir bewusst daran arbeiten, sie zu zerstreuen. Vorher hätten wir das nicht tun müssen. Sie wäre automatisch wieder in den Fluss zurückgekehrt. Aber wenn es genügend fehlgeleitete Energien gibt, die gleichzeitig oder am gleichen Ort ausgesendet werden und an Kraft gewinnen, dann werden sie sich von selbst weiter ausbreiten. Und das tun, was sie am besten kann, aber als fehlgeleitete Energie. Es sei denn, wir brechen das ab und lassen sie wieder in den normalen Fluss zurückfließen, was übrigens unbewusst geschieht. Ich denke, das war ein Teil deiner ursprünglichen Frage: „Wie können wir das bewusst machen?“ Wir müssen es nicht bewusst tun. Es ist einfach so. Die einzige Gelegenheit, bei der wir es bewusst tun müssen, ist dann, wenn sie in die Irre gegangen ist.

D: *Wie halten wir diese fehlgeleitete Energie an? Man müsste sie anhalten, um sie zur Quelle zurückkehren zu lassen.*

B: Eine Möglichkeit wäre durch Aussaat. Ich weiß nicht, ob das der einzige Weg ist. Aber sagen wir, du hast diesen Fluss, der von der riesigen Energiequelle in die Manifestation fließt, von der wir nur ein Teil sind, ein menschlicher Körper. Energie strahlt aus und manifestiert sich in Form verschiedener Dinge. Aber wir sind jetzt an diesem Menschen hier interessiert und dieser Mensch sendet aus, weil er jetzt Energie hat, hat er jetzt auch Leben. Und Energie erschafft sich einfach von selbst. Dann sendet er seine eigene Energie aus und sagen wir, dass sie fehlgeleitet ist. Wie brechen wir das ab, ist deine Frage. Indem man auf die ursprüngliche Energiequelle zurückkommt und positivem oder natürlichem Energiefluss erlaubt, in diese fehlgeleitete Energie zu gelangen und sie bis zu dem Punkt zu bringen, an dem sie so weit verdünnt wird, dass sie dann in das normale Unbewusste der menschlichen Routine zurückfallen kann. Es gibt hier Bewusstsein, also möchte ich das klarstellen. In dieser großen Energiequelle gibt es ihr Bewusstsein, das sich in uns ausbreitet, wenn die Energie hin und her geht.

D: *Das war das Bewusstsein, von dem du sagtest, dass es jenseits unseres Verständnisses liegt.*

B: Ja, ja.

D: *Aber dann müssen wir gute Gedanken und positive Gedanken aussenden oder könnten wir die ursprüngliche Quelle bitten, positive Gedanken zu senden.*

B: Es ist eher so, als würde man sich darauf einstellen. Nehmen wir an, dass die ursprüngliche Quelle alles hat. Sie kann alles und jeden erschaffen, nicht nur in dieser Welt, sondern in allen Welten. Und sie sendet immer diese Energie an uns. Wenn wir eine Sache statt einer anderen wollen, schalten wir einfach auf dieses Band um.

D: *Aber wir müssen das mit einer bewussten Anstrengung tun. In unserem physischen Körper müssen wir angewiesen werden, bestimmte Dinge zu tun, um sie tun zu können.*

B: Mit dem eigenen Bewusstsein kann man es steuern. Es wird auch alles ausstrahlen und es wird andere Dinge schaffen. Aber auf das, was sie von der großen Quelle aufnehmen wollen, müssen sie sich einstellen. Diesen Kanal öffnen, damit er statt etwas anderem hereinkommt. Und so wird das zu einem wesentlicheren und dem überwiegenden Teil ihrer

Ausstattung. Und dann wird das dort hinein gesponnen, was sie manifestieren.

D: *Die Leute fragen mich immer, wie sie das erschaffen können, was sie wollen. Sie wollen eine Formel, eine Schritt-für-Schritt-Methode.*

B: Ja, ich weiß und das ist sehr schwer. Und ich wünschte, es gäbe eine hilfreichere Antwort, aber ich glaube, die gibt es nicht. Ich denke, wenn wir lernen, den direkten Weg zu gehen, sozusagen und ich meine das nicht moralisch, ich glaube, dass sich auf dem Weg unsere Energien auflösen, wenn wir schwanken. Wenn wir einen geraden Weg entlang gehen, desto mehr Macht haben wir, um das zu erschaffen, was wir erschaffen wollen. Aber siehst du, im Moment schwanken wir. Also manchmal haben wir es erschaffen und manchmal werden wir unschlüssig und machen es rückgängig und dann legen wir wieder los und stellen es wieder her. Vielleicht tun wir es nur, um zu üben, dorthin zu gelangen, wo wir weniger schwanken und dabei einiges verlieren, was wir eigentlich wollen.

D: *Es hat auch viel mit Glaubenssystemen zu tun.*

B: Oh, ja, das würde beinhalten, was du willst. Wenn du kein Glaubenssystem hättest, wolltest du nicht, dass eine Sache über eine andere gestellt wird. Siehst du, es ist alles da.

D: *Du würdest einfach alles annehmen, was dir begegnet.*

B: Genau. Und unser Glaubenssystem lässt uns echte Vorliebe für eine Sache gegenüber einer anderen empfinden, ob es nun Regen oder Sonnenschein ist. Sie sind alle Manifestationen, der ganze Regen und der ganze Sonnenschein. Wenn wir kein Glaubenssystem hätten, wäre eines genauso gut für uns wie die anderen, in der Tat sind sie es. Es ist unser Überzeugungssystem, das sagt, dass Sonnenschein dem Regen vorzuziehen ist. Und wenn wir an den Punkt der Erkenntnis gelangt sind, dass wir bereits da sind, wissen wir einfach nicht mehr, dass wir da sind. Tatsächlich sind wir immer dabei, wir haben kein Bewusstsein dafür. Wenn wir Bewusstsein hätten, dass alles so gut wie alles andere ist, würden wir nicht einmal versuchen, uns darauf zu konzentrieren, das zu bekommen, was wir wollen. Wir haben alles.

D: *Es gibt Leute, die einfach nur mit der Strömung schwimmen, sozusagen und annehmen, was auch immer kommt. Sie wissen gar nicht, dass sie auswählen können.*

B: Aber unglücklicherweise leiden wir darunter. Wir leiden offensichtlich darunter, wenn wir starke Schmerzen und keinen körperlichen Komfort haben. Ich spüre, dass es das ist, was du sagst. Sie schwimmen mit dem Strom, ob es wehtut oder nicht. Aber ich sage, es gibt eine höhere Ebene als diese, auf der sich verletzt genauso gut anfühlt wie gesund. Auf der wir vom Schmerz der Verletzung nicht betroffen sind. Alles, worüber wir gesprochen haben ist natürlich so, aber es führt alles zu einem Ultimativen, in dem es keinen Unterschied machen wird. Wir werden als Menschen wohl den Prozess des Lernens durchlaufen. Lass uns von dieser Ebene reden. Wie wir in diese Energie zurückkehren und bekommen können, was wir wollen. Wir sind in diesem Prozess und es kann sein, dass es ein langwieriger Prozess ist oder nicht. Da wir sowieso nichts über die Zeit wissen, ist es schwer zu beurteilen. Aber schau, hier drüben, dieser großen Energiequelle (Handbewegungen) ist es egal, was sie ausstrahlt, denn alles ist genauso gut wie alles andere. Wir hier auf der Erde mit unseren Glaubenssystemen entscheiden, dass das eine besser ist als das andere. Und was du fragst, ist, wie wir uns selbst trainieren können, um nur das Gute auszuwählen.

D: *Oder was wir wollen.*

B: Oder was wir wollen, ja, aus dem, was herausgeschossen wird, sozusagen. Und so werden wir diesen Prozess durchlaufen und lernen das zu tun. Und an diesem Punkt werden wir erkennen, dass all das, was wir getan haben, nicht notwendig war, denn das Ganze ist sowieso das, was wir wollen. Wenn wir das erkennen würden, müssten wir nicht lernen, wie wir das bekommen können, was wir bekommen wollen.

D: *Dann könnten wir eigentlich alles nutzen. Was wir für positiv, negativ oder was auch immer halten.*

B: Auf jeden Fall. All das ist nur Energie, ohne Gutes, ohne Schlechtes, ohne Verletzung, ohne Wohlgefühl, kein richtig, kein falsch, kein gar nichts. Aber vor allem wegen unseres Glaubenssystems wollen wir sie in Teile zerlegen, die richtig und falsch, gut und schlecht sind. Und aus dem Ergebnis wollen wir genau das wählen, was wir wollen. Wenn wir eine Ebene erreichen, auf der wir verstehen, dass all das unnötig war und es gab kein richtig, kein falsch, kein gut, kein schlecht, keinen Schmerz, kein Wohlgefühl, dann brauchen wir nicht einmal gelernt zu haben, wie wir bekommen, was wir wollen.

D: *Aber als Menschen konzentrieren wir uns darauf.*

B: Das ist im Moment so, ja. Bevor wir uns das in unsere Leben ziehen können, was wir wollen, müssen wir zu dem Bewusstsein kommen, dass es keinen Unterschied macht. Denn so lange es einen Unterschied gibt, machen wir es uns selbst schwerer, es zu bekommen. Nur wenn es keinen Unterschied mehr macht, wird der Strom dann so beschaffen sein, dass wir uns so leicht einstimmen können, dass wir alles haben können, was wir wollen. Es ist so ähnlich wie, man braucht Geld, um Geld zu verdienen. Solange du es hast, kannst du es weiter vermehren. Wenn man es nicht hat, steckt man in diesem Leben in Schwierigkeiten. Und wenn wir dann endlich unseren Bewusstheitsgrad erhöhen, dann erkennen wir, dass wir das ganze Geld haben können, Hilfe, was auch immer wir wollen. Aber dann wissen wir, dass wir es erschaffen und dann waren es nur Gedanken und es zählt nicht mehr. Wir hängen nicht mehr so sehr daran. Bis wir das erkennen, sind wir sehr verhaftet, weil wir denken, dass wir es nicht bekommen könnten.

D: *Das ergibt wirklich Sinn.*

B: Ich werde ein Beispiel nennen. Während du eine Leiter hinaufsteigst, eine Treppe in den Himmel sozusagen, lösen sich mit jedem Schritt, den du weiter nach oben machst, die darunter liegenden Sprossen auf. So, als würdest du die Leiter vor dir projizieren, weil du denkst, dass du sie brauchst, um auf den nächsten Stern zu klettern. Und sie löst sich unter dir auf, während du kletterst, denn du brauchst sie nicht mehr. Du kommst von diesem Stern und gehst zu dem anderen. (Handbewegungen) Und du baust deine Leiter, die sich beim Aufstieg auflöst. Und dann kommst du hier hoch, um diesen Stern zu sehen. Als du auf jenem Stern warst, hättest du jederzeit auch auf diesem anderen Stern sein können, ohne die Leiter zu benutzen, das war die ganze Zeit wahr. Aber der einzige Weg, den wir kennen, ist, auf dieser Leiter dorthin zu gelangen, die dann zu nichts mehr gut ist und nichts wert. Ich meine nicht, dass sie nicht gut ist. Ich meine, dass sie nicht länger einen Zweck erfüllt. Und wenn wir denken, dass wir diese Leiter bauen, damit andere uns folgen können, sind wir im Irrtum, denn jede Person muss ihre eigene Leiter bauen. Du kannst nicht mit dem Gehirn oder der Energie eines anderen weiterreisen. Das ist nicht wirklich das, was es ist, aber vielleicht wird es in diesen Begriffen erklärbar sein. Du kannst nicht das Leben eines anderen leben.

D: *Ja, aber würde die Leiter nicht den Zweck erfüllen, ihnen den Weg zu zeigen?*

B: Sie zeigt nur der Person, die dieses Leben führt, den Weg. Eine andere Person müsste ihre eigene Leiter bauen, um dorthin zu kommen.

D: *Ich dachte, wenn man etwas lernt, kann man es als Wissen weitergeben, um anderen Menschen zu helfen.*

B: Ja, das könnte sein. Aber die Leiter ist mehr die Lebendigkeit, als Wissen. Und jeder Mensch muss seine eigene Lebendigkeit leben. Wir können nicht auf den Rockschößen von jemand anderem in den Himmel reiten.

D: *Aber wir können ihnen Beispiele geben und sie ihnen zeigen?*

B: Ja. Jede Entität, die tut, was sie tut, gibt Beispiele dafür, ob sie es will oder nicht. Sie macht es einfach. Eine andere Entität mit einem gewissen Bewusstseinslevel kann das sehen. In Wirklichkeit müssten sie das, was ein anderer gelernt hat, weder leihen noch nutzen. Aber sie glauben das und tun das dann auch.

D: *Sie wollen nicht bei null anfangen und alles selbst herausfinden. Deshalb haben wir Beispiele, wir haben Bücher.*

B: Ja. Und wenn das hilfreich ist und wir das nutzen und es uns führt, ist das in Ordnung. Daran ist nichts auszusetzen. Aber in Wahrheit würde er selbst dann zu diesem Stern gelangen, wenn es jemals nur einen Menschen auf dem Antlitz der Erde gegeben hätte, der nie Beispiele von jemand anderem vor sich hatte. Und er würde es wahrscheinlich genauso schnell machen, wenn es irgendwo Zeit gäbe.

D: *Indem er es selbst herausfindet.*

B: Es geht nicht darum, es herauszufinden, es ist eine natürliche Entwicklung. Du pflanzt einen Samen in den Boden, er wächst heran. Er wird zu dem, was der Samen war. Wenn du eine Eichel pflanzt, wächst eine Eiche daraus. Es wird keine Birke oder ein Kaninchen. Und wir haben das alle in uns. Und wenn wir ganz allein gelassen werden, werden wir immer noch an der gleichen Stelle ankommen. Aber wegen dieser statischen Energie um uns, die diesen natürlichen Fluss stört, klammern wir uns zur Hilfe an Strohhalme. Und weil die Statik da ist und wir daran glauben, dass wir Strohhalme als Hilfe brauchen, tun wir das auch. Aber all dem liegt zugrunde, wir würden sie nicht wirklich brauchen und es sowieso schaffen. Hilfe da draußen zu haben oder das, was wir als Hilfe betrachten, entspannt so nur unseren menschlichen Geist.

D: *Ja, das ist der menschliche Teil davon. Nun frage ich mich, wie in all diese Energie, von der du sprichst, unsere menschliche Seele hineinpasst.*

B: Das ist wahrscheinlich das, was du eine „Seele“ nennen würdest. Der Geist, die Lebenskraft, wäre der beste Weg, wie ich es erklären könnte. Das bezeichnen wir hier im Allgemeinen als „Seele“.

D: *Das ist der Teil, der bleibt, nachdem der physische Körper gestorben ist.*

B: Ja, denn es geht immer weiter. Energie kann nicht verschwinden.

D: *Aber es scheint, dass sie als Persönlichkeit individualisiert bleibt.*

B: Sie kann, wenn sie will. Sie kann tun, was sie will. Sie kann sich als Blume individualisieren oder sie kann sich als Mensch individualisieren. Entweder mit dem gleichen Gewahrsein wie im Moment vorher oder mit einem anderen Bewusstsein. Sie kann alles, was sie tun will. Sie ist die Schöpfung.

D: *Die Energie oder die Seele?*

B: Es ist alles ein und dasselbe. Und sie kann sich selbst teilen oder mit anderen zu einer großen Einheit verbinden. Stell dir vor, dass du Wasser aus einem Schlauch spritzt. Indem du diese Düse drehst, kannst du entweder separate Tropfen oder einen Strahl herauskommen lassen. Oder du kannst es noch breiter verteilen und nur ein paar kleine Tröpfchen versprühen. Oder wie auch immer du es machen willst. Es ist alles das Gleiche.

D: *Es ist alles so kompliziert. Deshalb versuche ich, es in Begriffe umzusetzen, die ich verstehen kann. Denn wenn ich es nicht verstehe, ist es schwer für mich, es an jemand anderen weiterzugeben.*

B: Es gibt einen Unterschied zwischen logischem Verstehen und Gewahrsein. Und ich denke, wir können auch Dinge kennen und uns ihrer bewusst sein, die wir auf logische Weise nicht verstehen. So wie einen quadratischen Stift in ein rundes Loch zu stecken. Sie passen nicht ganz.

D: *Es wäre also sehr schwierig für uns, überhaupt die Hoffnung zu hegen, viel davon zu verstehen. Wir sind durch unser menschliches Gehirn begrenzt. Wir müssen nur erkennen und spüren, dass es wahr ist.*

B: Ja. Solange wir innerhalb unserer Glaubenssysteme begrenzt sind, ist es schwierig, wenn nicht gar unmöglich, es logisch zu verstehen. Weil unsere Glaubenssysteme nur eine gewisse

Größe erfassen können und was wir versuchen zu verstehen und uns bewusst zu machen, ist so groß, dass nicht alles in unsere kleine Kiste mit Glaubenssystemen passen wird. Bis wir auf den Einsatz dieser Kiste verzichten, können wir nicht alles hereinkommen lassen. Es wird geschehen, ob du alles verstehst oder nicht, denn das ist seine Natur.

D: *Aber ich versuche, über diese Dinge zu schreiben, damit die Menschen sich ihrer bewusst werden.*

B: Ja. Und das ist sehr hilfreich, denn es erweitert die Kisten mit dem Glauben der Menschen. Und da hilft es wirklich, andere zu sehen, die die vor uns gegangen sind. Es würde sowieso passieren. Aber die zu sehen, die vor uns gegangen sind, erlaubt uns, unsere Kiste mit unserem Bewusstsein dafür ein wenig zu erweitern. Und was du tust, wenn du über diese Dinge schreibst, hilft den Leuten zu sehen, dass es etwas außerhalb der Kiste gibt. Sie können sie ein wenig öffnen und etwas hinzufügen. Und sie werden das auch weiterhin tun, bis ihre Kiste groß genug wird, um mit all dem umzugehen. Nun, nicht mit allem, aber es wäre ein kontinuierlicher Prozess.

D: *Mit anderen Worten, sie können nicht damit umgehen, bis sie jedenfalls bereit dafür sind.*

B: Das ist wahr. Du kannst alle Bücher schreiben, die du willst, aber bis jemand bereit ist, sie zu lesen, werden sie dieser Person nichts Gutes tun. Es kann dir guttun und es kann anderen guttun. Aber es wird der Person nicht helfen, die nicht bereit ist, über den Rand ihrer Kiste zu schauen. Und wenn sie bereit für den Blick über den Rand sind, wird alles helfen.

D: *Dann werden sie nach Dingen suchen, durch die Informationen bereitgestellt werden. Es scheint dir sehr klar zu sein, aber es ist kompliziert für mich.*

B: Mir ist es auch nicht so klar, außer dass ich weiß, dass es so ist.

* * *

D: *Wir haben über den universellen Geist, das universelle Bewusstsein gelesen. Ist es wahr, dass wir alle in irgendeiner Weise verbunden sind, dass wir Informationen vom universellen Geist erhalten, sobald wir erleuchteter sein werden?*

Phil: Das ist richtig, denn alle sind schließlich eins, das Konzept Gottes umfasst die gesamte Schöpfung. Alles, Punkt. Da jeder von euch in der Tat ein Teil des Ganzen ist, ist jeder von euch in der Tat ein Aspekt des anderen. Ihr seid in der Tat Teil voneinander.

D: *Ist das die Art und Weise, wie metaphysische Heilung stattfindet? Bei der man die verfügbare Energie und die Energie, mit der wir alle verbunden sind, manipulieren kann?*

P: Es wäre etwas komplizierter als das. Wie auch immer, das Konzept ist in der Tat korrekt, da die Energien, von denen du sprichst, Teil von euch selbst sind und ihr seid Teil der Energien. So, als ob ihr in Energien schwimmt und ihr Menschen selbst seid ein Teil des Wassers, in dem ihr schwimmt. Durch Manipulation des Wassers um dich herum kannst du Strömungen dazu bringen, von dir zu jemand oder von jemandem zu dir zu drücken oder zu ziehen. Diese Strömungen, wie du dir gut vorstellen kannst, sind die Energien, von denen wir sprechen. Du brauchst diese Energien nur mit deinem Geist zu steuern, um diese Strömungen zu bilden. Denen, die sie brauchen, stehen Lagerhäuser voller Strömungen zur Verfügung. Und bei dieser Manipulation findest du heraus, dass diese Lagerhallen auch dir selbst zur Verfügung stehen. Es geht um Erschaffen und Entschaffen von Energien. Ihr selbst seid im wahrsten Sinne des Wortes Götter auf eurer Ebene, da ihr eure Kreationen auf eurer eigenen Ebene und in den Dimensionen des Bewusstseins erschaffen könnt und das auch tut. Ihr seid jedoch nicht gleichwertig oder so groß wie der gesamte, ganzheitliche, umfassende Aspekt des Konzepts von Gott, das ihr habt. Keiner von euch auf dieser Ebene könnte jemals hoffen, dieses Niveau zu erreichen. Es genügt jedoch zu sagen, dass jeder von euch einen Teil dieses totalen, allgemeinen Bewusstseins in sich trägt. Und ihr seid in der Tat in der Lage, zu erschaffen und zu entschaffen. Deshalb seid ihr nach eurer eigenen Definition von Gott, dem Schöpfer, ein Gott in und aus euch selbst. Ihr, ihr selbst, seid göttliche Schöpfer. Vielleicht nicht auf derselben Ebene, die ihr dem allumfassenden Gott zuschreibt. Hier ist jedoch wichtig zu beachten, dass ihr selbst in der Tat Schöpfer seid.

* * *

Phil: Es gibt ein physikalisches Energiespektrum. Es gibt diese Energien, die konstituieren und in angemessenem Verhältnis dazu beitragen, dass du sie als physisch wahrnimmst. Die richtige Kombination verschiedener Energien manifestiert eine physische Form. Die physische Form, die du um dich herum siehst, ist eine Kombination vieler verschiedener physischer Energien, die sich manifestieren, um diese Formen zu erzeugen, die du siehst. Deine Augen nehmen diese Energien wahr und so wirst du physische Form wahrnehmen.

* * *

Brenda: Ich befinde mich in einem Nexus, der ein Schnittpunkt mehrerer Universen in Kontinuität ist. Ich beobachte, wie sie interagieren. Und ich betrachte die Muster, die sie in ihrer Struktur der Existenz verursachen.

D: *Das klingt kompliziert. Ist es schön anzusehen?*

B: Ja, das ist es. Wirklich komplex und schön. Es ist schwierig zu beschreiben. Es hängt davon ab, von welcher Ebene aus man es betrachtet. Auf einer Ebene sieht es wie Wetterleuchten aus, kennst du das? (Ja.) Stell dir Wetterleuchten aller erdenklichen Farben vor und sieh alles miteinander interagieren. Die verschiedenen Energiefelder in verschiedenen Farben, die fließen und flackern. Und du betrachtest es auf einer anderen Ebene und du kannst das Raster der Zeit sehen, die sich umher windet und interagiert und sich verändert. Es kommt nur darauf an, auf welcher Ebene man es betrachtet. Es gibt noch andere Ebenen. Es ist sehr komplex und sehr schön.

* * *

Brenda: Ich beobachte das Netzwerk der grundlegenden Energieteilchen, die das Universum ausmachen und es zusammenhalten. Du könntest es auf verschiedene Arten beschreiben, je nach deinen Wahrnehmungen und welche Organisationsebene man betrachtet. Einerseits sieht es aus wie eine lose gewebte Decke, in der jeder einzelne Faden bestimmte Energiearten repräsentiert, die sich verweben und mit den anderen Energien interagieren und alles zusammen und in Ordnung halten. Und auf der anderen Seite, wenn man es anders betrachtet, sieht es aus wie ein Energienebel, da alles Energie ist und sich überall ausbreiten wird. Es ist so, als ob du im Nebel wärst und jedes einzelne Partikel sehen könntest, das den Nebel ausmacht, um eine Analogie zu verwenden. Auf der Erdoberfläche, auf der du dich befindest, besteht der Nebel aus winzigen Feuchtigkeitspartikeln. Es ist, als ob man jedes einzelne Partikel einzigartig und komplett für sich selbst sehen könnte. Doch in diesem Fall ist jedes einzelne Teilchen ein Energieteilchen und jedes einzelne Teilchen ist lebendig auf seine eigene Art und Weise. Es ist aufgeregt. Es vibriert und bewegt sich in seinen winzigen Einflussbereich. Und das ist überall mit den unzähligen Partikeln so.

D: *Wären das Atome?*

B: Kleiner als Atome. Atome sind zusammengeballte Energieteilchen. Diese sind so, wie die subatomaren physikalischen Eigenschaften, die eure Wissenschaftler zu studieren versuchen. (Pause) Ich kann die Verbindung mit deiner Sprache nicht herstellen. Eure Wissenschaftler benutzen so seltsame Namen. Quarks? Dinge wie kleine, winzige Neutrinos aus Energie. Die Energien und Partikel, die an der Entstehung davon beteiligt sind, was in deiner Sprache als die neue Physik bezeichnet wird. Das ist das erste Aufglimmen einer Vorstellung davon, wie die Dinge sind. Da dies ein neues Fachgebiet ist, das sie studieren, haben sie noch keine Kenntnisse davon. Man ahnt kaum, dass dieser Aspekt der Dinge existiert. Eure Wissenschaftler versuchen, ihn zu verstehen und zu qualifizieren. Um Regeln zu erkennen, um Dinge zu erklären, die beobachtet werden, aber was sie beobachten, ist ein sehr unvollständiges Bild. In einer Analogie würde ein längerer Film in euren Kinos gezeigt und alles, was man zu sehen bekäme, wäre ein einziges Bild des gesamten Films. Und daraus eine Erklärung zu versuchen, worum es in dem Film geht und wie die Handlung der Geschichte verläuft.

D: *Nur aus einem Bild?*

B: Richtig. Und das ist es, was deine Wissenschaftler mit dieser Energie versuchen. Was sie beobachtet haben, ist das Äquivalent von vielleicht einem kleinen Detail, das sie auf diesem einen Bild gesehen haben. Vielleicht die Haarfarbe von einem der Akteure auf diesem einen Bild. Und aus diesen Informationen versuchen sie zu rekonstruieren, wovon der Film handelt. Die Handlung der Geschichte, wer sie geschrieben hat, worum es in der Musik ging und all das. Und das ist unmöglich. Sie müssen mehr erforschen und mehr beobachten, bevor sie herausfinden können, was wirklich vor sich geht. Sie haben bereits die richtige Verbindung zwischen dieser neuen Physik und der alten Wissenschaft der Mystik hergestellt. Aber die alte Wissenschaft der Mystik stammt zum Teil von alten Zivilisationen und teilweise aus Jahrtausenden der Beobachtung. Die gesamten Beobachtungen, aus diesen

Dingen, die durch diesen Energienebel verursacht werden, den die Menschen beobachtet und zu erklären versucht haben.

D: *Aber wie können sie das Gesamtbild erfassen? Sie können diese Dinge nicht sehen.*

B: Nein, aber sie können die Auswirkungen dieser Dinge beobachten, die ihnen verstehen helfen würden, was das ist. Hauptsache, sie halten ihren Geist für alles offen, egal, wie absurd es klingt oder wie unwahrscheinlich es zunächst erscheinen mag. Denn alle Unwahrscheinlichkeiten und alle Dinge, die uns absurd erscheinen, sind auch Teil des Universums. Dinge, die man „zufällig" und „Zufall" nennt, sind allgemeine Bezeichnungen von Dingen, die dadurch verursacht und beobachtet wurden.

D: *Du sagtest, dies basiere auf der Wissenschaft der Mystik. Viele Leute betrachten das als Hexerei und okkult. Meinst du das?*

B: Ja, teilweise. In dem Zeitalter, in dem du dich gegenwärtig befindest, haben sich die Leute von ihren Wurzeln abgeschnitten. Und im Verlauf dieses Prozesses haben sie die Mystik geleugnet und gesagt, sie seien moderne und gebildete Menschen, denen Wissenschaft alles erklärt. Wenn die Wissenschaft schließlich zu ihrem ultimativen Höhepunkt voranschreitet, wird jeder Mystiker sein. Mit Mystik beziehe ich mich auf alles, was mit höheren Ebenen zu tun hat, einschließlich der Hexerei, des Okkultismus, der verschiedenen mystischen Religionen aus dem Osten: Buddhismus oder Hinduismus und so etwas in der Art.

D: *Viele Leute werfen einfach alles in einen Topf, weil sie glauben, das sei die dunkle Seite.*

B: Ja. Die Macht kann pervertiert und für den falschen Zweck genutzt werden, wie auch alles andere. Aber es ist zum Wohl der Menschheit angebracht, mit dieser Kraft bekannt und vertraut gemacht zu werden und sie für die Lösung ihrer Probleme zu nutzen. Es gibt immer noch Kulturen, die offener dafür sind als andere. In deiner Kultur wurde dieses Wissen abgeriegelt. Aber es gibt viele Individuen, die dies in ihrem Leben praktizieren und helfen, ihre Traditionen lebendig zu erhalten, was wichtig ist. Das scheint ein Merkmal der Menschheit zu sein. Dinge, die sie nicht verstehen, werden kategorisiert, in eine Schublade gesperrt und vergessen, oder sie versuchen es zumindest. Und von allem, was es gibt, kann man lernen und du kannst von allem profitieren, was es gibt, von einigen Dingen mehr, als von anderen, aber im Allgemeinen ist es wahr. Zum Beispiel haben sie in eurer

Wissenschaft der Medizin Impfstoffe entwickelt. Und so werden nun von allen Menschen Impfstoffe verwendet, um Krankheiten vorzubeugen und ein Ungleichgewicht des Körpers zu verhindern. In früheren Zivilisationen entwickelten ihre Wissenschaften das, was heute als Mystik bezeichnet wird und jeder benutzte es, um das Ungleichgewicht des harmonischen Ganzen zu verhindern. Durch ihre eigene Natur hat sie das erreicht, was alle eure einzelnen Wissenschaften jetzt versuchen, zu erreichen. Ihre Wissenschaften begannen als ähnliche Einzelwissenschaften und wurden dann vereint, da sie in den Bereichen des Wissens weit fortgeschritten waren. Und sie erkannten, dass alles eins ist, ein harmonisches Ganzes ist. Sie vereinigten sich und die Menschen lernten und wandten das Wissen an, das sich entwickelt hatte. Es ist als Mystik bekannt, weil sie nach dem Ultimativen gestrebt hatten und feststellten, dass diese zugrunde liegende Energie alles organisiert. Und wenn man sich dessen bewusst ist und weiß, wie dies geändert oder manipuliert werden kann, um das zu erreichen, was du willst, während du in Harmonie damit bleibst, dann ist alles, was getan werden muss, getan.

D: *Du meinst, sie haben herausgefunden, dass sie es nicht für die Medizin brauchen?*

B: Als sie diese Ebene erreicht hatten, wo sie in Harmonie mit dem Ganzen sein konnten, wurde Medizin nicht mehr benötigt. Sie war überflüssig, denn es war selten, dass jemand krank wurde. Sie wussten, wo sie aus dem Gleichgewicht geraten waren. Und sie haben ihre Energien verändert, um alles wieder ins Gleichgewicht zu bringen. Dann waren sie nicht länger krank.

D: *Kannst du mir sagen, welche Zivilisationen das bis zu einem so hohen Grad entwickelt hatten?*

B: Es waren mehrere Zivilisationen, aber sie standen in Kontakt mit den anderen. Es war eine weltweite Art von Wissen, aber verschiedene Teile der Welt hatten aufgrund ihrer Kultur subtil unterschiedliche Sichtweisen. Es gab die Zivilisation Atlantis und eine Zivilisation in Südamerika. Und es gab mehrere Zivilisationen im Osten: eine in Indien, eine in den Bergen, die heute „Tibet“ heißen und eine an dem Ort, der „Sri Lanka“ genannt wird. Und zwei verschiedene Zivilisationen entstanden an dem Ort „China“ genannt, aber sie lebten in Harmonie miteinander. Sie wurden als eine Zivilisation mit einer doppelten Kultur betrachtet. Und diese Zivilisationen trugen alle von ihren verschiedenen Standpunkten aus zum

Erfolg bei, die Wissenschaften zu einem vollständigen Ganzen zu entwickeln.

D: *Existierten diese anderen Zivilisationen zur gleichen Zeit wie Atlantis?*

B: Ja. Atlantis gab es schon länger als die meisten von ihnen, aber sie alle waren alte Zivilisationen. Die Zivilisationen in Tibet und Südamerika entstanden ungefähr zur gleichen Zeit wie Atlantis und die anderen Zivilisationen kamen etwas später. Aber sie existierten lange genug, sodass sie alle in hohem Maße vorangekommen waren.

D: *Ich denke, dass viele Leute die Vorstellung hegen, dass diese Zivilisationen nach der Zerstörung von Atlantis entstanden sind.*

B: Eine Reihe von neuen Zivilisationen kam nach der Zerstörung von Atlantis. Als Atlantis zerstört wurde, erschütterte es die menschliche Interaktion auf der ganzen Welt, Wissenschaften, Kunst, etc. betreffend. Die ganze Welt spürte die Auswirkungen. Atlantis war die Hauptzivilisation, das Zentrum der Zivilisation im Allgemeinen. Und als es zerstört wurde, schien das die lebenswichtige Energie der anderen Zivilisationen so zu untergraben, dass auch sie sanken. Aber diese anderen Zivilisationen führten zur Geburt der gegenwärtigen Welt.

* * *

Brenda: Ich betrachte die gesamte Struktur der Zeit. Sie ist sehr kompliziert. Fast wie eine hohle Kugel aus feinem Silberdraht. Und all diese Drähte gehen rundherum und überkreuzen einander gegenseitig, ähnlich einem dreidimensionalen Modell des Atoms und wie man die Elektronen sieht, die es umkreisen. Es gibt eine Reihe von Silberdrähten, die so herumlaufen. Und es gibt eine weitere Serie von Silberdrähten, die sich im rechten Winkel mit all dem überschneiden. Und das bildet diese hohle Kugel. Es ist schwer zu beschreiben, es ist sehr kompliziert.

D: *Es klingt kompliziert.*

B: Und eine Sache kann dir Hoffnung machen, da sie so strukturiert ist, bedeutet das, dass alles passieren kann. Weil all die Kombinationsmöglichkeiten hier vorhanden sind.

D: *Du meinst, es ist nicht festgelegt oder vorherbestimmt, wo was sein muss.*

B: Nein. Das ist der Grund, warum Magie und so etwas funktioniert. Wenn du willst, dass etwas passiert und du meditierst darüber und projizierst mentale Energie auf dieses Ereignis, wird das verursachen, dass dein Leben in diesen Zeitstrom geleitet wird.

* * *

Brenda: Es mag eine Wiederholung von etwas sein, das du zuvor gehört hast, aber es kann gar nicht zu sehr betont werden. Zuerst einmal musst du erkennen, dass alles, das Energie erzeugt, Schwingungen auslöst. Dinge, die Licht erzeugen, das eine Form von Energie ist, stoßen Lichtwellen aus und du siehst sie leuchten wie eine Glühbirne. Oder etwas, das Klang erzeugt, sieht man vibrieren und hört den Klang, aber es ist immer noch Schwingung und es ist immer noch Energie. Auch das Gehirn erzeugt Energie. Alles, was im Gehirn passiert, erzeugt Energie und damit Schwingungen. Das bedeutet, dass einer deiner körperlichen Prozesse oder einer deiner Gedanken oder irgendeine Emotion Schwingungen auslöst. Und diese Schwingungen beeinflussen den Äther, der dich umgibt. Du bist umgeben, gefüllt und durchdrungen von Schwingungen aus Milliarden verschiedener Quellen. Diese Schwingungen gibt es auf allen Niveaus und in jeder Stärke. Und die Energie, die von deinem Gehirn abgegeben wird, ist ausreichend, um einige dieser Schwingungspegel zu beeinflussen. Folglich kann man zukünftige Ergebnisse dadurch beeinflussen, wie man an sie denkt. Ich weiß, dass du das schon mal gehört hast, aber ich erkläre es dir erneut, damit du nicht entmutigt wirst, wenn es um Dinge geht, die anfangs nicht zu funktionieren scheinen. Du denkst einfach weiter an das, von dem du willst, dass es geschehen soll und es geschieht. Manchmal auf unerwartete Weise, denn manchmal müssen die Schwingungen viele Kanäle durchlaufen, um das zu beeinflussen, was betroffen sein muss. Ich kann das sehr deutlich sehen. Ich weiß nicht, ob ich es gut genug erkläre, so, dass es dich überzeugen kann.

D: *Du machst das sehr gut. Wenn mich etwas verwirrt, frage ich dich.*

B: Dein Gehirn ist das Schwingungszentrum deines Körpers. Und es gibt einen Fokus dieser Schwingungen, genannt Solarplexus. Und der funktioniert wie ein Objektiv, das Licht fokussiert. Der Solarplexus fokussiert diese Schwingungen und sendet sie dann wieder an alle Teile des Körpers und in deine Aura aus, um die Dinge im Gleichgewicht zu halten. Wenn du meditierst und dich öffnest, um Schwingungen zu absorbieren, die deine eigenen Schwingungen wieder auffüllen, solltest du dir vorstellen, wie sie durch die Oberseite deines Kopfes eintreten und dann bis zu deinem Solarplexus vordringen. Damit der Solarplexus diese Schwingungen in deinem Körper dorthin ausbreiten kann, wo sie gebraucht werden, damit alles ins Gleichgewicht gebracht wird.

D: *Mir wurde beigebracht, durch den ganzen Körper zu gehen und jedes Chakra mit Energie zu versorgen und dann den Überschuss durch die Füße nach unten in den Boden zu leiten. Wäre das falsch?*

B: Nicht falsch. Es ist eine Art, das zu tun. Wenn du durch jedes Chakra gehst, stelle sicher, dass auch der Solarplexus aufgeladen wird. Auf diese Weise revitalisiert es den Körper, aber du solltest sichergehen, dass du auch deine Aura revitalisierst, die sich weit über deinen Körper hinaus ausdehnt. Daher stelle sicher, ein extra Energiepaket zum Solarplexus zu schicken, um sicherzugehen, dass deine Aura bis an die Grenzen revitalisiert wird, um dich vor jedem Schaden zu schützen, der in deine Richtung kommen könnte. Und dann, ja, irgendeine überschüssige Energie sollte durch die Sohlen deiner Füße in die Mutter Erde. Das lädt deine Aura wieder auf und hilft, dich zu schützen, wenn deine Verteidigung nachlässt, wie z. B. im Schlaf. Es ist ratsam, zusätzliche Dinge zu tun, um sich selbst während des Tages zu schützen. Entweder, indem du dir deine Aura strahlend weiß oder golden vorstellst, oder indem du dir eine Energiepyramide um dich herum vorstellst. Mit welcher Methode auch immer du dich wohlfühlst, denn wenn man mit anderen Menschen interagiert, braucht man zusätzlichen Schutz. Aber nachts, in der Privatsphäre deines Hauses, wenn du schlafen gehst, sollte der Schutz deiner Aura ausreichen. Vielleicht möchtest du dir eine Energiepyramide um dich herum vorstellen, kurz bevor du schlafen gehst, aber du brauchst dir darüber keine Gedanken zu machen. Du wirst während der Nacht geschützt, während du schläfst, weil das Unbewusste einen sehr guten Job macht. Und wenn du liegst und die Pyramide projizierst, stelle dir vor, dass du ungefähr ein Drittel der Höhe vom Boden der Pyramide entfernt bist, denn dort ist der Fokus der Kraft und Energie der Pyramide.

D: *Du meinst, als ob der Körper so weit über dem Boden der Pyramide schweben würde.*

B: Ja, aber du wirst immer noch von der Pyramide umgeben sein, sogar die Unterseite deines Körpers. Sie ist eine sehr mächtige Figur. Ich muss mich konzentrieren. Es ist schwer zu erklären, was die Pyramide alles kann.

D: *Viele Leute haben mir gesagt, dass es keinen Grund zur Sorge gibt. Du musst vor nichts geschützt sein.*

B: Es ist wie bei einem Blitz. Der Blitz ist eine neutrale Kraft. Er ist nicht gut oder schlecht, er ist einfach da. Er ist sehr mächtig. Auf der einen Seite kann er zur Stromerzeugung genutzt werden. Auf der anderen Seite kann er Menschen töten. Diese Kräfte sind grundsätzlich neutral und man kann sie für seine eigenen Zwecke nutzen, wenn man vorsichtig ist. Aber gleichzeitig muss man sicherstellen, dass man geschützt ist, wenn man sich für Forschung und neue Erfahrungen öffnet, denn diese neutralen Kräfte haben keine Moral. Sie verhalten sich nur so, wie ihre Energie in einer bestimmten Situation fließt. Und du musst sicherstellen, dass du gegen negative Ströme geschützt bist. Es wäre gut, unserem Rat zu folgen. Er soll dir helfen, voranzuschreiten und erleichtert uns die Kommunikation mit dir.

D: *Aber wie auch immer, du hast gesagt, dass du diese Schwingungen für das, was du erreichen willst, aussendest. (Ja.) Sobald du sie verschickt hast, muss es dann passieren?*

B: Es gibt Dinge, die es beeinflussen können. Wie zum Beispiel, du sendest Gedanken aus, weil du willst, dass etwas geschieht. Und sie werden losziehen und anfangen, dafür zu sorgen, dass die Dinge an ihren Platz kommen, damit es geschieht. Aber wenn du später entmutigt oder deprimiert sein wirst und Gedanken ausschickst wie: „Mensch, das wird nie passieren.“, wird das deinen Impuls schwächen. Und wenn du über deine Depression hinweg bist, musst du wieder starke Gedanken aussenden, positive Gedanken, die helfen, den Schwung zurückzugewinnen, damit es sich verwirklichen kann.

D: *Um die ursprünglichen Gedanken wieder zu verstärken?*

B: Richtig. Und das funktioniert mit allem. Jede Veränderung in deinem Leben, sei sie geschäftlich oder privat. Eine Beziehung zwischen dir und einem anderen oder etwas, das du tun willst, oder persönliche Träume oder irgendetwas.

D: *Mir wurde beigebracht, dass Gedanken sehr mächtig sind und dass sie das erreichen können, was man will.*

B: Ja, das können sie. Und deshalb musst du vorsichtig mit negativen Gedanken sein, weil sie auch mächtig sind. Und sie können deine positiven Gedanken neutralisieren. Wenn du also deine positiven Gedanken verwirklichen willst, denke weiter positiv an sie. Meditiere intensiv über sie. Visualisiere sie richtig. Bist du mit diesem Konzept vertraut?

D: *Man visualisiert es, nachdem es bereits passiert ist?*

B: Ja. Oder du stellst dir vielleicht sogar vor, wie es passiert, als ob du darüber schweben und beobachten würdest. Und danach male dir alle positiven Veränderungen aus, die sich dadurch ergeben haben, dass es passiert ist. Und wie die Welt und dein Leben danach aussehen würden.

D: *Mir wurde beigebracht, es als bereits geschehen zu visualisieren und mit so vielen Details wie möglich zu füllen.*

B: Ja, genau. Füge Dialoge, Gefühle und alles hinzu, als ob du das wirkliche Leben beobachtest. Denke daran, je größer das Projekt ist, desto länger dauert es manchmal, weil es mehr Kanäle gibt, die deine Gedanken durchlaufen müssen, um alle Voraussetzungen zu schaffen.

* * *

Bei einem Gruppentreffen fragten wir nach heilender Energie. Ein Mitglied der Gruppe fragte: „Ich habe ein Interesse daran, anderen bei ihrer Heilung zu helfen. Woher kommt die Energie, die beim Akt der Hilfe verwendet wird?"

Phil: Die kosmischen Energien, von denen wir vorhin gesprochen haben, sind jene Energien, nach denen du fragst. Du musst nur deinen Geist öffnen, um diese Energien zu bündeln. Öffnen und akzeptieren und dein Geist wird wahrlich wie ein Kristall funktionieren.

D: *Kann jeder diese Energien nutzen oder sind sie besondere Geschenke zur Heilung?*

P: Diese Energien sind für praktisch alle im Universum zu ihrem Vorteil und zugunsten anderer nutzbar, wenn sie dies wünschen. Sie sind nicht exklusiv. Ihr könnt diese Energien nutzen, wie ihr es für richtig haltet.

D: *Können diese Energien schädlich für die beteiligten Personen sein?*

P: Es gibt so etwas wie Überladung, aber das ist nicht besonders schädlich. Es ist lediglich ein Ungleichgewicht. Du würdest niemanden töten, indem du diese Energien nutzt. Fürchte dich nicht, denn das sind Gottes Gaben, so sicher wie das Sonnenlicht und die Luft auf deinem Planeten. Schätze sie und nutze sie in gutem Glauben und sie werden dich mit der Zeit schätzen.

Teilnehmer: *Mehrere Menschen erhalten das, was wir eine „Heilung" nennen, jedoch innerhalb eines kurzen Zeitraums von sechs Monaten oder einem Jahr entwickeln sie ein anderes Problem oder fallen in das gleiche Problem zurück.*

P: Du sagst, dass die Heilung nicht erhalten bleibt oder abnimmt?

Teilnehmer: *Nun, es erscheint uns so. Sie sind eine Zeit lang geheilt und dann fallen sie in die gleiche Krankheit zurück.*

P: Ja, das ist natürlich. Die Auswirkungen sind nicht immer dauerhaft. Wenn die Krankheit so stark ist, wäre eine periodische Wiederholung, ein Verstärker, wenn du so willst, notwendig und angemessen. Dies bedeutet weder, die Auswirkungen der Heilung zu bagatellisieren, noch übertreibt es die Wirkung der Krankheit. Es ist einfach eine Tatsache, dass oft ein Verstärker notwendig ist. Ihr werdet mit diesen Aktionen vertrauter, je öfter ihr diese Energien nutzt. Einige Krankheiten können eine kurze Heilungssitzung erfordern, andere können eine ausgedehnte Heilungssitzung erfordern, manchmal auch lebenslange Verpflichtung, um eine Heilung zu bewirken. Die erste Frage, was die Heilung betrifft, kann am besten als undichter Eimer visualisiert werden. Wenn der Eimer Löcher hat, müsste er ständig mit Wasser gefüllt werden. Der Eimer wird Wasser auslaufen lassen, bis die Löcher verschlossen sind. Heilung ist nur die Tat, in diesem Beispiel zur Illustration, bei der der Eimer mit Wasser gefüllt wird, was die Symptome vorübergehend verdeckt. Die Löcher in dem Eimer müssen verschlossen werden, damit die Heilung abgeschlossen ist.

Teilnehmer: *Ist es möglich, dass der Zeitpunkt unseres Todes vorprogrammiert ist? Ist es möglich, dass dies in unserer DNS liegt oder erblich ist? Zum Beispiel wird eine Person geboren und sie soll 35 Jahre leben. Könnte sie früher durch einen Unfall sterben oder die Spanne ausdehnen? Wäre das möglich?*

P: Dafür könnte es viele verschiedene Gründe geben. Der Zeitpunkt könnte vorprogrammiert sein, um das Leben in einem vorbereiteten Zeitraum zu leben oder von unsachgemäßer Ernährung oder Lebensweise kommen. Er könnte durch einen Unfall verursacht werden. Es gibt viele Dinge, die zu einem Loch im Eimer führen können, sozusagen. Wie eine Zeit für das Leben, so ist auch der Tod notwendig, um voranzukommen. Stagnation würde eintreten, wenn es keinen Tod gäbe, der einen in den spirituellen Bereich brächte. Das ist ein laufender Prozess, der sich am besten zum Erlernen von vielen Informationen eignet. In dieser Hinsicht ist alles so, wie es sein sollte.

Teilnehmer: *Ich war nur neugierig, ob wir es verlängern können oder freiwillig verkürzen. Ich fragte mich, ob meine DNS eine Art Vorprogrammierung hat.*

P: Es gibt ein Maximum, das in der DNS programmiert ist. Die aktuelle Uhrzeit ist mit ziemlicher Sicherheit von der Person abhängig.

Das Gespräch verlagerte sich darauf, Energie zu nutzen, um in finanziellen Situationen zu helfen.

P: Diese Energie, die du vielleicht überraschenderweise finden könntest, ist eine fast identische Energie, die sich jedoch auf unterschiedliche Weise manifestiert. Die Energie, die Finanzen bringt, ist in der Tat die gleiche Energie, die auch Gesundheit oder Krankheit bringt. Bist du überrascht, das zu erfahren? Um eine Erhöhung der finanziellen Energie zu stimulieren, wäre die Nutzung der gleichen Technik der Visualisierungen und Affirmationen angebracht, die auch für die Heilungsenergie verwendet werden. Das ist einfach so, als ob du den gleichen Strahl weißen Lichts durch zwei getrennte Prismen brechen würdest. Eines hätte die Tendenz, mehr blaue Farbe hervorzuheben und das andere neigte dazu, mehr grüne Farbe hervorzubringen. Es ist zwar die gleiche Energie, wird aber unterschiedlich übersetzt. Dic Encrgic ist grundsätzlich neutral, sie wird einfach so genutzt. Diese Energie kann Armut oder Reichtum bringen oder sie kann Gesundheit oder Krankheit bringen. Sie kann viele Dinge bringen. Sie kann Glück bringen und Traurigkeit oder sie kann Gesundheit oder Wahnsinn bringen. Es hängt immer davon ab, wie sie verwendet wird und von der Absicht, mit der sie sich manifestiert.

D: *Die meisten Leute denken, dass sie entweder gut oder schlecht ist.*

P: Viele würden sich dafür entscheiden, dass jemand anderes es getan und verursacht hat. Und dabei sind sie es selbst, die ihren eigentlichen Lebensinhalt zunichtemachen. Und das heißt, zu lernen, diese Energien auf die konstruktivste Weise zu bündeln. Der wirklich zugrunde liegende Anlass für eine Geburt, inkarniert, körperlich zu sein, ist, zu lernen, Lenker dieser Energie zu werden.

D: *Vielleicht ist das eine der Lektionen, die wir versuchen zu lernen.*

P: Das ist die Lektion, die wir alle zu lernen versuchen. Das ist die Lektion, die auf diesem Planeten zu lernen ist. Denn alles lässt sich bis zu diesem Thema zurückverfolgen. Die Lektionen der Heilung, die Lektionen der Liebe, die Lektionen des Verstehens, die Lektionen der Geduld. Alle haben ihre Wurzeln in diesem grundlegenden Fundament: der Nutzung der Energien. So spiegelt es auf der physischen Ebene am ehesten wider, was der wahre Plan Gottes ist. Diejenigen, die diese Energie unklug oder unwissentlich manipulieren, werden feststellen, dass sie Situationen schaffen, die nicht produktiv oder planmäßig sind. Der gesamte Zweck für das Inkarnieren und Lernen, ist zu lernen, versierte Lenker dieser Energie zu werden. Und bei allem, was du tust, lernst du sie auf die eine oder andere Weise zu manipulieren, sei es finanziell oder politisch oder gesundheitlich oder einer anderen von vielen, vielen verschiedenen Möglichkeiten.

D: *Die meisten Leute merken nicht, dass sie selbst anziehen, was sie wollen, auch wenn es schlecht ist.*

P: Sie ziehen es weniger an, als sie es manifestieren. Jeder von euch manifestiert, was er glaubt. Es ist nicht so, dass es da draußen ist und zu euch kommt. Natürlich weißt du, dass wir uns in einer semantischen Diskussion befinden, aber es ist ein schöner Punkt, der verstanden werden muss. Dass du tatsächlich manifestierst, was du glaubst. Es ist nicht so, dass es umherfliegt und sich irgendwie mit dir verbindet und dann findest du dich in den Gruben der Qualen und Verzweiflung wieder. Nein, nein. Es wurde diese Situation, die man so unangenehm findet, durch einen Missbrauch oder ein Missverständnis der Energien manifestiert. Sie werden nicht zu einem gebracht, sie werden von einem gemacht.

D: *So wie die Leute sagen: „Alles geht immer schief. Nichts, was ich tue, klappt."*

P: Ja, das stärkt das gesamte Konzept von „alles passiert mir". Und so geht man durchs Leben und denkt darüber nach, wie falsch das Leben für einen ist und wie unglücklich alles ist. Und die Gedanken lenken die Energie in Situationen solcher Art. Du bekommst, worum du bittest.

D: *Natürlich wären sie die Letzten, die zugeben würden, dass sie es tatsächlich selbst sind, was dazu führt, dass dies mit ihnen selbst passiert. Sie sagen: „Ich will nicht unglücklich sein. Ich will nicht krank sein."*

P: Das ist richtig. Und die Person, der am schwersten zuzuhören ist, bist du selbst. Es gibt zu dieser Zeit auf diesem Planeten einen Mangel an Verständnis der Beziehung zwischen Emotionen und Gesundheit. Denn würdet ihr all diese Erkenntnisse integrieren, würde die Erholung viel schneller und effektiver stattfinden. So kann man aus emotionaler Sicht sagen, dass durch das Einbringen von Disharmonie in die Harmonie, diese Disharmonie dann überall verbreitet wird, vorausgesetzt, dass der Körper von Anfang an in Harmonie war. Damit du das überhaupt als Disharmonie oder Unbehagen betrachten kannst. Und in jemanden eingebracht, der nicht mit sich selbst im Frieden ist, kann man sehen, dass sich diese Krankheit überall im Körpersystem verbreitet. So fühlt man sich unwohl und ist einfach unharmonisch aus emotionaler Sicht. Es kann aus mathematischer Sicht betrachtet werden, wenn du es auf dieser Ebene betrachten möchtest. Zum Beispiel, wenn du vielleicht eine perfekte Gleichung hast, eine, die perfekt aufgeht, ohne dass es einen Rest oder Teiler gibt. Wir werden hier vorsichtig sein, denn dieses Vehikel hat kein höheres Verständnis der Mathematik, aber wir werden sein Niveau verwenden, um dies zu erklären. Wenn du sehen kannst, dass es eine gegebene Gleichung gibt, die bestimmte Berechnungen erfüllt und eine perfekt ausgewogene Lösung ergibt, dann ist das Harmonie. Wenn man jedoch in diese Gleichung eine Variable oder eine Zahl einträgt, die vielleicht dazu neigt, Reste erscheinen, oder die Gleichung zu einem weniger perfekten Ergebnis kommen zu lassen, dann wird, je nach Zusammenhang, Disharmonie oder Krankheit herauskommen. Es gibt in der Tat einen Rest, im mathematischen Sinn.

D: *Sie geht sich nicht aus.*

P: Genau. Es kann durch Musik als Missklang oder durch eine Reihe verschiedener Methoden vermittelt werden, die man „Analogien" nennen könnte. Diese sind alle wahr und gleichzeitig und alle passieren gleichzeitig. Es ist einfach so, dass du dich für etwas, das geschieht, auf einer oder mehreren Bewusstseinsebenen entscheidest.

D: *Was können diese Menschen dann tun, um sich neu zu orientieren oder wieder in Harmonie mit sich selbst zu kommen?*

P: Sie sollten sich immer von dem umgeben sehen, was für sie die bestmögliche Lösung ist. Und so sollte ihr Urteilsvermögen immer berücksichtigen, dieses Niveau perfekter Lebensqualität zu erhalten. Behalte immer diesen Harmoniefaktor im Hinterkopf, das, was wahrgenommen wird, wird für diesen Zweck am besten geeignet sein. Das gilt für alle Aspekte des menschlichen Bewusstseins. Denke immer daran, dass man das empfängt und man das tun wird, was für sich selbst oder für andere am besten geeignet ist, was auch immer das Unterfangen ist. Denn dabei werdet ihr natürlich für euch selbst genau das anziehen, wenn du dich auf diese Ebene der Sprache beziehen willst, worum ihr bittet. Du bist es, in der Tat, die die Realität der harmonischsten Situation manifestiert. Viele auf dem Planeten fühlen, dass sie, um etwas zu manifestieren, bis zu dem Punkt unnachgiebig werden müssen, dass sonst nichts anderes geschehen darf. Der Fehler besteht in der Tatsache, dass das, was man sagt und das, was man denkt, oft nicht miteinander übereinstimmen. Was man wirklich glaubt, ist oft nicht genau das, was man sagt. Und wenn man also etwas sagt, dann löst das in der Tat eine Reaktion aus, die genau das Gegenteil von dem sein könnte, was gesagt wird. Und so wird im festen Glauben die Manifestation stattfinden, die vollständig im Widerspruch zu dem zu sein scheint, was gesagt wird. Man manifestiert, was man am meisten fürchtet, weil man sagt, dass man es nicht erleben wird oder, dass es nicht passieren wird. Aber indem man ständig daran denkt, was auch immer das sein mag, erschafft man es dennoch. Und gerade das, was man so stark ablehnt, muss man erleben oder sich ihm stellen, obwohl man nicht will.

D: *Das ist ein Paradoxon des Menschseins.*

P: Das ist richtig. Ein Manipulator der Energien zu sein ist ein Paradoxon. Es ist eine Falle, weniger erleuchtet zu sein oder zu werden. Und so würde es jedem obliegen, der jetzt da auf dem Planeten ist, ein Lenker der Energien und erleuchteter zu werden. Und mehr darüber zu erfahren, wie man das manifestiert, was wirklich erwünscht ist.

D: *Es würde das Leben viel einfacher machen, wenn die Menschen nur erkennen könnten, dass sie wirklich viel Kontrolle über Situationen und Ereignisse haben.*

P: Das ist richtig. Sie könnten in ihrem Leben wahre Harmonie haben, die jeder sucht. Einige sind tüchtiger und erfahrener als andere. Wir würden sagen, dass jeder von euch, der jetzt in diesem Raum versammelt ist, eine Reise, die vor ihm liegt, auf seine Weise sehen kann. Eigentlich hat, in sehr einfacher Form, jeder auf diesem Planeten die gleiche Reise. Wie auch immer, viele sind sich dessen bewusster als andere.

D: *Wir sind alle auf dem gleichen Weg und gehen nur in verschiedene Richtungen.*

P: Das ist richtig. Allerdings werden alle Pfade irgendwann zusammenlaufen und sich an einem einzigen Ort treffen.

D: *Es sind nur viele weitere Drehungen und Wendungen auf dem Weg nötig.*

P: Das ist richtig.

KAPITEL 14

TRANSFORMATION DES MENSCHLICHEN KÖRPERS

1999 wurde ich zum ersten Mal mit DNS Veränderungen im menschlichen Körper konfrontiert, als ich eine Sitzung mit Luigi bei unserer UFO-Konferenz in Eureka Springs durchführte. Ich hatte seine Mutter Monate zuvor in Florida auf einer Konferenz getroffen, aber wir hatten keine Zeit für eine private Sitzung gehabt. Als ich ihr von der UFO-Konferenz in Eureka Springs erzählte, beschloss sie, mit ihrer Tochter zu kommen. Sie rief ihren Sohn Luigi in Italien an und erzählte davon, also reiste er den ganzen Weg aus Europa an, um teilzunehmen. Als er ankam, entschied sie, dass er die Sitzung mehr brauchte als sie selbst, weil er (vermutlich) einige beunruhigende Erfahrungen mit UFOs gemacht hatte und diese erforschen wollte. Harriet setzte sich bei der Sitzung dazu, ebenso wie seine Mutter. Sie dachte, ich könnte Probleme mit seinem Akzent haben und er könnte Schwierigkeiten haben, ins Englische zu übersetzen, während er unter Hypnose stand. Es stellte sich heraus, dass wir keine Probleme hatten. Im Gespräch vor der Sitzung erzählte er mir, woran er sich erinnerte, also planten wir, bis zu diesem Tag zurückzukehren und mehr darüber zu erfahren. Er war abends in einer Schauspielklasse seiner Schule in Pavia, Italien, gewesen und nach Hause gefahren, als sich der Vorfall ereignet hatte. In seiner Erinnerung sahen er und seine Freundin ein Licht am Himmel und fuhren von der Autobahn ab, um es zu beobachten. Das war alles, was passiert war und dennoch hatte es ihn verstört.

Während der Sitzung stellten wir fest, dass viel mehr passiert war, als nur dieses Licht zu beobachten, was mich nicht überraschte. Als Luigi in den tiefen Trancezustand eintrat, erlebte er den Vorfall erneut. Sie dachten, vielleicht wäre das Licht ein abstürzendes Flugzeug und fuhren von der Autobahn ab, um zuzusehen. Als sie aus dem Auto stiegen, sahen sie, dass es ein riesiges Schiff war, das sich langsam bewegte, bis es über ihnen stoppte. Dann öffnete sich eine Tür auf der Unterseite und ein Lichtstrahl kam auf sie zu. Das nächste was er sah, war, dass er auf einem Tisch in einem Raum lag, der aussah wie ein Operationssaal mit einer großen Leuchte über dem Kopf. Als er sich aufrichtete, sah er ein Wesen, das sich ihm näherte, welches anscheinend ganz aus Licht bestand. Zu meiner Überraschung umarmte ihn das Wesen. Luigi wurde dann emotional, als er sagte: „Ich fühle mich dort sicher. Ich fühle mich glücklich." Er hatte Schwierigkeiten, die richtigen englischen Worte zu finden, um zu beschreiben, wie sich das Wesen anfühlte, als er es berührte: „Als ob dir jemand Energie gibt und du sie fühlen kannst. Als es mich umarmte, fühlte es sich körperlich an. Aber wenn du es berührst ... es ist nicht solide."

Dann wollte ich dem Wesen Fragen stellen und es stimmte zu. Es sagte, dass er nicht das erste Mal an Bord eines Schiffes wäre. Ich fragte, warum er sich nicht erinnere und Luigi sagte: „Besser für mich. Ich werde es später erfahren. Jetzt ist es zu früh." Er sagte, dass das schon lange Zeit so geschähe und sie sich zuvor schon in anderen Leben getroffen hatten. Das Wesen hatte nach unserer Zeitrechnung sechshundert Jahre lang gelebt.

Das hatte ich schon einmal gehört, als ich an solchen Fällen arbeitete. Oft haben Wesen die Seelen durch mehrere Leben begleitet und mit ihnen interagiert, weil sie so lange leben können, wie sie wollen. Manchmal wird der Außerirdische frustriert sein, weil sich die Person nicht erinnern kann und noch einmal an ihre Zustimmung und ihr Engagement für das Projekt erinnert werden muss.

Im gebrochenen Englisch wiederholte Luigi, was ihm das Wesen sagte: „Ich werde es im richtigen Moment wissen. Ich werde eine wichtige Rolle bei dem spielen, was passieren wird. Und sie haben es uns bereits gesagt. Große Veränderungen. Sehr große Veränderungen auf der Erde. Die Kontinente werden sich bewegen. Und das Wasser ... und sie kommen zurück. Wir werden nichts anerkennen. Und sie werden sehr traurig wegen uns sein. Die Menschen haben all diese schmutzigen, dummen Dinge getan. Aber es ist nicht das Ende der Welt. Es wird das Ende einer Ära sein." Die Entitäten konnten nichts tun, um diese Dinge zu stoppen, aber sie versuchten, sie zu verlangsamen. Seine Rolle war, Menschen zu retten und sie würden ihm beibringen, wie man das tut.

Natürlich bin ich immer auf der Suche nach einem Zeitrahmen. Sie sagten, es würde sehr bald sein. Ich wusste, dass das nicht viel aussagte, denn ihr Zeitgefühl ist anders als unseres. Er sagte: „Maximal zwanzig Jahre." Luigi wurde dann eine große Explosion gezeigt und eine giftige Wolke, die sich über das Land verteilte und die Leute rannten davon und versuchten, sich zu verstecken.

Dann wurde ihm das Gleiche gesagt, was ich in diesem Buch bereits zuvor erwähnt habe, dass sie in der Lage sein würden, bestimmte ausgewählte Menschen zu retten, indem sie sie mit an Bord nähmen. Es würde sehr viele Schiffe geben und die Menschen müssten lange Zeit an Bord leben. Dann würden sie zurückgebracht werden: „Und mit ihrer Hilfe wachsen wir weiter. Wir beginnen wieder. Alles ist verändert. Es wird sehr schwer für uns sein. Es ist bereits in der Vergangenheit passiert."

Ich fragte, wer diese Leute seien. „Sie kommen von verschiedenen Planeten, aus verschiedenen Galaxien. Wie eine Union? Um den Planeten zu retten. In erster Linie helfen sie uns, weil wir anders sind. Und das ist ein Planet, der gerettet werden muss, weil wir uns ändern und die Maske nicht mehr haben werden. Sie reisen durch Galaxien. Meistens zu unserer, weil wir mehr Schwierigkeiten haben als andere. Und wir können daraus nicht alleine herauskommen, weil wir immer tiefer sinken. Und wir werden nicht so physisch sein, wie wir jetzt sind. Er hat mir gezeigt, wie wir sein werden. Wir sehen aus wie ... irgendwie wie ein Gespenst, aber mit einer Gestalt."

D: *Ein Gespenst. Du meinst, man kann durchschauen?*

L: Nicht ganz. Es ist schwer, das zu beschreiben. Ich weiß nicht, wie ich das beschreiben soll. Nicht mehr fest.

D: *Eher wie ein Geist?*

L: Ja, aber kein Geist. Er zeigt es mir, aber ich weiß nicht, wie man es erklärt. Nicht so, wie sie sind. Aber fast. Er zeigte es mir gerade. Er wurde einfach ein Schwein. Um mir zu zeigen, wie er werden kann, was er werden will.

D: *Ja. Sag ihm, dass ich verstehe, was er sagt. Er ist ein Energiewesen, nicht wahr? (Ja.) Er kann werden, was er werden will. Aber er sagte, dass wir nicht so sein werden.*

L: Fast, aber nicht ganz.

D: *Aber der Körper wird bis zu einem gewissen Grad noch physisch sein? (Ja, ja.) Wird er noch Nahrung brauchen?*

L: Nicht mehr so sehr wie jetzt. Anders.

D: *Wird er noch Schlaf brauchen? Dinge, die ein Körper braucht?*

L: Ein paar. Nichts davon.

D: *Wird er noch andere Wesen erschaffen müssen, wie ... ich denke an Fortpflanzung?*

L: Er sagt, dass Sex anders sein wird. Nicht mehr körperlich. Es wird wie eine Vereinigung von Energien sein, aber er sagt, es fühlt sich schön an. Es fühlt sich jedenfalls gut an. Er zeigt es mir. Wie zwei Kugeln, die zusammenkommen, um etwas zu erschaffen. Es ist schwer zu erklären.

Diese Art der Reproduktion wurde im Buch *The Custodians* beschrieben.

D: *Ich glaube, ich weiß, was du meinst. Aber ich versuche herauszufinden, was ähnlich und was anders sein würde, da wir fast physisch sein werden. Werden wir Häuser und Gebäude wie jetzt haben? (Ja.) Und Städte.*

L: Städte? Weil wir nicht so sein werden, wie sie sind. Das ist zu viel. Und zu früh.

D: *Wenn wir nicht wirklich solide sind, werden wir dann immer noch unsere Körper gebrauchen, um Dinge zu bauen?*

L: Mit dem Kopf. Der Geist wird sehr stark sein. Wir brauchen nicht mehr zu reden. Und wir werden in der Lage sein, viel länger zu leben.

D: *Kann er ein paar Fragen über dich beantworten? Weil ich weiß, Luigi hat sich gefragt, was in letzter Zeit passiert ist, als er beim Aufwachen gezittert und vibriert hatte. Kann dir dieses Wesen sagen, was während dieser Zeit passiert ist?*

L: Ja. Ich arbeite am System. Ich arbeite an der DNS. Einfügen ... ins Spirant (phonetisch; Hat er Spiralen gemeint?).

D: *Kannst du erklären, was du meinst?*

L: Ja. Weil wir Menschen zwei Spiralen DNS haben. Wir werden zwölf haben.

D: *Warum müssen wir zwölf haben?*

L: Das ist eine höhere Stufe, die wir erreichen können.

D: *Aber wie wird das dem Körper dienen?*

L: Weil wir früher zwölf hatten. Vor vielen Millionen Jahren.

D: *Was ist dann passiert?*

L: Genetische Experimente. Könnten uns zurück zu zwölf bringen. Sie haben uns auf zwei reduziert.

D: *Was waren das für Experimente, die durchgeführt wurden?*

L: Um zu sehen, wie ... was passiert. Und ich schätze, um das zu machen … was wir mit Ratten machen. Mit Tieren. Sie haben es mit uns getan.

D: *Du meinst, sie selbst haben es getan?*
L: Nein, nein, nicht sie. Andere Wesen.
D: *Warum sollten sie das tun wollen?*
L: Zum Ansehen. Nur aus Neugierde.
D: *Um zu sehen, was passieren würde, wenn sie die DNS auf zwei Stränge reduzieren würden, meinst du?*
L: Ja. Deshalb sind wir jetzt so. Und wir haben diese große Maske. Deshalb sind die Menschen so begrenzt. Und deshalb gibt es Leute, die nicht an UFOs und so weiter glauben.
D: *Wird mit uns allen experimentiert, um die Anzahl der DNS Stränge zu erhöhen?*
L: Ein Teil von uns wird sechs haben und ein anderer Teil zwölf.
D: *Und sie tun das jetzt bei bestimmten Menschen in der Bevölkerung, meinst du?*
L: Ja, bei vielen Menschen. Um die DNS zu verändern. Um uns vorzubereiten.
D: *Er sagte, dass sie es jetzt mit Luigis Körper machen. Wird das den Körper in irgendeiner Weise verletzen?*
L: Nein, nein, überhaupt nicht. Wir werden die Krankheiten, die wir jetzt haben, nicht mehr haben. Es ist ein sehr langsamer Prozess und dauert Jahre.
D: *Aber diejenigen, deren Körper vorbereitet wurden, werden diejenigen sein, die an Bord des Schiffes genommen werden, wenn die Änderungen eintreten?*
L: Ja, aber sie sagen, sehr, sehr viele werden das haben.

Mir kam ein Gedanke, als ich das schrieb. In meinem Buch *The Custodians* wurde erwähnt, dass der menschliche Körper an Bord ihrer Schiffe in seinem jetzigen Zustand die Raumfahrt nicht überleben könnte. Der Körper kann mit der Beschleunigung und der Veränderung der Schwingungen in einer anderen Dimension nicht umgehen. Das würde die Menschheit daran hindern, durch den Raum zu reisen, wie sie es tun, weil wir mit der Beschleunigung der Schwingungen beim Durchqueren der Dimensionen nicht umgehen könnten. Wird die Veränderung der DNS ermöglichen, dass sich die Körper an diese Veränderungen anpassen können? Ist dies einer der Gründe dafür? Er sagte, es sei Vorbereitung.

D: *Also arbeiten sie an vielen Menschen. (Ja.) Ist das der Grund, warum mehr und mehr Menschen UFOs sehen und Erfahrungen mit Außerirdischen machen?*
L: Weil es für uns normal werden muss, dass wir sie sehen.

D: *Sie lassen sich jetzt öfter sehen, weil sie das selbst wollen, damit sich die Leute an sie gewöhnen? (Ja.) Wenn dann diese Dinge mit Luigis Körper geschehen, sollte er sich keine Sorgen machen? (Nein.) Sie sind natürlich.*

L: Ja. Einige spüren sie mehr und andere weniger. Aber er ist sehr sensibel. Und sehr bald werde ich physisch das Schiff betreten. Und ich werde mich daran erinnern. Und sie werden mir viele Informationen geben.

Er erinnerte sich dann daran, das Schiff verlassen zu haben, um zu seinem Auto zurückzukehren. Er weinte: „Und alles vor Glück, weil ich mich gut fühle.“ Das war ein ziemlicher Kontrast zu dem, was er fühlte, als er die Sichtung meldete. Da hatte er große Angst vor dem Unbekannten und der Frage, was, wenn überhaupt, passiert war.

Aufgrund der Schwierigkeiten mit seinem gebrochenen Englisch habe ich dieses Band sehr verdichtet und beschlossen, das meiste davon selbst zu erzählen.

Die folgenden Fälle kamen aus anderen Teilen der Vereinigten Staaten und lieferten weitere Informationen über die Veränderungen des menschlichen Körpers.

* * *

Ich traf einen älteren Mann namens John im Sommer 2000 auf einer Tour mit einer Gruppe über die wunderschöne Insel Bali. Neben dem Besuch der Tempel und der Teilnahme an den verschiedenen Zeremonien, wünschte er sich eine private Sitzung mit mir. Er hatte sich viele Jahre lang mit Metaphysik beschäftigt und bereits Details über viele seiner vergangenen Leben durch persönliche Meditation erfahren. Er war sehr daran interessiert, herauszufinden, ob es möglicherweise außerirdische Verbindungen gab. Er hatte keine bewussten Erinnerungen an irgendeine Beteiligung daran, sondern vermutete, dass es, aufgrund vieler ungewöhnlicher Ereignisse sein ganzes Leben hindurch eine Verbindung gegeben haben könnte. Ich sagte ihm, dass ich bei einer Regression die Person nicht führe oder versuche, sie zu beeinflussen, also würde er dorthin gehen, wo er hin sollte.

Die Sitzung fand in einem wunderschönen luxuriösen Hotel am Strand statt. Der Duft von Blumen und der trällernde Gesang der Vögel erfüllte die Luft und drang durch die offenen Fenster herein, als wir begannen. Ich benutzte die Technik, die entworfen wurde, um Probanden in ein passendes vergangenes Leben zu versetzen. Weil er keine bewussten Erinnerungen an außerirdische Interaktionen hatte, schien es am besten, auf meine übliche Art und Weise damit zu beginnen, mit ihm ein vergangenes Leben aufzusuchen. Aber das ist nicht passiert.

Als John die Szene betrat, sah er sich selbst im Pyjama in seinem Hinterhof stehen und auf ein seltsam aussehendes Objekt starren. Es handelte sich um eine glänzende, silberne, konvex geformte Scheibe, die von Beinen getragen wurde. Er rief aus: „Es ist vielleicht acht oder zehn Meter lang. Ich bin überrascht, weil es so eng, so schlank ist. Ich denke, jemand müsste sich darin hinlegen, um hineinzupassen. Es ist nicht so, wie ich dachte, dass es aussehen sollte."

Ich versuchte einen Zeitbezug zu finden, und fragte ihn, wie er aussah. Er sagte, er habe seinen Bart, aber dieser war dunkel (er ist jetzt grau). Er hatte seit etwa fünfzehn Jahren einen Bart und sein Körper fühlte sich jünger an. Das ergab einen angemessenen Zeitrahmen. Er stand da und beobachtete die leuchtende Scheibe, bis er eine weitere Lichtquelle zu seiner Linken bemerkte. Es war ein viel größeres Exemplar mit mehreren Ebenen. „Es hat eine allgemeine Lumineszenz Qualität, die den Bereich zu beleuchten scheint. Es ist metallisch, aber ganz unähnlich der Silberscheibe, die flach ist. Es ist so groß, dass ich nicht alles auf einmal sehen kann. Sie unterscheiden sich gewaltig voneinander."

Als ich ihn fragte, warum er im Hof stand, erzählte er eine Geschichte, die mir bei meinen Untersuchungen solcher Phänomene sehr vertraut geworden ist: „Jemand hat mich hingebracht, damit ich es sehen kann. Ich wollte gerade ins Bett gehen, als ich etwas sah, das um die Ecke des Zimmers flog. Sie brachten mich durch die Decke. Ich kann mich nicht an diesen Teil erinnern. Ich wurde ohnmächtig, als ich zur Decke aufstieg. Draußen hatte dieses Wesen einen Arm unter meinem Gesäß und einen Arm hinter meinem Rücken. Wir schwebten auf einem ... es schien ein Lichtstrahl zu sein. Nach oben in eine Art Schacht und kamen in einen weißen, funkelnden Bereich, der sauber und sehr modern aussah."

Dort wurde er von mehreren Wesen begrüßt, die ihn zu kennen schienen. Sie begleiteten ihn in einen Raum. „Es gibt einen medizinischen Untersuchungstisch mit irgendeiner Art metallischer Steigbügel am Ende für die Füße. Der Tisch ist vergleichbar mit dem in einer Arztpraxis auf der Erde, mit Ausnahme dieser Metallerweiterungen. Er hat eine gepolsterte Oberfläche in sehr hellgrauer Farbe. Ich werde gebeten, mich hinzulegen. Ich scheine keine Angst zu haben. Ich bin ihre sogenannten lustigen Gesichter irgendwie gewohnt. Es ist so, als hätte ich es schon einmal getan und hier bin ich wieder, zu meiner jährlichen Untersuchung oder Ähnlichem."

Die Gestalten standen neben dem Tisch und lehnten sich über ihn. „Ich bin mir nicht bewusst, dass sie etwas anderes tun, als mich nur anzusehen. Ich schätze, sie scannen mich vielleicht mit ihrem Geist, ihren Augen oder so." Es gab keinerlei Ausrüstung oder Instrumente. Die Wesen waren ziemlich klein, aber es gab ein größeres Wesen, das ihm gegenüber ein weibliches Gefühl der Freundlichkeit projizierte. Es war nicht dabei, sondern stand hinter den anderen und beobachtete nur.

Er stand dann vom Tisch auf und ging mit den anderen in einen weiteren Teil des Schiffes. Sie traten durch eine Öffnung in einen großen, runden, gewölbten Bereich mit verstärkten Schichten an den Seiten. Ein helles Licht strahlte von einem großen glühenden Kristall in der Mitte des Raumes. John dachte, dass das die Energiequelle für das Schiff sein könnte. Sie gingen um den überkuppelten Raum herum und durch einen schmalen Flur in einen anderen Raum. Dort wurde er in ein seltsames Gerät gesteckt, das an einer Wand stand.

J: Ich stehe aufrecht in diesem ... ich werde angeschnallt ... Es ist eine Art Glas ... alles durchsichtig. Es ist ein wenig tiefer als ich. Es ist kein Rohr, es ist ein längliches Ding mit flacher Rückseite. Ich stehe hier in diesem transparenten Ding und jetzt kommt Licht von oben herab. Ich schätze, ich bekomme eine Infusion mit Lichtenergie irgendeiner Art. Es ist so, als würde ich draußen stehen und mich selbst beobachten.

Ich versicherte ihm, dass er in Sicherheit sei. Das klang so ähnlich wie das, was mit Phil geschehen war (er beobachtete das in *Keepers of the Garden*), weil seine Persönlichkeit von seinem Körper getrennt worden war. Er wurde auch zum Beobachter.

J: Es ist nur dieses Licht, das von oben kommt. Es erhellt meinen Kopf und ich schätze, dass das Licht durch meinen Körper hindurchgeht. Es fühlt sich wie eine Infusion mit Energie an und verändert meine Molekularstruktur. Ich schätze, es verwandelt ihn mehr und mehr in einen Lichtkörper oder so, auch wenn ich mich im Inneren immer noch sehr schwer fühle. Aber ich schätze, darum geht es. Es scheint nur ein kribbelndes Gefühl zu sein. Jetzt wird mir etwas über die

Änderung der DNS Stränge gezeigt, wodurch die Anzahl der Stränge erhöht werden soll.

D: *Was meinst du damit?*

J: Dass sich die Lichtenergie, die in den Körper eintritt, verändert und die Erhöhung der ... weißt du, dass die DNS Stränge in gewisser Weise wie Stränge aus Lichtstrahlen sind. Und sie werden verändert und erweitert, vergrößert. Das bedeutet, dass es mit jeder Infusion deine Kapazität, immer mehr Licht zu halten, erhöht. Das dauert nicht sehr lange, sie öffnen die Tür und ich trete heraus.

D: *Und der Lichtprozess verändert die DNS in irgendeiner Weise?*

J: Das ist das Verständnis, das ich habe.

D: *Was ist der Zweck der Veränderung der DNS?*

J: Um mehr und mehr Licht zu halten und den Körper immer mehr in einen Lichtkörper zu verwandeln. Weniger dicht. In der Lage zu sein, immer mehr himmlisches Licht zu halten. Und der Zweck ist es, einen Zustand des Christusbewusstseins zu erreichen.

D: *Weißt du, wie die DNS verändert wird? Kannst du dort jemanden fragen? Vielleicht können sie es dir erklären.*

Das hat in der Vergangenheit funktioniert. Wenn wir eine Frage hatten, auf die die Probanden keine Antwort wussten, habe ich eines der Wesen um die Informationen gebeten.

J: Ja, ich werde fragen, wie die DNS verändert wird. (Pause) Nun, sie zeigen mir ... Ich sehe eine Visualisierung dieser Litzen und Spulen, die alle irgendwie beleuchtet sind oder im Licht funkeln oder so. Und anscheinend gebären sie ... spalten sich und machen andere Stränge, durch diese Verschmelzung von Licht.

D: *In wie viele Stränge teilen sie sich?*

J: Ich höre „sechs", aber ich sehe keine sechs.

D: *Und das muss man ab und zu tun?*

J: Ich schätze, es ist ein laufendes Verfahren, das derzeit immer häufiger stattfindet. Manchmal öfter als einmal innerhalb von 24 Stunden. Wenn ich ein Nickerchen mache und dann nachts im Schlafzustand. Deshalb werde ich ermutigt, häufiger Meditationspausen zu machen. Mindestens jede Stunde, um dieses bestimmte Schwingungsniveau aufrechtzuerhalten.

D: *Warum muss es wiederholt werden? Bleibt die DNS nicht so, nachdem sie erweitert wurde?*

J: Sie bleibt so, aber auf einem hohen Niveau zu bleiben, hängt natürlich auch von den dazwischen liegenden Infusionen ab und von meiner mentalen Fähigkeit, auf meine eigene Gotteskraft, das Licht im Inneren, zuzugreifen, sozusagen. Es hält diese Stränge in Gang, also können sie immer dauerhafter werden. Und das ist die Vorbereitung für den nächsten Schritt. Aber es muss irgendwie konsolidiert werden oder verfestigt.

D: *Bevor sie zum nächsten Schritt übergehen?*

J: Zum nächsten, ja. Und vieles davon hängt von meiner Bereitschaft und meiner Fähigkeit ab, mich ständig auf das Christusbewusstsein, mein höheres Selbst, einzustellen.

D: *Ist das etwas, das schon seit vielen Jahren vor sich geht?*

J: Ja, aber es beschleunigt sich jetzt, da ich ihnen bewiesen habe, dass ich mich der Erfüllung meiner göttlichen Bestimmung widme, sozusagen und mich bemühe, auf dem spirituellen Weg zu bleiben. Ich habe bewiesen, dass ich wirklich der Menschheit dienen will. Und so habe ich einen bestimmten Punkt erreicht, Tests und Herausforderungen bestanden und den Kurs beibehalten. Dann wird dieser Beschleunigungsvorgang gesteigert.

D: *Aber es muss mit zunehmender Geschwindigkeit getan werden, damit es zu einer permanenten Veränderung im Körper kommt?*

J: Sie fahren fort, die Anzahl auf die letztendlichen zwölf Stränge zu erhöhen. Das letztendliche Ziel ist, den erhabenen fünfdimensionalen Zustand des Seins zu erreichen.

D: *Aber es wäre nicht dauerhaft, wenn dies nicht regelmäßig wiederholt würde?*

J: Es ist so, als könnte es verknöchern oder stagnieren oder ... Ich sehe das ... genau wie die Muskeln im Körper. Wenn sie nicht verwendet werden, werden sie...

D: *Atrophiert?*

J: Es ist das Gleiche. Und so muss ich meinen Teil mit Meditation beitragen und mich auf meine Absichten einstellen, um sie zu bestätigen. Dann werden sie mit ihrem technologischen Prozess, dem Einfließen und der Beschleunigung der ganzen Sache, helfen. Es würde viele, viele Jahre dauern, um das allein durch ernsthafte Meditation zu erreichen.

D: *Aber würde dieser Prozess irgendwann gestoppt, dann würde er atrophieren. Er würde nicht weitergehen?*

J: Er wäre höher als mein Zustand früher, würde aber nicht dem entsprechen, was beabsichtigt und möglich ist. Das ultimative

Ziel: der fünfdimensionale Zustand von Schwingung und Bewusstsein.

D: *Frag sie, ob sie etwas mit dem Licht aktivieren, wenn sie das tun oder erschaffen sie im Körper neue DNS, die vorher nicht da war?*

J: Oh, nein. Sie haben mit den beiden Strängen begonnen und irgendwie haben sie durch diesen besagten Prozess immer wieder andere Stränge erzeugt, die Anzahl der Zellen erhöht oder was auch immer.

D: *Fast so, wie sich die Zellen teilen?*

J: Hmmm, ich schätze, das ist es, was sie zu sagen versuchen.

D: *Wird das mit allen gemacht?*

J: Es wird in erster Linie mit denen gemacht, die sich speziell inkarniert haben, um der Menschheit während dieser Entwicklung in einem erweiterten Zustand des Bewusstseins zu helfen. Es wird in geringerem Maße denjenigen passieren, die sich derzeit ihres spirituellen Selbst nicht bewusst sind, die nicht wissen, dass sie spirituell sind. Also stecken sie in erster Linie immer noch im Morast des dichten Bewusstseins.

D: *Die anderen, die es machen lassen, müssen alle an Bord von Schiffen wie diesem kommen, um sie zu aktivieren?*

J: Die Antwort ist ja.

D: *Ist es so? Du hast vor einer Weile gesagt, dass sie es tun können, wenn du meditierst oder schläfst?*

J: Ich schätze, ich werde während dieser Zeit für einen anderen Prozess genommen, der weniger intensiv ist, aber mal sehen. (Pause) Es gibt etwas, das durchgeführt werden kann, wenn ich außerhalb des Körpers bin. Es gibt technologische Chirurgen, so sagen sie, die in der Lage sind, meinen ätherischen Körper zu entfernen und ihn mit dem größeren Lichtquotienten zu verschmelzen. (verwirrt) So wie ich es verstehe. Und dann bringen sie ihn wieder zurück zu meinem physischen Körper, ohne den ganzen Weg bis zum Mutterschiff zurücklegen zu müssen. Sie haben kleinere Laborschiffe, in denen dies geschieht.

D: *Es muss also nicht immer mit der Maschine gemacht werden.*

J: Ich versuche zu sehen, ob es sich um eine technologische Vorrichtung handelt, oder ob es die technologischen Chirurgen mit ihrem Geist tun. Ich denke, das ist es. Ihre Geisteskraft kann diesen Prozess auch unterstützen und begünstigen, aber nicht im gleichen Maße wie der Geist und dieses Technologiegerät auf dem größeren Schiff. Aber beide sind effektiv und beides wird jetzt regelmäßig durchgeführt.

D: *Wie wirkt sich dieser Prozess auf den Körper aus?*

J: Der Körper und die Zellstruktur werden leichter, die Membranen werden immer dünner und immer leichter. Wir wünschen uns immer leichtere Lebensmittel. Der Körper hat mehr und mehr Schwierigkeiten bei der Verdauung und Verarbeitung der schweren, dichten Lebensmittel. Deshalb hatte ich wohl den Wunsch nach mehr und mehr Flüssigkeiten. Und ich esse nur sehr selten etwas, wenn ich zu Hause bin, außer einem Frucht-Smoothie. Ich schmeiße alles rein und mache ein dickes flüssiges Frühstück und Mittagessen. Und mehrmals in der Woche esse ich ein flüssiges Mittagessen nur mit Karotten und Tomatensaft und Sellerie und frischem Gemüse.

D: *Also willst du schwerer verdauliche Lebensmittel dadurch nicht mehr essen?*

J: Richtig. Ich habe jetzt schon lange das Gefühl.

D: *Wie wirken sich diese Veränderungen auf die Gesundheit des Körpers aus?*

J: Er wäre ein gesünderer Körper, da er sich mehr und mehr in einen Lichtkörper verwandelt.

D: *Der Körper wird gesünder, bis zu dem Punkt, an dem es keine Krankheit gibt, meinst du?*

J: Nein, es wird weiterhin Krankheiten geben, aber nachdem der Prozess abgeschlossen sein wird, wird der Körper zwar nicht völlig frei, aber viel immuner gegen die meisten Krankheiten sein. Es hat meine geistige Leistungsfähigkeit erhöht und wenn die Transformation abgeschlossen ist, werde ich viel mehr Kontrolle über meinen Körper haben als jetzt. Und ich werde in der Lage sein, ihn zu korrigieren und sozusagen nach Belieben wieder ins Gleichgewicht zu bringen.

D: *Schon die Veränderung weniger Stränge kann also zu so einem Unterschied im Körper führen, bevor die DNS den vollständigen Zustand erreicht hat?*

J: Es verursacht einige Unterschiede, aber im Übergangsprozess gibt es eine Tendenz zu mehr Ungleichgewicht, da das Alte durch das Neue ersetzt wird. Und das Alte will durchhalten, um einen Status quo aufrechtzuerhalten, bis zu einem bestimmten Punkt, an dem das Neue solide ist und die neuen Stränge die Mehrheit sind. Es ist fast wie ein demokratischer Prozess, dann wird das Neue dominant sein. Und der Beschleunigungsvorgang wird sich weiter beschleunigen, da immer mehr von dem Alten durch das Neue ersetzt wird.

D: *Wäre der Körper noch resistenter gegen Krankheiten, während er diese Veränderungen durchläuft?*

J: Nicht unbedingt.

D: *Ich habe mich gefragt, wie der Körper betroffen ist und wie er sich anfühlt.*

Bis zu diesem Zeitpunkt war Johns Stimme weich, schläfrig und oft schwierig zu transkribieren, während die Worte ineinander übergingen. Nun wurde die Stimme lauter und deutlicher, leichter zu verstehen und zu transkribieren. Das war ein sicherer Hinweis für mich, dass das andere Wesen endlich begonnen hatte, an Johns Stelle zu antworten. Es könnte auch darauf hindeuten, dass sich das Unbewusste in das Gespräch eingeschaltet hatte. So oder so, die Antworten flossen viel einfacher, was ich sehr schätze. Dann weiß ich, dass ich mit den wahren Informationen in Kontakt bin und genauere Informationen, ohne Beeinträchtigung durch den skeptischen und kritischen bewussten Geist, erhalten kann.

D: *Wird dies die Lebensdauer des Einzelnen erhöhen?*

J: Großzügig.

D: *Nachdem es abgeschlossen ist oder während der gesamte Prozess läuft?*

J: Der Mensch ist während dieses Übergangsprozesses immer noch anfällig für viele schädliche Auswirkungen, die während dieser Zeit auf dem Planeten existieren. Es gibt jedoch auch andere Faktoren beschützender Natur, die den Menschen helfen und jene begünstigen, die diesen Prozess durchlaufen und so viel zusätzlichen Schutz wie möglich bereitstellen. Und während der Besuche dieser Schiffe werden Scanner eingesetzt, die oftmals aufdringliche Bakterien oder infektiöse Partikel reduzieren können. Aber die Prozedur ist zu diesem Zeitpunkt noch nicht perfekt. Es gibt eine Menge Experimente und wissenschaftliche Beobachtungen in Bezug auf die höchst dramatische Umwandlung des menschlichen Körpers in einen erheblich verbesserten anderen Körper, einen Lichtkörper.

D: *Du bist dir also nicht wirklich sicher, wie es enden wird, denn du experimentierst immer noch?*

J: Wir werden sicherlich das endgültige taktile Produkt erhalten, sozusagen, aber der Prozess des Übergangs enthält immer noch viele Geheimnisse.

D: *Wendest du diesen Schutz mit Maschinen an, um jemanden resistenter gegen Bakterien und dergleichen zu machen? Oder wie wird dieser Prozess durchgeführt?*

J: Wenn sich jemand in dieser Glaskammer befindet und mit dem Licht infundiert wird, zerstört das eine Reihe interessanter Dinge, die den menschlichen Körper durchdringen können.

D: *Was war der Zweck des Scans auf dem Tisch am Anfang?*

J: Im Allgemeinen nur, um sein allgemeines körperliches, geistiges und emotionales Wohlbefinden zu bestimmen. Um zu sehen, inwieweit er ausgeglichen ist, um zu sehen, inwieweit seine verschiedenen Körper, physische, mentale, emotionale, ätherische und astrale Körper, innerhalb oder außerhalb der Ausrichtung sind. Und nur eine visuelle Überprüfung der körperlichen Verfassung und so weiter, die beobachtet und aufgezeichnet und mit früheren Besuchen und Untersuchungen verglichen werden soll.

D: W*ie eine Untersuchung, um zu sehen, ob alles so läuft, wie es sollte? (Ja.) Und wenn nicht, würdest du Anpassungen vornehmen?*

J: Ja. Die Anpassungen würden teils technologisch erfolgen, teils durch vermehrte Anweisungen für den Meditationsprozess, was die Verwendung des Begriffs „gewählte Wesenhaftigkeit" im Zusammenhang mit der Überwindung aktueller Probleme, Urteilsverhalten oder Gefühlen des Mangels bewirken kann. Das Gefühl, nicht auf das Universum zu vertrauen, dass es immer und überall alles zur Verfügung stellt, was zu einem bestimmten Zeitpunkt benötigt wird, unabhängig von den Umständen. Um schließlich alle Gefühle und Vorstellungen der materiellen Welt als Quelle der Sicherheit loszulassen. Und immer mehr die spirituelle und metaphysische Welt als Quelle der Sicherheit zu betrachten, sozusagen.

D: *Das ist schwierig. Aber du sagtest, wenn Anpassungen vorgenommen werden sollten, würde das mit technologischen Geräten gemacht werden. Wären das die Maschinen mit dem Licht?*

J: Anzunehmen, aber die menschliche Person muss ihren Teil dazu beitragen. Wir können mit unserer technologischen Kompetenz nicht über das hinausgehen, was die menschliche Person selbstständig auf der physischen Ebene zu tun bereit ist. Es muss eine perfekte Harmonie in der Bereitschaft geben, spirituelle Fortschritte zu machen, um im Tandem zusammenzuarbeiten. Wenn man die notwendigen Schritte auf der mentalen Ebene macht, werden diese Schritte durch unsere verstärkte Beteiligung belohnt, diesem Individuum zu helfen. Wenn die Person aufhört, nicht bereit ist, ihren gewählten Weg, den jede Person vor der Inkarnation wählt, weiterzugehen, dann wird der Prozess zum Stillstand kommen. Freier Wille ist sehr wichtig für jeden auf der Erde. Sie müssen die Illusion, die in dem gegenwärtigen Massenbewusstsein existiert, durchschauen und transzendieren. Und in die höheren geistigen Gesetze und Prozesse vertrauen.

D: *Wird dies bei mehreren Menschen getan, die spirituell am richtigen Punkt sind?*

J: Zehntausende Menschen zu dieser Zeit. Wenn die Menschheit die kritische Masse derjenigen erreicht hat, die ihre Schwingungsraten und ihre Fähigkeit, immer größere Mengen des himmlischen Lichtes aufzunehmen, gesteigert hat, müssen wir feststellen, dass dann das „Syndrom des hundertsten Affen" Realität wird und diese Erde einen Zustand höheren Bewusstseins erreicht haben wird und das wird sich auch auf andere Planeten auswirken. Und diese Wohlfahrt höheren Bewusstseins wird sich von den relativ wenigen auf eine größere Anzahl ausdehnen, einfach wegen der Einheit der ganzen Schöpfung. Einfach weil jeder innerhalb der einen Linie existiert, der einen Liebe Gottes.

D: *Was wird mit denen geschehen, die nicht teilnehmen? Diejenigen, die noch eine dichtere Denkweise haben, im physischen Sinne.*

J: Jede Seele wird ihre eigene Wahl treffen, ob sie teilnehmen oder sich nicht an diesem Prozess beteiligen will. Und viele werden nicht teilnehmen. Viele werden an ihren alten Wertesystemen festhalten. Viele werden an der Illusion von dem festhalten, woran sie während ihrer Inkarnation auf der Erde geglaubt haben und nicht darüber hinaus schauen. Und deshalb werden sie ihre Körper verlassen und einem anderen Planeten zugewiesen, dessen Lektionen eine Fortsetzung derer auf dem Planeten Erde zu diesem Zeitpunkt sind. Der Planet Erde wird eine weitere Schule werden, eine höhere Schule, auf der die fünfdimensionale Schwingung der neue Lehrplan werden wird, der diesen Seelen erlauben wird, auf einem höheren Niveau, als jetzt im dreidimensionalen Bewusstsein verfügbar ist, an neuen Lektionen teilzunehmen.

D: *Mir wurde gesagt, dass diese Leute zurückgelassen werden. Bedeutet es das?*

J: Sie werden in Bezug auf ihr eigenes Wachstum zurückgelassen. Sie werden sich nicht mit der Zeit bewegen und weitergehen und mit der Zeit wachsen wie andere, die engagiert sind und mentale und physische Disziplinen praktiziert haben, die notwendig sind, um sich selbst spirituell zu beteiligen.

D: *Wenn sie also ihre Körper verlassen, werden sie nicht hierher zurückkommen. Das wird dann an einem ganz anderen Ort sein. (Ja.) Und das hier passiert mit zehntausenden Menschen und das wissen sie nicht bewusst, oder? So wie es John nicht bewusst war.*

J: John weiß viel, aufgrund seiner direkten Lehren. Heute gibt es viele auf der Erde, die in direktem Kontakt mit ihren Führern aus vielen Planetensystemen stehen, die hier sind, um der Menschheit auf die höheren Ebenen der Schwingung und des Bewusstseins zu helfen. Und immer mehr werden Tag um Tag erweckt, entsprechend ihres jeweils gewählten Zeitplans, als sie in den Körper auf der Erde kamen. Deine Seele kommt mit einer gewählten Agenda, die einen Zeitplan für das Erwachen beinhaltet, sozusagen. Dieses Erwachen wird durch bestimmte Ereignisse ausgelöst, die auf dem Planeten passieren. Diese Ereignisse können einfach Kontakte mit anderen Menschen sein, spirituelle Lehrer, die ihnen etwas sagen werden, das Erwachen und ihren Prozess starten wird. Einige werden durch geophysikalische Katastrophen geweckt werden, sozusagen, die in ihrer Nähe passieren, sei es ein Hurrikan oder ein Tornado oder ein Erdbeben. Es gibt also viele verschiedene Geräte oder Prozesse zum Auslösen des Erwachens von Seelen, die zu diesem Zeitpunkt auf den Planeten kommen. Einige werden durch ihre ausgewählten und vorbestellten Führer plötzlich und dramatisch geweckt, wie John. Während andere durch verschiedene Erfahrungen und so weiter allmählich zum Selbstverwirklichungsprozess kommen. Es gibt Katalysatoren, während dieser Prozess „ausgerollt" wird, sozusagen.

D: *Dann also auf der ganzen Welt.*

J: Ja. Obwohl Amerika zu diesem Zeitpunkt der primäre Bereich für das Empfangen und Verbreiten von Informationen ist, durch Personen, die Bücher schreiben, Filme machen. Und andere Formen der Kommunikation, die in der gesamten Welt verbreitet wird. Das heißt nicht, dass andere Menschen in anderen Ländern nicht auch Informationen erhalten, aber die U.S.A. sind sozusagen Verlagszentrum spiritueller Informationen zu dieser bestimmten Zeit.

D: *Es breitet sich von Amerika nach außen aus und betrifft viel mehr Menschen auf diese Weise. (Ja.) Ist das ein weiterer Grund, warum die Lebensdauer erhöht wird?*

J: Wenn sich die neue Erde entfaltet, wird sich der Zustand des Seins dramatisch von der aktuellen Realität unterscheiden, denn wenn man das Ziel, den höheren Bewusstseinszustand, das fünfdimensionale Bewusstsein, erreicht hat, gibt es keine Ignoranz des kosmischen Prozesses mehr. Es gibt keine Unwissenheit mehr darüber, dass Gott alles Leben überall durchdringt. Somit ist man von den Einschränkungen durch Geburt, Reife und Tod in relativ kurzer Zeit frei. Im fünfdimensionalen Bewusstsein erkennen sie, dass sie nicht nur darüber viel mehr Kontrolle haben können, wie lange sie leben, was Hunderte von Jahren sein kann, sondern über den ganzen Schöpfungsprozess. Weil die Schaffung von Realitäten sehr, sehr schnell stattfinden wird, wenn man diesen Zustand des fünfdimensionalen Bewusstseins erreicht hat. Also Kontrolle über den Körper oder mehrere Körper und die Fähigkeit, sich frei aus dem Körper heraus im ganzen Universum zu bewegen, wird alltäglich sein.

D: *Mir wurde gesagt, dass ich da sein würde, um all diese Dinge zu sehen, weil das Alter nicht das gleiche ist. Meinst du das?*

J: Ja. Das alte Paradigma einer verhältnismäßig kurzen Lebensdauer, das auf der Erde jetzt existiert, wird eine ferne Erinnerung sein.

D: *Aber nur für diejenigen, die sich darauf vorbereiten.*

J: Diejenigen, die den Zustand des fünfdimensionalen Bewusstseins erreichen, werden vorankommen, an der neuen Erde teilnehmen und werden in der Lage sein, diese Dinge zu tun.

D: *Mir wurde auch gesagt, dass die Außerirdischen menschliche Körper überprüfen und versuchen, Heilmittel für Krankheiten zu finden, damit die Körper länger leben können. Ist das richtig?*

J: Das ist richtig.

D: *Einer der Gründe für die körperlichen Untersuchungen war der Versuch, einige dieser progressiven Krankheiten zu stoppen, die es auf der Welt gibt.*

J: Während der physische Körper seinen Transformationsprozess durchläuft, wird er immuner. Die Menschen oder die neuen Menschen oder die kommenden Hybriden, die an der neuen Erde teilnehmen, werden ein erweitertes Bewusstsein und mehr Wissen mitbringen, um das Problem alter Krankheiten zu lösen, sozusagen. Es ist also nicht nur ein aktuell laufender Prozess, sondern einer, der sich in den höheren Zuständen des Bewusstseins fortsetzt. Und in den höheren

Bewusstseinszuständen wird die Beseitigung dieser Dinge durch die enorm erhöhte Intelligenz, die Nutzung des Geistes und besseren Zugang zu sehr fortschrittlicher Technologie beschleunigt. Viele Dinge, die zu diesem Zeitpunkt auf dem Planeten nicht existieren oder, wenn sie existieren, aus der einen oder anderen Motivation unterdrückt, nicht genutzt oder geheim gehalten werden.

D: *Mir wurde gesagt, dass die Leute das bereits gemeistert haben, die sich an Bord dieser Schiffe befinden. Sie können frei von Krankheiten so lange leben, wie sie wollen und sie sterben nicht, bis sie bereit sind, zu sterben.*

J: Das ist richtig.

D: *Und dass sie versuchen, die Menschen in einen ähnlichen Zustand zu bringen?*

J: Ja, oder zumindest in einen Zustand, der deutlich jenseits dessen liegt, in dem sich die heutige Menschheit befindet.

D: *Wir werden wahrscheinlich immer einige Einschränkungen haben.*

J: Ja. Immer ein unfertiges Erzeugnis, sozusagen, in einem ständigen Prozess der Entwicklung durch eine Reihe Herausforderungen oder der Bewältigung dieser Herausforderungen.

D: *Weil dies ein Planet der Lektionen ist, die man lernen kann und auch des freien Willens.*

J: Alle Planeten haben ihre Lektionen, sozusagen. Sogar solche Lektionen, die jenseits deiner wildesten Vorstellungskraft auf der Erde mit dem aktuellen Stand der dreidimensionalen Einschränkungen liegen. Aber das Universum ist und bleibt ein Prozess des Wachstums und der Expansion und der Herausforderungen. Egal wie hoch die Schwingungsrate ist, egal welche Ebene Zivilisationen und Wesen erreicht haben, mit jeder Ebene der Aufwärtsspirale ergeben sich neue Herausforderungen für anhaltendes Wachstum.

D: *Die Erde kann also aufgrund des freien Willens und der Lektionen hier nie ein wirklich perfekter Ort werden. (Ja.) Ich habe noch eine weitere Frage. Diese Dinge, über die du geredet hast, über die Veränderung der DNS. Weiß die Regierung der Vereinigten Staaten diese Dinge? Hast du diese Konzepte mit ihnen geteilt?*

J: Es gibt mehrere Wissenschaftler in den USA und anderen Ländern, die sich des Mutationsprozesses, sozusagen, bewusst sind. Sie sind etwas verwirrt und erstaunt über den Prozess, der sich jetzt auf dem Planeten entfaltet. Und sie betrachten ihn als einen ziemlich plötzlichen und unerwarteten, dramatischen Mutationsprozess. Aber viele sind sich dessen bewusst.

D: *Du meinst, sie können diese Veränderungen, die geschehen, wissenschaftlich untersuchen?*

J: Viele sind sich dessen bewusst. Viele haben auch Angst, diese Informationen ihren wissenschaftlichen Kollegen offenzulegen, die über keine direkte Erfahrung verfügen und diesen Prozess nicht beobachten konnten, weil sie fürchten, verspottet zu werden.

D: *Also können sie mit ihren wissenschaftlichen Instrumenten sehen, dass diese Veränderungen im menschlichen Körper stattfinden.*

J: Das ist richtig.

Andere Forscher und Autoren haben Informationen über die Aktivierung und den Fortschritt zu zwölf Strängen DNS hin entdeckt, aber sie nehmen an, dass es spontan geschehen wird. Es scheint, dass es sich um einen schrittweisen Prozess handeln wird, der die DNS aktiviert, um mehr Stränge zu produzieren (oder zu gebären). Wenn sich diese neuen Stränge verfestigen und dauerhaft werden können, dann werden sie weitere Stränge produzieren. So wird es zwar nicht schnell gehen, aber definitiv geschehen, ausgelöst in den Körpern von zehntausenden Menschen weltweit. Es ist alles Teil eines göttlichen Plans, von dem wir gegenwärtig nur eine blasse Vorstellung haben.

Vor der Sitzung hatte ich Fragen aufgelistet, die John beantwortet haben wollte. Eine bezog sich auf einen ungewöhnlichen Traum, der ihm in Erinnerung geblieben war.

D: *John sagte, dass er in einer Nacht einen sehr, sehr realen Traum hatte, in dem er ein Raumschiff vor dem Fenster sah. Er verspürte das Bedürfnis zu schreien, aber er konnte nicht. War das nur ein Traum oder war es ein Erlebnis?*

J: Das war mehr als ein Traum. Das war eine Begegnung in einer anderen Dimension. Und die Anwesenheit unseres Schiffes brachte einige traumatische Erinnerungen zurück, die vor allem aus Erfahrungen seiner Kindheit stammen, als die damalige Seele die gegenwärtige Reife noch nicht entwickelt hatte, die in John zum jetzigen Zeitpunkt existiert. Als er ein Kind war, hat ihn unsere seltsame, nicht menschliche Erscheinung leider erschreckt und einige traumatische Narben hinterlassen, sozusagen, emotionale Narben.

D: *Weil Kinder oft nicht verstehen.*

J: Ja. Und wir bedauern zutiefst, dass dies geschehen ist und dass die Narben noch immer vorhanden sind. Für John war das Erscheinen des Schiffes also zwiespältig. Es hat diese Erinnerung und das Gefühl des Schreckens ausgelöst. Es diente jedoch auch dem Zweck, John darauf aufmerksam zu machen, dass er innere Arbeit zu leisten hatte, um diese vergangene Erfahrung zu überwinden. Und er hat in dieser Hinsicht seit dieser Zeit große Fortschritte gemacht.

D: *Ist das einer der Gründe, warum diese Erinnerungen getrübt sind oder entfernt werden, weil es für ein Kind schwieriger zu verstehen ist, was geschehen ist? Wäre das ein Grund, nicht zuzulassen, dass sich die Person erinnert?*

J: Ganz definitiv. Auch wenn man sich geistig entwickelt und seine Schwingungsrate bis zu einem Punkt erhöht, an dem man sich wirklich eins fühlt mit der ganzen Schöpfung und einen Zustand des liebenden Bewusstseins aufrechterhalten kann, gibt es da nichts zu befürchten. Weil die universelle Tatsache des Lebens, sozusagen, mit allem Leben eins zu sein, nicht nur intellektuell akzeptiert, sondern ein tiefes Gefühl des Wissens wird. Deshalb wird die Einheit aller Schöpfung akzeptiert, egal wie die Erscheinungen der Lebensformen beschaffen sind. Sobald jemand diesen Zustand der universellen Einheit und bedingungslosen Liebe zu allem erreicht hat, löst sich diese Angst auf, egal wie bizarr die Lebensform, verglichen mit dem aktuellen irdischen Bewusstsein, auch sein mag. Die Angst ist für diese Person keine Realität mehr.

Mir wurde von den Außerirdischen gesagt, dass Angst die stärkste Emotion der Menschen sei. Wenn sie etwas nicht verstehen können, färben sie es mit Angst, um es in den Rahmen ihres Geistes zu integrieren. Mit dem Verständnis der Erfahrung verschwindet die Angst. Das war die Plattform meiner Arbeit mit Menschen, die glauben, dass sie sogenannte „unangenehme“ Erfahrungen gemacht haben. Wenn sie verstehen können, was sie bedeuten, können sie das in ihr gegenwärtiges Leben integrieren und damit leben, anstatt Angst zu haben und sich zurückzuziehen.

Ich finde es ziemlich bemerkenswert, dass zwei weit voneinander entfernt lebende Männer ein identisches Szenario entwickeln können, ohne die Informationen zu kennen, die ich aus der ganzen Welt gesammelt hatte. Ich denke, das erhöht ihre Gültigkeit.

* * *

Während meines Vortrags auf der Laughlin UFO Konferenz in Nevada im Jahr 2000 erwartete ich eine übliche Therapiesitzung. Beim ersten Gespräch mache ich immer eine Liste von Fragen, welche die Probanden beantwortet haben möchten. Auf diese Weise kann ich ihnen so viel Hilfestellung wie möglich leisten und sie können den größtmöglichen Nutzen aus der Sitzung ziehen. In vielen Fällen sind die Antworten nicht das, was ich normalerweise erwarten würde. Bei der Arbeit mit dem Unbewussten habe ich gelernt, einen offenen Geist zu bewahren und objektive Fragen als Reporterin zu stellen, auch wenn die Sitzung eine unerwartete Richtung nimmt. Mit meinem unersättlichen Wissensdrang bin ich offen für neue Informationen, egal wie seltsam sie sein mögen.

Lee war eine junge Frau Anfang vierzig, wir waren gerade ein vergangenes Leben durchgegangen und bildeten mithilfe ihres Unbewussten die Verbindungen zu ihrem gegenwärtigen Leben.

D: *Gibt es einen Zusammenhang zwischen dieser Lebenszeit und der gegenwärtigen, in der Lee jetzt lebt?*

L: Ja, aber er ist graduell. Nichts passiert in einem Leben. Ich mag diese Langsamkeit nicht. Dieses Leben hat ihr gezeigt, dass es in Ordnung ist, für das einzustehen, was du für richtig hältst. Es ist in Ordnung, allein zu sein. Es spielt keine Rolle, dass wir allein sind. Wir denken einfach, dass wir es sind. Wir sind nie wirklich allein.

D: *Sie hat einige Fragen, die sie gerne stellen würde. In ihrem gegenwärtigen Leben als Lee hat sie nie geheiratet und auf Sex verzichtet. Sie wollte den Grund dafür wissen.*

L: Ein Teil von mir ist nicht aus dieser Realität entstanden. Ein Teil von mir, der jetzt hier ist, stammt nicht aus dieser Zeit und nicht aus diesem Raum. Er versteht Sex nicht so, wie Sex auf diesem Planeten verstanden wird. Er versteht die Zeit nicht, wie sie auf diesem Planeten verstanden wird. Dieser Planet ist extrem langsam und es ist sehr, sehr schwer, hier zu sein. Und dieser Teil von mir ist von selbst hierhergekommen und ich bekomme dabei keine Hilfe.

D: *Von welchem Teil sprichst du?*

L: Wir sind alle mehrere Teile. Wir sind nie nur ein Teil. Dieser Teil kam als Licht hierher. Das Licht weiß es bereits. Das Licht kommt völlig rein hierher und es ist eine sehr seltsame

Erfahrung, hier zu sein, aber es ist in Ordnung. Es kann darauf eingestellt werden.

D: *Aber Lee hat viele physische Leben auf der Erde verbracht, nicht wahr?*

L: Ja, aber das ist nur ein Teil von ihr. Sie war nie nur Lee. Das ist nur ein Glaubenssystem. Es ist mehr als das. Es ist nicht männlich, Es ist nicht weiblich. Es ist Licht. Es ist das Verständnis eines anderen Typs. Im Vokabular gibt es dafür keine Wörter. Es ist neu.

D: *Ihre Seele ist die gleiche Seele, die durch all diese Leben gegangen ist und aus ihren Erfahrungen gelernt hat. Ist das nicht so? (Ja.) Sprichst du über etwas anderes, das hereingekommen ist?*

Ich dachte an die kleinen leuchtenden Lichtwesen, mit denen Bartholomäus gesprochen hatte, welche sich freiwillig gemeldet hatten, herzukommen und zu helfen. (Abschnitt Eins)

L: (Sie hatte Schwierigkeiten, es auszudrücken.) Die Zeit existiert überhaupt nicht. Die Zeit ist nicht. Die Zeit gibt es nur in deiner Dimension, in dieser Dimension hier. Sie existiert nirgendwo sonst. Sie ist sehr langsam. Es ist sehr schwer, sich darin auszudrücken. Es bedarf der Klärung.

D: *Aber wir sind in diesem System der Zeit in dieser Realität gefangen. (Ja.) Wo kommt dieser Teil her, der anders ist und diese Dinge nicht versteht?*

L: Er kommt von ... nicht von den Sternen. Nicht aus deinem Sonnensystem. Er kommt nicht aus deinem Glauben an ein Sonnensystem, denn das ist es, was alle Dimensionen hier sind. Er ist genau das, was du für dein Lernen brauchst.

D: *Für unsere Realität.*

L: Ja. Ihr erschafft Meister. Ihr erschafft Lehrer. Das sind nur Kreationen.

D: *Aber sie helfen uns zu lernen.*

L: Ja. Sie sind zu diesem Zweck hier.

D: *Woher kommt der andere Teil?*

L: Der andere Teil ist jenseits ... er ist nicht irgendwo draußen. Er ist nicht hier, er ist nicht da. Er ist. Er ist eine Schwingungsrate, aber er ist keine Schwingungsfrequenz. Es ist so weit darüber hinaus, dass es keine Worte gibt, um es auszudrücken. Man muss es fühlen. Man beginnt, ihn auf diesem Planeten zu spüren, aber es hat so lange gedauert.

D: *Dieser Teil, wie wird er ein Teil von ihr?*

L: Alte Konzepte, alte Ideen aufgeben. In der Lage sein, sich wieder mit ihm zu vereinen. Er ist da. Er war schon immer da. Aber wir fesseln uns selbst, wenn wir auf diesem Planeten sind. Und wenn wir uns fesseln, können wir ihn nicht sehen.

D: *Ich versuche zu verstehen. Übernimmt dieser Teil die Führung?*

L: Er hat nichts zu übernehmen. Er ist. Er ist einfach. Es gibt keine Übernahme. Wir denken, dass wir kontrolliert werden. Das ist etwas, dass auf diesem Planeten nicht stimmt. Wir haben immer Angst davor, von etwas oder jemanden kontrolliert zu werden, aber wir werden nie kontrolliert. Das ist eine Illusion. Wir wurden noch nie kontrolliert. Wir glauben nur, dass es so ist.

D: *Aber wenn er schon immer hier war, warum sind sich dann andere Leute seiner nicht bewusst?*

L: Er hat keine Worte. Er hat keine Position. Es hat keinen Ton. Er hat nichts, was man erkennen kann. Er ist total still und doch ist er total mächtig. Und er ist nur ... sehr langsam. (Seufzer) Es hat so viele Leben gekostet. Zeit ist auf diesem Planeten nicht einmal richtig. Die Geschichtsbücher erzählen es nicht richtig. Die Zeit ist einfach nicht das, was uns glauben gemacht wurde.

D: *Du sagtest, er würde nicht übernehmen. Wie hängt dieser Teil an der physischen Person selbst? (Pause) Oder ist das das richtige Wort?*

Ich dachte immer noch, dass der Teil, den sie beschrieb, etwas Getrenntes von ihrer Seele oder Persönlichkeit war, wie wir sie wahrnehmen. Die logische Schlussfolgerung wäre eine Art Besessenheit durch eine andere Entität. Manche Forscher haben Fälle davon berichtet, aber in all meinen Jahren der Forschungsarbeit habe ich noch nie etwas Derartiges gefunden.

L: Das Physische ist nur hier. Hier ist es nicht einmal in dem Zeitrahmen, den du annimmst. Die Lebensdauer ist nicht einmal in dem Zeitrahmen, den du annimmst. Das ist alles. Alles, aber wir haben geplant, hindurchzugehen. Die Leute machen das durch, aber es ist längst nicht alles, was wir sind.

D: *Du hast gesagt, das ist ein Teil von ihr. Ist das ein weiterer Teil von jedem? (Ja.) Alle Menschen haben diesen anderen Teil?*

L: Es gibt Abstufungen davon. Jeder hat ihn, aber nicht jeder wird ihn erkennen.

D: *Sie werden nicht wissen, dass er da ist? (Ja.) Was ist mit Meistern oder spirituellen Lehrern? Sind sie sich dessen in höherem Maße bewusst als die anderen?*

L: Einige von ihnen.

D: *Aber dieser Teil von Lee überwiegt in diesem Leben und deshalb hat sie nie geheiratet? (Ja.) In anderen Lebenszeiten war er nicht so dominant? (Nein.) Ich dachte, wann ist dieser Teil in die Welt gekommen oder an ihren Körper gebunden worden, wenn er in diesem Leben vorherrscht, aber du meinst, er war immer da.*

L: Es geschieht nicht in einer Abfolge von Ereignissen. Er ist da. Er ist nicht in diesem linearen Zeitrahmen. Und deshalb scheint es, dass er sich selbst hinzufügt, aber das tut er nicht. Es gibt einfach so vieles. Es gibt Welten über Welten voller Informationen. Und nichts davon ist beschränkt auf Geburt und Tod. Von der Geburt bis zum Tod ist ein sehr kleiner Teil davon. Und es spielt wirklich keine Rolle. Wir denken, dass es eine Bedeutung hat. Es hat sie auch und doch nicht. Es ist nur ein kleines, winziges Flackern. Und der andere Teil ist das Wichtigste, aber er ist nicht begrenzt. Das ist am schwierigsten zu beschreiben. Man kann etwas nicht beschreiben, das unbegrenzt ist.

D: *Das ist wahr. Wäre dieser Teil das Äquivalent zu Gott, wie wir ihn kennen?*

L: Wir kennen Gott nicht. Wir denken, dass wir das tun, aber das tun wir nicht. Gott ist so riesig. Gott ist ein Name, den wir der ultimativen Kraft gegeben haben, die über die Galaxien hinausgeht. Sie geht über alles hinaus, was der Geist erfassen kann.

D: *Ist dieser andere Teil damit verbunden oder ist er getrennt?*

L: Nein, er ist mit ihm verbunden.

Ich habe mich wirklich bemüht, dieses fremde Konzept zu verstehen, also war es schwierig, Fragen zu finden, die mehr Informationen liefern würden.

D: *Es ist also wie eine allumfassende Energie oder Kraft. (Ja.) Und sie ist in jedem, oder?*

L: Das ist sie.

D: *Aber nicht jeder ist sich ihrer bewusst.*

L: Ja. Die Körper sind lockerer zusammengesetzt, als wir uns vorstellen. Wir betrachten sie als solide, aber von anderen Standpunkten aus betrachtet sind sie das nicht. Aus anderen

Realitäten betrachtet sind sie das nicht. Manchmal haben die Leute Angst davor, aber es ist nichts Beängstigendes. Das Universum macht die Dinge schon richtig.

D: *Warum haben die Leute Angst davor?*

L: Weil sie nicht weit genug sehen. Es hat nichts damit zu tun, mit den Augen zu schauen. Du kannst es nicht erkennen. Du kannst das Ende des Universums nicht erkennen. Du kannst das Ende von gar nichts erkennen, weil es kein Ende gibt. Und Worte, die Sprache ... die genetische Struktur des Körpers enthalten es noch nicht. Es gibt Hinweise darauf, aber sie enthalten es nicht. Wir sind nicht getrennt davon. Es ist für uns da, aber wir haben uns in Individuen aufgeteilt, um das zu erleben. Es gibt keine Erfahrung, die falsch ist.

D: *Alles dient einem Zweck oder einer Lektion. (Ja.) Aber wir alle haben individuelle Seelen, nicht wahr?*

L: Eine Seele ist ein viel größeres Konzept, als wir uns vorstellen können, indem wir es „individuell" nennen. Wir können in einem Moment individuell sein und im nächsten Moment eine unermessliche Seele. Und es vergeht keine Zeit dabei. Das geht von einem ins andere über.

D: *Ich denke gerne an einen individuellen Geist, der Erfahrungen macht und Lektionen lernt.*

L: Der Geist geht hinaus und lernt Lektionen durch individuelle Funken und kehrt mit all dem Wissen durch diese Erfahrungen zurück.

D: *Es tut dies und wird Teil dieser größeren Seele? (Ja.) Und diese größere Seele ist gleichwertig mit Gott?*

L: Sie ist gleichbedeutend mit dem, was wir als Gott betrachten, denn wir haben Gott nicht verstanden. Er ist zu unermesslich. Wir müssen den Umfang festlegen. Wir erschaffen unsere eigenen Hierarchien, um es zu verstehen.

D: *Wir verstehen Gott als den Schöpfer von allem, was wir kennen. Ist das richtig?*

L: Wir sind auch dieser Schöpfer. Wir sind nicht von Gott getrennt. Wir sind alle Teil derselben Schöpfung. Es gibt keine Trennung.

D: *Mit diesem Verständnis habe ich den Leuten gesagt, dass sie die Möglichkeit haben, alles zu kreieren, was sie im Physischen wollen, nicht wahr?*

L: Nein, denn hier gibt es Bindungen. Es gibt Möglichkeiten zu lernen hier, die wir erleben. Ja, auf eine Art und Weise könnten wir und auf andere Weise haben wir uns entschieden, es nicht zu tun. Es ist eine Wahl, in diese Richtung zu gehen.

D: *Wir setzen uns selbst Grenzen.*

L: Wir haben für diese Erfahrung Einschränkungen gemacht.

D: *Aber dieser andere Teil manifestiert sich im Leben der meisten Menschen gar nicht, damit sich ihr Leben verändert. Ist das wahr?*

L: Das ist es, was sie sind, aber sie können es mit ihren fünf Sinnen nicht berühren. Es gibt noch nicht einmal die Fähigkeit, auch nicht im Gehirn, anzufangen, dies richtig zu verstehen. Was geschieht, ist, dass es sich ändert. Es gibt noch keine Schaltkreise im Gehirn, die damit umgehen könnten. Es wird im menschlichen Gehirn, wie es jetzt existiert, nie so sein. Das ändert sich.

D: *Wie verändert es sich?*

L: Vor uns liegt ein Sprung. Es geht nicht allmählich. Es gibt einen Sprung, aber nicht jeder wird diesen Sprung machen. Einige werden es tun, andere werden es nicht tun. Das bedeutet aber nicht, dass sie zurückgelassen werden. Sie sind nur auf einer anderen Route. Es ist eine Verbesserung der Fähigkeiten, für die es an der Zeit ist. Viele Dinge ändern sich gerade jetzt auf dem Planeten. Unter der Oberfläche des Ozeans und des Bodens entstehen viele Probleme. Wir haben sie für die Erfahrung geschaffen. Und es gibt nichts zu fürchten. Es kann Angst auslösen, aber...

D: *Alles geschieht aus einem bestimmten Grund.*

L: Ja, das tut es.

D: *Aber du sagtest, die Schaltkreise in unserem Kopf, unserem Gehirn, ändern sich?*

L: Wir werden in der Lage sein, mehr zu bewältigen. Wir werden nie alles wissen. Es gibt kein Ende.

D: *Wie geschieht das?*

L: Lange Zeit stand die Entwicklung des menschlichen Gehirns still. Es konnte sich nicht weiter entwickeln und tat es auch nicht. Es wurden Upgrades durchgeführt. So wie Computer aufgerüstet werden, werden auch menschliche Gehirne aufgerüstet. Das findet statt. Es gibt eine neue Brückenbildung zwischen den Schaltkreisen.

D: *Auf genetischer Ebene?*

L: Die Zellen verändern sich. Die Genetik verändert sich. (Als ob sie etwas beobachtete.) Oh, ich weiß nicht, was das ist! Die Zellen verändern sich. Die Genetik verändert sich. Es gibt noch mehr Kapazität. Die Leute denken, dass ihr Gehirn größer werden muss, um mehr Kapazität zu haben. Das stimmt nicht. Sie müssen nur ... es ist eine andere Verkabelung. Es ist eine andere Konfiguration.

D: *Sie sagen immer, dass wir sowieso nicht unser ganzes Gehirn benutzen.*

L: Das tun wir nicht.

D: *Ist das etwas, das automatisch in unsere Schaltkreise programmiert wird oder ist es etwas, das von außen kommt?*

L: Es wurde ursprünglich dort platziert, um zu sehen, wie es sich entwickeln würde. Es konnte nur stattfinden, wenn bestimmte Änderungen in der Atmosphäre des Planeten stattgefunden haben. Du musst die Kinder beobachten. Einige von ihnen. Nicht alle, aber einige von ihnen besonders. Kleine Kinder haben etwas Neues, das noch nie zuvor gesehen wurde. Sie werden es weder auf Röntgenbildern sehen, noch mit irgendeiner anderen derartigen Ausrüstung. Es ist eine neue Entwicklung. Wir alle haben die Kapazität dafür. Noch nicht alle, aber es ist da.

D: *Also taucht es auch bei den Erwachsenen allmählich auf? (Ja.) Aber es war etwas, das in unseren Körper platziert wurde, als wir erschaffen wurden?*

L: Es gab Hoffnung, dass es sich entwickeln würde, aber zweimal ist es gescheitert. Dann wurde neu gestartet und es scheint sich endlich durchgesetzt zu haben.

D: *Mir wurde gesagt, dass Außerirdische unseren physischen Körper geschaffen haben. Sind sie diejenigen, die das in unser System programmiert haben? (Ja.) Du sagtest, es sei zweimal fehlgeschlagen. (Ja.) Kannst du mir davon erzählen? Kommt das in unserer Geschichte vor?*

L: Das war vor der niedergeschriebenen Geschichte, um damit zu beginnen. Es gibt keine schriftliche Geschichte des Anfangs. Dann wiederum ist eure ganze Geschichte falsch. So viel davon ist falsch. Sie wurde umgeschrieben. Sie wurde falsch aufgeschrieben. Sie ist nicht korrekt.

Man sagt so etwas nicht zu mir, ohne mein Interesse zu wecken. Ich bin immer auf der Suche nach „verlorenem“ Wissen, insbesondere nach Wissen, das uns verfälscht vermittelt wurde. Ich bin immer auf der Suche nach der „wahren“ Version.

L: Es fühlt sich an, als wäre es ein Fehler in der Planung gewesen. Etwas war nicht erlaubt.

D: *Du meinst, es ist etwas Unerwartetes passiert? (Ja.) Hat sich die Menschheit zu schnell entwickelt?*

L: Sie entwickelte sich in die falsche Richtung. Der Mensch entwickelte sich zu schnell für den Planeten, auf dem er sich befand. Es wurden Fehler gemacht. Es hätte zu früh zu einem Ungleichgewicht im System geführt.

D: *Viel zu früh? (Ja.) Und das war vor der Zeit der aufgezeichneten Historie?*

L: Ja. Sie mussten Änderungen vornehmen.

Ich fragte mich, ob sie von Atlantis sprach. Ich habe schon erzählt, dass die Menschheit ihr geistiges Potenzial in sehr hohem Maße entwickelt, aber dann missbraucht hatte, weshalb die Fähigkeit entfernt worden war. Das war der Zeitpunkt der Zerstörung von Atlantis. Es hieß, dass die Fähigkeiten in unserer Zeitperiode zurückkehren würden, falls wir uns in einem Stadium befänden, in dem wir sie klüger nutzen würden.

D: *Was passierte beim zweiten Mal?*

L: Es gab eine Abspaltung. In der Bibel ist es nicht korrekt dargestellt, Rassen, die in verschiedene Richtungen gehen. Das sind keine korrekten Informationen. (Sie schien frustriert zu sein, anscheinend wegen der Schwierigkeiten, wie sie es formulieren könnte.) Die Geschichte dieses Planeten wird nie durch die Schriften bekannt werden, die es jetzt auf dem Planeten gibt. Diese Schriften waren nicht korrekt. Es gibt Hinweise, aber sie waren nicht korrekt.

D: *Das ist es, was ich versuche, in meiner Arbeit zu tun, verlorenes Wissen wiederherzustellen.*

L: Ein Teil davon wurde entfernt. Ein Teil davon ging absichtlich verloren. Ein Teil davon wurde vergraben. Und jetzt findet eine Rückkehr des Wissens statt, aber es ist fragmentiert. Und es sind die Fragmente, die du suchen musst. Und die Fragmente kommen nach und nach. Sie kommen nicht alle in einem Stück. Und die Fragmente werden im Gehirn von einigen Leuten, mit denen du in Zukunft arbeiten wirst, versteckt sein.

D: *Und ich muss sie hier zusammensetzen? (Ja.) Aber du sagtest, etwas wäre beim zweiten Mal abgespalten worden als es nicht funktionierte? Kannst du das erklären?*

L: Es wurde ein genetisches Experiment durchgeführt, das nicht richtig funktionierte. Und es stiftete Verwirrung. In der Bibel wurde davon in der Geschichte des Turmbaus von Babel erzählt. Das war ein genetisches Experiment gewesen, das nicht ganz korrekt verlaufen war.

D: *Also versuchte der Geist zu dieser Zeit, sich zu erweitern?*

L: Ja. Er konnte es nicht. Er ist fragmentiert. Er verlor seine Fähigkeit, richtig zu verstehen und teilte sich auf.

D: *Und dann musste alles von vorne beginnen? (Ja.) Wenn auch nicht unbedingt ganz am Anfang.*

L: Nein. In anderer Form.

D: *Und jetzt kommen wir wieder an den Punkt? (Ja.) Und glaubst du, es wird diesmal funktionieren?*

L: Ja. Es kommt zusammen. Aber es ist so anders, dass die Leute nicht in der richtigen Richtung suchen. Wir werden mit unserer Technologie überproportional ausbalanciert und genau da liegt das größte Problem. Das Geistige wurde nicht genug betont. Religion ist nichts, aber Spiritualität ist alles. Es gibt ein Ungleichgewicht und der Planet verliert auch sein Gleichgewicht. Der Verstand, der Körper, der Geist geraten aus dem Gleichgewicht. Genau wie der Planet. Dafür sind wir verantwortlich.

D: *Zu diesem Zeitpunkt haben es die Außerirdischen also wieder ausgelöst, um in die richtige Richtung zu arbeiten?*

L: Ja, es wurde ausgelöst. Aber sie können nur so und so viel tun, denn wir müssen unsere Lektionen lernen.

D: *Ja, das ist wahr. Wird es durch diese Sichtungen und Interaktion mit ihnen ausgelöst?*

L: Ja, es kommt auf viele verschiedene Arten zustande.

D: *Aber das ist etwas, das wir zu dieser Zeit brauchen?*

L: Ja. Es war schon immer da, um genutzt zu werden.

D: *Und sie denken, dass wir jetzt an den Punkt kommen, an dem wir uns mehr Kapazität erschließen können.*

L: Ja. Aber wenn es zu schnell geht, gibt es keine Schaltkreise, die sich darum kümmern. Die Schaltungstechnik ist nicht einmal der beste Ausdruck dafür. Es gibt Dinge im Gehirn, die ein Arzt nicht sehen kann. Ein Röntgenbild kann es dir nicht zeigen. Nichts von alledem.

D: *Aber „Schaltkreise" ist ein Wort, das wir verstehen. (Ja.) Wir müssen also Analogien und Wörter verwenden, die wir verstehen können, sonst ist es den Leuten zu schwer zu erklären.*

L: Ja. Es hat keine Worte. Es hat kein Verständnis. Wenn du in die Dunkelheit des Ozeans schaust, kann man kein Licht da hinunterwerfen. Das kannst du einfach nicht. Du wirst stören, was bereits dort angesiedelt ist. Es gibt diejenigen, die es brauchen. Und diejenigen, die im Dunkeln schwimmen müssen. Und ihre ganze Lebensform würde zerstört und völlig ruiniert werden, wenn man das tun würde. Es kann nicht schnell gehen, obwohl Sprünge stattfinden. Es können Sprünge gemacht werden, aber nur, wenn die Schaltung an Ort und Stelle ist und wenn es ein Gleichgewicht gibt. Der Planet befindet sich gerade in einem verzweifelten Zustand. Der Planet ist überhaupt nicht stabil. Es gibt Leute, die ohne Vorstellung davon herumlaufen, was mit ihnen passiert, oder was mit ihrem Gehirn, mit ihren Körpern unter der erhöhten Last der Schwingungen und des Plasmas passiert. Plasma? Irgendwas über eine Plasma-Vortex. Ich verstehe nicht. Es gibt eine Art Plasmawirbel, der das hier beeinflusst. Es gibt kein Gut oder Böse hier. Es gibt nur Erfahrung. Aber wir haben diese Fähigkeit im Inneren, damit wir ausgeglichen sind. Es gibt eine Kombination aus elektrischen Magnetstimulationen in verschiedenen Teilen des Gehirns, die bis zu diesem Zeitpunkt in der Geschichte nicht entdeckt werden konnte. In der heutigen Zeit könnten sie sie entdecken. Davor wäre sie nicht bereit gewesen. Sie kann die geschlossenen Schaltungen wieder öffnen. Wenn du auf deine Pyramiden schaust, findest du ein Bild von dem, was jetzt auf dem Planeten passiert. Aber man muss sich die Geschichte der Pyramiden genau ansehen, um diese Bestätigung zu finden. Sie ist da, aber sie steht nicht an den Wänden. Was diesmal geschieht, ist eine Neuordnung der Schaltkreise des Gehirns. Ägypten wusste das. Sie hatten ein anderes System, um es zuwege zu bringen. Ihr System war rudimentär, verglichen mit dem, was jetzt auf dem Planeten passieren kann. Obwohl ihr System von außerirdischem Leben unterstützt wurde. Auch wenn jemand sagt, dass es nicht wahr ist, ist es wahr. So wie es war, erhielten sie ein Upgrade. Es gab ähnliche Upgrades in verschiedenen Gebieten auf dem ganzen Planeten.

D: *Aber manchmal war es zu früh. Ist es das, was du meinst?*

L: Meistens ist es geschehen, wenn es geschehen sollte. Aber wieder sind wir am Rande des Ungleichgewichts. Aber das Ungleichgewicht ist nicht nur planetarisch. Es umgibt den Planeten. Es ist das Denken, es ist der Missbrauch des ökologischen Gleichgewichts. Wir haben all das Wissen, aber wir haben es zerstört. Wir haben es unterworfen. Wir haben viel verloren.

D: *Wir müssen von vorne anfangen.*

L: An der Ostküste der Vereinigten Staaten wird etwas unternommen. Es wird sich nicht sofort auswirken, aber es findet jetzt in einigen Labors statt. In Virginia.

D: *Eine neue Technologie oder was meinst du?*

L: Ja. Es ist erst der Anfang. Dennoch gibt es eine neue Technologie.

D: *Eine Sache wurde mir gesagt. Unser körperliches Alter spielt keine Rolle, nicht wahr?*

L: Es hat nichts damit zu tun. Unserer Lebenserwartung steht jedenfalls eine Erweiterung bevor. Es wird noch viele Jahre dauern. Wir haben noch eine Menge Arbeit vor uns, bevor das geschehen kann.

In diesem Fall habe ich gelernt, dass nicht nur die genetische Ausstattung des menschlichen Körpers verändert wurde, um Krankheiten und Alter zu widerstehen, sondern auch das Gehirn entwickelte sich und expandierte. Die erwähnten Kinder, die diese erstaunliche Entwicklung in jungen Jahren zeigen, sind bereits dokumentiert. Es gibt mehrere Bücher zu diesem Thema und in einigen Teilen des Landes werden Tests durchgeführt. Kinder werden mit der fortgeschrittenen Schaltung geboren, die bereits vorhanden ist. Die Erwachsenen sind diejenigen, die aufholen müssen.

Diese seltsame Vorstellung von einem separaten Teil des Probanden, der mit mir sprach, aber ein integraler Bestandteil von ihm war, bereitete meinem menschlichen Geist einige Verständnisprobleme. Dennoch habe ich seitdem weitere Fälle entdeckt und von einem davon wird im letzten Kapitel berichtet.

* * *

Weitere Informationen dieser Art erhielt Phil im Jahr 1999. Ich hatte mit ihm einige Jahre lang keine Sitzung mehr durchgeführt. Nachdem er einige Zeit in Kalifornien gearbeitet hatte, lebte er damals wieder in Arkansas und nahm an der UFO-Konferenz in Eureka Springs teil. Harriet war während dieser Sitzung anwesend. Sie freute sich auch, ihn nach so langer Zeit wiederzusehen.

Ich benutzte die Bürogebäude-Methode, an die Phil gewöhnt war und als sich die Aufzugtür öffnete, sah er das bekannte strahlend weiße Licht, das während unserer Sitzungen oft anwesend war. Da stand jemand bereit und wartete darauf, uns dorthin zu bringen, wo wir Informationen bekämen.

P: Er sagt, dass diese Informationen zum jetzigen Zeitpunkt mitgeteilt werden, weil es an der Zeit ist, dass die menschliche

Rasse die Unwissenheit versteht, die dazu geführt hat, dass sie viele, viele Jahre hindurch so ängstlich war. Wissen, Bewusstsein und Verständnis können den Menschen ermöglichen, sich vollständiger und umfassender auszudrücken und sich Teilen ihrer Realität aus lauter Angst und Unwissenheit nicht mehr zu verschließen. Er sagt, dass dir ein Schlüssel gegeben wird, der dir erlaubt auf diese Informationsbereiche zuzugreifen, die viele Äonen unzugänglich waren. Das Verständnis davon, wer wir sind und wo wir herkamen, hatte sich so sehr verändert, dass es keine Grundlage mehr dafür gab, auf deren Basis dieses Wissen verstanden werden könnte. Aber in diesen Zeiten des spirituellen Erwachens und des Aufstiegs können die wahre Geschichte und genetische Realität der menschlichen Rasse wieder vollständiger und umfassender verstanden werden.

D: *Du hast gesagt, sie würden mir den Schlüssel geben?*

P: Deine Ansprechpartner auf der geistigen Ebene arbeiten mit dir zusammen. Auch in dir, um die Entwicklung dieses Unterfangens voranzutreiben, das du unternommen hast. Nicht nur diese bestimmte Episode, in der wir jetzt miteinander sprechen, sondern die ganze Anstrengung, das Wissen und das Bewusstsein für die Massen zur Verfügung zu stellen. Dieser Schlüssel ermöglicht dir den Zugriff auf bestimmte Bereiche von Informationen, die für jene, die sich bemühen, die Geschichte und Realität der menschlichen Spezies zu erforschen, noch nicht verfügbar waren.

D: *Es gibt im Moment mehrere Themen, an denen wir interessiert sind. Wir haben Informationen über die DNS des Körpers erhalten, die besagen, dass etwas mit ihm geschieht und er sich verändert. Kannst du uns etwas darüber erzählen?*

P: Es werden gewisse Änderungen vorgenommen, die es ermöglichen, bestimmte Funktionen des Körpers zu verbessern. Das menschliche Modell wird ein wenig manipuliert, um seine Überlebensfähigkeit und Widerstandsfähigkeit zu verbessern, etlichen Herausforderungen seitens der Umwelt zu begegnen. Dies ist notwendig, damit der menschliche Körper spezielle atmosphärische Bedingungen auf anderen Planeten und veränderte Bedingungen tolerieren lernen kann. Der Körperprototyp, den du trägst, kann an vielen anderen Orten im ganzen Universum eingesetzt werden. Und daher wird dieser physische Körper angepasst, um unter solchen planetarischen Bedingungen überleben zu können, die sich von deinen eigenen unterscheiden.

D: *Bedeutet das, dass diese menschlichen Körper zu anderen Planeten reisen werden?*

P: Das ist richtig. Diese genetisch veränderten Körper werden auf anderen Planeten eingesetzt werden, die von Seelen bewohnt werden sollen, welche diese Sphären gewählt haben, damit ihnen die Ausführung ihrer spirituellen Aufgaben ermöglicht werden kann.

D: *Ich habe gehört, dass mit der DNS der Körper, die jetzt leben, definitiv etwas passiert.*

P: Es gibt viele Veränderungen, die durch die Umweltbedingungen auf dem Planeten entstehen, aber nicht durch genetische Manipulation. Es gab viele Veränderungen in eurer Umwelt, welche Veränderungen in eurem physiologischen Ausdruck verursacht haben. Die Reaktion auf diese Chemikalien, auf die Energien in der Atmosphäre und der Umwelt hat Veränderungen in eurem Körper bewirkt. Der Körper reagiert einfach auf Reize.

D: *Du meinst, dass sich das Immunsystem anpasst oder auf irgendeine Weise darauf reagiert?*

P: Das ist richtig. Die Anpassungsfähigkeit an die Umgebung und auch die Fähigkeit, automatisch Änderungen vornehmen zu können, wurden in diesen menschlichen Ausdruck bei seiner Entstehung hinein programmiert. Es gibt andere Lebensformen, die nicht über diese automatische Anpassungsfähigkeit verfügen und daher auf äußere Manipulationen angewiesen sind, um etwas verändern zu können. Der menschliche Körper hat jedoch die Fähigkeit erhalten, sich automatisch an seine Umgebung anzupassen, sodass Manipulationen nicht erforderlich sind. Die Körper reagieren einfach nur auf diese Veränderungen in ihrer Umwelt.

D: *Würden die Körper sterben, wenn sie sich nicht anpassen könnten?*

P: Es gäbe weniger Toleranz gegenüber Veränderungen der Umwelt und wäre vielleicht schwieriger für den Körper. Der Körper wäre immer weniger in der Lage, solche Bedingungen zu tolerieren. Und so gäbe es immer weniger Widerstand gegen die Herausforderungen der sich weiterhin ändernden Umweltbedingungen. Und ja, die Körper würden irgendwann nicht mehr in der Lage sein, in dieser Umwelt zu überleben.

D: *Also das, was mit unserer Umwelt geschieht, vergiftet unseren Körper und zwingt ihn zur Anpassung?*

P: Das ist richtig.

D: *Wenn er sich also nicht verändern würde, dann könnte er nicht überleben.*

P: Angenommen, die Umwelt hätte sich in keinen mehr oder weniger harmonischen Zustand verändert. Denn mit der Beseitigung der Herausforderungen hätte der Körper gelernt und seine Abwehrkräfte strukturiert, um Abwehr gewährleisten zu können. Würden diese Herausforderungen beseitigt, dann würde sich der Körper wieder verändern, um sich an die Umgebung anzupassen, in der er sich dann befände.

D: *Mir wurde gesagt, dass es Außerirdische gibt, die menschlich aussehen, aber nicht wirklich menschlich sind, weil ihre inneren Organe gelernt haben, sich an viele verschiedene Umgebungen anzupassen.*

P: Das ist richtig.

D: *Wir gehen also diesen Weg?*

P: Das ist richtig.

D: *Mir wurde gesagt, einer der Gründe dafür, dass wir Schwierigkeiten beim Reisen und Leben im Weltraum hätten, wäre im Moment die mangelnde Anpassungsfähigkeit unserer Körper.*

P: Wir würden sagen, dass „im Moment" der Schlüssel ist. Wir sind uns bewusst, dass diese Veränderungen in der Tat Zeit brauchen. Allerdings kann die Manipulation durch aufeinanderfolgende Generationen erfolgen, um eine durchaus tragfähige Toleranz gegenüber vielen verschiedenen Arten von Umgebungen zu ermöglichen.

D: *Kann es vielleicht in einem Körper innerhalb einer Generation auch rasch geschehen?*

P: Abhängig von der jeweiligen Änderung kann sie innerhalb einer Generation tatsächlich erreicht werden. Doch andere radikalere Änderungen würden einen viel längeren Zeitraum in Anspruch nehmen, um diese Veränderungen auf natürliche Weise zu ermöglichen.

D: *Wie eine Form der Evolution, wenn auch beschleunigt.*

P: Das ist richtig.

D: *Verändern sich alle? Oder sind es nur bestimmte Gruppen, bestimmte Leute?*

P: Alle Menschen, die zu dieser Zeit auf diesem Planeten leben, erleben Veränderungen ihres Immunsystems durch die

Umwelt. Die anderen Veränderungen, von denen wir sprechen, sind nicht umweltbedingt, sondern sind absichtliche genetische Manipulationen. Allerdings wird die genetische Manipulation innerhalb einer bestimmten Population kontrolliert, die aufgrund der vorherigen Generation ausgewählt wurde … (hatte Schwierigkeiten, das richtige Wort zu finden) ... um geerntet zu werden, wäre vielleicht sogar ein Weg, es zu formulieren. Wir sind jedoch eurer moralischen Konditionierung in Bezug auf das „Ernten" in einem konventionellen Sinn gewahr.

D: *Unseren Umgang mit dem Wort?*

P: Das ist richtig.

D: *Wenn also bestimmte Gruppen oder Personen ausgewählt wurden, werden die Genmanipulationen nicht bei jedem vorkommen?*

P: Das ist richtig. Manipulationen werden in der Gebärmutter zur Zeit der Empfängnis verursacht. Und so wächst dieses Wesen heran und wird produktiv, pflanzt sich fort oder wird zumindest fortpflanzungsfähig und so wird jede nachfolgende Generation dann geringfügig verändert, um die gewünschte Veränderung zu propagieren. Dies ist ein Generationenprojekt, sodass sich jede nachfolgende Generation geringfügig von der vorherigen unterscheidet.

D: *Könnte der Durchschnittsmensch bemerken, dass diese ausgewählten Personen auf irgendeine Weise anders sind?*

P: Die Zucht und Manipulation, die auf eurem Planeten durchgeführt wird, erfolgt nicht so, dass man sie von einer Generation zur nächsten als „bemerkbar" bezeichnen könnte. Wenn du jedoch vielleicht zehn Generationen Seite an Seite oder eine mit zehn Generationen später vergleichen könntest, gäbe es deutlichere Veränderungen physiologischer, emotionaler und spiritueller Komponenten.

D: *Natürlich würden die meisten Leute sagen, dass die Veränderungen durch die Ernährung und den Fortschritt unserer medizinischen Wissenschaft verursacht worden seien.*

P: Und es gäbe auch Veränderungen, die auf diesen Reizen basieren. Wie auch immer, die Veränderungen, von denen wir hier sprechen, sind viel subtiler als solche, die du auf Umweltveränderungen oder soziale Veränderungen zurückführen würdest.

* * *

Diese Sitzung fand statt, während ich im November 1999 auf einer UFO-Konferenz in Clearwater, Florida, sprach. Nachdem Marie bei der Konferenz angekommen war, zeigte sie mir ein seltsames Schreiben, das sie verfasst hatte, während ich Vorträge hielt. Sie erzählte, sie würde die ganze Zeit so seltsam schreiben, hätte aber keine Ahnung, was es bedeuten könnte oder warum sie es schrieb. Ich dachte, es wäre eine gute Idee, sie mit einer Frau zusammenzubringen, die ich im Vorjahr auf einer UFO-Konferenz in Wisconsin kennengelernt hatte. Das Schreiben sah auffallend ähnlich aus. Eine weitere Frau hatte mir auch Proben davon gegeben, was sie außerirdisches Schreiben nannte, aber das sah eher wie geschmiertes automatisches Schreiben aus, weil es auf Englisch war.

Marie wollte eine Sitzung buchen und den Zwang erforschen, diese seltsame Schrift zu schreiben. Sie hatte auch im Vorjahr, bei der Teilnahme an einem Gateway-Kurs am Monroe Institute in Virginia, eine ungewöhnliche Erfahrung gemacht. Dies ist ein intensiver Kurs für diejenigen, die lernen wollen, wie man bewusst außerkörperliche Reisen, Fernwahrnehmung und andere bemerkenswerte Fähigkeiten des Geistes nutzt.

Die Sitzung fand in meinem Hotelzimmer in der Nähe der Konferenz statt. Sie begann ganz unauffällig. Als sie in tiefe Trance gelangt war, führte ich sie zum Zeitpunkt des Vorfalls zurück. Sie stand außerhalb des Instituts und trat dann in das Gebäude ein, aber es wurde bald offensichtlich, dass sie etwas anderes als die normale Umgebung beschrieb, die da sein sollte.

M: Ich betrete das Gebäude ... Ich sehe das ganze Holz und die Strukturen überall. Ich überprüfe die Atmosphäre. Möglicherweise um zu sehen, ob ich mir sicher bin, was ich überhaupt suche, das ich sehen will ... Ich sehe durch die Luft hindurch. Ich sehe mehr, als ich normalerweise sehe.

D: *Was hältst du von diesem Ort?*

M: Dass er nicht das ist, was ich dachte. Er ist größer und es ist mehr los. Ich bin fast überwältigt von der Weitläufigkeit.

D: *Dachtest du, dort wäre nur eine kleine Gruppe mit deinem Programm?*

M: Ich schätze schon.

D: *Und es gibt noch andere Dinge, die vor sich gehen?*

Ich dachte, dass sie meinte, es gäbe andere Programme mit anderen Teilnehmern, die zur gleichen Zeit stattfanden. Es stellte sich bald heraus, dass sie nicht den physischen Eingang zu diesem

Gebäude beschrieb. Sie hatte in diesem Trancezustand etwas gesehen, das für ihre physischen Augen nicht sichtbar war, für ihr Unbewusstes aber wohl. Konnte sie eine andere Dimension sehen?

M: Es gibt ein Loch, wie ich es jetzt sehe. Es sieht aus wie eine Schlucht oder ein Portal.
D: *Was meinst du damit?*
M: Das ist alles, was ich erahnen kann, wenn ich mich umsehe. Ich komme rein und plötzlich verschwindet der physische Raum und eine andere Art von Raum tritt an seine Stelle. Und der ist riesig. Und er ist klar.
D: *Du meinst, statt der Wände und der Räume gibt es da etwas anderes?*
M: Richtig. Als wäre das eine falsche Struktur. Es gibt eine Bühne für das physische Wesen zum Verständnis und für ein wenig Wohlbefinden.
D: *Gibt es dort noch andere Leute?*

Ich hatte mich gefragt, ob andere Leute, die zum Kurs kamen, das Gleiche sahen.

M: Ich sehe jetzt keine Leute in diesem Raum. Aber sie sollten dort sein. Ich bekomme das Gefühl, dass in diesem riesigen Raum unglaublich hoch aufgeladenes „Zeug" ist. Ich sehe keine Wesen. Einmal bin ich in etwas hineingegangen, von dem ich dachte, ich wäre im Begriff, die physische Realität zu erfahren, aber jetzt, da ich es von hier aus sehen kann, ist es eine Illusion dessen, was es wirklich ist. Und ich habe die Gelegenheit, mein Wissen und meinen Bezug auf drei Dimensionen zu erweitern und mehr als die Existenz in drei Dimensionen zu erfahren.
D: *Aber zu der Zeit hast du das nicht bewusst gespürt, meinst du das?*
M: Richtig. Das wusste ich bis vor kurzem nicht. Und es ist sehr real und sehr körperlich in seinem eigenen Sinne, aber nicht so, wie wir es kennen.
D: *Was für ein Programm wirst du dort studieren?*
M: Über Licht.

Mein nächster Satz war komplett ausgeblendet. Er war so leise, dass ich kaum ein paar Worte hören konnte. Im folgenden Satz wurde der Ton wieder normal. Dies geschieht manchmal bei dieser Art Arbeit, weil das Tonbandgerät scheinbar durch Energieausbrüche beeinflusst wird. Sie atmete schwer und schien sich unbehaglich zu fühlen. War sie von der gleichen Energie betroffen, die auch auf meinen Rekorder einwirkte? Ich machte ihr einige Vorschläge zur Steigerung ihres Wohlbefindens und fragte sie, was ihr so zusetze.

M: Ich weiß es nicht. (atmet schwer) Es ist so total und es ist ein Schock.

D: *Warum, glaubst du, zieht es dich so in Mitleidenschaft?*

M: Weil es so anders ist. So vieles über die anderen Energien, die wir beherbergen.

D: *In unseren Körpern, meinst du?*

M: Teilweise in unseren Körpern, aber es geht über unsere Körper hinaus. Unsere Körper sind wie kleine Erdungsgeräte, aufgrund dieser Dimensionalität.

D: *Wie sieht dieser Ort aus?*

M: Er sieht nicht so aus, wie ich dachte. Er sieht nicht so aus wie das Holz und die Strukturen.

D: *Ich meine, sieht es aus wie ein Gebäude?*

M: Das wirkliche Institut, das man betritt, sieht so aus.

D: *Aber siehst du das jetzt?*

M: Nein. Ich bin auf einem Balkon, einem sehr hohen Balkon. Und es gibt dort auch im Physischen einen Balkon. Aber dieser hier ist viel breiter und wie aus Kristall. Da ist viel Kristall. Ich schaue hinunter in das Zentrum des Raumes. Und es ist ziemlich aufschlussreich und atemberaubend und schockierend. Es ist eine Überlagerung. Es gibt da etwas, das genauso existiert, wie das Physische.

D: *Das ist ein gutes Wort dafür, eine Überlagerung.*

Könnte es möglich sein, dass sich das Monroe Institute tatsächlich über einer Art interdimensionaler Toröffnung oder einem Portal befindet, das für unsere bewussten Sinne nicht sichtbar ist? Dies könnte einige bemerkenswerte Ereignisse zumindest teilweise erklären, die dort auftreten.

D: *Bist du allein?*

M: (Flüstert) Ich bin allein. Da ist mein physischer Körper, der sich sehr allein gelassen und isoliert anfühlt und ... als ob er sich noch nicht herüber verlagert hätte. Und jetzt, wo ich darin vorankomme, sehe ich, dass ich gebeten werde, loszulassen und von meiner körperlichen Verfassung abzulassen. Es ist so wunderschön.

Sie wurde emotional und fing an zu weinen.

D: *Was ist denn los?*
M: (Emotional) Es ist so schön. (weint)

Marie war eine Künstlerin. Sie wollte gerne herausfinden, aus welchem Grund sie nicht mehr malen konnte. Ihr fehlte die Inspiration.

Also schlug ich vor, sie könnte sich an die Szene erinnern, die sie betrachtete und sie in einem Gemälde nachbilden.

M: (Emotional und ehrfürchtig) Ich könnte es versuchen. Ja.
D: *Die meisten Leute würden nie bemerken, dass es dort so etwas Schönes gibt, oder?*
M: Nein, sie könnten es nicht sehen. Ich konnte es nicht sehen. Ich konnte es bis zum jetzigen Zeitpunkt nicht wissen.
D: *Lass uns dir erlauben, die Erinnerung an das Bild in deinem Geist zu behalten, damit du es malen kannst. Und wir können sie so genau wie möglich machen.*
M: (Tränenreich) Ich will es. Ich will es.

Ich habe dem Unbewussten vorgeschlagen, sie in die Lage zu versetzen, die Erinnerung zu erhalten und später zu verwenden. Eine so schöne Szene zu betrachten, löste bei ihr Emotionen aus. Obwohl es sich hierbei um eine unerwartete Entwicklung handelte, wollte ich weiter vorankommen und das ungewöhnliche Ereignis im Institut erforschen. Sie erinnerte sich, dass sie ein schönes Licht sah, als sie mit Kopfhörern auf dem Kopf in einer dunklen Isolierzelle saß.

D: *Ich weiß, dass es schwer ist, diesen Ort zu verlassen, weil er so schön ist, aber wir wollen noch ein paar andere Dinge erforschen. Verlassen wir diese Szene und lass uns zu der Zeit übergehen, in der du die seltsame Erfahrung mit dem Licht gemacht hast. Und du hast dir einige Tonbänder angehört?*
M: (Die Emotionen und das Weinen hörten auf.) In einer kleinen Kammer.
D: *Ist Musik auf den Bändern?*
M: Das sind Schwingungen.
D: *Du hörst über Kopfhörer zu?*

M: Richtig. Du bist ganz allein mit Kopfhörern.

D: *Allein in einem Raum?*

M: Eine winzige Kammer. Man schläft und hört sich Bänder an und...

D: *Du schläfst darin?*

M: Ja, es ist eine Isolierzelle, in der man schläft.

D: *Stört es dich, dass du so eingeschlossen bist?*

M: Nein, es gefällt mir. Hier kann ich sie treffen.

D: *Wen treffen?*

M: Ich weiß nicht. Diese sehr intelligenten Wesen.

D: *In Ordnung. Als du den Klangschwingungen über die Kopfhörer zugehört hast, ist etwas passiert, nicht wahr? (Ja.) Wir können das noch einmal durchgehen und es genauer betrachten. Was ist zuerst passiert?*

M: Ich bekam Angst.

D: *Warum?*

M: Weil ich noch nie zuvor so etwas gefühlt hatte. Gott!! Es fühlt sich an wie diese unglaublich wohlwollende, reine Liebe. Sie kommt zu dir und du kannst es nicht glauben. (emotional) Du kannst nicht glauben, dass sie bei dir ist. Und du kannst sie sehen.

D: *Dies wird durch die Klänge aus den Kopfhörern verursacht?*

M: Es eröffnet die Möglichkeit, so offen zu sein und sich auf die richtige Frequenz einzustellen.

D: *Du musst offen sein, um das zu tun, ohne Blockaden, oder so etwas?*

M: Du musst dich auf irgendeiner Ebene danach sehnen.

D: *Was passiert dann?*

M: Dann hat es mein Vertrauen gewonnen. Das weiße Licht. Und hat mich stabilisiert. Es hakte sich bei mir ein, damit ich keine Angst hatte.

D: *Nur das weiße Licht?*

M: Zuerst. Und als ich dann stabil war, fühlte ich weitere Schwingungen dicht an meiner linken Seite. Sie haben mich erschreckt, weil sie sich so sehr von dem weißen Licht unterschieden. Und irgendwie wurde ich angewiesen, meinen Kopf zu drehen und hinzuschauen. Es war alles dunkel in diesem Raum, aber ich konnte schauen, ich konnte sehen und fühlen. Schimmernd. Es ist ein Weltraumwesen. Ich wusste das nicht. Man kann fast hineinschauen, aber es hat das klarste Blau. Tiefes, klares blau. Du kannst es mehr fühlen, als sehen.

D: *Warum sagst du, dass es ein Weltraumwesen ist?*

M: Ich weiß nicht. Das kam einfach so heraus.

D: *Konntest du irgendwelche Merkmale oder irgendetwas erkennen, das dich darauf bringen könnte, das zu glauben?*

M: Nur tiefblau. Ich weiß nicht, woher das kommt. Es ist nur so eine Ahnung, dass es von einem Stern kommt. Ich fühle das direkt in meinem Herzen, wenn ich das sage.

D: *Was war das erste weiße Licht, das du gesehen hast?*

M: Das war eine Anweisung Gottes. Es war nicht Gott, aber es tat so, als würde es sich wie die Liebe Gottes anfühlen. Aber es war eine Intelligenz, die diese Verbindung zwischen mir und diesem Wesen leitete. Es wusste über menschliche Emotionen so viel, dass es die besten und sichersten Emotionen, die wir kennen, verstärken konnte. Und sicherstellen, dass die Verbindung zustande kommt.

D: *Und das andere blaue Licht oder was auch immer es ist, kam zu dieser Zeit neben dich?*

M: In mich hinein.

D: *In dich hinein. Musstest du zulassen, dass es in dich eindringt?*

M: Ja. Es wartete auf meine Erlaubnis. Und dann glitt es einfach auf die sanfteste, langsamste, einfachste Art und Weise herein, wie eine Überlagerung. Es vibrierte und so fühle ich mich jetzt auch. Es hat nur vibriert. Und ich glaube, es hat mich verändert. Es hat mein System reformiert.

D: *Warum hat es das getan?*

M: Für höhere Arbeiten. Damit ich nicht verletzt und verbrannt würde.

D: *Wie könntest du verletzt oder verbrannt werden?*

M: Es gibt etwas, das uns verbrennen kann. Das ist ein Schutz davor. Strahlung. Irgendeine Art von Strahlungsexperimenten.

D: *Und das verleiht dir Schutz? Und verändert dich, sagtest du?*

M: Ja, auf meiner Zellebene. Ausgehend von der physischen Zellebene, aber es passt auch etwas an, damit ich weitere neue Systeme für die Zukunft beherbergen kann.

D: *Neue Systeme. Was meinst du damit?*

M: Neue Sternensaat. Für diesen Planeten. Systeme, die im Körper wohnen, aber nicht vom Körper stammen.

D: *Es erschafft neue Systeme im Körper, die vorher nicht vorhanden waren?*

M: Das System wird geimpft.

D: *Das wird dem Körper in keiner Weise schaden, oder?*

M: Nein. Genetisch bin ich darauf ausgerichtet, diesen Übergang zu unterstützen. (Sie schien begeistert zu sein.) Es ist komplett. Und es lebt. Und es ist sicher.

D: *Wo kommt diese Strahlung her, die Menschen verletzen könnte?*

M: Aus der Tiefe der Erde. Jetzt sehe ich den Kern der Erde. Ich sehe einfach einen Ball. Es kann sogar eine Art von Strahlung sein, die aus irgendeinem verwerflichen Grund in uns injiziert oder hineingesteckt wird. Und dieses blaue System kann dich ausreichend verändern, damit dieses „Kern“-Material, möchte ich sagen, deaktiviert wird.

D: *In unseren Körpern, meinst du?*

M: Kann sein oder es kann in den Kern der Erde gelegt werden. Du könntest es hinunterschlucken. (emotional) Darüber nachzudenken war schmerzhaft.

D: *Wie könnten wir es in unsere Körper bekommen?*

M: Du könntest es schlucken. (fast weinend) Du könntest gezwungen werden. Wie eine Art Krieg. Du kannst überleben. (Sie war emotional.)

D: *Gibt es noch andere Möglichkeiten, wie es in den Körper gelangen kann?*

M: Du könntest bombardiert werden, damit bestrahlt werden. Dieses blaue Lichtsystem würde dich schützen und du könntest nicht verletzt werden.

D: *Wer würde die Leute mit so etwas bombardieren?*

M: Es gibt eine andere Rasse, die das genetische Material haben möchte. Und sie könnten es auf diese Weise aufnehmen. Aber diese blaue Energie würde es unmöglich machen.

D: *Wird diese blaue Energie auch bei anderen Menschen genutzt?*

M: Ja. Jetzt sind es viele Leute. Wenn es bei dir ankommt und wenn es Zeit ist, wirst du die Wahl haben, es zu akzeptieren oder nicht.

D: *Weil nicht jeder ins Monroe Institute kommen kann.*

M: Nein, es kann auch an anderen Orten passieren.

D: *Ist dies etwas, das geschieht, ohne dass sie es merken?*

M: Sie wissen nicht, wofür es gut ist. Sie denken, dass all diese Liebe zu ihnen kommt und so gut tut, so verführerisch ist, natürlich will man das. Und es ist der einzige Weg, wie es mit deinem System verschmelzen kann, weil du mit dem Herzen „ja“ sagen musst.

D: *Geschieht es immer auf einer bewussten Ebene, auf der sich die Menschen erinnern können, dass es passiert ist?*

M: Ja. Und du weißt vom bewussten Austausch.

D: *Aber es klingt gut, weil es eine Möglichkeit ist, Menschen zu schützen.*

M: Es ist Teil des größeren Plans. Es wird einen großen Krieg geben.

D: *Auf der Erde?*

M: Er wird die Menschen auf der Erde miteinbeziehen. Es gibt eine rote Energie von dieser anderen Gruppe. Und sie ist sehr heiß. Sie werden zwar nicht gewinnen, aber sie werden sich sehr bemühen, sich das zu nehmen, was sie wollen und brauchen.

D: *Wird das die Strahlung verursachen?*

M: Ja, diese Gruppe. Das ist ihre Methode.

D: *Aber nicht jeder wird für diese Liebesenergie offen sein, oder?*

M: Nein. Sie müssen lernen, sich zuerst mit ihrem Herzen zu verbinden, bevor die Öffnung und die Infusion stattfinden können.

D: *Weil es viele Menschen auf dieser Welt gibt, die sehr bitter, sehr negativ sind.*

M: Richtig. Und das wird im Weg stehen.

D: *Was passiert mit den Menschen, die diesen Schutz nicht haben?*

M: Sie werden welken. Sie werden schmoren. Sie werden nicht geschützt sein.

D: *Diese schützende Energie kommt also immer mehr Menschen auf der Erde zugute? (Ja.) Ist das der Plan, damit mehr Leute überleben können?*

M: Ja. Das ist der Plan.

D: *Und warum wurde dir dieser Schutz gewährt?*

M: Weil ich darüber sprechen kann. Weil ich mit vielen Menschen arbeiten werde. Und ich sage ihnen die richtigen Worte zur richtigen Zeit. Ich werde als Schlüssel für sie dienen, damit sie sich dem Empfangen dieser Energie öffnen können.

D: *Hat dieses blaue Licht durch deine Heilungsarbeit irgendeine Verbindung mit dir?*

Sie hatte kürzlich damit begonnen, diesen Dienst zu leisten.

M: (Eine Offenbarung.) Oh, ja! Siehst du, wenn ich die Heilungsarbeit mache, bin ich das blaue Lichtwesen. Und ich tue für andere das, was das blaue Lichtwesen für mich getan hat. Ich kann das auf die Leute übertragen. Darum kommen sie zu mir.

D: *Vor einiger Zeit hast du es eine „Aussaat“ genannt. Sie übertragen die Energie auf Menschen und die können sie auf andere übertragen.*

M: Ja, das stimmt. Es ist aber einer nach dem anderen. Das ist der schwierigste Teil, aber das muss ich für eine Weile tun. Es braucht bloß so viel Zeit, immer nur einen nach dem anderen zu machen. Das ist meine Aufgabe. Ich denke jetzt, da ich das alles gesehen habe, dass ich wesentlich besseren Kontakt hatte, als ich realisierte. Ich konnte nicht alles zusammenfügen. Ich konnte den größeren Zusammenhang nicht erkennen.

Eine Bemerkung hierzu: Als sie davon sprach, dass etwas mit dem physischen Körper getan wird, um zu verhindern, dass Strahlung ihn schädigt, erinnerte mich das an Karens Regression, die in *The Custodians* berichtet wurde. In ihrer Vision, die ihr von den Außerirdischen gezeigt wurde, versuchte sie, Menschen zu helfen, die um sie herum starben, aber sie selbst konnte nicht krank werden. Es schien eine Art Strahlenvergiftung zu sein und nichts von dem, was sie tun konnte, hatte geholfen. Es war herzzerreißend und sie fühlte sich sehr unwohl, während sie die Szene beobachtete. Kurz davor hatte sie eine Wolke über Land und Wasser gesehen, die irgendetwas bewirkt und die Fische vergiftet hatte usw. Ich fragte mich, ob Maries Geschichte etwas mit Karens Geschichte zu tun haben könnte, in dem Sinne, dass etwas mit ihren physischen Körpern geschah, um sie beide auf genau so ein Szenario vorzubereiten.

D: *Wir haben noch eine andere Frage. Diese seltsame Schrift, die Marie empfangen hat. Weißt du etwas darüber?*

M: Sie ist wie Regen. Sie ist wie Licht. Sie regnet durch diese Kanäle auf der ganzen Welt, der Erde. Und wenn du sie dir ansiehst, wird sie dich verändern.

D: *Ist es eine Sprache?*

M: Es sind Informationen. Sie kommen aus einer höheren Quelle, die sich um uns kümmert und unsere Entwicklung beobachtet.

D: *Warum setzen sie Symbole ein?*

M: Weil die Symbole neue Muster im Energiefeld selbst aktivieren.

D: *Nur das Betrachten der Symbole?*

M: Richtig. Die Person kann tatsächlich dem Muster folgen und die Bewegung identifizieren.

D: *Ist das eine Sprache, die irgendwo jemand spricht oder schreibt?*

M: Sie wurde gesprochen.

D: *Es ist also eine Sprache, die irgendwo jemand versteht?*

M: Es ist eher eine mathematische Sprache, wenn du dir das vorstellen könntest.

D: *Mir wurde gesagt, dass einige der Raumwesen Symbole verwenden. Und auf diese Weise übertragen sie Informationsblöcke in Form von Symbolen.*

M: Sie ist nicht ganz so, wie die Sprache, die du hier kennst, oder die Sprachen alter Schriften. So ist das nicht. Es ist ein Muster. Es erscheint als Sprache, wenn es zweidimensional ist. Aber wenn du jedes Zeichen als eine Bewegung betrachten könntest, die einen anderen Teil des Wesens aktiviert, dann würdest du es besser verstehen.

D: *Wenn Marie das schreibt, dann steht da nicht so etwas, wie auf einer Seite in einem Buch? (Nein.) Wenn ich sie also bitten würde, sich diese Seite anzusehen, die sie geschrieben hat, wäre sie nicht in der Lage, mir zu sagen, was da steht. Ist das korrekt?*

M: (zögerlich) Du könntest es versuchen.

D: *In Ordnung. Lassen wir Marie ihre Augen öffnen und das Papier betrachten. (Ich hielt das Papier, das sie beschrieben hatte, vor sie hin.) Kannst du den Zettel sehen? Stehen Worte darauf?*

M: (Während sie das Papier studierte) Ja, eigentlich schon.

D: *Wie wird es gelesen? In welche Richtung?*

M: (Sie zeigte vom Papier zu ihren Augen.) Auf diesem Weg.

D: *Was meinst du damit?*

M: Es geht nicht hier oder hier oder hier lang. (Bewegungen)

D: *Weder auf und ab, noch nacheinander.*

M: Es geht hier entlang. Es kommt von dem Zettel zu dir. Es vermittelt Informationen. Es ist fast so, als hättest du es hier hingelegt. (Sie legte ihre Hand über ihr Herz.) Und du fühlst es. Und das Beste, das du manchmal tun kannst, ist, es dir einfach anzusehen und es hier herein zu nehmen.

D: *Aber welche Informationen vermittelt es dir?*

M: Es ist eine Ermutigung. Und es ist eine Möglichkeit, die Großartigkeit und den geradlinigen Kurs deines Herzens zu erkennen.

D: *Dann nimmt sie das also beim Schreiben in ihrem Körper auf? (Ja.) So wie das blaue Licht?*

M: Es ist anders, aber in gewisser Weise, ja, es verändert die Dinge dort. Aber man kann sich fast vorstellen, dass Licht von jedem einzelnen Symbol kommt und dich durch seine eigene Ausstrahlung verändert.

Das Beispiel von Marie sieht eher aus wie eine schnelle oder stenografische Handschrift. Seitdem ich mit ihr gearbeitet hatte, bekam ich Proben von seltsamen Schreiben aus aller Welt. Diese Schrift erscheint strukturierter (wie gedruckt). In allen Fällen fühlten sich die Menschen zum Schreiben der Symbole gezwungen. Es scheint keine Logik in ihrem Verhalten zu geben. In Buch Zwei dieses Werkes werde ich auch diese Proben und die Computeranalysen mit einbeziehen, um Gemeinsamkeiten zu finden.

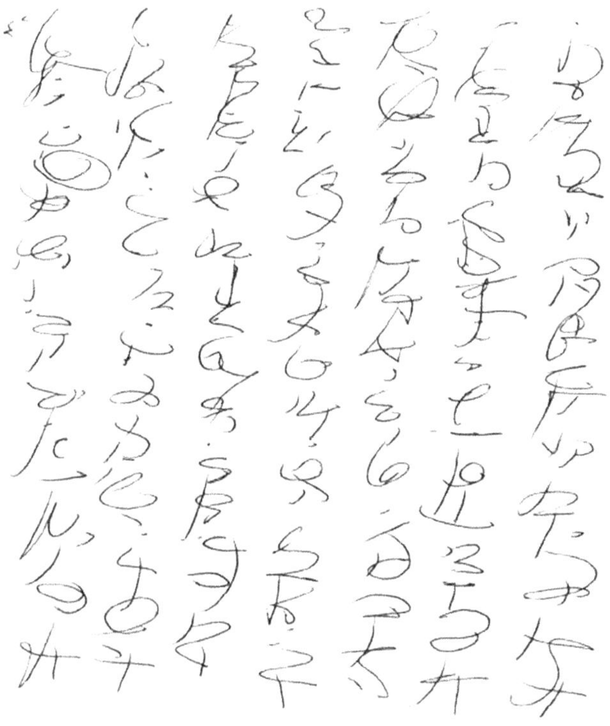

Ich nahm das Papier und ließ sie ihre Augen wieder schließen.

D: *Andernfalls würden wir es uns wie unsere Schrift vorstellen und auch erwarten, dass da Worte stehen. Also ist es in Ordnung, wenn Marie diese Dinge weiterhin schreibt.*

M: Ja. Sie reinigen.

D: *Sie liefern Informationen auf eine Weise, die wir uns nicht vorstellen konnten.* (Richtig.) *Wir haben noch eine weitere Frage. Sie hatte in der Vergangenheit Träume von Operationen. Kannst du ihr etwas darüber erzählen? Waren es einfach nur Träume oder etwas anderes?*

Marie hatte lebhafte Kindheitserinnerungen an Operationen, die an ihrem Körper durchgeführt worden waren und daran, dass sie Ärzte aufgesucht hatte. Sie konnte nicht verstehen, warum ihre Familie leugnete, dass sie je stattgefunden hätten. Sie sagten, nichts wäre ihr jemals angetan worden.

M: Ich denke, dass sie es weiß. Es war so klar, dass alles Vereinbarung war. Und sie hatte vor sehr vielen Jahren darum gebeten, mit uns zu arbeiten.
D: *Also waren es keine Träume? Es waren Erinnerungen an Dinge, die geschehen sind?*
M: Als sie das richtige Alter erreicht hatte. Anpassungen wurden vorgenommen, aber am physischen Körper.
D: *Wofür wurden die Anpassungen vorgenommen?*
M: Um alte Muster zu entfernen, die sie daran gehindert hätten, die Arbeit aufzunehmen, die sie später machen würde. Sie mussten chirurgisch entfernt werden.
D: *Chirurgisch! Na gut.*

Ein weiterer ungewöhnlicher Vorfall ereignete sich, während Marie im Monroe Institute war. Sie erlebte einen hohen Ton, der ihren Kopf richtig zu durchbohren schien. Er dauerte mehrere Sekunden und war sehr unangenehm. Ich fragte danach.

D: *Was hat das Unbehagen verursacht?*
M: Sie wusste es und zu diesem Zeitpunkt wollte sie es nicht akzeptieren. Es war ein hochfrequenter Versuch, die Rezeptoren in den Schläfenlappen anzupassen, um auf mehr Informationen zugreifen zu können und es musste in einer Gruppe durchgeführt werden. Es musste mit den anderen gemacht werden.
D: *Waren auch andere Menschen auf die gleiche Weise betroffen?*
M: Ja, es war ein Plan.
D: *Haben sie ihnen Informationen vermittelt oder sich welche geholt?*
M: Nein, es war nur die Anpassung dieses Teils des Gehirns, aber es ist nicht das Gehirn. Das Wesen, das alle Informationen und auch höhere Frequenzen erhält, kann nun erreicht werden.
D: *Es geschah, damit sie mehr Informationen erhalten konnte. (Ja.) Ihr wurde damals nichts weggenommen. (Nein.)*

Wenn ich in der Lage war, innerhalb eines Jahres auf so viele Fälle zu treffen, in denen die Rede von der Manipulation des menschlichen Körpers war, wie viele andere gibt es noch da draußen, von denen wir nichts wissen? Sie sagten, dass diese Änderungen zehntausende Menschen auf der ganzen Erde beträfen. Wie in dem „Syndrom des hundertsten Affen“ beschrieben, könnten sie wirklich unbemerkt bleiben, bis die kritische Masse erreicht sein wird, und die Realität dieses Phänomens nicht mehr geleugnet werden kann.

Ich erhielt weiterhin Informationen über die Änderung der DNS Struktur des menschlichen Körpers, als dieses Buch schon gedruckt wurde. Diese werden in Buch Zwei dieses Werkes erzählt. Ich dachte ursprünglich, ich sollte dieses ganze Kapitel zurückhalten, damit dieses neue Material auch hinzugefügt werden könnte, aber ich glaube, das würde die geistige Vorbereitung der Menschen verzögern. Sie müssen bereit sein, die dramatischen und dynamischen Veränderungen zu verstehen, die sich abzeichnen.

KAPITEL 15

DIE MECHANISCHE PERSON

Diese Sitzung wurde im September 2000 in meinem Hotelzimmer in London durchgeführt, während ich mich auf einer Vortragsreise durch England befand. Johanna war eine junge Frau, die erst seit zwei Jahren in England lebte. Sie kam aus Deutschland, aber ich hatte den Eindruck, ihre Aussprache sei perfekt. Sie sagte, dass sie ein natürliches Talent für Sprachen habe und sehr schnell lerne. Sie hatte nicht sehr viele Beschwerden, vor allem war sie neugierig. Einige ihrer Fragen schienen mir trivial, aber die Probleme jeder einzelnen Person scheinen für sie selbst wichtig zu sein. Sie war sogar besorgt darüber, dass man ihr als Kind ein paar Zähne gezogen haben könnte. Ich dachte, das resultierte aus dem Gefühl, perfekt sein zu müssen, aber sie sah es nicht ganz so. Ich hatte keine Ahnung, was mich erwartete (wie bei allen Menschen, die zu einer Sitzung kommen), aber ich habe sicherlich kein solches vergangenes Leben erwartet, das dabei herauskam. Am Ende fragte ich sie um Erlaubnis, das Band benutzen zu dürfen, denn so etwas war mir sicherlich das erste Mal untergekommen. Und an diesem Punkt meiner Recherchen dachte ich schon, ich könne nicht mehr überrascht werden. Jedes Mal, wenn ich dies annehme, erfahre ich etwas Neues, um mein Denken herauszufordern. Sie hat dann eine Kopie des Bandes angefertigt und später an mein Hotel geschickt.

Ich habe die Wolken-Methode verwendet, welche die Person normalerweise zu einem vergangenen Leben führt, wenn sie von der Wolke herabsteigt. Wieder einmal sollte ich überrascht werden.

D: *Erzähl mir das Erste, was du auf dem Weg zur Erde siehst.*

J: Eigentlich drifte ich nicht zur Erde. Ich treibe sonst irgendwo hin. Ich sinke auf eine Art gräulichen Planeten herab. Er sieht seltsam aus, metallisch. Er vermittelt mir ein seltsames Gefühl. Sehr merkwürdig. Nicht so schön.

D: *Warum stört es dich?*

J: Er fühlt sich sehr kühl an. Und er ist nicht so weich wie die Wolke. Er ist hart.

D: *Wie sieht es unter deinen Füßen aus?*

J: Es ist irgendwie steinig. Stein, es gibt auch Staub. Aber es gibt überhaupt kein Gras oder etwas wie Pflanzen. Zumindest dort, wo ich im Moment bin. Es ist grau und metallisch zugleich. Es scheint, als gäbe es irgendeine Art von Gebäuden auf der Oberfläche des Planeten. Sie sind in einiger Entfernung, aber ich könnte da hinübergehen, wenn ich wollte.

D: *Wie sehen die Gebäude aus?*

J: Asymmetrisch. Wie ein halbes Dach. Weißt du, wenn du ein Haus nimmst und es hat ein sehr steiles Dach und du schneidest es in zwei Hälften, dann bekommt man die Art Gebäude, die ich meine. Es hat eine sehr gerade Vorderseite und kleine Fenster, falls es solche sind. Sie könnten Luftlöcher oder so etwas sein, ich weiß es nicht.

D: *Sehen alle Gebäude gleich aus?*

J: Ich kann im Moment nur wenige sehen und diese sehen so aus. Alles andere ist Stein und Berge, kleine Berge.

D: *Im Hintergrund?*

J: Ja und dort wo ich bin auch.

D: *Ist es hell?*

J: Nein, es ist nicht hell.

D: *Ich habe mich gefragt, ob es eine Sonne gibt.*

J: Nein, ich kann keine Sonne sehen. Es ist dunkler. Man kann alles sehen, aber es ist nicht hell.

Dann bat ich sie, auf ihre Füße zu schauen, damit wir herausfänden, wie sie aussah. Sie schnappte nach Luft und schien von dem, was sie sah, total überrascht zu sein. Es traf sie völlig unerwartet.

J: Es ist schwierig für mich, aber ich schätze, ich muss es sagen. Sie sind aus Metall. Es sind irgendwie schreckliche Dinge wie ... wenn man sich Pferdehufe vorstellt, aber spitz und sehr technisch. Das sind meine Füße. (Das war ihr sehr unangenehm.)

Ich war auch überrascht, aber ich hatte gelernt, bei allem mitzugehen, was die Probanden sehen und versuchte, stimmige

Fragen zu finden, egal wie seltsam die Situation auch sein mochte. Das Unbewusste hat immer einen Grund dafür, das Leben auszuwählen, das die Probanden dann erleben.

D: *Das ist seltsam, als ob sie aus einer Art Metall wären?*
J: Ja. Es fühlt sich an, als wäre ich selbst irgendwie metallisch. Und die Hände sind ein bisschen so ... sie sind so wie Klauen etwa, aber es gibt nur zwei Stück. Du weißt schon, wie die Füße. Sie haben zwei spitze Dinger, wie ein Huf. Und die Hände sind ähnlich.
D: *Anstatt irgendwelche Finger oder Fortsätze zu haben?*
J: Ja. Es fühlt sich überhaupt nicht menschlich an. Ich fühle mich seltsam.
D: *Hast du eine Ahnung, wie dein Gesicht aussieht? (Pause) Ich glaube, du kannst dich selbst nicht sehen, oder?*
J: Ich will zum See gehen und mich im Wasser ansehen.
D: *Gibt es in der Nähe einen See?*
J: Ja, ich kann hingehen. (Pause) Ich gehe auf eine lustige Art und Weise, fast wie eine Maschine. Es ist anders als jetzt in diesem Leben in meinem Körper. Ich kann meinen Arm sehen, der auch ein bisschen merkwürdig ist und mein schockierendes Aussehen bestätigt. Eigentlich ist es wie ein metallisches Ding, die ganze Sache. Und ich gehe zu diesem See hinüber und mache Bewegungen, die nicht geschmeidig sind. Ich stakse da hinüber und schaue ins Wasser.
D: *Steife Bewegungen?*
J: Steif, ja und ich fühle mich wie ein Roboter, wenn er geht. Erst eine Seite und dann die andere Seite nach vorne bewegen. Nicht sehr elegant eigentlich. Auch wenn der Körper nicht zu hässlich ist, aber ich sehe mir gleich mein Gesicht an.

Ich wies sie an, dass es sie nicht stören würde, sich selbst anzusehen, egal wie ungewöhnlich es auch sein mochte.

J: Ich habe so etwas wie Augen und sie sehen aus wie Augen, aber ... wie sie im Gesicht sitzen, ist eher wie ein Dreieck. Sie bilden ein Dreieck.
D: *Anstelle eines Ovals?*
J: Ja. Die Linie ist oben und die Spitze ist unten. Es sind ziemlich schöne Augen, das ist eine Erleichterung. Sie sind seltsam, diese dunklen Augen und sie scheinen eine gelartige Qualität zu haben. Aber der Rest des Gesichts ist metallisch.
D: *Hast du einen Mund oder eine Nase?*

J: Ich habe eine Art Mund, ja, aber es ist eher eine Öffnung. Wie ein rundes kleines Ding. Und die Nase ... Ich bin mir nicht sicher, was die Nase betrifft. Da sind so etwas wie Ritzen, Schlitze. Sehr seltsam.

D: *Kannst du einen Eindruck davon bekommen, wie es in dir drinnen aussieht?*

J: Da ist eine Menge Maschinerie im Einsatz. Maschinerie.

D: *Ich habe mich gefragt, ob du Organe hast, wie Menschen.*

J: Ich scheine Dinge in mir zu haben, ja. Ich weiß nicht, ob es Organe sind oder worum es sich handelt. Eine Menge Maschinen. Eigentlich scheint es mehr Maschinerie zu geben als alles andere. Ich weiß nicht, ob ich Blut oder so etwas habe. Ich bin ... gräulich, dunkel … eine dunkelgraue Art Metall.

D: So *wie die Farbe des ganzen Planeten, nicht wahr? Dunkelgrau?*

J: Ja. Auch wenn es Unterschiede auf dem Planeten gibt. Wenn man näher kommt, gibt es auch Weiß, weißen Stein und auch dunkleren grauen Stein. Und die Gebäude sind sehr dunkel. Ihre Farbe ist eine Art glänzendes Grau. Wie nennt man dieses Metall, das so dunkel und grau ist? Das Haus glänzt und reflektiert. Es sieht aus wie dieses Zeug, das es auf der Erde gibt, nicht wie Silber, sondern dunkel.

D: *Aluminium ist hell, nicht dunkel. Aber keine Bäume oder Gras oder irgendwas?*

J: Nein, keine Bäume oder Gras, nein.

D: *Glaubst du, du wohnst da drüben in der Stadt, in der diese Gebäude sind?*

J: Ja, ich gehöre irgendwie dorthin. Dort wurde ich gemacht.

D: *Möchtest du hinübergehen und den Ort näher betrachten?*

J: Hmm, das ist eine ziemliche Entfernung.

D: *Du musst nicht laufen. Du kannst dich sehr schnell bewegen.*

J: Ja, ich kann da hingehen. Es ist eine riesige Stadt mit diesen Häusern.

D: *Sie ist größer, als du dachtest?*

J: Nein, das ist ein anderer Ort. Dort, wo ich das eine oder andere Gebäude gesehen habe, da war genau das. Aber ich habe mich zu einem anderen Ort hinbewegt, an dem ich hergestellt wurde. Da gibt es Häuser in allen möglichen Formen, aber alle sehr glänzend und grau und dunkel. Und wir können darunter gehen. Wir können in den Planeten eindringen. Es gibt viele Dinge, die unter der Oberfläche geschehen. Die Hauptsache geschieht eher im Geheimen. Es liegt unterhalb.

D: *Ist das der Teil, mit dem du am besten vertraut bist?*

J: Da komme ich her. Dort wurde ich gemacht.

D: *Wie geht man da hinunter?*

J: Ich weiß einfach, wie man nach unten geht. Es gibt Öffnungen und du gehst einfach durch. Nicht so wie bei Türen. Nur, weil du durchgehen willst, kommst du durch. Und du schwebst nicht irgendwie nach unten, sondern gleitest hinunter. Es gibt viele Wege und du bewegst dich einfach nach unten, als ob es ein modernes Rohrpostsystem wäre, durch das du in einem Rohr einfach nur durch die Luft oder etwas anderes gleitest.

D: *Wie Wege oder Bürgersteige?*

J: Ja, aber man läuft nicht wirklich. Du fällst da hinein. Du entscheidest, wo du hin willst und da treibt es dich hin.

D: *Und du sagtest, du wurdest in diesem Bereich gefertigt?*

J: Ja. Es gibt eine Menge Feuer. Und es gibt Tische, auf denen sie Dinge machen.

D: *Feuer? Du meinst wie Schweißen oder Maschinen oder...?*

J: Ja, vielleicht Schweißen. Es gibt Feuerstellen, an denen sie Metall bearbeiten. Und sie stellen Formen her. Und es gibt noch weitere Orte in einem anderen Raum, in dem sie das Innere herstellen.

D: *Die verschiedenen Teile und alles?*

J: Ja, das Innere davon. Es funktioniert alles zusammen.

D: *Kannst du die Leute sehen, die diese Maschinen herstellen?*

J: Ja. Sie sind fleischiger im Gesicht. Und den Rest von ihnen kann nicht sehen, weil sie in einer Art Schutzkleidung aus Kunststoff stecken. Sie tragen diese Kleidung am ganzen Körper.

D: *Liegt das daran, dass sie dort arbeiten?*

J: Ja, es muss sehr sauber sein.

D: *Wie sehen sie aus?*

J: (Sie schien sie zu studieren.) Nicht wie ich. Sie haben weichere Gesichter und sie sind ziemlich blass. Sie sehen ziemlich menschlich aus, was wir „menschlich" nennen. Hell und leicht rosa. Sie haben Augenbrauen, die ich nicht habe.

D: *Haben sie Haare?*

J: Sie haben Haare, ja und zwar sehr extreme Haare. Ganz hellblond oder ganz schwarz. Ich kann keine andere Farbe sehen. Ziemlich kurz. Irgendwie glatt am Hinterkopf. Ich kann Männer sehen und die sehen ziemlich gut aus.

D: *Siehst du auch irgendwelche Frauen oder gibt es nur Männer?*

J: Ich kann im Moment keine Frauen sehen, nein.

D: *Und diese Männer bauen die Maschinen?*

J: Ja, sie erzeugen uns.

D: *Siehst du andere, die wie du aussehen?*

J: Nein. Ich sehe nur halbe. Ich meine, Teile dieses Prozesses.

D: *Also sind sie im Erzeugungsprozess. Warum erschaffen sie Leute ... Dinge wie dich? Ich weiß nicht, ob ich dich eine Person nennen soll oder nicht. Warum erschaffen sie dich?*

J: Sie wollen experimentieren und sehen, ob sie es schaffen können. Sie benutzen uns auch für Dinge, die sie selbst nicht tun wollen. Oder nicht tun können, weil es zu gefährlich ist oder so.

D: *Wie Diener oder Arbeiter?*

J: Ja, eher wie Arbeiter. Arbeiter, die eine bestimmte Aufgabe zu erfüllen haben.

D: *Es klingt, als hätten sie schon einige Zeit experimentiert, weil es wirklich gut funktioniert, nicht wahr?*

J: Ja. Es gibt einen sehr großen Raum. Und sie machen dort neue. Ich weiß nicht, warum. Ich nehme an, dass wir nach einer Weile verschleißen. Wir können nicht ewig weitermachen, also müssen sie neue herstellen. Es ist sehr seltsam.

D: *Sind das alles Maschinen?*

J: Es sind lauter Maschinen. Es gibt so etwas wie eine Seele. Das ist es, was so seltsam ist, weil ich auch Gefühle habe. Ich bin nicht nur eine Maschine, weißt du.

D: *Sind sie in der Lage, eine Seele, einen Geist in diese Maschinen hineinzubringen?*

J: Ich glaube, sie haben einen Teil ihrer selbst hineingesteckt.

D: *Was meinst du damit?*

J: Sie teilen ihre Seele auf. Sie geben uns ein wenig von ihrer. Also sind wir nicht sie, aber wir funktionieren irgendwie auf ihre Weise.

D: *Sonst wärst du wie ein Roboter, eine Maschine?*

J: Ja. Sie wollen, dass wir die Dinge richtig tun können. Oder, um sich auf unsere Emotionen sowie auf die Aufgabe, die wir zu erfüllen haben, verlassen zu können. Wir wären dafür nicht raffiniert genug, wenn wir diesen Teil nicht hätten. Wir wären nur programmiert. Aber wir sind mit einem Metallkörper nicht nur sehr gut ausgestattet für die Aufgabe, sondern wir müssen auch Dinge tun, bei denen wir irgendwie Seelenstärke brauchen. Und darum geben sie uns ein wenig von ihrer, denn das ist der einzige Weg, auf dem sie ... Ich meine, sie erschaffen keine Seelen. Sie haben diese Fähigkeit nicht. Vielleicht macht es Gott oder jemand anders. Aber sie haben keine extra Seelen, die sie uns geben könnten. Sie können es nur tun, indem sie ein bisschen von ihren opfern. Und das haben sie in uns hineingelegt.

Diesen Teil konnte ich nur schwer verstehen. Wenn sie in ein Leben ging, in dem sie eine mechanische Person, eine Maschine, ein Roboter war, wie konnte sie mit mir kommunizieren? Wie konnte sie nur Gefühle haben? Eine mechanische Schöpfung hätte keine Seele zugewiesen bekommen und eine Seele würde sich normalerweise nicht dafür entscheiden, in sie einzudringen. Dass jemand einer Maschine ein Stück seiner eigenen Seele geben könnte, damit sie in dieser fremdartigen Welt effektiver funktionieren könnte, war eine total neue Idee.

D: *Kannst du sehen, wie das gemacht wird?*

J: Ich kann sehen, dass sie eine Zeremonie machen. Sie kommen zusammen und irgendwie „spucken" sie es in die Maschine, wenn sie fertig ist.

D: *Was meinst du mit „spucken"?*

J: Sie scheinen zu entscheiden, dass sie ein wenig hergeben wollen und spucken es aus ihrem Mund in die Maschinenperson.

D: *Wie sieht es aus, wenn sie es ausspucken?*

J: (Pause) Ich kann es nicht wirklich sehen. Sie haben es direkt in die Maschine gesteckt.

D: *Du meinst, es ist unsichtbar?*

J: Ja. Oder wie beim Ausatmen, wenn man nicht wirklich irgendetwas sieht, es sei denn, es ist kalt. Auf diese Art.

D: *Das ... aktiviert sie?*

J: Das lässt es eindringen. Und das verleiht der Maschine Gefühle. Ohne das wäre sie nur eine Maschine und sie müssten Computerchips oder ähnliche Dinge einbauen, damit sie sehr untergeordnete Aufgaben erledigen könnte. Aber sie wollen mehr als das.

D: *Nimmt ihnen das etwas weg, wenn sie Maschinen mit einem Stück von sich selbst ausstatten?*

J: Ja, es nimmt dieses Stück von ihnen selbst weg. Sie müssen mit weniger zufrieden sein. Sie müssen ein wenig von ihrer Macht aufgeben, Dinge geschehen zu lassen, die sie wollen. Sonst wären sie nicht in der Lage, das zu tun.

D: *Glaubst du, es gäbe eine andere Möglichkeit, wie die Maschinen aktiviert werden könnten?*

J: Nein, das könnten sie nicht, nein. Sie brauchen eine Seele.

D: *Oftmals werden Dinge durch den Geist aktiviert.*

J: Oh, nein, so ist das nicht. Sie haben diese Geisteskraft nicht. Die haben sie noch nicht.

D: *Aber sie sind in der Lage, ein wenig von sich selbst abzuspalten und herzugeben, um die Maschine zu aktivieren.*

J: Ja. Das können sie tun. Ich meine, die Maschine würde nur mit der Elektrizität, oder was sie eben nutzen, funktionieren, um die Körperteile und alles andere zu stimulieren. Weil sie programmiert wäre, würde sie arbeiten. Aber sie würde nicht auf diese ausgeklügelte Weise funktionieren. Also entschieden sie, dass sie ein kleines Opfer bringen würden und legten zehn oder zwanzig Prozent ihrer Seelen hinein. Und sie haben immer noch ihre übrigen Seelenanteile, die sie wohl für völlig ausreichend halten. Also geben sie ein wenig an die Maschine ab, damit sie entsprechend reagieren kann.

D: *Denkt die Maschine selbstständig und hat sie einen Intellekt?*

J: Die Maschine hat Denkvermögen, ja. Aber natürlich ist das auch programmiert. Es ist nur Denken, weil es programmiert wurde. Sie haben ihr das alles gegeben.

D: *Sie kann nicht auf eigene Faust - als Individuum - weglaufen?*

J: Nein, nein. Nur wenn sie den Seelenanteil hat, kann sie auf unterschiedliche Weise reagieren. Das ist der Unterschied. Sie wird immer noch nur das tun, was sie tun soll, aber sie hat eine größere Auswahl an Reaktionen.

D: *Sie ist also kein vollständiges Wesen, das von selbst wie ein Mensch funktionieren und denken kann? (Nein, nein.) Aber es verleiht ihr mehr Fähigkeiten als eine Maschine hätte?*

J: Ja, das stimmt.

D: *Eher eine Persönlichkeit, schätze ich. (Ja.) Nun, kannst du als Maschine sprechen? Kannst du mit ihnen kommunizieren?*

J: Nein. Wir können reden, ja. Es klingt nicht sehr schön. Es ist eine Art Sprache, aber sie klingt nicht schön.

D: *Ist das die Art und Weise, wie sie kommunizieren?*

J: Nein, sie haben schöne Stimmen, aber wir haben nur Maschinenstimmen.

D: *Also kommunizieren sie verbal, mit Worten.*

J: Ja, das können sie. Sie geben uns und auch dem Inneren, der Maschinerie, gesprochene Befehle. Sie können nicht einfach denken und wir machen es. Sie müssen es uns schon sagen.

D: *Und du kannst mit ihnen kommunizieren.*

J: Alles, was wir sagen, ist „ja“ oder „verstanden“ oder so.

D: *Also, obwohl du eine gewisse Menge Intellekt hast, kannst du nicht wie ein denkender Mensch kommunizieren.*

J: Das sollen wir nicht. Das könnten wir, aber das sollen wir nicht. Wir sind darauf programmiert, die Aufgabe zu verstehen, „verstanden“ zu sagen und sie auszuführen.

D: *Nun, fühlt das Individuum, das dir ein Stück seiner Seele von sich selbst gegeben hat, eine Anziehungskraft oder eine Verbindung zu dir?*

J: Ich denke, die einzige Verbindung, die wir haben, ist, dass ich weiß, welches Individuum es ist. Ich kann das Gesicht sehen.

D: *Ich dachte, wenn es dir einen Teil von sich selbst gäbe, könnte es sich in irgendeiner Weise mit dir verbunden fühlen.*

J: Das könnte es, aber ich weiß es nicht. Ich kann das nicht fühlen. Ich weiß, wer es war und vielleicht fühle ich etwas für oder mit ihm oder ... Kann ich nicht sagen.

D: *Nun, das ist eine andere Art der Existenz, nicht wahr?*

J: Ja, es ist eine seltsame Art zu existieren.

D: *Musst du etwas konsumieren? Ich denke an Nahrung. Wie bleibt man am Leben? Für eine Maschine, denke ich, ist das wahrscheinlich eine seltsame Frage.*

J: Wir essen nicht wirklich etwas. Außerdem gehen wir nicht auf die Toilette. Wir bekommen so eine Substanz wie Öl, aber das ist nur für die Maschinen. Wir bekommen nichts für die Seele.

D: *Wie bringen sie das Öl in dich hinein?*

J: Sie platzieren es einfach dort, wo es gebraucht wird, kleine Hebel und Löcher, wo es gebraucht wird. Du brauchst normales Öl. Weißt du, es ist wie beim Auto oder so.

D: *Aber zumindest wollten sie nicht nur Maschinen haben. Sie wollten, dass sie mehr Persönlichkeit haben. (Ja.) Aber wie du sagtest, nutzen sie sich ab. Und deshalb müssen sie weitere herstellen?*

J: Ja, sie wollen wirklich alles erforschen und brauchen viele Arbeiter. Da, wo sie hingehen wollen, kennen sie die Umgebung nicht und wissen nicht, wie es sein wird. Und wir müssen hitzebeständig sein. Denn wenn wir auf einen anderen Planeten müssen, auf dem es sehr heiß ist, müssen wir in der Lage sein können, das zu überleben und nicht auszutrocknen. Das Öl ist also irgendwie hitzebeständig. Und unsere Hände sind eigentlich hitzebeständig. Ich erkenne jetzt, die Füße sind ebenfalls hitzebeständig. Alles ist hitzebeständig.

D: *Ich würde denken, dass Metall Wärme leiten würde, aber ich schätze, es ist eine andere Art.*

J: Es ist eine andere Art. Wir haben so etwas auf der Erde nicht. Es sieht nur äußerlich so ähnlich aus, wie etwas, das wir haben.

D: *Also nehmen sie dich mit zur Erkundung anderer Planeten.*

J: Ja, sie schicken uns für Aufgaben los, damit wir nachsehen können, welche Planeten für den jeweiligen Zweck geeignet sind.

D: *Worin bringen sie dich dorthin?*

J: Die runden Dinge, in denen wir reisen. Und sie geben den Zielort ein. Wir wissen, dass sie eine kleine Karte einlegen, auf die das Ziel programmiert wurde. Also transportiert es uns dorthin.

D: *Reisen sie mit dir mit?*

J: Nein, nein. Sie würden nie mit uns mitkommen. Nein, nein. Wir müssen es tun. Weil sie eine Haut haben und rosa sind. Sie hätten keinen Schutz gegen das Licht, weil es dort, wo wir hingehen, sehr intensives Licht gibt. Deshalb haben wir dunkle Augen. Wir haben auch spezielle Sonnenbrillen. Es sind Sonnenbrillen, die ... (verwirrt, schwer zu beschreiben) ... wie sagt man das? Wie ein dünnes Ding aus Plastik. Aber es hat kleine Löcher, also kommt nur eine bestimmte Menge Licht durch. Und der ganze Rest ist dunkel. So schützen wir uns selbst zusätzlich.

D: *Ist das ein Teil deines Auges?*

J: Nein, das ist wie etwas Besonderes, das wir aufsetzen können. Wir tragen es über den Augen, fast wie eine Sonnenbrille.

D: *Die Orte, zu denen man reist, könnten auch sehr kalt sein, nicht wahr?*

J: Das könnten sie, ja.

D: *Kannst du bei jeder Temperatur in jeder Umgebung funktionieren?*

J: Ja, aber wir wurden speziell für die heißen Orte erzeugt.

D: *Nun, sieh dir an, wie du an einen dieser Orte geschickt wirst. Du sagtest, sie haben die Karte in die Maschine gesteckt?*

J: Ja. Und wir treten ein und die Kapsel wird geschlossen und reist dorthin, wohin wir sollen. Und sie muss auch hitzebeständig sein, irgendwie eher noch mehr als wir. Denn sonst könnte sie uns nicht zurückbringen.

D: *Sie müssen dich mit Informationen zurückbringen?*

J: Richtig. Wir registrieren Informationen automatisch. Es geschieht durch die Augen.

D: *Werden dadurch Informationen in irgendeiner Weise aufgezeichnet, wie z. B. Daten oder etwas Ähnliches? (Ja.) Was machst du, wenn du dort angekommen bist?*

J: Es landet dort. Wir müssen die Hitze durchqueren. Und in der Hitze umherreisen und schauen, was darunter ist. Und nachsehen, ob es dort Leute gibt oder nicht, was es sonst noch gibt.

D: *Wie eine Wärmesperre, meinst du? (Ja, ja.) Und du landest, um nachzusehen, ob es Leben gibt?*

J: Und wenn es Leben gibt, welche Art von Leben. Damit sie vorbereitet werden können, falls sie es schaffen, durch die Hitze zu kommen. Sie können also den Planeten entweder in Besitz nehmen oder ihn erforschen. Und wenn nicht, sollten sie es besser lassen. Also bekommen sie diese Art Informationen.

D: *Ob es ein geeigneter Ort ist, den sie betreten und auf dem sie überleben könnten.*

J: Ja. Und deshalb brauchen wir auch die Seele, weil wir auch fühlen können, ob es angenehm ist, oder ob die Leute gut oder böse sind.

D: *Eine Maschine wäre dazu nicht in der Lage. (Nein.) Eine Maschine könnte Informationen aufzeichnen, aber sie könnte ihnen nicht alle Informationen geben, die sie haben wollen.*

J: Ja. Aber es gibt auch einen Nachteil. Weil wir Seele haben, okay, möglicherweise sind es nur zehn oder zwanzig Prozent, aber wir haben sie. Das bedeutet, dass wir all jene Emotionen haben, die damit verbunden sind. Das bedeutet auch, dass wir Dinge wie Anziehung füreinander empfinden.

D: *Du meinst, für andere Maschinen?*

J: Ja. Und vielleicht sogar für andere Kreaturen von anderen Planeten. Es könnte andere geben, die ähnlich genug sind, um anziehend zu wirken. Und natürlich dürfen wir das nicht leben oder fühlen. Wir haben keine Fortpflanzungsorgane. Sie haben das blockiert. Sie haben uns erschaffen, aber wir spüren alle Gefühle. Das ist sehr seltsam.

D: *Das ist einer der Nachteile?*

J: Ja, weil wir darunter leiden. Und auch für sie ist es etwas, das sie nicht verstehen. Sie müssen damit umgehen, wenn wir zurückkommen. Und wir wollen vielleicht unsere Aufgabe nicht erfüllen, weil wir jemanden kennengelernt haben. Es ist sehr schwierig.

D: *Weil dieser Seelenanteil Anziehungskraft und Gefühle hat.*

J: (Traurig) Sie sind eigentlich sehr grausam zu uns, weil sie uns zeigen, dass es keine Hoffnung gibt. Und sie machen Dinge mit unserem Körper, komische Dinge. Weil wir denken, dass es eine Chance geben könnte, wenn sie es schaffen würden, uns innen etwas einzubauen. Wenn sie es richtig machten, könnten wir das tatsächlich tun. Wir könnten Beziehungen haben wie sie. Wir könnten verliebt sein und eine Familie und so etwas haben, aber sie sind nicht bereit, so etwas zu tun. Im Gegenteil, sie lachen uns aus. Sie machen Dinge mit mir. Weißt du, sie haben etwas Ähnliches wie einen Schraubenzieher hineingesteckt und sagten: „Schau, da ist nichts drin. Das ist lächerlich. Es ist nur metallisch. Du hast gar nichts. Es kann keine Gefühle geben." Aber es ist wie ein Phantomschmerz. Wir haben es, weil wir glauben, dass wir aufgrund des Seelenanteils dort etwas haben, das fruchtbar ist. Sie begreifen wahrscheinlich nicht ganz, wie es für uns sein muss. Und sie denken: „Oh, sie sind nur eine Art Maschinen." Aber das sind wir nicht. Wir haben alle Bedürfnisse. Vielleicht nur zu einem kleinen Teil, zu einem kleineren Teil, aber auf unsere eigene Weise haben wir diese Bedürfnisse. Und sie erlauben uns nicht, sie zu leben.

D: *Also wussten sie nicht, dass sie dich auch blockieren, indem sie dir diese Gefühle gaben.*

J: Ich glaube, sie hatten keine Ahnung.

D: *Aber, wie du sagtest, experimentieren sie immer noch.*

J: Das ist wahr, sie experimentieren und sie haben nicht wirklich erkannt, was passieren könnte.

Dabei wurden mir Referenzen zu aktuellen Filmen und Fernsehsendungen bewusst. In "Der 200 Jahre Mann" spielte Robin Williams einen Roboter mit allen Gefühlen und Emotionen, der nicht mehr von einem Menschen zu unterscheiden war. Auch in einer Episode von „Star Trek, Next Generation" musste der Android Data beweisen, dass er wirklich beinahe menschlich war, weil er sonst demontiert werden sollte. In beiden Fällen konnten „normale" Menschen nicht glauben, dass Maschinen die Fähigkeit entwickeln könnten, Gefühle zu spüren und Emotionen zu erleben und ebensolche Merkmale aufzuweisen, die wir strikt der Kategorie der menschlichen Rasse zuordnen.

D: *Wenn du an diese Orte reist, sammelst du Informationen, indem du dir einfach alles anschaust?*

J: Ja. Und im Grunde genommen, indem du dorthin gehst. Indem man die Temperatur aushält, misst man sie und sieht, wie dicht der Gürtel um diesen Planeten herum ist. Und wie kalt oder warm es darunter ist, ob da eine Bevölkerung ist oder nicht. Und wenn es eine Bevölkerung gibt, ist es so, als ob man Fotos mit den Augen machen würde. Nur das Anschauen gibt die Informationen bis zu einem gewissen Grad ein. Und sie können das am anderen Ende auslesen und die Daten reproduzieren.

D: *Was ist mit den Leuten, den Wesen, die auf diesen Planeten leben? Wie reagieren sie, wenn sie dich sehen?*

J: Oh, wir müssen wirklich versuchen, nicht gesehen zu werden, denn sie sind eher schockiert, wenn sie uns sehen.

D: *Das dachte ich mir. Du würdest nicht wie sie aussehen.*

J: Oh, überhaupt nicht. Sie wären entsetzt. Das können wir nur tun, wenn sie ... wie in Trance sind. Manchmal müssen wir etwas tun, damit ihnen nicht bewusst wird, dass wir da sind. Eine Art Ausblenden des bewussten Teils des Verstandes, dann fotografieren wir und gehen wieder weg. Und sie entspannen sich und sind wieder normal. Sie erinnern sich nicht daran.

D: *Vielleicht musst du deshalb den kleinen menschlichen Teil haben, weil eine Maschine nicht wüsste, wie man das macht.*

J: Nein, sie wäre nicht sensibel genug zu erkennen, ob sich die andere Person konzentriert oder schläft oder tagträumt oder was auch immer sie tut.

D: *Und wenn sie gesehen würde, wüsste sie nicht, wie man sich versteckt.*

J: Nein. Sie würde den Schock überhaupt nicht verstehen, den sie verursacht. Während wir wissen und sehen können, dass es verschiedene Arten von Wesen gibt und wie sie reagieren. Und wir bevorzugen die Maschinenleute. Ich meine, ich wäre lieber in einen Maschinenmenschen verliebt als in jemand anderen. Es ist sehr schwierig.

Diese Beschreibung des Daseinszwecks und der Aufgaben der Roboter klang sehr ähnlich, wie die der kleinen grauen Wesen, die in vielen UFO Fällen vorkamen. Im Buch *The Custodians* wurde gesagt, dass diese kleinen Wesen erschaffen worden waren, um Aufgaben auszuführen und physische Umgebungen zu betreten, die für die Wesen auf dem größeren Schiff schädlich wären. Als ich vorschlug, dass sie wie Roboter klangen, wurde mir gesagt, dass sie nicht mechanisch, sondern biologisch kreierte Wesen wären, die ausschließlich als Arbeiter benutzt würden. Sie scheinen auch ein gewisses Maß an Intelligenz zu haben, indem sie Aufgaben übernehmen können, aber emotional nicht involviert zu sein scheinen. Es ist diese kalte Einstellung, welche die Menschen, die Kontakt mit ihnen hatten, am meisten erschreckte. Ich versuche bei meiner Therapie zu erklären, dass dies daran liegt, dass sie keine selbstständig denkenden, autonom funktionierenden Wesen sind. Könnten sie eine aktualisierte

Version dieser mechanischen Roboterarbeiter sein? Könnte die Technologie im Laufe der Zeit von der Maschine zur Bionik fortgeschritten sein? Könnten sie auch durch einen Funken aktiviert worden sein, der ihnen von ihren Schöpfern überlassen wurde? Ich sage nicht, dass diese von der gleichen Rasse Wesen erschaffen wurden, aber ihre Ziele sind bemerkenswert ähnlich.

D: *Fühlst du Glück oder Freude an deiner Arbeit? Erlebst du diese Emotionen?*

J: Ich habe ein Pflichtgefühl. Ich habe nicht wirklich Freude an der Arbeit. Ich erledige sie, weil ich das tun soll.

D: *Du bist darauf programmiert.*

J: Ja, das soll ich tun, also ist das richtig. Es fühlt sich richtig an, das zu tun, aber es ist nichts, das mir etwas Bestimmtes geben könnte.

D: *Du kannst also nicht sagen, dass dir deine Arbeit gefällt. Du machst sie einfach.*

J: Ja. Ich möchte auch nicht missfallen. Du machst sie einfach.

D: *Also, was machst du, wenn du mit der Erforschung des Planeten fertig bist?*

J: Wir kommen zurück und sie nehmen die Informationen heraus. Und manchmal lassen sie uns ausruhen und ölen uns und so. Manchmal schicken sie uns sofort zurück in die Kapsel und wir reisen zu einem anderen Ort.

D: *Weil du nicht müde wirst, wie sie.*

J: Nein, wir werden nur innerlich emotional müde, wenn man das so nennt. Aber sie wissen das sowieso nicht.

D: *Hast du keine Möglichkeit zu kommunizieren und ihnen von deinen Gefühlen zu erzählen?*

J: Ja, könnten wir, aber das sollen wir nicht. Sie würden sich über uns lustig machen, wenn wir sagten, dass wir dies und jenes wollen. Sie lachen, denn wir sind nur zu etwa zehn Prozent menschlich. Du weißt, wie das ist, wenn du etwas sagen willst und das sollen wir aber nicht tun. Sie wissen nicht, was sie uns gegeben haben. Es ist eine viel weitreichendere Sache, als sie denken, ein Geschenk oder was auch immer.

D: *Ich frage mich, ob es einen Unterschied machen würde, wenn sie es wüssten.*

J: Nein, weil sie uns kontrollieren wollen. Sie besitzen uns nur für das, was sie wollen.

D: *Ich dachte, es könnte einen Unterschied machen, wenn sie es wirklich wüssten.*

J: Das einzige, was ich mir vorstellen kann, wäre, dass sie unseren Unterkörper einfach mit einer Art undurchdringlichem Metallgegenstand füllen würden, anstatt darin herumzustochern. Und sie würden wieder lachen und sagen: „Schau, jetzt ist es da drin. Das ist es, was du hast. Du hast nichts."

D: *Ich dachte mir, einer der Gründe sein, warum sie nichts dagegen unternehmen, könnte sein, dass sie nicht wirklich wissen, was du fühlst.*

J: Nein, das wollen sie nicht. Sie lachen nur, wann immer wir etwas sagen, worum auch immer es geht, wenn es nicht um die Aufgabe selbst geht.

D: *Du hast gesagt, wenn einer sich abnutzt, müssen sie einen anderen bauen. Was passiert mit diesem menschlichen Teil? Wird der auf den neuen übertragen?*

J: Ich glaube schon. Er geht in den anderen über.

D: *Also müssen sie es nicht noch einmal machen?*

J: Nein, jeder macht nur einmal eine Spende.

D: *Und dann, wenn der Körper verrostet oder abgenutzt ist ...*

J: Ja, oder was auch immer es ist. Sie haben es einfach in den nächsten gesteckt.

D: *Wie können sie das tun? Wie wird er von der einen Maschine zu einer anderen übertragen?*

J: (Flüstert) Wie können sie das tun? (Pause) Ich denke, es ist das Gleiche wie in der Zeremonie. Sie ließen es von dem Anderen einsaugen, von dem Neuen. Der Neue scheint es vom Alten in sich aufzunehmen.

D: *Dann wird der andere wahrscheinlich für Teile verwendet, schätze ich.*

J: Ja, oder sie haben ihn einfach ins Feuer gelegt und etwas Neues daraus gemacht.

D: *Also dieser Teil, der wie eine Seele ist ...*

J: Es ist eine Art Recycling.

D: *Einfach von einer Maschine zur anderen. Also müssen sie es nur einmal machen. Aber du hast keine Wahl, was die ganze Sache betrifft, oder? (Nein.) Nun, lass uns diese Szene verlassen und zu einem wichtigen Tag übergehen, an dem etwas passiert, das du als diese Maschine für wichtig hältst. Was machst du jetzt? Was siehst du?*

J: Ich bin mit jemandem zusammen. Mit einer Maschinenperson. Und wir wollten wirklich auf andere Art und Weise leben. Und sie ist eigentlich eher diejenige, wie soll ich sagen, sie sehnt sich danach. Sie öffnete mir die Augen ein wenig. Sie scheint mehr Seele zu haben oder so. Und sie sagt, es reiche nicht aus, nur wie eine Maschine zu sein. Wir haben auch diesen anderen Teil. Und wir wollen auch noch andere Dinge tun, nicht nur in die Hitze gehen und erforschen. Wir wollen etwas, das du vielleicht ein Privatleben nennen würdest.

D: *Woher weißt du, dass es eine „sie" ist? Fühlst du dich selbst so, als hättest du ein Geschlecht?*

J: Ich fühle mich wie ein „er", weil ich die Seele von einem Er bekommen habe. Und sie kommt aus einer anderen Gegend. Und sie ist eine Sie. Das weiß ich. Ich kann das fühlen. Ich kann, wenn ich arbeite, immer fühlen, ob ich von einem Er oder einer Sie umgeben bin.

D: *Sie kam aus einer anderen Gegend?*

J: Ja. Und sie erledigt solche Aufgaben wie ich, aber vielleicht hat sie ein bisschen zu viel Seele oder so. Sie hat viel darüber nachgedacht und sie will, dass wir fliehen oder etwas anderes tun.

D: *Was hältst du davon? Gibt es einen Weg zu entkommen?*

J: Ich weiß nicht. Ich vertraue ihr. Ich denke, es könnte so sein, wenn sie es sagt.

D: *Gibt es einen Ort, an den ihr euch zurückziehen könnt?*

J: Sie glaubt, dass es viele Orte gibt, zu denen wir gehen könnten, weil sie es nicht wissen würden, wenn wir woanders hingingen. Besonders nach der Aufgabe, bevor sie uns die neuen Informationen geben. Wenn wir planten, wohin wir gehen könnten, wüssten sie es nicht.

D: *In der Kapsel, meinst du?*

J: Nein, nur auf dem Planeten. Wenn wir uns einfach der Aufgabe stellen, aber stattdessen gehen wir woanders hin. Und wir kommen einfach nicht zurück.

D: *Könnten sie euch nicht irgendwie verfolgen?*

J: Ich weiß nicht. Vielleicht würden sie das tun.

D: *Ist das ihr Plan?*

J: Es ist nur eine Hoffnung. Es ist nur ein ganz kleiner Hoffnungsschimmer. Es ist nicht wirklich ein durchdachter Plan, denn das ist alles, was sie sich ausdenken kann.

D: *Aber es ist eine Idee.*

J: Es ist eine schöne Idee und wäre einen Versuch wert, oder?

D: *Ja. Ist es das, was sie nach der nächsten Aufgabe tun will?*

J: Sie will es nicht alleine machen, denn offensichtlich ist der Grund, warum wir es tun wollen, dieser private Teil. Eine Art Seelenaustausch. Und wir haben nicht sehr viel davon, aber wir denken, dass er wachsen könnte, wenn wir ihn öfter benutzen oder so.

D: *Ja, wenn du allein wärst, wärst du einsam. Du kannst Einsamkeit spüren. Ist das richtig?*

J: Ja, das können wir spüren. Und wir haben Sehnsüchte nach unbeschreiblicher Nähe, die wir noch nie erlebt haben.

D: *Du hast Sehnsucht nach anderen deiner Art, also kannst du nicht einfach alleine losziehen und allein existieren. (Nein, nein.) Wofür entscheidest du dich?*

J: Ich denke, es klingt alles sehr verlockend, was sie sagt. Und ich glaube, dass es einen Versuch wert wäre. Und das gibt ihr den Mut zu sagen: „Vielleicht sollten wir es bald versuchen." Eher früher als später. Also beschließen wir, Wege zu finden, um zu jenen entfernten Orten zu gelangen, wo es eine Grotte gibt oder so. In den Bergen gibt es ein kleines Loch und vielleicht können wir uns dort für eine Weile verstecken. Weil alles, was wir brauchen, Öl ist oder so etwas, also ist es kein Problem.

D: *Also glaubst du, ihr könntet es schaffen und sie würden es nicht bemerken. (Ja.) Wie entscheidet ihr euch?*

J: Wir beschließen, nach der nächsten Aufgabe zu fliehen. Sobald sich die nächste Gelegenheit ergibt.

D: *Sag mir, was los ist.*

J: Sie ist zurückgekommen und ist in einer anderen Kapsel, aber auf der gleichen Mission. Was seltsam ist, weil das noch nie geschehen ist. Ich weiß nicht, wie das geklappt hat. Vielleicht hat sie mit jemandem getauscht oder so. Aber sie war auf der gleichen Mission. Und ja, wir entkommen. Wir fliehen. Wir gehen einfach zu diesem Ort. Aber natürlich haben wir nicht realisiert, dass sie mehr als nur eine Möglichkeit haben, uns zu finden. Und natürlich finden sie uns schon am nächsten Morgen. Sie finden uns sehr schnell. Sie bemerken am nächsten Tag, dass wir weg sind. Und sie verwenden einfach ihre Maschinen, um uns dort aufzustöbern, wo wir uns befinden. Sie finden uns schneller, als ich dachte.

D: *Was ist dann passiert?*

J: Zuerst einmal haben sie uns fies ausgelacht, um sich über uns lustig zu machen. Und dann stoßen sie irgendwie unsere Unterkörper. Sie stoßen uns und machen lustige Witze über unseren nicht existierenden Sex und wie dumm wir denken, dass sie sind. Wie klug wir glauben, dass wir sind und dass sie in Wahrheit die Meister sind. Einer kommt herein, der wirklich so verärgert ist, als wäre er deswegen persönlich beleidigt, was wir uns erlaubt haben zu tun. (Seufzer) Und das ist derjenige, der anordnet, dass wir im unteren Teil des Körpers zertrümmert werden. Wir werden zerschlagen, während wir die Seele noch in uns haben.

D: *Sie wissen nicht, dass es nichts mit Sex zu tun hat. Es ist nur Nähe, nicht wahr?*

J: Sie glauben, dass wir das tun wollen. Und sie machen Späße darüber.

D: *Er hat also angeordnet, dass ihr zerschlagen werdet?*

J: Ja, wir werden in diesem Teil des Körpers zertrümmert sein. „Wir werden dir zeigen, wie lächerlich du bist." Und für uns beide bedeutet das Demütigung und Bestrafung. Und natürlich ist es wie eine Todesstrafe, nicht wahr? (Ja.) Weil es bedeutet, dass wir wieder eingeschmolzen werden. (traurig) Und was geschieht mit dem Seelenanteil?

D: *Ja, das habe ich mich auch gefragt. Was passiert dann?*

J: Sie tun uns das an, ja. Wir können die Erniedrigung spüren. Obwohl wir den Körper nicht spüren können oder so, können wir die Erniedrigung spüren.

D: *Du kannst nicht wirklich Schmerzen in einem Metallkörper spüren.*

J: Nein, nein. Aber wir spüren den ganzen Rest. Und wir spüren die Macht, die sie haben und im Grunde genommen, dass sie uns einfach wie ein Nichts behandeln können. Also zerschlagen sie den Körper und werfen uns dann ins Feuer.

D: *Mit der Seele noch drin? Normalerweise tun sie das nicht, oder?*

J: Nein, die Seele muss ... Ich weiß nicht, was sie mit der Seele machen.

D: *Mal sehen, was passiert, nachdem sie dich ins Feuer geworfen haben. Bewege dich dahin, wo es vorbei ist. Was ist mit dir passiert, mit dem wahren Du?*

J: Es kreist nur. Es hat das Feuer verlassen und kreist umher. Und es ist in der Lage, auch mit der anderen Seele zu kommunizieren, also ist das ziemlich nett so. Aber andererseits war unsere Existenz, wie wir sie wollten, so nicht möglich.

D: *Was beschließt ihr zu tun?*

J: Wir beschließen, hinweg zu schweben, sehr weit weg.

D: *Sie können euch jetzt nicht erwischen, oder?*

J: Nein, sie bemerken uns nicht einmal. Sie haben tatsächlich komplett darauf vergessen.

D: *Normalerweise hätten sie dich in einen anderen Körper gesteckt.*

J: Ja, das ist wahr. Sie hatten zu spät darüber nachgedacht oder so. Ich weiß es nicht.

D: *Vielleicht dachten sie, du wärst nicht das, was sie wollten, also wäre es besser, dich loszuwerden.*

J: Das ist eine Möglichkeit, ja. Ich weiß es nicht.

D: *Aber das ist gut. Du bist geflohen, nicht wahr?*

J: Eigentlich, nach allem, was wir getan haben, ja. Das ist wahr.

D: *Du bist auf eine andere Weise entkommen, als du gedacht hattest. (Ja.) Du musst nicht mehr diese Art Existenz leben. Du kannst gehen, wohin du willst.*

J: Ja, das ist wahr.

Dann bat ich darum, mit Johannas Unbewusstem sprechen zu dürfen. Indem ich direkt mit dem Teil spreche, der die Aufzeichnungen der Persönlichkeit führt und sie beeinflussen kann, um positive Veränderungen zu bewirken, erhalte ich Antworten und nehme therapeutischen Einfluss. Mir wurde der Zugang dazu noch nie verweigert, weil ich das Wohlergehen der Person in meiner Arbeit an erste Stelle setze. Ich glaube, es kennt meine Motive sehr gut und würde mir den Zugang verwehren, wenn ich nicht die richtigen Motive hätte. Es ist immer leicht zu erkennen, wann das Unbewusste präsent ist, weil es objektiv ist, über die Probanden in der dritten Person spricht und sie wie eigenständige Persönlichkeiten behandelt.

D: *Warum hat das Unbewusste Johanna dieses ungewöhnliche Leben gezeigt?*

J: Um ihr zu zeigen, dass der erniedrigte Teil von ihr immer noch sehr stark ist. Sie hat Angst, gedemütigt zu werden. Es gibt da eine starke Verbindung.

In diesem gegenwärtigen Leben ist eines von Johannas Problemen, dass sie sich leicht erniedrigt fühlt, auch wenn es vom Gegenüber nicht beabsichtigt ist. Dies hat dazu geführt, dass sie ihr volles Potenzial nicht entwickeln und viele Ziele nicht verfolgen konnte.

D: *Dieser Körper war nicht menschlich. Hat Johanna viele Leben in einem vollständig menschlichen Körper verbracht?*

J: Ja, sie hat auch viele andere Menschenleben hinter sich. Aber dieses hier beeinflusst sie immer noch. Es sollte ihr auch helfen zu verstehen, warum ihr Bedürfnis nach Freiheit so stark ist. Unabhängig zu sein.

D: *Aber ich fand es seltsam, dass sie auf so einem ungewöhnlichen Weg erschaffen und ihr nur ein Teil einer Seele gegeben wurde.*

J: Das ist nicht verwunderlich, denn vorher führte sie ein Leben, in dem sie ihren Seelenanteil nicht ausreichend schätzte. Menschen sagen: „Oh, es ist nur deine Seele. Oh, dieser emotionale kleine Teil ist nicht so wichtig.“ Und ihr wurde gezeigt, wie es ist, wenn die Seele keinen Ausdruck finden kann. Oder wie restriktiv es ist, nur die zehn oder zwanzig Prozent zu haben, statt vollständig zu sein.

D: *Für mich ist das verwirrend. Kannst du das beantworten? Sie dachte, dass ihr die Person, die sie erschaffen hat, einen Teil ihrer Seele gab. Ist das geschehen?*

J: Ja. Aber trotzdem war sie im Maschinenleben sie selbst. Sie war eine vollkommene Quelle, so vollständig wie eine Person nur sein kann. Also musste sie die Einschränkung erleben, mehr Maschinenleben als Seelenleben zu haben.

D: *Aber wenn ihr der Andere einen Teil seiner Seele überließ, wäre es seiner und nicht ihrer, nicht wahr?*

J: Es war ein Teil von ihr, nicht wahr? Ich meine, sie war beides.

D: *Das ist mir gerade aufgefallen. Du meinst, dass sie auch die Person war, die ihr das Leben gegeben hat?*

J: Ja, aber das wusste sie überhaupt nicht. Weil sie sonst diese Erfahrung nicht hätte machen können, wenn sie ihr das gesagt hätten. Wenn man ihr gesagt hätte, dass wir mehr als eine Person sind. Wir haben überall Seelenanteile.

D: *Weil sie im Wesentlichen kein Leben erschaffen konnten. Sie waren nur in der Lage, einen Teil von sich selbst zu übertragen?*

J: Das ist richtig.

D: *Also würde sie in der Maschine tatsächlich gewusst haben, dass sie weniger war. (Ja.) Ein Teil von ihr ging also mit dem Mann weiter und das hat auch zu Karma geführt. (Ja.) Und der andere Teil existiert jetzt in Johanna.*

J: Und er wird ihr auch erklären, warum sie in diesem Leben die Seele wichtiger nimmt als alles andere.

D: *An dieser Stelle erkennt sie ihren Wert, denn es gab ihn schon, als sie nur einen sehr kleinen Teil davon hatte. (Richtig.) Sie hatte noch ein paar weitere Fragen. Erklärt das auch die Probleme in ihren physischen weiblichen Organen?*

Vor der Sitzung hatten wir über Probleme mit unregelmäßigen Menstruationsperioden und vielen Krämpfen gesprochen.

J: Ja, das tut es. Die Angst, von einem Mann gedemütigt zu werden, weil derjenige, der sich für das Zerschlagen entschied, ein Mann war. Und bei dem ganzen Gefühl ging es auch um Erniedrigung. Auch die Sondierungen und das Stochern mit den Werkzeugen, während über sie gelacht wurde, war Teil ihres Seelengedächtnisses. Also fühlte es sich für sie in einer weiblichen Rolle nicht sicher an.

D: *Also wollte sie keine vollständige Frau sein und keine Kinder haben.*

Sie hatte nie geheiratet und wollte keine Kinder. Sie hat derzeit eine platonische Beziehung mit einem Mann.

J: Ja. Die Gefahr, von jemandem, der mächtiger ist, so zerschlagen zu werden, scheint sehr real zu sein.

Ich stellte weitere Fragen, die sie beantwortet haben wollte und viele der heutigen Probleme resultierten aus einer kleinen Erniedrigung, auch wenn sie unbeabsichtigt geschehen war. Der größte Teil meiner Therapie besteht darin, die Teile zusammenzusetzen und das Unbewusste davon zu überzeugen, die physischen Beschwerden aufzulösen, weil sie in der gegenwärtigen Lebenszeit nicht benötigt werden. Sie haben ihre Wurzeln in einem anderen Leben. Sobald die Verbindung hergestellt wird und Verständnis entsteht, wird auch das Problem gelöst und die körperlichen und emotionalen Vorteile zeigen sich unmittelbar. Die Symptome haben ihren Zweck erfüllt, die Aufmerksamkeit des Bewusstseins zu erregen, also werden sie nicht mehr benötigt. Viele Fälle weiblicher Probleme und Unfruchtbarkeit etc. können auf Ereignisse aus vergangenen Leben zurückgeführt werden. Dies war jedoch die seltsamste Erklärung, die ich je für diese Art körperlicher Probleme erhalten hatte.

Die therapeutische Verbindung war wichtig, aber für mich war das Interessanteste an diesem Fall, dass eine Seele auch einen Maschinenkörper bewohnen kann. Auch, dass sich die Seele teilen und sich ein Splitter weiterbewegen und eine andere Persönlichkeit werden könnte, die andere Lektionen lernt als der Wirt oder die ursprüngliche Seele. Die beiden hätten nie bemerkt, dass es eine Trennung gab. Also, wie viele Teile von uns haben sich abgesplittert und wurden zu Seelenanteilen ohne unser bewusstes Gewahrsein? Wir werden es wahrscheinlich nie erfahren und es hat wohl damit zu tun, dass wir im Wesentlichen alle Teil von Allem sind und alles Eins ist.

* * *

In meiner Anfangszeit mit der Regressionstherapie traf ich auf einen Fall mit einer gewissen Ähnlichkeit und konnte zu jenem Zeitpunkt nicht ahnen, was ich entdeckt hatte. Er passte nicht in die Schublade, in die ich zu jener Zeit meine Fälle zu stecken versuchte, hauptsächlich lineare Reinkarnation. Eine Frau suchte ein vergangenes Leben auf, in dem sie eine hoch qualifizierte Priesterin war, die sich der Arbeit in einem Tempel und als Beraterin des Volkes gewidmet hatte. Sie sollte zölibatär leben, im Tempel eingeschlossen bleiben und führte ein sehr einsames Leben.

Bis eines Tages ein Fremder in den Hafen segelte und sie sich am Ende verliebten. Sie stand vor einer schwierigen Entscheidung: mit ihrem Geliebten zu gehen oder entsprechend ihrer Gelübde im Tempel zu bleiben. Sie entschied sich schließlich dafür, ihn zu begleiten und da kam die Verwirrung (meinerseits) ins Spiel. Sie berichtete über die Szene aus zwei verschiedenen Blickwinkeln: wie sie glücklich davonsegelte und wie sie bitterlich schluchzend am Ufer stand, weil ein Teil von ihr sie verließ. Anscheinend wusste der Teil von ihr, der auf dem Schiff war, nichts von dem Teil, der zurückgelassen worden war. Beinahe so, als wäre sie durch ihre Entscheidung in zwei Personen geteilt worden. Ich konnte dieses Konzept nie verstehen.

Es passt aber auch zu dem in Kapitel 11 beschriebenen Konzept über parallele Leben und Dimensionen. Wenn wir eine Entscheidung treffen, muss die Energie der Möglichkeiten, die wir nicht gewählt haben, irgendwo hingehen. Und so spaltet sie sich ab und wird zu einem anderen „Du", das die andere Entscheidung auslebt. Vielleicht war der Priesterin in diesem Fall aufgrund ihrer Ausbildung bewusst, was geschehen war, obwohl sie das normalerweise nicht wissen sollte. Sie hätte sonst gesehen, wie der Mann fortsegelte und wäre deshalb traurig gewesen und nicht, weil ein Stück von ihr selbst fortgegangen war. Wenn nichts anderes, so haben mich diese Fälle gelehrt, beim Erforschen komplizierter Konzepte einen offenen Geist zu bewahren.

KAPITEL 16

DIE GÖTTLICHE QUELLE?

Ich sprach im November 2000 auf einer UFO-Konferenz in Berkeley und wohnte im nahe gelegenen Y.M.C.A.[7] Diese Sitzung war eine von mehreren, die ich in meinem Zimmer im Y. abgehalten hatte. Shirley war eine Frau in den Vierzigern, die sich schon lange Zeit eine Sitzung gewünscht hatte, aber jedes Mal, wenn ich in diesen Teil Kaliforniens kam, gab es eine lange Warteliste. Endlich bekamen wir die Chance, uns zu treffen. Auf der anderen Straßenseite wurde gebaut, ein fünfstöckiges Gebäude wurde fertiggestellt. Bei allen meinen Sitzungen an diesem Ort war ich mit dem gleichen Problem konfrontiert. Der Lärm störte mich, schien aber die Probanden nicht zu stören, sobald sie in Trance waren. Sie zeigen sich jeder Störung gegenüber unbeeindruckt, wenn sie sich in einem Zustand der Trance befinden. In Memphis heulte einmal eine Tornado-Alarmsirene auf dem Dach des Gebäudes neben dem Motel, in dem ich mich aufhielt. Das dauerte eine halbe Stunde und machte sich auf dem Band deutlich bemerkbar, aber der Proband konnte sich überhaupt nicht daran erinnern.

Shirley fiel schnell in tiefe Trance und ich führte sie in ein vergangenes Leben zurück, um Antworten auf ihre Probleme zu finden. Sie betrat ein ländliches Leben, in dem Bauern auf einem Feld arbeiteten. Sie sah sich selbst in einem männlichen Körper, aber sie schien keine Teilnehmerin zu sein, sondern nur zu beobachten. Wenn dies geschieht, kommen die Probanden oftmals nicht aus der Gegend, sondern sind nur auf der Durchreise und

---

7 Anm. d. Übers.: Abkürzung von *Young Men's Christian Association*: Christlicher Verein Junger Menschen (CVJM)

haben angehalten, um die Szene zu beobachten. Diese Fälle kann ich normalerweise dorthin zurückbringen, wo sie abreisten oder sie dazu anhalten, ihr Ziel aufzusuchen. Dies funktionierte mit Shirley aber nicht. Sie war an keiner der Szenen beteiligt, die sie aufsuchte. Obwohl sie sogar mit lebhaften Details gespickt waren, blieb sie nur Beobachterin.

Sie sagte: „Ich erkenne diese Orte, aber ich fühle mich nicht wohl da. Ich fühle mich fehl am Platz, als wäre ich nicht die, die ich bin. Nichts scheint mir wirklich bekannt zu sein. Es ist so, als würde ich kämpfen."

Da sie sich fehl am Platz fühlte, bat ich sie, einen vertrauten Ort aufzusuchen, wo sie sich so wohlfühlte, als würde sie dazugehören.

Sie hatte mich mit ihrer schnellen und unerwarteten Antwort völlig überrascht: „Die Sonne!" Ich bat sie zu erklären, was sie damit meinte.

S: Wir können in die Sonne gehen. Dort fühle ich mich wohl und bin damit vertraut.

D: *In der Sonne?*

S: In der Sonne. Mit dem Licht. Ich bin ein Teil davon. Sie ist nur ein großes Licht. Und sie ist heiß.

D: *Unsere Sonne oder ist es ... etwas Ähnliches?*

S: Es ist die Sonne.

D: *Es ist die Sonne? (Ja.) Nun, wie ist es, ein Teil davon zu sein?*

S: (Tiefer Atemzug) Normal! Es fühlt sich wie zu Hause an. Ich habe keinen Körper. Ich habe Bewusstsein. Ich bin ein Teil des Ganzen und nicht davon getrennt.

Da sie so positiv und zufrieden war, entschied ich mich, mitzumachen. Ich hatte Probanden schon einige sehr merkwürdige Erfahrungen beschreiben lassen, die unerwartet auftraten. Das Unbewusste führt sie immer zu dem, was auch immer sie erleben sollen und das meist aus einem wichtigen Grund. Es wird den Probanden zugutekommen, auch wenn ich es nicht verstehe.

D: *Ein Teil des ganzen Lichts? Nun, wie ist es, wenn man in der Sonne ist? Viele Leute fragen sich das.*

S: Wenn du dich ihr näherst, ist es extrem hell und heiß. Aber wenn du hineingehst, ist es nicht mehr heiß. Wenn du sie erst einmal bist, ist sie nur noch eine Lichtkugel. Mit Bewusstsein.

D: *Die Sonne hat auch Bewusstsein?*

S: Ja. Es ist ein größeres Bewusstsein. Es geht immer weiter und weiter für immer.

D: *Aber gibt es nicht an vielen Orten viele Sonnen?*

S: Nicht solche. Da ist nur diese eine.

D: *Sie ist anders als ein Stern, der auch eine Sonne ist? Ist es das, was du gemeint hast?*

S: Ja. Sie ist reine Energie.

D: *Weil es viele Sonnen gibt, nicht wahr, mit vielen Planeten, die um sie herum kreisen?*

S: Ich weiß nicht. Alles, was ich weiß, ist, dass ich auf diesen Lichtball zuging, den ich erkannte. Sobald ich wusste, dass es mein Zuhause war und hineinging, hatte ich keine Form mehr. Ich war nur mehr totales Bewusstsein und Energie.

D: *Hast du das Gefühl, dass das dein Zuhause ist? (Ja.) Und da fühlst du dich wohl? (Ja.) Nun, das ist sehr gut. Fühlt es sich seltsam an, keinen Körper zu haben?*

S: Nein. Es fühlt sich normal an.

D: *Warst du schon lange dort oder weißt du das nicht?*

S: Ich weiß es nicht, aber ich erkenne es. Das ist es, was ich bin.

D: *Gibt es andere Wesen, andere Entitäten bei dir?*

S: Ja, aber wenn man einmal dort ist, ist man nicht mehr anders. Es ist so, als wärst du die Entität. Wenn ich aus der Sonne herauskomme oder wenn ich aus dieser Kugel aus Energie und Licht herauskomme, dann werde ich anders. Und es gibt andere Entitäten. Wenn sie sich herausziehen, werden sie getrennt. Wenn sie hineingehen, gibt es nur eine.

D: *Das ist also ein angenehmes Gefühl, Teil eines Ganzen zu sein? (Ja.) Und dann kannst du dich wieder herausziehen.*

S: Ja, wenn ich wollte, könnte ich mich wieder herausziehen.

D: *Hast du einen Namen für diesen Ort?*

S: Ich habe keinen Namen dafür.

D: *Wir geben den Dingen gerne Namen und Bezeichnungen. Bist du lange Zeit dort?*

Es war schwierig, Fragen für etwas so Unbekanntes zu finden.

S: Ich kann hier lange Zeit bleiben. Wenn ich dort bin, ist es unwahrscheinlich, dass ich wieder hinausgehen wollen würde. Aber ich kann es.

D: *Aber man kann nicht immer an einem Ort bleiben, oder?*

S: Ich kann es schon. Ich weiß nicht, warum ich hinausgehen sollte, aber manchmal gehen wir hinaus.

Ich habe versucht, mir darüber klarzuwerden, wie ich sie weiterbewegen könnte, denn das schien nirgendwo hinzuführen. Sie würde damit zufrieden sein, dort auf unbestimmte Zeit zu bleiben.

D: *Und du kannst hinausgehen und wieder hereinkommen? (Ja.) Und wenn du hinausgehst, dann trennst du dich in verschiedene einzelne Entitäten? (Ja.) In Ordnung. Mal sehen, wo du hingehst, wenn du hinausgehst. Erzähle mir, was passiert, wenn man hinausgeht und eine individuelle Entität wird.*

S: Es ist nicht bequem. Es ist sehr beunruhigend. Es ist ... dieses körperliche … das Gefühl ist unangenehm.

D: *Wenn du das Licht verlässt, wirst du zu einer körperlichen Entität, meinst du das?*

S: Eine physische Entität. Es ist ganz anders. Kein Teil der ganzen Sache zu sein ist sehr, sehr beunruhigend. Und es ist sehr kalt. Und es ist sehr schwer. Und es ist sehr allein.

D: *Du bist dann getrennt und im anderen Fall bist du Teil von allem? Wäre das richtig?*

S: Du bist kein Teil davon. Du bist genau das.

D: *Du bist es.*

S: Es ist ja nicht so, als wärst du ein ganzer Haufen Leute, die eins werden. Du bist es einfach. Es gibt keine Trennung. Keinen Unterschied. Es gibt nur einen Unterschied, wenn du hinausgehst. Das ist der Zeitpunkt, an dem man sich auseinander zieht und du wirst „wir" und „sie" oder viele oder ... eine Grenze.

D: *Was meinst du mit einer Grenze?*

S: Weil du eine Form hast, gibt es eine Grenze um dich herum. Und diese Form hält dich davon ab, ungetrennt zu sein.

D: *Ich versuche zu verstehen. Warum solltest du dann eine Form annehmen?*

S: Ich denke, es geht darum, dem zu dienen, was man wählt. Ich denke, es ist eine Form von dienen und opfern, dass wir hinausgehen ... um zu helfen...

D: *Um wem zu helfen?*

S: Um den anderen zu helfen, die vielleicht nicht wissen, wie man zurückkommt.

D: *Kommen alle vom selben Ort?*

S: Ich glaube schon. Wenn ich mich ihm nähere, kann ich besser antworten. Wenn ich hineingehe, ja. Aber wenn ich dort herauskomme und draußen bin, gibt es einen zu großen Unterschied, um alles wissen zu können.

D: *Du meinst, du verlierst einen Teil der Informationen oder des Wissens?*

S: Ja, ich glaube schon. Wenn ich mich nähere, weiß ich, ich bin sicher, dass ich weiß. Aber wenn ich mich davon abwende, verliere ich etwas davon. Und dennoch habe ich mich entschieden, hinauszugehen.

D: *Aber glaubst du, dass all diese einzelnen Entitäten von einem einzigen Ort kommen?*

S: Es ist der einzige Ort, den ich kenne.

D: *Der einzige, der dir bekannt ist. (Ja.) Ich war neugierig, ob es noch andere Orte wie diesen gibt.*

S: Mein Gefühl ist, dass es nur einen Ort gibt.

D: *Und dann gehen die Leute hinaus und kommen als Individuen zurück. (Ja.) Kommen sie in Zyklen oder gewissen Abständen zurück?*

S: Ja. Es sind nicht alle auf einmal. Es geschieht zufällig, wenn etwas abgeschlossen ist, oder wenn du Energie tanken musst.

D: *Du meinst, du musst regelmäßig zurückkehren, um mit Energie versorgt zu werden? (Ja.) Wenn nicht, was würde dann passieren?*

S: Es ist nicht so, dass wir das nicht tun würden. Wir müssen nach Hause. Du kehrst zurück. Du wirst energetisiert, damit du weiterhin hinausgehen kannst. Und du wirst immer wieder zurückkehren.

D: *Also gehst du hin und her.*

S: Ja. Manchmal bleibst du länger. Und manchmal wirst du auch weniger lang bleiben.

D: *Aber es ist immer ein Ort, an den du irgendwann zurückkehren wirst? (Ja.) Nun, wohin gehst du, wenn du von diesem Licht abreist?*

S: Ich schätze, ich reise auf Planeten. Die Erde, andere Orte auch.

D: *Kannst du beschreiben, was du meinst? Welche anderen Orte gibt es noch, zu denen du reisen würdest?*

Die Bauarbeiten, das Nieten und der Lärm von schweren Geräten, im gesamten Bereich der Straße, wurden sehr laut und lenkten mich ab. Shirley schien es jedoch überhaupt nicht zu stören.

S: Orte, die anders sind. Die nicht so viel Farbe wie die Erde haben. Die unterschiedliche Formen haben, aber nicht aus demselben Material sind.

D: *Was meinst du damit?*

S: Keine Vegetation. Nichts mit Farbe. Keine Blumen, keine Vögel. Düster. Rote Farben. Hässliche rote Farben. Hügel, Lehm.

D: *Haben sie eine physische Umgebung, wie Berge oder Sand oder irgendwas?*

S: Es gibt Berge, aber sie sind dort anders. Sie sind spitz und sehr geradlinig und scharfkantig.

D: *Woher weißt du, wohin du gehen musst, wenn du zu diesen unterschiedlichen Orten reist?*

S: Wenn ich mich bewege, ist etwas in mir, das ... Ich werde geschickt. Ich werde geschickt, um dem Gastgeber zu helfen.

D: *Woher weißt du, wohin du gehen musst?*

S: Das Bewusstsein sendet uns. Wir wissen es einfach.

D: *Du meinst das große Licht, das du zurückgelassen hast? Das Bewusstsein? So nennst du es also? (Ja.) Es schickt dich, sagt dir, wohin du gehen sollst?*

S: Ja. Es ist eher wie mentale Telepathie. Es ist so, als wüsste ich es einfach. Ich bin ein Teil des Ganzen, also weiß ich, wohin ich gehen muss. Und wenn ich es verlasse, werde ich eher zu einem individuellen Lichtwesen.

D: *Zu diesem Zeitpunkt bist du getrennt. Und du scheinst instinktiv zu wissen, wohin du gehen sollst? (Ja.) Und wenn du dorthin gelangt bist, was geschieht dann?*

S: Ich werde, glaube ich, zu so einer Form wie die Formen dort, egal wohin ich gehe. Und ich helfe, wenn ich gebraucht werde.

D: *Die Formen können also an jedem Ort, an den du gehst, unterschiedlich sein. (Ja.) Wie wirst du zu diesen Formen?*

S: Ich glaube, ich denke sie nur.

D: *Ich denke wohl an Seelen und den Geist und wie sie in eine Form eingehen würden. Ist es anders als das?*

S: Ich denke an die Form und ich bin da.

D: *Ich denke in Begriffen der Erde.*

S: Du meinst, ob ich geboren werden würde. (Ja.) Ich sehe mich nicht geboren werden. Auf der Erde ... lass mich nachdenken, wenn ich auf die Erde gehen würde.

D: *Weil ich mit der Erde vertraut bin. Ich weiß, dass andere Welten wahrscheinlich anders sind.*

S: Ich wollte woanders hin.

D: *Wir können das in einer Minute noch einmal aufgreifen. Ich wollte diesen Teil klarstellen, wenn möglich. Wenn du auf die Erde kommen würdest, wie würde es dann geschehen?*

S: Ich denke, wenn ich auf die Erde komme, kann ich manchmal geboren werden. Aber ich muss nicht.

D: *Ich denke an die Seele oder den Geist, wie auch immer du dich nennst, die in ein Baby eintreten, wenn es geboren wird.*

S: Ich muss es nicht so machen.

D: *Wie würdest du es auf andere Weise tun?*

S: Ich würde einfach in etwas eintreten.

D: *Aber wäre da nicht schon ein anderer Geist?*

S: Nicht, wenn ich eintrete. Nicht, wenn ich hineingehen würde. Aber wir tun das sehr selten auf der Erde.

D: *Weil mir gesagt wurde, dass jeder Form ein Geist zugeordnet ist?*

S: Manchmal verlässt man die Behausung. Manchmal ist eine Seele fort, es kann eine Vereinbarung sein, manchmal gehen sie weg. Und ich kann hereinkommen.

Das klang irgendwie nach einem „Hereinspazieren". Dies wird im Buch *Between Death and Life* beschrieben. Normalerweise tauscht eine andere Seele mit der Seele Platz, die derzeit den Körper bewohnt, falls sich diese Seele mehr vorgenommen hat, als sie bewältigen kann. Das ist eine akzeptable Alternative zum Selbstmord.

D: *Nennst du dich selbst eine Seele oder einen Geist?*

S: Ich bin kein Geist. Ich bin eine Seele.

D: *Wie würdest du dich selbst definieren, als Seele? Ich weiß, dass die Sprache manchmal unzulänglich ist.*

S: Ja, weil ich keine Sprache benutze. Denken. Du denkst nur. Es ist Bewusstsein. Und ich bin mir bewusst, dass Dinge sehr schnell passieren können.

D: *Also würdest du dich selbst als eine Seele betrachten, als ein Stück Bewusstsein?*

S: Ich bin das Bewusstsein.

D: *Du bist Bewusstsein, aber du bist auch ein Individuum.*

S: Auf der Erde, an anderen Orten, aber wenn ich nach Hause gehe, bin ich nur eins.

D: *Nimmst du eine Form an, wenn du auf die Erde kommst, wenn das Wesen gerade als Baby geboren wird?*

S: Wenn wir zur Erde kommen und ich ein Baby betrete, dann gehe ich nicht einfach zu irgendeinem Baby. Ich gehe dort hinein, wo ich gebraucht werde. Ich kann eine Seele in dem Baby sehen, zu dem ich gehe. Und ich glaube, ich schließe mich dieser Seele an.

D: *Es ist bei dir also anders, als bei den anderen Seelen oder geistigen Wesen? Ist es das, was du meinst? (Ja.) Sie sind einer Form zugeordnet, aber du tust das auf eine andere Art und Weise?*

S: Ich denke schon, denn ich sehe nicht, dass ich geboren werde. Ich sehe, wie ich eine Wahl treffe. Und es gibt eine Vereinbarung.

D: *Mit der Seele, die schon da ist?*

S: Ja. Eine solche Situation kann es geben.

D: *Und das kannst du jederzeit während des Lebens der Form tun?*

S: Ich mache es und bleibe die ganze Zeit dabei. Und dann gehe ich. Aber ich kann es in jeder Phase tun.

D: *Das meinte ich. Es muss kein Baby sein? Du kannst zu irgendeinem Zeitpunkt eingehen? (Ja.) Solange es in Übereinstimmung mit der Seele ist, die bereits da ist? (Ja.) Und das Bewusstsein sagt dir instinktiv, wohin du als Nächstes gehst? (Ja.) Und du hast gesagt, wenn du auf andere Planeten oder in andere Reiche reist, wird es anders gemacht?*

S: Ich denke, ich gehe als erwachsene Form hinein. Ich sehe die Form und werde einfach zu ihr. Aber es gibt bereits eine Form.

D: *Es gibt also keine kleineren Versionen davon, wie Babys. Sie sind alle reife, erwachsene Formen?*

S: Wenn ich in dieser Phase reingehe. Zumindest an diesem Ort.

D: *Ich denke immer wieder an das Physische, aber es ist vielleicht nicht so.*

S: Es ist ein physisches Eintreten. Wenn ich sage, dass ich ein Individuum bin, wenn ich die Masse des Energiebewusstseins verlasse, bin ich eine Form von etwas außerhalb dieses Energiebewusstseins. Ich bin vielleicht nicht so eine Form, wie die, die ich letztendlich werde. Also bin ich immer noch Energie, Bewusstsein, aber ich habe eine Form, die nicht beschreibbar ist.

D: *Und du hast ein Bewusstsein, eine Persönlichkeit, die denkt, nicht wahr?*

S: Mir wird gesagt, ja, als Bewusstsein.

D: *Auf diese Weise hast du also eine Individualität, obwohl du Energie bist. Ist es das, was du meinst?*

S: Ja. Und ich bin zu Diensten.

D: *Ist das an diesen Orten, die du bereist, die Art und Weise, wie die anderen Entitäten dort Körper schaffen, indem man einen Körper denkt? (Ja.)*

Jetzt begannen einige Kinder auch noch ein Wettrennen unten auf der Straße mit Geschrei, Gesang und Trommeln zusätzlich zu dem Baustellenlärm, weil wir in der Nähe mehrerer Schulen waren. Trotzdem schien es aber Shirley nicht zu stören.

D: *Ich stelle so viele Fragen, weil ich versuche, schwierige Konzepte besser zu verstehen. Also an diesen Orten müssen die Leute oder Wesen keinen Wachstumsprozess durchlaufen. Sie erstellen einfach die Form, die sie sein wollen, indem sie sie denken. Ist das richtig? (Ja.) Also gibt es noch viele andere Möglichkeiten, diese Dinge zu tun, als das, was auf der Erde bekannt ist. (Ja.) Deshalb ist es für mich etwas schwierig zu verstehen. Aber wenn du den Körper in die Existenz gedacht hast, würde er nicht sterben, oder doch?*

S: Ich sterbe nie. Der Körper von jedem, in den ich hineingehe, wird irgendwann sterben und dann werden wir getrennt. Und seine Seele geht ihren eigenen Weg. Und ich komme zurück.

D: *Jedes Mal, wenn du das tust, bist du also immer mit einer anderen Seele zusammen in dem Körper?*

S: Ja, ich glaube schon.

D: *Du bist nie allein im Körper. Das klingt ungewöhnlich. Normalerweise denken wir anders über Geist und Seele.*

S: Ich bin das Bewusstsein.

D: *Aber du meinst, es gibt noch eine andere Seele in diesen Körpern, dieser physischen Form, auch wenn du sie in Existenz denkst? (Ja.) Und dann kombinierst du dich damit.*

S: Ich kombiniere nicht.

D: *Wie machst du das? Mitmachen? Das wäre eine Kombination.*

S: Ich werde nicht eins mit ihr. Ich diene ihr. Und dann gehe ich nach Hause.

D: *Macht dich das nicht eher zu einem Beobachter? Ich verwende wahrscheinlich nicht die richtige Terminologie.*

S: Ich bin kein Beobachter.

D: *Du sagtest, du dienst der Seele, aber du bist ein Bewusstsein. Kannst du mir helfen, das zu verstehen?*

S: Diese Person, die hier liegt, tut sich auch schwer damit, das zu verstehen.

D: *Lass die Informationen einfach durchfließen und wir können sie später ordnen. Auf diese Weise können wir es beide verstehen. Du hast gesagt, du bist kein Beobachter. Wenn du der Seele dienst, die im Körper ist, dann bist du nicht die Seele, die die Erfahrungen macht.*

S: Es kann sein, dass ich mich der Seele anschließe und dass ich reines Bewusstsein bin. Ich habe eine Seele, aber ich bin nicht meine Seele. Ich bin jetzt reines Bewusstsein. Eine Energie. Ich bin schon lange genug dort, dass das mein Zuhause ist. Ich helfe Planeten. Ich gehe an bestimmte Orte, an denen ich gebraucht werde und ich helfe den Wesen auf den Planeten. Und wenn ich in sie hineingehe, geschieht es an demjenigen Ort und zu dem Zeitpunkt, an dem ich gebraucht werde. Wenn ich in die Seele eines Babys eingehe, dominiert mein Bewusstsein. Ich setze dieses Bewusstsein außer Kraft, bis ich nicht mehr gebraucht werde.

D: *Kann es passieren, dass du nicht mehr benötigt wirst, bevor der Körper tatsächlich stirbt?*

S: Ja. Aber normalerweise nicht.

D: *Nun, wenn es eine andere Seele gibt, die diesem Körper zugeordnet ist und du hilfst mehr oder weniger dieser Seele, bedeutet das, dass du kein Karma für dich selbst erschaffst?*

S: Ich kann Karma erzeugen. Das muss ich nicht. Aber manchmal kann ich zu viel vergessen und Karma erzeugen. Und dann verliere ich ein wenig die Verbindung zu meinem Zuhause, bis ich mich wieder erinnere. Das sind die Zeiten, in denen ich länger weg bin. Dann kann ich auf eine andere Art geboren werden. Aber wenn ich mich erinnere, gehe ich nach Hause. Ich vergesse nie, niemals. Aber wenn ich eine Ansammlung von ernsthaftem Karma habe, muss ich es manchmal ausgleichen, bevor ich mich erinnern kann.

D: *Zu diesem Zeitpunkt bist du die vorherrschende Seele im Körper, statt die des Helfers? (Ja.) Du kannst hin und her schalten? (Ja.) Du kannst der Seele helfen oder wenn du Karma erschaffst, dann wirst du zu der Seele, die es erleben muss. Ergibt das Sinn? (Ja.) Ich schätze, wir denken immer an Besetzung, aber das klingt nicht so.*

S: Nein. Nein, es ist immer eine Wahl und es geschieht nur, wenn ich gebraucht werde.

D: *Aber manchmal sitzt man sozusagen in der Falle und muss die vorherrschende Seele im Körper sein, bis man das Karma ausgeglichen hat. (Ja.) Und dann kannst du entweder nach Hause gehen oder wieder hin und her wechseln.*

S: Ich gehe nach Hause. Es ist nicht ... manchmal werde ich es vergessen.

D: *Dann hast du einen Großteil als Helfer getan, anstatt selbst physische Leben zu führen. Ist es das, was du meinst? (Ja.) Also hast du auch auf anderen Planeten, in anderen Dimensionen versucht, Hilfe zu leisten. (Ja.) Bist du zum jetzigen Zeitpunkt im Körper von Shirley der Helfer oder bist du die vorherrschende Seele?*

S: Ich gehe rein, um nachzusehen. (Pause) Ich bin die vorherrschende Seele.

D: *In diesem Leben also. (Ja.) Ist das der Grund, warum sie sich in diesem Leben unverbunden gefühlt hat? (Ja.) Sie sagt immer wieder, sie wolle nach Hause gehen. Sie weiß, dass sie nicht hierher gehört. (Ja.) Weil sie mehr mit dir verbunden ist als die durchschnittliche Person? (Ja.) Das ergibt Sinn, nicht wahr?*

Dies ähnelt den anderen Fällen in diesem Buch, in denen sich die Menschen danach sehnten, nach Hause zu gehen, aber nicht wussten, wo „Zuhause“ war. Die meisten dieser Fälle kehrten nach Hause auf seltsame physische Planeten zurück. Dieser Fall von Shirley schien auf eine noch tiefere Sehnsucht nach einer Heimat, die über den physischen oder ursprünglichen Heimatplaneten hinausgeht, hinzudeuten. Die anderen Probanden hatten oft das Gefühl, dass sie Teil des Ortes waren, an dem sie sich befanden und sie hatten auch große Bedenken, wieder zu gehen. Doch Shirley klang noch grundlegender und essenzieller. Vielleicht eine Erinnerung von einem Teil unseres ursprünglichen Geistes, der vor der Schöpfung physischer Welten existierte und schon immer Teil von uns war.

D: *Warum bist du sozusagen in diesem Körper gefangen und zu der vorherrschenden Seele geworden? (Pause) Du hast Karma erzeugt, schätze ich, sonst wärst du nicht die vorherrschende Seele, oder?*

S: Ego. Ich habe etwas Macht missbraucht.

D: *Wem sagst du das.*

S: Ich habe falsche Dinge geschaffen.

D: *Du hast gesagt, du kannst Dinge in die Existenz denken?*

S: Nein. Wenn ich aus meinem Zentrum komme, kann ich mich in die Existenz denken. Aber ich kann keine Dinge in Existenz denken.

D: *Aber du hast zu einem anderen Zeitpunkt gesagt, du hast die falschen Dinge geschaffen?*

S: Ich habe mit Tieren experimentiert. Ich habe sie in verschiedene Formen gebracht.

D: *Geschah das in einem Leben, das du zu jener Zeit gelebt hast? (Ja.) Warum hast du das getan?*

S: Weil ich etwas erschaffen wollte. Und ich hatte die Fähigkeit.

D: *Als physische Entität hast du diese Dinge getan? (Ja.) Ich denke wohl an einen Wissenschaftler oder so? (Ja.) Hast du das nur aus Neugierde getan oder warum?*

S: Um zu sehen, ob es funktioniert.

D: *Haben andere das Gleiche getan?*

S: Ja. Aber ich war einer der führenden Köpfe. Es war moralisch nicht richtig.

D: *Aber du hast gesagt, dass du falsche Dinge erschaffen hast.*

S: Menschen und Tiere. Experimentieren mit verschiedenen Tieren. Erstellen von Körperteilen. Chirurgisch und genetisch.

D: *Lebten diese seltsamen Kreaturen? (Ja.) Hat dieser Ort, an dem du das getan hast, einen Namen?*

S: Atlantis. Es war nicht wirklich dort, sondern irgendwo in der Nähe.

D: *Nur aus Neugierde, um zu sehen, ob es möglich ist.*

S: Ja, es kam vom Ego.

D: *Was hast du mit diesen Kreaturen gemacht, nachdem sie erschaffen worden waren?*

S: Sie gehenlassen.

D: *Konnten sie sich selbst vermehren? Konnten sie sich fortpflanzen?*

S: Einige konnten. Einige konnten es nicht. Ich war zu einer anderen Seele hineingekommen. Die Seele war ein Wissenschaftler. Die Seele hatte ein Ego. Eine Menge Ego. Und ich habe mich im Ego verirrt.

D: *Du hast dich damals zu sehr engagiert und so wurde es zu deinem Karma. (Ja.) Aber taten die Leute damals aus reiner Neugierde nicht viele Dinge, die nicht richtig waren?*

S: Ja. Aber weil ich in das Ego verstrickt war, wurde mein bewusstes Ego falsch verwendet. Ich verfügte über Macht.

D: *Und dann warst du mehr oder weniger im Kreislauf der Wiederkehr gefangen und musstest das Karma ausgleichen. (Ja.) Und das hat dazu geführt, dich im Physischen auf der menschlichen Ebene der Erde festzuhalten? (Ja.) Also hast du diese Dinge ausgeglichen?*

S: Ich habe sie ausgeglichen.

D: *Das war eine große Last, aber glaubst du, dass du mit diesem Karma fast fertig bist? (Ja.) Also wird es vielleicht nicht mehr lange dauern und du wirst nach Hause gehen können. Aber zu diesem Zeitpunkt musst du bei Shirley in diesem Körper bleiben? (Ja.) Das bedeutet, dass Shirley sehr viel ungenutztes Wissen und Informationen zu bieten hat, von denen sie nicht einmal weiß, dass es sie gibt. (Ja.) Wäre sie in diesem Leben in der Lage, diese Macht und diese Informationen zu nutzen?*

S: Irgendwie schon.

Ich fuhr dann fort, diesem Teil von ihr (ich wusste nicht, ob ich mit ihrem Unbewussten sprach oder nicht) die Fragen zu stellen, die sie vor der Sitzung aufgeschrieben hatte. Dieser Teil war so eng mit ihr verbunden und konnte ihr wichtige Ratschläge geben, um ihr zu helfen, die Ereignisse in ihrem Leben zu verstehen. Etwas, wonach sie im Speziellen gefragt hatte, war ihre tiefe und enge Affinität zu Tieren. Sie kann mental mit ihnen kommunizieren. Ich vermutete, dass die Antwort mit dem Leben in Atlantis zusammenhängen könnte, in dem sie Tiere in hohem Maße missbraucht hatte. Ich behielt recht, denn sie sagte, dass sie sich nun bis zu dem Punkt entwickelt habe, an dem sie auf eine positive Weise eins mit Tieren geworden war.

Shirley hatte vor ein paar Jahren eine seltsame Erfahrung gemacht und sie wollte, dass ich danach frage. Während einer Rebirthing[8] Sitzung sah sie sich selbst ein Leben in einem außerirdischen Reptilienkörper führen. Während der Entspannung beim Wiedergeburtsprozess machen die Teilnehmer manchmal dramatische Erfahrungen, die oft über das Erleben der Geburtserfahrung hinausgehen und vergangene Lebensszenen mit einbinden. Sie wollte mehr Informationen darüber erhalten.

D: *Einmal, beim Rebirthing, machte sie eine Erfahrung in einer reptilienartigen Form. Sie wollte wissen, ob das eine wahre Erinnerung sei oder was geschehen war?*

S: Ja, das war eine wahre Erinnerung. Das war nicht sie. Das war ich. Und eigentlich bin ich nicht von ihr getrennt, aber ich bin es doch.

---

8 Anm. d. Übers.: *Rebirthing* (deutsch: Wiedergeburt) bezeichnet eine besondere Technik des zirkulären Atmens, also des Ein- und Ausatmens ohne Pausen.

Ich war wieder verwirrt. Während dieser ganzen Sitzung wurden Informationen präsentiert, die ich noch nie zuvor gehört hatte.

D: *Du hast gesagt, dass du jetzt als Shirley die vorherrschende Seele bist. (Ja.) Seid ihr schon immer als Seelen zusammen gewesen? (Ja.) Jedes Leben, das du gelebt hast, hat sie auch gelebt? (Ja.) Und manchmal war sie die Vorherrschende und manchmal bist du es?*

S: Sie war die vorherrschende Seele, aber ich beginne, die vorherrschende Seele zu werden.

D: *Aber ihr wart immer zusammen und du hast ihr die ganze Zeit geholfen. (Ja.) Aber das war ein Leben woanders, in dieser reptilienartigen Form?*

S: Das war eine Erinnerung, die ich hatte. Da ich in ihrer Seele als ein Teil von ihr war, weder getrennt, noch die gleiche, gibt es keine Worte, wie ich zu meiner Erinnerung kam. Und als sie wiedergeboren wurde, sah sie sich selbst so.

D: *Das ist der schwierige Teil, wenn man versucht, diese beiden Dinge zu trennen, weil wir gewohnt sind, in unseren physischen Begriffen zu denken.*

S: Das sind die Grenzen.

Nachdem ich weitere Fragen bezüglich Shirleys körperlicher Verfassung gestellt hatte, bat ich diesen ungewöhnlichen Teil von ihr, sich zurückzuziehen und brachte sie zurück zu vollem Bewusstsein. Unnötig zu erwähnen, dass ich verwirrt war von diesen neuen Informationen und wusste, dass ich Zeit brauchen würde, um sie zu verarbeiten. Ich hatte mich auch gefragt, wie schwierig es für Shirley sein würde, dies zu verstehen, nachdem sie eine Möglichkeit gehabt hatte, sich das Band anzuhören.

Nach dieser Sitzung hatte ich 2001 eine ähnliche Erfahrung mit einem Mann. Er ging auch zu einem hellen Licht zurück, das so angenehm war, dass er sich wünschte, dortzubleiben. Er drückte Gefühle großer Einsamkeit und Trennung aus, als er es verlassen und sich individualisieren musste, um diese Seelenreisen anzutreten.

Was haben wir kontaktiert? Die Quelle? Universelles Bewusstsein? Einen fragmentierten Seelenanteil? Die Göttliche Quelle?

Je mehr Fragen wir stellen, desto mehr Fragen tauchen auf. Es scheint nie zu enden. Wir werden wahrscheinlich nie alles verstehen und es wird wohl immer noch komplexere Konzepte knapp außerhalb unserer geistigen Reichweite geben. Doch für mich und meinen unersättlichen Wissensdrang erzeugt das die Begeisterung auf der Suche und dem Abenteuer, das Unbekannte zu erforschen. Ich werde die Reise fortsetzen.

ÜBER DIE AUTORIN

Dolores Cannon, eine Rückführungs- und Hypnosetherapeutin und psychische Forscherin, die „verlorenes“ Wissen erfasste, wurde 1931 in St. Louis, Missouri, geboren. Sie wurde in St. Louis ausgebildet und lebte dort bis zu ihrer Heirat mit einem Marineoffizier im Jahr 1951. Die nächsten 20 Jahre verbrachte sie damit, als typische Soldatenfrau durch die ganze Welt zu reisen und ihre Familie aufzuziehen. 1970 wurde ihr Mann als behinderter Veteran entlassen und sie zogen sich in die Hügel von Arkansas zurück. Dort begann sie ihre Karriere als Autorin und verkaufte ihre Artikel an verschiedene Zeitschriften und Zeitungen.

Seit 1968 beschäftigte sie sich mit Hypnose, seit 1979 ausschließlich mit Therapie und Rückführungssarbeit. Sie hatte verschiedene Hypnosemethoden studiert und dann ihre eigene *QHHT® – Quanten Heilung Hypnose Technik* entwickelt, die es ihr ermöglichte, die effizienteste Freigabe von Informationen für ihre Probanden zu erhalten. Dolores unterrichtete ihre einzigartige Hypnosetechnik auf der ganzen Welt.

1986 erweiterte sie ihre Untersuchungen auf den UFO-Bereich. Sie führte vor Ort Studien über mögliche UFO Landungen durch und untersuchte Kornkreise in England. Ihre

Arbeit auf diesem Gebiet bestand zum Großteil aus dem Sammeln von Beweisen für vermeintlich entführte Probanden unter Hypnose.

Dolores war eine internationale Sprecherin, die auf allen Kontinenten der Welt referierte.

Ihre siebzehn Bücher werden in über zwanzig Sprachen übersetzt. Sie hat weltweit mit Radio- und Fernsehzuschauern gesprochen. Artikel über und von Dolores sind in mehreren US-amerikanischen und internationalen Zeitschriften und Zeitungen erschienen.

Dolores war die erste Amerikanerin und auch die erste Ausländerin, die in Bulgarien den „Orpheus Award" für den größten Fortschritt in der Erforschung psychischer Phänomene erhielt. Sie hat während ihres Lebens von mehreren Hypnose-Organisationen Auszeichnungen für herausragende Beiträge und Leistungen erhalten.

Dolores hat eine sehr große Familie, die ihr ein stabiles Gleichgewicht zwischen der „realen" Welt ihrer Familie und der „unsichtbaren" Welt ihrer Arbeit ermöglichte.

Dolores hat diese Dimension am 18. Oktober 2014 verlassen.

Other Books by Ozark Mountain Publishing, Inc.

Dolores Cannon
A Soul Remembers Hiroshima
Between Death and Life
Conversations with Nostradamus,
Volume I, II, III
The Convoluted Universe -Book One,
Two, Three, Four, Five
The Custodians
Five Lives Remembered
Jesus and the Essenes
Keepers of the Garden
Legacy from the Stars
The Legend of Starcrash
The Search for Hidden Sacred Knowledge
They Walked with Jesus
The Three Waves of Volunteers and the
New Earth
Aron Abrahamsen
Holiday in Heaven
Out of the Archives – Earth Changes
James Ream Adams
Little Steps
Justine Alessi & M. E. McMillan
Rebirth of the Oracle
Kathryn/Patrick Andries
Naked in Public
Kathryn Andries
The Big Desire
Dream Doctor
Soul Choices: Six Paths to Find Your Life
Purpose
Soul Choices: Six Paths to Fulfilling
Relationships
Patrick Andries
Owners Manual for the Mind
Cat Baldwin
Divine Gifts of Healing
Dan Bird
Finding Your Way in the Spiritual Age
Waking Up in the Spiritual Age
Julia Cannon
Soul Speak – The Language of Your Body
Ronald Chapman
Seeing True
Albert Cheung
The Emperor's Stargate
Jack Churchward
Lifting the Veil on the Lost Continent of
Mu
The Stone Tablets of Mu
Sherri Cortland
Guide Group Fridays
Raising Our Vibrations for the New Age
Spiritual Tool Box
Windows of Opportunity
Patrick De Haan
The Alien Handbook
Paulinne Delcour-Min
Spiritual Gold
Holly Ice
Divine Fire
Joanne DiMaggio
Edgar Cayce and the Unfulfilled Destiny
of Thomas Jefferson Reborn
Anthony DeNino
The Power of Giving and Gratitude
Michael Dennis
Morning Coffee with God
God's Many Mansions
Carolyn Greer Daly
Opening to Fullness of Spirit
Anita Holmes
Twidders
Aaron Hoopes
Reconnecting to the Earth
Victoria Hunt
Kiss the Wind
Patricia Irvine
In Light and In Shade
Kevin Killen
Ghosts and Me
Diane Lewis
From Psychic to Soul
Donna Lynn
From Fear to Love
Maureen McGill
Baby It's You
Maureen McGill & Nola Davis
Live from the Other Side
Curt Melliger
Heaven Here on Earth
Henry Michaelson
And Jesus Said – A Conversation
Dennis Milner
Kosmos
Andy Myers
Not Your Average Angel Book
Guy Needler
Avoiding Karma
Beyond the Source – Book 1, Book 2
The Anne Dialogues

For more information about any of the above titles, soon to be released titles,
or other items in our catalog, write, phone or visit our website:
PO Box 754, Huntsville, AR 72740
479-738-2348/800-935-0045
www.ozarkmt.com

Other Books by Ozark Mountain Publishing, Inc.

The Curators
The History of God
The Origin Speaks
James Nussbaumer
And Then I Knew My Abundance
The Master of Everything
Mastering Your Own Spiritual Freedom
Living Your Dram, Not Someone Else's
Sherry O'Brian
Peaks and Valleys
Riet Okken
The Liberating Power of Emotions
Gabrielle Orr
Akashic Records: One True Love
Let Miracles Happen
Victor Parachin
Sit a Bit
Nikki Pattillo
A Spiritual Evolution
Children of the Stars
Rev. Grant H. Pealer
A Funny Thing Happened on the Way to Heaven
Worlds Beyond Death
Victoria Pendragon
Born Healers
Feng Shui from the Inside, Out
Sleep Magic
The Sleeping Phoenix
Being In A Body
Michael Perlin
Fantastic Adventures in Metaphysics
Walter Pullen
Evolution of the Spirit
Debra Rayburn
Let's Get Natural with Herbs
Charmian Redwood
A New Earth Rising
Coming Home to Lemuria
David Rivinus
Always Dreaming
Richard Rowe
Imagining the Unimaginable
Exploring the Divine Library
M. Don Schorn
Elder Gods of Antiquity
Legacy of the Elder Gods
Gardens of the Elder Gods
Reincarnation...Stepping Stones of Life
Garnet Schulhauser
Dance of Eternal Rapture
Dance of Heavenly Bliss
Dancing Forever with Spirit
Dancing on a Stamp
Manuella Stoerzer
Headless Chicken
Annie Stillwater Gray
Education of a Guardian Angel
The Dawn Book
Work of a Guardian Angel
Joys of a Guardian Angel
Blair Styra
Don't Change the Channel
Who Catharted
Natalie Sudman
Application of Impossible Things
L.R. Sumpter
Judy's Story
The Old is New
We Are the Creators
Artur Tradevosyan
Croton
Jim Thomas
Tales from the Trance
Jolene and Jason Tierney
A Quest of Transcendence
Paul Travers
Dancing with the Mountains
Nicholas Vesey
Living the Life-Force
Janie Wells
Embracing the Human Journey
Payment for Passage
Dennis Wheatley/ Maria Wheatley
The Essential Dowsing Guide
Maria Wheatley
Druidic Soul Star Astrology
Jacquelyn Wiersma
The Zodiac Recipe
Sherry Wilde
The Forgotten Promise
Lyn Willmott
A Small Book of Comfort
Beyond all Boundaries Book 1
Stuart Wilson & Joanna Prentis
Atlantis and the New Consciousness
Beyond Limitations
The Essenes -Children of the Light
The Magdalene Version
Power of the Magdalene
Robert Winterhalter
The Healing Christ

For more information about any of the above titles, soon to be released titles, or other items in our catalog, write, phone or visit our website:
PO Box 754, Huntsville, AR 72740
479-738-2348/800-935-0045
www.ozarkmt.com

www.ingramcontent.com/pod-product-compliance
Lightning Source LLC
LaVergne TN
LVHW010049110826
845155LV00028B/260